审判学系列教材

刑事审判学

贾　宇◎主　编
黄祥青　叶　青　余　剑◎副主编

人民法院出版社

图书在版编目（CIP）数据
刑事审判学 / 贾宇主编 ； 黄祥青，叶青，余剑副主编. -- 北京 ： 人民法院出版社，2025. 7. --（审判学系列教材）. -- ISBN 978-7-5109-4394-2
Ⅰ. D925.218.4
中国国家版本馆CIP数据核字第2024R3G645号

刑事审判学

贾　宇　主　编
黄祥青　叶　青　余　剑　副主编

策划编辑　韦钦平　李安尼
责任编辑　张　艺
封面设计　尹苗苗
出版发行　人民法院出版社
地　　址　北京市东城区东交民巷 27 号（100745）
电　　话　（010）67550579（执行编辑）　67550558（发行部查询）
65223677（读者服务部）
客 服 QQ　2092078039
网　　址　http://www.courtbook.com.cn
E – mail　courtpress@sohu.com
印　　刷　河北鑫兆源印刷有限公司
经　　销　新华书店

开　　本　787 毫米 ×1092 毫米　1/16
字　　数　612 千字
印　　张　34.25
版　　次　2025 年 7 月第 1 版　2025 年 7 月第 1 次印刷
书　　号　ISBN 978-7-5109-4394-2
定　　价　118.00 元

刑事审判学
编写组

主　编：贾　宇

副主编：黄祥青　叶　青　余　剑

成　员（按姓氏笔画）：

伍天翼　许　浩　李长坤　吴亚安　余　剑

沈　言　张亚男　张　果　张金玉　张　栋

张鹏飞　陈　帅　陈姣莹　罗开卷　赵宇翔

唐　震　黄伯青　葛立刚　虞　浔　潘自强

总 序

法治现代化进程离不开法治理念、法治实践的现代化。理念与实践的融合互动，离不开专业化法治人才的培养。传统法学教育体系在输送大批人才、解决早期法治建设人才匮乏问题的同时，逐渐形成了高等法学院校培养人才、司法实务部门使用人才的“二元模式”。随着我国法治建设的深入推进，传统法学教育与司法实践的间隙逐步显现，衍生出不少具体问题，如各部门法及学科间壁垒森严，重理论教学、轻实践训练，实务课程欠缺系统的知识体系及相应教材，成为影响当前法治建设的重要因素。

2017年，习近平总书记在中国政法大学考察时强调：“法学学科是实践性很强的学科，法学教育要处理好知识教学和实践教学的关系。要打破高校和社会之间的体制壁垒，将实际工作部门的优质实践教学资源引进高校，加强法学教育、法学研究工作者和法治实际工作者之间的交流。”[①] 2023年，中共中央办公厅、国务院办公厅印发《关于加强新时代法学教育和法学理论研究的意见》，明确提出要“推动法学院校与法治工作部门在人才培养方案制定、课程建设、教材建设、学生实习实训等环节深度衔接”。人民法院作为法治实务部门，应当主动承担起法治人才培养的共同责任，充分发挥在法治建设中的独特优势，与法学院校携手推进法治理论与实践相结合，推动教学内容和方法的创新，培养具有扎实法学理论功底与实务操作技能的法治人才。

2023年6月以来，上海市高级人民法院率先发力破局，深化院校合作，先后与包括“五院四系”在内的全国26家高校和科研机构签署战略合作协议，为承担起法治人才培养的共同责任做了一些努力，也取得了一些成效。比如，先后与13

---

① 习近平：《立德树人德法兼修抓好法治人才培养 励志勤学刻苦磨炼促进青年成长进步》，载《人民日报》2017年5月4日，第1版。

家高校合作开设“司法实务课程”，100 多名法官参与课程授课；出台《上海法院实习法官助理管理办法》，先后开展两批实习法官助理项目，为期 3 个月的协助办案实习实训有带教老师、有考核要求、有办案任务，效果良好。2024 年 11 月底至 2025 年上半年，上海法院系统整合实务课程资源，形成了一定规模契合实践需求的课程库，开展了首轮“上海法院实务专家组团式进高校系列巡讲”，先后派出 50 余名法官，陆续开展讲座 104 场，2 万多名师生积极参与，充分拓展了实践视野、提升了实战素能，有力推动了司法实践与法学教育的深度融合，为新时期高素质法治人才培养提供了“上海方案”。

为推动法学院校与法治工作部门在人才培养方案制定、课程建设、教材建设、学生实习实训等环节深度衔接，在传统部门法学科之下增设审判学学科，我们立足上海审判实践经验，推出了《审判学系列教材》。该教材由上海法院实务专家与高校专家学者共同编纂，按照不同审判专业类别，分别命名为《刑事审判学》《民事审判学》《商事审判学》《知产审判学》《行政审判学》等。教材侧重研究审判前沿实务问题与典型案例，从中提炼、总结类案裁判思路与方法步骤，形成贯穿审判活动全程的应用法学知识体系，使广大法科学生与司法实务人员掌握必备的法律实践知识和操作技能。这既是贯彻落实中央要求与回应法治实践需求的具体举措，也是把人民法院的司法实践资源有效整合为法学教育资源，推动法学理论研究成果与司法实践经验双向转化的必然要求。

《审判学系列教材》的编纂，旨在推动形成基础性法学教育实务教材体系。它既是司法工作者培养提升司法能力的理论参考，也是法科高年级学生学习审判实践知识的实务指南，同时还肩负促进法律职业共同体之间学术交流的重要使命。本系列教材的主要内容包括但不限于以下领域：一是审判基础理论。探讨各审判制度的历史发展、基础理论以及与其他法律制度的关系，重点关注各项审判制度的演变过程以及其背后所蕴含的法律理念和价值取向，兼顾指导审判活动的政策观念。二是审判方法。构建法学领域的“临床学”，将源于司法实践的应用法学知识转化为兼具理论性与实践性的审判方法，为学习者提供贴近实际、操作性强的法律实务知识和审判技能，引导学习者掌握法律推理、事实认定、证据评价和法律适用的基本方法，形成严谨的法律思维，培养独立的判断能力。三是审判程序。梳理各类审判中的程序要点，对从立案到审理、执行的全流程进行研究，探讨如何在个案及类案的裁判中确保司法公正与效率。四是群众工作方法。通过系统的案例教学和实践训练，使学习者掌握开展群众工作的基本原则、方法与技巧，学会做好调解工作。五是数字法院建设。建设数字法院是适应数字中国建设进程、推动智慧法院建设迭代升级的重要举措，也是数字时代推进审判工作高质量发展、提升审判质效和司法公信力的有力支撑。教材将探讨数字法院建设的体系设置、运转模式、推进路径等内容，帮助学习者更新审判工作理念及工作方式。

在本系列教材的编纂过程中，我们坚持学术性、实用性、发展性和前瞻性，努力形成一套高质量的法学教材。首先，坚持学术性。每一本书稿都由上海法院的审判实务专家与高校知名学者担纲，确保教材内容的学术权威性和理论深度。其次，坚持实用性。《审判学系列教材》通过案例分析、实务操作指南等形式，希望为学习者提供有针对性的操作参考，把审判的学术教育和职业教育相结合，将职业素质培养融于法学教育之中，帮助学习者在掌握理论法学知识的基础上，进一步从实践角度掌握审判工作所需要的专业技能。再次，坚持发展性。审判学是一门新兴学科，内容也会随着司法实践活动的更新而持续完善。丛书考虑到法学和司法实践的发展变化，计划定期更新内容，增补最新的法律法规、司法解释及典型案例，确保丛书内容持续贴近法律前沿。最后，坚持前瞻性。《审判学系列教材》不仅立足于解决现有问题，还将视野拓展到未来可能面临的挑战。丛书注重探讨如何通过审判理念创新和工作方法创新，来稳妥审理各类涉众型案件及新型疑难案件，力求使丛书内容具备前瞻性。

我们希望，《审判学系列教材》的出版，能在助力弥合法学教育与司法实践鸿沟的基础上，进一步推动新时代审判理念及审判制度的创新研究，为优秀法治人才培养提供新的动力，并推动审判学这一新兴学科在法学研究和司法实践中发挥越来越重要的作用。

上海市高级人民法院党组书记、院长，二级大法官　贾宇

2025 年 6 月 6 日

前言

随着平安中国、法治中国建设的不断深入，培养高素质法治人才已成为紧迫的战略任务。当前，我国法学教育与司法实践联系不够紧密的问题还比较突出，影响、制约高素质法治人才的有效供给。司法机关应当主动承担起法治人才培养的共同责任，通过创新院校合作模式、强化共融共育观念、丰富司法实务教学方式，进一步提升法学教育质量和水平。

《刑事审判学》就是基于上述理念而编写的教材，目标是推动构建以刑事审判为核心的具有高度实践性和应用性的新学科，弥补传统刑法学科教学内容较为单一的短板。如同“医学知识应该在病人床边形成”一样，刑事审判技能也应在案件裁判中培养。本书立足于刑事一体化发展的视角，坚持理论联系实际，将法治实务部门资源与课堂教学深度融合，系统提炼和总结近年来司法实践中的新问题、新挑战、新思路、新经验，将源于司法实践的应用法学知识转化为兼具理论性与实践性的审判方法，为学生提供贴近实际、操作性强的法律实务知识。概括而言，本书具有以下三个特点。

、法学理论与司法实践相结合

法学是实践性很强的学科。长期以来，应用法学中类似医学临床学的学科建设还比较薄弱。在医学领域，临床医学是侧重医疗实践活动，直接面对疾病、病人，对病人直接实施治疗的具有高度实践性的学科。在法学教学领域，类似临床学的直接传授法学实践知识的教学还较为欠缺。本书就是以构建实务导向的刑事审判学学科为目标，坚持将刑事审判实践所需之“器”进行总结，把经过实践检验的、从具体个案中提取的司法经验等知识进行系统梳理，形成法学领域的“临床学”，提升教学的实践性、应用性和针对性。

全书坚持理论与实践的深度融合，选取100余个现实疑难案例，围绕关键问题展开讨论。在对刑事实体、程序规则的阐述中，采用理论阐释与个案分析相结合的方式，生动地揭示法律原则、法律规则在个案中的具体应用。例如，在刑事审判的基本原则中，除了向学生阐述罪刑法定、罪刑相当等原则的法理基础、基本内容、基本要求外，还精心选取在实践中确存争议的案例，用以解释刑法基本原则的要义所在。与传统教学案例的“标准化”“典型化”不同，本书选取的均为存在较大争议的疑难案例。如在罪刑法定原则的教学中，通过对“携带猛犬”“驾车撞人”等行为能否认定为聚众斗殴罪中的“持械”进行分析，说明类推解释与扩大解释的边界，将抽象的禁止类推解释规则通过案例分解为具有可操作性和规范性的刑法解释方法，即扩张解释应当坚持“语义最远射程”和“不违背国民可预测”标准，同时还需遵循符合立法目的的要求。

二、实践教学与方法教学相结合

马克思曾经指出：“一个时代的迫切问题，有着和任何在内容上有根据的因而也是合理的问题共同的命运：主要的困难不是答案，而是问题。因此，真正的批判要分析的不是答案，而是问题……问题却是公开的、无所顾忌的、支配一切个人的时代之声。问题是时代的格言，是表现时代自己内心状态的最实际的呼声。”[①] 对刑事审判的研究，应当密切关注自己的时代所面临的种种问题，其中尤为重要的是，在分析问题之中提炼具有规律性、指导性的裁判方法。

本书总结了常见多发案件的裁判方法，从多个争议个案中归纳普遍性、典型性问题，对经过实践检验的、优秀的审判经验进行总结提炼和理论加工，将审判智慧变成其他法官可以普遍使用的裁判方法。通过类案裁判方法总结的方式，帮助大家汲取丰富的审判经验，力争形成统一的法律思维，养成专业化的审理思路。例如，对盗骗交织型侵财犯罪的认定，本书根据实践情况，将裁判方法归纳为如何确定转移占有的主要行为手段，裁判时应径直切入“转移占有”的关键事实环节，以行为人实施的转移占有的关键行为认定罪名，如针对“自然人控制（占有）的财物”实施的侵财犯罪，应当根据取财的主要手段究竟系秘密窃取还是被骗后主动交付加以认定，若为前者则认定为盗窃罪，若为后者则认定为诈骗罪；但对“数字技术控制

① 中共中央马克思恩格斯列宁斯大林著作编译局编译：《马克思恩格斯全集（第一卷）》（第二版），人民出版社 1995 年版，第 203 页。

（占有）下的财物”实施的财产犯罪的定罪，可以考虑将据以定罪的关键事实环节适度前移，可以行为人“非法获取”被害人的银行账号及密码或者同类数码介质的行为作为认定犯罪性质的事实依据等。又如，在轻微暴力致人伤害类案件中，常见争议集中在行为人的主观方面之认定，本书选取真实且存在较大争议的案例，从中提炼故意、过失、意外事件的认定标准。教学重点不仅在于不同罪过样态的法定区分标准，更在于如何根据客观证据推定行为人的主观认知。

三、司法传承与守正创新相结合

坚持创新思维，就是要跟着问题走、奔着问题去。准确识变、科学应变、主动求变，才能在把握规律的基础上实现改革创新，不断推动事业向前发展。刑事审判现代化需要以深化司法体制综合配套改革为抓手，加快推进刑事司法体制机制现代化。刑事司法现代化是从传统到现代的转型，这决定了刑事司法应当具备两大基本品质：传承与发展。本书对刑事审判制度的研究，也坚持提升司法传承与守正创新的融合度。

在司法理念上，面对我国刑事犯罪结构发生重大变化，抢劫、杀人、放火等严重暴力犯罪数量持续下降，危险驾驶、盗窃、帮助信息网络犯罪活动罪等轻型犯罪数量大幅上升的情况，我们应当更新刑事司法理念，充分发扬“以人为本”的慎刑思想，融合好治罪与治理，贯彻好宽严相济刑事政策，将刑事审判工作放在国家治理体系和治理能力现代化的框架下去思考。比如，对于轻微暴力致人伤害案件、危险驾驶案件等常见多发的轻罪案件，本书围绕如何区分行为故意和结果故意、如何区分间接故意与有认识过失、如何甄别意外事件、如何限定抽象危险犯的入罪范围等理论问题，阐释刑事审判应如何坚持宽严相济刑事政策等。通过典型案例、研判观点及说理等，本书将在个案中贯彻刑事政策的理念生动地展现出来，切实提升学习者对疑难案件审理思路的掌握和运用能力。

在审判方法中，本书创新性地提出证据链条的构建方法，将抽象的刑事证明标准与具体的证据链条相融合，根据案件侦破的一般规律和流程，结合各类案件的不同证据要求，按照是否分类、分为几类，以及设定何种环节、确定何种排列顺序等方式来进行构建。换言之，在合理分类的基础上，根据某类案件侦破需要哪些环节、各环节对应何种事实、该事实常见的证据种类有哪些等，构建从案发到定罪量刑的各个环节对应事实的证据链条，以提升学习者对刑事证明标准的理解和适用。

此外，本书提炼总结了涉众型案件审判、一体化调解方法、刑事判前评估等生动实践，这些实践内容既是对优良司法传统的传承，也是结合当前实际情况作出的群众工作创新举措，将如何做好新时期群众工作这一主题具象化为可操作、可复制的工作方法，帮助学习者掌握工作要点，培养综合性司法能力。

新学科的建设是逐渐积累和持续完善的过程。本书是全国首本以刑事审判学为研究对象的专业性教材，其体系结构与内容编排可能还有需要继续完善和不断改进的地方。本书会根据刑事审判制度及刑事司法实践的发展，进一步完善和优化。希望学界同仁及各位读者批评指正。

本书编写组

2025 年 6 月 6 日

目 录

第一部分　理念编

第二部分　实体编

第三部分 程序编

第四部分　实操编

第一部分

理念编

第一章　刑事审判学概论

本书是一本主要研究刑事审判制度及刑事审判实践的应用法学教材，其核心内容是对刑事审判学的系统研究和归纳。本书对刑事审判制度的发展、刑事审判的性质、刑事审判的政策、刑事审判的原则、刑事审判的实体及程序规则、刑事审判中的实践要点等问题进行了系统论述和分析，将刑法理论与刑事实务连接起来，打通理论法学与应用法学间存在的隐形鸿沟。本书的特色在于，运用思辨、比较、实证等多种研究方法，在比较各国刑事审判制度的共同改革发展特点的前提下，对我国刑事司法制度的基本规律进行总结，对刑事司法改革的目标和方向作出展望。

第一节　刑事审判学的研究对象

习近平总书记强调，要"推进学科交叉融合和跨学科研究，构筑全面均衡发展的高质量学科体系"。[①] 法学教育作为实践性很强的学科，要处理好理论教学和实践教学的关系。但是，传统法学教育与司法实践脱节制约了法治人才的有效供给。"司法裁判的本质是法官运用专业知识，结合个案证据进行判断，并据此决定法律适用的活动，这些知识既包括文字记载的原则、规则及其演绎出来的裁判规范，也有难以完全用语言表达的'无言之知'，这种司法隐形知识来源于实践和经验的积累，为保障司法质量以及民众对裁判的公正感受，这些'无言之知'需要被有效分享和传递。"[②] 对此，需要深化院校合作，拓展法学实践教学内容，通过学科创新、合作模式创新，促进法学教育与法治实务的深度交融。《刑事审判学》的目标就是在上述理念下进行学科创新与教学创新，力图构建以刑事审判学为核心的学科，该学科的设立，就是立足于刑事一体化发展的视角，对应用法学的系统总结，为学生

---

① 习近平：《加强基础研究 实现高水平科技自立自强》，载《求是》2023 年第 15 期。

② 贾宇：《新时代司法机关与法学院校共同培养法治人才的实践与思考》，载《中国应用法学》2024 年第 3 期。

搭建沟通刑事审判理论与实践的桥梁，解决理论学习与法治实践在某种程度上存在的错位与脱节问题。概言之，本书的研究对象是刑事审判制度和刑事审判活动。

审判是国家解决纠纷的专门活动，所谓刑事审判，是指法院在控辩各方及其他诉讼参与人的参加下依照法定程序，对刑事案件进行审理并作出裁判的活动。刑事审判活动，[①]也是裁判者依照刑事法律对刑事案件作出裁决的具体过程。刑事审判学就是以刑事审判制度和刑事审判活动为研究对象，揭示刑事审判规律、总结刑事审判方法、提炼刑事审判规则的兼具理论性与实践性的新学科。从认识论的角度看，可以将法学知识区分为理论法学与应用法学。二者作为法学学科组成部分有机结合构成法学体系，共同服务于法学发展。从动态意义上讲，法学发展的过程是由理论法学到部门法学的进程，即将部门法理运用到应用法制度。遵循着由抽象到具体、由理论到运用的进程。其中，方法论的总结是从理论到实践的重要路径。

从课程开设对象看，刑事审判学是一门为刑法专业法学硕士或法律硕士开设的刑法课程。本课程的预设前提是，听课的同学已经在本科阶段系统地学习过刑法、刑事诉讼法等基本课程，本课程的开设，是希望通过系统学习，帮助学生掌握关于刑事法律具体运用的基本原则和方法，实现从“学院”到“法院”的能力锻炼与提升。本书认为，本科生与研究生在学习上的主要区别在于博与专，因此本课程主要以提升更加专业性的审判能力为目标。“法律工作要立足科学臻于艺术，没有实践的历练，是不能出神入化应用法律的。”[②]刑事审判的艺术性，不仅在于掌握刑事法律知识本身，更在于需要经过长期学习和实践来掌握刑事审判的一般理念、原则、方法，以及在审判实践中贯彻这些理念、原则、方法时所表现出来的令人满意的良知。[③]本书着力于为学生阐释刑事审判实践活动的普遍规律和运行逻辑，并以方法论提炼为基础，既为理论法学与应用法学搭建沟通的桥梁，也为刑事实体法与刑事诉讼法的衔接提供融合路径，帮助学生提升具体的刑事司法能力。

基于此，本书的研究对象包括以下内容。

一、刑事审判制度

刑事审判是刑事诉讼最重要的职能之一，正是通过刑事审判程序，刑事法律所

---

① 本书中，刑事审判指法院对公诉案件及自诉案件的审判。

② 王新清：《法律工作要立足科学臻于艺术》，载《检察日报》2018 年 4 月 24 日，第 3 版。

③ 参见南英、高憬宏主编：《刑事审判方法》(第二版)，法律出版社 2015 年版，第 8 页。

追求的惩罚犯罪、保障人权、维护法益等目标才得以最终实现。相应地，刑事审判制度也是各国司法制度中最重要的一环，是培养刑事审判能力不得不学习的重点。

通常来讲，刑事诉讼法学科对审判制度的介绍偏重于审判模式。如有的观点将审判模式归纳为对抗式审判和纠问式审判。前者系侧重于由争端双方通过自行攻击的方式解决争端的制度或者由若干名具有代表性的公民发现事实真相的制度，通常具有法官保持消极仲裁者地位、控辩双方主导证据的提出和事实调查、被告人享有最大限度的沉默权、构建交叉询问的质证程序、组成陪审团审理等特点。后者系侧重于为作为裁判者的法官保留较多的司法调查职责，建立在“职权调查原则”与“实体真实原则”基础上的制度，通常具有法官主导证据的提出和事实调查、建立以参审制为基础的审判模式、赋予被告人有限的沉默权等特点。①

本书对刑事审判制度的研究，不同于以往刑事诉讼法学科对刑事审判模式的介绍或分析，更加侧重于对刑事审判制度的价值目标、基本架构、运行逻辑、实践理念等内容进行教学。既要对我国刑事审判制度的建立、完善、优化的发展脉络进行分析，也要与国外主要国家的刑事审判制度进行比较分析，从中总结出更具规律性和实践性的内容，为刑事司法能力培养提供实践养分。在具体教学时，本书也注重从价值论的角度对刑事审判制度的内在价值（公正）、外在价值（效率）等进行分析。从内外价值统一的视角看，刑事审判既要及时地对违法犯罪的人科处相应的刑罚，以实现报应主义视角下的个体公正，也要实现罪责刑相适应践行司法公正，以实现犯罪预防视角下的社会公正。

二、刑事审判规律

刑事审判活动从本质上讲，是将刑事法律运用于个案的三段论推理过程，其运行既要遵循法律的理论理性，也要遵循实务中的实践理性。本书以总结刑事司法过程中的理论理性与实践理性等具有普遍指导意义的基本规律为主要目标。在刑事审判中，把握规律性的内容，“可以解决不断出现的新问题，应对各类疑难复杂案件，使法律的内容不断丰富，生命力不断茂盛，具有适应复杂多变社会的‘自生能力’，弥合法律概括性与现实多样性之间的间隙和紧张……在维护法律安定性的同时，防止法律不被司法者背离和曲解，阻止法官武断和恣意，使案件能够得到符合公平正

① 参见陈瑞华：《刑事审判原理论》（第二版），北京大学出版社 2003 年版，第 262~272 页。

义理念的解决”[①]。结合刑事审判的推理过程，本书认为，刑事审判应当遵循以下基本规律。

首先，强调事实与情理的不断甄别和区分。事实的多样性使仔细区分各种情节成为必要。在刑事审判活动中，只有注意区别不同的情形适用法律，裁量刑罚，才能做到该宽则宽、当严则严、宽严相济、罚当其罪，确保裁判法律效果和社会效果的统一。对严重的刑事犯罪要依法从重处罚，但对于有法定从宽处罚情节的，要济之以宽；对较轻的犯罪要依法从宽判处，但对于有从重处罚情节的，也要济之以严，实现法律效果和社会效果的统一。

其次，强调法律和案件事实之间的不断往返和对照。“所谓法律适用，就是法官的目光在事实和规范之间往返穿梭的过程。”“刑事审判方法的使用者，心中应当永远充满正义，目光得不断往返于规范与事实之间。唯此，才能实现刑法的正义性、安定性与合目的性。”[②]案件的事实千差万别，法律规范的解释又相对概括，而且相互关联，在定罪量刑时，需要心怀正义，善意解释法律。要不断梳理事实，使之能与法规对应；合理归纳、提炼事实。要不断选择法律规范，使之与事实相称。量刑时要不断对照情节和法律，反复平衡。在往返对照时要心怀正义。需要明确的是，当遇到疑难问题的时候，要遵循“善”的指引。坚决杜绝在争议的案件中，先有一个结论，然后再去找应当适用的法律条文，看这些条文文字是否能照应案件的条件，这就是三段论的倒置或者倒置的三段论。

最后，强调不同价值和利益的不断衡量和选择。刑法疑难问题最后解决的标准，并不仅在于学说或案例本身，也不在于法律的具体形式，而在于价值衡量与利益选择，越能够使这个社会的人们得到最大生活利益的主张，越有其法律上的正当性。[③]具体来讲，需要学会对案件事实中所涉及的各种利益进行价值评估与价值比对，在价值权衡领域，比较突出的是公共利益优先、道德良俗优位、基本权利保障与弱势群体保护等问题。利益权衡的过程其实就是价值判断和价值选择的过程，这个过程需要在实践中总结和提升。

---

① 南英、高憬宏主编：《刑事审判方法》（第二版），法律出版社 2015 年版，第 5 页。

② 张明楷：《刑法分则的解释原理》，中国人民大学出版社 2011 年版，第 1~3 页。

③ 参见黄荣坚：《刑法问题与利益思考》，中国人民大学出版社 2009 年版，第 1 页。

三、刑事审判方法

方法是人类认识客观世界和改造客观世界应遵循的某种方式、途径和程序的总和。黑格尔认为，方法是关于逻辑内容的内在自身运动的形式的意识。马克思主义认识论和实践论认为，方法就是主体在认识世界和改造世界的实践活动中为达致对某一问题的认识和解决所遇到的问题而采取的相应步骤和方式。在法学领域中，法律方法是指法律职业者共同体或法律人适用法律、从事法律职业活动的技术、方法，包括思维方法和工作方法。法律方法作为一种规范的科学，有着特殊的思考形式，既有价值导向的思考，也有体系性的思考，法律的生命在于理解、解释和适用。所以，法律方法不仅着力于正确地发现和实现法律，还关注法律的解释、事实的发现，寻求个案处理的结论；法律方法的运用是一种“技术”活动，它重视逻辑，讲究程序模式。[①] 本书也以刑事审判方法为主要研究对象。刑事审判方法是刑事审判过程中一种普遍适用的规则，其对类型化的案件具有普适性，其关注的重点是普遍意义上的正义和公平。

与探究个案的裁判标准不同，本书以追求类案同判为目标，旨在总结提炼类案裁判所应共同遵循的价值选择标准、法律适用标准、法律适用逻辑，努力追求法律适用的确定性、一致性、连续性，避免类案不同判等问题，让法律宣示的正义普照在刑事诉讼的过程之中。法律的实践性，主要体现在裁判者要适用具有高度抽象性的法律解决具有高度具体性的个案，刑事审判中，在认定事实与法律适用的过程中，刑事法官需要运用特定方法和技术，通过令公众信服的解释方式和裁判逻辑，在实现法律规则与个案事实有效对接的基础上，向公众彰显法条背后的价值，以实现法律的指引、教育功能。要做到这一点，就需要消弭不同裁判者的个人能力、知识背景、生活经历等个性化因素，为裁判者提供一种具有普遍指导价值的方法论。

本书以总结提炼实践中的工作方法为目标，将其作为探索刑事法学理论发展的动力，以实践中的积累沉淀作为法学理论与司法实务之间的纽带和桥梁，期冀以实务法学来推动理论法学与应用法学的共同发展。

四、刑事审判能力

正确适用法律、依法裁判是司法公正的前提。科学、规范、统一的法律适用方

---

① 参见南英、高憬宏主编：《刑事审判方法》（第二版），法律出版社 2015 年版，第 6 页。

法和刑事司法能力，是维护适法统一、提高司法公信力的基本保障，是提高审判效率、有效化解社会矛盾、促进和谐司法的基础。刑事审判涉及公民生命财产与人身自由是否被剥夺等重大问题，刑事审判能力直接决定刑事审判效果。刑事审判能力是综合性的司法能力。本书根据实践需求，依据刑事诉讼的关键环节，将刑事审判能力具象化为法律适用能力、庭审驾驭能力、文书制作能力和群众工作方法，并结合个案裁判与实践难点，向学生开展如何提升四大刑事审判能力的实践教学。

同时，公正性是司法活动最本质的追求，公正性最直观的体现是法律适用是否统一。但现实中很难有绝对相同的两起案件，苛求个案裁判结果的绝对统一既不现实，也不符合司法规律。适法统一应是法律适用的相对统一，即“同类案件裁判结果的大体一致性”与“不同类案件裁判结果的相互协调性”，通过追求“类案同判”来实现司法公正。要实现类案同判，就需要提升裁判者的整体司法能力，具体而言，通过教学，使学生汲取丰富的审判经验，推动形成高质量、同质化的法律思维，养成专业化的审理思路，消除司法能力参差不齐带来的适法分歧。

第二节　刑事审判学的研究方法

刑事审判学是兼具理论性与实践性的新兴学科，在开展教学时，遵循法律研究的多元化研究视角和多维度研究方法。具体而言，本书借鉴了以下研究方法。

一、案例研究方法

案例是法学研究的主要实践资源。我国传统的刑法学研究都是以刑法的法条为中心展开，这与我国长期存在的司法解释制度有很大关联性。但是，案例对法律适用的重要性是不言而喻的。个案中形形色色的法律适用难题，是法学研究的重要宝库，因此，深入的刑法学研究必然会把视角投向案例。2010 年，我国建立了中国特色的案例指导制度，最高人民法院颁布的指导性案例在下级法院审判过程中具有了参照效力。该项制度的确立，也进一步提示了案例研究的重要性。要增强对刑事审判研究的实践性，必须在保持问题意识的基础上，深入挖掘案例资源，从案例中提炼具有类案指导价值的法律适用难题，再依据法学理论提炼总结对该类问题的解决思路，这种方法论的提炼不是对个案裁判标准的提炼，而是立足于刑法理论对类案裁判方法的系统提炼，其内涵包括裁判价值选择、法律适用原则、个案裁判规则等。刑事法官以适用《刑法》和《刑事诉讼法》为己任，不以评价现行法、批判法律漏洞为目的。研究刑事审判方法应当以法律适用中的实践问题为中心——从个案问题上升到类案视角，要以实践中案例反映出的疑难问题不断丰富法律的内涵，同时，再以法律的规范适用来指导实践中疑难案件的裁判，即以公平正义的法学理论指导法律的具体适用，真正实现法学研究领域的“从案例中来，到案例中去”。

传统法学教育偏重理论法学基础问题研究，不同程度地忽略了应用法学研究。本书中对类案裁判方法的总结，则较为注重推进应用法学的系统化构建，侧重于对法律实施过程的研究，具有更强的实践性、应用性和针对性。相关讨论坚持问题导向，要求法官以成熟案例为基础加强理论思考，从司法的动态视角研究法律适用的方法、技术、原则、规律等内容，形成兼具实践指导和理论引领价值的审判指南。在本书实体、程序、实操等内容的编排中，强调要以典型案例为基础，找准某类案件的审理难点或要点，再以此为基础，总结某类案件在审理中已经达成共识的价值取向、基本思路和审理步骤，同时，对审理方法的归纳要有完整性和逻辑性，以此提升类案总结的指导性和普适性。

二、比较分析方法

比较分析方法是本书对刑事审判制度的重要研究方法。本书既对我国刑事审判制度的历史脉络进行了分析，也对国外部分国家的刑事审判制度进行了梳理介绍并做比较对比分析。在历史分析中，重点阐述我国刑事审判制度一脉相承追求实质公正、慎刑恤罚等优良司法传统，传承和发扬上述优良刑事司法传统的现代适应性和深厚的影响力。在比较分析中，重点分析各国刑事审判制度的现状及优缺点。在进行历史分析和比较分析的基础上，详细分析新时代中国特色社会主义刑事审判制度的创新与发展。

在具体分析中，重点做好理论与实践相结合。比如，本书对近年来人民法院以审判为中心的刑事诉讼制度改革探索进行总结，并结合审判实践，对诉讼制度改革的完善方向进行探索。在研究具体问题时，立足于《刑事诉讼法》的基础理论，探索具有可操作性的解决方案。

同时，也做好借鉴与创新相结合。比如，对于实践中存在的难题，本书对国内外的刑事诉讼制度改革经验进行了对比研究，并结合我国实践，提出有针对性的完善方案。针对我国刑事证明标准的理解适用问题，提出“证据确实充分”的证明标准存在容易导致对口供过度依赖、在疑罪上存在被人为降低标准的可能、欠缺层次性导致出罪困难等现实问题。但对该问题的解决，并不能纯粹照搬西方的证明标准，而应合理解释《刑事诉讼法》关于刑事证明标准的相关规定，吸纳“排除合理怀疑”证明标准，将其作为“证据确实充分”的适当补充，进一步强化刑事法官对无罪推定和疑罪从无原则的重视，以及指导刑事法官注重对证据主观性的审查判断等。

三、价值分析方法

“法学研究虽不能说主要的研究路径就是价值判断，但价值判断问题却是法学研究中难以避免的情形。可以从一定程度上说，价值已经融入了法律的肌体之中，没有和价值完全分离的法律规范的存在。因此，法学研究者不可能对引发争议的价值冲突视而不见，也不可能如机器人般对正义诉求无动于衷。”[①] 如上所述，刑事疑难问题的最后解决标准，就是价值衡量和选择，因此本书的研究也需要适用价值分析方法。

具体而言，相关价值衡量体现在以下几个方面：一是在刑法解释中，需要确定刑法中某个罪名的规范保护目的，在此基础上选择采用形式判断或实质判断，揭示法律的真实含义。如果解释者根据刑法目的认为实质正义比形式正义更重要，就可以在不违背罪刑法定原则的前提下采取扩张解释的方法，以尽可能有力地打击犯罪；反之，如果解释者认为形式正义更重要，则可以更多地采取限制解释的方法，以尽可能限制刑罚权的发动。二是在确定罪与非罪、轻罪与重罪的时候，需要考量不同的利益和价值。刑事诉讼的任务是惩罚犯罪分子，保障无罪的人不受刑事追究。因此，刑事案件事实真伪难明的利益归被告人：定罪事实真伪难明时，应当宣判无罪。三是在量刑过程中选择适当的刑罚需要考量不同的利益和价值。在具体量刑时应当坚持罪责刑相一致原则，充分体现轻轻重重与宽严相济。在追赃挽损时要考虑平衡裁判的法律效果与社会效果，对涉众型集资诈骗案件的退赔责任的确定，应当合理平衡被告人的罪责大小与被害人的权益保障。在适用刑事强制措施时，要考虑被告人的人身、家庭的具体情形和公共利益之间的平衡。

---

① 胡玉鸿:《围绕法学研究方法的理论争议及其辨析》，载《政法论坛》2023 年第 3 期。

四、系统分析方法

法学研究中最重要的思维是坚持系统思维。《刑事审判学》对司法能力的教学，大量借鉴了系统分析方法。整体刑法学的研究是值得提倡的。李斯特曾提出整体刑法学的命题。我国著名学者储槐植教授也提出刑事一体化思想，在刑事法律研究中既要追求内在结构合理（横向协调），也要追求刑法运行的前后制约。作为法学研究的方法，系统分析方法与刑事一体化思想具有共同性，均强调从系统论的角度看刑事审判活动，要把《刑法》的适用置于整个法律体系和社会关系中进行分析和研究。

因此，本书对刑事司法活动的研究，不仅立足于《刑法》和《刑事诉讼法》等刑事法律，还注重从刑法之外、刑法之上考虑问题。比如，在刑事审判理念上，树立了“刑罚前从严”比“刑罚从重”更有利于控制犯罪的理念；在刑法适用中，既强调刑法原则、刑法规则的具体适用，也强调注重在刑事司法中融合刑事政策的要求；在犯罪治理中，强调要讲究联通、贯通、融通，刑事治理既要与国家治理格局相连，实现自治、法治、德治相得益彰，又要与国家法律体系相连，实现各尽其能、多能互补；在裁判过程中，对于刑民交叉等问题的处理，不仅应当依据《刑法》规定及刑法理论，而且应当参考前置法律规定及法理依据，在促进法秩序统一性的格局下开展刑事司法工作。

五、目的分析方法

法学研究的目的是解释成文法，因为成文法中有很多抽象性的、假设性的规定。要想把成文法的规则和理念运用到具体的案件中，弥合抽象的法律条文和具体案件之间的鸿沟，就必须通过教义法学解释法律，使法律能够得到符合立法精神的适用，从而实现良法善治这一最高的目标。[①] 对刑事审判活动的研究的主要目标是对各类刑事案件进行公正的裁判，其中离不开对法律条文的合理解释，因此，本书在教学时也围绕法律解释充分运用了目的分析法。

比如，在对定罪方法进行讨论时，本书明确了法定犯中法益侵害的判断依据，需要以前置法为基础确定《刑法》保护范围，如果前置法与《刑法》的规范目的不一致时，二者保护的法益不具有同一性，此时前置法对类似行为的规定不能成为

---

① 参见陈瑞华：《从经验到理论的法学研究方法》，载《中国法律评论》2019 年第 2 期。

《刑法》判断是否存在法益侵害的依据，即认为刑事违法性的判断具有独立性。典型的案例如发生交通事故后当事人逃逸的，相关行政法规规定逃逸的当事人承担全部责任，刑事认定时是否采用该项责任认定，需要结合立法目的综合考量。由于行政法规的制定目的是方便行政管理，鼓励不要逃逸，而刑事追责中对责任大小的认定是以对危害结果的实质性原因力大小为依据，以此确定刑事责任。二者立法目的不同，不能盲目地将行政法的规定沿用在刑法归责中。

第三节　刑事审判学的体系构建

综上所述，刑事审判学是以刑事审判制度和刑事审判活动为研究对象，揭示刑事审判规律、总结刑事审判方法、提炼刑事审判规则的兼具理论性与实践性的新学科，本书是一本全新的具有实务导向的教材，旨在引导学生或初任法官、助理将其学习的理论知识转化为审判实践的司法能力。在体系构建时应当与理论法学相辅相成，既要注重避免与刑法学、刑事诉讼法学等学科的内容重复，也要注重对《刑法》《刑事诉讼法》在适用上的指导性。本书与《刑法学》的区别在于，以专题形式对刑法的常见适用难点进行分析，重点在于提炼总结同类问题的裁判方法和要点步骤。本书与《刑事诉讼法学》的区别在于，并非对刑事诉讼流程进行阐释和说明，而是对刑事审判程序的改革要点及实践难点进行说明，以提升学生庭审能力为主要目标。所以，在内容编排上，本书既要有统领刑事审判的一般理念和原则，也要有做好刑事审判的具体方法；既要有指导刑事审判的理论基础，也要有价值衡量和裁判的具体规则。基于此，本书根据上述要求，设置了理念编、实体编、程序编、实操编四编。理念编阐述刑事审判制度的内涵与特点，说明刑事审判学作为独立学科的意义；介绍刑事审判的历史发展与基本理念、原则等。实体编详细阐述刑事审判实务中遇到的常见疑难问题及裁判方法和思路。程序编阐述刑事审判程序的改革要点与实践要求。实操编对刑事审判实务所需要的司法能力进行具体教学。具体内容编排如下。

其一，理念编，阐述刑事审判的基本理念，并介绍刑事审判制度与刑事审判学的基本范畴。本编共四章。第一章说明刑事审判学的研究对象、研究方法、体系构建，说明本书的教学对象，及其与关联学科的区别。第二章说明刑事审判制度的发展历程和比较，在梳理我国刑事审判制度发展脉络的基础上，对国外部分大陆法系和英美法系国家的刑事审判制度进行概述和分析，结合新时代刑事审判制度的改革重点，详细阐释我国刑事审判制度在新时期的创新与发展。第三章总结刑事审判的基本原则，主要从实体原则和程序原则两个方面进行教学。实体性原则为罪刑法定和罪刑相当，程序性原则为证据裁判和程序公正。第四章说明刑事审判的政策观念。刑事审判的政策观念可以归纳为坚持宽严相济、实现“三个效果”、贯彻实质解纷。

其二，实体编，对刑事审判实务中常见的疑难问题进行总结，对上海法院经过长期积累形成的实务观点进行梳理提炼。本编共九章，包括总则问题三章和分则问题六章。第五章为犯罪主观方面的司法认定，包含故意、过失、违法性认识等要素的判断方法。第六章为犯罪客观方面的司法认定，包含如何正确认定犯罪对象、行政犯的违法性、罪质罪量关系等。第七章为常见量刑情节的司法认定，对自首、立功、坦白的疑难问题进行梳理总结，同时对量刑规范化的要求进行说明。第八章为危害公共安全犯罪的司法认定，涉及对以危险方法危害公共安全罪、危险驾驶罪、重大责任事故罪中疑难问题的讨论。第九章为新型经济犯罪的司法认定。第十章为侵犯人身权利犯罪的司法认定，涉及轻微暴力致人伤亡犯罪、聚众斗殴犯罪等的审理思路及要点。第十一章为侵犯财产犯罪的司法认定，涉及侵犯财产性数据犯罪、盗骗交织型犯罪等的审理思路及要点。第十二章为妨害社会管理秩序犯罪的司法认定，涉及黄赌毒相关犯罪的审理思路及要点。第十三章为职务犯罪疑难问题的司法认定。

其三，程序编，对刑事审判程序的改革要点及实践难点进行说明。本编内容与《刑事诉讼法学》有所区分，其内容不在于对《刑事诉讼法》条文进行介绍，而在于对刑事审判程序的关键环节、改革背景、办案要求等问题进行说明。本编共三章。第十四章为以审判为中心的刑事诉讼制度改革，介绍改革背景、内容、完善方向。第十五章为刑事案件证据标准的构建与规则适用，介绍常见犯罪案件证据标准的构建与完善，依托“206 工程”中对证据链条和证据模型的探索和实践经验进行总结。第十六章为认罪认罚从宽制度的司法适用，涉及认罪认罚案件的审理重点及量刑建议审查等。

其四，实操编，对刑事审判的核心环节所需司法能力进行说明。本编共四章，分别为第十七章法律适用方法，涉及法律解释的方法；第十八章庭审驾驭方法；第十九章文书制作方法；第二十章群众工作方法，包括对刑事附带民事调解与刑事和解、轻伤害案件的一体化调解、刑事裁判社会效果评估等实践经验进行总结。

第二章　刑事审判制度的发展与比较

自中国共产党成立以来，我国刑事法治的中国道路、中国理论决定了现代化的中国刑事审判制度在本质上是具有中国特色的制度，其孕育于中国共产党领导的革命根据地，带有司法为民的红色基因，其发展经历了本土化过程，融合了中国传统法律文化与理念，具有鲜明的中国特色，其完善立足于国家治理体系和治理能力现代化需要，具有强烈的实践性。本章对我国古代刑事审判制度的历史演变进行了介绍，比较了中外刑事审判制度的发展历程，总结了新时代中国刑事审判制度现代化发展的历程与特点。

第一节　我国古代刑事审判制度的历史演变

一、秦汉时期的刑事审判制度

在中国法制史上，秦朝奠定了中国古代法律制度的基础。秦朝时，法家思想盛行，强调法律的绝对权威与统一性。在秦朝，审判权由中央和地方两级司法机构共同行使。中央设立廷尉，是最高常设审判机关，负责审理地方的上诉案件，并审理皇帝交办的案件。廷尉之下设御史、丞相、太尉等高级官员，协助廷尉行使审判权。地方上，郡守和县令既是行政长官，也是司法长官，负责审理地方的普通案件。总体来看，秦朝的刑事审判机构主要由廷尉、县令和乡亭长等官员组成。秦朝审判程序包括起诉、审理和判决三个阶段。起诉称“告”，可由原告或被告提出，方式有当事人或亲属告发、官吏纠举。重大案件受害人亲属、邻里需主动告发，否则连坐。秦朝严惩危害社会秩序犯罪，如杀伤人、偷盗等，称“公室告”，官府必须受理；家庭成员内部案件，如“子盗父母”等，称“非公室告”，不得告发，官府不受理，坚持控告或诬告者将被治罪。审理流程是审判机构对案件进行调查和辩论，目的是确定案件事实和适用法律。判决是审判机构对案件进行最后裁决，决定被告人的罪责和刑罚。

汉代初期，“春秋决狱”的审判方式崭露头角，体现了儒家思想对刑事审判的影响。这种方式要求审判者不仅要熟悉律法条文，更要深谙儒家经典中的道德理念，以实现情、理、法的有机结合。汉代司法实践中，董仲舒将《春秋》引入刑事审判程序，对汉代的刑狱律法产生了极大影响。汉代的刑事审判大体经过“告辩”“讯”“鞫”“论”四个部分。“告辩”是汉朝创设的一项审判制度，它要求审判者在审讯开始前，必须向当事人、诉讼参与人告知有关法律规定，包括当事人诬告及作伪证的法律后果等。“讯”相当于现代法庭调查，主要讯问被告人、原告及证人，记录供词与证言。审判者遵循“五听”原则，让当事人陈述案情，观察其心理状态，寻找矛盾。追问证词，直至当事人“无解”。“鞫”，是指审判官员对案件调查的结果，也就是对审理得出的犯罪过程与事实简明地归纳总结，类似现代审判的法庭认证。审判官将总结归纳确认的案件事实向被告人宣读，称“读鞫”。“读鞫”完毕进入“论”，这一阶段也就是判决，在这一阶段审判官根据相关法律规定确定被告人是否构成犯罪、构成什么犯罪及应该受到什么样的刑罚惩罚。

二、隋唐时期的刑事审判制度

隋唐时期，中国封建刑法进一步发展，全面规定了各种犯罪，改革刑罚制度，刑罚方法逐渐简化、宽缓，封建五刑逐步定型。

隋朝时期，统一的司法制度体系与诉讼审判制度逐步建立起来。中央常设司法机关包括大理寺、刑部、御史台。大理寺负责司法审判事务、法律培训教育及监狱管理；刑部除负责中央的司法行政事务外，还兼掌徒流刑案件的复核；御史台为中央最高监察机关，监察文武百官并纠举、弹劾其违法犯罪行为。隋朝颁布了《隋律》(《隋刑统》，也称《十五条律令》)，将原本分散在各地的刑法规定统一成一部刑法典，使全国的法律规范得以一致化；取消了原本州、郡一级的刑事审判，而将其下放到县一级；采取了严厉的刑罚手段，包括笞、杖、流、徒、死等多种刑罚，其中以死刑为最高刑罚，使司法威慑力得到了提高。

唐代律令制度体系不只在中国法律史的发展演进中占据首要地位，也对东亚国家和南亚国家的法律儒家化产生了重要影响。唐朝刑事审判制度的指导思想是“德主刑辅，礼法合一”，注重发挥法律和礼制在国家政治生活中的重要作用。[①] 唐朝从中央到地方，自上至下建立了完善的司法机构，分别负责审判、复核、监察等，相互监督。唐朝的中央司法机构为大理寺、刑部、御史台。大理寺是最高的审判机构，主要负责审理中央百官及徒刑以上案件，以及复审刑部判定重审的地方死刑案件。刑部负责复核大理寺、地方上报的刑事案件，并受理在押犯的申诉，特殊情况下有权参与重大案件的审理。御史台作为中央监察机构，负责为皇帝监察上至中央、下至地方百官，并参与重大案件的审理，对刑部、大理寺的工作有监察权。唐朝地方司法附属于行政机构，以州县为主，辅以乡间官员。州县设专人处理刑、民案件，乡间官员可协调民事纠纷，不服可上告县机构。刑事案件直接报县处理。唐代统治者非常强调慎用刑罚，据《贞观政要》记载，贞观元年（公元 627 年），太宗曰：“古者断狱，必讯于三槐、九棘之官，今三公、九卿，即其职也。自今以后，大辟罪皆令中书、门下四品以上及尚书九卿议之。如此，庶免冤滥。”

三、宋元时期的刑事审判制度

宋元时期的刑事审判制度既继承了前代的传统，又在特定的社会、政治背景下进行了创新。

宋朝沿袭唐制，中央设大理寺、刑部、御史台为司法机关。太宗淳化二年（公元 991 年），为加强司法控制，增设审刑院。后于神宗元丰三年（公元 1080 年）改革官制，裁撤审刑院，职权归刑部。此后，凡奉皇帝诏命所立案件，由朝官临时组成制勘院审断；由中书省下令所立案件，由诸路监司及州军等派官临时组成推勘院审断，从而保证了皇帝对重大案件的直接控制。此外，枢密院有权参与军政案件的审判监督，三司及户部有权参与财政赋税案件的司法审判。宋朝地方实行州府、县两级制，仍由行政长官兼理司法。各县有权审判杖刑以下案件，徒刑以上案件须将审理意见报送州府判决。各州有权审判徒刑以上案件，但死刑案件须上报提刑司复核，重大疑难案件要上报刑部，由大理寺审议，或经皇帝裁决。太宗淳化二年（公元 991 年），在州县之上增设路一级提点刑狱司，作为中央派出机构，主要监督本路司法审判活动，复核州县重大案件，监察劾奏州官违法行为，以加强中央对地方

---

① 参见孙钊：《唐朝刑事司法制度的历史渊源》，载《兰台世界》2013 年第 23 期。

司法审判权的控制。[①] 宋朝刑事案件有听狱之限。宋朝刑事案件分大、中、小，设“听狱之限”要求结案。太宗时，大理寺、审刑院、各州有不同的结案期限。哲宗时，按案卷纸张数定标准：大事二十缗以上，中事十缗以上，小事不满十缗。大理寺、刑部及京师等复审期限亦有大、中、小之分。宋朝实行鞫谳分司制度，将审讯和判决分离，由不同官员执掌。中央和地方均设专门机构，强调两司独立行使职权，有利于互相制约和正确适用法律。整个宋代的刑事诉讼审判制度贯穿了一个突出的特点，即在各有细致分工的同时强调集体参与、集体负责，以实现互相牵制，这也与宋朝的政治统治格局相适应。

元朝的中央司法机关由大宗正府、刑部、御史台、宣政院等组成，有多元化趋势。元朝地方司法权分散于行省、路、府州、县等多级机构。元朝诉讼制度最明显的特点之一，就是诉讼法在法典中独立成篇。元代以前的法律中，没有“诉讼”专篇。而从《元史·刑法志》《元典章》《事林广记·大元通制》等的记载可看出，《诉讼》已在元代法律中独立成篇。它与唐律的《斗讼》《断狱》相比，有两点变化：第一，民事诉讼与刑事诉讼、程序法与实体法已有了初步分离的趋势。如对民事诉讼当事人一般不羁押，军官、巡检、出使人员不得接受民讼，推官专管刑狱，正官专理词讼等。第二，它规定了一套较为严格的诉讼制度。如代诉和“诉状”的格式等。元朝的“恤囚”制度也有所发展，实行轻重异处，男女异室，有病者给医药，病重者去枷锁杻等。

四、明清时期的刑事审判制度

明朝时期，随着社会经济的蓬勃发展和政治体制的不断调整，刑事审判制度也经历了重大的变革与创新。明朝中央正式的司法机关是刑部、大理寺、都察院，合称“三法司”。明朝中央三大司法机关的组织形式虽然与唐宋基本相同（只改御史台为都察院），但各自的具体分工有所变化。刑部，专司审判之职，负责受理地方上诉案件、审核地方徒刑以上重案、审理京师地区和中央百官的案件。大理寺，掌复核，凡刑部所审案件，都须将案卷连同罪犯移送大理寺复核。都察院，又称“风宪衙门”，掌纠察，对官吏的违法失礼行为有权纠察弹劾。[②] 明朝地方政权分为省、

---

① 参见刘长江：《宋代法政体制述论》，载《西南民族大学学报（人文社科版）》2005 年第 11 期。

② 参见杨永红：《明朝的司法制度》，载中国法院网 2023 年 11 月 29 日，https://bjgy.bjcourt.gov.cn/article/detail/2011/09/id/883207.shtml。

府、县三级。府、县长官知府、知县亲理狱讼事务。在省专设提刑按察使。提刑按察使有权处决一省徒刑以下案件。徒刑以上案件须报送中央刑部审核批准。明初在各乡设“申明亭”，由本乡人推举公直老人三五名，报官备案。本乡有纠纷小事，由老人主持，在申明亭调解。还规定调解时可用竹篦责打当事人。调解后不愿和息，可再向官府起诉。明中期以后，申明亭等制度逐渐废弛。[①]

清朝刑事审判最大的特点就是继承了明朝的政策，并在其基础上有所发展。清朝参照《明律》编纂了《大清律》，附例不断增多，法典内容也逐渐丰富和完善。[②]清代沿袭明代制度，中央设立刑部、大理寺和都察院（又称“三法司”）作为最高司法审判机关，在形式上既听命于皇帝，又互相制衡。清代地方司法机关分为四级：州（县）为第一审级，有权决定笞、杖刑案件，徒刑以上案件上报；府为第二审级，负责复审州（县）上报的刑事案件；省按察司为第三审级，负责复审各地方上报的徒刑以上案件，并审理军流、死刑案的人犯；总督（或巡抚）为第四审级，有权批复徒刑案件，复核军流案件，如无异议，定案并谘报刑部。中央的刑部下设十八清吏司，按当时的省置分别管理审判事务。[③]另外，哀矜折狱，无枉无纵，是清朝刑事审判中司法官员应当遵循的司法理念。哀矜折狱，指的是司法官员必须本着人道精神，以“将心比心”的同情态度来听讼折狱。司法官员必须想一想：被告何以犯罪？有何特殊情节必须斟酌？有无值得宽宥的情节？裁判是否罪刑相当？唯有如此，方能实现让罪犯“口服心服”的司法理想。足见，所谓“哀矜折狱”，既不单是把事实搞清楚，亦不仅是把案件判了，即可了结案件。事实上，此理念还包含了更多的道德意蕴，对司法官员也提出了更高的道德要求。无枉无纵，包含两层意思，既不得冤枉无辜者，也不能放纵有罪者。

第二节 新中国刑事审判制度的发展历程

新中国的刑事审判制度，是在中国共产党领导下的红色根据地开创，在抗日战争时期的陕甘宁边区发展，在解放战争时期的解放区形成，中华人民共和国成立后，刑事审判制度经历了调整与挫折、破坏与重建，最终在改革开放后，在适应我

---

① 参见孙光妍：《中国传统法之和谐价值研究》，黑龙江大学 2006 年博士学位论文。

② 参见阎崇年：《清代法制简论》，载《社会科学辑刊》1989 年第 4 期。

③ 参见胡常龙：《死刑案件程序问题研究》，中国政法大学 2003 年博士学位论文。

国国情的基础上，走向制度化、科学化，并沿着中国特色社会主义法治道路越走越稳。进入新时期，在习近平新时代中国特色社会主义思想的引领下，刑事审判制度进一步完善，开创了众多新型纠纷解决机制，使刑事审判制度更加具有中国特色。

一、延安时期的刑事审判制度

延安时期，党中央一直将司法机关和司法制度的建设作为新民主主义政治建设的重要组成部分。在以毛泽东同志为代表的党中央的正确领导下，陕甘宁边区在司法机关和司法制度的建设上取得了巨大成就，尤其是刑事审判制度的建设与发展为维护边区正常社会秩序、保卫边区作出了重要贡献，并且为中华人民共和国成立后乃至新时代的刑事审判制度的完善与创新奠定了坚实的理论与实践基础。

延安时期，刑事诉讼的提起大致分为当事人或其亲属的自诉和政府机关的公诉两种类型。[①] 家庭或者邻里间的纠纷等轻微的刑事案件一般由自诉提起。对于较为严重的犯罪，通常由县政府“第三科”负责公诉，延安时期的边区区县大多并未设置专门的检察机关负责公诉，负责侦查的保安机关有时会作为公诉人出现，提出公诉意见，且得到了边区高等法院的认可。[②]

延安时期司法制度的一项重大创新就是马锡五审判方式，即马锡五同志在办案过程中所创造的一种便于群众诉讼、将走群众路线的方针灵活地运用于司法审判实践工作的审判方式。其也是延安时期刑事审判制度的重要组成部分，在刑事案件审判中多有应用，主要有以下几种具体的审判制度。

人民陪审制度。延安时期的人民陪审制度一种是受审判机关临时邀请，由有关机关、部队、团体临时派代表参加陪审，另外一种是由各人民团体选举陪审员若干人组成陪审组出席陪审活动。

公开审判制度。陕甘宁边区在审判过程中，原则上实行公开审判，除法律另有规定需进行秘密审判的外，允许群众旁听和发表意见。对于重大案件，还广为张贴布告、吸引群众参加，并将判决书印发区、乡、村广为宣传。公开审判制度，使审判工作受到了边区广大人民的监督，同时也“使群众受到了法制教育”[③]。

---

① 参见韩伟：《陕甘宁边区基层刑事司法实践与经验探析》，载《法律史评论》2021年第2期。

② 参见韩伟：《陕甘宁边区基层刑事司法实践与经验探析》，载《法律史评论》2021年第2期。

③ 蒲坚、赵昆坡：《中国法制史简明教程》，北京大学出版社1987年版，第504页。

就地审判制度。司法机关派出人员到出事地点、当事人所在地及其附近村庄进行审判，一般都是具有教育意义的案件、比较复杂的案件，或者带有普遍群众性的案件。就地审判的案件“从调查到审判，自始至终都有群众参加，密切联系群众，审判不拘泥于形式”[①]。

巡回审判制度。刑事案件中巡回审判的组织形式，一是由各级司法机关指派审判人员，定期深入基层，巡回审判各自辖区内的刑事案件，没有固定的巡回法庭组织，二是“由政府或法院设立专门巡回法庭或流动法庭，代表该级政府或法院外出巡回审判”[②]。

二、中华人民共和国成立初期的刑事审判制度

中华人民共和国成立初期，百废待兴，要努力加强人民民主专政的法律秩序，以实现政权的巩固与稳定，国家在此背景下着手刑事立法，创设新的刑事审判制度。各级人民法院遵循党的政策和单行法律，惩办反革命罪犯和其他刑事罪犯。1956 年 2 月召开的第三次全国司法会议提出，刑事审判要切实依照法律制度和程序办事，做到“正确、及时、合法”，坚持“以事实为依据，以法律为准绳”。1962 年 10 月召开的第六次全国司法会议在重申“实事求是，依法办案”的同时，提出“重证据，不轻信口供”等原则。在此基础上，最高人民法院于 1963 年 12 月召开了第一次全国刑事审判工作会议，会上进一步明确提出，刑事审判工作要执行法定制度和程序。可见，在中华人民共和国成立初期，最高人民法院已经开始注意总结实践经验，并积极倡导诸如“实事求是”“依法办事”“重调查重证据”等刑事审判理念。此时的刑事审判制度，培养了一批法治人才，为后来的法治建设提供了实践经验，也使刑事审判开始步入法治化轨道。

三、改革开放后的刑事审判制度

（一）改革开放后刑事审判制度的发展

党的十三大后，刑事审判制度的建设进入充实提高时期。1996 年和 1997 年分别修订了《刑事诉讼法》和《刑法》，确立了无罪推定、罪刑法定、罪刑相适应等

---

① 张希坡、韩延龙主编：《中国革命法制史》，中国社会科学出版社 2007 年版，第 427 页。

② 王申：《中国法制史》，浙江大学出版社 2007 年版，第 414 页。

原则，刑事法律体系更加科学严谨。1996 年，《刑事诉讼法》吸纳人民法院前期改革成果，确立了“控辩式”刑事审判方式，同时增设简易审判程序，完善第二审案件的庭审方式，改革死刑的执行场所与执行方法。这一时期，通过刑事审判制度改革，不断完善公开审判制度，切实保护当事人合法权益，刑事审判质量和效率得到了提高。

党的十五大以来，各级法院全面推进以审判公开为中心的刑事审判制度改革，研究试行庭前证据展示等制度，落实人民陪审员制度，充分适用简易程序提高庭审效率，改革死刑案件审判程序和执行方式，推行减刑假释前公示听证制度等，刑事审判制度取得全面发展。①

（二）刑事审判制度加强人权保障

2006 年，党中央将宽严相济刑事政策作为构建社会主义和谐社会的重要内容和推进社会治安综合治理的基本方针。最高人民法院召开第五次刑事审判工作会议，专门部署贯彻落实的措施。2007 年，最高人民法院收回全部死刑案件的核准权。2008 年以后，最高人民法院大力推进量刑规范化改革，促进了常见犯罪的量刑均衡和量刑过程的公开公正。2012 年，全面修改《刑事诉讼法》，设立刑事和解制度、未成年人刑事案件诉讼程序，确立疑罪从无原则和证据裁判原则，更加注重对犯罪嫌疑人、被告人权利的保障，加强对公权力的制约，增加了非法证据排除、对讯问过程进行录音或者录像等规定，进一步强化对当事人诉讼权利的司法保障。

改革开放后，在党的领导下，我国的刑事审判工作得到进一步加强，为经济社会和谐发展提供了有力的司法保障，为积极稳妥地深化改革，建立和完善中国特色的公正、高效、权威的社会主义刑事审判制度奠定了基础。

四、新时期的刑事审判制度

党的十八大以来，习近平总书记提出了一系列全面依法治国的新理念、新思想、新战略，创新发展了中国特色社会主义法治理论，对推进平安中国、法治中国建设作出了一系列重要指示，对刑事审判制度和刑事司法改革作出了一系列重要批示，为做好新时期刑事审判工作指明了方向，为人民法院发挥审判职能，依法打击

---

① 参见高憬宏、刘静坤：《建国六十年刑事审判事业发展历程与经验研究》，载《法律适用》2009 年第 12 期。

犯罪、保护人民群众人身财产安全提供了根本遵循。

（一）新时期刑事审判制度的完善与发展

2013 年 10 月举行的第六次全国刑事审判工作会议，是中华人民共和国刑事审判发展史上具有重要意义的一次会议，对刑事审判乃至整个审判工作发展都产生了重要影响。人民法院在以习近平同志为核心的党中央坚强领导下，认真贯彻党中央决策部署及中央政法委工作要求，紧紧围绕“努力让人民群众在每一个司法案件中感受到公平正义”目标，推动健全完善中国特色社会主义刑事审判制度。

2019 年 10 月，第七次全国刑事审判工作会议召开，强调新时代刑事审判改革应以习近平新时代中国特色社会主义思想为指导，坚持党的领导、服务大局、司法为民、公正司法。

（二）新时期的刑事政策

2004 年，中央政法工作会议上首次提出宽严相济的刑事政策。2006 年，党的十六届六中全会通过的《中共中央关于构建社会主义和谐社会若干重大问题的决定》进一步明确宽严相济刑事司法政策的内容。进入新时期，宽严相济的刑事政策得到进一步发展，刑事审判制度也得到进一步完善，如认罪认罚从宽制度便是宽严相济刑事政策在新时期的突出表现形式，犯罪嫌疑人、被告人自愿如实供述自己的罪行，对于指控犯罪事实没有异议，同意检察机关的量刑意见并签署具结书的案件，可以依法从宽处理。

（三）新时期实质解纷

党的二十大作出了“以中国式现代化全面推进中华民族伟大复兴”的重大决策部署。审判工作高质量发展是中国式现代化的重要组成部分。新征程上，全国各级人民法院全面贯彻落实党的二十大精神，就是要把实质解纷贯穿新时代审判工作始终，抓实“公正与效率”，做实为大局服务、为人民司法，以实质解纷展现人民法院的担当作为，以审判工作高质量发展服务保障中国式现代化。新时期“枫桥经验”的实践，是实质解纷理念的重要表现。这一经验被总结为“依靠群众，化解矛盾，促进发展，保持稳定”，并被广泛应用于全国各地的基层社会治理实践中。“枫桥经验”在刑事审判中主要应用于以下几个方面。

1. 注重调解

在刑事审判中，可以积极发挥调解作用，注重通过调解的方式解决纠纷。对于一些轻微的刑事案件，可以通过调解达成赔偿、补偿等协议，减轻司法审判的压力，同时也能够减少社会矛盾和冲突。

2. 群众参与

在刑事审判中，可以邀请案件相关群众参与审判过程，充分听取他们的意见和建议。这有助于增强审判的透明度和公信力，同时也可以增进群众对审判工作的理解和支持。

3. 准确把握犯罪态势发生的新变化

党的二十大以来，国民经济持续健康发展、社会大局持续稳定，我国被认为是世界上最安全的国家。同时，我们也要看到犯罪态势出现了一些新特点。一方面，严重暴力犯罪不断减少；另一方面，新型犯罪不断增多，犯罪手段不断翻新，某些犯罪的类型化和地域化明显，特定领域、特定地区和特定群体的犯罪突出。有些罪名入罪门槛降低，轻罪案件数量大幅上升。妥善应对犯罪态势新变化，发挥刑事审判预防犯罪、促进治理的作用，成为刑事审判工作面临的重要问题。

习近平总书记深刻指出，公平正义是政法工作的生命线，司法机关是维护社会公平正义的最后一道防线。[①] 进入新时期，公平正义的内涵有了新的变化，人民群众要求实体公正与程序公正相统一，公正与效率相协调。刑事审判工作必须顺应这一变化，积极推进刑事审判制度改革，各级法院要深刻认识新时代对刑事审判工作提出的新要求，把握时代脉搏，着力解决同新时代、新使命、新体制不相适应的理念性、政策性问题，运用现代科技手段，精准发挥刑事审判职能作用，着力抓好重点工作，促进新时代刑事审判制度现代化。[②]

（四）习近平法治思想指导下新时期刑事审判的工作特点

人民法院刑事审判工作实现现代化，切实跟上新形势需要，关键是坚持审判理念现代化。审判理念现代化的根本是学深悟透、融会贯通、深信笃行习近平法治思想，做到知行合一，要把马克思主义法治理论同中国法治建设具体实际相结合、同中华优秀传统法律文化相结合。

---

① 参见习近平：《坚持严格执法公正司法深化改革 促进社会公平正义保障人民安居乐业》，载《人民日报》2014 年 1 月 9 日，第 1 版。

② 参见周强：《坚持以习近平新时代中国特色社会主义思想为指导 努力把新时代刑事审判工作提高到新水平》，载《人民司法》2019 年第 34 期。

1. 同中国法治建设具体实际相结合

习近平总书记强调，法治当中有政治，没有脱离政治的法治。[①] 新时期刑事审判工作必须同中国的法治建设具体实际紧密结合，人民法院的刑事审判工作担负着绝对保障政治安全、政权安全、制度安全、国家安全，维护社会稳定、保护人民生命财产安全的重大政治责任。要牢牢坚持党对司法审判工作的绝对领导，绝对忠诚、听党指挥，坚决反对和抵制西方“宪政”“三权鼎立”“司法独立”等错误思潮，坚决反对一切削弱、歪曲、否定党的领导和我国社会主义制度的言行，坚决贯彻落实党的路线、方针、政策，确保党的主张、党中央的重大决策部署和习近平总书记对政法工作的重要指示、批示精神和要求不折不扣贯彻落实到具体审判工作中去，积极创新地通过实质解纷，捍卫、保障、促进党的绝对领导，不断厚植党的执政根基。

2. 同中华优秀传统法律文化相结合

中华文化从古至今一脉相承，积淀着深厚的法律文化，蕴藏着丰富的法律思想，使中华法系始终独树一帜、历久不衰，时至今日仍散发着独特的法治魅力。党的二十大报告指出：“弘扬社会主义法治精神，传承中华优秀传统法律文化，引导全体人民做社会主义法治的忠实崇尚者、自觉遵守者、坚定捍卫者。”新时期刑事审判制度同中华优秀传统法律文化相结合的具体内容表现如下。

一是坚持“民惟邦本、本固邦宁”的民本理念，在刑事审判实践中始终坚持以人民为中心的发展思想。

二是学习“出礼入刑、隆礼重法”的治国策略以推动依法治国与以德治国相结合，学习中华优秀传统法律文化中礼与法的关系，在新时代刑事审判实践中注重发挥道德规范的作用，实现“法安天下，德润人心”的良好社会效果。

三是传承“明德慎罚、德主刑辅”的慎刑思想，保障社会安定和谐，在司法中，既要以事实为依据、以法律为准绳，公正地裁断案件，审慎地判处刑罚，做到宽严相济，又要深入推动认罪认罚从宽改革，让人民群众透过慎刑感受到更多获得感。

---

① 参见中共中央文献研究室编：《习近平关于全面依法治国论述摘编》，中央文献出版社 2015 年版，第 34 页。

（五）习近平法治思想指导下新时期刑事审判的工作要求

1. 准确理解刑事政策，突出惩治重点

刑事审判肩负着维护国家安全和社会稳定的重任，但也不能因此而忽视刑罚的社会代价，不能不计成本地适用刑罚。要从维护国家长治久安、巩固党的执政根基的高度，把握社会治安形势和犯罪态势的新情况新变化，落实宽严相济刑事政策，精准适用刑罚，体现区别对待、轻重有别，努力用较小的刑罚成本争取更好的犯罪治理效果。要把党的领导和社会主义司法制度优势转化为公正高效审判、促进完善国家和社会治理的效能优势，从源头上预防和减少类案多发高发。①

2. 正确适用刑事法律，兼顾国法天理人情

司法与民意的关系是当前刑事审判工作需要准确把握的重大课题。司法机关要用自身的专业性来维护社会公平正义。坚持具体案件具体分析，把抽象的法律公正地适用到每一个案件中去。人民法院审判工作根本是为大局服务，为人民司法，就是落实习近平总书记提出的“努力让人民群众在每一个司法案件中感受到公平正义”等要求。②

3. 深刻认识刑法的社会功能，主动服务经济社会发展

要立足形势发展变化，主动回应社会关切，对电信诈骗、危害食品药品安全、污染环境、传销、残害未成年人、危害公共安全等群众反映强烈的犯罪，该出手时就要果断出手，依法予以严惩。要正确把握刑法的功能，把刑法作为维护社会秩序的最后手段，保持应有的谦抑性，根据形势需要及时调整完善司法政策，准确适用法律。因此，刑事审判工作要跟上、适应新时期新发展阶段形势任务要求，在审判理念方面要注重坚持治罪和治理并重。③通过充分发挥刑事审判的规范指引与价值引领功能，为经济社会发展提供刑事司法保障。

4. 严格遵循证明标准，依法惩罚犯罪、保障人权

冤错案件是司法公正的伤疤。要强化责任意识，始终保持一丝不苟、如履薄

---

① 参见张军:《学深悟透做实习近平法治思想 以审判工作现代化服务保障中国式现代化》，载《法律适用》2023 年第 10 期。

② 参见高洁、马知遥、袁秋岳:《公正与效率是永恒的工作主题——专访最高人民法院院长张军》，载新华网 2024 年 3 月 9 日，https://www.news.cn/politics/20240309/046293ae3f0f45fa8ab7e21ac96cda0b/c.html。

③ 参见张军:《学深悟透做实习近平法治思想 以审判工作现代化服务保障中国式现代化》，载《法律适用》2023 年第 10 期。

冰的审慎态度，坚持对法律负责、对历史负责，杜绝任何侥幸心理，杜绝脱离证据支撑的“内心确信”。要强化关口意识，履行好把关职责，对审前程序存在的问题绝不放过，切实发挥好审判对侦查、起诉的制约引导作用和二审对一审的监督作用。①

5. 深化司法公开，实行阳光司法

要推进刑事审判公开，不断拓展公开的广度和深度，主动接受当事人和社会各界监督，不断提高司法公信力。司法公开还要注重说理公开，要把司法公开作为价值引领的载体，把裁判文书作为法理与情理的连接点。说理时要注重兼顾国法天理人情，将法律的专业判断与人民群众朴素的公平正义观融合起来，坚持以严谨的法理彰显司法理性，以公认的情理展示司法良知。② 对社会广泛关注的案件要稳妥应对、主动发声，把案件办理过程变成提高全社会法治意识的过程。要以司法公开回应质疑，以公正裁判引领社会价值。

第三节 国外刑事审判制度的比较借鉴

刑事审判制度在维护社会秩序、保障公民权益方面具有重要意义，不同国家有着独特的制度设计和实践特色。英美法系和大陆法系作为世界上有影响力的法律体系，其刑事审判制度承载着深厚的法律传统和文化背景，并在不断演变和发展中相互借鉴和交融。比较研究两大法系的刑事审判制度，有助于揭示异同，促进不同法律文化交流和融合，为我国刑事审判制度发展提供借鉴参考。

一、英美法系的刑事审判制度

英美法系，也被称为普通法系，基于英国普通法发展而来，影响了多个国家和地区的法律制度。它注重判例法和以传统、习惯作为判案依据，使法律具有高度灵活性和适应性。美国是此法系的重要代表，其法律体系在英国法律基础上发展，以判例法为主、制定法为辅，法官有重要裁决权。

---

① 参见周强：《坚持以习近平新时代中国特色社会主义思想为指导 努力把新时代刑事审判工作提高到新水平》，载《人民司法》2019 年第 34 期。

② 参见胡文宇：《把司法为民贯穿司法工作各方面全过程》，载《人民法院报》2024 年 3 月 14 日，第 2 版。

（一）英国的刑事审判制度

在英国诉讼法中，法院对不同类型的犯罪具有相应的管辖权，所以有必要对犯罪类型加以简介。英国法律将犯罪分为三种类型：简易罪（Summary Offence）、两可方式审判罪（Either Way Offence）和公诉罪（Indictable Only）。

在英国的刑事司法系统中，还存在两级初审法院，分别是治安法院和皇家法院（也称为刑事法院）。在大约95%的案件中，控方起诉的案件在治安法院进行起诉并审结，这些案件通常涉及的是简易罪。对于较为严重的案件，即公诉案件，将在刑事法院由法官和陪审团进行审理，或者由法官根据相关法律作出量刑决定。

1. 治安法院内的简易审判制度

治安法院是英格兰和威尔士审理刑事案件的基层法院。在治安法院审理案件时，会采用起诉书制度。在简易审判开始前，被告人要针对起诉书作出有罪或无罪的答辩。简易审判可以且经常在被告人缺席的情况下进行，为克服这一缺点，《英国治安法院法》第12条规定了通过邮件答辩有罪的程序，适用于被指控罪的最高刑期不超过3个月监禁的案件。

移送问题方面，可以分为移送审判和移交量刑。大多数刑事案件的审理需要治安法院的预备审理程序作为先导，其基本功能在于审查控方证据是否达到法定的标准——“案件表面上成立”（a prima facie case）。① 在特定情况下，案件可以直接移送刑事法院，包括严重、复杂的诈骗案件，性犯罪及对儿童实施暴力和残酷对待的犯罪案件，高等法院法官接受控方申请“自动起诉状”的制度，治安法院认为罪行非常严重超出量刑权限的两可方式审判案件等。

2. 英国刑事审判制度中的量刑程序

英国刑事法律将量刑与定罪程序分开。在刑事法院，陪审团决定有罪与否，法官负责量刑。而在治安法院，同一法官决定定罪与量刑，但分属不同阶段。

陪审团仅适用于刑事法院审理的无罪答辩案件，由12人组成。《英国2003年刑事司法法》规定，严重或复杂诈骗案可申请不采用陪审团审判，当陪审团受干扰或被解散时，可不用或重新进行审判。

（二）美国的刑事审判制度

美国是世界上经济最发达的国家之一，同时也是世界上犯罪率最高的国家之

① 参见孙长永等译：《英国2003年〈刑事审判法〉及其释义》，法律出版社2005年版，第528页。

一，其拥有世界上最庞大的刑事司法体系，该体系来源于殖民时期英国的司法审判制度。但是，美国的司法制度并非英国司法制度在美洲的翻版。实际上，美国司法机构和美国普通法的主体部分是在18世纪后25年到19世纪前50年间建立起来的。

1. 美国刑事审判的基本程序

在正式审判之前，被逮捕人需要进行初次到庭、大陪审团听审和预审等程序。初次到庭，是指被逮捕人应当不延迟地被带到法官或其他指定的司法官员面前。根据美国的宪法判例河滨郡诉麦克考夫林案（County of Riverside v. Mclaughlin），通常逮捕后48小时内被带到法庭符合了“不延迟”的规定。同时，有关预审的相关规定是根据美国最高法院的宪法判例科尔曼诉亚拉巴马州案（Colemen v. Alabama）的裁决确定，预审是诉讼的重要阶段，正当性程序要求被告人在预审时享有律师帮助的权利。

在犯罪嫌疑人被正式起诉后，犯罪嫌疑人可能需要进行聆讯和审前动议。聆讯（Arraignment）是犯罪嫌疑人被正式起诉后，作为被告人第一次被带往审判法官面前。审前动议（Pretrial motions）是控方或辩方要求法院对适用某项程序规则或证据规则作出指令的请求。另一种动议种类是证据开示，其目的是防止审判的突然袭击，保障法庭审判的实体和程序公正。

在陪审团宣誓后，法庭审判程序正式开始。在联邦司法系统，审判程序包括开场陈述、举证与质证、最后辩论、陪审团指示和评议与裁决。控方首先开场陈述和举证，设定审判基调。辩方在控方出示所有证据后，可提出无罪动议。控辩双方随后进行最后辩论，法官对陪审团进行指示。陪审团退席评议并作出裁决。法院宣布裁决并解散陪审团，审理结束。

2. 美国刑事审判中的辩诉交易制度

辩诉交易是美国刑事司法制度的重要组成部分。时至今日，85%~90%的刑事案件都通过辩诉交易而获得解决。从辩诉交易的内容来看，辩诉交易可以分为指控交易和量刑交易。根据《联邦刑事诉讼规则》第11条的规定，联邦法院辩诉交易的程序主要包括以下内容：（1）被告人作出答辩，选择辩诉交易的被告人可以作出三种类型的答辩，即有罪答辩、无罪答辩和不作争辩的答辩。经过法院和检察官同意，被告人也可以作出附条件的答辩。（2）法院考虑和接受有罪答辩或不作争辩的答辩。（3）控辩双方协商和法庭的决定。

二、大陆法系的刑事审判制度

大陆法系在中国法学著作中惯指包括欧洲大陆大部分国家从19世纪初以罗马法为基础建立起来的、以《法国民法典》《德国民法典》为代表的法律制度以及其他国家或地区仿效这种制度而建立的法律制度。本书主要介绍法国与德国的刑事审判制度。

（一）法国的刑事审判制度

在法国，存在两个独立的法院系统：行政法院和司法法院，处理不同种类的诉讼。为了解决两者间的管辖权争议，设立了权限争议法庭。法国司法制度另一特色是民事法院与刑事法院同一性原则。

1. 法国刑事审判中的预审程序

预审，在广义上是指在法庭开庭前收集证据，以便法官作出裁决。法国刑事诉讼法理论认为，预审法官拥有两种性质的权力：预审权力及与预审有关的司法裁判权力。前者指的是预审法官实施正式侦查的权力；后者指的是预审法官在预审过程中有权作出各种司法裁判性质的裁定或决定。

2000年的“乌特罗案件”引发了严重的司法信任危机，因为预审法官权力过大，导致多名无辜被告人长期被羁押。这促使法国当局迅速回应，并在2007年颁布了《强化刑事程序平衡法》①。新法主要进行了七个方面的修改，包括预审合议庭制度取代预审法官独任制，设立预审中心以解决预审法官数量不足问题，改良协助受理制度，确立审前视听录音制度，建立更具对抗性的司法鉴定制度，确立更具保障性的证人作证制度，以及建立更符合“平等武装原则”的侦查终结程序。

2. 法国刑事审判的法庭审理程序

从受理案件开始，审判法庭可通过多种途径系属案件。包括直接传讯，其仅适用于违警罪和轻罪、预审法庭移送案件、直接出庭程序，包括“以笔录传唤”和“立即出庭”、当事人自愿出庭和依职权受理案件。一旦案件被有效受理，便只有在对案件作出实体判决之后，审判法院方可停止对此案的管辖。

与预审程序呈现较强的纠问式诉讼色彩不同，法庭审理分为法庭调查和公诉与辩护两个步骤。

---

① 该法定于2010年1月1日生效，但其后部分规定的施行日延迟于2014年1月1日，如确立预审合议制度。

审判法庭在系属案件后，可能作出多种判决，这些判决中最重要的有无管辖权判决、不予受理判决、中间判决及各种刑事诉讼实体判决。无管辖权判决由审判法院审查管辖权，不服可上诉；不予受理判决因程序瑕疵不能受理；中间判决解决争议或查明事实，与无管辖权判决和实体判决不同；实体判决有免诉、免刑和判刑三种。

3. 法国刑事审判的实体判决

在刑事诉讼中，免诉判决和宣告无罪判决在依据和效果上可能看似相同，但适用法庭和理由各有差异。法庭可能会因法律或事实原因作出免诉或无罪判决，其中重罪法庭的无罪判决具有最终效力。释放被告人的原则是一经宣告。

与免诉不同，免除刑罚判决认定被告人有罪但免除其刑事责任，被告人仍需承担民事责任。原则上，所有有罪被告人都应被判刑，判刑判决即认定有罪并判刑的实体判决。判决一旦确定，阻止对同一人以相同事实和罪名再次追诉，并可用于民事赔偿。在判刑和免除刑罚判决中，如果民事当事人直接受到被控行为的损害，其可获得补偿。

（二）德国的刑事审判制度

德国刑事审判制度以程序正义为基石，强调审判的公正性、公开性和参与性。从侦查到审判的每一个环节，都严格遵循法律规定，确保被告人的权利得到充分保障。无罪推定、审判公开、直接言词等原则，不仅体现了德国刑事审判制度的核心精神，也为全球刑事诉讼制度树立了典范。

1. 德国法院设置及刑事管辖权

德国法院的组织及刑事管辖权也很有特色，根据《德国法院组织法》的规定，德国的法院系统由宪法法院体系、普通法院体系、行政法院体系等六个体系组成。普通法院分为四级，包括区法院、地方法院、州高等法院和联邦法院。

刑事法院的地域管辖（Oertliche Zustaendigkeit），《德国刑事诉讼法》第 7~21 条对此进行了详细规定。下文将根据法院的不同级别进行简单介绍。

（1）区法院（Amtsgericht），区法院作为初级法院管辖轻微的刑事案件。区法院的审判组织包括职业（独任）法官（Strafrichter）和参审法庭（Schoeffengericht）。

（2）地方法院（Landgericht），地方法院既是区法院的上诉审法院，也是某些案件的一审法院。其审判组织同样包括两种形式：大刑事庭和小刑事庭。

（3）州高等法院（Oberlandesgericht，但在柏林被称为 Klammergericht），除了

管辖上诉案件，州高等法院还要管辖少数一审案件，这里面主要包括国事犯罪，以及针对德国的存在和安全及联邦宪法而实施的谋杀犯罪和危害公共安全的犯罪。

（4）联邦法院（Bundesgerichtshof），联邦法院是刑事案件的最高审级。在德国，刑事诉讼实行三审终审，联邦法院受理的案件主要是，针对一审法院的参审法庭和大刑事庭作出的判决提起的，不属于州高等法院管辖的第三审上诉案件；不服州高等法院审理的一审案件的判决而提起的第三审上诉案件；某些抗告案件。

2. 德国刑事审判的基本程序

审判程序的引入是19世纪上半叶对纠问式诉讼进行改革的核心内容。尽管大部分案件没有经过审判程序即已结束，但审判程序要最终判定被告人有无罪责，因此是整个刑事诉讼程序的高潮。《德国刑事诉讼法》规定，审判程序中，必须根据言词辩论原则和直接原则，依据严格证明规则，以公开的方式再次举证。要求合法庭审的权利也是在审判程序中得到了最全面的规定和保障。

（1）审判长掌握法庭审理的指挥权。根据《德国刑事诉讼法》第243条及后条规定，审判程序通常包含以下几个阶段：一是开庭，审判长确认人员和证据是否齐全，告知证人如实作证义务，证人在外等候；二是确定被告人身份；三是检察官宣读起诉书，但不进行证据总结；四是讨论辩诉交易，是否在此之前已经根据《德国刑事诉讼法》第202a条和第212条的规定与诉讼参与人就此进行了讨论；五是告知被告人发表意见的权利；六是举证（Beweisaufnahme）；七是法庭辩论，检察官总结并提出意见；八是被告人最后陈述后，法庭休庭进行秘密评议和表决；九是宣判，制作和宣读书面判决，解释判决内容，告知上诉和申诉权利。

（2）法庭审理的中断和延期。集中审理原则（konzentrationsmaxsime）要求，直到宣判，法庭审理应尽可能连贯地进行，不能中断。这项要求的基础是直接原则和言词辩论原则。然而，如果法庭审理显然不能迅速结束，根据《德国刑事诉讼法》的规定，法庭有权自行或者依申请裁定中断或者延期审理。若被告人或者其他诉讼参与人因病不能参加庭审，而庭审已逾10天，上述中断期限可以停止计算最长达6个星期。如果中断审理还不能解决问题，法庭可以裁定延期审理，其后果是，法庭必须重新审理。

三、国外刑事审判制度评述

通过对英美法系和大陆法系主要国家刑事审判制度的介绍，可以发现国外刑事审判制度因国家和政体而异，都有着不同的优点和缺点。

（一）英美法系刑事审判制度的优点与缺点

英美法系刑事审判制度具有其独特的优点和缺点，这些特点在很大程度上塑造了其司法体系的面貌。

1. 英美法系刑事审判制度的优点

其一，对抗制审判模式，可以提升审判的透明性。如对抗制审判模式强调控辩双方的平等对抗，法官作为中立者进行裁决，有助于通过争论，查明案件的具体事实细节。可以提升审判质量，通过激烈的辩论和交锋，控辩双方能够充分展示各自的观点和证据，有助于法官全面了解案情，从而作出更为准确的裁决。

其二，陪审团制度，可以提升庭审的公众参与度。陪审团成员来自社会各界，他们的参与有助于增强审判的公众参与度，另外，陪审团成员根据自己的社会经验和常识对案件进行判断，有助于避免法官个人偏见对案件的影响。

其三，精细化的证据规则，可以提高事实认定的准确性。证据裁判规则、排除非法证据规则、传闻证据规则等相关证据规则，在一定程度上有助于确保证据的可靠性和真实性，进而确保裁决结果的准确性和公正性。

2. 英美法系刑事审判制度的缺点

其一，从审判目标上看，法庭审理以重现自然事实为目的，这与司法事实应以查明法律事实为目的存在冲突。在重现自然事实的审理方式下，英美法系国家普遍实行传闻证据排除规则，要求法官必须亲历庭审，直接接触所有证据，坐堂聆听所有证人就所知案情的细节陈述（尤其是每个证人接受交叉询问时的答辩），然后依据自由心证原则在对自然事实进行复原的基础上作出当庭裁判。这种审理方式无疑具有许多优点，但其缺陷也是明显的，即审理的基本着眼点之一就是要在法庭上“还原”“重现”案件事实。但是，与此形成明显对照的是，案件当事人的诉讼目的通常是要“重塑”案件事实，即对于有利于自己的事实，尽力予以强调甚至放大；对于不利于自己的事实，则设法予以模糊或遮掩，以致法庭与当事人的诉讼目的形成明显的紧张关系。

其二，从审判过程看，法庭审理耗时较长，且逐步演化为诉讼技巧的竞技场，导致诉讼成本居高不下。英美法系的刑事审判往往耗时较长，这也会导致证据受污染的可能性更大，偏离案件事实真相的风险也越高。同时，由于诉讼规则繁多，以致法庭成为诉讼的竞技场所，欲实现司法公正，实际困难重重。另外，因律师服务按小时计费，审判耗时较长也导致诉讼支出昂贵，例如，在被称为世纪审判的辛普森案中，控方为本案调查支出了 1900 万美元，而辩方的支出是 600 万美元。

其三，从审判程序看，地区或收入差异导致不同地区、不同人群的司法供给存在显著差异。以美国为例，各州之间的司法资源和水平存在差异，一些地区或人群可能由于资源匮乏存在司法资源供给不足的问题，尽管美国法律致力于消除种族和阶级偏见，但在司法实践中仍存在一些偏见和歧视现象，进而影响案件的公正判决。

总体来看，英美法系刑事审判制度在保障公正性、程序正义和证据可靠性等方面具有优点，但也存在程序复杂、诉讼成本昂贵、司法供给不平衡等缺点。在实践中，需要权衡这些优缺点，寻求最适合我国国情的司法制度，不能盲目借鉴相关制度。

（二）大陆法系刑事审判制度的优点与缺点

大陆法系的刑事审判制度以纠问式为基本审理模式，该类模式的优点和缺点可以归纳如下。

1. 大陆法系刑事审判制度的优点

其一，法律体系明确且系统。大陆法系以成文法为主，强调法律条文的明确性和系统性，规则之间的逻辑关系清晰，有助于形成一个严谨的法律概念体系和制度体系，使得法律在运用上相对容易。

其二，法官职责较为清晰。与英美法系坚持的司法克制主义不同，在大陆法系中，法官的角色相对明确，职责比较清晰，即使在与人民陪审员共同组成的合议庭中，也要承担起法律的适用和解释职责，在庭审中也有主动查明事实的职责，对于专业性强的疑难案件，更有利于查明案件事实和作出公正裁判。

其三，较为注重实体公正。大陆法系刑事诉讼制度往往更加注重实体正义的实现，即追求案件事实真相和正确适用法律。当然，这并不意味着大陆法系的刑事审判不注重程序公正，而是在司法传统的影响下，更偏向于追求裁判结果的公正性，包括定罪的公正与量刑的公正。

2. 大陆法系刑事审判制度的缺点

其一，法律条文具有僵化性。当面对新的、复杂的案件时，由于大陆法系强调法律条文的严谨性和逻辑性，可能会显得过于僵化，难以灵活应对。这可能导致在某些情况下，法律条文无法充分适应现实情况的变化。

其二，法官职责具有局限性。大陆法系中的法官通常被要求严格遵循法律条文进行裁决，这在一定程度上限制了法官在审判过程中对法律的解释权限。在面对新型疑难复杂案件时，法官的裁量权相对较小，主要依据成文法进行裁决，如果无法对现有法律做出妥当的解释，可能会导致裁决结果过于刻板。

其三，诉讼流程具有烦琐性。有些大陆法系国家刑事诉讼程序区分侦查、预审与正式审判三个阶段，但不同阶段的程序衔接有待优化，高度复杂的程序设置在一定程度上导致了诉讼周期的延长。长时间的诉讼过程不仅给当事人带来了沉重的负担，也占用了大量的司法资源。

总体来看，大陆法系的刑事审判制度在法律明确性、政策稳定性方面具有显著优点，但也存在法律僵化、程序保障欠缺、诉讼流程烦琐等缺点。在借鉴相关法律制度时，也要结合我国国情，对相关制度进行本土化构建。

第三章　刑事审判的基本原则

刑事审判原则，是指刑事审判各项活动应当遵循的基本准则，承载着刑事审判的基本价值追求——司法公正，它为刑事审判各项活动提供了综合性、指导性的价值指引和司法规范。根据刑事审判涉及的内容和问题不同，可以将其区分为实体性原则和程序性原则。通常来讲，在刑事审判中，罪刑法定与罪刑相当是确保刑事审判实体公正的基本原则，证据裁判与正当程序是确保程序公正的基本原则。

第一节　罪刑法定

罪刑法定原则，是指对于什么是犯罪，有哪些犯罪，各种犯罪构成条件是什么，有哪些刑种，各个刑种如何适用，以及各种具体犯罪的具体量刑幅度如何等，均应由《刑法》加以规定，对《刑法》分则没有明文规定的犯罪，不得定罪处罚。

一、罪刑法定的法理基础

通常认为，罪刑法定主义的法理基础可以归于公正、自由、民主、人权等法律价值。

其一，法律的公正价值。刑罚权的正当性根据在于报应主义与预防主义的结合。刑罚的裁量要与行为的危害程度相当，即既要符合报应主义的幅度要求，也不能超出犯罪预防所需的最低限度，基于此刑罚权的行使应当遵循公正价值，对于绝对不定期刑等不公正的刑罚应当予以禁止，这也是罪刑法定主义的重要内容。

其二，法律的自由价值。作为规定犯罪的法律，《刑法》具有行为规范的指引功能。现代社会，需要通过明确的成文法立法向社会公众表明什么是犯罪，对犯罪会有什么样的处罚。通过成文法的明确规定，以保障人们对行为的预测可能性及行为自由。从法律的自由价值出发，可以推导出罪刑法定中禁止溯及既往、禁止类推解释等内容。因为可无限制溯及既往、允许类推解释的法律，无法为人们的行为作出明确指引，无法保障公民的行为自由与预测可能性。

其三，法律的民主价值。全过程人民民主是我们党坚持为人民谋幸福、为民族谋复兴，不断推进马克思主义民主理论中国化的最新成果。全过程人民民主追求人民至上的崇高价值，秉持人民主权的宪法原则，始终坚持以人民为中心、以人民为主体。发展全过程人民民主，必须全方位加强人权法治保障，让人民群众在每一项法律制度、每一个执法决定、每一宗司法案件中都感受到公平正义。在刑事审判领域，对于什么是犯罪、对犯罪应当处以何种刑罚等会涉及生命、自由、财产裁决等内容，均应当以法律的形式予以规定，这也是践行全过程人民民主的生动实践。由此，从罪刑法定主义还可派生出反对习惯法等内容。

其四，法律的人权价值。刑法的人权保障机能生成于罪刑法定原则的确立。罪刑法定原则是因反对封建刑罚的恣意和残暴在启蒙运动的催化下而产生的。它使刑法的单一秩序保护机能转为与人权保障机能并重的双重机能。其要义是维护和尊重人类自由、人格、权利和尊严。由此，可以引申出刑罚内容需要合理，禁止残酷刑罚等内容。

二、罪刑法定的主要内容

罪刑法定主义，通常可表述为“法无明文规定不为罪，法无明文规定不处罚”。其具体内涵如下。

（一）“罪刑法定”中的“罪刑”

依据《刑法》第3条的规定，本书认为，“罪刑法定”之“罪”，是指法律事先明文规定的犯罪行为。而且，从罪刑法定原则的历史演进来看，罪刑法定原则中的“罪”应指法律事先明文规定的犯罪行为。需明确，罪刑法定不能简单地理解为罪名法定。“罪刑法定”之“刑”，指的是刑罚，其要求刑罚的内容适当、正当，不符合这一要求的刑罚是违反宪法的，因而是无效的。这就是所谓的“适正处罚的原则”，或称“实体的正当程序”，被认为是罪刑法定主义的“实质侧面”。[①] 这一原则要求，禁止不明确的刑罚法规（明确性原则）、禁止残酷刑、禁止处罚不当罚的行为（刑罚法规适正的原则）。

禁止不明确的刑罚法规，是保障国民的预测可能性、立法原则的要求；禁止

① 参见金泽刚：《罪刑法定原则适用的基本问题》，载《华东政法学院学报》2002年第6期。

残酷刑与禁止处罚不当罚的行为，是关于犯罪与刑罚的法律内容本身的正当性的问题。明确性原则不仅适用于犯罪，而且适用于刑罚。只规定行为应受处罚，或者虽规定刑种但没规定刑度，将具体的刑度委任给法官进行裁量的刑罚法规，即规定“绝对不定刑”的刑罚法规，是不被允许的。另外，规定“绝对的不定期刑”即法官不确定具体的执行刑期，由行刑机关决定执行刑罚的刑罚法规，也违反罪刑法定主义。与此相对，只确定上限与下限的“相对的不定期刑”，只要其范围没有不当地扩大，就被认为是妥当的。因此，当今世界各国刑法，原则上都采取“相对确定的法定刑”制度。而刑罚法规适正的原则要求禁止残酷的、不均衡的刑罚。

（二）“罪刑法定”中的“法定”

罪刑法定要求，犯罪与刑罚均应当以法律明文予以规定。因此，一个严重危害行为发生以后，对其能否定罪处刑，关键问题之一就是《刑法》对此行为有无明确的罪刑规定。法无明文规定不为罪，法无明文规定不处罚，这是罪刑法定原则的基本要求。那么，如何判断一个危害行为在《刑法》中有无明文规定、具体标准是什么？通常认为，某种行为在《刑法》中有无明文规定就看该种行为在《刑法》中有无直观对应的罪状表述或者罪名规定。该标准在面对形形色色的新型问题时，会导致机械司法。

需要明确的是，文字具有局限性和相对于社会发展的滞后性，刑法条文不可能对所有的行为类型均作出周延的总结和预测，因此法律条文本身也具有局限性。基于这种现实的立场，本书认为，单纯坚持或依据上述见解和判断标准不尽可取。其不足之处在于把一个危害行为在《刑法》中有无明文规定与有无字面上直观相应的罪状表述或者罪名规定完全等同起来。这样很容易忽略《刑法》作为一个规范体系所具有的系统性和整体性，从而导致认识和判断的片面性。也即，一个危害行为在《刑法》中有无明文规定，实质上就是需要回答该行为是否构成犯罪这一问题，这是由《刑法》总则和分则所规定的某种犯罪的构成要件系统来说明的。单就一个刑法条文或一个罪名而言，它所揭示的通常只是一个危害行为的一两个显著特征，而不可能囊括全部犯罪构成要素。

这就是说，判断一个危害行为在《刑法》中有无明文规定，不能单从形式或直观上看与一个法条所表述的罪状或罪名是否相符，而必须立足于实质的立场，完整运用构成要件系统来评价。申言之，即使某个危害行为与某一刑法条文的文字规定完全相吻合，它也未必就一定构成犯罪。如相对刑事责任年龄人实施的故意杀人行为虽与《刑法》第 17 条第 2 款的规定完全符合，但遇到该未成年人系精神病人的情况，其就不应当负刑事责任；反之，某个新类型的危害行为与字面或概念上直观相对应的某一刑法条文之规定并不完全吻合，对此亦不能轻易断言该新类型行为不构成犯罪，因为该种行为还有可能在实质上符合相关犯罪的兜底性条款从而构成犯罪。单纯以有无字面或概念上直观相应的罪状表述或者罪名规定作为一个危害行为在《刑法》中有无明文规定的判断标准，客观上很容易导致仅依据一个危害行为的一两个显著特征就作出判断，其结论失之偏颇或不尽准确则是不难理解的。

本书认为，判断某一危害行为在《刑法》中有无明文规定，应当以有无完全符合的犯罪构成为标准。只要某种危害行为完全具备了《刑法》所规定的某种犯罪的全部构成要件，或者某种复杂危害行为的一部分行为事实完全具备了某种犯罪的全部构成要件，就应当认为《刑法》对此危害行为已经作了明文规定，应当以所符合的犯罪构成确定罪名，予以刑事处罚。

其一，以犯罪构成作为评判罪刑规范有无的具体标准，与实现刑法的行为规范功能并不矛盾。因为，犯罪构成虽属刑法中的专属概念，公众可能并不知晓其义或者并不理解其作为裁判规范的价值。但是，每种严重危害行为的犯罪构成都是具体的，表现为对各种严重危害行为的主客观事实特征的精当描述或概括。根据罪刑法定原则派生的明确性原则的要求，其用语应当尽量采用普通语词。在普通语词有多种含义或者不得不采用专门术语时，立法者应当尽可能地就此作出解释性的规定。这就是说，犯罪构成从实质内容到表现形式都不会是艰深晦涩的抽象法律概念，而应当是通俗易懂的关于危害行为的主客观事实特征的表述。它能够清楚地揭示各种严重危害行为的社会危害性和刑事违法性。因而从总体上看，它并不会影响或削弱刑法的行为规范功能。

其二，以犯罪构成作为罪刑规范有无的判断标准更有利于完整、准确地实现刑法的社会保护机能和人权保障机能。具体包括两个方面：一是对于符合犯罪构成的严重危害行为，不能因为某些立法技术上的瑕疵或者汉语语词的多义、局限等，为其开脱罪责。这是实现刑法之社会保护机能的当然要求，也是贯彻、实现罪刑法定原则的题中之义。二是对于各种不符合犯罪构成的危害行为，决不能强加其罪。既不能把仅符合轻罪构成的行为认定为同种重罪，也不能把没有具备犯罪构成要件的危害行为，仅因为与某个法条所规定的个别显著特征相符合而机械地套用该法条，简单地认定为犯罪。这是实现刑法之人权保障机能的明确要求，也是确立罪刑法定原则的价值重心所在。

其三，一个危害行为在《刑法》中有无明文规定，这一问题主要是针对刑事司法人员应否开展刑事追诉活动而提出的，也即这一问题的侧重点是一个规范判断问题。由于所判断的内容关系一个人的人身自由乃至生命权利应否受到限制或剥夺，事关重大，故必须由训练有素的刑事司法人员遵循严格的规格和程序依法作出判断。这种判断内容的重要性和判断规程的专业性，无疑决定了与社会大众判断的差异性。也就是说，刑事司法人员所进行的规范判断注重规格，因而必须讲究严格的犯罪构成；而社会大众对一个危害行为在《刑法》中有无明文规定的判断，重点在于从一般意义上了解有无刑事违法性，其落脚点主要是公民的守法、护法意识问题。不难看出，两种判断虽有共性，但又不可用大众判断的重要性来取代或否定刑事司法人员进行规范判断的必要性。作为刑事司法人员专司的规范判断，必须讲究犯罪规格或犯罪构成，而决不能仅依凭一个法条的字面含义，望文生义作出裁断。所以，以有无完全相符合的犯罪构成作为一个危害行为在《刑法》中有无明文规定的判断标准，是符合刑事司法人员进行规范判断的特别要求和目的的。

三、罪刑法定的具体司法适用

（一）罪刑法定与禁止类推解释

罪刑法定主义要求法律的明确性，该原则禁止会损害公众预测可能性的类推解释，但允许符合立法目的的扩张解释。实践中，容易引发争议的问题是，如何区分类推解释和扩张解释。下文以聚众斗殴中的“持械”为例，对类推解释和扩张解释的区分作出说明。

典型案例：

2011年4月，李某纠集齐某等数人与丁某等斗殴，在斗殴过程中，齐某驾驶一辆大众牌轿车撞向对方，致对方多人轻伤。在这一案件中，齐某操控汽车冲击对方的行为，是否构成持械聚众斗殴？换言之，汽车能否解释为持械斗殴中的“械”？除此之外，实践中还出现了通过喷射烟花、使用矿泉水瓶、驱使藏獒攻击、发动大型车辆（如挖土机）等方式参与聚众斗殴的情形，对于这些情形，能否理解为“持械”，存在较大争议。

分歧观点：

驾驶汽车、喷射烟花、使用矿泉水瓶、驱使藏獒攻击等，能否理解为“持械”，如果将上述情形纳入“持械”范畴，究竟属于合理的扩张解释还是属于应被禁止的类推解释。

上述案件的主要争议在于，如何区分罪刑法定所排斥的类推解释与刑法所允许的扩张解释。为了辨明扩张解释和类推解释，中外刑法学界发展出了多种区别技术，最有影响的是两个基本标准，即“语义最远射程”标准和“国民可预测”标准。

所谓“语义最远射程”，意为扩张解释可以超越条文词义的常见范围，但不能越过词语可能包含的含义。[①] 例如，强奸罪是指“以暴力、胁迫或者其他手段强奸妇女”，其中“妇女”一词即使达到词义最远射程也不包括“男人”，因此“以暴力、胁迫或者其他手段强奸男人”如果被解释为强奸罪，就是类推解释而不是扩张解释。

所谓“国民可预测”，就是指对某个刑法条文的解释没有超出一般公众的心理预期和接受范围。[②] 例如，《刑法》第 125 条规定的非法制造枪支罪中的“枪支”，其通常含义的核心范围包括各种枪械如手枪、冲锋枪、机关枪等，但不包括迫击炮，如果把“迫击炮”纳入“枪支”范围之内，事实上超过了“枪支”的日常含义，但没有超越其词义的可能范围。

在刑法视野中，刑法解释的边界是罪刑法定原则，即无论怎样解释都不能突破罪刑法定原则。另外，在刑法的所有解释方法中，目的解释最为重要，即根据刑法规范目的解释条文词义。当不同的解释方法出现分歧时，就要靠目的解释来引导方向。然而，单靠目的解释本身也可能出现类推，这就需要使用前文所述的“语义最远射程”和“国民预测可能”作为检验工具。

总之，既不要偏离刑法的规范目的，又必须保证解释范围限定在公众可以预见和接受的范围之内。按照这一结论，本书归纳出一种合理的解释路径：将案件事实与最接近的相应罪名的典型行为模式进行比对找出异同，将不同之处与法条用语的可能含义进行对比，查明是否符合规范目的，如不相符，就必须禁止解释；如果符合，还要看是否突破语义的最远射程或者国民的预测范围，如果没有，就可以进行扩张解释，从而与类推解释加以区别。据此，立法者将“持械”规定为加重情节，是因为械斗的存在往往会使斗殴升级，导致更大的伤亡，对公共秩序产生更大的破

---

① 参见李希慧:《刑法解释论》，中国人民公安大学出版社 1995 年版，第 115 页。

② 参见张明楷:《罪刑法定原则与法律解释方法》，载《华东刑事司法评论》2003 年第 1 期。

坏，因此，“持械”的加重处罚的必要性在于其产生了相对于普通的赤手空拳的斗殴更严重的后果。

显然，对于普通的、危害明显不大的物品，如普通矿泉水瓶等，其物理特性决定了其社会危害性与拳脚斗殴相当甚至更弱。如果恪守刑法的谦抑性，就不宜就此进行法定刑的升格。按照前文思路，在此种情形下，将“械”解释为包含矿泉水瓶等物品不符合相应条款的规范目的。放射烟花造成的社会危害性和人身伤亡的可能性较之普通的刀具、棍棒等更大，因此满足规范目的，烟花具有便携性、易于操控，符合“持械”的文义范围，且将烟花爆竹解释为“械”也不会明显偏离一般人的观念，可以认定为持械。在驱使藏獒等动物攻击的行为中，藏獒作为活体动物，不能强行突破公众的可预测性而类推解释为具有工具属性的“械”。汽车、推土车等欠缺便携性特征，且认为驾驶交通工具是一种持械方式同样会超出公众的预测可能性，一般不宜解释为“持械”。[①]

（二）罪刑法定与实质解释

罪刑法定原则允许符合立法目的的扩张解释，该种解释实际上秉持了实质解释立场。但不加限制的实质解释立场有突破罪刑法定主义之虞，下文以如何对“占为己有”作出合理的实质解释为例，对实质解释立场的限定作出说明。

典型案例：

某公司推销员与其兄经事先共谋，采用伪造被劫现场并向公安人员报案的欺骗方法，将已收取的公司销售货款 17 万元非法占有，全部由其兄用于归还欠债。

分歧观点：

第一种观点认为，案例中的推销员将其在实施职务行为过程中收取的销售款转归其兄非法占有，尽管具有严重的社会危害性，但不符合职务侵占罪中非法“占为己有”的构成特征。依据罪刑法定原则，此类行为尚没有完全相符合的犯罪构成，因而不能定罪。第二种观点认为，占为己有不限于自己所有，同时包含帮助他人占为己有，基于此，上述案例的推销员应当构成职务侵占罪。

本书认为，应当采用第二种观点，即对“占为己有”的解释不能局限于占为本人所有，也应当包括帮助他人占为己有。也即，将财产犯罪中的“占为己有”解释

---

① 参见袁博：《论聚众斗殴罪中的“械”——以扩张解释的适用限度为视角》，载《江苏警官学院学报》2015 年第 5 期。

为占为本人所有、帮助他人占为己有是符合立法目的的扩张解释。从司法实践情况看，扩张解释毕竟会导致刑事处罚范围的扩大，应当掌握严格的适用条件。具体而言，本书认为需要把握以下两点。

一是从刑法条文的字面含义看，现行法条文字的一般含义明显较为狭窄，据此掌握定罪处罚的标准势必导致放纵犯罪或者处刑不公。例如，如果将上述“占为己有”的含义仅仅按其字面意义解释为“归自己、本人非法占有”，则自然得出上述推销员与其兄的侵占行为不能被定罪处罚的结论，从而放纵犯罪。

二是待扩张解释包容的事实与法条字面含义所指的事实并无实质性差异。以上述“占为己有”为例来说明，“己”的字面含义是指“自己、本人”，将其扩张解释为“个人”包含本人和他人，其逻辑连接点就是人的个体性。或者说，在“将本单位财物非法占为己有”的语境中，“己”所相对的概念是“单位、集体”，所强调的语义是“个体”，即强调将单位、集体的财物不当转归个体占有的非法性。他人属于个体，因而系在法条文字“己”的逻辑含义能包容的范围之内。

综上所述，本人与他人共同具有人的个体性特质，都能成为“将本单位财物非法占为己有”语境中与单位、集体相对应、相区别的概念，基于此，即使用他人替代本人非法占有单位财物，也不影响人们对整个职务侵占行为及其社会危害性程度的判断。因此，采用实质解释立场的扩张解释所包含的事实没有超出一般人通过法条文字通常能够预见的范围，换言之，将“占为己有”解释为“自己、本人所有”“帮助他人占为本人所有”在社会危害性上具有一致性，属于符合立法目的的实质解释，并不违反罪刑法定原则。

（三）罪刑法定与禁止溯及既往

罪刑法定原则禁止溯及既往，但允许对被告人有利的溯及既往。因此，从旧兼从轻原则是罪刑法定原则在具体司法适用中的重要体现。

1. 刑罚轻重的比对方法

典型案例：

被告人王某利用职务便利侵占其所在单位应收账款10余万元。审判期间，《刑法修正案（十一）》对职务侵占罪作出修改，将原来的“数额较大的，处五年以下有期徒刑或者拘役”变更为“数额较大的，处三年以下有期徒刑，并处罚金”。对王某应当适用新法还是旧法？

分歧观点：

第一种观点认为，要适用新法规定。因为新法的最高法定刑比旧法低，故应从轻适用新法，但为了确保不额外增加被告人的负担，对罚金刑可进行如下处理：如果系一审未判案件，可适用新法并判处罚金刑；如果系二审案件且原审未判处财产刑，可适用新法，但根据上诉不加刑原则，不得判处罚金刑。第二种观点认为，适用旧法规定。因为新法的最高法定刑虽然低于旧法，但新法增加了罚金刑。况且，根据王某的犯罪数额，即使适用旧法，也不会判处三年以上有期徒刑，从实质处罚的结果看，适用新法反而会额外判处罚金。第三种观点认为，交叉适用新、旧刑法规定，严格贯彻有利于被告人原则，主刑适用新法，判处三年以下有期徒刑，附加刑适用旧法，不得判处罚金。

本书认同第一种观点。对同一条款的适用，不应采用新旧刑法交替适用的方式，且对新旧刑法中刑罚轻重的比较，应当综合主刑和附加刑判断，以主刑的判断为主。主要原因在于：其一，分则单一条文的适用具有整体性。从旧兼从轻原则中，“兼”的用语说明从旧与从轻是原则与例外的选择关系，而非并列适用关系。从旧兼从轻的法理基础在于，《刑法》应具有明确性，这样才能确保法律的指引作用。如果允许交叉适用，不仅会造成同一条文内容的割裂，也会导致法官在裁判文书中无法合理援引条文，人们就无法从判决中理解法律，法律也无法对行为产生指引作用。只有当某一犯罪行为同时涉及总则、分则的不同事项时，方可就不同事项分别引用新法和旧法。其二，从轻是对刑罚的综合判断。自由刑是刑罚适用的主要形式，其比财产刑更为严厉，因此在比较刑罚轻重时，应优先比较主刑，只有当比较主刑分不出轻重时，再比较附加刑。当主刑比较结论与附加刑比较结论相冲突时，应以主刑的比较结论为准。但鉴于上诉不加刑原则，对上诉案件中原判未判处财产刑的案件，二审法院也不得因适用新法而判处罚金。

2. 刑罚裁量的实质比较

典型案例：

被告人陈某在健身会所的游泳池以教授游泳、玩耍为由，搭讪 3 名儿童并趁机实施猥亵行为。《刑法》原第 237 条规定，在公共场所当众猥亵儿童，或者有其他恶劣情节的，处五年以上有期徒刑。《刑法修正案（十一）》将本条的加重情节予以细化，规定，猥亵儿童有下列情形之一的，处五年以上有期徒刑：（1）猥亵儿童多人或者多次的；（2）……在公共场所当众猥亵儿童，情节恶劣的……（扩大为四项情节和两项兜底性条款)。应当对陈某适用新法还是旧法处罚存在争议。

分歧观点:

第一种观点认为,应适用新法。陈某的行为属于在公共场所当众猥亵儿童,旧法规定的“在公共场所当众猥亵儿童”的加重情节,在新法里增加了情节恶劣的适用限制,相较而言,新法对在公共场所当众猥亵儿童行为的处罚范围更窄,故应适用新法。如果陈某三次猥亵行为均独立构罪时,对其处罚应当在新法加重量刑幅度之内从重处罚。第二种观点认为,应适用旧法。《刑法修正案(十一)》所列举的“猥亵儿童多人或者多次”等四种加重情节,都可以用旧法中的“有其他恶劣情节”涵盖,本质上对这些加重情节的处罚力度相当,新法没有明显体现出从轻的倾向,故应适用旧法。对其处罚,应在旧法加重刑幅度内选取适当的刑罚。

本书认为,应采用第二种观点。即对新旧刑罚轻重的判断,不仅是对法定刑的机械比较,也包括对刑罚适用条件、案件实质处理结果等方面的实质判断。具体应把握以下规则:其一,考察新法规定是否确实从轻。一般以适用行为时的法律为原则,只有新法对旧法中的构成要件、法定刑、刑罚执行方式等作出明显有利于被告人的修改时,才适用新法。对重刑的适用条件或范围限定严格或狭窄的可认为是轻法,对重刑的适用条件或范围限定宽松或模糊的可认为是重法。因为对适用范围不明确或更为宽泛的规定而言,非典型的行为就有被判处重刑的可能性。在猥亵儿童罪中,新法相较旧法而言,没有作出明显的从宽规定,反而从加重情节的规定来看,新法列举的从重范围更广,且兜底性加重处罚条件也比旧法多出了“其他严重后果”等情形,综合来看,新法应属于重法。其二,考察实际处刑是否确实从轻。处刑较轻,不只是单纯的法定刑比较,还需要考虑处断刑,即根据具体个案的社会危害程度、情节、性质等,分别适用新旧刑法检验,确定应当适用的刑罚。尤其是,适用新法时,不能实质上加重被告人的负担。第一种观点虽然在表面上坚持了从轻处理的原则,但其在实际处刑时,对被告人陈某会判处比旧法更重的刑罚。

3. 新旧刑法选用中对立法目的的考量

典型案例:

被告人林某利用P2P平台实施集资诈骗行为,共非法募集资金数十亿元。审判期间,《刑法修正案(十一)》对集资诈骗罪的量刑情节作出修改,将数额较大、数额巨大、数额特别巨大三档法定刑减少为两档法定刑,并大幅度提高数额巨大的处罚标准。对林某应当适用新法还是旧法?

分歧观点：

第一种观点认为，应适用新法。因为林某的行为根据新法属于数额巨大，法定最低刑为七年有期徒刑，根据旧法则属于数额特别巨大，法定最低刑是十年有期徒刑，应从轻适用新法。根据有利于被告人原则，可在七年至十年之间判处刑罚。第二种观点认为，应适用旧法。因为根据林某非法集资的数额，无论根据新法还是旧法，依据既有的裁判标准，实际上均不可能在十年以下判处刑罚，不能认为新法的刑罚更轻。故仍应适用旧法。

本书认为，应采纳第二种观点，对林某应适用旧法判处十年以上的有期徒刑。主要理由在于：其一，立法修改体现出对集资诈骗罪的从严打击态势。法律规范背后往往体现一定的价值内涵，故法律的适用需考虑立法或修法目的。《刑法修正案（十一）》对该罪的修正主要是为了从严打击。如在修正中，本罪的法定最低刑从拘役调整为三年有期徒刑、财产刑取消了罚金的最高额限制等。在比较新旧刑罚轻重时，不能脱离立法目的。采用第一种观点有放纵非法集资犯罪之嫌。实质上，本案中刑罚轻重的比较应当看法定刑幅度中与行为实质危害性相当的具体刑罚，即行为的实质危害性所对应的具体量刑幅度，如在新法中，依据既有的裁判标准，实际上不可能在十年以下判处刑罚，不能认为新法的刑罚更轻。其二，在法律理解适用存在疑问时，应选取符合立法目的之结论。法律理解存疑应根据文义解释、目的解释等法律方法论消除疑问，而不是盲目采取有利于被告人的结论。尤其是，刑罚的裁量也应当以罪责为基础判断，在产生争议时应选取符合立法目的的结论，如果选择有利于被告人的结论，则立法目的将无法实现。

第二节 罪刑相当

罪刑相当原则，是指刑罚的轻重应当与犯罪分子所犯罪行和承担的刑事责任相适应。刑罚的正当性基础包含报应刑与目的刑两个维度。报应刑主张，刑罚是对犯罪行为等危害行为施加的应然报应。目的刑主张刑罚之目的在于防止犯罪。当前，通说认为，刑罚的目的在于报应刑与目的刑的综合，即刑罚的一般意义在于犯罪的一般预防，但具体刑罚的限度应当与行为人的责任相当。由此，罪刑相当也是刑法适用的重要原则之一。

一、罪刑相当的理论基础

罪刑相当观念的法理基础可以从以下几个方面进行说明。

其一，法律的公正价值。罪刑相当原则的主导价值基础是深植于人们心中的公正理念。公正既是实现罪刑相当原则的目的所在，也是评价犯罪与刑罚之相当性的理论根据或标准。刑罚的幅度设置与多元化的犯罪之间，如何实现合理对应，是刑罚公正性需要考虑的首要问题。通常来讲，为了实现量刑公正，需要按照犯罪行为的严重性及犯罪人的可罚性来分配刑罚，同时根据二者建立合理的罪刑阶梯，对个案判处合法、合理的刑罚。

其二，法律的平等价值。全体公民普遍的平等权利，是罪刑相当观念产生和发展的政治基础。易言之，只有社会公民一致享有平等的各种社会权利，在罪刑关系中贯彻罪刑相当原则才是题中应有之义，由此罪刑相当观念才获得了坚实的社会基础。反之，在良贱、僧俗等不平等的刑法制度下，同罪异罚刑是合法有据的。因此，平等是罪刑相当的法理根据之一。

其三，法律的公平价值。培养公众的规范意识，比单纯突出刑罚的威慑作用更为重要。但规范意识的培养，需要以公众对法律实施公平性的感知为基础。近代以来，人们对刑罚作用的正确评估，是罪刑相当观念滋长的思想基础。也即，从法律实施的公平性视角来看，刑罚的作用是有局限性的，认为刑罚越重越好可能会削弱公众对法律的信赖、降低刑法规范的犯罪预防作用，正如德国著名刑法学家耶林所言：刑罚是双刃之剑，用之不当，则国家与个人两受其害。因此，刑罚的实施需要摒弃重刑主义，筑牢公正的价值基础，人们感受到法律适用的公正性，才会更加愿意遵守和守护法律，也即法律适用应注重积极的预防主义，这也是罪刑相当观念产生和发展的重要理据之一。

二、罪刑相当的主要内容

（一）“罪”的蕴涵及其包容性

如何理解罪刑相当中“罪”的含义？有观点认为，此处的“罪”应当理解为已然犯罪，罪刑相当是指已然犯罪的社会危害性与刑罚的相称性。本书认为，该种观点是片面的，其忽略了“罪”内涵中的“未然之罪”与“人身危险”等。罪刑相当不是罪刑的绝对相等和机械对应，所谓“罪”，不是单纯地看犯罪行为及其所造成的危害结果，而要看整个犯罪事实，包括罪行和罪犯各个方面因素综合体现的社会危害性程度。也就是说，要把犯罪的社会危害性与罪犯的人身危险性结合起来考虑。一方面，从刑罚之目的看，刑罚是报应刑与目的刑的综合，那么体现刑罚公正性的罪刑相当原则中的“罪”就不能局限于“已然之罪”，如果不关注“未然之罪”，那么刑罚的犯罪预防目的就无法实现。另一方面，从刑罚的个别性看，刑罚裁量与具体执行中需要仔细斟酌有关犯罪人的个别情况，这是罪刑相当原则的内在要求，是使每个判决及其执行的罪刑关系更相称、更完善的必经道路。

实践中，对于表明“罪”的相关因素均应当在量刑时予以考量，既要考量表明行为社会危害程度的各项要素，也要考量表明犯罪人人身危险性程度的事实或情节。在具体量刑时，应当以行为危害程度为基准确定刑罚区间，将犯罪人人身危险程度的要素作为量刑的调节因素。另需提及的一点是，对于体现人身危险程度的要素，有些事实或情节可以直接归入“罪”的内容，如累犯、焚尸灭迹等；有些事实或情节本身并不为“罪”，但对说明罪的大小具有意义，因而也被纳入“罪”的蕴涵之中，如自首、立功和罪前表现良好等因素。综上所述，罪刑相当原则所称之“罪”应当理解为罪质与罪量的有机统一体。

（二）“刑”的内涵及其限定性

在对罪刑相当原则的解释中，有学者将其中的“刑”界定为刑事责任，主要理由是犯罪的法律后果不止刑罚一种，还包括作刑罚处罚和单纯宣告有罪（定罪免刑）等，这几种法律后果都是刑事责任的实现形式。因而把“刑”字解释为刑事责任，才能全面反映与犯罪的对应关系。本书认为，罪刑相当的“刑”应限定为“刑罚”，不应做过度扩张解释。首先，从理论上讲，犯罪的基本特征之一就是应受刑罚处罚性，这是犯罪区别于其他违法行为的显著特征之一，也是罪刑关系的基本法则。不能因为非刑措施的存在，直接否定犯罪的应受刑罚处罚性这一原则规定。犯罪与刑罚的联系是主导性的、原则性的关系，这种联系就需要一定的规则予以体现，罪刑相当正是罪与刑的关系规则。罪刑相当这一刑法基本原则的存在，并不妨碍对有些犯罪适用非刑罚等处理方法；反之，非刑罚等处理方法的存在与适用，也不能否定罪刑相当原则。其次，从立法与司法情况看，在《刑法》分则中，所有具体犯罪都设定了与之相匹配的法定刑，这无疑说明了罪刑关系在整个刑法中的主导性。占据主导地位的罪刑关系必须有规可循，它表明了罪刑相当原则存在的客观必要性。在司法实践中，每一个案的处理过程总是因循定罪、处刑的逻辑。只有在判处法定最低刑仍嫌过重的时候，法官才会把目光投向非刑罚等处理方法。换言之，非刑措施的运用一般也是以罪刑关系为依托的。作为指导罪刑关系实际运作的刑法基本原则，将“刑”字作刑罚解释更为贴切、更能揭示罪刑矛盾的基本特点。

（三）“相当”的司法评价

罪刑相当性的评判应结合其特性，从以下三个方面来展开：一是罪与刑之相当性具有相对性和多层性；二是罪与刑在质上应当性质相同或相近；三是罪与刑在量上应当力求比例相当。

其一，由犯罪的“无限性”与刑罚的“有限性”所决定，罪刑相当具有相对意义。现实的刑法，无论在犯罪种类还是在犯罪的危害性程度上，都无法穷尽和确估未来的犯罪。在这一意义上，本书认为刑法具有不完整性、犯罪具有无限性。与此相对，刑罚是有限的。不仅刑罚的种类有限，而且刑罚的严厉性程度也是有限的。企图在无限的犯罪与有限的刑罚之间寻求绝对的一一对应的相当关系，无疑是徒劳的。立法确立重罪重罚、轻罪轻罚、无罪不罚的相对化的罪刑关系，其重心在于追求同种罪刑在整体上的一致性，个案裁判还需同时兼顾个别差异性，刑法的适用过程也是追求罪刑关系的相对一致，确保个案的罪刑关系较之立法所确定的法定刑更相称、更精确。

其二，从质上看，罪刑相当要求二者在性质上务求相同或相近。《刑法》分则以同类客体为标准规定了危害国家安全罪等十个罪章，并大致按照由重到轻的顺序排列；与此同时，也规定了生命刑、自由刑、财产刑、资格刑等刑罚，其严厉性程度由重及轻排列。司法中，有必要也有条件根据各类、各种犯罪和各种刑罚的特性进行合理配置。质的相当性要求，既不能对谋杀他人者仅处以罚金，无论罚金数额多大，都不能与生命价值同值；也不宜对纯粹的财产犯罪处以死刑。刑罚与犯罪在性质上相去甚远，就会减损刑法本身的公平性。

其三，从量上看，罪刑相当要求二者在比例上务求相称。虽然刑罚具有一定的量的要素，如人的生命只有一次、自由刑有时间长短、财产刑有数额多少等，但罪行没有选择。人们无法用数字精确地表达刑罚程度。犯罪与刑罚的相当性，不能是数学上的严密重合性，而只能是一定比例上的相称性。其实现方式首先有赖于犯罪的等级化、系列化与刑格规定的合理化和科学化。立法上应探索为不同类型的犯罪界定轻重有别的基本的处刑范围，同时也为个罪的具体裁量提供相宜的斟酌空间。司法上应力求犯罪与刑罚的具体相当，其特点就是在法定刑幅度同一的前提下，充分反映不同犯罪人之可罚性的差异性。

三、罪刑相当的具体司法适用

（一）“罪刑质的相当”的司法适用

罪刑在质上的相当，要求二者在性质上相同或相近，无论是定罪还是量刑，均应当与犯罪的主要社会危害性相匹配，即定性不能偏离罪质，量刑不能超出罪质，需要确保定罪量刑能对犯罪的罪质进行充分、完整的评价。

典型案例：

2022年1月，陈某、沈某夫妇因女儿即将参加中考，请托从事印制考卷工作的朋友赵某利用职务便利提供中考试题及答案，并特地准备了两部手机及配套新SIM卡，注册新微信号，还给予赵某2万元现金作为前期酬谢。之后，赵某将其中一部手机藏匿于单位宿舍内。同年6月底开始，赵某所在单位开始印刷装订当年中考试卷及答案。赵某违反保密规定，利用其管理试卷装订的职务便利，避开监控，将中考试卷藏匿于衣服内带回宿舍，并使用前述藏匿的手机，通过微信视频通话方式向陈某逐张展示中考语文、数学、英语试卷，陈某使用相机进行翻拍，沈某在旁协助。之后，陈某使用翻拍的试卷辅导女儿时，手抄数学试卷中两道不会解答的试题，由沈某交给其教师岗位退休的父亲帮忙解题，但因陈某抄写试题有误，不知情的沈某父亲无法解题后又微信转发给其他教师同事解题，故而逐步引发网络传播。7月初，赵某再次采用上述手段将当年中考六个科目的答案泄露给陈某。7月中旬，中考数学考试结束后，网络即出现中考考题泄露的舆情，公安机关经缜密侦查后破案，陈某和沈某夫妇女儿的中考成绩被取消。经鉴定，泄露的中考试题和答案等材料有9项内容属于机密级国家秘密。

分歧观点：

本案所涉的中考，由于不是法律规定的国家考试，所以对被告人分别认定为故意泄露国家秘密罪和非法获取国家秘密罪的定性没有争议，争议焦点在于是否需要对各名被告人的量刑适用升格的法定刑？第一种观点认为，应以升格法定刑量刑。尽管故意泄露国家秘密罪和非法获取国家秘密罪没有相应司法解释规定法定刑升格标准，但参考《最高人民法院关于审理为境外窃取、刺探、收买、非法提供国家秘密、情报案件具体应用法律若干问题的解释》的规定，为境外窃取、刺探、收买、非法提供1项机密级国家秘密的即要升格到五年至十年有期徒刑的法定刑档次，而本案多达 9 项机密级国家秘密，故举轻以明重应升格法定刑。第二种观点认为，中考的重要性虽然有目共睹，但和高考不可同日而语，在没有明确的法定刑升格的司法解释依据的情况下，应当慎重适用法定刑升格。

上述案例的量刑涉及罪与刑是否在质上具有相当性。定罪层面，案件所涉的中考不是法律规定的国家考试，所以不能适用考试作弊相关罪名，但涉及侵害国家秘密，故对被告人分别认定为故意泄露国家秘密罪和非法获取国家秘密罪的定性较为妥当。量刑层面，是否升格法定刑，既要考虑上述作弊行为对国家秘密的侵犯程度，也要考虑与同质犯罪行为的量刑是否平衡，要注意审查作弊行为的恶劣程度、影响范围、危害后果等。对于司法解释没有明文规定法定刑升格标准的相应罪名，考虑到考试作弊侵犯的法益与组织考试作弊罪具有同质性，故可以参考《最高人民法院、最高人民检察院关于办理组织考试作弊等刑事案件适用法律若干问题的解释》中法定刑升格的相关标准进行量刑。一般而言，由于法律规定的国家考试的重要性高于非法律规定的国家考试，因此针对非法律规定的国家考试中的作弊行为进行处刑，一般应轻于同等条件下对组织考试作弊罪或非法出售、提供试题、答案罪的处刑，才能体现罪责刑相适应的原则。

对上述案件的处理，需要考虑以下两点：其一，虽然对被告人定的是侵犯国家秘密类罪名，但上述行为本质是考试作弊，故应兼顾考试作弊侵犯公平公正的考试制度和人才选拔机制的法益来衡量社会危害性，不能单一从泄露或非法获取国家秘密侵犯国家的安全和利益的法益来衡量，特别是为境外窃取、刺探、收买、非法提供国家秘密所造成的危害与国计民生中教育考试不法行为的危害不具有可比性，因此不能将《最高人民法院关于审理为境外窃取、刺探、收买、非法提供国家秘密、情报案件具体应用法律若干问题的解释》的相关规定作为本案法定刑升格的适当理由。

其二，本案从实质危害结果来看，由于泄露的试题仅为手抄有误的两道数学试题，最终仅取消了一名涉案考生的成绩，没有导致大范围的考试推迟、取消或者启用备用试题的严重结果，不符合《最高人民法院、最高人民检察院关于办理组织考试作弊等刑事案件适用法律若干问题的解释》对组织考试作弊罪和非法出售、提供试题、答案罪的法定刑升格标准相比的列举情形，也未达到具有相当严重性的兜底条款的适用程度。综上所述，对上述案例中考试作弊的犯罪行为不应以法定刑升格来处罚，由此才能确保罪与刑在质上的相当性。

（二）"罪刑量的相当"的司法适用

罪刑在量上的相当，要求罪刑在比例上的相称性。确保个案的裁判要与同类案件的判罚标准保持大体一致；共同犯罪的处理也要确保共犯、上下游犯罪之间的量刑平衡。

典型案例：

2019年1月24日，某公司调度员何某某利用分配车辆、安排送货路线及装载量等职务之便，指使公司司机李某某等将某超市退回的13万瓶雪碧运至某处一空地销售给被告人吴某某。被告人吴某某明知上述雪碧系犯罪所得，仍以8万元的价格予以收购并加价牟利。2019年4月1日，被告人吴某某被抓获归案，到案后未如实供述上述犯罪事实。

分歧观点：

本案涉及的问题是对同一对象的销赃犯罪量刑是否应轻于上游犯罪。第一种观点认为，在个案中根据犯罪数额具体量刑即可，无须考虑上游犯罪情况。根据本案吴某某的犯罪数额，可判处三年左右的有期徒刑。第二种观点认为，根据行为的实质危害性，侵占等上游犯罪的危害性高于销赃犯罪的行为人，因此对同一对象的销赃犯罪量刑原则上要轻于上游犯罪。上游犯罪人何某某仅判处一年三个月的有期徒刑，吴某某的量刑不应高于何某某的量刑。

罪刑在量的相当性上，要充分考虑同案犯、上下游犯罪行为人之间的量刑平衡，要避免重罪轻罚或轻罪重罚的量刑倒挂情况。此类赃物犯罪，在本犯量刑较轻且赃物犯罪没有其他严重情节时，对同一犯罪对象不宜单纯以犯罪数额为依据径行认定下游犯罪情节严重而升格法定刑。上述案例中，上游犯罪是职务侵占犯罪，数额较大，法定刑为三年以下有期徒刑或者拘役。如果单纯考虑数额，掩饰、隐瞒犯罪所得犯罪价值总额达到10万元以上，即构成情节严重，应当在有期徒刑三年以上七年以下量刑。被告人吴某某的犯罪数额未达到10万元、犯罪所得并非特殊款物、行为也没有达到严重妨害司法机关对上游犯罪追究的程度，因而在综合考量犯罪手段、数额及行为造成的后果等因素的基础上，对其行为不应认定为情节严重。

从宣告刑上看，第一种观点对吴某某的量刑为有期徒刑三年，明显重于其上家何某某有期徒刑一年三个月的量刑。这不仅不利于体现罪责刑相适应的刑法原则，也与一般公众朴素的正义观念不符。从侵犯的客体来看，何某某以非法占有为目的擅自销售公司的退货，直接侵犯了公司的财产所有权，而吴某某仅实施了收赃行为，主要影响的是公安、司法机关利用赃物证明上游犯罪人的犯罪事实，妨害刑事侦查、起诉、审判活动。本案仅过了不到一个月就案发，且上家何某某主动投案自首，没有其他严重情节，被告人的行为并未对司法活动造成较大影响。另外，下游犯罪的罪质程度要轻于上游犯罪，入罪要以上游犯罪成立为前提，不应孤立地评价吴某某的行为。犯罪的本质是侵害法益，法益侵害程度说明罪行的轻重程度。上家实际上也实施了销赃行为，但属于不可罚的事后行为，不应单独进行刑法评价，若对吴某某的单纯销赃行为量刑重过本犯，则明显有违罪刑相当原则。根据第二种观点，依据被告人吴某某犯罪的社会危害程度，对其判处不高于上游犯罪人的刑罚是妥当的。

第三节　证据裁判

证据裁判原则，又称证据裁判主义，是指认定案件事实应当以证据为依据。根据现代证据法的基本原理，裁判必须依证据作出，即裁判应建立在证据的基础之上。证据裁判原则的确立，在有效约束裁判者的自由裁量权，确保其心证合理性的同时，可以增强司法裁判的可预见性、确定性及权威性。因此，证据裁判原则可谓是现代刑事证据制度的基石性原则，也有学者将证据裁判原则视为证据规定的帝王条款，支配所有犯罪事实的认定。[①]

从世界范围来看，实行职权主义的大陆法系国家，普遍奉行并大都明文规定了证据裁判原则。其中，以《日本刑事诉讼法》第 317 条“认定事实必须依据证据”的表述最为经典，其内在要求是必须根据具有证据能力的证据且经过调查之后才能认定构成犯罪核心内容的事实。英美法系国家虽未以制定法明文规定证据裁判原则，但判例法积累并发展了完备的证据制度，其中，大量关于证据关联性和可采性的规则，与证据裁判原则有相通之处，体现了证据裁判的精神。我国《刑事诉讼法》条文中虽没有明确规定证据裁判原则，但该原则的基本精神和理念始终贯穿整个刑事诉讼程序的立法规定，并已成为以审判为中心的诉讼制度改革的重要环节。

① 参见林钰雄：《刑事诉讼法》，中国人民大学出版社 2005 年版，第 344 页。

一、证据裁判的法理基础

（一）证据裁判的产生与发展历程

没有证据就没有诉讼，没有证据就没有公正。在诉讼史上，司法证明经历了由“证据非裁判所必需”到“没有证据不得进行裁判”的转变。① 证据裁判原则并非自古有之，而是经历了古代的神明裁判和口供裁判，随着历史发展和现代刑事诉讼理念的革新逐渐产生并发展。

在古代，神明裁判是一种常见的审判方式，即通过神明的意志来判断案件的是非曲直。这种方式往往依赖于神秘的仪式或占卜，缺乏科学性和可靠性。随着社会的进步和人类理性的发展，神明裁判逐渐被口供裁判所取代。口供裁判时期，口供被视为最重要的证据，法官往往依赖被告人的口供来认定案件事实。然而，这种方式容易导致刑讯逼供和司法暴力，侵犯被告人的合法权益。因此，为了限制法官的自由裁量权，提高司法公正性，法定证据制度应运而生。法定证据制度规定了各种证据的证明力和取舍规则，法官在审判过程中必须按照法律规定来评估和认定证据。这种制度在一定程度上限制了法官的自由裁量权，提高了司法的规范性和可预测性。然而，法定证据制度也存在一些问题，如过于机械化和僵化，无法适应复杂多变的案件情况。随着人类社会的不断发展和法律制度的不断完善，自由心证证据制度逐渐兴起。自由心证证据制度强调法官在审理案件时，应根据自己的理性和良知，对证据进行自由判断，不受法定规则的约束。这种制度赋予了法官更大的自由裁量权，使其能够根据案件的具体情况灵活运用证据规则，更加公正、准确地认定案件事实。

综上所述，证据裁判原则经历了从神明裁判到口供裁判，再到法定证据制度和自由心证证据制度的发展过程。这一过程反映了人类社会对司法公正和理性的不断追求和探索。证据裁判原则是否定神明裁判的产物，是诉讼进步与司法文明的重要标志之一。

（二）证据裁判原则集中体现的价值

证据裁判作为事实认定的形式，也有其自身的理念，其旨在规范案件事实的准确认定，防止法官恣意裁判，同时以人权保障为切入点，兼顾社会全体利益，彰显

---

① 参见樊崇义、吴宏耀：《论证据裁判原则》，载最高人民检察院法律政策研究室编：《法律应用研究（第6辑）》，中国法制出版社 2001 年版，第 126 页。

当代诉讼的客观理性、公平公正。通过探析证据裁判原则的价值，能够把握其背后的法理基础与正当性根据。

第一，证据裁判原则是理性价值与真实性价值的统一，承载着事实认定准确性的要求。

理性产生了司法领域的证据裁判原则，而证据裁判原则反过来充分体现了法的理性价值并保障该价值的实现。在刑事司法领域，对事实的认定关乎被追诉人的生命、自由等，需要在司法裁判的过程中以个案中的证据材料为基础，以科学原理、经验法则等为依托，运用理性思维“去伪存真”，并遵循一定的规律和原则，以确保证明的准确性和公正性。刑事证据裁判原则的理性价值主要体现在以下几个方面：首先，刑事证据裁判原则促进了实体正义向程序正义、人治向法治转变。尽管理性是真实存在的，但在审判过程中却是无形的。刑事证据裁判原则使得司法裁判中隐含的逻辑思维推理成为透明的、可被人看见的逻辑法则，从而实现由实体公正到程序公正的跨越。其次，刑事证据裁判原则要求事实认定必须依靠证据，就是在源头上遏止违反理性的错误认知成为裁判的依据，既可以保证前提事实的精确度，也可以给予正确的理性认知并作出符合法律伦理的裁判结果。与此同时，证据裁判并非一个空洞的口号，而是要求在诸多证据规则、证据制度保障下对证据权利义务与责任进行合理分配，这也是理性价值的体现。

无论是大陆法系抑或是英美法系，诉讼的基本目的都是发现案件的真实。“程序法的直接目的就是保证公正的判决，即将有效的法律正确地适用于真实的案件，而这必须以相关的证据为基础。”① 真实性价值是刑事证据裁判原则的核心价值，在某种程度上足以左右人们对程序设定的评价，并体现司法权威及其在解决刑事案件中的功能，裁判的真实性一旦不能得到实现，就会同时造成使无辜者受到惩罚与真正的有罪者逃脱法网的严重后果。这种“道义上的不平衡”构成了一种内在的非正义。② 证据裁判经历了法定证据裁判到自由心证裁判方式的转变，其中，由于法定证据制度在对证据的运用上缺乏科学性和合理性，以致在发现真实方面存在严重缺陷而最终被自由心证裁判方式所取代。现代自由心证裁判主要通过两个方面实现对真实价值的保障：一是证据本身具有最科学、理性的证明作用。以证据为媒介的推

---

① 齐树洁主编：《英国证据法》，厦门大学出版社 2002 年版，第 49 页。

② 参见陈瑞华：《刑事审判原理论》，北京大学出版社 1997 年版，第 79~81 页。

理方式建立在客观事实联系上，符合逻辑证明规律，在证据与案件事实之间能够建立紧密、真实与科学的必然性，从而得到对案件事实的构建。二是以证据规则来保障证据的可靠性。事实认定以证据为基础，证据的可靠性直接决定裁判的准确性。通过设定严格的证据规则，以排除危险的或不可靠的证据，为发现案件真实提供保障。

第二，证据裁判原则是正义价值和效率价值的统一，承载着人权保障的要求。

人权保障作为刑事诉讼的目的之一，亦是证据裁判原则的重要法理基础，体现了现代法治国家对个体权利的尊重和保护。证据裁判原则承载着实体正义与程序正义的双重内涵，一方面强调通过科学理性的证据裁判制度及时有效地查明真相追诉犯罪；另一方面强调在司法证明中对追诉权进行制约，以避免无辜者受到追诉，实现人权保障的功能。

“正义是社会的首要价值，正像真理是思想体系的首要价值一样。”① 司法领域的正义价值体现在实体和程序两个方面。实体正义要求实体法中对于权利义务的设定应当具备一般的正义标准，而证据裁判过程恰恰包含了规范诉讼主体证据行为的若干实体法规范。这些规范不仅包括证明对象、证明标准的设定等，还通过合理的刑事证明责任分配，以实现作为现代人权保障黄金条款的无罪推定原则。与实体正义相对应，证据裁判过程中的程序正义是通过证据裁判的各个要素来实现的，一方面是证据能力的限制，即通过保障证据的真实性和可靠性以获得裁判的准确性；另一方面是证据调查的程序和内容本身受到一系列证据规则的规范，比如非法证据排除规则要求获取证据的方式必须遵循法定程序，以非法手段获取的“毒树之果”应当予以排除，此外，司法裁判必须依照诉讼程序进行，以保证实体正义的实现。与此同时，刑事审判作为查明事实、追诉犯罪过程中的重要环节，高效率的裁判方式也是人权保障与公正的体现，故而一般认为，与程序本身的正义价值一样，裁判的效率价值也是在评价和重建一项刑事审判程序时所要考虑的重要标准。证据裁判原则通过规制证据规则与证明方式，能够降低审判过程中证据证明的庞杂性，增进证明过程的紧凑性，在具体制度上主要体现在立法对证据的相关性规则的规定以及针对不同的事实设定了不同严格程度的证明方式。

综上所述，证据裁判原则作为诉讼理性发展的产物，其确立使裁判建立在理性

---

① ［美］约翰·罗尔斯：《正义论》，何怀宏等译，中国社会科学出版社 2003 年版，第 3 页。

的基础上，有助于约束法官在认定事实过程中的任意和恣意，从而奠定自由裁量合理化与正当化的基础，增强裁判的权威性、正当性和可预见性。与此同时，证据裁判原则也与刑事诉讼中的其他原则互相承接、互相强化，形成程序空间，共同保障现代刑事诉讼发现真实与人权保障目标的实现。

二、证据裁判的具体内涵

（一）证据裁判的基本要素

1. 证据裁判的适用主体

关于刑事证据裁判原则的适用主体，存在两种不同的观点。第一种观点认为，刑事证据裁判原则的适用主体仅限于刑事审判阶段的法官。该观点表明刑事证据裁判原则的适用主体具有唯一性和人身专属性。[①] 第二种观点则认为，刑事证据裁判原则的主体可以扩展到具体案件公安机关、检察机关、法院的承办人。其理由是，可以规范不同主体在刑事诉讼各个阶段的行为。

本书认为，上述两种观点是从不同的角度对适用主体的认识。从广义上来看，证据裁判是原则而非具体的证据规则，其精神应当贯穿于刑事诉讼活动的全过程。尤其作为以审判为中心的诉讼制度改革的重要环节，案件的侦查、起诉活动均应面向审判、服务审判，因此，从该意义上说，证据裁判原则也在案件的证据收集及审查起诉过程中对承办主体起到指导和约束作用。需要说明的是，法官作为证据裁判原则的直接适用主体，应当满足两个方面要求：一是中立性要求，也即在证据裁判的过程中，法官必须坚持程序对等原则，平等保护控辩双方的诉讼权利，始终保持中立。二是实质性要求，即法官应当直接接触证据并在此基础上进行审查，这是由证据裁判的内在合理性所决定的。证据裁判的内在合理性在于能够更准确地认定证据。在不直接接触证据的情况下，这种合理性将受到根本的侵蚀。

2.“证据”的内涵

证据裁判原则要求，认定事实必须依据证据。从认识论的角度看，证据是案件发生后遗留下来的事实片段，裁判者必须以这些片段来重构作为裁判基础的事实。故要明确证据裁判原则的内涵，必须明确“证据”的内涵，即证据的含义及在证据裁判原则下证据应具备的条件或称证据属性。

---

① 参见宋英辉、李哲：《证据裁判原则评介》，载《政法论坛》2003 年第 4 期。

在讨论证据的含义时，通常把将证据视为诉讼中的证据作为前提。1979 年《刑事诉讼法》第 31 条规定：“证明案件真实情况的一切事实，都是证据。”根据该规定，当时对于证据含义通说采“事实说”。基于对传统“事实说”的理性反思，2012 年修改《刑事诉讼法》采“材料说”，即“可以用于证明案件事实的材料，都是证据”。

证据材料是诉讼证据的初级形式，是法院行使审判权需要加以判断的对象。在证据裁判原则下，法官需要对证据材料进行筛查，判断哪些证据可以被接受，作为定案（事实认定）的根据，哪些证据材料不能成为定案根据而予以淘汰。从证据属性的角度来讲，证据裁判原则所指向的证据，就是具备证据能力或证据属性的诉讼证据。证据的首要属性是证据的客观性，是指证据事实必须是随着案件的发生、发展的过程而遗留下来的不以人们的主观意识为转移而存在的事实。证据的基本属性之二是其关联性，指证据必须同案件事实存在某种联系，并因此对证明案情具有实际意义。证据对于案件事实有无证明力及证明力之大小，直接取决于证据与案件事实有无联系及联系的紧密程度。证据的第三个属性是合法性，也叫证据的许可性。证据的合法性包括运用证据主体的合法性和证据来源程序的合法性。证据的合法性关系证据能力问题，更关系证据的证明力，即证据的证明作用和价值，它是证据客观性和关联性的法律保障。从定案根据的角度来讲，具备关联性、合法性、客观性等基本证据要素的证据材料，才有资格进入庭审证据调查程序。此时，经过筛查后据以认定事实的证据材料发生了性质上的变化，成为定案证据。可以说，从严格意义上看，证据裁判原则下的证据，就应该是定案根据意义上的证据。

综上所述，证据裁判原则中的“证据”的内涵主要是由两个方面构成：一是从属性上讲，证据裁判原则要求定案依据符合证据的客观性、关联性和合法性这三个基本属性。二是从定案根据意义上讲，证据裁判中的证据是指“作为定案依据的证据”而不是指“作为证明材料的证据”。符合从证据的属性到质证审查后的定案根据这一逻辑判断，才构成证据裁判原则中的证据内涵。

3. 证据裁判中的“事实”

如前所述，证据裁判原则即依据证据认定案件事实的原则。那么只有明确了“事实”的内容与范围，才能明确证据裁判原则适用的领域。这是司法人员在诉讼中正确适用法律、实现实体公正的前提。[①] 日本学者根据事实与证明之间的关系提出，“诉讼法上值得研究的事实可以分为三类，即需要证实的事实、不需要证实的事实和禁止举证的事实”[②]。我国学者认为，诉讼中的案件事实应该从三个层面理解：一是案件客观事实，即案件本源事实，它是不依司法人员和任何其他诉讼主体的意志而独立存在的事实；二是双方当事人主张的事实，这种事实在诉讼的过程中是可能发生变化的，如犯罪嫌疑人、被告人的口供所提供的案件事实，因为种种因素的影响在侦查中与在庭审中可能大不相同；三是公安、司法机关根据证据所认定的案件事实，这种事实学界称之为法律事实，包括侦查机关的移送起诉意见书、检察机关的起诉书和人民法院的判决、裁定书所认定的案件事实。可见，案件本源事实与当事人主张事实、法律事实的根本区别在于前者是客观存在的事实，属于客观范畴；后两者则是特定诉讼主体所主张或所认定的事实，属于主观范畴。司法人员在诉讼中的首要任务就是要通过收集、判断和审查证据将案件客观事实正确转化为法律事实，最大限度地实现案件客观事实与法律事实的统一。

何谓“案件事实”，可以从诉讼客体理论中寻找答案。证据裁判原则的客体，可以分为实体法事实与程序法事实。实体法事实是指对于被告人定罪量刑具备法律意义的事实，而程序法事实则是主要解决案件诉讼程序问题的事实。在以审判为中心的诉讼制度改革进程中，刑事证据裁判原则的客体应当是实体法事实与程序法事实并重。如果认为传统的证据裁判原则的目的是规制定罪权的滥用，只对实体法事实的认定产生作用，那么随着依法治国、保障人权理论的不断深入发展，证据裁判原则在规范公权力行使的程序性事项方面也发挥着至关重要的作用。简而言之，随着司法实践的不断发展与进步，我国刑事证据裁判原则适用的客体也应当是不断发展变化的，不能仅局限于最初的实体法事实的认定，还应当包括程序法事实的认定。

（二）证据裁判的内涵解析

证据裁判原则，是在诉讼中认定案件事实必须依靠证据，而且采信的必须是合法的证据，没有证据不得认定案件事实，非法取得的证据应当予以排除的原则。由于各个国家的历史传统、文化背景、伦理道德观念、地理环境等因素的不同，它们

---

① 参见陈光中：《刑事证据制度改革若干理论与实践问题之探讨——以两院三部〈两个证据规定〉之公布为视角》，载《中国法学》2010 年第 6 期。

② ［日］田口守一：《刑事诉讼法》，刘迪等译，法律出版社 2000 年版，第 220 页。

所追求的诉讼理念也不尽相同，由此造成了不同国家和地区对证据裁判内涵的认识也并不完全相同，或者即使是同一个国家和地区，在不同的历史时期对什么是证据及证据与案件事实、裁判结论之间的关系也有不同的理解和要求，从而形成了内容各异的证据裁判制度。

一般来说，在现代刑事诉讼体制下，证据裁判包括三个方面的内涵：一是证据是认定案件事实的基础。在刑事诉讼中，对于犯罪事实的认定，必须依赖符合法定要求的证据。这意味着，没有证据或者证据不足，就不能认定犯罪事实。证据是构建案件事实的唯一途径，法官或陪审团必须根据证据来作出裁决。二是据以认定事实的证据应当具备证据资格，即合法性、真实性和关联性。这意味着，证据必须是通过合法手段获取的，不能是通过非法手段（如刑讯逼供）获得的；证据必须是真实的，不能是伪造或篡改的；证据必须与案件事实具有关联性，能够证明案件事实。三是证据的收集、审查和认定必须遵守法定程序。换言之，证据的收集必须符合法律规定的程序和要求，不能侵犯被告人的合法权益；证据的审查必须经过庭审质证等程序，接受控辩双方的质证和辩论；证据的认定必须符合法律规定的标准和要求。

（三）证据裁判与自由心证制度

自由心证制度，是指证据之证明力，通常不以法律加以拘束，听任裁判官之自由裁量。在我国称为内心确信。也就是说，在评估证据的真实性和可靠性时，法官是根据自己的良知、理性和经验，对证据的证明力进行自由判断，并形成内心确信。这一原则赋予了法官一定的自由裁量权，允许他们在法律规定的范围内能够根据具体案件的情况，综合考虑各种证据因素，对证据的真实性和可靠性作出合理判断。自由心证制度强调法官的主观能动性和专业判断，认为法官应该根据自己的专业知识和经验，对证据进行全面、客观、公正的评估，也更具灵活性。

然而，单纯依赖心证也可能存在一定风险。因此在实践中，自由心证制度通常需要与其他法律原则和制度相结合。实际上，证据裁判原则与内心确信原则是相互补充、互为需要的。一方面，证据裁判主义确保了裁判的基础是合法、真实、可靠的证据；另一方面，内心确信原则赋予了法官在评估证据时的自由裁量权，弥补了法定证据制度在查明事实上的缺陷，使裁判者能够根据具体案件的情况作出合理判断。二者相辅相成，有利于确保刑事诉讼的公正、公平和准确。因此，内心确信并不是让法官随意判断证据，而是要求法官在遵守证据裁判主义的前提下，根据法律规定和司法实践经验，对证据进行合理的评估和判断。同时，内心确信原则也受到法律规范和司法监督的制约，以确保其不被滥用。

三、证据裁判的司法要求

虽然我国《刑事诉讼法》没有以文字的形式直接规定证据裁判原则，但“以事实为根据，以法律为准绳”作为刑事诉讼的一项基本原则表明了证据裁判原则在证据制度中的重要地位。同样，司法解释及相关规范性文件明确强调了刑事诉讼应当坚持和适用证据裁判规则。[①] 党的十八届四中全会通过的《中共中央关于全面推进依法治国若干重大问题的决定》提出：“推进以审判为中心的诉讼制度改革，确保侦查、审查起诉的案件事实证据经得起法律的检验。全面贯彻证据裁判规则，严格依法收集、固定、保存、审查、运用证据，完善证人、鉴定人出庭制度，保证庭审在查明事实、认定证据、保护诉权、公正裁判中发挥决定性作用。”最高人民法院、最高人民检察院、公安部、国家安全部、司法部联合发布的《关于推进以审判为中心的刑事诉讼制度改革的意见》中一项核心要求是着眼于解决影响刑事司法公正的突出问题，把证据裁判要求贯彻到刑事诉讼各环节。该意见第2条开宗明义地指出：“侦查机关、人民检察院应当按照裁判的要求和标准收集、固定、审查、运用证据，人民法院应当按照法定程序认定证据，依法作出裁判。”可见，证据裁判原则作为刑事诉讼的基石性原则，是对侦查、起诉、审判各环节统一适用的要求。司法实践中，在以审判为中心的诉讼制度改革背景下，除须严格把握证据裁判原则的三个方面内涵之外，证据裁判原则对在审判环节的适用亦提出了司法要求。

（一）准确把握并严格适用“证据确实、充分”的证明标准

在刑事诉讼领域，为了确保法官认定的事实与客观真相相符，避免放纵犯罪或

---

① 2007年，最高人民法院、最高人民检察院、公安部、司法部联合出台的《关于进一步严格依法办案确保办理死刑案件质量的意见》明确指出：“坚持证据裁判原则，重证据、不轻信口供。”这是证据裁判原则首次在我国以明文形式出现。2010年，最高人民法院、最高人民检察院、公安部、国家安全部和司法部联合发布的《关于办理死刑案件审查判断证据若干问题的规定》又重申了这一重要原则，明确规定“认定案件事实，必须以证据为根据”，在司法实践中取得了良好的效果。遗憾的是，2012年《刑事诉讼法》修改，证据裁判原则并没有被明确写入立法。但毋庸置疑，刑事诉讼立法修改增添了大量证据制度方面的内容，特别是关于排除非法证据和细化定罪证据标准方面的变化，均体现了证据裁判原则的精神和要求。在《刑事诉讼法》的贯彻实施中，《最高人民法院关于适用〈中华人民共和国刑事诉讼法〉的解释》第61条（现为第69条）再次明确规定：“认定案件事实，必须以证据为根据。”

者冤枉无辜，需要设定法定的证明标准，既为法官认定案件事实提供指导，也为法官的裁判行为设定相应的约束。刑事证明制度由法定证据发展到内心确信之后，为了避免法官心证的随意性，需要通过证明标准对法官的心证作出必要限制。因此，设定科学合理的证明标准，并在实践中严格执行，既是证据裁判原则的内在要求，也是最大限度地减少冤错案件的制度保障。

我国《刑事诉讼法》将“证据确实、充分”作为有罪证明标准。《刑事诉讼法》第55条第2款对“证据确实、充分”进行了具体界定，包含三个层面的要求：“（一）定罪量刑的事实都有证据证明；（二）据以定案的证据均经法定程序查证属实；（三）综合全案证据，对所认定事实已排除合理怀疑。”裁判过程中，对于据以定罪量刑的规范意义上的事实，应当坚持“案件事实清楚，证据确实充分”的定罪标准并加以细化，贯彻疑罪从无原则，证据不足则应当作无罪处理。具体而言，第一，认定“证据确实、充分”应当建立在定罪量刑的事实都有证据证明、据以定案的证据均经法定程序查证属实这两项要件基础上，再综合全案证据判断能否排除合理怀疑，排除合理怀疑不应孤立适用。第二，一般而言，对犯罪事实的全部构成要素都需要证明到“排除合理怀疑”的程度。第三，死刑案件证明也适用排除合理怀疑标准，强化证人出庭作证、辩护的有效质证和反驳，遵循法定证明程序，以正确认识案件事实。①第四，对于认罪认罚案件，法院应当坚持证据裁判原则，适用“案件事实清楚、证据确实充分”的标准，从证据采信、事实认定等方面进行全面、实质审查，不能因控辩协商一致便降低证明标准。

（二）建立以非法证据排除规则为中心的证据审查规则

证据裁判原则要求据以认定事实的证据应当具备合法性，即证据应当按照合法方式调查或者提取，通过非法手段获取的证据材料，不应作为认定事实的依据。刑事证据裁判原则要求认定犯罪事实的证据必须具有证据能力，而证据只有具备客观性、关联性及合法性才有具备证据能力的可能性，非法证据排除规则就是排除认定犯罪事实过程中出现的不具有证据能力的证据。从某种程度上说，非法证据排除规则的适用是建立在对刑事证据裁判原则的正确认识的基础上的，两者对准确认定犯罪事实具有相辅相成的作用。这就要求应当建立以非法证据排除规则为中心的证据

---

① 参见卞建林、倪润：《证据裁判原则在我国的确立和贯彻》，载《贵州民族大学学报（哲学社会科学版）》2015年第4期。

审查规则，提高裁判者对证据合法性的审查判断能力。

审判环节的证据合法性审查，一方面，要处理好证据合法性审查和非法证据排除规则之间的关系，合法性审查范围大于非法证据排除规则适用范围。从《刑事诉讼法》第58条对证据合法性审查的规定看，审判环节可以启动对任何证据的合法性调查，只要证据的证据能力和证明力受到影响，法官就可以根据相应的证据裁判规则，审查该证据的合法性。非法证据排除程序只适用于特殊的五类非法证据排除对象，其他证据不需要启动非法证据排除程序，通过灵活简便的法庭质证程序，就可以作出法庭认证。另一方面，法官在裁判过程中应精准把握非法证据排除对象范围与庭审适用，严格执行非法证据排除规则，善于通过阅卷审查发现问题，对被告人、辩护人提出排除非法证据又提交相关线索或材料并且符合法律规定的，就应当通过法定程序加以解决，敢于启动排除非法证据程序。

（三）完善以直接言词原则为中心的证据运用规则

证据裁判原则要求加强法庭对证据的调查核实，一切作为定案根据的证据必须在法庭上出示和查证属实。只有经过法庭举证、质证和认证后采纳的证据，才能作为认定被告人有罪和判处刑罚的证据。法庭要真正发挥上述功能，就必须落实以审判为中心的诉讼制度改革，坚持庭审实质化，并在审判中贯彻以直接言词原则为中心的证据运用规则。

落实以直接言词原则为中心的证据运用规则必须强化证人、鉴定人及勘验人出庭作证制度。证人出庭是直接言词原则的本质要求，对于审查证词的客观真实性、发掘案件事实的真相、遵循证据裁判原则具有重要的意义。在过去，案件的审理多依赖于侦查机关制作的书面证据材料，在法庭质证过程中也多采用宣读证人笔录、鉴定意见的方式代替证人、鉴定人出庭作证。这种对证据进行调查核实的方式不仅可能导致庭审虚化，也不利于案情的查明，即使证人笔录、鉴定意见错误，也难以得到及时的发现和有效的纠正。针对该问题，近年来，《刑事诉讼法》及司法解释专门对我国证人、鉴定人出庭作证制度进行了完善。一方面，从法条规定上明确了证人出庭作证的范围，规定了强制证人出庭作证制度，规定证人没有正当理由拒不出庭作证的，人民法院可以强制其到庭；鉴定人拒不出庭作证的，鉴定意见不得作为定案依据。另一方面，还强化了对证人、鉴定人出庭作证的保护制度。这些立法上的进步值得肯定，实践中还需要进一步完善证人、鉴定人出庭作证的条件，构建相关配套机制，确保关键证人出庭作证。

第四节 正当程序

正当程序原则，也可称为程序公正原则，是世界范围内刑事诉讼的基本原则。在诉讼过程中，我们不仅需要实现正义，而且要以看得见的方式实现正义。公正的诉讼程序不仅有助于查明真相，而且有助于化解纠纷。许多国家都将程序公正作为基本的宪法原则和刑事诉讼原则。学界对正当程序原则的定义有着多种理解。如按照《布莱克法律辞典》的解释，正当程序原则是指案件当事人的权益受到判决结果影响前享有被告知、陈述意见和获得庭审机会的权利。[①] 日本学者田口守一认为："所谓正当程序，即在保障人权与真实主义之间实现适当平衡的程序。"[②] 虽然定义不同，但是其中蕴含的理念相同，即剥夺权利和行使权利都需要按照正当程序进行。

一、程序公正的核心价值

（一）面向实体公正的外在价值

"外在价值"又可称为"工具价值"，即某一事物能够充当实现某一外在目的的充分或必要手段之价值。[③] 程序工具主义发轫于边沁对绝对工具主义理论的论述，其认为程序法的唯一正当目的即为最大限度地实现实体法。[④] 虽然这种过分偏重实体法的观点逐渐式微，但基于程序的工具性所进行的价值阐释构成了程序公正之核心价值的重要部分。首先，程序搭建了由事实到法律适用之间的桥梁，使实体公正能够落地生根。实体法如果无法通过一定的活动和规则与个案相结合，即使再完美的法律设计也只能沦为花瓶式的摆设。诉讼程序通过规定司法机关的行动方式、证据运用的一系列科学规则等，使实体法能够"实现"；在此基础上，公正的程序之作用就是使实体公正能够"不偏不倚地实现"，程序的设计与运行越是趋近公正的标准，裁判者也就越可能从不同的角度获取信息，接近案件真相，作出公正的裁判。其次，公正的程序设计能够使案件处理中的确信、错误在程序展开中不断得到

---

① 参见肖建国：《程序公正的理念及其实现》，载《法学研究》1999年第3期。

② ［日］田口守一：《刑事诉讼的目的》，张凌、于秀峰译，中国政法大学出版社2011年版，第38页。

③ 参见陈瑞华：《程序正义理论》（第二版），商务印书馆2022年版，第126页。

④ 参见尹宁、潘星容：《程序公正的价值——兼议实体公正与程序公正冲突的解决》，载《政法学刊》2009年第6期。

弥补、纠正，[①]逐步向实体公正靠近。例如，通过退回补充侦查程序完善证据体系，通过二审程序纠正一审对事实的错误认识。总体而言，如果没有公正的程序作保障，实体结果即使被呈现出来，也难以被认为具备公正的属性，实体公正也难免受到减损，换言之，"只有诉讼公正，才能实现实体法律的正义性"[②]。

（二）承载正义诉求的内在价值

"内在价值"又称为"目的价值"，即某一事物自身独立的内在优秀品质所附带的价值。[③]程序正义研究的集大成者罗尔斯在《正义论》开篇就指出，"正义是社会制度的首要价值"，"不管它们如何有效率和条理，只要它们不正义，就必须加以改造或废除"。[④]"公正的法律程序是正义的基本要求，而法治取决于一定形式的正当过程，正当过程又通过程序来实现。"[⑤]诉讼作为伸张正义的重要渠道，可以说与正义有着密不可分的关系。人类社会的存立发展都对正义提出了强烈的诉求，因而也需要设立追求正义的程序，程序公正的理念应运而生。

程序公正对于正义的内在价值体现可作两个层次的理解。第一层次是程序公正本身就与正义有着一定的等价关系，抽象的公正模型可被用作对正义的描述。这一层次的价值被程序本位主义充分重视，该理论认为，法律程序自身的公正性就意味着裁判结果的公正性，刑事诉讼过程就是对裁判进行充分的论证与严密的逻辑推理，并将这一过程中的正义色彩昭示于其他社会成员。[⑥]可以说，程序的推进就是对正义的践行，程序公正本身就体现着一个国家司法制度的正义性。[⑦]

第二层次为程序公正所保护的独立价值。程序公正不仅存有服务于实现结果公正的外在价值，还存在其独立的内在价值，可以说"一项法律程序或者法律实施过程是否具有正当性和合理性，不是看它能否有助于产生正确的结果，而是看它能否保护一些独立的内在价值"[⑧]。其一，公正的程序通过保障诉讼各方富有意义地参与

---

① 参见李卫国等：《论诉讼法的工具价值与独立价值》，载《青海社会科学》2000 年第 1 期。

② 石先钰：《论诉讼公正及其实现》，载《江汉论坛》2004 年第 2 期。

③ 参见陈瑞华：《程序正义理论》（第二版），商务印书馆 2022 年版，第 126 页。

④ ［美］约翰·罗尔斯：《正义论》，何怀宏等译，中国社会科学出版社 1988 年版，第 1 页。

⑤ ［美］约翰·罗尔斯：《正义论》，何怀宏等译，中国社会科学出版社 1988 年版，第 69 页。

⑥ 参见尹宁、潘星容：《程序公正的价值——兼议实体公正与程序公正冲突的解决》，载《政法学刊》2009 年第 6 期。

⑦ 参见田平安、杜睿哲：《程序正义初论》，载《现代法学》1998 年第 2 期。

⑧ 李祖军：《论程序公正》，载《现代法学》2001 年第 3 期。

诉讼，使他们的人格尊严和自主意识得到保障。刑事诉讼不单纯是一种认识活动，其还是一个程序价值的选择和实现过程。[①]从历史的实践以及尊严理论维度考量，人权保障是刑事诉讼发展中的必然导向，而在刑事诉讼中也只有通过正当程序确立控辩审平等的主体地位、保障被追诉方必需的权利，才能达到充分保障人权的理想目标。其二，程序公正可以减少利害关系人及社会公众对裁判结果的抵触，增强司法公信力。利害关系人对程序的亲历以及公正程序所表现出的良法善治、人文关怀等外观能够加强其对司法判决的认可度，树立起良好的司法形象。其三，公正的程序能够对实体法实施产生积极的抑制作用，防止司法权力的滥用。实体法实施过程中如若没有程序为限，在真相的诱惑或政策的引导下，极易产生对公民基本权利的侵犯。因此，程序在赋予司法机关权力的同时，也在框定其活动领域，回应对人权的保障。

二、正当程序的基本内容

（一）程序的法定化

程序法定原则是程序公正的核心内容，在为追诉犯罪的国家赋权与限权的博弈之中，确立这一原则能够防止司法专断，保障公民的基本人权，从而助推公正合理地实现刑事诉讼的任务。[②]尽管我国《刑事诉讼法》未采程序法定原则之表述，但严格遵守法律程序原则就是其具体体现，这一原则的精神与内容是刑事诉讼法存续与发展的根基与导向。

程序法定的具体含义在不同的阶段与程序中有不同的体现，但其基础内涵是一致的。在立法层面，正向来讲，应当确保涉及授予国家机关权力、限制公民人身财产权利的相关程序必须经由立法确立。程序为回应社会实际需要时常作出调整，立法上的程序设计当然也无法做到事无巨细、面面俱到，但希冀实现对国家刑罚权的规制，程序法定这一原则就不可偏废，必须对根本性、基础性的程序予以立法。这是由于仅通过实体法划定罪与非罪的边界只能对刑罚权实现结果端的控制，只有通过对程序的规范才能同时保证对过程端刑罚权运行的制衡。可以说，“刑法中的罪刑法定原则和刑事诉讼法中的程序法定原则有着共同的精神构造”。[③]同时，法定

---

① 参见李卫国等：《论诉讼法的工具价值与独立价值》，载《青海社会科学》2000年第1期。

② 参见孙长永：《刑事诉讼法学》（第四版），法律出版社2019年版，第82页。

③ 徐阳：《程序法定原则对刑事司法的规范意义》，载《法学》2014年第10期。

化的程序更为明确、稳定，可为人所理解、践行，对行为与选择作出理性的预期，对程序本身以及运行实现有效监督。如果程序事项对于参与程序的主体而言模糊且不可知，公正合理也就无从谈起。反向来讲，这一原则也要求授权性事项要遵从法律保留，刑事司法机关不得自我授权，亦不得通过自行制定解释与规定克减公民权利。

在法律适用层面，首先，程序法定要求国家机关必须严格遵守和执行刑事诉讼程序。国家机关尤其司法机关的刑罚权既由立法确立，其围绕权力行使所开展的一系列活动也应当在法定的程序框架内进行，不得逾越法定界限。当然，司法机关活动的环境并非真空，必然会面临诸多按照法定程序行事就会对案件真相的求得造成减损的境遇，对此，需要明确在遵循法定程序与追求实体真实发生价值冲突之时，应当保持程序的合法性先行。其次，应当有相应的保障机制存在。一方面，全面多元的监督能够确保法定程序被严格遵守，不仅侦查、控诉、审判等机关内部需要上对下的科层式审查监督，三机关之间的相互监督以及以检察机关为核心的法律监督亦不可或缺。另一方面，违反法定程序应当承担相应的法律后果，坚持权责一致。程序法定需要落地就离不开程序性制裁作为后盾，如此，才能促使刑事诉讼的当事人（司法机关）作为理性人权衡损益，对程序予以遵守。例如，非法证据排除规则的存立能够如上悬利剑一般，警示着侦查人员在收集证据过程中规范自己的行为。概言之，程序法定化是正当程序不可分割的一部分内容。

（二）主体富有意义的参与

程序的关键是“人”的参与，失去了这一关键因素，再精致严谨的程序设计也只是一具空壳。参与，意味着公民能够自主地主宰自己的命运，[①] 因此想要实现程序公正还要保障“人”的有效参与。可以说，在刑事诉讼中，司法机关由于追诉惩罚犯罪的角色与职责所在，往往对诉讼过程有着充分的参与，但对被追诉方以及与案件利害相关的个体而言，其参与方式、参与程度很大程度上要依程序的推动来实现。因此，程序公正语境下的主体充分参与主要是指，“司法机关在作出一项法律决定的过程中，对那些利益可能受该决定直接影响的人，应保证其有获得中立法庭

---

① See R.S.Summers, *Evaluating and Improving Legal Process—A Ples for“Process Values”*, Cornell Law Review, Vol.60, p.25~26（1974）. 转引自陈瑞华:《刑事诉讼法》, 北京大学出版社 2021 年版，第 51 页。

之公正审判的机会”[①]，以及能够获得提出利于自己的主张和证据及反驳对方的主张和证据的平台，这也是程序正义的核心理念。

充分保障主体参与的程序之所以得称公正，是因为，一是能够建立对被追诉人的人权保障基础。保障参与是对犯罪嫌疑人与被告人主体地位的充分认可，被追诉人作为案件的亲历者，是案件真相最为直接的信息来源，只有保障其真实有效地参与诉讼，诉讼进程才能成功地推进，被追诉人也得以有机会发现其权利缺损之处并提出主张与辩驳。二是有利于加强对司法正义的认同。一方面，被追诉人对于判决的认同很大程度上与程序“亲历性”密切关联，充分参与能够促成其司法认同感的形成。同时，作为司法权运行最直接、最原始的监督方，其能够直接、及时地发现程序弊漏。另一方面，正义不仅要实现，而且应以人们看得见的方式实现，社会公众无法亲观程序周转，但主体的参与和活动能够实现程序的“可视化”，将司法正义这一抽象概念具象化，树立司法信心。[②]三是契合了诉讼民主的理念。诉讼民主理念即人民权利得以有效体现于相关刑事诉讼活动之中。[③]诉讼主体的充分参与保障了其在程序中的对话、辩论，使诉讼得以接收各方的声音。

主体充分参与由以下几个方面构成：（1）对主体性的承认。当事人具有程序上独立的、与控诉机关平等的诉讼地位，而非沦为探求真实的手段或诉讼的客体。（2）对程序主体“在场”的要求。这是“参与”一词的应有之义，一方面，其要求程序对当事人全流程、全方面加入诉讼予以保障；另一方面，还要求为程序主体及时、全面地提供信息，避免诉讼盲区对主体造成的无形壁垒。（3）对被追诉人进行辩护和申诉自主权利的赋予。权利的赋予是对被追诉人发挥自主意识的尊重，也是其在诉讼中行动的“武器”。允许当事人在法定范围内享有依据自己的意愿行动与抉择的自由，亦是对其主体性进一步的回应。[④]（4）所有据以作出裁判的证据与论证都应经过调查与辩论。[⑤]裁判的核心无外乎事实证据与法律问题之论述，诉讼主

---

① 陈瑞华：《刑事诉讼法》，北京大学出版社 2021 年版，第 45 页。

② 参见李越、黄渝景：《试论刑事诉讼程序参与原则及其异化初断》，载《法治研究》2008 年第 9 期。

③ 参见杜厚扬：《中国特色刑事诉讼民主制度的构建路径探析》，载《岭南学刊》2019 年第 3 期。

④ 参见陈卫东、胡之芳：《关于刑事诉讼当事人处分权的思考》，载《政治与法律》2004 年第 4 期。

⑤ 参见陈瑞华：《刑事诉讼法》，北京大学出版社 2021 年版，第 46 页。

体参与诉讼的核心诉求点也不离此，因此，公正的程序应当为其提供检视证据和言语的机会。

（三）程序的平等性

所谓程序的平等，在刑事诉讼国家权力与公民权利存在紧张关系的格局之下，主要包含两层含义。第一层含义指的是法律适用上的一律平等。法律的“平等”，是指“人们在法律上应当受到大致相同的法律处遇”[①]，也可理解为“法不阿贵，绳不挠曲”。相应地，我国《刑事诉讼法》第6条作为对《宪法》第33条“公民在法律面前一律平等”原则的具象，其规定，“人民法院、人民检察院和公安机关进行刑事诉讼……对于一切公民，在适用法律上一律平等，在法律面前，不允许有任何特权”。在形式方面，应当做到适用对象的平等，即不以公民的民族、种族、性别、职业、出身、宗教信仰、教育程度、财产状况、职位高低、社会地位为由，区别适用法律；还应保证适用标准的平等，即司法机关对于所有公民都要采取同样的原则、程序。在实质方面，还要认识到“平等”不是“平均”，合理的区别对待是实质平等的要义。[②] 因此，应当关注到个案中的具体情况落实程序的平等性，例如，我国《刑事诉讼法》虽然未规定所有被告人都能够有法律援助机构指定的辩护律师，但司法机关有义务为刑事诉讼中未聘请律师的未成年人通过法律援助机构指定律师；又如，在强制措施的适用上，对于患有严重疾病、生活不能自理的犯罪嫌疑人规定可以采取取保候审或监视居住等非羁押措施。

程序的平等中第二层含义则指向控辩关系的平等。在两造对抗的格局中，有国家权力背书的控诉者角色的构建打破了控辩双方之间原始的平等态势。[③] 因此，在刑事诉讼中何以保障被追诉人的权利，制衡强力的侦控机关就成了经久不衰的命题。控辩平等最基本的含义是作为追诉对象的犯罪嫌疑人、被告人应与代表国家追诉权的侦查、检察机关具有平等的诉讼地位、对等的诉讼权利（权力），在此基础上才能有效地展开诉讼对抗。在这一含义之下，控辩双方的地位平等不言自明，更进一步而言，其还有两层具体指向。一是总体上的力量平衡。首先，是权利配置适

---

① 胡玉鸿：《中国特色社会主义法治道路的历史底蕴——以传统中国的民本、公正、平等、人道理念为例》，载《河北学刊》2022年第5期。

② 参见孙长永：《刑事诉讼法学》（第四版），法律出版社2019年版，第94页。

③ 参见陈慧慧：《论控辩关系的良性建构——以刑事诉讼模式及平等原则为视角》，载《犯罪研究》2018年第6期。

当向被追诉人倾斜，在追诉犯罪的思想惯性下，极易产生重“公”轻“私”的取向，这就需要权利配置的“刻意为之”对控辩力量失衡予以矫正。其次，是对被追诉人抗辩权利与力量的保障。一方面，应当为被追诉人充分地获取资讯提供机会，使其能够对程序提出诉求，为诉讼做好充分准备。另一方面，被追诉人作为法律知识与经验上的“弱势者”，应当重视其获得律师帮助的权利。二是审判阶段的平等对抗。控辩平等最典型的呈现还是在控辩审的三方互动之中，程序的平等在此具象化为控辩双方对证据、观点开展平等对论，使事实认定产生于相互作用的合力之间。① 如今，随着认罪认罚从宽制度的实践发展，“协商性司法”“合作型司法”“真实共识论”等理念进一步影响控辩关系，控辩关系又衍生出新的样态，“吸收凝聚了平等保护与平等合作的现代内涵”②，程序公正在此视域下应当如何完善和改进也值得更深入的探讨。

（四）裁判者的中立性

中立虽然并非公正裁判的充分必要条件，但却是裁判者作出公正裁判的前提。其要求裁判者在对立和冲突的诉讼各方之间保持不偏向任何一方的立场、态度和行为。③ 对于法官中立的角色以及行为的期待与各法域对刑事诉讼本质的认识密切相关。④ 在当事人主义的诉讼模式之中，刑事诉讼被当作一种社会冲突的解决方式，案件真实的获得被认为仅存在于控辩双方拉扯对抗所形成的中点之上。要在这场“拔河式”的诉讼中断出输赢，法官作为第三方就不能为任何一方主动“加码”。因此，诉讼尤其审判程序运转与推进的核心也就固定为控辩双方，人们期待法官被“束于高阁之上”，不积极主动地参与控辩双方的“争斗”。而在职权主义的诉讼模式中，刑事诉讼被视作国家对犯罪予以调查和惩戒的活动，真相被认为存在于司法机关的不懈追索之中。因此，法官希冀依据案件真相作出裁判就天然带有积极主动探知案件的冲动，控诉与裁判的划分必然湮没在共同的国家权力代表这一身份之下。⑤ 面对这一差异，对于法官中立的期待就不能停留在笼统的概念之上，还应有具体的描述与行为期待。

---

① 参见张保生：《审判中心与控辩平等》，载《法制与社会发展》2016 年第 3 期。

② 冀祥德：《和谐社会语境下的控辩平等——以构建平等合作诉讼模式为中心的研究》，载《法学家》2008 年第 3 期。

③ 参见左卫民：《公正程序探析》，载《四川大学学报（哲学社会科学版）》1993 年第 3 期。

④ 参见孙锐：《论刑事诉讼中的裁判者角色》，载《中国刑事法杂志》2011 年第 11 期。

⑤ 参见孙锐：《论刑事诉讼中的裁判者角色》，载《中国刑事法杂志》2011 年第 11 期。

具体而言，对裁判者中立的要求包括多个方面：（1）与案件有牵连的人不得担任该案的裁判者；（2）裁判者不得与案件结果或者诉讼各方存有利益关系或足以影响其中立性的其他关系；（3）裁判者不应存有支持一方、反对另一方的偏见，应为控辩双方提供同等的机会，同等地对待双方的举证、质证；（4）裁判者不得对案件结果产生预断，不可存有先入之见，在外观上不能使任何一方对其中立性产生合理的怀疑；[①]（5）裁判者不能越俎代庖，代行刑事诉讼当事人的权利、义务，换言之，控辩双方的活动只能由其自行开展。

三、正当程序的实践要求

立足我国的刑事诉讼立法与实践，应当认识到，我国刑事诉讼中曾长期存在“重实体、轻程序”的倾向，因而无论是程序的设计还是执行落实都存在需进一步完善的情况。对此，程序公正原则对司法实践提出了多方面的要求。

（一）观念纠偏：坚持实体公正与程序公正并重

一方面，对于“重实体、轻程序”的错误倾向，近年来的诉讼实践已有显著扭转，但碍于行为和认知上的路径依赖，这种倾向的影响仍然存在。因此，应当强化对程序价值及意义的阐释与叙述，同时还要有强有力的程序性制裁作为后盾，整体上改变司法人员的观念。[②]另一方面，关于“轻实体、重程序”的观念，近年来在理论界与实务界都受到了部分人的推崇，但过度强调这一观念也可能导致刑事诉讼惩罚犯罪的功能被弱化，造成对原有问题的矫枉过正。因此，在观念上应当坚持实体公正与程序公正并重，只有首先保证了程序在一个正确的定位之上，才能对程序公正的进一步实现提出构想与要求。

（二）充分参与：保障程序参与原则实现

由于在刑事诉讼的侦查与审查起诉阶段，被追诉方对程序的参与度不足，诉讼活动开展的重心主要在侦控机关。因此，实现程序主体富有意义地参与程序，要注意以下几点：首先，在审前阶段，应当赋予犯罪嫌疑人及辩护人更多的权利并保障其权利的行使。其次，在审判阶段，法院应当坚持“到庭原则”。这一原则涵盖了全部涉及发表意见、提出证据的阶段，包括法庭的庭外调查与准备活动，要求一般

---

① 参见陈瑞华：《刑事诉讼法》，北京大学出版社2021年版，第46页。

② 参见陈学权：《论刑事诉讼中实体公正与程序公正的并重》，载《法学评论》2013年第4期。

情况下，法官不得在程序参与者缺席的情况下开展审判活动。再次，裁判者要为控辩的进行留出空间。确保各方在庭审前有充分的准备时间，保证各方向法庭提出证据、主张、意见，并进行辩论、反驳的机会，确保各方的主张和证据得到均等的考量和必要的采纳。[①] 最后，在认罪认罚案件中，法官在裁判时要注重对被告人认罪认罚的自愿性作出充分审查。

（三）地位平衡：强化被追诉方辩护能力

公平原则是审判的内在要求。在公权力机关主导犯罪追诉的语境下，平衡控辩双方地位主要意味着对被追诉方权利与力量的补强。法院在审判的过程中要确保控辩双方平等对抗，并保持客观居中裁判。在刑事诉讼过程中，被告人与作为控诉方的公诉机关相比，处于天然的弱势地位。因此，为了确保控辩双方平等对抗，法院应当尊重被告人的诉讼主体地位，重视对被告人辩护权的法律保护。具体而言，一方面，应当保证被告人获得辩护的权利，持续推进刑事案件律师辩护全覆盖。另一方面，还应关注到当前辩护制度在有效辩护方面仍有不足，辩护律师不仅要“有”，也应要“优”。这就要求法院在刑事审判过程中应全面保障辩护律师履行辩护职责，为律师的会见权、阅卷权、申诉权等在基础的保障之上，提供更多权利行使的便利空间。近年来，上海法院持续推动的刑事案件辩护律师全覆盖改革就是该理念的具体实践。

---

① 参见陈瑞华:《程序正义理论》(第二版)，商务印书馆 2022 年版，第 137 页。

第四章　刑事审判的政策观念

刑事审判的政策观念，是指国家的刑事法律思想的外在表现形式，是以打击和预防犯罪为根本宗旨，用于指导国家刑事立法、刑事司法和其他与之相关的社会活动的策略、方略。有学者总结，"刑事政策是一定社会对犯罪反应的集中体现"[①]。从各国发展规律看，每一次重大刑法制度的改革，都是与刑事政策和观念的发展和变迁分不开的。党的十八大以来，在推进以审判为中心的刑事诉讼制度改革中，形成了中国特色的刑事审判政策观念，指导着我国的刑事审判不断发展和完善。可以说，刑事司法更加公正、人权保障更加有力、司法办案更加高效，离不开刑事审判政策观念的更新与发展。

第一节　坚持宽严相济

宽严相济刑事政策是我国的基本刑事政策，贯穿于刑事立法、刑事司法和刑罚执行的全过程，是对惩办与宽大相结合政策在新时期的继承、发展和完善，是司法机关惩罚犯罪、预防犯罪、保护人民、保障人权，正确实施国家法律的指南。

一、宽严相济的基本内容

贯彻宽严相济刑事政策，要求刑事裁判要根据犯罪的具体情况，实行区别对待，做到该宽则宽，当严则严，宽严相济，罚当其罪，打击和孤立极少数，教育、感化和挽救大多数，最大限度地减少社会对立面，促进社会和谐稳定，维护国家长治久安。我国的刑事政策随着社会的发展也在发生变化，大体经历了以下三个阶段。

一是惩办与宽大相结合刑事政策。惩办与宽大相结合刑事政策是中华人民共和

---

① 陈兴良：《宽严相济刑事政策研究》，载《法学杂志》2006 年第 1 期。

国成立后很长一段时期的基本刑事政策，其既强调对一切犯罪分子必须严肃依法惩处，同时强调要根据犯罪不同情形，实行区别对待，打击、孤立少数，争取改造多数。与后来的刑事政策不同，惩办与宽大相结合刑事政策形成于革命战争年代，是我们党长期以来领导对敌斗争和同犯罪斗争经验的总结，着重强调与犯罪作斗争，并且更多的是从分化瓦解敌人的思路考虑处理犯罪问题。

二是依法从重从快严厉打击严重刑事犯罪活动的刑事政策。改革开放初期，我国社会正处于转型期，各种犯罪活动猖獗，刑事案件发案率急剧增加，重大恶性案件时有发生。为扭转社会治安形势，维护社会稳定，1983 年中共中央作出《关于严厉打击刑事犯罪活动的决定》，明确提出要依法从重从快严厉打击刑事犯罪活动。随后，全国人大常委会作出《关于严惩严重危害社会治安的犯罪分子的决定》和《关于迅速审判严重危害社会治安的犯罪分子的程序的决定》，依法从重从快严厉打击严重刑事犯罪活动的刑事政策被正式提出。

三是宽严相济刑事政策。从实际效果看，依法从重从快严厉打击严重刑事犯罪活动的刑事政策确实起到快速遏制犯罪增长作用，为当时经济社会发展提供了保障。但作为控制犯罪方式，从长远看确实有其局限性，随着社会秩序好转其负面效应也开始显现，于是宽严相济刑事政策被逐步提出。宽严相济刑事政策作为党中央在新形势下提出的一项基本刑事政策，是我国在惩治犯罪、维护社会稳定的长期实践中积累经验的总结，更是对惩办与宽大相结合刑事政策的继承、发展与完善。[①]

宽严相济刑事政策的提出，有着社会现实根据。犯罪作为社会问题，对其治理应当是综合性的。对犯罪的治理，其要点不仅在于打击，更在于预防，刑事司法工作不仅要通过严厉打击犯罪来维护社会安定，还要通过犯罪预防促进社会和谐发展。综合来看，宽严相济刑事政策的出台，“既是为了适应构建和谐社会的需要，消解一味强调‘从重从快’惩罚犯罪所带来的负面影响，也是为了回应刑罚发展日趋走向轻轻重重‘两极化’方向，合理平衡刑罚轻重功能关系的需要。从转型社会的现实需求来看，宽严相济与当代中国构建和谐社会的理念是相契合的；从刑罚的发展趋势来看，宽严相济体现了既严又宽的刑罚特性，更多地展示了刑罚宽和的一面，与国际刑罚发展的总体趋势一致”[②]。

---

① 刑事政策发展变迁过程的总结参见苗生明：《顺应新时代要求 深化落实宽严相济刑事政策》，载《人民司法》2020 年第 32 期。

② 游伟、赵运锋：《宽严相济刑事政策及其困境与出路》，载《法律适用》2009 年第 10 期。

二、宽与严的对象及要求

精准落实宽严相济刑事政策，关键在于正确把握“该宽则宽，当严则严，宽严相济，罚当其罪”。

（一）宽的对象及要求

宽严相济刑事政策中的从“宽”，主要是指对于情节较轻、社会危害性较小的犯罪，或者罪行虽然严重，但具有法定、酌定从宽处罚情节，以及主观恶性相对较小、人身危险性不大的被告人，可以依法从轻、减轻或者免除处罚；对于具有一定社会危害性，但情节显著轻微危害不大的行为，不作为犯罪处理；对于依法可不监禁的，尽量适用缓刑或者判处管制、单处罚金等非监禁刑。

从犯罪情节来看，对于所犯罪行不重、主观恶性不深、人身危险性较小、有悔改表现、不致再危害社会的犯罪分子，要依法从宽处理。对于其中具备条件的，应当依法适用缓刑或者管制、单处罚金等非监禁刑。同时，配合做好社区矫正，加强教育、感化、帮教、挽救工作。对于自首的被告人，除了罪行极其严重、主观恶性极深、人身危险性极大，或者恶意地利用自首规避法律制裁者以外，一般均应当依法从宽处罚。对于被告人检举揭发他人犯罪构成立功的，一般均应当依法从宽处罚。对于犯罪情节不是十分恶劣，犯罪后果不是十分严重的被告人立功的，从宽处罚的幅度应当更大。对于较轻犯罪的初犯、偶犯，应当综合考虑其犯罪的动机、手段、情节、后果和犯罪时的主观状态，酌情予以从宽处罚。对于犯罪情节轻微的初犯、偶犯，可以免予刑事处罚；依法应当予以刑事处罚的，也应当尽量适用缓刑或者判处管制、单处罚金等非监禁刑。

从犯罪对象来看，对于未成年人犯罪，在具体考虑其实施犯罪的动机和目的、犯罪性质、情节和社会危害程度的同时，还要充分考虑其是否属于初犯，归案后是否悔罪，以及个人成长经历和一贯表现等因素，坚持“教育为主、惩罚为辅”的原则和“教育、感化、挽救”的方针进行处理。其中，对于已满 14 周岁不满 16 周岁的未成年犯罪人，一般不判处无期徒刑。对于老年人犯罪，要充分考虑其犯罪的动机、目的、情节、后果以及悔罪表现等，并结合其人身危险性和再犯可能性，酌情予以从宽处罚。

从犯罪起因来看，对于因恋爱、婚姻、家庭、邻里纠纷等民间矛盾激化引发的犯罪，因劳动纠纷、管理失当等引发、犯罪动机不属恶劣的犯罪，因被害方过错或者基于义愤引发的或者具有防卫因素的突发性犯罪，应酌情从宽处罚。

（二）严的对象及要求

宽严相济刑事政策中的从“严”，主要是指对于罪行十分严重、社会危害性极大，依法应当判处重刑或死刑的，要坚决地判处重刑或死刑；对于社会危害性大或者具有法定、酌定从重处罚情节，以及主观恶性深、人身危险性大的被告人，要依法从严惩处。在审判活动中通过体现依法从“严”的政策要求，有效震慑犯罪分子和社会不稳定分子，达到有效遏制犯罪、预防犯罪的目的。

从犯罪类型来看，必须毫不动摇地坚持依法严惩严重刑事犯罪的方针。对于危害国家安全犯罪、恐怖组织犯罪、邪教组织犯罪、黑社会性质组织犯罪、恶势力犯罪、故意危害公共安全犯罪等严重危害国家政权稳固和社会治安的犯罪，故意杀人、故意伤害致人死亡、强奸、绑架、拐卖妇女儿童、抢劫、重大抢夺、重大盗窃等严重暴力犯罪和严重影响人民群众安全感的犯罪，走私、贩卖、运输、制造毒品等毒害人民健康的犯罪，要作为严惩的重点，依法从重处罚。当前和今后一段时期，对于集资诈骗、贷款诈骗、制贩假币以及扰乱、操纵证券、期货市场等严重危害金融秩序的犯罪，生产、销售假药、劣药、有毒有害食品等严重危害食品药品安全的犯罪，走私等严重侵害国家经济利益的犯罪，造成严重后果的重大安全责任事故犯罪，重大环境污染、非法采矿、盗伐林木等各种严重破坏环境资源的犯罪等，要依法从严惩处，维护国家的经济秩序，保护广大人民群众的生命健康安全。还要依法从严惩处累犯和毒品再犯。

从犯罪主体来看，对于国家工作人员贪污受贿、滥用职权、失职渎职的严重犯罪，黑恶势力犯罪、重大安全责任事故、制售伪劣食品药品所涉及的国家工作人员职务犯罪，发生在社会保障、征地拆迁、灾后重建、企业改制、医疗、教育、就业等领域严重损害群众利益、社会影响恶劣、群众反映强烈的国家工作人员职务犯罪，发生在经济社会建设重点领域、重点行业的严重商业贿赂犯罪等，要依法从严惩处。对于国家工作人员职务犯罪和商业贿赂犯罪中性质恶劣、情节严重、涉案范围广、影响面大的，或者案发后隐瞒犯罪事实、毁灭证据、建立攻守同盟、负案潜逃等拒不认罪悔罪的，要坚决依法从严惩处。对于被告人犯罪所得数额不大，但对国家财产和人民群众利益造成重大损失、社会影响极其恶劣的职务犯罪和商业贿赂犯罪案件，也应依法从严惩处。

（三）相济的要求

宽严相济刑事政策中的“相济”，主要是指在对各类犯罪依法处罚时，要善于综合运用宽和严两种手段，对不同的犯罪和犯罪分子区别对待，做到严中有宽、宽以济严，宽中有严、严以济宽。

既要做到严以济宽，也要做到宽以济严。例如，在对较轻刑事犯罪依法从轻处罚的同时，要注意严以济宽，充分考虑被告人是否具有屡教不改、严重滋扰社会、群众反映强烈等酌定从严处罚的情况，对于不从严不足以有效惩戒者，也应当在量刑上有所体现，做到济之以严，使犯罪分子受到应有处罚，切实增强改造效果。又如，对于被告人同时具有法定、酌定从严和法定、酌定从宽处罚情节的案件，要在全面考察犯罪的事实、性质、情节和对社会危害程度的基础上，结合被告人的主观恶性、人身危险性、社会治安状况等因素，综合作出分析判断，总体从严或者总体从宽。

既要坚持区分打击，也要做到罪刑均衡。比如，对于一般共同犯罪案件，应当充分考虑各被告人在共同犯罪中的地位和作用，以及在主观恶性和人身危险性方面的不同，根据事实和证据能分清主从犯的，都应当认定主从犯。有多名主犯的，应在主犯中进一步区分出罪行最为严重者。对于多名被告人共同致死一名被害人的案件，要进一步分清各被告人的作用，准确确定各被告人的罪责，以做到区别对待；不能以分不清主次为由，简单地一律判处重刑。在共同犯罪案件中，对于主犯或首要分子检举、揭发同案地位、作用较次犯罪分子构成立功的，从轻或者减轻处罚应当从严掌握，如果从轻处罚可能导致全案量刑失衡的，一般不予从轻处罚；如果检举、揭发的是其他犯罪案件中罪行同样严重的犯罪分子，或者协助抓获的是同案中的其他主犯、首要分子的，原则上应予依法从轻或者减轻处罚。对于从犯或犯罪集团中的一般成员立功，特别是协助抓获主犯、首要分子的，应当充分体现政策，依法从轻、减轻或者免除处罚。

三、宽严相济的具体适用

宽严相济的具体适用，既体现在定罪方面的协调性，也体现在量刑方面的均衡性。以下从定罪、量刑两个方面的典型案例为基础，分别讨论宽严相济的具体适用。

（一）宽严相济要求定罪的协调性

典型案例：

被告人刘某采用翻窗入室、持刀威逼的方法强行与被害人赵某发生性关系以后，又顺手拿走赵某放在枕边的一部手机，价值1000余元。

疑难问题：

如何对被告人刘某进行定罪？一种观点认为，应当认定为抢劫罪或者入户抢劫罪，与强奸罪实行数罪并罚。主要理由是，刘某在非法取得他人财物之时，明显利用了其先前实施的暴力威胁行为对被害人精神造成的巨大威慑与强制，迫使被害人当时不敢反抗，符合以胁迫方法劫取他人财物的行为特征，应当认定为抢劫罪。由于刘某实施的暴力威胁与非法取财行为均发生在户内，故还可以认定为入户抢劫。另一种观点认为，被告人刘某在本案中只实施了一个暴力胁迫行为，已经作为强奸罪的手段行为予以评价，将其再行作为抢劫罪客观方面的构成要素来评判，属于重复评价，应当予以禁止。因此，对于刘某在奸淫之后另行实施的公然夺取他人财物的行为，可以认定为抢夺罪。

考查上述分歧意见，不难看出争议焦点在于：刘某后续实施的非法取财行为确实利用了其先前实施的持刀威逼行为对被害人精神形成的威慑、强制力量，以致被害人在遭遇“劫财”行为时表现出“听之任之”、继续不敢反抗的失常态度。因此，被告人有意利用自己先前实施的暴力胁迫行为对被害人形成的精神强制效力，能否作为后续非法取财行为的手段行为来评价。

对该案的定罪，在贯彻宽严相济时，需要保持定罪的协调性，即在定罪时可以通过举重以明轻或举轻以明重的方式，判断相关判决是否保持了对同类行为定罪的协调性、采用的评价标准是否保持了类案的一致性。以本案的类似案件为例，不妨假设，如果刘某的前一强奸罪之暴力手段行为已致被害人昏迷甚至死亡，然后被告人顺手拿走被害人的随身财物据为己有，能否将前一暴力手段行为造成的被害人“不知反抗”的状态认定为新的、独立的暴力行为，与后续的非法取财行为相结合构成抢劫罪。通常认为，对于后续的非法取财行为只能依据其自身特点，认定为盗窃罪。根据举重以明轻，既然利用重度的“暴力加害”行为的效力不能成为加重处罚后续财产犯罪的事实依据，利用轻度的“暴力胁迫”行为的效力也就更加难以成为加重处罚后续财产犯罪的适当理由。换言之，后续的非法取财行为要成立抢劫罪，必须有新的、独立的暴力、胁迫存在。据此，本案采用第二种观点，更加符合定罪的协调性，也符合宽严相济的刑事政策。[①]

（二）宽严相济要求量刑的均衡性

典型案例：

在被告人江某雇凶伤害他人致死一案中，江某经过连环教唆，从外地找到被告人杨某等四人充当打手，本欲“好好教训”生意上的竞争对手李某一顿，却因杨某等三人出手太重，拳击被害人头面部致其日后死亡。

疑难问题：

本案中，江某、杨某等人作为共同伤害犯罪的雇凶者与主要实行犯，依法应当判处“十年以上有期徒刑、无期徒刑或者死刑”。连环教唆中既未与雇凶者江某联系，也没有与打手杨某等人直接联系的中间教唆者，以及被杨某纠集充当打手，但并未赶到犯罪现场即得知伤害行为已告结束的共犯人，虽被认定为从犯，但如何量刑（减轻处罚）存在分歧。一种观点认为，作为从犯，即使应当减轻处罚，也只能减轻一档，即在三年以上十年以下判处刑罚。另一种观点认为，减轻处罚可以跳档减轻，在三年以下判处刑罚。

对该案的量刑，在贯彻宽严相济时，需要保持量刑的均衡性，即在量刑时既要考虑本案主从犯之间的量刑是否均衡，也要考虑同类行为的量刑是否均衡。从量刑角度考量，对于故意伤害他人造成一人死亡的严重后果，在依法严惩雇凶者和主要实行犯等四名主犯的基础上，对于所提及的从犯（中间教唆者和未赶往现场的共同犯罪人）依法予以有区别地、较大幅度地从轻、减轻处罚，更符合宽严相济的刑事政策。特别是对于仅表现为事中赶往犯罪现场的行为人，如果对其仅在下一个法定刑幅度内减轻处罚，即使判处该幅度的法定最低刑三年有期徒刑，从司法经验上看，仍然偏重。就整个共同犯罪案件来说，对于罪行程度明显不同的共犯人均处三年以上有期徒刑，也有罪责区分不足的嫌疑。因此，在缺乏判处缓刑条件的情况下，对上述从犯予以跨幅度减轻处罚，既是法律公正性的客观要求，也是司法实践操作中的理性选择。[②]

---

① 参见黄祥青：《寻求系统协调、实现裁判公正》，载《中国审判》2011 年第 7 期。

② 参见黄祥青：《减轻处罚情节的理解与适用》，载《人民司法》2013 年第 11 期。

第二节 实现“三个效果”

习近平总书记指出，“坚持以法为据、以理服人、以情感人，努力实现最佳的法律效果、政治效果、社会效果”，并多次强调，“法律不应该是冷冰冰的，司法工作也是做群众工作。一纸判决，或许能够给当事人正义，却不一定能解开当事人的‘心结’，‘心结’没有解开，案件也就没有真正了结”。[①]对刑事审判来讲，对案件的裁判，应当达到“三个效果”的有机统一，努力实现情理法的有机结合。

一、“三个效果”的基本内涵

法律适用的正确与否或者水平高低，其实并无绝对的标准或界限，其差异大多表现为事实与法条文字含义的单一对应，还是与相关法律规定的系统协调。但从法律适用效果来看，还是要以法为据、以理服人、以情感人，追求政治效果、法律效果、社会效果的有机统一。

“政治效果”，是指司法活动贯彻落实了总体国家安全观，保障了国家政治安全和社会秩序，尤其是司法活动维护了宪法法律权威，维护了中国特色社会主义基本制度、基本理论和基本道路。司法机关坚持党对政法工作的绝对领导，司法活动服务了党和国家的工作大局，服务经济社会健康发展。

“法律效果”，是指司法活动遵守法律的实体规定和程序规定。首先，法律是司法裁判的实体依据。法律是司法裁判的实体依据，就意味着司法裁判应符合形式理性，司法人员不得脱法裁判；同时也意味着类案应当同判。其次，司法活动要遵守法定程序，“法律效果”体现在司法活动的程序正义中。

“社会效果”，是指社会公众对司法过程和结论的认同，司法裁判符合普通人的价值观和朴素正义感，社会公众能够感受到司法的人文关怀和司法的温度。从裁判路径而言，“社会效果”要求司法裁判体现实质理性。社会效果侧重于实现法律价值和目的，强调在法律适用中把社会利益、社会价值作为重要因素进行必要的判断和衡量。[②]

---

① 习近平：《论坚持全面依法治国》，中央文献出版社 2020 年版，第 23 页、第 260 页。

② 参见胡田野：《论“三个效果”有机统一的司法理念与裁判方法》，载《中国应用法学》2022 年第 3 期。

二、“三个效果”的内在逻辑

对于办案效果，存在不同的观点：一种观点认为，办案不能只讲法律效果，应当讲求“三个效果”的统一。否则，司法判决极易脱离社会实际或者公众认知，裁判者也可能变成“法呆子”。另一种观点认为，办案只能讲求法律效果，即只要遵循公平正义、诚信和尊重公序良俗等法律原则即可。本书认为，从司法规律和司法任务来看，办案必须讲究“三个效果”的有机统一。

首先，裁判效果与裁判标准应当区分开来，不能把“三个效果”有意无意地解读为三个裁判标准。马克思曾经指出：法官除了法律就没有别的上司。习近平总书记要求：“努力让人民群众在每一个司法案件中感受到公平正义。”[①]可见，司法裁判的标准只能是明确的法律规定，总的工作目标就是要实现公平正义。倘若把裁判标准与裁判效果混为一谈，一方面势必削弱、动摇法律、法治的权威性；另一方面也会滋生裁判理念与裁判标准的模糊性或随意性。坚定法治信仰与道路，始终是我们思考、解决法律问题的基本立场与矢志不渝的努力方向。[②]

其次，对于裁判效果，应当坚持多维审视、全面把握。法律的基本特征之一，就是基于既往的典型事实而形成法律规范，是法律文本与价值、精神的复合体，具有规范性、权威性和稳定性。之所以强调多维讲求裁判效果，既有事实层面的原因，也有法益层面的考量。在事实层面，法律存在不同程度的不周延性和滞后性，决定了司法裁判应当在裁判效果上充分进行合目的性的审查判断。众所周知，法律既不可能穷尽当下事物的所有细节，也不可能囊括未来事物的发展变化形态，且司法不能拒绝裁判。于是，当相对稳定的法律面对富于变化的新类型或疑难复杂案件时，法律所表述的事实与案件所呈现的待决事实之间，很可能产生某种程度的差异性。倘若简单恪守法条核心语义或字面含义径行作出裁判，而不懂得因应时事、适度校准，则难免产生裁判效果差强人意甚至背反法律目的性的问题。在法益层面，法律价值的多元性和法益存在形式的多样复杂性，决定了司法裁判中的具体取舍应当重视综合平衡。从实际情况看，法条所规范的法律关系及其价值取向往往显得简单、明了，实际案件所蕴含的法律关系不时显现相互交织、错综复杂的情形。还有

① 习近平：《坚定不移走中国特色社会主义法治道路 为全面建设社会主义现代化国家提供有力法治保障》，载《求是》2021 年第 5 期。

② 参见黄祥青：《审判管理与司法改革探究》，人民法院出版社 2022 年版，第 32~41 页。

一些案件在法律适用中表现出形式与实质合理性脱节，眼前与长远利益不一，个别与群体、整体利益冲突等情状，诸如此类的纷繁表现均赫然昭示：司法裁判通常不是非黑即白、非此即彼的简单推演或取舍，而是需要拨开迷障、精细拿捏的利益平衡与价值实现艺术。[①]

最后，"三个效果"存在内在逻辑。"三个效果"是对司法活动的三位一体的评价标准。其基本内涵在于，刑事裁判要立足时代、国情、文化，综合考量法、理、情等因素，加强社会主义核心价值观的导向作用，不断提升司法裁判的法律认同、社会认同和情理认同。"三个效果"中，"法律效果"是基础和前提，一个脱法裁判的案件自然谈不上"社会效果"和"政治效果"；"社会效果"是司法活动的价值追求，一个得不到社会认同的案件，脱离实质正义的案件，也谈不上"法律效果"和"政治效果"；"政治效果"是司法机关作为政治机关的必然要求，是司法活动、人民司法事业在中国特色社会主义法治道路上行稳致远的根本前提，一个背离政治效果的司法裁判，无法获得社会各方力量的认同，甚至可能发生颠覆性错误。"三个效果"的有机统一并不是以"政治效果"和"社会效果"替代"法律效果"，而是"法律效果"中同时蕴含"政治效果"和"社会效果"，因此要防止对"三个效果"有机统一产生错误理解。既要防止就案论案、机械司法，又要防止自由裁量权的肆意，防止以"社会效果""政治效果"的名义干预司法机关依法独立公正行使司法权，防止以"社会效果""政治效果"的名义脱法裁判。既要追求与政策目标的一致性，又要防止以政策代替法律作出裁判。总而言之，"三个效果"的统一，是"有机"统一。要以系统观念、法治思维来把握"三个效果"的统一。[②]

三、坚持贯彻"慎刑理念"

新时期，我国刑事犯罪结构发生了重大变化，抢劫、杀人、放火等严重暴力犯罪数量持续下降，危险驾驶、盗窃、帮助信息网络犯罪活动罪等轻型犯罪数量大幅上升，立法和司法均呈现出新的图景。轻微犯罪数量不断增加，近五年来判处三年（含）有期徒刑以下刑罚占比保持在82%以上（其中一年有期徒刑以下占比在50%

① 参见黄祥青：《法官如何裁判才能防止机械司法》，载《人民法院报》2019年4月11日，第8版。

② 参见胡田野：《论"三个效果"有机统一的司法理念与裁判方法》，载《中国应用法学》2022年第3期。

以上）。[①] 面对犯罪结构的重大变化，国家层面的刑事政策已经作了相应调整，但刑事司法理念在一些地区、一些案件处理过程中还存在“跟不上”的问题。面对新形势、新变化，需要我们及时更新刑事司法理念，进一步改变重刑主义思想，避免过分迷信刑罚的作用，充分发扬德主刑辅、明德慎罚的慎刑理念。

“慎刑”是中华民族优秀的传统刑事法制文化，它要求立法机关在制定法律、司法机关在适用法律时皆须审慎。一般认为，慎刑理念最早见于儒家经典《尚书》中的表述：“罪疑惟轻，功疑惟重。与其杀不辜，宁失不经。”即疑罪应予从宽处理，而论功行赏有疑问的，则从重办理；宁可不按常法行事，也不可错杀无辜。这是现代法治“疑罪从无”的先声，也是慎刑理念的渊源。“慎刑”理念被现代刑法所吸收，并发展出符合时代的内涵，表现为刑法的谦抑性，主张严格限制刑法的适用范围，贯彻疑罪从无原则，抵制重刑主义。面对轻型犯罪占绝大多数的犯罪结构，我们要坚持慎刑理念，避免刑罚的滥用，在慎刑理念下，对部分罪质不重的案件作出罪责刑相适应的判罚，才能推动“三个效果”的有机统一。

典型案例：

被告人朱某患有“心境障碍”疾病，日常靠药物控制病情。2022 年 6 月 20 日晚，因男友提出分手，朱某吃了抗抑郁药物且饮酒致醉。当晚，男友与朱某发生争执，男友的朋友报警。次日 2 时 30 分许，民警接警后将朱某传唤至派出所。入所须进行防疫登记和抗原检测，朱某因醉酒而不予配合。民警顾某上前询问情况时，朱某处于站立不稳摇晃状态，并挥手打了顾某一耳光，嘟囔“我就是要打你”。民警当场对朱某实施控制并进行约束性醒酒。民警顾某被掌掴后，面部无红肿情况，也未进行伤势鉴定。朱某酒醒后表示自愿认罪。检察机关指控被告人朱某犯袭警罪。法院经审理对朱某作出无罪判决。

分歧观点：

一种观点认为，袭警罪系行为犯，本案被告人构成袭警罪。另一种观点认为，袭警罪应当有犯罪程度要求，本案被告人尚不构成袭警罪。

袭警罪设立后，确实有效打击和震慑了相关犯罪，在 2025 年之前，法律和司法解释都没有对该罪的入罪标准进行具体规范。有观点认为，只要暴力袭击正在

---

① 参见《刑事检察工作白皮书（2024）》，载最高人民检察院官网 2025 年 3 月 9 日，https://www.spp.gov.cn/xwfbh/wsfbh/202503/t20250309_688590.shtml。

执行公务的警察即可构罪，“动手即入罪”。本书认为，《刑法》分则虽然没有对袭警罪的入罪门槛进行具体规范，但肯定不能理解为“动手即入罪”。回顾袭警罪入刑的过程，该罪保护的法益是执法秩序和警察的人身安全，其针对的是故意暴力抗法、挑战执法权威的行为，入罪标准上应当注重与行政处罚、妨害公务罪的衔接，由于袭警罪与妨害公务罪和故意伤害罪在罪质上都具有相当性，在确定入罪标准时可参考妨害公务罪和故意伤害罪的入罪标准，因此，袭警罪一般应以造成警察轻微伤害后果或者实施具有造成警察身体伤害现实危险的行为等情形作为定罪的标准。对于辱骂民警，或者抓挠、推搡、一般的肢体冲突等轻微妨害执法行为，没有对抗执法意图的，应属于《刑法》第 13 条规定的“情节显著轻微危害不大”，不构成犯罪，给行政处罚留下空间。本案中，朱某的袭警行为发生在遭遇婚恋挫折、情绪激动且严重醉酒的状态之下，并非在执法现场出于故意挑战法律权威的目的而实施，主观恶性较小。朱某因醉酒自身站立不稳，伸手掌掴民警力量十分有限，客观上没有造成哪怕是轻微伤害的后果，行为的暴力程度较轻，整体社会危害性较小，不应以袭警罪定罪处罚，可以进行行政处罚。如此裁判，可以根据袭警行为的危害程度大小，分别通过行政处罚、刑罚来处罚，进而推动“三个效果”的有机统一。该种裁判观点也被司法解释所认可和吸收，2025 年，最高人民法院、最高人民检察院发布《关于办理袭警刑事案件适用法律若干问题的解释》，明确袭警罪的入罪标准，即实施撕咬、掌掴、踢打、抱摔、投掷物品等行为，造成轻微伤以上后果的，或者实施打砸、毁坏、抢夺人民警察乘坐的车辆、使用的警械等行为，足以危及人身安全的，应认定为袭警罪规定的“暴力袭击”。与人民警察发生轻微肢体冲突，或者为摆脱抓捕、约束实施甩手、挣脱、蹬腿等一般性抗拒行为，危害不大的，或者仅实施辱骂、讽刺等言语攻击行为的，不属于袭警罪规定的“暴力袭击”。

第三节 贯彻实质解纷

在习近平法治思想的引领下，以优化司法职权运行、促进案结事了人和为主要内容的实质解纷理念得到了新发展，为刑事司法工作注入了永续动力。

一、刑事审判实质解纷的内涵

新时期，面对案多人少矛盾等新常态，人民法院坚持习近平法治思想，结合我国实践，融合群众路线、实质解纷等司法传统，进一步丰富和发展了极具中国特色的实质解纷理念，这是我国刑事司法文明深入发展的标志性成就。

一是为高水平法治建设提供工作方略。强调以公共政策为指导参与社会治理的西方司法能动主义发端于20世纪中期美国司法审判活动，核心观念在于“法官造法”或“法院行使立法权”。[①] 其实质是在多党竞争前提下，部分具有政党背景的法官试图通过消解司法克制主义，来实现与立法权和行政权对抗的竞争目的。而我们所提倡的以治罪治理并重为指导的实质解纷理念与之存在显著不同。习近平总书记指出，社会治理应注重“消未起之患、治未病之疾，医之于无事之前”，“法治建设既要抓末端、治已病，更要抓前端、治未病”。[②] 这些精辟论断从工作方略层面指明了司法工作的完善方向，即人民司法所强调的实质解纷并非源于与司法克制主义相对应的西方概念，而是源于党的红色基因中的司法为民思想。其要求构建回应型、服务型的人民司法，司法机关应尽一切可能，积极回应社会需求，不能就案办案，回避司法应当承担的政治责任与社会责任。司法机关在裁判中需要恪守中立，但也应把社会目标的实现作为司法追求，灵活地运用各种方式和方法推动社会矛盾的实质化解。

二是为司法能力现代化指明实践路径。对于如何落实实质解纷，如何实现司法能力现代化，习近平总书记也作出了精辟的论述。他强调，“我国国情决定了我们不能成为‘诉讼大国’。我国有14亿人口，大大小小的事都要打官司，那必然不堪重负！要推动更多法治力量向引导和疏导端用力，完善预防性法律制度，坚持和发展新时代‘枫桥经验’，完善社会矛盾纠纷多元预防调处化解综合机制”。[③] 习近平总书记多次就坚持和发展新时代“枫桥经验”作出重要指示，提出了一系列新理念、新思想，为推进社会综合治理现代化提供了指引。刑事司法要发展好和践行好以“化解矛盾、促进和谐、引领风尚、保障发展”为主要内容的新时代“枫桥经验”，坚持治罪与治理并重，盘活现有的规范资源和职能手段，有效实现矛盾的实质化解和风险的有效防控。对于较为激烈的矛盾和冲突，要善于综合运用不同的

---

① 参见［美］卡里斯托弗·沃尔夫：《司法能动主义》，黄金荣译，中国政法大学出版社2004年版，第51页。

② 习近平：《坚定不移走中国特色社会主义法治道路 为全面建设社会主义现代化国家提供有力法治保障》，载《求是》2021年第5期。

③ 习近平：《坚定不移走中国特色社会主义法治道路 为全面建设社会主义现代化国家提供有力法治保障》，载《求是》2021年第5期。

法律方法进行合法、公正的法律解释，找到事实与法律的最佳契合点，制定出于法有据、兼具良好社会示范效果、有益于社会发展的合理方案。

二、法益救济与实质解纷

刑事审判的目标，不只是按照程序对相关案件进行审理，而应在审理案件时，综合考虑法律效果、政治效果和社会效果的统一，追求实现实质解纷，减少涉案当事人在法院“走程序”的感觉，切实提高司法获得感。

（一）实质正义与刑事审判

我国素来有追求实质公正的司法传统。兼顾天理、国法、人情一直是中国传统司法的价值旨归。在传统司法制度中，通常认为国法源自天理并以天理为最高依据，顺应天理的国法也就顺应了人情；人情必须受国法的控制和矫正，国法对人情的规范也要顺人情而为。中国传统司法将法律、礼制、儒家经义、民间风俗等多种资源整合起来，以综合性、全局性的思维开展司法裁判，追求案件结果公正合理和良好社会效果的统一。这种裁判方法是在漫长历史中逐步形成的。比如，在秦代与汉初，为实现司法统一，严格依法裁判，即守文而判。西汉董仲舒等儒者通过“春秋决狱”，将“原心论罪”引入司法裁判，以当事人内心善恶作为实质判断标准。在唐代，《唐律疏议》明确规定：“诸断罪皆须具引律、令、格、式正文。”而司法官员则在尊重制定法的基础上从情、理、法角度综合思考，做到有经有权、经权融通，实现了以守文为前提，以原情为权衡，守文与原情相结合，有经有权的裁判推理模式。明清以降，中央审判机关将有代表性的案件及其处理依据确定为成文规则（例）或成案，其中包含的价值选择和裁判逻辑，为后来的案件裁判提供依据或理由。[①] 上述司法传统，说明了审判工作的任务不仅在于办好个案，还在于通过个案审判来彰显法条背后的法理或价值，通过个案审判实现法律的行为指引和教育功能，刑事审判只有追求实质公平正义，才能实现上述规范目的。

习近平总书记强调，“公平正义是我们党追求的一个非常崇高的价值，全心全意为人民服务的宗旨决定了我们必须追求公平正义，保护人民权益、伸张正义”。[②] “公正司法是维护社会公平正义的最后一道防线。所谓公正司法，就是受到

① 参见张生：《弘扬中国传统司法的制度理性》，载《人民日报》2024 年 2 月 19 日，第 9 版。

② 习近平：《习近平谈治国理政》（第二卷），外文出版社 2017 年版，第 129 页。

侵害的权利一定会得到保护和救济，违法犯罪活动一定要受到制裁和惩罚。”[①] 他用“100–1=0”的道理[②] 生动地阐释了“司法审判本来应该具有终局性的作用，如果司法不公、人心不服，这些功能就难以实现”[③]。刑法的目的是保护法益，这就要求，刑事审判既要及时地对违法犯罪的人科处相应的刑罚，以实现报应主义视角下的个体公正；也要实现罪责刑相适应，践行司法公正，以实现犯罪预防视角下的社会公正。要实现这一目的，就不能只将结案作为办案目标，而要将实质化解矛盾、切实做到案结事了作为办案的任务和目的。

对刑事审判而言，落实实质公正，意味着要坚持质量优先、兼顾效率、注重效果。坚持质量优先，不仅要做到防范冤错案件这种大的错案的产生，也要防范日常审判中的瑕疵案件、不规范案件的产生。兼顾效率，要坚决杜绝程序空转，学会算大账、算总账，想方设法追求矛盾纠纷“在我手上解决”，让诉讼程序“不反复”，让当事人“少折腾”。

（二）刑事治罪与社会治理

刑事审判不仅要立足于刑法，还要善于从刑法之外、刑法之上考虑问题。在刑事理念上，要树立“刑罚前从严”比“刑罚从重”更有利于控制犯罪的理念；在犯罪治理中，要讲究联通、贯通、融通，刑事治理既要与国家治理格局相连，实现自治、法治、德治相得益彰，又要与国家法律体系相连，实现各尽其能、多能互补；在裁判过程中，对于刑民交叉问题的处理，不仅应当依据刑法规定及理论，而且应当参考前置法律规定及法理依据，在促进法秩序统一性的格局下开展刑事司法工作。

从法治与德治的关系看，中国传统法律文化底蕴尤为丰厚，其中，大德小刑、出礼入刑、隆礼重法、用刑慎重不滥等观点所体现的慎刑思想，凝聚了中华文明的法治智慧。习近平总书记在总结和继承优秀法律文化传统的基础上，提出“法安天下、德润人心”[④] 的精准论断。这一论断从价值上理顺了刑事法治与道德等其他社

① 习近平：《论坚持全面依法治国》，中央文献出版社 2020 年版，第 22 页。

② 参见中共中央文献研究室编：《习近平关于全面依法治国论述摘编》，中央文献出版社 2015 年版，第 96 页。

③ 中共中央文献研究室编：《习近平关于全面依法治国论述摘编》，中央文献出版社 2015 年版，第 67 页。

④ 习近平：《坚持依法治国和以德治国相结合 推进国家治理体系和治理能力现代化》，载《人民日报》2016 年 12 月 11 日，第 1 版。

会治理方式的补充关系，强调要把刑事治理放在社会综合治理的大格局下推进，要求“统筹社会力量、平衡社会利益、调节社会关系、规范社会行为”[①]；突出要把法治与德治相结合，指出“治理国家、治理社会必须一手抓法治、一手抓德治，既重视发挥法律的规范作用，又重视发挥道德的教化作用”[②]。

从刑法与其他治理方式的关系看，它们在功能上具有协同性。近年来，对刑法参与社会治理是秉持积极刑法观还是消极刑法观，存在较大争议。积极刑法观有复辟重刑思想之嫌，消极刑法观将刑法的保障性、谦抑性与出场次序混为一谈，皆无法妥当解释当下的刑法实践面临的难题。刑事审判应当坚持系统观念，强调必须建设由宪法统领，各部门法相互配合、协调统一的中国特色的法治体系。刑法治理应当与其他社会治理方式相互协调，坚持稳妥主义刑法观，做到既不越位，也不失位。

近年来，我国刑事犯罪结构发生明显变化，虽然案件总量在高位徘徊，但严重暴力犯罪及重刑率下降，轻罪案件不断增多。在此背景下，为有效减少社会对立面、增进社会和谐，实现对犯罪的打击与预防目的，需要坚持治罪与治理并重。其中，对严重恶性犯罪依法严惩，对大多数轻刑化犯罪，要从犯罪治理的观念出发，用更加理性、平和的方式去解决刑事司法纠纷，最大限度地减少、转化社会对立面。刑事审判需要从关注行为向关注行为人转变，综合评估犯罪个体的人身危险性和社会危害性，采取个别化的刑罚处遇措施，同时注重将刑事审判放在社会综合治理的大格局下开展工作，与其他社会治理方式保持衔接，共同实现犯罪预防的目标。

（三）数字赋能与智慧审判

新时期，数字赋能是刑事审判实质解纷的重要路径。与传统信息化工作不同，新时期数字化改革关键在于推动生产方式、生活方式、治理方式按照现代化的方向和要求发生基础性、全局性和根本性改变。刑事审判也是如此，不能将数字技术停留在工具论上去认识和把握，它不单是推进审判执行工作提质增效的“器”，更是刑事审判工作从根本上实现高质量发展、迈入现代化的“道”，与以往的信息化审判有本质区别。比如，以往的法院信息化建设，更多侧重于研发应用办案辅助系

---

① 中共中央党史和文献研究院、中央学习贯彻习近平新时代中国特色社会主义思想主题教育领导办公室编：《习近平新时代中国特色社会主义思想专题摘编》，中央文献出版社、党建读物出版社2023年版，第276页。

② 中共中央党史和文献研究院、中央学习贯彻习近平新时代中国特色社会主义思想主题教育领导办公室编：《习近平新时代中国特色社会主义思想专题摘编》，中央文献出版社、党建读物出版社2023年版，第280页。

统，或者搭建智能化、便民化的诉讼服务平台和审判工作平台，偏向辅助性、服务性、事务性。而数字法院建设旨在围绕司法公正与效率，把数字化、一体化、现代化贯穿到法院工作的全过程各方面，是对法院工作的业务流程、组织架构和体制机制的系统性重塑，是推动法院工作质量变革、效率变革、动力变革的总抓手。

首先，聚焦数字办案提升质效。充分运用大数据、人工智能等技术，提升刑事审判的整体质效。比如，通过类案检索、数据推送等，促进类案同判。法律适用统一的标准为类案同判，刑事案件的司法裁判要做到同类案件裁判结论的大体一致性和不同类案件裁判结论的相互协调性。刑事审判，可以在积极构建集“易用可信、全面贯通、业务随行”于一体的数字司法网络的基础上，以案由、要件事实、争议焦点要素进行类案分类，再结合证据、政策、程序、地域与审级等要素进行效力校正，为同类案件的裁判实现精准识别与案例推送等功能，通过类案视角消解自由裁量与能力差异的矛盾，纠正个案视角导致的裁判偏差，帮助法官在不同个案之间思考法律规定背后的价值因素，促使其协调不同个案裁判之间的价值取向。

其次，聚焦数字监督强化应用。开发建设案件质量监督应用、审判管理大数据分析应用等数字平台，打造“一站式”全链条、全周期、可视化、智能化的审判监督管理大格局，形成“动态监督、预警提醒、同步督办、整改评估”的监管体系闭环。充分挖掘运用刑事案件的司法大数据，从审判中总结规律性问题，查找系统性漏洞，提出针对性建议，为更好地化解矛盾、防范风险、促进治理提供支持。

最后，聚焦数字政务增强效能。在上述工作的基础上，向外拓展和开发政务管理平台、数字档案平台和移动办公平台等，探索构建刑事审判的“全场景覆盖、上下级贯通、内外网联动”的政务管理新模式，实现刑事审判政务集约协同、数字档案深度应用、移动办公一体高效，促进刑事审判的便捷性。

三、实质解纷的典型案例

（一）案发起因具有复杂性

典型案例：

某职业学院21名学生系在学校的组织安排下，误入电诈犯罪团伙。实习学生在察觉单位要求提供“两卡”等异常行为后，及时向负责老师报告，后基于对学校的信任，继续完成实习任务，在实习工作中应相关团伙主管人员要求出售、出租银行卡接收转账相关资金，沦为犯罪“工具人”，后查证相关资金系电诈资金。

疑难问题：

对该案应当如何处理，有观点认为，相关实习学生构成帮助信息网络犯罪活动罪。也有观点认为，不能机械适用法律，应认定上述学生的行为不构成犯罪。

这个案件应如何处理，如何取得更好的司法效果，是需要思考的重要问题。刑罚的目的是实现公平正义，保障人权、惩罚犯罪，如果机械司法，一味追求“治罪”，形式上似乎实现了法治，但如果没有触及犯罪背后反映的社会问题，后续仍然会发生新的类似犯罪。因此，在办理个案时，需要关注犯罪产生的根源，通过司法力量推动社会治理，达到预防犯罪的目的。本案中，涉案学生系在学校的组织安排下误入电诈犯罪团伙，实习学生在察觉异常后，及时向负责老师报告，已充分履行了自身的注意义务，后基于对学校的信任，根据老师的要求，继续完成实习任务，在主观上没有伙同他人实施诈骗犯罪的故意，不应作为犯罪认定，该案最终全部撤案。该类犯罪的打击重点应当是实施电信诈骗的犯罪团伙及与之存在共谋的共犯等群体。本案的案发原因主要在于相关学校未对实习单位的信息进行审查，对此，检察机关向涉案学生所在学校公开送达检察建议书，并与当地教育部门开展座谈，要求当地教育部门、相关学校进一步强化对实习单位相关信息的实质审查，积极构建实习单位白名单及黑名单，并进行动态管理，对于存在异常行为的实习单位提供举报渠道等，通过完善实习监管机制，坚决杜绝类似案件的发生。

（二）法律规定不明确

典型案例：

在涉众型集资诈骗案件中，高管等构成集资诈骗罪，普通员工构成非法吸收公众存款罪。在对高管和普通员工定罪处罚后，如何分配退赔责任？

疑难问题：

刑法与民法对如何确定共同犯罪人的退赔责任未作出具体规定。一种观点认为，被认定为从犯的普通员工也要承担全案集资诈骗金额的退赔责任。另一种观点认为，应根据罪责程度，合理确定普通员工的退赔责任。还有一种观点认为，合理按照员工的违法所得金额退赔即可。

在法律未明确规定的情况下，法官不能拒绝裁判，应根据相关法条的立法目的，结合刑法的基本原则，对涉案财物作出合理的处置。对上述问题，由于涉众型非法集资案件被告人众多，各被告人所处层级、岗位职责存在差别，往往并不存在完整的共同故意或意思联络。针对非法集资行为造成的损失，实际控制人、组织策划指挥者、非法利益主要支配者承担完全连带责任并无争议；而除此之外的其他被告人，无论是按照“完全连带责任原则”还是“违法所得为限原则”承担退赔责任，均不合理，采取“比例连带责任原则”更为妥当。所谓比例连带责任，即综合各被告人所处层级、岗位职责、过错大小、对造成损失的原因力等多重因素，对被告人施以部分比例的连带赔偿责任。也就是说，被告人的责任在大概念上仍然属于连带责任范围，但赔偿的范围并非全部损失金额，而是只与自己责任、过错有关的部分。如此处理，可使责任的认定及承担更具弹性，从而确保实质正义。具体来说，对于一般的中高层管理者、团队长、业务员等，不应要求其承担完全连带责任，除依法追缴个人实际违法所得外，还可根据其参与造成损失金额的一定比例或按照个人实际违法所得的相应倍数合理确定退赔责任。如此处理，更加符合罪责刑相适应的基本原则。

（三）法律规定有分歧

典型案例：

公司被申请破产，该公司的财产被另案刑事判决认定为涉案财产，该部分涉案财产应当如何处理？刑事追赃是否一律优先？

疑难问题：

刑事被害人利益与债权人的利益存在冲突，如何协调？一种观点认为，刑事追赃一律优先。另一种观点认为，应协调刑事追赃与债权人利益保护的关系，合理确定追赃范围。

对该问题的处理，需要坚持系统思维，在综合刑事法律规定与破产法相关规定的基础上，作出恰当的处理。

首先，如果刑事判决泛泛地认定破产企业财产属于涉案财产，没有明确破产企业的哪些财产属于赃款赃物的，应由刑事案件合议庭作出进一步说明，或作出补正裁定。不能说明或者作出补正裁定的，可由刑事被害人作为破产程序中的普通债权人申报债权。

其次，如果刑事判决对破产企业特定财产明确为赃款赃物（包括按上述第一点通过进一步说明或补正裁定明确特定财产为赃款赃物），原则上应尊重刑事判决的认定，并依据《最高人民法院、最高人民检察院、公安部关于办理非法集资刑事案件若干问题的意见》关于“查封、扣押、冻结的涉案财物，一般应在诉讼终结后返还集资参与人。涉案财物不足全部返还的，按照集资参与人的集资额比例返还。退赔集资参与人的损失一般优先于其他民事债务以及罚金、没收财产的执行”的规定，将此部分财产从破产财产中剔除出去，经刑事程序退赔给有关被害人。这里应当注意：（1）非法集资参与人的损失优先于其他民事债务的财产范围限于“涉案财产”即赃款赃物，不能扩大到被告人的其他合法财产。也就是说，优先于其他民事债务执行的是被明确认定为非法集资等犯罪行为涉及的赃款赃物，而不应扩大财产范围，优先于其他民事债务受偿。（2）刑事判决虽判令追缴、退赔“赃款赃物”，但该赃款赃物之原物已不存在或者已与其他财产混同的，被害人的损失在破产程序中只能与其他债权按损失性质（通常为普通债权）有序受偿。比如，刑事判决判令追缴刑事被告人100万元，但该100万元在被告人处并无对应的（被查封之）赃款时（缺乏原物时），该追缴只能在破产程序中与其他普通债权一起有序受偿。（3）刑事判决中的涉案财产被刑事被告人用于投资或置业，行为人业已取得相应股权或投资份额的，按照《最高人民法院关于适用〈中华人民共和国刑事诉讼法〉的解释》（以下简称《刑事诉讼法司法解释》）第443条和《最高人民法院关于刑事裁判涉财产部分执行的若干规定》（以下简称《刑事涉财产执行规定》）的规定，只能追缴投资或置业所形成的财产及收益，而涉案财产本身不应再被追缴或者没收。（4）涉案财产已被刑事被告人用于清偿合法债务、转让或者设置其他权利负担，善意案外人通过正常的市场交易、支付了合理对价，并实际取得相应权利的，按照《刑事涉财产执行规定》第11条第2款的规定，亦不得追缴或者没收。

综上所述，上述处理方式正是在实质解纷理念下提炼的裁判规则，其既实践了实质化解矛盾，避免程序空转的要求，同时处理了刑民交叉的涉案财产和财物，也实践了坚持系统思维，避免法律冲突的要求，同时兼顾了刑事法律规定与民事法律规定，消弭了二者间可能存在的模糊之处或冲突之处。

第二部分

实体编

第五章　犯罪主观方面的司法认定

主客观相一致原则是我国刑事审判定罪处罚的基石。该原则要求在判断罪与非罪、此罪与彼罪时，要充分将行为人主观上的罪过与客观上造成的损害结果、行为的社会危害性结合起来，即犯罪行为必须是在行为人主观意志支配下实施。无行为则无犯罪，无罪过亦无责任。罪过是行为人内心主观的意志表现，但却必须通过外在行为来判断认定。审判实践中，对罪过的认定具有相当大的模糊性。关于犯罪主观方面的主要争点往往围绕是否存在主观“明知”或是否违反注意义务展开。间接故意和过于自信的过失之间的差异，疏忽大意和意外事件的差异，实践中往往仅差之毫厘，而定罪量刑却有天壤之别，极容易引起争议。刑事审判对犯罪主观方面的把握，需要接受常识、常情、常理和朴素正义观的检视，应当与公众一般认知尽可能一致，避免陷入机械司法的泥潭。

第一节　犯罪故意的司法认定

《刑法》第 14 条规定，明知自己的行为会发生危害社会的结果，并且希望或者放任这种结果发生，因而构成犯罪的，是故意犯罪。故意犯罪，应当负刑事责任。在司法实务界，主流观点与立法完全一致，认为故意由认知因素和意志因素构成。其中，认识到行为会发生危害结果，并希望结果发生的，即行为人对犯罪事实有积极性的，构成直接故意；认识到行为会发生危害结果，但容忍或放任该结果发生的，构成间接故意。实践中，常见的争议问题主要集中于如何区分杀人故意与伤害故意、间接故意与过于自信的过失。

一、故意的分类与认定

本书认为，学理上，故意犯罪的概念可以表述为明知会发生违法的、构成要件的事实，并决意实施构成要件的行为，希望、容忍或放任构成要件的结果发生，因而实施犯罪的行为。[①] 其中，认识到行为会发生危害结果，并希望结果发生的，即行为人对犯罪事实有积极性的，构成直接故意；认识到行为会发生危害结果，但容忍或放任该结果的，构成间接故意。

（一）犯罪故意的类型

1. 直接故意

直接故意中的认识要素包括明知结果必然发生或可能发生两种情形，意志因素仅包括希望。鉴于认识要素是意志要素的前提和基础，意志要素是更为深层次的因素，是犯罪故意的核心和本质。因此，在明知结果可能发生的情况下，只要行为人积极追求结果发生，就可以认定为直接故意，在明知结果必然发生的情况下，若有证据证明行为人并非积极追求该结果发生，亦不能纳入直接故意范畴。

2. 间接故意

由于间接故意是对于并非自己追求但作为行为伴随现象而出现的结果的态度，因此认识因素亦包括明知结果必然发生和结果可能发生两种情形，意志要素包括容忍和放任两种情形，明知伴随结果必然发生对应容忍，明知伴随结果可能发生对应放任。判断行为人是否持放任意志，需要判断危害结果与目的行为是否存在伴随关系。若客观上已发生的危害结果与行为人本来追求之目的有着不可分离的伴随关系时，一般能够承认放任的意志，进而认定为间接故意；若不存在上述伴随关系的，一般不能认定为对结果具有放任（超出意志之外）。

（二）故意要素的认定

1. 认识因素的认定

由于犯罪故意与犯罪过失中均包含明知（预见）危害结果可能发生的情形，有必要明确应以涉案行为危险性以及涉案行为与危害结果的因果流程复杂程度作为区分标准。若行为危险性较高或行为与结果之间的因果流程较为简单，可以认定为犯罪故意中的明知危害结果可能发生，例如大力推搡被害人导致其摔倒且着地部位受伤；若行为危险性较低或行为与结果之间的因果流程较为复杂或者存在介入因素，则难以认定为犯罪故意中的明知危害结果可能发生，例如同为推搡被害人导致其摔倒的行为，在排除特殊空间环境的情况下，被害人在倒地过程中头部磕碰其他物体导致死亡，应当将头部磕碰其他物体视为存在介入因素，由于介入因素的存在

① 参见贾宇：《犯罪故意研究》，商务印书馆 2020 年版，第 63 页。

导致结果没有按照行为人预设的因果关系流程发生，难以认定为希望或者放任危害结果发生，需要通过判断该介入因素是否可预见来认定是否需要追究行为人的过失责任。

2. 意志因素的认定

对意志因素的认定，并非一个点式的片段认定，而是一条线式的过程认定，犯罪意志的内容并不局限于行为人对结果的态度或对行为的态度，而是行为人在意志选择、意志态度、意志努力方面的整体心理活动。以轻微暴力伤害案件为例，直接故意和间接故意的区分既要看行为人对结果的心理状态，也要看促成结果发生过程中的行为表现（意志努力程度）。具体判断时，也需根据行为人实施行为的具体样态、环境因素、主动实施还是被动实施等进行区分认定。

二、杀人故意与伤害故意的区分

实践中，还存在故意内容的区分问题，典型问题为在被害人死亡情况下，如何区分故意伤害致人死亡与间接故意杀人。本书认为，区分的关键在于行为人对危害结果的主观认识和意志态度。故意伤害致人死亡属于故意伤害的结果加重犯，行为人对加重结果的主观罪过是过失，即行为人对于死亡的结果持否定态度。间接故意杀人中行为人对结果的发生持放任态度，即死亡结果的发生也不违背其意愿。

典型案例：

被告人秦某与被害人杜某系夫妻，两人因感情纠纷分居，丈夫杜某另与毕某同居。后来，秦某携带尖刀与他人一起至杜某租住地，入室后秦某与杜某、毕某发生冲突。秦某持尖刀捅刺毕某手臂数刀，杜某上前阻拦，秦某又挥刀乱捅，捅到杜某颈部，最终导致毕某重伤，杜某因重伤引发失血性休克死亡。秦某在行凶后曾积极报警，也表现出积极悔罪的态度。

分歧观点：

在这样的案例中，秦某既有使用凶器、强力捅刺被害人等情节，同时又有事后救助、积极悔罪等情节，如何认定秦某的故意内容便会存在争议：一种观点认为，从行凶工具、打击部位和力度等方面看，秦某的行为存在致人死亡的高度危险，足以认定其具有杀人故意，应认定为故意杀人罪；另一种观点认为，本案系感情纠纷引发矛盾，从秦某与杜某之关系、秦某事后表现出的悔罪态度看，难以认定其有杀人故意，应认定为故意伤害罪。

实践中，在对杀人故意和伤害故意进行区分时，可遵循从客观到主观的判断顺序，如综合案件起因、行凶工具、打击部位及力度、行为人与被害人之关系、行为人是否有施救行为及是否表现出悔罪等客观事项予以认定。然而，当在同一案件中上述各要素印证的结论出现矛盾时，便难以认定行为人的故意内容。对此，可以作出如下判断。

首先，区分用来推定主观故意的各要素的作用。故意杀人行为与故意伤害行为在客观方面的区别主要为行为是否具有一定节制性。可以根据相关行为要素能否直接反映行为的致害程度区分其在定罪量刑中的作用。一方面，应把所持工具、打击部位、打击强度作为第一层次的判断要素。实践中，暴力行为致死的原因主要集中于使用具有杀伤力的工具、击打要害部位、进行强力打击或多次打击等方面。上述三类要素直接影响行为致害程度，能够直观反映行为人在行为时是否留有余地和相对节制，故对行为定性具有决定作用。另一方面，应把案件起因、事后行为（抢救、悔过）等作为第二层次的判断要素，该类要素无法直接反映行为的客观致害程度。如案件起因虽可表明犯罪动机，但动机不能代替故意；事后行为虽可表明行为人冷静后对死亡结果的态度，但对故意的判断应采用行为时的立场，冷静后的态度并不能代替行为时的故意，故这两类要素仅能从侧面反映被害人行为是否具有节制性，宜作为量刑的参考因素。

其次，判断行为在客观上是否具有一定节制性。对节制性的判断，应主要以行为时的各项客观要素（上述所持工具、打击部位、打击强度）作为主要判断依据，节制性包含工具节制性、对象节制性和强度节制性。其中，当行为人所持工具为刀、枪、斧等具有较大杀伤力的凶器时，则视为欠缺工具节制性；当行为人打击部位包括头部、胸部、颈部等要害部位时，则视为欠缺对象节制性；当行为人打击次数达到多次或者力度很大时，则视为欠缺强度节制性。通常情况下，至少需存在两个方面的节制性才能有效降低行为的致死危险，即存在被认定为故意伤害（致人死亡）罪的空间；如果三个方面都无节制或者仅在一个方面有节制则应认定行为总体欠缺节制性，一般应认定为故意杀人罪。对工具节制性和强度节制性的判断一般不会出现行为人认知与客观相矛盾的情形，但对象节制性会存在行为人认知与客观不符的情形，对此应审慎判断。如行为人在与他人打斗过程中，捅刺他人一刀但正好刺在心脏部位，行为人辩称其在打斗过程中因处于不利地位，低头情况下抬胳膊向上捅刺时没有看清。对此，若能查明该捅刺行为确实发生在双方打斗过程中，且打斗确因琐事发生，不能排除其辩解属实的可能性，行为人的行为能够因认识错误而否定欠缺对象节制性，在存在强度节制性（如打击次数较少）时，可以否定其存在杀人故意。

最后，判断行为人是否对行为欠缺节制性具有认识。故意杀人罪与故意伤害（致人死亡）罪在主观方面也存在明显不同。具体判断时，应将二罪罪过区分的关键放在行为人的认识因素，而非意志因素。主要原因在于，实行行为不是纯客观的事实过程，而是建立在行为人意志之上的目的结构，这就要求行为人对其实施的行为应具有认识，例如，在实施致人死亡的侵害行为时，如果行为人对行为致害程度不存在认识，则会直接否定其存在杀人故意，不会再考察其对死亡结果所持的意志态度究竟为何。同时，如果把意志因素作为区分重点，那么对行为人主观方面的认定会转化为对行为人人格的判断，当行为人人格态度不好时，会倾向于认定其存在杀人的故意。判断行为人是否明知行为致害程度，主要是看行为人是否明知影响行为致害程度的要素，只要行为人认识到打击工具、打击部位及打击力度（强度）等要素，即可依据以上三个方面是否具有一定节制性来认定行为性质，并认定行为人对此存在明知。当能直接证明行为节制性的要素（所持工具、打击部位、打击强度）指向结论与间接证明要素（案件起因、事后行为等）相矛盾时，应优先考虑直接证明要素所印证的结论。如当行为人欠缺工具节制性、对象节制性、强度节制性时，即使双方关系密切、事后存在救助或后悔等情形，一般也能够认定其存在杀人故意。行为的具体样态也可作为印证故意内容的依据，如捅刺部位集中在要害部位，通常可以证明行为人积极追求死亡结果发生，即存在杀人的直接故意；如果捅刺部位比较分散，部分涉及要害部位，可说明行为人存在情绪宣泄的可能，如果有其他证据相互印证，一般亦可认定为间接故意。

综上所述，上述案件中，即使秦某与被害人系夫妻关系，本案系感情纠纷引发，秦某也能在行凶后积极救助和积极悔罪，但如果她使用的系尖刀等凶器，且大力捅刺被害人的面、颈、胸口部等要害部位，仍能够承认其存在杀人的故意，不应因事前或事后的因素否定杀人故意。如果捅刺部位较为分散，仅少数刀口为致命部位时，可认定她系激愤作案，存在杀人的间接故意。

三、间接故意与过于自信的过失的区分

故意与过失的区分，在理论上争议不大。但实践中存在相当的模糊地带，特别

是间接故意与过于自信的过失都对结果发生的可能性有一定认识，往往成为司法认定中的难点。更重要的是，“放任”“过于自信”这些意志因素都是行为人的内在心理，必须通过客观行为才能综合认定。以故意杀人和故意伤害致人死亡的区别为例，二者追求的内容不同，前者是剥夺他人生命，后者是伤害对方身体健康，但对于死亡结果，后者是不追求或者主观存在过失。区分二者，需要考虑双方之间关系、事情起因、矛盾程度、伤害部位、打击程度、事后反应等来进行综合判断，很难用简单的概念进行区分。对于故意伤害案件，认定刑法上的故意，应当以行为人对于危害结果的心理态度为考量。若构成故意伤害罪，行为人对于伤害结果应当具有明知的认识因素与希望或放任的意志因素，如果行为人只是一般的推搡、阻碍，却引起轻伤的结果，那么在罪过评价上应当认定行为人对于伤害结果具有应当预见因疏忽大意而没有预见的过失，属于过失致人轻伤的行为，一般不构成犯罪。

典型案例：

被告人张某（男，73周岁）在活动室内因琐事与被害人（女，72周岁）发生争吵。其间，被害人冲到张某面前指着张某的脸大骂，张某顺手抓住被害人衣服大力推搡一下，被害人因站立不稳向后摔倒在地并受伤。被害人腿部受伤曾做过手术，张某对此知情。经鉴定，被害人系因外力摔倒致腰13椎体压缩性骨折，构成轻伤（二级）。

分歧观点：

第一种观点认为，被告人张某构成故意伤害罪。对行为危险的判断应当以行为人当时的认知为基础，如果行为人认识到相关行为可能导致被害人摔倒，仍主动实施该行为并造成他人摔倒受伤的，应认定为故意犯罪。张某系纠纷中主动动手的一方，其知道推搡可能导致他人摔倒受伤，仍决意实施上述行为，对伤害结果存在放任心态，应认定具有伤害的故意。第二种观点认为，张某主观上系过失，过失致人轻伤不构成犯罪。根据日常经验，轻微推搡、拉扯等行为一般不会致人轻伤，危险程度通常较低，不属于伤害行为。对于低度危险行为导致伤害结果发生的，一般不能认定为故意犯罪。张某主观上系过失（有观点认为系过于自信的过失，也有观点认为至少存在疏忽大意的过失），虽造成轻伤结果，但尚不构成犯罪。

间接故意与过于自信的过失二者都认识到了有危害结果发生的可能性，区别在于前者是放任、不反对，后者是轻信可以避免、心里反对。如何具体判断？还是要依据刑法理论提炼裁判规则。第一，应当区分犯罪故意与行为故意。犯罪故意针对的是危害结果而不是危害行为，认定故意不能以行为人有意实施某个危害行为为依据，而应以行为人对于危害结果所持的心理态度为依据。将行为故意等同于犯罪故意会不当扩大故意犯罪的认定范围，导致只要主动实施轻微暴力，都可能因是有意实施而被认定为故意犯罪，忽略了行为人对伤害结果的认识和意志态度。比如，第一种观点即混淆了结果故意与行为故意，上述案例不能因被害人有意实施推搡行为就直接认定为故意犯罪，而应判断行为人对伤害结果的主观态度，本案因事发突然、起止于瞬息，被告人虽有预见可能，但结合双方从无宿怨，系偶发口角，且行为人事后积极救助等情况，不能认定行为人对伤害结果系积极追求或听之任之的态度，综合全案应判定行为人具有较高的注意义务，可能构成过于自信的过失。第二，应当考虑行为致伤的可能性大小。间接故意中行为人对结果是放任心理，通常行为人实施的行为具有紧迫、现实的危险，结果发生的概率比较高（盖然性标准），行为人对此有明确认识。过于自信的过失中行为人对结果是反对、排斥的心理，行为人实施的行为导致结果发生的危险程度相对缓和、抽象（可能性标准），行为人对结果的认识也较为模糊。对行为致伤是盖然性还是可能性的判断，一般要站在事中的立场，依据一般公众的认知进行符合常情常理的推断。上述案例中，涉案推搡行为危害性本身较小、致伤可能性较低，难以认定为伤害行为。第三，应当充分考虑行为人的行为动机。故意犯罪本质上是对法律规范有意违反的态度，过于自信的过失没有故意违反规范的意思。本案中，结合前后案情，难以认定行为人具有违反规范的意思或态度，故不宜认定为间接故意。鉴于双方均为七旬老人，推搡发生在室内平地处，被告人推搡次数仅一次，从推搡次数和推搡地点看，认定构成过失更妥。

第二节　犯罪过失的司法认定

刑法中的过失犯罪，可以分为普通过失与业务过失，普通过失是指行为人在日常社会生活中发生的过失，而业务过失是指业务人员从事具有发生一定侵害法益结果危险的业务时，疏忽业务上的必要注意而发生的过失。过失行为的本质是行为人对注意义务的违反，即与刑法所不允许的结果有因果关系的行为具有违反注意义务的性质。注意义务是指行为人作为时应当注意有无侵害某种法益，不作为时应当注意有无违反某种特定的法律义务的责任。[①] 本节对犯罪过失相关问题进行讨论。

一、过失的分类与认定

《刑法》第15条第1款规定："应当预见自己的行为可能发生危害社会的结果，因为疏忽大意而没有预见，或者已经预见而轻信能够避免，以致发生这种结果的，是过失犯罪。"过失犯以危害结果的出现为前提，行为人需对其在自由意志支配下违反注意义务所产生的危害结果承担刑事责任。在客观现实为行为人提供了可预见并避免危害结果的充分条件的情况下，行为人是否能够预见并避免危害结果，完全取决于行为人是否愿意发挥自己实际具有的主观能动性，正因为怠于发挥或者过于自信才形成了法律规定的刑事责任。行为人有无注意义务和注意能力是承担刑事责任的基础，从意志因素上讲，行为人有认识上和选择上的自由，其完全可以选择适当的行为来排除结果的发生，却选择导致危害结果发生的行为，对过失犯罪配置法定刑就有了主观上正当的依据。[②]

在法律规定的过失犯中，往往采用一般人的标准来判断行为人是否履行了相应的注意义务，即一个谨慎和理性的人在从事相同的事务时，在相同或类似的情况下应认真履行应该注意并避免危害结果的义务却因疏忽或过于自信而未履行，行为刑事可罚性的根据就在于行为人没有在意识上保持谨慎、集中和紧张，以至于意志上出现疏忽与轻率，注意对象不准确，注意范围不够全面，有义务和有能力遵守社会规则时却作出导致有害后果发生的不正确决定，因而造成危害社会的结果。这是判断是否具有过失的重要标准。过失犯罪成立的前提是违反注意义务，即同时违反结果回避义务和结果预见义务。通常可以将过失区分为两种类型，即过于自信的过失、疏忽大意的过失。

（一）过于自信的过失

行为人对危害结果有预见，但轻信能够避免该结果发生。其与间接故意的根本区别在于，过于自信的过失中，行为人不仅不希望发生这种危害结果，而且是完全反对这种结果发生的。但间接故意中，行为人是既不积极追求，也不设法避免。需明确，轻信能够避免应当存在客观上、经验上的令人信服的避免依据。在轻微暴力

---

① 参见陈兴良：《过失责任论》，载《法学评论》2000年第2期。

② 参见周光权：《过失犯罪法定刑配置研究》，载《四川大学学报（哲学社会科学版）》1999年第6期。

致人伤害案件中，这种依据通常体现为行为是否具有节制性。

（二）疏忽大意的过失

行为人应当预见而没有预见，导致危害结果发生。判断的关键在于行为人是否应当预见、是否能够预见。注意义务来源于法律、法令、职务等。在轻微暴力致人伤害案件中，是否应当预见、能否预见的判断依据则是日常生活准则，具体体现为民间纠纷中必要的注意义务，即应当避免矛盾升级、扩大伤害的义务。

二、疏忽大意的过失与意外事件的区分

《刑法》第16条规定："行为在客观上虽然造成了损害结果，但是不是出于故意或者过失，而是由于不能抗拒或者不能预见的原因所引起的，不是犯罪。"意外事件与疏忽大意的过失在认识因素上均体现为没有预见，但前者系客观上无法预见，后者系应当预见而没有预见。但在实践中，对于二者的区分仍存在不少争议问题。

典型案例一：

被告人秦某（男，30周岁）在路上行走时，不小心碰撞到被害人（男，28周岁）。被害人以此为由多次对秦某阻拦拉扯，秦某一直躲避退让。在被害人再次大力推撞被告人时，秦某趁势抓着被害人右手向后甩开，被害人因自己用力过猛躲避不及摔倒，头部磕到街边突出的路沿受重伤。

典型案例二：

被告人应某（男，27周岁）在某公司担任保安期间，与同事制止酒后在公司门口随地小便的被害人（男，25周岁）并查看其工牌。被害人不愿配合查看，应某遂从背后抱住被害人，以便同事掏出工牌查验姓名，被害人为脱身而不断挣扎，导致两人同时倒地；应某倒地时压在被害人身上导致被害人颈部、腰部骨折，构成重伤。

分歧观点：

第一种观点认为，秦某、应某均构成过失致人重伤罪。在双方肢体冲突持续时间较长的纠纷中，各方应保持特定的注意义务，避免冲突升级；未尽到注意义务导致重伤结果的，一般应认定为过失犯罪。案例一中，双方纠缠过程中秦某趁势甩手的行为未尽到合理注意义务；案例二中，应某控制被害人的过程是一个持续的过程，在这个过程中被害人一直挣扎反抗，应某应当预见到对一名醉酒的人采取身后

抱腰束缚双臂的方式，容易导致二人一起摔倒，主观上系过失。第二种观点认为，案例一、案例二均属意外事件。当涉案行为系被动实施或正常履职行为时，行为危险程度较低，一般不足以导致重伤的后果，发生重伤后果通常是涉案行为结合被害人自身存在较大过错或失误导致。案例一被害人因自己用力过猛摔倒致头部磕到街边路沿，案例二被害人因剧烈挣扎摔倒致重伤，均明显超出一般人的认知。

疏忽大意的过失和意外事件的根本区别在于认识因素的不同，前者是应当预见而没预见，后者是确实无法预见。对于过失行为与意外事件的区分，应当坚持两个层面的评价，首先判断行为人对结果有无预见可能性，如果确系没有预见，还需进一步判断行为人系应当预见还是无法预见，即是否有注意义务，如果行为人系应当预见而没有预见的则构成疏忽大意的过失，如果行为人属于确实无法预见的则构成意外事件。具体评价时，可综合考虑以下因素：其一，判断应坚持客观立场。法不强人所难，对预见能力的评价应当坚持客观立场。对于行为人能否预见轻微暴力结合其他原因发生的危害结果，要以社会一般人的认识能力和水平的经验法则作为预见可能性的判断标准。其二，判断行为的致害危险性。根据社会一般人的经验，行为客观上的致害危险性越高，行为人对危害结果的认识可能性一般也越高，反之则越小。其三，判断因果关系结构的单复形态。条件关系清晰、因果流程简单的，行为人预见可能性就越高。条件关系复杂、因果流程复杂的，行为人预见可能性就越低。当涉案行为的危险程度较低，且危害结果系涉案行为与其他因素共同引发时，如果涉案行为并非导致结果发生的主因的，一般应认定行为人对危害结果没有预见。其四，判断行为人有无注意义务。意外事件中的危害结果由不能预见的原因引起，其与疏忽大意的过失的核心区别就在于行为人是否应当预见损害结果，即是否有注意义务。通常来讲，对于普通的民间纠纷引发的冲突，应当优先鼓励互谅互让，对于主动挑衅、主动实施暴力的行为人可以赋予较高的注意义务，即一般能够承认存在过失，对于被动还手、被动实施推搡等轻微暴力的行为人，对于发生明显异常危害结果的，一般不能承认存在过失。对于正当履职行为，还需要评价是否符合比例原则，如果履职行为未明显超出必要限度的，不能苛责履职者，即也应按一般人标准判断行为人对结果的预见可能性。上述案例中，秦某所实施的趁势甩手的行为与应某实施的拥抱控制行为本身危害性较低，伤害结果系涉案行为结合被害人行为等共同导致，因果流程较为复杂，且重伤结果发生于瞬时之间，根据社会一般人标准难以认定上述两被告人能够预见重伤结果，可以认定为意外事件。

三、过失认定的其他疑难问题

（一）因轻微暴力引发特异体质人死亡案件的认定

特异体质，是指被害人本身存在严重疾病或属于敏感体质，一旦外在行为诱发、促进可能会出现重伤或死亡的严重后果。此类情形容易引起是疏忽大意的过失或是意外事件的争议。

典型案例：

张某酒后在某酒店内因争坐电梯与被害人王某发生口角，后张某与王某用拳对打，拳头主要击打在王某的胸部等上身，其间，张某用手猛推王某的胸部，推搡中王某倒地头部受伤流血，双方停手。张某陪同王某到医院进行治疗。王某自述胸部闷痛不适，吐红色血样液体，8 小时后王某经抢救无效死亡。经鉴定，张某有轻微伤，王某有轻微伤，王某系心肌梗死造成心脏破裂死亡。此次轻微暴力事件是王某心肌梗死致心脏破裂的诱发因素。①

对此类案件的审查重点是因果关系和主观罪过。对于因果关系，即使从事实上判断死亡结果是由轻微暴力引起，但还要接受刑法规范意义上因果关系的检视。轻微暴力导致特异体质人死亡案件，往往是轻微暴力和特异体质共同导致死亡结果，属于“多因一果”。这里主要是根据鉴定意见的结论来认定死亡结果是由轻微暴力和特异体质共同造成的，换言之，轻微暴力激发了被害人特异体质，为确定责任大小，需要进一步区分轻微暴力和特异体质两个因素对死亡结果原因力的大小。如果轻微暴力对死亡结果的原因力越大，被认定为主观上有罪过的可能越大，反之则越小。一旦确定轻微暴力和特异体质均是死亡结果发生的条件，刑法意义上的因果关系就应成立，但被害人的特异体质是在危害结果出现前就存在于被害人身体，属于犯罪客观环境、条件的组成部分，并非第三方的介入因素。

在确定因果关系存在后，应当根据打击的部位、力度、持续时间等来判断被告人主观上是否能够预见。有较为明显的打击行为和打击人体比较重要的部位，造成伤害结果的，一般认为主观上负有较大的注意义务，可认定为过失致人死亡罪。如果仅是互相推搡、抓扯等轻微动作，伤亡结果的出现更多是因被害人站立不稳、情绪激动、不依不饶而引发特异体质，因暴力行为不明显、作用部位不重要，行为人

---

① 参见李勇：《司法文书说理应饱含理论底色——以特异体质命案为例》，载《检察日报》2019 年 4 月 26 日，第 3 版。

主观上一般难以预见，尤其在被告人并不知被害人特异体质的情形下更是如此。如果行为人事先知道被害人特异体质，但双方发生的轻微摩擦是互相而非单向的，持续时间较短，也不能轻易认定行为人疏忽大意，因此时被害人负有更大的注意避免严重后果的义务，个体要为自己的行为负责。对于主观罪过，应重点审查被告人供述和辩解，确认案件起因、被害人过错大小、被告人是否明知被害人身体疾病情况，以及双方是否听取围观群众的劝阻等，以确定对侵害后果有无预见可能性；审查犯罪嫌疑人接触程度、侵害程度、部位、持续时间、有无工具，被害人年龄、身体状况等，以确定是否属于刑法意义上的不法侵害。

上述案例中，被害人死亡与张某的行为之间确实存在因果关系，但能否对张某进行刑事归责，还需进一步讨论。被害人王某虽然属于特异体质，但其外貌特征与常人无异。张某确实无法从外貌上判断王某的体质是否异常。按照一般生活常识，行为人不可能基于自己实施的轻微暴力行为，便轻易得出“可能导致他人死亡结果发生”的预判。“法律不强人所难”，如果仅因出现了王某死亡的严重后果，便倒推张某“应当预见”，显然是违反常人的认知能力，属于强人所难。因此，张某主观方面没有过失，不应承担过失致人死亡的刑事责任。

（二）对行为人注意能力的判断

行为人承担过失刑事责任的前提是具有注意能力。注意能力即行为人具有认识、预见危害结果可能发生的能力，并且在认识、预见到危害结果可能发生的基础上，有能力采取措施以避免结果发生。对于注意能力的判断，应坚持一般人标准。“过失以违反刑法所科之义务为必要，其标准应以客观定之，不能以个人之能力所能预见与否为标准，法律可预见者，乃要求善良者之注意也。注意之标准，应以社会上之经验与文化程度及身份、职业等所必要之平均注意。”①

典型案例：

李某是某公司员工，违规拿走公司边角料，被公司保安丁某发现并制止，丁某让李某拿出衣服里的边角料，李某拒不配合，丁某遂抱住李某并呼叫其他同事来帮忙。李某奋力挣扎，二人共同倒地，丁某压在了李某的身上致其受伤。经鉴定，李某构成重伤二级，脊椎中部以下无感知。

本案的争议点在于，丁某对李某挣脱倒地受重伤的结果是否预见以及能否预

① 高铭暄等：《过失犯罪的基础理论》，法律出版社2002年版，第26页。

见。从一般人的视角看，被害人系年轻人，摔一跤一般不会造成严重后果，难以认定丁某具有应当预见因疏忽大意而没有预见的过失。从当时的情况看，丁某是正常的履职行为，并无加害李某身体健康之意，其搂抱行为本身并不含致人重伤的风险。二人倒地系因李某奋力挣扎而起，且发生在一瞬间，丁某难以预见重伤结果，并未违反注意义务。李某重伤的结果不能由丁某承担过失责任。

（三）对业务过失的认定

对于重大责任事故罪等业务过失，犯罪主体因从事的职业需要承担更高的注意义务、具备更高的注意能力。有学者指出，从事业务之人因系反复持续地从事特定业务，对其业务行为可能发生之危险，自较一般人有深切之认识，而具有较高之注意能力，并负有较高之注意义务，故从事业务之人从事该特定业务时之过失，在不法内涵与罪责内涵上，均较普通人之一般过失为高。司法实务中应当注意的是，业务过失本身带有天然的规范性，责任承担的前提是职责明晰、义务确定。一旦职责出现混乱，难以期待行为人履行相应的注意义务，也就难以对个人追究刑事责任。仅靠个体的工作和生活经验，就把责任承担往个体上倾斜，恰忽视了业务过失的本质特征。

典型案例：

被告人洪某从事挖机等工程车的修理，被害人李某从事汽车修理，二人从事修理十余年，但均无修理环卫车这种特种车辆的资质。2022年7月5日下午，李某让洪某帮忙修理某公司环卫车，在修理过程中，环卫车填装器下沉过一次，洪某告知李某要注意安全，不要进入车尾的位置。后在李某的要求下，洪某在驾驶室按照李某的指挥操作车辆，李某在车尾观察，洪某在明知自己无法查看到车尾的情况下进行操作。当日16时48分许，车辆尾门压下，将李某挤压于车尾箱和车尾门之间，洪某在他人的告知下下车查看，返回驾驶室将车尾抬起。后将李某送医抢救，但李某经抢救无效死亡。经鉴定，李某符合钝性外力作用于胸腹部致肝脏破裂死亡，其余部分的损伤加速了死亡的发展。涉案车辆系由于集装式电磁气阀内部磨损或老化造成串气，导致手动气动多路阀执行控制器混乱，造成填装器举升到终点位置，扳动推铲开关向车尾移动时，填装器会向下移动，继续重复动作，填装器继续向下移动，直至关闭。

分歧观点：

本案中，存在不同观点。一种观点认为，洪某没有操作特种车辆的资质和经历，对其行为的认定不能按照有资质者的标准，而应根据一般人标准评价其能否预见到按照被害人指示操作车辆会导致事故的结果。洪某基于对李某的信任按李某指示操作车辆，仅实施无主观意识的机械行为，不应对洪某进行归责。另一种观点认为，洪某具有从事维修车辆的多年经验，其虽无操作特种车辆的资质，但其从事的仍是车辆维修业务，该业务不仅要求应知道如何操作车辆，还要求操作时要对周围环境进行观察，采取保障举措，避免风险发生。换言之，在维修车辆业务上，洪某应当比普通人有更高的注意义务，其未尽到注意义务导致结果发生，应构成过失致人死亡罪。

本书认为，认定是否构成过失犯罪要审查行为人的注意义务。业务过失中，行为人应较一般人具备更高的注意义务。从事某种业务的人在执行工作任务时，对该业务情况中所包含的危险性及其发生的可能性，因行为人具有相关业务经验、专业技能和熟练技术，应当具备超出一般人的预见能力和避免危害发生的预防能力。本案中，洪某在维修车辆时，被害人曾告诉其尾门下沉，其也告知被害人不要到车尾去，据此可知，洪某已经预见到车辆存在危险。洪某系从事车辆维修业务，基于其常年工作经验，其应当在观察车辆四周，确保车旁人员安全的情况下才能操作车辆，即应当比普通人有更高的注意义务，但洪某未尽到相应注意义务，在无法观察到车尾的情况下强行操作，导致被害人挤压于车尾箱和车尾门之间致死，其对被害人的死亡结果属于应当预见而未能预见，系疏忽大意的过失，应当构成过失致人死亡罪。

第三节　违法性认识的规范展开

所谓违法性认识，是指行为人对于自己的行为不被法律所容许的认识。我国刑法学界关于违法性认识之价值的纷纭众说，可以大致概括为否定说、肯定说、折中说三种。否定说认为，违法性认识不是故意的内容，法律错误不阻却故意的成立，也不影响行为人的刑事责任。肯定说认为，违法性认识是故意的内容，法律错误阻却故意的成立。折中说是从否定违法性认识或者肯定违法性认识的立场出发，对所主张的观点又加以限制或者列出特殊例外的学说。

一、关于否定说及以否定说展开折中说的评判

第一，否定规范认识价值说的主张明显缺乏理论基础与法律根据。该说认为仅有对事实的认识和对结果的追求即可成立故意，而不必要求规范认识，即已违背刑事责任的基础理论，完全无法回答犯罪故意与一般行为故意的区别何在；进而又对我国现行刑法规定的“明知自己的行为会发生危害社会的结果”作了令人无法接受的误解，将该规定说成是社会的判断而非行为人的规范认识。这样的主张曾被大陆法系的心理责任论者支持，但被规范责任论者所否定，我国的刑事立法也明显采用了包括规范评价的故意成立标准。

第二，以刑事立法的根据反对违法性认识必要说的观点也存在缺陷。刑法规定明显是以社会危害性认识作为规范认识内容，而不是违法性认识；提出违法性认识问题，即从理论的高度对刑事立法及其理论根据进行新的认识和评价，不能简单以是否符合现行立法的文字规定来判断理论观点的对与错，还需要考虑立法条文背后所蕴含的立法目的等因素。

第三，应当正确评价我国社会的实际状况与要求违法性认识的客观效果。以存在文盲、法盲等来证明行为人缺乏违法性认识，存在多个方面的问题：其一，文盲、法盲是否都不知道杀人、放火、抢劫、强奸这些自古以来均被统治阶级认定为犯罪的自然犯罪？人是生活在社会中的，人的认识、观念的形成必须有客观生活环境和条件的根据。从来不知道国家法律对杀人、放火、抢劫、强奸等自然犯所持态度的情况，是难以令人置信的。其二，能够在自己的生活中构成某些行政犯、法定犯意义上犯罪的人，到底有多少是文盲，或者是对该方面法律一无所知的法盲？例如，普通百姓、文盲可能确实完全不知道侵犯著作权的犯罪、假冒注册商标的犯罪，但他们有多大可能性去实施这些犯罪？反之，写书、卖书的人有几个完全不懂侵犯著作权行为的违法性，工厂、企业的主管人员或其他工商经营者，有几个完全不懂得假冒他人注册商标的违法性？其三，如果行为人由于是文盲、法盲而确实不知道自己行为的违法性，那么认定他故意犯罪的主观责任根据是否充分？对他所施加的严厉责难是否合理？实际上，这些行为人不见得事前不知道自己行为的违法性，主要是不完全知道国家法律对犯罪行为的具体规定。

第四，折中说的观点在理论上没有充足的说服力。类似德日刑法中法律背反性说、违法性认识可能性说的主张，其缺陷在于，忽视了违法性认识这种主观内容本

身的价值，而将其与“是否应有违法性认识”这种客观可能性混同，理由不明确。关于违法性认识的缺乏不能阻却故意成立，但可以成为从轻、减轻、免除刑事责任情节的主张，本质上还是否定说的观点，而且不能从理论上说明责任减轻的根据。至于“个别例外违法性认识可以成为故意成立条件”的折中主张，则完全不能说明这种“区别对待”的根据何在，缺乏理论上的彻底性。

第五，在明确“违法性认识”及“社会危害性认识”内涵的前提下，才可能进行有意义的讨论。如果所论的基本概念不一致，则很难辩论出是非来。例如，前列观点中关于“达到法定责任年龄具有责任能力的人都能认识违法性……所以没有必要再把违法性认识列为故意的认识内容”的主张，谈论的是认识违法性的能力问题，而不是具体行为人在具体案件中有无违法性认识的问题。又如，有学者把社会危害性认识解释为“达到违法程度的社会危害性认识”甚至“达到犯罪程度的社会危害性认识”，实际上谈的就是违法性认识，而不是立法原意上的“社会危害性认识”，自然也不再存在“社会危害性认识必要说”或“违法性认识不要说”争论的余地。还有否定论者将违法性认识狭义地解释为认识到行为在具体刑罚法规中的性质，甚至关于具体行为情节在法律上的要求（如经济犯罪的数额）等。这种意义上的违法性认识并非多数肯定论者所主张，不存在争论的共同前提。

在排除上述外围性的非本质争议的干扰后，理论争议的焦点开始集中起来：社会危害性认识与违法性认识是何种关系？社会危害性认识是不是认定犯罪故意中规范认识的科学标准？违法性认识能否取代社会危害性认识而成为认定犯罪故意中规范认识的科学标准？

二、违法性认识必要说的合理性

违法性认识就是对“自己的行为不被国家法律所准许”的认识，社会危害性认识就是对“自己的行为对社会有危害的认识”，在这种含义前提下展开的争论，才更接近理论界关于违法性认识必要说和违法性认识不要说所争论问题的核心本质。

根据这种理解，社会危害性认识与违法性认识是两个既有联系又有显著区别的概念。二者的联系在于：违法性认识是达到一定程度的社会危害性认识的法律化和客观定型化的标准，具有违法性认识就可以从社会的立场说明行为人具有达到法定严重程度的社会危害性认识。

二者的区别在于：（1）社会危害性认识是对犯罪行为的本质属性的认识，违法性认识是对犯罪行为的法律性质的较表层认识。换言之，违法性认识只要求知道国家法律不准许这种行为，而社会危害性认识要求知道国家法律为什么不准许这种行为。（2）社会危害性认识需要站在一定的社会政治立场才能得出，而违法性认识只是对行为的法律性质的一种客观评价。合法与违法是一种事实，而不是带有社会政治色彩的价值评判。也就是说，是否对社会有害的判断，站在行为人或国家社会的立场可能有完全不同的结论，但是否违反现行法律的判断，则一般从不同立场均可得出相同结论。（3）社会危害性认识的范围要远远大于违法性认识的范围。社会危害性的判断几乎可以依据任何社会规范作出，而违法性的判断只能依据法律规范作出。有违法性认识就可以从社会的立场推定行为人有社会危害性认识，而有社会危害性认识则无法推定行为人一定具有违法性认识。（4）社会危害性认识所依据的规范标准是广泛的，不都是明确的，如道德标准等就是如此。而违法性认识所依据的规范标准则是有局限的、相对具体明确的。

本书主张否定社会危害性认识必要性的违法性认识必要说。对于“以社会危害性为内容的违法性认识必要说”或者“违法性认识与社会危害性认识相统一说”，本书均持否定的立场。这种主张存在两个问题：其一，如果社会危害性认识等同于违法性认识，有无必要同时考察社会危害性认识与违法性认识？其二，如果社会危害性认识在某些情况下与违法性认识不相一致，能否要求同时具备社会危害性认识与违法性认识？既然主张将违法性认识作为故意成立的要件，就存在一个如何认定的问题。而且，在所有否定说的主张里，都对违法性认识如何认定表示出了强烈的忧虑，不能不作正面的回答。

三、违法性认识的具体判断

主张自然犯、刑事犯不需要有违法性认识，而法定犯、行政犯需要有违法性认识的观点不能成立。但该学说提供了认定违法性认识的一个好的思路。所谓自然犯和法定犯的区别，来自自然法思想。按意大利刑法学家卡罗伐洛的解释，自然犯是缺乏所谓怜悯以及诚实这种人们具有的基本道德感情的行为，而法定犯是根据各国立法规定的犯罪。按日本的通说，认为自然犯是不依赖法规的行为，其自身具有反道义性、反社会性，这种反道义性、反社会性是由国民的一般意识所决定的；而法定犯其行为本身并不具有反道义性、反社会性，只是因为根据法规规定违反了禁止命令，所以才有了反道义性、反社会性。行政犯和刑事犯主要是根据德国学者的观点区分的，行政犯基本上相当于法定犯，刑事犯基本上相当于自然犯。自然犯、刑事犯与法定犯、行政犯的区分是否十分科学，能否在犯罪行为中截然区分出这两类犯罪来，都还有待讨论，实际上在德日刑法学界，对类似问题也有争论。但可以肯定地说，这种区分方法是有一定道理的，也是有一定意义的。杀人、放火、抢劫、强奸、盗窃等自古以来就被国家法律认定为犯罪，更被广大民众当然看作是犯罪的行为，与一定历史时期统治阶级根据其特殊需要而确认为犯罪的行为，确实存在着某些区别。将自然犯、刑事犯与法定犯、行政犯区别的理论运用于违法性认识的认定，可以得到如下的判断方法。

其一，在自然犯、刑事犯中，只要行为人具备对事实的认识，就可以推定其存在违法性认识，除非行为人存在阻却违法事由的错误认识。这是因为，在自然犯、刑事犯认识到构成要件事实的情况下，只要行为人具备刑事责任能力，通常不可能不具备违法性认识。例如，知道自己在杀人却不知道法律上禁止杀人，或知道自己在秘密窃取他人财物却不知道法律上禁止盗窃，都是难以令人置信的。如果行为人认识了构成要件的事实，也知道该种事实在一般情况下是违法的，但由于确信自己的行为是受到法律允许的特殊情况而实施的，可以构成违法性阻却事由的错误认识。又如，防卫人对“法律允许对携带凶器盗窃者无论轻重的反击”的错误认识，导致了防卫过当的事实，造成了伤害或死亡的过当结果。只要查明行为人在当时的具体情况下确属防卫，而且没有证据证明行为人充分了解有关正当防卫限度的知识，就存在认为其错误认识能够阻却故意成立的空间。

其二，在法定犯、行政犯中，只要行为人具备对事实的认识，一般也可以推定行为人存在违法性认识，除非行为人提出推翻这种推定的充分证据。从形式上看，法定犯、行政犯不像自然犯、刑事犯那样能看出事实认识与违法性认识之间的当然联系。但是真正从实际出发来考察，并不存在多少行为人不知自己的行为不被国家法律所准许的情况。法定犯、行政犯的构成，客观上只能是那些自己的生活与该种行为有较多联系的行为人才有可能。例如，逃税罪、抗税罪的行为人一般多与工商、税务机关打交道；侵犯著作权犯罪的行为人一般是从事文化、出版工作或与之联系密切的人；滥伐林木罪的行为人多为与林业生产有关的人。而在一定的业务范围内，一旦国家制定规范该业务领域的特别刑事法规，必然要以各种方法、渠道，使该领域的业务人员对新的法律有透彻的了解。仅以法规新颁布为由就说对其一无所知，这对特别领域的业务人员来说并不是充分可信的辩护理由。所以，只要行为人不提出反对理由，以法定犯、行政犯也可以推定违法性认识的存在，对此并不用作专门的查证。因为从程序上讲，司法机关在考察认定行为人的刑事责任能力的时候，就可以同时考察行为人违法性认识的能力并依此推定行为人违法性认识的存在。这种推定属于有罪起诉的理由，行为人若要提出反对主张，必须提供充分证据。在这个意义上，并不能说违法性认识的推定是把举证责任转嫁给了被告人。具备违法性认识的举证责任仍在司法机关，被告人承担的只是无罪辩护的举证责任。

其三，对于行为人所提出的不具备违法性认识的辩护理由，必须进行认真审查，剔除无根据的狡辩，对于确实言之有理的进行查证落实，在此基础上，确认行为人不具备违法性认识，排除成立犯罪故意的可能；然后看行为人对于不具备违法性认识是否存在过失，如果存在过失而且法律上规定有相应责任的，追究其过失罪责；对于不存在过失或法律上没有相应规定的，不能追究行为人的刑事责任。

按照上述的认定方法，违法性认识的要求在实践中与不需要违法性认识并不会有太大差别，也不致产生论者所忧虑的巨大负面作用。而它的直接积极效果，就是合情合理地解决了通说所“例外”对待的那些确实不具备违法性认识的行为不承担故意责任的法律根据问题。从理论上讲，则避免了社会危害性认识的要求所存在的种种负效应，保证了犯罪故意结构的真正合理性和学说主张上的彻底性。

第六章　犯罪客观方面的司法认定

犯罪客观方面是犯罪活动的外在客观表现，从内容上看是指以危害行为为核心的符合刑法条文罪状的系列事实性要素。在许多疑难复杂案件中，对犯罪客观方面进行准确分析不仅是判断犯罪是否完成、区分罪与非罪以及此罪与彼罪的显著标志，也是发现和认定犯罪主观方面的客观依据。正如有学者所指出的，就故意犯罪而言，犯罪的发生顺序通常是行为人先有犯罪的故意，再实施构成要件的行为，最后造成法益侵害结果。但司法机关在认定犯罪时，往往是在结果（包括危险状态）发生后，考察能否将结果归责于某种行为；在得出肯定结论后，再考察能否将行为与结果归责于特定的行为人。如果说，犯罪的发生顺序是从主观到客观，那么认定犯罪的顺序则是从客观到主观。如果颠倒这一顺序，不仅难以正确认定案件事实，而且容易导致无法对法益进行充分救济。[①]

第一节　法益受损视角下犯罪对象的精准认定

在各种刑法适用疑难问题中，源自犯罪对象的争议乃至歧见相对较多。因此，梳理犯罪对象，厘清争议缘由，归纳解析路径，无疑有助于我们深化对相关犯罪构成要素及定罪要点、方法的认识和把握。

一、准确把握犯罪对象的内涵

我国刑法通说认为，犯罪对象是指犯罪分子在犯罪过程中对之直接施加影响的，并通过这种影响使某种客体遭受侵犯的具体的人或物。[②] 因此，犯罪对象是表明犯罪客体（也称法益）要件存在形式的现象形态。透过现象看本质，经由犯罪对

---

① 参见张明楷：《案件事实的认定方法》，载《法学杂志》2006 年第 2 期。

② 参见马克昌主编：《犯罪通论》，武汉大学出版社 2006 年版，第 125 页。

象准确界定危害行为所侵害的法益性质与状态，乃是正确定罪的要领与重要路径之一。反之，如果对于犯罪对象所承载的法益性质或状态判断不准，则势必影响对相应犯罪构成要件要素的准确把握，从而导致定罪偏差甚至错误。

举例来说，被告人肖某采用暴力手段本欲劫取被害人王某的随身财物，但王某身无分文。肖某遂勒令王某当场写下字据，欠款5000元，承诺一周内还清。对于被告人肖某采用暴力手段非法设定债务的行为如何定罪？有人或许会将本案与最高人民法院曾经公布的指导案例——戚某采用暴力手段抢回、销毁欠款凭证案[①]进行比较，提出既然戚某采用暴力手段消灭债务的行为可以认定为抢劫罪，由此说明债权凭证（财产性利益）可以成为抢劫罪的犯罪对象。依此类推，被告人肖某采用暴力手段非法设定债务的行为，也符合以暴力手段非法获取他人财物（含财产性利益）之抢劫罪的本质特征，应当认定构成抢劫罪。

不难看出，无论是上述非法消灭债务还是非法设定债务的行为，其本质确实具有相似性，均属于非法占有行为的不同表现形式。前者属于法理上的消极取得行为，后者属于积极取得类型。因此，单纯就危害行为本身的特质来说，很难说二者存在本质上的差异性。然而，从犯罪对象层面看，两案中均涉及债权凭证，但彼此性状迥然有别。戚某当场抢回、销毁的，是合法的债权凭证；被告人肖某当场设定的，显然是非法的债务关系。前案中的债权凭证毫无疑义受到法律保护，即应当对于非法抢回、销毁债权凭证的行为完整地给予法律上的否定评价；后者（5000元欠条）本身就不受法律保护，不能作为犯罪对象来评价。这就意味着（或曰其刑法意义在于），被告人肖某并没有当场非法占有被害人王某的合法财物（含债权利益），非法设定债务行为的实际蕴涵是将要对被害人的合法财产权利构成现实侵害。从犯罪构成层面看，被告人肖某虽然当场实施了暴力行为，但并不能达成当场取财的非法目的，故不能认定构成抢劫罪。换言之，被告人肖某采用暴力手段胁迫他人将来交出财物的行为，完全符合敲诈勒索罪的犯罪构成，认定为敲诈勒索罪是适宜的。

在司法实践中，类似上述因为犯罪对象引发的定性分歧并不鲜见。又如，对于被告人王某采用暴力手段拒付嫖资300元的行为，有观点主张认定为暴力消灭债务类的抢劫罪。很显然，这一见解也是把非法的债权债务约定当作合法的债权关系来

---

① 参见最高人民法院刑事审判一至五庭主编：《中国刑事审判指导案例（危害国家安全罪、危害公共安全罪、侵犯财产罪、危害国防利益罪）》，法律出版社2009年版，第265页。

加以评价和保护，从而忽略了犯罪对象必须是合法权益之载体的基本立场，其定性偏颇也就自不待言。[①]

由上可知，犯罪对象具有特定内涵和法律上的功能意义。在以上三个案例中，三名被告人的危害行为均指向特定对象。如戚某抢回的是巨额欠款凭证，肖某强迫他人立下的是5000元欠款字据，王某拒付的是事前约定的300元嫖资，但外观相同的三个行为对象，其法律性质和意义并不相同。当行为对象承载的是合法权益之时，我们可以称之为包含了法律价值评判因素的犯罪对象，并将其纳入相应的犯罪构成要件系统加以评价。对于上述并未承载合法权益的行为对象，我们则只能客观表述，即是行为对象，而非犯罪对象，不能作为相关的犯罪构成要素来评判。在刑法适用方法视野下，要准确认识犯罪对象，首先有必要把犯罪对象与行为对象区分开来，由此才能为正确判定相关犯罪构成要素奠定基础。

二、结合危害行为样态确定犯罪对象所承载的法益性质

在司法实践中，有些案件的犯罪对象及其状态相同，但其承载的法益性质可能随着危害行为的态样变化而发生某些改变。易言之，相同犯罪对象承载的法益性质并非始终如一，有必要依据危害行为态样的具体变化而适时作出调整与认定。例如，被告人张某等多次潜入居民小区窃取私车牌照，并留下联络方式，承诺在得到车主少量钱财后就归还车牌。对于此类危害行为的定罪，曾经存在盗窃罪、敲诈勒索罪或盗窃国家机关证件罪等不同的定性争辩及理由。值得关注的是，这些观点和理由在同类不同行为阶段的个案中分别具有一定的合理性及相应的排他性，但单一罪名均不能作为此类案件的统一定罪标准。

在单纯窃取多块车牌尚未勒索到钱财的场合，作为犯罪对象的车牌，其基本属性首先是路权载体，并非反映财产法益的公私财物。具体说，有车牌，就表明车主有权驾驶相应车辆上路行驶。若车牌遗失或失窃，车主可以向办证单位依法办理补领手续。这种情形与其他财物遗失或失窃的境况显然不同。如失窃车辆，车主就不能再行驾驶该车，车辆的使用价值就完全落到别人的掌控、支配之下。所以，车主因车牌失窃而受损的权益主要不是财产价值，而是暂时失去路权凭证而已。如果此

---

① 虽然被告人王某的行为并不构成抢劫罪，如果其暴力加害行为严重侵犯他人人身权利的，当然可以依法认定为故意伤害罪；退一步讲，依法对其嫖娼行为作治安违法行为处罚是必不可少的。

时仅依窃取行为特征认定构成侵犯财产权的盗窃罪，则属于误读犯罪对象（车牌）所承载的法益性质。相对来说，在此阶段认定为盗窃国家机关证件罪是恰当的。

在盗窃车牌且勒索到数额较大以上的钱款，然后归还车牌的场合，毋庸赘言，此类案件中被害人实际遭受损害的权益主要是财产权利。从法理上讲，被告人的行为分别触犯盗窃国家机关证件罪（既遂后又返还赃物）和敲诈勒索罪，前者是手段，后者是目的，两者具有明显的牵连关系，应当从一重罪处罚。从被害人实际受损的权益和一般公众认同看，对于此种案件认定为敲诈勒索罪更显妥帖。

在专门盗窃靓号车牌高价倒卖牟利的场合，车牌本来并无财产价值属性，但在特定人群及黑市中，客观上存在非法的交易活动。被告人正是看准靓号车牌在黑市上的高价利益，进而实施盗窃行为并非法倒卖牟利。对此，虽然我们不能说此时的车牌（犯罪对象）承载的法益是财产权益，但依被告人的窃取行为特征和销赃牟利的事实，整体认定为盗窃罪与同时触犯的盗窃国家机关证件罪作竞合犯罪处理，应当讲也是恰当的。同类认定如盗窃毒品等违禁物品的定性，其认定思路和理据是大致相通的。

由此可见，同样是盗窃车牌的案件（初始的危害行为及对象完全相同），由于行为人对于车牌的后续利用行为不同，致使同类案件侵害的法益重点发生变化，从而产生不同的定罪。就定罪方法来说，我们不能简单地认为盗窃车牌案件就只有一种定性及该当的罪名，一类危害行为包含的具体行为事实及其侵害法益的情况完全可能存在某些变化，我们务必将具体的、完整的危害行为及其侵害法益的事实纳入定罪视野，唯此才有望得出相对准确的定罪意见。

最后值得一提的是，对于盗窃车牌又暴力抗拒抓捕的行为，有人主张认定为转化型抢劫罪，本书以为不尽妥当。理由在于，盗窃车牌与盗窃正在使用中的电缆或者枪支、弹药、爆炸物等而当场使用暴力抗拒抓捕的行为不同，前者在盗窃行为发生时只能认定为盗窃国家机关证件，车牌不具有财产的价值属性。后者的对象则既是公共安全的载体，本身也具有财产属性及相应的经济价值。对于后种行为扩张解释为主要侵犯财产法益的转化型抢劫罪（亦称事后抢劫罪），符合实质合理主义的解释论；[①]但简单套用于前者，在形式和实质层面均不具有符合性和正当性。易言

---

① 参见王作富主编：《刑法分则实务研究》（第二版），中国方正出版社 2003 年版，第 1224~1225 页。

之，对于盗窃车牌中的暴力抗拒抓捕行为只能独立评价，否则极易混淆车牌作为犯罪对象所承载的法益性质。

三、通过权利归属判定犯罪对象承载的法益内容

在前面透视了犯罪对象与法益的内在关系之后，从外部关系看，财产型犯罪对象的权利归属问题，时常成为定罪中的争议焦点。为了清晰、准确地说明问题的多样性、复杂性及普遍性，下面列举三个案例及其定性分歧意见，逐一展开剖析。

典型案例一：

被告人李某利用其担任某税务稽查科科长的职务便利，故意向前来缴税的应税客户隐瞒已经停止征收的税种，继续收取“税费”，并且向纳税人出具单位收据，随后将违规收取的钱款20余万元非法据为己有。一种意见认为，李某违规收取的钱款不属于国家应收税款，其隐瞒事实真相骗取他人钱款的行为，应当认定为诈骗罪。另一种意见认为，李某在工作时间、地点利用职务便利犯罪，是其顺利骗取他人钱款的重要原因，单纯认定为诈骗罪没有体现案件所涉职务犯罪的本质属性，故结合认定为贪污罪是适宜的。

典型案例二：

被告人赵某利用自己掌握的法院执行权力，先怠于履行职责，然后编造口实以其个人名义出资10万元，从申请执行人田某手中低价骗购取得债权。得逞之后，赵某按照法院的裁决全额执行债务人的财产20余万元，从中个人牟利10万余元。一种意见认为，赵某与申请执行人田某实施债权转让行为在先，对于其后赵某将依法执行取得的“多余”财产占为己有的行为，可以作为民法上的不当得利来处理，不宜认定为刑法上的非法占有他人财物的行为。基于此，对于赵某在履职过程中的严重徇私舞弊行为，可以认定为执行判决、裁定滥用职权罪。另一种意见认为，赵某故意隐瞒被执行人的财产真实情况，并借此压低价格骗购债权，可以将压价部分认定为诈骗罪，因为该部分财产本该归属于申请执行人田某所有。

典型案例三：

被告人刘某利用其担任某国有公司驻港办事处负责人的职务便利，以办公需要为名向上级主管单位申请取得进口汽车批文。嗣后，刘某将批文私自倒卖，并非法占有违法所得近30万元。一种意见认为，非法倒卖国家进口批文的行为应当构成非法经营罪，对于30万元违法所得依法应予追缴。另一种意见认为，单纯认定构

成非法经营罪并未反映刘某利用职务便利的行为特征及其所在国有公司遭受利益损失的实际情况，综合来看，刘某的行为系同时触犯了非法经营罪和贪污罪，应当从一重罪处断。

从形式外观上看，上述三个案例所涉及犯罪对象的来源是清晰的。如李某违规收取的20余万元是纳税人缴纳的“税款”，赵某违法操作获得的10万余元源自申请执行人田某的债权转让，刘某非法牟利近30万元是其从事非法经营活动的违法所得。但问题在于，上述钱款的来源清楚并不等于其归属同一。从实质层面看，犯罪是侵害法益的行为，只有弄清上述钱款的权利归属，才能具体确定上述三名被告人的非法占有行为究竟侵害了谁的合法权益及其法益性质。简言之，权利归属才是影响正确定罪的关键要素之一。

由此以观，案例一中的李某虽系出于个人犯意实施骗取行为，但其犯罪手段是假借税务机关的单位名义而收取“税款”，并且出具了单位收据；对于社会而言，李某是在履行职务，纳税人系与特定税务机关发生关系，而不是与李某个人进行金钱交往。一旦纳税人获悉自己所缴的“税款”属于已经停止征收税种的事实真相，其要求退还钱款的对象一定是特定税务机关而非李某个人。相应地，特定税务机关依法应当先行对纳税人履行退款责任，然后再向李某个人追缴违法所得。可见，来源于纳税人的个人钱款经由李某擅自利用职务行为的操作，相应钱款的权利归属则应当认定为属于单位。李某利用职务便利侵吞的钱款实属单位的公共财产。据此，依法认定李某构成贪污罪是正确的。

在案例二中，赵某依法全额执行到位的20余万元本属公共财产（法院暂时代为保管的个人钱款）性质无疑，只因赵某与申请执行人田某之间有债权转让行为在先，能否据此认为该笔执行款就归属于赵某？答案无疑是否定的，因为债权转让协议中蕴含显然的欺诈性，属于无效民事行为。换言之，申请执行人田某依然有权向法院主张尚未得到的执行款10万余元。有鉴于此，赵某利用职务便利将部分执行钱款（公共财产）非法占为己有，其行为也应当以贪污治罪。

在案例三中，刘某非法倒卖的对象是国有公司的进口批文。其行为构成非法经营罪无疑，关键是由进口批文转换而来的非法收益的归属如何？这是本案定性中需务必厘清的要点。本书以为，由国有批文换成非法收益只是事物存在形式的变化，其归属并未改变。非法经营行为所添加的含义在于，暂时归于单位保管的非法收益最终应当由国家依法予以没收。在国家依法没收之前，非法收益理当交由单位保管，而不能任由个人支配。由是观之，刘某实施非法经营行为之后非法占有违法所得的行为乃具有双重性质：一方面是非法经营罪之不可罚的事后行为；另一方面也是利用职务便利侵吞公款的危害行为，完全该当贪污罪的犯罪构成。先行的非法经营罪与后续的贪污罪具有手段与目的的牵连关系，依从一重罪处断原则处理乃于法有据。

以上三个案例显示，当来源于个人的财产或财产性利益成为职务犯罪对象时，相应财产利益的归属往往与来源分离且发生改变。原因在于，职务行为产生的法律责任（含侵权责任）通常是单位责任在先，行为人仅在单位内部依法承担个人责任。与单位责任（义务）相匹配，相应确立职务行为产生的收益（含非法收益）首先归属于单位（相应享有权利）的立场，符合权利义务对等原则，当属合法有据。从刑法评价角度看，确立上述立场，能够有效克服上述对于职务违法行为评价不足的明显弊端，有利于充分、完整地评价相关的职务犯罪行为。

四、适时、依序确定主要犯罪对象进而实现正确定罪

在不少案件中，有的危害行为先后指向多个犯罪对象，涉及多重法律关系和不同罪名。例如，被告人杨某向废品收购人朱某谎称路边的一台推土机（价值10余万元）是自己所在单位准备出售的废品。朱某信以为真，谈成收购价并先行支付2万元。次日，当朱某带人准备切割推土机之时，被及时赶来的看护人有效制止。在本案中，杨某的盗卖行为服务于诈骗钱财的目的，其危害行为分别指向朱某的钱财和他人的推土机两个犯罪对象。对于杨某相继实施的盗卖、诈骗行为究竟是构成盗窃罪还是诈骗罪，实践中可谓颇有分歧。又如，被告人王某骗取他人担保向银行贷款120万元逃逸，其欺骗行为先后指向担保人和放贷银行，分别涉嫌合同诈骗罪和贷款诈骗罪。对此究竟如何取舍罪名？其认定要点与规则何在？

本书认为，从法理层面看，作为犯罪追诉的对象，必须是确定的危害行为或事实。如果危害行为或事实尚未确定、定型，也就意味着其社会危害性质及程度都处在变化状态之中。倘若我们依据变动不居的事实希冀对其准确定罪或量刑，则在法律逻辑上是难以成立的。因此，在刑法理论与实践中，一般均主张定罪应当以案发时危害行为的停顿状态作为评判根据，其后危害行为及其结果的变化情况可以作为量刑情节考虑。

据此分析上述两案，在案发之时，被告人杨某的诈骗行为已经既遂得逞；其盗窃行为系借助于不知情的被害人朱某（盗窃间接实行犯）之手，尚处于达成行为合

意即将着手实行（非法）占有行为的预备状态。两相比较，前者显然属于重度危害行为，由此吸收尚未着手实行的轻度危害行为盗窃罪，应当讲具有合理性。对于王某实施的担保骗贷行为来说，案发时遭受实际损害的对象是放贷银行。我们不能以银行完全可以依据过错责任原则起诉追究担保人的担保责任，从而可能挽回经济损失为由，据以主张认定合同诈骗罪。理由已如前述，可能发生的、变化的事实是不能作为定罪根据评判的。况且，就上述两名被告人的主观故意及目的行为的指向来看，杨某显然是重在骗取废品收购人朱某的钱款，而对朱某事后能否真正占有、处置推土机却并不关心。王某的犯罪目的也很清楚，其直接指向是银行的钱款，至于银行如何与担保人解决担保法律责任，当然不在其考虑的重心范围之内。从刑法适用立场看，当手段与目的行为交织时，优先考虑依目的行为定罪，相对更能揭示犯罪行为危害社会的全貌和本质。当然，如果手段行为的危害性更大，如上述朱某实际占有、处置了推土机，因所涉犯罪数额特别巨大，则可能产生杨某所犯盗窃罪重于诈骗罪的情形，这时按重度的手段行为定罪，也是完全正确的。

五、归纳及结语

毫无疑问，关于犯罪对象的法律适用争议还有其他一些类型，以上归类难免挂一漏万。但不可否认的是，上述四类问题已经可以表明，相对于犯罪构成的其他构成要素来说，犯罪对象的内外关系（对内究竟承载何种法益，对外与其他犯罪构成要素具有何种关联性）之中确实蕴含了较多层面或类型的法律适用争议，值得在实务上引起充分关注，在理论上进行专门解析。尽管具体争议问题各不相同，但由不同类型的典型案例可以看出，关于犯罪对象的法律适用争议具有两个共同特点：一是所有争议均围绕犯罪对象事实的法律认定问题而展开，并不涉及相关法律条文或犯罪构成要素本身的法律解释问题。如第一类问题中涉及的欠条是否为抢劫罪的犯罪对象，这是对于犯罪事实的法律裁判，无关乎抢劫罪法条及其构成要素的阐释。此点有助于我们分辨法律适用过程中“事实裁剪”与“法律解释”的界限，二者具有显然不同的着力重点。二是所有争议焦点均集中于犯罪构成要件及其相互关系的范围。如第二类问题中涉及的车牌所承载的法益究竟是国家机关对于机动车的管理秩序，还是公私财产权利。争议内容全部围绕特定案件事实应当认定为哪一犯罪构成要素的问题。可见，这一评判过程实际表现为法官运用法律规范（此处即犯罪构成模型）裁剪客观案件事实的活动，目的在于确定犯罪构成框架内的法律事实。分析至此，我们大致可以对犯罪对象梳理方法作一简要归纳，是指法官自觉运用特定犯罪构成规范分析、研判具体犯罪对象事实，以确定解决作为犯罪构成要素的法益类型及其主次地位等法律问题的路径或办法。具体内容包括解析犯罪对象的常规切入要点、相关法律规则，[①]以及基本研判路径或方法等。它归属于法律方法论的“法律事实发现”部分，是定罪过程中的一个重要工作环节或步骤，值得进一步深入研究。

第二节　行政犯实质违法性的判断标准

与自然犯不同，行政犯的成立以违反行政法的前置性规定为前提。行政犯的违法性以违反行政法为先决条件，换言之，只有在采取行政处罚不足以惩治违法行为的时候，才需要动用刑事手段给予刑罚制裁。然而在司法实践中，对于行政犯的认定时常产生争议，一些案件在是否需要认定为犯罪、是否值得动用刑罚制裁的问题上出现了认识上的偏差，不仅影响案件审理质效，有时还会引发社会舆情的关注，殊值重视。究其根源，行政犯中刑事违法性的判断标准不够明晰是主要原因。以下就如何认定行政犯的实质违法性问题展开分析。

一、典型案例及问题

典型案例一：

自2015年7月起，被告人卞某在经营上海辉某电子设备有限公司（以下简称辉某公司）过程中，生产型号为SE-F1、SE-F2、SE-F3系列生物能量仪，并由上海明某医疗科技发展有限公司（以下简称明某公司）进行销售，累计生产、销售SE系列生物能量仪182台，合计金额924 270元。经国家食品药品监督管理总局复函，认定该SE系列生物能量仪属于第二类医疗器械。2016年12月，行政执法部门查扣涉案SE系列生物能量仪127台，价值581 740元。

疑难问题：

对于卞某的行为如何定性，存在两种观点：一种观点认为，卞某违反国家规

① 如职务行为产生的收益应当首先归属于单位，定罪应当以案发时确定的危害行为停顿状态为评判依据等。

定，未经许可经营法律、行政法规规定的限制买卖的物品，扰乱市场秩序，情节严重，其行为已构成非法经营罪。另一种观点则认为，《复函》并非认定涉案SE系列生物能量仪系二类医疗器械的法律依据。辉某公司仅在普通家用电器渠道销售涉案产品，没有进入任何医疗机构，没有相关医疗器械的宣传。涉案器械并非国家专营专卖或者限制买卖需要国家特许经营的物品，套用非法经营罪显然不当，卞某的行为不构成犯罪。[①]

典型案例二：

AA公司旗下有AB融资公司、AC贷款公司、AD保理公司等。刘某、赵某某、钱某均系AA公司员工，其中刘某分管风险审批部，对融资审批业务具有最终决策权。2017年10月，刘某、赵某某与BB公司法定代表人殷某，共同以他人持股方式成立CC公司，殷某负责CC公司的日常经营。2017年12月至2019年6月，CC公司先后共计向AB公司融资1100余万元、向AD公司融资3800余万元，均由刘某审批通过。2019年5月，AA公司派人接管并代为运营殷某的BB公司。2019年8月，AC贷款公司与BB公司签订了最高融资额度为2000万元的合同，并在BB公司所有的土地上设置了2000万元的最高额抵押权。2019年9月11日，AA公司资管会讨论决定对BB公司进行清盘。9月18日，刘某等人通过AC贷款公司向BB公司放款2000万元的风控审批。次日，AC贷款公司向AA公司控制下的其他公司账户放款2000万元，该2000万元从上述公司账户分别转入了AA公司旗下的多家公司单位账户，并均备注了“代BB公司还款”。2019年10月，AA公司报案称刘某等人利用职务之便，将公司资金违规发放给BB公司。案发后，前述设置最高额抵押权的土地经司法拍卖，成交价格为1025万元。

疑难问题：

该案中的争议问题颇多，限于主题和篇幅，本书仅分析其中一个方面。具体而言，根据2008年《中国银行业监督管理委员会、中国人民银行关于小额贷款公司试点的指导意见》（银监发〔2008〕23号）规定，同一借款人的贷款余额不得超过小额贷款公司资本净额的5%。经审计，本案中AC公司2019年8月财务报表显示所有者权益合计1.01亿余元。同时，2013年商务部发布的《融资租赁企业监督管

---

① 案情详见上海市闵行区人民法院（2018）沪0112刑初1763号刑事判决书、上海市第一中级人民法院（2020）沪01刑终6号刑事判决书。

理办法》第 15 条规定，融资租赁企业在对承租人为关联企业的交易进行表决或决策时，与该关联交易有关联关系的人员应当回避。据此，刘某为参股企业以及具有一定关联关系的企业审批融资贷款业务的行为是否构成违法发放贷款罪?

以上两则案例涉及的典型问题具有一定共性。无论是非法经营罪还是违法发放贷款罪，都是典型的行政犯，行政犯的成立以违反国家规定为前提。与此同时，行政犯的构成要件要素，往往也要依托行政法规具体规范内容，特别是行政法规对不法类型的规定进行评价。[①] 两案的争议焦点，共同反映了司法实践中行政犯违法性认定的几个难点所在：一是在基本规则上，如何准确把握刑事违法性与行政违法性的层次关系，对二者如何进行有效划分；二是从具体类型上，如何看待行政机关有关行为违法性认定的效力，如何对之进行刑法上的准确评价，以实现行政犯与行政违法行为之间的有效区隔；三是如何具体把握行政犯中的“国家规定”。

二、行政犯违法性实质判断的基本规则

行政犯违法性的判断应当坚持相对独立性的根本原则。所谓相对独立性，包括两个方面内涵：其一，行政犯的刑事违法性应当以该行为具有行政违法性为前提。如果行为没有违反行政法律，自然也就谈不上刑事违法的问题。当然，这是从应然层面来理解的。在具体个案中，行政机关对行为人是否进行过行政处罚，并不是决定行为人是否构成刑事犯罪的前提。其二，行政犯的刑事违法性应当立足于刑事法律规范进行独立评价。这是因为，刑事违法性与行政违法性具有质的区别，即使将行政犯视为行政违法严重到一定程度时就构成的犯罪，也应当认为是量变引起了质变。因此，刑事违法性的判断显然应当有别于行政违法性判断。

具体而言，在审判实践中对于行政犯违法性的判断，应当遵守以下几个方面的规则。

第一，行政犯认定必须遵从“二次违法性”原则。“二次违法性”原则认为，现代社会存在着多方面、多层次的法律规范，它们有机地组成一个完整的法律体系，在这个法律体系中存在着一种严格的阶梯关系。就行政犯而言，行政违法性属于第一层次，刑事违法性属于第二层次。第一层次是第二层次的逻辑前提，第一层

---

① 参见肖中华:《行政犯评价应当遵循“三项原则”》，载《检察日报》2022 年 2 月 7 日，第 3 版。

次违法不必然得出第二层次违法的结论，但由第二层次违法则必然推出第一层次违法。也就是说，如果一个行为未违反行政法，就谈不上构成行政犯。[①] 可见，行政犯中的违法性与行政违法性之间存在着递进关系。

第二，行政机关的判断认定结论并不当然构成刑事违法性的认定依据。刑法不是对违反其他法律的行为直接给予刑事制裁，而是根据特定目的评价、判断对某种行为是否需要给予刑事制裁。[②] 首先，行政犯违法性的认定不应限制人民群众的合法自由。无论是刑法还是行政法，公法领域奉行“法无规定不禁止”“法无规定不处罚”的基本原则，如果行为人的行为未被法律、行政法规明确禁止或明确认定属违法的，不能认为是非法行为，这是基于法秩序统一原理的当然要求。其次，根据我国《立法法》的规定，对于涉及限制公民自由的犯罪和刑罚问题，只能由法律的形式加以规定。因此，一种行为是否具有刑事违法性，能否认定为行政犯，只能从刑法构成要件的角度来考察和认定，行政机关出具的规范性文件仅可作为外在辅助判断标准，但并非终极标准。

第三，行政犯的违法性在形式上以违反“国家规定”为基础要求。承前所述，行政犯以违反行政法为前提。这里的行政法，在立法上明确为违反国家规定（非法经营罪为典型适例）。对于“国家规定”的范围，我国《刑法》第96条以及最高人民法院在2011年发布的《关于准确理解和适用刑法中“国家规定”的有关问题的通知》（以下简称《关于理解适用“国家规定”的通知》）进行了明确规定。其中明确，国务院规定的行政措施应当由国务院决定，通常以行政法规或者国务院制发文件的形式加以规定。以国务院办公厅名义制发的文件，符合以下条件的，也应视为刑法中的“国家规定”：（1）有明确的法律依据或者同相关行政法规不相抵触；（2）经国务院常务会议讨论通过或者经国务院批准；（3）在国务院公报上公开发布。对于违反地方性法规、部门规章的行为，不得认定为“违反国家规定”。由此可见，刑法中对“国家规定”作了较为严格的范围限制，该范围限制也符合刑法谦抑性原则。据此，部门规章原则上不应认定为“国家规定”，除非符合特定条件。还应当注意的是，即使相关文件经报请国务院同意，但从制发主体以及发布形式来

---

① 参见罗开卷、熊理思：《行政犯认定及行刑程序衔接完善》，载《人民法院报》2021年6月24日，第6版。

② 参见张明楷：《避免将行政违法认定为刑事犯罪：理念、方法与路径》，载《中国法学》2017年第4期。

看，如果与关于“国家规定”范围的规定不符，也不宜认定为《刑法》第96条中的“国家规定”。此外，如果未经许可从事非法经营行为，但审理期间相关行政审批项目被取消的，也不能再认为违反“国家规定”。例如，经营有偿讨债业务的、经营贩卖黄金业务的，都不宜认定为具有刑事违法性。[①]

第四，行政犯的违法性在客观方面应当探寻相关行为是否存在实质的法益侵害。应当明确，违法性的判断应当综合行为的主客观方面加以考量。客观上如果不可能造成法益侵害，或者法益侵害并不具有严重性的，就不应当作为行政犯处理。这是违法性判断应当坚持的客观标准。以虚开增值税专用发票罪为例，虚开增值税专用发票罪的行为本质是滥用抵扣权进而导致国家税收损失。因此，司法实践中存在的诸如某些商业企业为了完成销售指标或提高销售排名，通过两方或者多方之间对开、环开金额相等或相近的增值税专用发票以虚增营业额的情形，因没有导致国家税收损失，不具有实质的法益侵害，不构成本罪。[②]

第五，违法性的认定应当考虑行为人主观上的可预测性。行为人如果不具有违法性认识的可能性，就不能对其进行刑罚上的责难。这是违法性判断应当坚持的主观标准。法律不强人所难，对于行政犯违法性的认识不能提出过于苛刻的要求，不能使人民群众产生不必要的不安感，因担心犯罪而不敢实施合法行为，从而导致行为萎缩。同时，即使在行为人认识到自己的行为侵犯了某种法益，但合理地相信自己的行为并不被刑法所禁止时，即违法性的错误不可回避时，也不具有非难可能性。[③]

三、准确把握行政犯的具体违法类型

刑法规范构成要件的实质是违法类型。通过对罪状加以规定，立法机关将其认为值得科处刑罚的违法类型囊括在刑法条文的构成要件之内。因此，刑事违法性的判断应当以构成要件符合性为基本标准。但是，由于行政犯的认定经常须借助行政法规，因此在刑法构成要件的表述上会经常采用空白罪状、兜底性罪状的规定方式。以《刑法》第225条非法经营罪为例，该条文总体表述中的“违法国家规定”

---

① 参见人民法院出版社编：《最高人民法院司法观点集成（第四版）·刑事卷》，人民法院出版社2023年版，第1125~1130页。

② 参见李勇：《审慎把握行政犯的司法认定》，载《人民法院报》2022年12月30日，第3版。

③ 参见张明楷：《避免将行政违法认定为刑事犯罪：理念、方法与路径》，载《中国法学》2017年第4期。

是空白罪状，第4项表述中的“其他严重扰乱市场秩序的非法经营行为”是兜底性罪状。罪状表述的概括性、模糊性，会导致法律适用在一定程度上存在不确定性，因而对于犯罪的构成要件该当性的判断，必须根据刑法的目的与罪责刑相适应原则加以独立解释和判断。在具体案件中，即使存在行政机关有关违法性的解释与判断，也不能直接作为刑事案件的定案根据。

其一，违法类型应当与行政犯构成要件规定具有同质性。以非法经营罪为例，由于该罪所保护的法益为特许经营管理秩序，因而在判断行为是否构成非法经营罪时，应当判断行为违反的国家规定的内容是否属于特许经营管理制度，如该国家规定不涉及特许经营管理制度，则无须进行效力层级的合法性判断，可以直接出罪；如该规定涉及特许经营管理制度，再进行刑事违法性即罪状和罪量的判断。①

其二，不属于立法或司法解释确认的违法类型的，原则上不能认定为行政犯罪。例如，目前我国法律法规以及司法解释明确可以适用非法经营罪兜底罪状的行为类型大约10余种。最高人民法院于2011年4月发布的《关于理解适用“国家规定”的通知》中指出，对被告人的行为是否属于兜底罪状的行为类型，如果有关司法解释未作明确规定，应当作为法律适用问题，逐级向最高人民法院请示。

其三，行政机关针对个案出具的内部文件，不宜单独作为认定行为人具有违法性的根据。鉴于我国行政法体系较为庞杂，不同类型行为违法性的认定在程序上、实体上也存在不同要求，实践中司法机关对行政犯罪违法性的认定很大程度上依赖有关机关出具的研判、定性文件。但是，如果在已经发布的法律法规中，找不到对应的违法类型，不得以不具有对外效力的行政机关内部文件作为行政处罚以及刑事处罚的依据。②例如，非法经营罪中涉及特许经营的行政许可行为，必须遵循行政公开原则的基本要求，应当由国家相关部门将行政许可的事项、依据、条件、数量、程序、期限以及需要申请人提交的全部材料的目录和申请书示范文本予以公示，确保公众的知情权。行政机关的内部性文件要成为对行为人定罪量刑的证据，必须符合刑事审判的证据规则，在证据存在瑕疵、证据不充分的情况下，不能直接依照内部文件的内容径直作出有罪判决。

---

① 参见田宏杰、周时雨：《非法经营罪限缩适用的规范路径》，载《人民司法》2023年第7期。
② 参见钱华等：《认定非法经营罪需注意的几个问题》，载《人民司法》2023年第5期。

四、行政犯违法性判断的具体演绎

综合以上分析，我们对前文所述案例中违法性的判断问题可作如下分析。

首先，根据行政犯认定的“二次违法性原则”，未在已公开的国家规定中被禁止或确认违法的，即应认定属合法行为，不得认定为具有刑事违法性。在案例一中，涉案SE系列生物能量仪属于新型产品，没有进入医疗器械名录，行政机关《复函》对该产品属于第二类医疗器械的判断其实适用了类推。现代社会新型产品不断涌现，对此应允许行政机关在认定时进行类推，但依然需要遵守基本的原则。根据国务院《医疗器械监督管理条例》(以下简称《医管条例》)的相关规定，国务院食品药品监督管理部门负责制定医疗器械的分类规则和分类目录，医疗器械分类目录应当向社会公布。而无论根据案发时食药总局发布的医疗器械分类目录，还是根据食药总局于2017年8月31日发布、2018年8月1日起实施的医疗器械分类目录（修订版），都寻找不到涉案SE系列生物能量仪在案发当时及审理时已纳入医疗器械管理的依据。另外，《复函》回复为“应作为第二类医疗器械管理”，与“已纳入”是两个不同的概念。涉案物品只有在被列入医疗器械名录，由国家食药总局明确其定义，并将相应的规范性文件公之于众后，才能对未经许可进行生产或经营的行为人追究相应的法律责任。案例二中，刘某在参股CC公司时可能存在牟利的私心，在审批相关业务时隐瞒了其为CC公司股东的事实，但已有证据反映，其在整体审批中并未干涉实际审批业务，相关公司也并未从中获得优于其他企业的审批条件，即便刘某的部分行为可能违反行政规定，也应以行政处罚为妥，对刘某的行为不以犯罪论处符合刑法谦抑性原则。

其次，从行为类型上看，在前述两个案例中均无法找到既能够涵摄案件事实，又与行政犯构成要件具有对应关系的不法类型。无证经营专营、专卖物，情节严重的，构成非法经营罪，而无证经营其他物品仅是违法行为，由行政法予以调整。对于案例一而言，目前，没有法律法规认为第二类医疗器械属于国家专营、专卖的物品，退一步说，即便涉案的SE系列生物能量仪属于第二类医疗器械，也只能认为卞某的行为违反了《行政许可法》以及《医管条例》等规定，仅属于行政违法，不适宜认定卞某构成非法经营罪。对于案例二而言，违法发放贷款罪中的“违反国家规定”应当是具有实质意义的违法要素。由于法律法规往往对贷款管理规定较为笼统，必要时需要结合部门规章予以具体化，[1] 在此种情况下，行为人违反的仍是国家规定，借助部门规章仅是用于帮助理解上位法的内容，与《刑法》第 96 条的规定并不冲突。但案例二中，刘某审批贷款的行为仅违反了部门规章，并无对应的国家规定可以参考，此种情况下不宜采取扩大解释的方式，而应当做好刑行衔接工作，在防止将过多的不当市场经济活动的行为纳入刑法规制范围的同时，及时将上述违反部门规章的行为交由相应行政部门予以处理。

最后，在两个案例中，均缺乏作为行政犯违法性认定依据的“国家规定”。案例一中，《复函》作为不具有对外效力的行政机关内部文件，不能代替司法机关对行政犯违法性的认定，实际上该《复函》也没有适时向被告人卞某公开过，因此不具有对外效力，不产生行政约束力。就某种器械的性质认定，需要专业的判断，必须遵循科学的、专业的技术规范，应当严格依据现有规定进行。根据《医管条例》对第二类、第三类医疗器械申请注册的规定可知，以上两类医疗器械应当有医疗器械检测机构出具的产品检验报告，应当在有资质的临床试验机构进行临床试验。只有经国务院认证认可监督管理部门会同国务院食品药品监督管理部门认定的检验机构，方可对医疗器械进行检验。该案中，地方食药部门向国家食药总局提交的材料为现场扣押到的产品包装、照片、使用参考书及合格证，总局办公厅基于此作出《复函》。可见，该《复函》属于食药总局与地方食药局就相关问题的意见交流，是一种内部解释。即便认为《复函》是有权机关出具的情况说明，但其也仅属于单方的书面说明，需要食药总局出具对实物的技术检测、专家会审、评定结论等其他材料予以佐证。值得指出的是，在地方两级食药管理部门尚且不能对涉案产品是否属于医疗器械作出判断，因存有疑惑而专门向国家食药总局致函询问的情况下，更不能要求普通公民对此有明确的认知。案例二中，刘某违反的《中国银行业监督管理委员会、中国人民银行关于小额贷款公司试点的指导意见》作为部门规章，并未在国务院公报上公开发布，也未经国务院常务会议讨论通过或者经国务院批准，并不符合“国家规定”的范畴，该案中没有证据证明刘某发放贷款的行为违反了其他“国家规定”，故不能认定为违法发放贷款罪。

---

① 参见黄小飞：《违法发放贷款罪的构成要件行为新诠》，载《甘肃政法大学学报》2021 年第 3 期。

第三节 犯罪认定中的罪质分析与罪量评价

在我国刑法理论与实践中，一般认为犯罪构成是定罪的唯一根据或标准。[①] 然而，在具体定罪之时，不少危害行为貌似符合特定的犯罪构成，但罪责评判结果却差强人意，以致罪罚不当。其中的缘由何在？此类危害行为有哪些类型特征？应当遵循什么规则恰当处置？这些问题关系罪刑法定与罪刑相当原则的具体实现，本书结合典型实例分别予以探讨。

一、典型案例及问题

典型案例一：

被告人徐某利用其担任某国有企业厂长的职务便利，在没有真实货物贸易的情况下，向其女友个人经营的公司开具税额13万余元的增值税专用发票。其后，该国有企业作为开票方按规定向税务机关缴纳13万余元的增值税；其女友个人经营的公司作为受票方，持有该张进项增值税专用发票，申报抵扣了本应向税务机关缴纳的相应税款。

这一案件曾以虚开增值税专用发票罪起诉，法院在仔细斟酌之后，最终改变定性，以贪污罪定罪处罚。其中的主要考量在于：虽然被告人徐某实施了虚开增值税专用发票的手段行为，但其造成的实际危害结果并非国家的税款损失。因为，上述国有企业在虚开发票之后，已按开票者必须缴税的规定，向税务机关缴纳了13万余元的增值税。然而，国家税务机关并未因此多收税款。按照受票者可以凭据自己的进项（增值税专用）发票抵扣相应税款的规定，该笔税款随后即被徐某女友个人经营的公司如数予以抵扣，从而逃避了本应依法履行的缴税义务。从实质层面看，被告人徐某系利用职务便利，使上述国有企业无端为其女友个人经营的公司代缴了13万余元的增值税。虚开增值税专用发票是徐某化公为私的划款手段，实际遭受损失的是国有企业的公共财产。

典型案例二：

被告人张某在行进中的列车上看见一名身材较高的男青年抽烟，即上前索要一支香烟。男青年见张某说话无礼便不予理睬。张某随即用左手抽其一记耳光，用右

---

① 参见马克昌主编：《犯罪通论》，武汉大学出版社2006年版，第70页。

手从男青年的衬衣口袋里夺取一包香烟以及17元人民币。男青年立即呼喊有人抢钱，不远处的乘警迅速过来，问清缘由后即令张某交还了抢到手的香烟及钱款。

一审法院认定，张某使用暴力手段劫取他人财物，其行为符合抢劫罪的犯罪构成，并且具有在公共交通工具上抢劫的严重情节，遂依法判处张某十年有期徒刑（法定抢劫罪8种严重情节的起点刑）。二审法院经开庭审理后认为，从张某行为的动机（索要一支香烟）、使用暴力的程度（抽一记耳光），以及所造成的危害后果（夺取一包香烟及17元钱）等主客观事实特征分析，结合当时的客观场景考虑，即张某较被害人身材矮小，且赤手空拳，周围有众多乘客以及正在执勤的乘警，据此综合判断，张某在主观上并无使用暴力严重侵害他人人身和财物的故意，在客观上也没有造成相应的严重危害结果，甚至连造成该种严重危害结果的现实危险性也并不存在。相对来说，抢劫罪是法定最低刑为三年以上有期徒刑的重罪类型，其罪质特征是，既要同时侵犯公民的人身和财产之双重客体，又要至少具有造成两种客体之一严重损害的可能性。换言之，如果按照一般社会经验判断，具体危害行为连造成他人人身或者财产遭受严重侵害的可能性都不存在，则说明该种行为与抢劫罪的重罪特质并不吻合，不能认定为抢劫罪。有鉴于此，二审法院依据张某使用轻微暴力夺取他人少量财物的实际危害性状，改判张某犯寻衅滋事罪，判处一年有期徒刑。

典型案例三：

被告人高某未经工商行政许可，长期设摊兜售假冒名牌服装，主要品种为Polo和鳄鱼牌的T恤衫、夹克衫等，每件售价50~120元。案发时，公安机关从高某的暂住处查获大量尚未销售的假冒名牌服装，价值20余万元。

此前，该类案件大多依据《刑法》第140条的规定，以销售伪劣产品罪定罪处罚。主要理由是，假冒注册商标的商品通常属于伪劣产品，由于行为人仅实施了一个销售行为，同时触犯了销售假冒注册商标的商品罪和销售伪劣产品罪，按照想象竞合犯从一重罪处断的原则，应认定处罚相对较重的销售伪劣产品罪。近年来，上述定罪思路及理由得到适度反省，主要考量在于：刑法设置惩治生产、销售伪劣产品的系列犯罪，主旨在于有效保护公民的商品消费权益，避免公民因商品消费而遭遇人身健康乃至生命、财产的严重损害。解剖上述销售假冒名牌商品的行为，这类冒牌商品作为服装、箱包等物品的基本功用是实际存在的，且许多购买、使用者往往还会产生明码实价、物有所值的消费感受。简言之，此类危害行为对于商品消费者权益的侵害是隐性的（主要是侵害了公民的健康消费观念），其显见的社会危害性主要表现为侵犯了注册商标权利人的知识产权，进而危害我国的市场经济秩序。因此，对于上述低价销售假冒名牌商品的行为，认定销售假冒注册商标的商品罪，相对来说更加契合此类危害行为的本质属性。

典型案例四：

被告人孙某大量饮酒后驾车在城市道路上高速行驶，在已经肇事撞车之后仍然超速驾驶，结果接连造成撞车事故，最终酿成4死1重伤的严重危害后果。经鉴定，案发时孙某血液中的乙醇含量严重超标，属于醉酒驾驶。

本案符合公众观念上的交通肇事犯罪概念，但法院最终按以危险方法危害公共安全罪判处孙某无期徒刑。孙某的行为究竟是自始属于刑法上原因上的自由行为，应当直接认定以危险方法危害公共安全罪；抑或起初属于过失肇事，系在发生第一次撞击之后因为继续超速驾驶、接连酿成惨剧，其主观心态才由过失转变为间接故意，从而构成以危险方法危害公共安全罪；[①] 还是我国刑法对于醉酒驾驶行为并无适当的处罚规定，应当通过立法完善来解决此类行为的法律规制问题？很显然，上述不同见解不仅涉及定罪的规格与方法，而且关乎法治的理念与路径，有必要厘清。

二、个案罪质分析与演绎

相对于司法实践中纷繁复杂的定罪争议案件来说，上述四例可谓冰山一角，但是仍然不失典型意义及专门研究价值。四个案件的共同特点是，危害行为在形式或外观上符合某一特定的犯罪构成，但在罪质层面却呈现较大的差异性，有必要转换定罪，以体现罪刑相当原则的基本要求。

在案例一中，被告人徐某仅实施了一个危害行为，即虚开增值税专用发票，且完成了虚开发票与非法抵扣税款的行为过程。就事实与规范（或曰危害行为与犯罪构成）比对的一般情形来说，徐某的主观故意内容和客观行为表现均与虚开增值税专用发票罪的犯罪构成要素相一致，认定本罪似无疑问。但是，当我们进一步追问徐某的虚开行为是否真正造成了国家的税款损失，或者至少存在骗取国家税款的危

---

① 参见高秀东：《对“醉酒驾车造成重大伤亡”事件的刑法学分析》，载《法律适用》2010年第6期。

险性时，答案则是否定的。这就表明，徐某的外部行为表现确属故意虚开行为，但其主要侵害的客体或法益并非国家的税收征管制度，与虚开增值税专用发票罪的主要犯罪客体并不符合，从而没有完全该当本罪的犯罪构成。从罪刑配置角度说，刑罚的轻重应当与危害行为所侵害法益的性质及其严重程度相适应。倘若特定犯罪构成的主要客体并未受到严重侵害（含实害和威胁两种形态），相应所配置的刑罚也自然失去了与具体危害行为的相称性。如果继续适用该种表面符合的犯罪构成对具体危害行为定罪量刑，其结果是不言而喻的，势必是罚不当罪。分析至此，我们不难看出以下两个问题。

第一，徐某的虚开行为之所以最初被认定为虚开增值税专用发票罪，主要原因至少有二：一是在定罪视域上，显然存在遗漏构成要件事实的问题。具体说，即在实际运用犯罪构成之时，我们习惯于仅就危害行为外部所表现的主客观事实特征与相应的犯罪构成要件作比对，相对忽略了犯罪构成诸要件的整体识别功能，尤其是犯罪客体在危害性质界分以及危害程度标示上的独特作用，以致评判犯罪构成的该当性明显缺乏完整性。二是徐某的行为特征也存在一定的复杂性，即表象为虚开发票，实质为侵吞公款；二者统一于一个危害行为之中，呈现手段与目的的密切关联性。正视前者，可以强化我们对于犯罪构成之形式与实质要件的统合观念，重视对于犯罪客体等实质要件的分析、把握，克服实务上惯于形式比对、疏于价值判断的积习流弊。关注后者，可以增强我们对于危害行为复杂性的警觉意识，即特定的危害行为，通常侵害特定的犯罪客体，相应符合特定的犯罪构成。但是，常规中总有例外，对于例外情形的敏锐发现、悉心观察与适时破解，乃是法律适用中司法者必须面对的挑战与任务。

第二，徐某的行为虽然表现出手段与目的的关联性特征，但并不属于刑法上的牵连犯范畴。牵连犯必须发生于两个危害行为之间，二者存在手段与目的的牵连关系。如上所述，徐某只实施了一个虚开发票的危害行为，只是其行为内部呈现表象与实质的差异性，以及手段与目的的复杂性特点而已。徐某的行为也不是一行为触犯数罪名的想象竞合犯，因为，其并未真正齐备虚开增值税专用发票罪的犯罪构成要件，并不会产生同时触犯虚开增值税专用发票罪和贪污罪两个罪名的问题。所以，我们不能套用刑法上现行的罪数概念及法律适用规则来具体描述、解决徐某行为的复杂内部关系，必须在法理总结与实务操作上另辟蹊径。

值得一提的是，实践中有人以徐某的行为同时侵犯了增值税专用发票管理制度为由，主张侵犯次要客体也可以认定虚开增值税专用发票罪。本书以为，定罪的功能通常有两个：一是准确揭示危害行为的社会危害性质，通过给予否定评价（明示什么行为是犯罪），达成行为规范的目的。二是具体框定危害行为的罪责范围，为正确量刑奠定事实与法律基础。无须赘言，实现定罪的两项功能，均有赖于审慎评判犯罪的主要客体。其理甚明，事物的性质是由主要矛盾决定的；犯罪的性质及其严重程度只有经由主要客体的性状才能得到准确说明与彰显。与此相应，刑罚的严厉性与公正性理当通过与主要客体的适应性才足以得到完整诠释和证明。相较而言，犯罪的次要客体既在定性上不具有支配力或主导性，在量刑中也只对刑罚的轻重起到调节作用。我们不妨设想，倘若对于徐某的行为认定虚开增值税专用发票罪，相应地判处重罪之刑（法定刑幅度为三年至十年有期徒刑），从价值层面说，对于单纯基于违规使用发票行为予以重罚的必要性、正当性从何而言？另从技术层面说，与刑法上其他的发票违规行为（如非法出售发票罪，基本法定刑为二年以下有期徒刑）比较，其在处罚上的相互协调性又从何谈起？因此，在存在复杂客体的犯罪中，仅以侵犯次要客体作为齐备犯罪构成要件的事实依据，这一见解不足取。

在案例二中，被告人张某实施了明显的暴力取财行为，该行为既侵犯他人的人身权利，也同时侵犯他人的财产权利，其所对应的典型犯罪构成类型就是抢劫罪。与案例一中徐某的虚开行为并未侵犯典型犯罪构成的主要客体不同，张某的行为特征和侵害法益的类型都符合抢劫罪的犯罪构成，外观上并不存在犯罪构成要件缺失之类的不足；但是，认定张某的行为构成抢劫罪，其结果显示罪刑不当。究其缘由，可以发现罪刑失衡的根源，主要在于张某的行为在社会危害性程度上与抢劫罪的罪质要求存在显著的差异性。略加梳理，我们从中可以得到三点启示。

第一，就常见多发的危害行为而言，大多都有一个人们观念上、经验上直接对应的罪名及相应的犯罪构成，即我们所称之典型犯罪构成。如暴力取财行为的典型犯罪构成就是抢劫罪。同时，每一犯罪都有自己特定的罪质特征，如抢劫罪的罪质特征是严重侵犯公民人身和财产的危害行为。相对来说，判断某一危害行为是否符合典型犯罪构成，往往是就危害行为外部表现的主客观事实特征与特定犯罪构成要件的相关描述作比对；而判定某一犯罪的罪质特征，则是在犯罪构成基础上深入地就特定犯罪的社会危害性质及程度作剖析。前者偏重于观察现象，后者侧重于透视实质。二者通常是重合一致的，但也存在彼此脱节的情形，因此，二者在定罪中不可偏废。张某的行为就是外观上符合典型犯罪构成，实质上并不具备相应的罪质特征的实例之一。

第二，特定犯罪的罪质特征，一般可以具体解构为罪质与罪量两个基本要素来把握。其中，罪质要素重在揭示危害行为的社会危害性质，主要由犯罪客体来显示；罪量要素主要反映危害行为的社会危害性程度，通常可由法定刑的轻重来说明。换言之，罪深刑重，罪微刑轻。法定刑的轻重对于罪质界限具有直接的制约作用。在实际认定犯罪之时，我们不仅要着力考察危害行为是否侵犯了特定的犯罪客体，而且要谨慎斟酌其侵犯的程度是否达到了特定犯罪的罪量要求。张某的行为与抢劫罪的罪质差异，确切说就是在罪量上两相悬殊。

第三，从定罪方法视角看，规范与事实的比对过程，往往是分层往返、循序推进的。一般是形式判断在先，实质判断居后。例如，首先，我们根据张某实施的暴力取财行为的外部行为特征，判断其涉嫌抢劫犯罪。其次，我们依据张某的行为还属于在公共交通工具上抢劫的细节特点，初断其应当判处十年以上有期徒刑的重刑。由于发现处刑畸重，我们又反观张某的暴力行为以及当时的时空条件，审慎、综合分析其内在的本质属性，考察其是否真正具有严重侵害被害人人身及财物的现实可能性。最后，判定张某的行为在罪量上有别于抢劫罪，从而得出并不具备抢劫罪的罪质特征的判断结论。当然，随着司法经验的积累，认定犯罪的过程可能繁简有别。例如，如果我们对于抢劫罪中的暴力手段行为已经建立起罪量层面的限度观念，即抢劫罪的暴力程度，重可包含故意杀人行为，轻则至少应当具有严重侵犯他人人身的现实可能性，否则即与三年以上有期徒刑的法定刑不相匹配，也会发生与故意伤害等近似犯罪的处刑不尽协调之弊。在此观念下，娴熟的司法者可能直接审视张某使用轻微暴力夺取少量财物的行为特点，从而径直寻找同样侵犯他人人身和财产权利的轻罪类型。约言之，经验的积累可以相对简化定罪的过程。

在案例三中，被告人高某实施了大量销售假冒名牌商品的行为。在法律适用上，其较前述案例显现出更多的复杂性或者争议性。因为，就一般观察来说，高某的行为既有销售冒牌商品之实，又有销售伪劣产品之据，认定其分别触犯《刑法》第 214 条规定的销售假冒注册商标的商品罪和《刑法》第 140 条规定的销售伪劣产品罪，似乎顺理成章，并不发生类似前述案例的罪质、罪量要素上的严重缺失之憾。此外，依据想象竞合理论以及实务惯例，对于此类危害行为适用从一重罪处断原则处罚，可谓相沿成习、理据兼备。既然如此，我们如何切入问题、展开反思？

首先，从犯罪分类及配刑角度分析，销售假冒注册商标的商品罪属于侵犯知识产权类罪之一，其法定最高刑为七年有期徒刑；而销售伪劣产品罪是生产、销售伪劣商品系列犯罪之首，其法定最高刑为无期徒刑。两相比较，我们可以清晰地看到：尽管同为非法销售行为，但两罪的犯罪对象、侵犯的法益性质及社会危害性程度不可同日而语。具体说来，前罪的对象可能绝大多数可以被视为伪劣产品，因为与正牌尤其是名牌商品比较，其质量差异往往不言自明，甚至是显而易见的。但是，就其实际侵犯的法益内容来说，依然以主要侵犯他人的注册商标权利为已足。唯有如此，才能与本罪的同类客体相协调，进而与七年有期徒刑的法定最高刑相匹配。后罪的对象也可能部分属于冒牌侵权产品，但一定以同时严重侵犯他人的人身、财产权利为特质。如若不然，配置无期徒刑的法定最高刑就势必失去充实的事实依据。也就是说，两种销售犯罪在犯罪分类及法定刑上的巨大差异，决定了二者在犯罪构成要件上存在显著区别。在部分构成要件形式相似抑或有所交叉的情形下，尤其应当注重从罪质层面找到合理区分二者的内在根据。由此以观，上述两种销售犯罪间则有一个容易混淆而需悉心廓清的问题，即冒牌侵权产品在日常生活中可能大多存在质次之嫌与伪劣之称，但在定罪之时不能与伪劣产品完全等同。有些销售冒牌侵权产品的行为具有同时严重危害他人人身、财产权益的双重危害性质，我们当然可以认定为想象竞合犯，以伪劣产品类犯罪论处；也有一些销售冒牌侵权产品的行为，虽然其产品质量与正牌商品存在差异，但并不足以发生严重危害他人人身、财产权益的现实危险性（高某销售的冒牌服装就是适例），故只能按照其主要侵害的法益类型，以认定侵犯知识产权类犯罪为宜。如果仅停留于一般观念上的伪劣产品概念进行判断，忽视从罪质层面进一步就销售冒牌侵权产品行为的主要危害性质作细分，则势必导致绝大多数销售假冒名牌商品的行为均被认定为销售伪劣产品犯罪，以致销售假冒注册商标的商品罪可能沦为虚置，当然违背立法本旨。

其次，从犯罪事实层面解剖，高某大量廉价兜售假冒名牌服装，其主观上没有隐瞒冒牌真相、以次充好、刻意骗取消费者钱财之意；客观上所售服装存在一定的使用价值，一般不会给消费者的人身和财产权益造成严重危害。因此，其销售行为的主客观危害性均主要表现为侵犯他人的注册商标权利。与此相应，认定销售假冒注册商标的商品罪，不仅可以准确揭示该种行为的社会危害性质，而且可以做到不枉不纵、罚当其罪。比较而言，如果行为人销售相同的劣质商品，但故意隐瞒假冒名牌的事实真相，企图以假充真，大量骗取消费者钱财，这种行为的主客观危害性则发生改变，已经兼具商标侵权与诈骗钱财的双重危害性质。由于罪质有变，再以行为人销售的是相同冒牌侵权产品为由作同一认定就不合时宜。至此可见，近似犯罪构成之间可能存在诸多相同或相似的构成要素，但罪质要素一定不尽相同。厘清罪质要素，往往是把握此罪与彼罪界限的关键步骤。

在案例四中，被告人孙某实施了醉酒驾车造成重大伤亡事故的行为。从定罪角度观察，准确判定孙某主观罪过内容乃是定罪的关键与难点。从规范判断立场看，首先，本案不同于普通的交通肇事犯罪，因为醉酒驾车的公共危险性常人皆知，醉酒状态下行为人自控、防止危害结果发生的能力和依据几近无从谈起。因此，其主观罪过很难由轻信可以避免的过于自信的过失来涵括。其次，本案又有别于典型的危害公共安全犯罪，因为行为人对于造成重大伤亡后果的心态，既不存在直接故意，用容忍、听之任之的放任故意来描述也略有勉强之嫌。其实，行为人大多系抱持侥幸心理实施醉驾，内心并不希望甚至是排斥造成严重危害后果的结局。这种两相尴尬的情形表明，司法实践中经常会有新类型犯罪不断发生，刑法永远具有相对的滞后性。对此，静待立法完善显然脱离现实需求；倘若直接纳入某罪论处，则难免需要厘清诸多关系。譬如，如果孙某的醉驾行为可以直接认定为以危险方法危害公共安全罪，那么，醉驾行为是否与其他同类行为一样，我们也可以追究其中的危险犯？如果认为间接故意不存在危险犯，对于醉驾仅致 1 人以上重伤或死亡的结果犯，是否可以认定为危害公共安全？抑或可以考虑认定为交通肇事罪，甚至不作为犯罪处理？很显见，这些界限是由罪过形式（间接故意或过失）来区分，还是由行为态样（一次性肇事或在逃逸中连续肇事）或者危害后果大小来确定？答案及理由无疑令人颇费思虑，并且极有可能仁智不一。一言以蔽之，直接将类似的新类型危害行为纳入某一犯罪论处，大多都会因其非典型性而深陷争议，不利于有效作出司法裁判。

本书以为，既然任何一部刑法都必然面对一些新类型危害行为的规制争议，则有必要建立一套专门的鉴别、适用规则，以解决游离于几个近似犯罪构成之间的边际危害行为的法律适用难题。这既是消弭过度定罪分歧的权宜之计，也是完善刑法适用规则的必要举措。

三、转换定罪规则的构建与适用

从上述四个典型案例的分析过程可以看出，四名被告人的行为各具特色，实际上代表了四种类型的需要转换定罪的危害行为。如果提炼其中的共性特点，归纳转换认定之罪的共同特征，借此便可形成对于转换定罪规则的基本认识。

（一）适用对象与条件

转换定罪规则适用于哪些危害行为？或者说，符合哪些条件的危害行为应当转换定罪？不难看出，适用对象与条件，原来可以作为一个问题的两个侧面一并阐述。分析上述危害行为转换定罪的不同原因，可以发现四名被告人的行为存在以下三个共同特点。

第一，从危害行为的外部特征观察，其在人们的一般观念上、经验上通常对应一个典型的犯罪构成及罪名。如徐某的虚开行为对应虚开增值税专用发票罪，张某的暴力取财行为对应抢劫罪，高某的售假行为对应销售伪劣产品罪，以及孙某的醉驾行为对应交通肇事罪。这些典型犯罪构成及罪名在通常情况下均符合上述行为类型，因而最先进入定罪视域，成为首选罪名。此种典型犯罪构成及罪名的先行存在，乃是其后转换定罪的前提或基础。

第二，从危害行为的罪质层面剖析，各名被告人的行为分别显示与所对应的典型犯罪构成之间存在显著不同之处。如徐某的虚开行为显现主要客体缺失，张某的劫财行为表现罪量明显不足，高某的售假行为呈现主要受害法益与罪名不符，孙某的醉驾行为凸显罪量明显过剩。危害行为与典型犯罪构成之间显现罪质差异性，乃是转换定罪的内在动因。

第三，从罪刑关系方面审酌，如果疏于犯罪构成的内部甄别和细节比对，继续适用上述典型犯罪构成对相应危害行为定罪量刑，其结果必然显现定罪功能不彰，并且罪刑明显失衡。如徐某的行为若认定为虚开增值税专用发票罪，则无法揭示徐某利用职务便利侵吞国有财产的贪污本质；又如孙某的行为若仅以交通肇事罪定罪量刑，则必然显现罪过评价不足与所判刑罚畸轻，有违罪刑相当的刑法基本原则。可以说，危害行为与典型犯罪构成之间所存在的定罪功能与罪刑关系上的障碍，乃是转换定罪的实在根据。

概言之，上述危害行为的共同特点，也是适用转换定罪规则的基础条件。只有三者同时兼备，才能纳入转换定罪规则的适用范围。

（二）适用规程与标准

从上述不同个案转换定罪的过程及结果来看，各个危害行为与最终选定的犯罪构成之间，均依次显示具有三个方面的符合性。

第一，主要罪质特征完全契合。如前所述，转换定罪发端于特定危害行为与典型犯罪构成之间的罪质差异，因此，重新遴选犯罪构成及罪名，首要任务就是围绕罪质、罪量的双面要求来具体寻找。当特定危害行为所侵犯的法益表现为复杂客体时，应当要求特定危害行为与重新选择的犯罪构成之间必须保持主要客体在罪质、罪量上的一致性。理由很简单，因为只有（主要）罪质相符，才可望达成罪刑均衡的价值目标。如上述徐某的行为最终被认定为贪污罪，就是以主要客体契合作为选定依据的适例。其实，徐某的行为还同时侵犯增值税专用发票管理制度，由于属于次要客体，故不能作为定罪依据而只能作为量刑情节予以考虑。

第二，犯罪构成要件整体该当。也就是说，在转换定罪的场合，不仅要首先找到罪质符合的犯罪构成，以保证定罪方向的正确性；而且要随即进行其他构成要件的细节比对，以坚持罪刑法定的原则立场。例如，上述张某的行为转换认定为寻衅滋事罪，是因为寻衅滋事罪的客观方面也可以表现为暴力取财行为，同样具有同时侵犯他人人身和财产权利的双重危害属性，只是在危害程度上有别于抢劫罪，从而与张某的行为更加吻合。如果仅重视罪刑关系的实质符合，相对忽略构成要件的整体该当性，则在理论上容易陷入类推定罪的泥潭，在实践中不利于发挥刑法以及定罪活动的行为规范功效。

第三，罪刑关系得到有效平衡。转换定罪之所以具有必要性与合理性，在技术层面是为了找寻形式与实质该当的犯罪构成；就本质与目的来说，其出发点与归宿都在于实现罪刑关系的有效平衡。仍以上述四个典型案例为据，后三例可谓都是因为首先发现量刑畸重或者畸轻，进而切入构成要件及罪质的符合性问题。第一例虽然是从徐某虚开增值税专用发票行为的实质危害性入手，进而解析构成要件的该当性，但归结点还是在于实现罪刑关系的内在合理性与平衡性。所以，转换定罪的终极目标乃是罪刑相当原则得到具体实现。

以上三条标准密切关联，在一定程度上还存在相互包容、交叉关系。但是，作为发现、切入问题的捷径，有针对性思考、解决问题的方法，依次阐发仍然具有实践意义。

（三）适用限度与限制

在适用转换定罪规则过程中，我们很可能发现、面临这样的问题或难题：一个危害行为转换定罪以后，是否意味着同类危害行为都得适用转换定罪规则？以醉酒驾车行为为例，是否同类行为都得认定以危险方法危害公共安全罪？其与交通肇事罪有无衔接？界限如何划分？依此类推，既然张某在列车上使用轻微暴力夺取少量财物的行为可以转换认定寻衅滋事罪，那么，抢劫罪中也有只需判处三年左右有期徒刑的较轻罪行，其与寻衅滋事罪之间有无转换定罪之需？诸如此类的疑问，实际上提及转换定罪规则的适用限度与限制议题。

本书认为，转换定罪规则是针对刑法适用中的若干边际危害行为提出的，由于其行为特征相对远离典型犯罪构成的核心范围，通常游离于数个近似犯罪构成的边际之间，故应当依据刑法基本原则的精神指引，确立相应的适用规则，作为典型犯罪构成适用中的必要补充，目的就是解决罪刑关系中的严重失衡问题。因此，转换定罪大多发生于形式相似但罪刑悬殊的犯罪构成之间。在刑度相近的近似犯罪构成之间，应当讲并不存在转换定罪的问题。就醉酒驾车肇事行为来说，其典型罪质特征还是属于交通肇事罪范畴。只有在醉酒驾车行为恶劣，并且造成极其严重危害后果之时，我们才可以综合评判其罪质特征是否因罪量明显过剩而不宜再作过失犯罪评价。也就是说，我们不能将醉酒驾车行为整体纳入危害公共安全罪的范畴。对于醉酒驾车尚未造成严重危害后果，或者危害后果并非严重的行为，应当依法作为交通违规行为处理；对于醉酒驾车造成 1 人以上死亡或者 3 人以上重伤的行为，因其并未超出交通肇事罪的罪质范围，仍然应当认定为交通肇事罪。从司法实践情况看，一般是结合醉酒及肇事行为的恶劣程度，且造成 3 人以上死亡或相当严重危害后果的情节予以综合分析，才转换认定以危险方法危害公共安全罪。按本书所言，只有在适用典型犯罪构成存在主要罪质缺失或者罪量明显过剩等几类罪质不符缺陷的时候，转换定罪规则才能作为救济手段补充适用。至于如何判断上述罪量明显不足或者过剩，则只能按照经验法则，以一般人的认识水平与感知为标准，就具体个案作具体判定。

第七章　常见量刑情节的司法认定

近年来，罪刑相当观念逐步获得广泛认同，量刑规范化改革亦在深入推进，量刑裁判在刑事审判中的重要性不断凸显。有学者提出，有必要将量刑裁判作为一种专门的司法裁判形态加以看待，将以确定有罪被告人量刑问题为目的的司法裁判活动作为与定罪裁判并列的一种裁判形态。① 本书认为，这种认识具有合理性。量刑从性质上看是刑事审判活动的主要组成部分，其将法律规定的罪刑配置转变为实在的罪刑关系。量刑情节的准确认定、量刑过程的科学规范，直接影响着刑法功能的有效发挥和刑罚目的的有效实现，值得深入研究。

第一节　自首认定的疑难问题

自首是我国刑法确立的一项重要量刑制度，是宽严相济刑事政策在量刑方面的具体体现。根据《刑法》第 67 条的规定，自首，是指犯罪以后自动投案，如实供述自己的罪行的行为。被采取强制措施的犯罪嫌疑人、被告人和正在服刑的罪犯，如实供述司法机关还未掌握的本人其他罪行的，以自首论。法条规定简洁明了，但哪些情况属于“自动投案”，怎样理解“如实供述”，却存在不少争议。为确保同类案件法律适用的统一性和公正性，现结合典型案例，对影响自首认定的疑难问题进行梳理总结。

一、典型案例及问题

典型案例一：

2013 年 9 月 1 日，被告人赵某酒后与被害人李某发生口角，赵某持菜刀连砍李某头部数刀，李某经抢救无效死亡。赵某作案后在亲属的规劝下，表示先回家与

① 参见陈瑞华：《刑事司法裁判的三种形态》，载《中外法学》2012 年第 6 期。

妻子告别再去投案，但回家后即醉倒，其亲属主动报案后，协助公安人员将赵某带至公安机关。次日，赵某酒醒后如实供述了犯罪事实。

典型案例二：

2008年3月18日23时许，被告人刘某携水果刀、手电筒及手套等工具至一出租屋，以嫖宿为由，在与被害人吴某发生性关系后，趁吴某不备，用拳头猛击吴某头部，欲将吴某打昏后劫取财物。因吴某呼救，刘某随即逃跑，吴某的朋友马某尾随追赶，至S路出口段时被巡逻民警发现。民警认为刘某形迹可疑，即上前拦截，从刘某身上搜出手电筒、手套、水果刀等，并将刘某带回派出所调查。后面追赶的马某见状返回，没有前往公安机关作证，吴某也没有报案。刘某一开始不承认抢劫的犯罪事实，后开始交代抢劫的犯罪事实。

典型案例三：

2017年6月22日13时，被告人熊某在铁道设计院门口，因安装报警装置与在设计院值班室内午休的唐某发生口角，后相互殴打，其间，被告人熊某用安装报警装置的工具将唐某的颈部捅伤。案发后，在场的另一名保安送唐某去医院，同时打电话报警。熊某在现场等待公安人员到来，并供认了上述犯罪事实。

典型案例四：

2019年3月5日，被告人袁某在暂住地因琐事与被害人王某发生争执，袁某拿起木椅砸向被害人致其轻伤。2019年3月25日，袁某至公安机关投案，供称两人因琐事发生扭打，并承认持木凳砸击被害人致其轻伤的事实，但是辩称他持木凳砸击是反击行为，因为当时被害人正在持刀砍击他。

疑难问题：

对自首情节的认定，主要集中在对“自动投案”和“如实供述”的审查上。虽然司法解释对“自动投案”和“如实供述”作出了解释并列举了相关情形，但司法实践中，对于如何理解犯罪嫌疑人“确已准备投案”，如何区分犯罪嫌疑人属于“形迹可疑”还是“犯罪嫌疑”，以及如何认定犯罪嫌疑人如实供述“主要犯罪事实”等方面，均存在较大分歧。

二、审理思路和裁判要点

自动投案，是指犯罪事实或者犯罪嫌疑人未被司法机关发觉，或者虽被发觉，但犯罪嫌疑人在尚未受到讯问、未被采取强制措施时，主动、直接向公安机关、人民检察院或者人民法院投案。按照相关司法解释的规定，犯罪嫌疑人具有以下情形之一的，应当视为自动投案：（1）犯罪后主动报案，虽未表明自己是作案人，但没有逃离现场，在司法机关询问时交代自己罪行的；（2）明知他人报案而在现场等待，抓捕时无拒捕行为，供认犯罪事实的；（3）在司法机关未确定犯罪嫌疑人，尚在一般性排查询问时主动交代自己罪行的；（4）在因特定违法行为被采取行政拘留、司法拘留、强制隔离戒毒等行政、司法强制措施期间，主动向执行机关交代尚未被掌握的犯罪行为的；（5）其他符合立法本意，应当视为自动投案的情形。如实供述，是指犯罪嫌疑人自动投案后，如实交代自己的主要犯罪事实。“如实”的实质是既不缩小也不扩大自己的罪行。根据相关司法解释的规定，如实供述自己的罪行，除供述自己的主要犯罪事实外，还应包括姓名、年龄、职业、住址、前科等情况。犯罪嫌疑人供述的身份等情况与真实情况虽有差别，但不影响定罪量刑的，应认定为如实供述自己的罪行。犯罪嫌疑人自动投案后隐瞒自己的真实身份等情况，影响对其定罪量刑的，不能认定为如实供述自己的罪行。下面对自首中“自动投案”和“如实供述”的认定进行分类探讨，并梳理审理思路和裁判要点。

（一）“确已准备去投案”的认定

根据《最高人民法院关于处理自首和立功具体应用法律若干问题的解释》(以下简称《自首立功解释》）第1条第1项的规定，自动投案除了典型的犯罪嫌疑人主动、直接向司法机关投案外，还包括“经查实确已准备去投案，或者正在投案途中，被公安机关捕获的”情形。可见，该规定放宽了自动投案的时限，在一定程度上降低了自首的认定标准，有利于鼓励犯罪嫌疑人悔过自新，作出积极的选择，也有利于分化瓦解共同犯罪嫌疑人，及时破案，节省司法资源，符合刑法设立自首制度的宗旨。对这种“准备投案”的认定，应当强调的不仅是被告人的心理活动，更重要的是已经为投案实施了一定的准备活动，客观行为已经能够清楚地反映准备投案的主观心态。具体而言，可以从以下几个方面认定被告人是否“确已准备去投案”。

1. 必须有准备投案的客观行为

正如仅有犯意表示不构成犯罪一样，准备投案不能仅是被告人的一种纯粹的心理活动或者单纯的意思表示。原因在于，主观意愿如果没有外化为客观行为，并不具有法律意义，不仅如此，由于缺乏客观行为，司法机关对于被告人的心理活动也无从查证。这就要求，被告人必须在投案意愿的支配下，为投案实施了一定的准备行为，并且有客观的事实、证据来加以证明。例如，被告人已向他人表示将要投案，但在时间和条件允许的情况下，却一直没有任何为投案做准备的行为，这种情形就不能认定为准备投案。

2. 准备行为必须是与投案相关的必要行为

被告人作案后总会实施一系列活动，有的被告人归案后则辩称这些活动是为投案做准备。在这种情况下，就需要准确界定准备行为的范围。从司法实践来看，可以归入投案准备的行为主要有两类：一是为投案准备工具、创造条件的情形，如了解投案对象和场所路线，为投案准备交通工具、生活用具，请求父母、亲友陪同投案，正在书写供词准备带去投案，因受伤等正在寻找他人代为投案等；二是为投案解除后顾之忧、安排后事的情形，如投案前与亲友告别，交代债权债务，安排赡养老人、抚养子女事宜等。一般来说，以上情形都可以认定为与投案相关的必要行为。反之，对那些与投案并无直接关系亦非必要的情形，则不能认定为准备投案。如被告人归案后辩称，归案前正在四处查找同案犯下落，准备找到之后带着立功线索投案的，即便该辩解有其他证据支持，但由于此情形并非投案的必要准备行为，在投案时间上也不可预期，故一般不能认定为准备投案。

3. 准备行为必须能够清楚地反映投案意愿

即便准备行为是与投案相关的必要行为，也要对是否能够清楚地反映出被告人的投案意愿进行审查。有的准备行为能够较为明显地反映出被告人的投案意愿，如请求亲友陪同投案，但也有一些准备行为具有双重性质，如准备交通工具、与家人告别，既可能是为投案创造条件或者解除后顾之忧，也可能是为潜逃做准备。对这种情形，如果仅有被告人供述，缺乏其他证据有力印证的，由于所谓的准备行为并不能清楚地反映出投案意愿，一般就不能认定为准备投案。

4. 投案意愿必须具有连续性

准备投案的情形之所以能认定为自动投案，是因为被告人确实在投案意愿的支配下实施了准备投案的行为，只是由于被公安机关及时抓获等意志以外的原因，才未能进一步实施投案行为。易言之，如果没有客观因素介入，被告人将会最终实际投案。这就要求，被告人的投案意愿必须具有连续性，产生投案意愿、准备投案之后又改变初衷的，或者犹豫不决的，一般不能认定为准备投案。例如，被告人在原籍地作案后外逃，在亲属的劝说下准备投案而返回原籍地，但返回后一个月一直未去投案，后被公安机关抓获，被告人辩称准备投案，其亲属也能证明说服被告人返回原籍地准备投案的过程。但是，所谓的“准备投案”竟然准备了一个月，这说明其投案意愿发生了变化。实际上，从客观行为看，被告人返回原籍地时确实是准备投案，但之后又放弃了投案意愿，所以不能认定为准备投案。又如，被告人确实是在准备投案途中被公安人员抓获，但在讯问时未能及时、如实供述犯罪事实，在多次讯问后才如实供述的，或者在抓捕时拒捕、逃跑的，都说明其投案意愿存在反复，一般也不能认定为准备投案。

5. 准备投案必须有相应的证据加以证明

对前述四个方面的审查认定，都离不开相应的证据。根据《自首立功解释》的规定，构成“准备投案”，必须要求“经查实确已准备去投案”，这里就存在一个证明标准的问题。对准备投案的证明标准当然不能要求过高，不能以“事实清楚，证据确实、充分”的定罪标准来衡量，但也不能动辄以有利于被告人为由，对其辩解在既无法查实也无法排除的情况下一概采信。因为《自首立功解释》强调，必须是“经查实确已准备去投案”，一方面要求“经查实”，另一方面要求被告人“确已”准备投案。对此，可以从被告人准备投案行为的客观表现、归案后供述的主动性和及时性、相关证人对被告人归案前言行的证言等方面进行综合审查判断。一般来说，被告人辩称准备投案，却提不出相应的证据线索，司法机关经查证也未发现确能证明其已为投案做准备的证据的，不能认定为准备投案。在有被告人供述及相关证人证言等证据证明被告人准备投案的情形下，必须认真审查言词证据的客观性、真实性、关联性，如分析供述与证言的印证关系、有无矛盾之处、供述与证言是否稳定、证言的制作时间、证人与被告人的亲疏利害关系，同时将言词证据与其他证据进行比对，审慎作出判断。

案例一中，在被告人赵某作案后回家途中，亲属均打电话劝其自首，赵某称先回家与妻子告别再去投案，该事实有相关证人证言及赵某的供述相互印证；赵某回家后因酒性发作，未来得及安排善后即醉倒昏睡，此时赵妻报案并带领公安人员赶来，发现赵某烂醉如泥，公安人员遂将赵某带回派出所，赵某酒醒后即如实供述了犯罪事实。可见，赵某作案后准备回家与家人告别再去投案，有准备投案的客观行为，而且此行为系为投案解除后顾之忧、安排后事，其投案意愿是明确的、连续的，以上事实除赵某的供述外，还得到其亲属和公安人员证言的印证。故，认定赵某的行为属于“经查实确已准备去投案”，结合其如实供述罪行，依法认定为自首。

（二）“形迹可疑”与“犯罪嫌疑”的区分

根据《自首立功解释》第1条第1项的规定，自动投案还包括“罪行尚未被司法机关发觉，仅因形迹可疑被有关组织或者司法机关盘问、教育后，主动交代自己的罪行的”情形。成立“形迹可疑型”自首应具备以下条件：（1）行为人的罪行尚未被司法机关发觉，包括两种情况，一是犯罪事实尚未被司法机关发现；二是犯罪事实虽已被发现，但司法机关尚未将行为人确定为犯罪嫌疑人。（2）行为人仅因形迹可疑被盘问、教育，而非具有犯罪嫌疑。（3）行为人主动、如实交代了犯罪事实，其供述完全基于本人意愿，而非迫于证据压力被动交代。司法实践中认定“形迹可疑型”自首，难点在于区分行为人系“形迹可疑”还是有“犯罪嫌疑”。

所谓“形迹可疑”，是指特定人的举动、神态不正常，使人产生疑问。这种疑问是臆测性的心理判断，它的产生没有也不需要凭借一定的事实依据，是一种仅凭常理、常情判断而产生的怀疑。从审判实践来看，“形迹可疑”有两种较为常见的情形。一种情形是司法机关尚未掌握行为人犯罪的任何线索、证据，而仅凭行为人当时的举动、神色等异常而判断其可能实施犯罪行为。这种情形的“形迹可疑”是一种纯粹的基于常理、常情或者特定的工作经验所形成的主观判断，对此并无争议。另一种情形是某一具体案件发生后，司法机关掌握一定的证据或者线索，明确了侦查方向，圈定了排查范围，在调查或者排查过程中发现行为人表现异常，但尚不足以通过现有证据确定其为犯罪嫌疑人。此种情形下的“形迹可疑”能够将行为人同具体案件联系起来，但这种联系还不能达到将行为人锁定为犯罪嫌疑人的程度，行为人主动供述罪行即成立自首。而“犯罪嫌疑”则是指司法机关凭借一定的线索或者事实依据，认定行为人有作案的嫌疑，这通常是办案人员根据一定线索和证据，以一定的客观事实为依据，通过逻辑判断，足以认定行为人与某起案件有关联及有作案的可能。

“形迹可疑”和“犯罪嫌疑”虽然容易混淆，但也存在区别。首先，判断“形迹可疑”是基于行为人的某些可疑表象，主要依据的是常识、常理、常情和工作经验，有时甚至是直觉所形成的推测；“犯罪嫌疑”则是在对证据进行分析、判断后形成的推定，两者产生怀疑的依据不同。其次，“形迹可疑”不要求掌握任何证据和线索，或者仅掌握不足以合理怀疑行为人实施某种犯罪的证据或线索；“犯罪嫌疑”则强调需要以事实证据为依据，司法机关应掌握足以合理怀疑行为人实施某种犯罪的证据或者线索。最后，“形迹可疑”仅是一般性怀疑，可以是行为人同某种犯罪无任何联系，或者同某种犯罪有联系的疑点，怀疑的内容一般是“此人可能做了什么坏事”；“犯罪嫌疑”则是有针对性的怀疑，必须将行为人与某种具体犯罪相联系，而且足以认定行为人有作案的重大嫌疑，怀疑的内容一般是“此物是否盗抢而来”等，两者对证据和线索的要求不同。

在上述区别当中，行为人如实供述罪行之前司法机关是否已经掌握客观的，据此足以合理怀疑行为人实施某种犯罪的证据或者线索，从而在行为人与具体案件之间建立起直接、明确、紧密的联系，是“形迹可疑”与“犯罪嫌疑”的本质区别，是正确认定“形迹可疑型”自首的关键所在。如果侦查人员从行为人身上或住处查获赃物、作案工具等客观性的证据，或者现场目击证人直接指认行为人系作案人，由于已有一定证据指向行为人，其具有较其他排查对象更高的作案嫌疑，便成为犯罪嫌疑人，而不仅是“形迹可疑”。而对于侦查机关来说，根据案件的侦查程度已经可以对行为人采取强制措施。也就是说，能够在行为人与具体案件之间建立起直接、明确、紧密联系的，行为人就属于犯罪嫌疑人；建立不起这种联系，而主要凭经验、直觉认为行为人有作案可能的，行为人就属于“形迹可疑”。行为人在因形迹可疑受到盘问、教育时主动交代自己所犯罪行的，应当认定为自动投案，构成自首。

案例二中，由于被害人吴某系卖淫女，其因惧怕暴露卖淫违法行为而在被被告人刘某抢劫后不敢报警，其朋友马某在追赶刘某过程中见巡逻民警将刘某截停亦未上前指认刘某实施了抢劫行为，而是直接返回住处。巡逻民警是因为刘某深夜被他人追赶，认为其形迹可疑而将其截停，当时刘某的抢劫罪行尚未被侦查机关掌握，而且在被害人吴某不敢报案的情况下，侦查机关也不可能掌握该宗抢劫案件的发生。虽然巡逻民警将刘某截停后从其身上查获了手电筒、手套、水果刀等工具，对其可能实施犯罪产生怀疑并将其带至派出所调查。但在没有被害人吴某报案和证人马某指认的情况下，这些物品也可以作为正常生活用品予以解释。因此，仅凭查获的这些物品难以将刘某与具体的抢劫案件之间建立起直接、明确、紧密的联系，没有刘某本人主动如实供述抢劫罪行并带侦查人员寻找吴某配合调查，此案是无法侦破的，故刘某归案具有自动性，应当认定为自首。

（三）“现场待捕型”自首的认定

根据《最高人民法院关于处理自首和立功若干具体问题的意见》（以下简称《自首立功意见》）第1条的规定，犯罪嫌疑人“明知他人报案而在现场等待，抓捕时无拒捕行为，供认犯罪事实的”，应当视为自动投案。但是根据《自首立功意见》的规定，并非所有留在现场等待抓捕的行为都成立现场待捕型自首。考虑到犯罪嫌疑人投案的主动性和自愿性，成立现场待捕型自首还应该具备以下条件。

1. 现场待捕的非被动性

犯罪嫌疑人在作案后留在现场，尽管只是消极地等待公安人员的抓捕，没有积极主动的投案行为，但也必须是犯罪嫌疑人在没有被强力控制、可以逃匿的前提下，出于其独立意愿主动留在案发现场，而不能是一种客观无奈的选择。如果犯罪嫌疑人作案后由于被害人阻拦、群众围堵等客观情况而难以离去，或因受伤、突发疾病等自身缘故无法离开现场，或留在现场是为了继续犯罪等，都不应该视为自首。当然，是否有强力控制、是否可以逃匿，应当结合现场时空环境、犯罪嫌疑人的自我认知等方面综合判断。

2. 对于他人报案的明知性

刑法中的明知有两层含义：知道和应当知道。因此，对犯罪嫌疑人犯罪后对于他人报案的明知性也应当分这两层含义理解：一是行为人听见、看见或者被明确告知已有人报案；二是依照一般常识判断，案发后现场应当有其他人报案，因此，只要行为人的精神、智力等同于常人，也可推断行为人应当知道有人已经报案。例如，案发现场有大量围观群众，即使行为人没有听到、看到有人报案，但可以推断有人已经报案或者会报案。当然，对他人是否报案的合理推断，应当根据案件当时的实际情况，如案发的时间是白天还是晚上，案发当时是否有目击者、目击者的数量、目击者的行为表现等综合判断。

3. 被抓捕时行为的服从性

在公安人员到场后主动承认犯罪行为，表现为基于本人意志，自愿置身于司法控制之下。犯罪嫌疑人对于公安人员到现场的抓捕在行为上应表现为顺从配合，这种顺从配合不仅要表现在被抓捕时，还应表现在此后的押解过程中。

4. 供认犯罪事实的彻底性

犯罪嫌疑人应如实供述自身罪行，对犯罪事实供认不讳，这是自首“如实供述”条件的要求。值得注意的是，犯罪嫌疑人对自己行为性质的辩解不应被视为对如实供述自身罪行行为的否定。

案例三中，在另一名保安送被害人去医院抢救，现场仅有被告人熊某及其两名同事的情况下，熊某始终没有试图离开的意思表示和行为，表现出将自身置于司法机关控制下的自愿性和候捕的自动性。在场的另一名保安先去了趟值班室，再返回送同事去医院抢救，根据案件当时的情况，熊某理应推断出此保安进值班室是向有关机关报案。被告人熊某明知他人已经报案而自愿在现场等候，配合公安机关的抓捕，如实供述自身罪行，应认定其构成“现场待捕型”自首。

（四）“主要犯罪事实”的认定

自动投案的犯罪嫌疑人是否构成自首，还应看其是否在法定时间内如实交代自己的主要犯罪事实。《自首立功意见》第 2 条规定，犯罪嫌疑人多次实施同种罪行的，应当综合考虑已交代的犯罪事实与未交代的犯罪事实的危害程度，决定是否认定为如实供述主要犯罪事实。虽然投案后没有交代全部犯罪事实，但如实交代的犯罪情节重于未交代的犯罪情节，或者如实交代的犯罪数额多于未交代的犯罪数额，一般应认定为如实供述自己的主要犯罪事实。从审判实践来看，当自动投案的犯罪嫌疑人供述了大部分事实，但小部分的事实与查证的事实存在差异时，往往面临认定犯罪嫌疑人是否如实交代自己的“主要犯罪事实”的困难。

1.“主要犯罪事实”不是所有犯罪事实，而是影响定罪量刑的关键事实

“主要犯罪事实”既包括定罪事实，也包括量刑事实。对于犯罪事实是否属于主要犯罪事实的认定，除了要看该犯罪事实是否属于犯罪构成事实，还要看该犯罪事实是否对量刑产生重要影响。对基本犯罪构成事实，犯罪嫌疑人应当全部供述，并无主次之分；对重大量刑事实，则可区分已如实供述与未如实供述部分的严重程度，决定是否认定为如实供述了主要犯罪事实。原因在于，自首制度设立的主要目的在于通过鼓励犯罪人自动投案和如实供述，来促使案件得到及时侦破和审判，对自首构成要件之一的如实供述的判断，也需看相关供述是否有利于减少司法成本，只有如实供述影响定罪量刑的重大事实，才能促进案件的有效审理和节约司法资源。被告人虽供述基本犯罪事实，但其隐瞒的事实足以影响其行为在刑法上的规范性评价时，不会起到有效节约司法资源的效果，不能认定为供述了主要犯罪事实。例如，在携带凶器抢夺的案件中，被告人虽供述抢夺事实，但对携带凶器予以隐瞒的，不应认定为如实供述。

2. 主观心态属于“主要犯罪事实”，应当按照主客观相统一原则把握犯罪嫌疑人是否“如实”供述了犯罪时的主观心态

如果犯罪嫌疑人对主观心态的辩解具有合理的根据能够成立，或者不能被在案证据排除的，就属于没有改变或者否定案件事实，不影响“如实供述”的成立；反

之，则影响“如实供述”的成立。比如，将重罪杀人故意辩解为轻罪伤害故意或一般殴打故意的情形，可以通过这个标准来分析犯罪嫌疑人对主观心态的辩解是否影响“如实供述”的成立：根据行为人和被害人的关系（是否有矛盾，矛盾大小）、行为人作案时的行为表现（是否扬言杀人，是否追杀）、被害人的创口部位（要害部位还是非要害部位）、创口数量（多处创口还是一处创口）、行为人作案后的态度（是否有抢救被害人的行为）等在案证据证实的情节，若在案证据足以认定行为人实施的是重罪故意行为，则行为人的辩解不能成立，不能认定其构成自首；反之，若在案证据不能认定行为人实施了重罪故意行为，或者不能排除其有实施轻罪故意行为可能的，则应当认定行为人的辩解成立，认定其构成自首。

3. 对行为性质的辩解应以如实供述为前提

最高人民法院在《关于被告人对行为性质的辩解是否影响自首成立问题的批复》中明确，“被告人对行为性质的辩解不影响自首的成立”。通常认为，对行为性质的辩解是指被告人基于自身认识能力对其所实施的行为作出的无罪、轻罪等主观性判断。复缀两点理由：其一，允许被告人对行为性质进行辩解是充分保障被告人辩护权的内在要求。被告人对行为性质的辩解本质上是基于认识能力差异，对行为的规范评价存在认知上的错误，而非对足以影响定罪量刑的关键事实是否存在提出的事实性辩解，若其对足以影响定罪量刑的关键事实作出部分或全部否定时，属于翻供，不再属于对行为性质进行辩解的范畴。其二，被告人对行为性质辩解的前提是作出了如实供述。自首制度的诉讼经济需求，决定了被告人对行为的辩解不能影响对犯罪事实的查证和对案件的公正审判，如果被告人的辩解是建立在对主要犯罪事实的不实供述之上，如通过对主要犯罪事实的隐瞒、篡改或扭曲来推脱责任等，其供述或辩解就不具有帮助司法机关查清犯罪真相的功能，相应地，就不能获得刑罚减免的法律效果。

4. 仅口头表达认可司法机关查实的事实，不当然成立如实供述“主要犯罪事实”

实践中，常有被告人口头表示认罪并承认结果系由其造成，但没有供述主要犯罪事实的情形，尽管被告人有主动接受司法机关处罚的意愿，也不等于其作出了如实供述。主要原因在于：其一，认罪的本质是行为人对自己的行为方式、行为后果及行为本身的恶性进行反省，并自愿接受相应的法律后果，其前提是行为人对犯罪行为作了如实供述，只有在如实供述的基础上才能成立对自身行为方式及后果的反省和否定。其二，口头认罪不是如实供述的必要条件，也不是如实供述的充分条件。被告人虽然口头表示认罪，但其供述的事实与审理查明的事实不符，且足以影响行为定性和量刑时，不应构成如实供述。

案例四中，被告人袁某供述的事实与查证事实存在差异的内容为“持木椅反击时被害人的行为状态”。被告人虽然承认其持木凳砸击被害人，但是其谎称该行为是为了反击被害人的持刀砍击，因依该辩解其行为属于正当防卫，故其没有如实供述影响定罪量刑的事实，不构成自首。

综上所述，自首制度适用于一切犯罪（包括故意犯罪与过失犯罪、自然人犯罪与单位犯罪），旨在通过鼓励犯罪人自动投案，一方面促进犯罪人悔过自新，不再继续作案；另一方面使案件及时侦破与审判。这两个方面既是设立自首制度的目的，也是设立自首制度的依据。司法实践中，认定自首必须从设立自首制度的本意出发，严格把握自首成立的条件，结合行为人投案的自动意图与如实供述所犯罪行主客观方面的情形，根据在案证据予以判明。

第二节　立功认定的疑难问题

为有效打击犯罪，给予犯罪分子一个以功抵罪的机会，《刑法》第68条规定了立功：“犯罪分子有揭发他人犯罪行为，查证属实的，或者提供重要线索，从而得以侦破其他案件等立功表现的，可以从轻或者减轻处罚；有重大立功表现的，可以减轻或者免除处罚。”同时，《自首立功解释》规定，立功还包括阻止他人犯罪活动、协助司法机关抓捕其他犯罪嫌疑人（包括同案犯）和具有其他有利于国家和社会的突出表现的行为。在司法实践中，对“检举揭发型”立功、“提供线索型”立功、“阻止犯罪型”立功以及“协助抓捕型”立功的认定均存在不同理解。为确保同类案件法律适用的统一性和公正性，现结合典型案例，对立功认定的疑难问题进行梳理总结。

一、典型案例及问题

典型案例一：

被告人吴某预谋抢劫，使用随身携带的尖刀猛扎被害人胸部数刀，致被害人急性失血性休克死亡。被告人张某明知吴某犯罪后潜逃，为吴某提供隐藏处所，帮助逃匿。次日，张某因盗窃他人电动车被公安机关传唤，揭发了公安机关尚未掌握的吴某抢劫犯罪事实。

典型案例二：

被告人卢某因职务侵占被公安机关传唤到案，取保候审期间，卢某向公安机关举报称某酒店有卖淫、嫖娼行为。公安机关根据该线索抓获卖淫女刘某、陈某，并根据刘某、陈某的交代抓获涉嫌犯介绍卖淫罪的袁某某。

典型案例三：

被告人沈某因犯受贿罪被判处有期徒刑七年，二审期间，被取保候审的沈某在动物园地铁站路口，将正在盗窃被害人陈某钱包（内有人民币 9800 元）的犯罪嫌疑人周某（16 岁）当场抓获，并将被盗钱包返还被害人。后因周某未达到刑事责任年龄，公安机关未刑事立案。

典型案例四：

被告人王某出资 10 万元向毒贩刘某购买海洛因 1.5 千克，并分为两次将 500 克毒品转售给邻市的李甲，王某的贩卖行为被警方察觉，随后被抓获，王某到案后为争取宽大处理表示愿意协助警方抓捕毒品上家，其提供了上家的电话以及住址，并让警方通过其手机号码与刘某联系，发送短信稳住刘某并将其约至指定地点，抓捕当日由于警方部署失误，刘某察觉危险逃跑，随后公安机关又通过其他技术手段将刘某抓获。

疑难问题：

立功作为一种“将功赎罪”的刑罚奖励制度，其基本出发点就在于对立功的犯罪分子在量刑时从宽处罚。但司法实践中，对于揭发与本人犯罪行为具有某种关联性的他人犯罪行为是否属于检举揭发型立功中的“他人犯罪行为”；提供线索型立功中，犯罪分子提供的线索要达到何种程度才能认定为立功；阻止犯罪型立功中，阻止他人犯罪活动，但由于种种原因未被追究刑事责任的，是否构成立功；协助抓捕型立功中，“协助”行为的实质性要义究竟是什么，判断标准为何，以及多种原因造成的抓捕行动失败，结果“有效性”丧失时，能否认定为立功，存在不同的认识。

二、审理思路和裁判要点

（一）检举揭发型立功的认定

根据《自首立功解释》第 5 条的规定，犯罪分子到案后揭发他人犯罪行为，经查证属实的，应当认定为立功。认定揭发型立功，关键在于判断犯罪分子揭发的是不是“他人犯罪行为”，这就需要对“他人犯罪行为”与本人犯罪行为加以准确的区分。从刑法规定来看，具有关联性质的他人犯罪行为主要包括以下几类：一是共同犯罪中的他人犯罪行为；二是具有对合关系的犯罪中的他人犯罪行为；三是连累犯与基本犯中的他人犯罪行为。具体分析如下。

1. 共同犯罪中的他人犯罪行为

本人在到案后履行如实供述的义务时，应当如实供述的犯罪行为，既包括本人参与的犯罪行为，也包括同案犯的共同犯罪行为。据此，揭发同案犯共同犯罪事实的不能认定为立功，但考虑到这种行为有利于司法机关对其他同案犯的查处，在量刑上可酌情从宽处理。

2. 具有对合关系的犯罪中的他人犯罪行为

所谓具有对合关系的犯罪，是指双方主体各自实施的犯罪行为之间存在对应关系，共同促进双方犯罪行为的完成，缺少一方的犯罪行为，另一方的犯罪行为就无法实施或者完成。具有对合关系的犯罪既可能是同一罪名，也可能是不同罪名，这需要根据《刑法》分则的具体规定加以判定。对于存在对合关系的犯罪而言，一方犯罪的实施或者完成以另一方的对应行为为条件，如没有行贿，受贿就无法完成。具有对合关系的犯罪，其构成要件相互涵摄了对应方的犯罪行为，任何一方在如实供述本人犯罪事实时也必然涉及对应方的犯罪行为，揭发对应方的犯罪行为并未超出其如实供述的范围，因此也就不存在揭发他人犯罪的问题。如行贿人在交代犯罪事实时必然交代相对应的受贿人的受贿事实，其行为当然不构成立功。

3. 连累犯与基本犯中的他人犯罪行为

连累犯是指在犯罪构成上以基本犯的相关人或物为犯罪对象的一种事后帮助型犯罪。连累犯的存在与成立以他人犯有相关犯罪为必要条件，以基本犯的存在为前提，没有基本犯，也就没有连累犯。连累犯不同于共同犯罪，连累犯与基本犯既不存在共同的犯罪行为，也不存在共同的犯罪故意；连累犯也不同于存在对合关系的犯罪，连累犯的事后帮助行为与基本犯的犯罪行为之间也不存在对应关系。如果连累犯与基本犯事前通谋，则超出了事后帮助的范围，应将连累犯以基本犯的共犯论处。那么，连累犯与基本犯相互揭发是否属于揭发“他人犯罪行为”，进而构成立功呢？本书认为，不能一概而论，应当区别不同情况进行认定。

（1）基本犯揭发连累犯。连累犯与基本犯存在的关联性体现在连累犯对基本犯的事后帮助上，连累犯是通过对基本犯提供销赃、窝藏、包庇等事后帮助行为，帮助基本犯的犯罪分子或者逃避法律制裁，或者利用其犯罪所得、维持其不法状态。应当说，连累犯对基本犯的事后帮助是通过基本犯的接受帮助行为来实现的，如果基本犯不接受帮助，连累犯就无法实施或者完成。据此，应当将基本犯接受连累犯帮助的行为视为不可罚的事后行为，基本犯在如实供述其基本犯罪事实时应当一并如实供述其接受连累犯所提供的帮助的行为。从这个意义上讲，基本犯在如实供述其基本犯罪行为的同时，应当一并如实供述不可罚的事后行为。由于不可罚的事后行为与连累犯存在对应关系，故基本犯揭发连累犯没有超出如实供述的范围，不属于揭发“他人犯罪事实”，不能认定为立功。

（2）连累犯揭发基本犯。对于连累犯揭发基本犯的，应当根据连累犯的犯罪构成是否能够涵摄基本犯的犯罪行为来判断。连累犯属于故意犯罪，从《刑法》所规定的各种连累犯的犯罪构成来看，无论是窝藏、包庇罪，洗钱罪，还是掩饰、隐瞒犯罪所得、犯罪所得收益罪，包庇毒品犯罪分子罪等，主观上都要求行为人明知行为对象系“犯罪的人”、“犯罪分子”或者“犯罪所得及其产生的收益”。但从《刑法》规定的情况来看，这种作为主观要件的明知包括两种情况：一是确定性明知。这是指连累犯对基本犯的具体犯罪行为要有明确的认识。对于要求对基本犯确定性明知的连累犯而言，基本犯的具体犯罪行为就已经为连累犯的犯罪构成所涵摄，那么连累犯在如实供述其犯罪事实时就应当一并供述其所知的基本犯的具体犯罪事实，故其揭发基本犯的具体犯罪事实就属于如实供述的范围，而不属于揭发“他人犯罪行为”，不能认定为立功。二是概括性明知。这是指《刑法》规定连累犯主观上只需对行为对象具有概括性的认识，无须对基本犯的具体犯罪行为有明确的认识。对于窝藏、包庇罪等连累犯而言，只要求行为人主观上明知系“犯罪的人”、“犯罪分子”或“犯罪所得及其产生的收益”，即属于一种概括性的明知，不需要对基本犯的具体犯罪行为有明确的认识。这类连累犯的犯罪构成并不能涵摄基本犯的具体犯罪行为，其并无如实供述基本犯的具体犯罪行为的义务。因此，对于这类连累犯而言，揭发基本犯的具体犯罪行为就超出了其如实供述的范围，属于揭发“他人犯罪行为”，应当认定为立功。

案例一中，被告人张某系窝藏犯，其只需如实供述明知吴某系犯罪人即可，至于吴某所犯何罪，则在所不论，其揭发吴某的具体抢劫犯罪行为超出了如实供述的范围，属于揭发“他人犯罪行为”，应当认定为立功。

（二）提供线索型立功的认定

根据《自首立功解释》第5条的规定，犯罪分子到案后提供侦破其他案件的重要线索，经查证属实的，应当认定为立功。对犯罪分子提供侦破其他案件的线索能否认定为立功，可以从以下几个方面进行审查。

1. 规范理解提供重要线索型立功的要件

《自首立功意见》第6条指出，被告人在一审、二审审理期间提供侦破其他案件的重要线索，人民法院经审查认为该线索内容具体、指向明确的，应及时移交有关人民检察院或者公安机关依法处理。该规定提到了线索“明确性”的要求，但从规范理解，并非只有具体、明确的线索才可以构成立功。首先，从立法目的而言，立功制度更多的是基于节约司法资源这一功利主义目的考虑。质言之，其是以查获其他犯罪分子为宗旨的结果导向主义的法律制度。其次，就条文内容而言，法律明确规定“提供重要线索，从而得以侦破其他案件”，提供线索只是前提，必须具备侦破其他案件这一结果才可能构成立功。至于线索内容如何，事实上法律更加关注的是结果，而不是线索形式，且并未对其作出任何限制。最后，从办案程序而言，“内容具体、指向明确”仅是针对审判期间的线索移送作出的限制。易言之，最高人民法院的规定仅是对线索移送的规定，而并非对立功线索本身的限制。立功线索的核心在于能引导侦查工作的开展，节约司法成本，并对侦破其他案件有实际作用。尽管一般而言，其指向都较为明确，但司法实践不能过于纠缠在线索明确与含糊之中，而需综合特定案件情境、侦查机关破案进程，在考虑线索实际功效后作出判断。

2. 全面细致考察线索的具体内容

司法的过程，既是事实认定的过程，也是法律适用的过程。对立功线索的认定亦是如此。首先，应全面了解立功线索内容（也即事实认定）。从司法实践情况看，是否构成立功往往根据侦查机关出具的情况说明进行认定，而情况说明是侦查机关作出的事实认定和价值判断，法院如果仅以此为证据，就可能导致犯罪嫌疑人的权利得不到充分的保障，因此，还应当审查被告人的讯问笔录，当庭讯问被告人，必要时还可以让侦查人员当庭作进一步说明，以此全面还原被告人所提供的立功材料的实际情况。其次，应综合分析法律关系（也即法律判断）。以吸毒为例，吸毒仅是违法行为，但绝不能据此认定检举揭发吸毒的就不构成立功。因为根据逻辑关系，吸毒者一般得先非法持有毒品，这是隐藏的法律关系。也许被告人可能并不知道此种关系，但这是裁判者进行法律评价时必须注意的内容。卖淫嫖娼也是如此，既然有人卖淫嫖娼，就很可能有组织者、介绍者、容留者。这就需要根据被告人提供的线索内容进行分析。如案例二中，被告人卢某交代某宾馆经常有人卖淫嫖娼，其表面事实是交代了“卖淫窝点”和卖淫嫖娼等违法行为。但是，在刑法层面，其背后隐藏的事实却可能涉及宾馆从业人员组织卖淫、容留卖淫等行为。

3. 妥当审视线索和侦破的因果关系

在审查提供的线索与案件侦破之间的因果关系时，应以相当因果关系为准则。如果采用条件说，尽管对被告人极为有利，也有利于鼓励被告人检举揭发他人罪行，但会导致立功认定过度宽泛，不仅与立功制度的立法宗旨不符，也有违公平之嫌。如果被告人检举揭发的是违法行为，当侦查机关顺藤摸瓜查获其他犯罪行为时成立立功，当未能查获其他犯罪行为时则不成立立功，这无异于“抢夺”了侦查机关的职能，也导致偶然因素决定立功成立与否。

案例二中，被告人卢某提供的线索为“某酒店有人卖淫嫖娼，人刚进去，你们快点，应该能捉到”。据此，侦查机关查获了卖淫嫖娼违法案件，并根据卖淫女的供述，查获了袁某某介绍卖淫这一犯罪行为。表面上看，侦查人员根据卢某举报的线索，侦破了袁某某介绍卖淫的刑事案件，卢某的举报行为对于侦破袁某某介绍卖淫案有实际作用，符合第一个层面的判断。但就第二个和第三个层面看，卢某提供的线索内容事实上较为单一，难以从背后挖掘出诸如酒店组织卖淫，介绍、容留卖淫等隐藏事实。特别是袁某某并非酒店内部人员，与酒店不存在任何关系，纯粹是在酒店不知情的情况下利用了酒店住宿功能。就因果关系而言，公安机关的侦破行为具有偶然性，与卢某提供的线索没有直接因果关系。综上所述，卢某提供线索的行为不能认定为立功。

（三）阻止犯罪型立功的认定

根据《自首立功解释》第5条的规定，犯罪分子到案后阻止他人犯罪活动的，应当认定为立功。“阻止他人犯罪活动”，是指行为人以制止、规劝、告发等积极主动的行为，使他人的犯罪活动在客观上停止，使法益免遭侵害或得到有效保护。此处的“他人犯罪活动”不要求构成犯罪，只要他人的行为具有社会危害性并具备某种犯罪客观要件的外在表现形式，那么阻止该行为就可以认定为“阻止他人犯罪活动”。具体分析如下。

1. 阻止“他人犯罪活动”不要求他人实际构成犯罪

《自首立功意见》第6条第5款规定：“被告人检举揭发或者协助抓获的人的行

为构成犯罪，但因法定事由不追究刑事责任、不起诉、终止审理的，不影响对被告人立功表现的认定……”这里的“构成犯罪”应从形式上理解，是指行为具有社会危害性，具备了某种犯罪构成的客观要件。至于该行为主体因不具备刑事责任能力而未被追究刑事责任，或由于情节显著轻微、已过追诉时效、被赦免、被告人死亡等原因不立案、撤销案件、不起诉、终止审理或宣告无罪的，不影响对立功的认定。可见，《自首立功意见》深入贯彻了宽严相济的刑事政策精神，认定立功的条件更为宽泛，对犯罪分子“将功折罪”、回归社会的努力进一步予以肯定。《自首立功意见》第6条虽然只规定了检举、揭发或者协助抓获立功，但在司法实践中，阻止他人犯罪型立功的认定可以参照其规定。理由如下：其一，从立法意图看，“阻止他人犯罪活动”和“检举、揭发他人犯罪行为”“协助司法机关抓捕其他犯罪嫌疑人”都是《自首立功解释》列举应认定为立功的情形，且《自首立功意见》对“他人犯罪活动”的表述也体现了与《自首立功解释》相一致的立法取向。其二，从功利主义角度看，比起事后检举揭发犯罪的行为，当场阻止他人犯罪可以更及时有效地维护被侵害的法益，具备更大的价值。既然事后检举揭发犯罪成立立功的条件更宽泛，“阻止他人犯罪活动”也理应予以进一步鼓励和保护。其三，从刑罚目的看，当场阻止犯罪在很多情形下承担较大的风险，体现了行为人更加积极的悔罪态度。参照《自首立功意见》对于检举揭发及协助抓捕立功的规定，在符合立法意图的前提下，更加积极地肯定此行为，有助于促进行为人改过自新，更好地实现刑罚的特殊预防。

2. 规范理解“阻止他人犯罪活动”立功的构成要件

主要涉及以下几个方面：第一，对于“犯罪活动”的理解。该“犯罪活动”应是外在表现符合某种犯罪客观要件的形态，且是否符合犯罪客观要件，应以社会一般人符合常理的判断为基础。此外，该“犯罪活动”还要侵害刑法所保护的利益，具有社会危害性。该“犯罪活动”也不等同于“犯罪”，不要求该“犯罪活动”完全符合犯罪主客体和主客观构成要件，不要求该行为的社会危害性必然达到刑事违法性和应受刑罚惩罚性的严重程度。第二，对“阻止”的理解。当场阻止犯罪活动一般情况下都要具备相应的风险，但在行为方式上并不要求一定是有高度人身危险的激烈对抗，也可以是较为和缓的劝告、说服，或者是向司法机关告发等。从阻止效果上看，不但要求行为人有“阻”的行为，还要求有“止”的效果，即他人的犯罪活动停止，或者在特定时空内不再继续，或者法益受侵犯的状态或结果及时得到控制或消除。第三，对“他人”的理解。这里的“他人”既包括自然人，也包括单位。对于其中的自然人，不受犯罪主体中刑事责任能力的限制，包括由于年龄、精神状态等原因而无刑事责任能力或限制刑事责任能力的人。第四，“他人犯罪活动”的停止必须与阻止行为之间具备因果关系，即必须是因为阻止行为的介入，犯罪活动才得以停止。第五，“阻止他人犯罪活动”必须是在当场，有特定的时间、空间的限制。这里的“当场”，可以理解为行为人进行犯罪预备的现场、实施犯罪活动的现场以及当即被追捕过程中的现场。

案例三中，被告人沈某在取保候审期间，制止窃取他人钱包的周某的盗窃活动，之后因周某未达到刑事责任年龄，公安机关未作为刑事案件处理。周某虽不符合犯罪主体的成立要件，但其可以成为“阻止他人犯罪活动”立功中“犯罪活动”的主体；周某盗窃他人钱包的行为，符合盗窃罪客观要件的外在表现形式，被盗钱包内的现金数额已经达到盗窃罪的追诉标准，是具备社会危害性且客观上侵害了刑法保护的法益的行为，属于“阻止他人犯罪活动”立功中的“犯罪活动”范畴；沈某对周某的盗窃活动当场予以制止，使被害人陈某的财产利益免受侵害。综上所述，沈某的行为应认定为立功。

（四）协助抓捕型立功的认定

根据《自首立功解释》第5条的规定，犯罪分子到案后协助司法机关抓捕其他犯罪嫌疑人（包括同案犯）的，应当认定为立功。按照《自首立功意见》第5条第1款的规定，犯罪分子具有下列行为之一，使司法机关抓获其他犯罪嫌疑人的，属于“协助司法机关抓捕其他犯罪嫌疑人”：（1）按照司法机关的安排，以打电话、发信息等方式将其他犯罪嫌疑人（包括同案犯）约至指定地点的；（2）按照司法机关的安排，当场指认、辨认其他犯罪嫌疑人（包括同案犯）的；（3）带领侦查人员抓获其他犯罪嫌疑人（包括同案犯）的；（4）提供司法机关尚未掌握的其他案件犯罪嫌疑人的联络方式、藏匿地址的；等等。具体分析如下。

1.“协助抓捕”中“协助”行为的实质要义

某种行为是否能够被评价为“协助”的行为，应当从以下几个方面考虑。首先，协助行为和抓捕之间具有因果性，但不需要具备因果的唯一性。假设没有犯罪分子的协助行为，侦查人员不可能抓到其他犯罪人员，正是由于犯罪分子的协助，侦查机关才得以顺利抓获犯罪嫌疑人。其次，协助的行为超出坦白中“如实供述”的范畴。坦白、立功都是量刑所要考察的重要情节，坦白要求对本人和同案犯的必要犯罪事实在归案后的一定时间内进行交代，供述的内容包含相关线索，这些线索包含真实姓名、藏匿地址、体貌特征等。如果犯罪分子对这些已知信息进行更深程度的利用，换言之即超越了坦白中“如实供述”的范围，则可以认定为“协助”层面的立功。例如，打电话发信息约见、知晓藏匿地点带领抓捕等。最后，“协助”的行为要达到一定程度。形式上要求目标对象明确、时间地点清晰，表现在司法活动中就是使其他犯罪嫌疑人处在司法机关可控制的势力范围内。相关司法解释规定的现场指认、辨认，以及带领抓获同案犯等都是协助形式外化的表现，而问题的实质不在于犯罪分子是否带领司法机关前去抓捕、到场确认以及能不能抓到人，而在于协助行为真正的助益作用。

案例四中，被告人王某到案后供述自己贩卖毒品的犯罪事实并提供已然知晓的上家电话以及住址，未超出如实供述的基本内涵。但是，王某让警方通过其手机号码与刘某联系，发送短信稳住毒品上线刘某并将其约至指定地点，这一系列的行为超出坦白的涵摄范围，并对警方的抓捕起到了因果作用力。当然，协助行为仅具备因果性还不充分，协助的程度还需要达到司法机关可控制的范围，显然案例中王某的行为也符合要求，因将刘某约至指定地点，警方已然达到控制的程度，但此时出现单方面的部署失误导致抓捕过程中犯罪嫌疑人逃脱，此种意外情形中断了正常的因果进程，超越了犯罪人王某协助行为的义务领域，该如何归责以及认定我们会在下文抓捕结果的有效性中继续讨论，但无碍于当前王某协助抓捕立功中协助行为的成立。

2. “当场指认、辨认”并不要求“当场”辨认

“当场”应当是对“指认”的修饰而非“辨认”。首先，根据刑事诉讼法学的相关理论，指认主要是为了收集证据、侦破犯罪，在特定的司法工作人员的专业性指导下开展现场确认等活动，指认必须具有亲历性，在特定的时空背景下进行更加真实可靠。辨认则是对与犯罪相关的物品、文件、尸体及犯罪嫌疑人进行辨认的行为，在刑事案件的辨认程序中并不需要行为人必须在现场，远程通过视频、电子照片等现代科技手段的辨认更为常见。现场的直接辨认和非现场的间接辨认，二者在实际运行效果上并无差异，如果仅因为司法解释的并列修饰而对“辨认”限缩，排除非现场辨认的情形，那么此种解释并不符合司法实践的具体操作，很难具有说服力。其次，从“协助”行为的实质要求来看，并不需要苛刻到以抓获为必要条件，仅仅需要帮助的行为超出“如实供述”的范围，对警方的抓捕行动起到积极作用即可。根据司法解释中有关辨认的规定，无论是当场辨认还是照片辨认，只要达到帮

助司法机关确认犯罪嫌疑人或者物品的程度即可。所以，排除非现场的辨认在此种意义上也并不合理。

3. 对抓捕“结果”的理解

对协助抓捕“结果”的理解关键在犯罪分子协助抓捕需不需要抓获犯罪嫌疑人，这是认定立功的关键因素之一。因此，需要明确的是什么是抓捕行为的有效性，需要结果达到什么程度，满足什么条件。抓捕结果的“有效性”并不等于“抓获”，社会生活复杂多变且因果关系错综复杂，并非所有事情都以人的意志为转移，也不是犯罪分子竭尽全力协助抓捕就一定能如其所愿，能不能“抓获”很大程度上依赖于侦查机关的办案能力和侦破效率。协助结果的“有效”虽不要求达到“抓获”的程度，但也需要对司法机关案件的侦办起到助推作用，这种“协助”的作用所占到的百分比要超越其他因素，易言之，“司法机关的抓捕依赖于协助行为，没有犯罪人的协助行为就不可能有司法机关的抓捕”。具体在抓捕行动中表现为犯罪分子带领侦查人员抓捕、引诱抓捕或者辨认出被抓捕的犯罪嫌疑人的长相而锁定目标等。

综上所述，立功是我国重要的刑罚量刑情节，亦是当前宽严相济刑事政策的具体化、法律化。作为一种“将功赎罪”的刑罚奖励制度，其基本出发点就在于通过对立功的犯罪分子在量刑时从宽处罚，鼓励犯罪分子检举揭发他人犯罪，协助司法机关侦破案件，抓获其他犯罪嫌疑人，或做出其他对社会有贡献的行为。

第三节　规范量刑的步骤及方法

量刑是刑事审判的重要环节，对犯罪分子确定刑罚的时候，应当综合考虑犯罪的事实，犯罪的性质、情节和对于社会的危害程度，依照《刑法》总则和分则的有关规定，决定判处的刑罚。将这一概括性、原则性的量刑规定予以具体化，使之在审判实践中得到切实贯彻、落实，既做到罚当其罪，又实现量刑平衡，是刑罚裁量的终极目标。现结合典型案例，对量刑的一般规则和方法进行梳理总结。

一、典型案例及问题

典型案例一：

被告人胡某受人蒙骗，误把50多公斤的尸块当作毒品运输，后被查获。《刑法》规定，运输毒品罪主要根据毒品数量来确定刑罚，该案中，胡某主观认识的毒品数量为 50 多公斤，客观上运输的毒品数量为 0。对胡某应当如何量刑？

典型案例二：

在一起三人预谋劫财并杀死两名被害人的案件中，另有两名被告人实施了事前帮助行为和事后帮助行为。事前帮助行为的表现是，明知他人预谋劫财杀人，仍然被动地提供了被害人的居住地址；事后帮助行为的表现是，明知系他人遗弃在自家的杀人刀具，唯恐遭遇牵连而丢弃到江中。本案对三名抢劫主犯判处死刑或无期徒刑并无争议，对事前帮助犯应当如何量刑？

典型案例三：

被告人赵某、钱某、孙某将被害人李某带至招待所打牌，三人趁李某短暂离开房间之际预谋与李某发生性关系。李某回到房间后，三人将灯关掉，将李某推倒在床，亲摸李某欲与其发生性关系，因李某激烈反抗，三人未得逞。李某逃离后报案，赵某、钱某、孙某三人被公安机关抓获。三名被告人预谋共同与被害人强行发生性关系，其行为构成强奸罪，且系轮奸；其中，孙某在共同犯罪中的作用相对较轻；三被告人在犯罪过程中由于意志以外的原因未得逞，系犯罪未遂；三被告人均取得被害人的谅解。对赵某、钱某、孙某三人应当如何量刑？

疑难问题：

近年来，司法机关在司法体制改革中对于量刑规范化问题比较重视，实践中也进行了较多的探索，取得了一定的成效。但量刑规范化只能是在总结实践经验的基础上，将相对常见和具有一定共性的量刑情节等大体类型化，并根据情况设定相应的基数、参数、系数等，帮助法官在具体案件中做到基本相似的案件量刑大体均衡，而不可能精准地解决所有量刑问题。比如，当行为的主客观危害性不尽一致甚至大相径庭时，量刑对行为的主观与客观两个方面的危害性有无倚重？当多个量刑情节并存时，又当如何量刑？在共同犯罪案件中，如何对地位、作用不同的被告人进行量刑才能确保量刑均衡？

二、量刑的一般规则和方法

量刑方法，是指审判人员依法对犯罪分子判处刑罚的手段、方式及步骤的总和。最高人民法院、最高人民检察院联合发布的《关于常见犯罪的量刑指导意见（试行）》明确了量刑的指导原则和基本方法，根据刑法基本原则的要求和审判实践的需要，具体的量刑规则系统可以考虑由两个方面的内容来构建：一是量刑中审判人员在司法价值取向和刑事政策层面上应当斟酌的事项或曰应当遵循的规范；二是量刑中审判人员在司法技术层面上应当遵守的规则，如多种情节、多个数额并存时的适用规则等。

（一）从裁判根据角度讲，量刑应当坚持以行为的客观危害性（含现实危险性）为决定刑罚的基础，以行为的主观危害性为调节刑罚的依据

通常认为，对被告人的量刑需要考虑犯罪主观与客观两个方面的内容：一是犯罪的客观社会危害性（含现实危险性）；二是行为人的主观危害性（主观恶性、人身危险性等）。主观与客观两个方面的内容共同决定了对犯罪人应判处刑罚的轻重。在量刑时应当坚持的原则是，客观为主、主观为辅，主辅事实应当依序裁判。即将行为的客观危害性作为决定刑罚的基础，将行为的主观危害性作为调节刑罚的依据。具体而言，量刑时，首先应当考虑的因素是危害行为给社会实际造成的危害性或者现实危险性的大小，以此作为确定法定刑幅度或具体刑罚量的基础，同时兼顾行为人的主观恶性及人身危险性程度，以此作为适度调节刑罚轻重的依据。主要理由如下。

第一，刑事立法与司法坚持的基本立场是客观主义而非主观主义，这决定了量刑的首要根据是行为的客观危害性。当代各国刑法采取的是行为刑法，而非行为人刑法，刑法归责的对象是行为人的行为。对行为社会危害性的评价和判处刑罚的基础事实，应当是行为客观上造成的实际损害或引发的现实、紧迫危险，行为人的思想或犯意不能作为危害性评价和刑罚裁量的重点。比如，刑法中不处罚迷信犯就是客观主义立场的体现，不处罚的主要原因是迷信犯在客观上未能产生实际损害或引发现实、紧迫的危险。

第二，刑罚的目的应当是报应与预防的有机结合，与预防刑相关的主观因素是调节刑罚的根据。刑罚的目的，存在报应刑和目的刑的争论。单纯采用报应刑，会导致积极的责任主义和必罚主义。单纯采用预防刑，也会导致重刑威慑主义。所以，普遍认为刑罚的目的应当是二者的折中。在折中的过程中，应当以报应刑为基础确定刑罚基准、以预防刑为基础调节刑罚，这样才能保证刑罚调节的结果既与行为的客观危害相当，也能满足预防犯罪的目的。如果反过来，则可能导致预防刑侵蚀报应刑。因为报应刑倾向于刑与害的均衡，而预防刑倾向于功利价值，以预防刑为基准的话，一旦认为是犯罪预防所必要的刑罚，很可能认为是合适的，就不会再作调整。所以，与犯罪预防紧密相关的行为人的主观危害性，应当作为刑罚调节的根据。

在案例一中，胡某的行为自始不存在相关毒品犯罪的现实危险——不存在毒品进入流通环节的可能，所以不能以一般的运输50公斤毒品的标准选择刑罚。从客观主义的刑法立场看，应当根据胡某行为实际产生的客观危害选择法定刑幅度，其行为主要体现在事后包庇行为，据此选择三年到七年有期徒刑的量刑幅度是符合刑法基本立场的。同时，胡某的主观恶性可以作为调节刑罚的因素，这也符合预防犯罪的一般目的，在三年到七年的幅度内，对其从重处罚判处五年有期徒刑，是适宜的。

从刑法的基础立场出发，着重考察具体危害行为实际危害社会的性质及其危害大小，并以此作为裁判刑罚的基础，再以行为人的主观危险性程度作为调节刑罚之依据。应当讲，这一思路或方法不仅贯彻和体现了主客观相统一原则的要求，而且契合刑法的基础立场，有助于实现罪刑相当原则和刑罚的公正性，当然也可有效避免刑法单纯处罚思想或犯意的嫌疑。

（二）从刑事政策角度讲，量刑应当体现“轻轻重重”的适用策略

所谓“轻轻”，是指对于轻微刑事犯罪的量刑，应当依法尽量判处相应较轻的刑罚；有条件适用非监禁刑的，应当判处非监禁刑。所谓“重重”，是指对于严重危害社会的犯罪，应当依法判处重刑，直至判处死刑。这一适用策略的合理性，既可由理论层面的刑罚经济原则来说明，也可由实践方面的刑罚适用效果来佐证。具体讲，对罪犯适用刑罚无疑需要消耗社会资源，对罪犯判处的刑期越长，消耗的社会资源也会越多。毋庸赘言，社会资源是有限的，因此有必要讲究使用最少的刑罚量，追求惩罚、改造罪犯的最佳效果；把有限的刑罚资源重点用于惩治、矫正严重危害社会的罪犯。倘若对罪犯判处的刑罚畸重或有累赘之虞，则意味着有违刑罚经济原则。简言之，贯彻刑罚经济原则，则可合乎逻辑地演绎出“轻轻重重”的刑罚适用策略。

从实践方面看，一份调查统计资料显示，将某区域近5年内被判处三年以下有期徒刑分别被监禁或适用缓刑的罪犯作比较，两种刑罚执行方式下罪犯的改造效果是，被监禁者刑满释放后的重新犯罪率为两位数；而被适用缓刑、纳入社区矫治者的重新犯罪率接近于零。这就是说，对于被监禁者国家财政投入多而改造效果相对差；对于被适用缓刑者国家财政投入少而改造效果明显好。其缘由很显然：一方面，被适用缓刑者在主观上对法院代表国家作出的宽大处理往往怀有感激的心态，

一般都十分珍惜改过自新的机会；另一方面，被适用缓刑者在客观上有条件保全家庭、保留工作，不会产生与社会隔离后回归社会方面的困难或障碍。这种主客观条件正是被监禁者普遍缺失而又直接关系刑罚适用效果的重要因素。这一实证结果从又一侧面验证：尽量减少适用短期自由刑，对于轻微刑事犯罪采用“轻轻”的刑罚适用策略是可取的。结合我国的实际情况，在刑事政策上确立两面兼顾、“轻轻”与“重重”并用的刑罚适用策略，既能体现刑罚适用的经济性，同时也有益于实现刑罚适用的有效性。

（三）在同类案件之间，量刑应当体现整体一致性基础上的个别相当性

所谓整体一致性，是指对于案件性质和情节基本相同或相似的案件，应当判处大体相同的刑罚。所谓个别相当性，是指任何同类案件总有情节上的细微差别，以盗窃罪为例，即使是盗窃手法与数额完全相同的案件，也很可能存在犯罪动机上的差异。因此，在关注同类案件量刑之整体一致性的同时，凡是能够反映行为的社会危害性程度或行为人的主观恶性大小不同的情节，均应当在量刑上有所体现。理由在于：罪刑相当是刑法的基本原则，这一重要的罪刑关系原则理应在量刑中得到切实贯彻。然而，罪刑之间并不存在一种孤立的、个别的、绝对的对应匹配关系，对于一个盗窃犯，到底是应判六个月的自由刑，还是一年的自由刑，才算是公正的报应，没有人能回答这个问题。也就是说，罪与刑的相当性不是一种个别的、逐一对应性的判断，而是一种关系的反映；从实质意义上讲，它主要是通过同类案件在裁判上的一致性来体现的。例如，对于一个盗窃数额和其他情节相同或相似的盗窃犯，如果通常情况是判处一年有期徒刑，作出大体一致的判决就是“公正的报应”；反之，不能说明正当理由而作出刑罚显然悬殊的判决（如判处二年以上有期徒刑或者仅判处拘役）就是罪刑不当。再从法哲学角度看，同等情况同等对待，不同情况区别处理，这正是公正性的一种表达。因此，强调量刑中的整体一致性观念，同时注意体现不同案件的细微差别所在，这不仅是罪刑相当原则在量刑上的必然要求，而且是司法公正性在刑事裁判领域的必要表达。

那么，在审判实践中如何实现量刑之整体一致性基础上的个别相当性？一般而言，其内容可由三个方面来表现。

第一，同一法官对犯罪性质和情节相同或相似的罪犯所适用的刑罚具有一致性。细言之，每个法官在处理大量案件中，很可能遇到案件性质和情节无甚变化，而个人感受因时空、人物的变化却不尽相同的情形。对此，法官应当排除个人的情感因素，理性地考量和处理好三个层面的问题：一是对于具有相同或相似严重社会危害性的同类案件，应当作出前后一致或相似的判决；不能撇开先前对同类案件所作出的判决，仅依据裁判当时的个人感受裁量刑罚。二是对于同类案件中存在的不同情节应当进行比较、评判，然后作出轻重有别的不同判决；不能仅考虑案件类型相同或者因为裁判的时间不同而作出相同的量刑。三是对于所有案件的判决，在整体评价上应当符合刑事立法所确立的罪与刑的轻重顺序。例如，不能因为一时一地挪用型犯罪增多或突出的现实，普遍选择适用较高刑度的刑罚而使挪用型犯罪的量刑在总体上实际重于贪污罪。

第二，不同法官对犯罪性质和情节相同或相似的罪犯所适用的刑罚具有一致性。在审判实践中，不同的法官很可能因为个人的经历、知识、经验、感受不同，或者分别属于不同的合议庭，办案压力大，来不及进行相互间的必要交流、沟通而对相同案件给予不同评价，从而导致量刑差异。从罪刑相当原则的要求来讲，这些差异性虽然事出有因，但仍属于应当尽量减少直至消除的现象。原因很简单，司法公正的标尺应当是一种共同社会背景下的普遍社会共识，不能各人自执其度。

第三，不同法院对犯罪性质和情节相同或相似的罪犯所适用的刑罚具有一致性。由于不同法院所辖区域内的社会治安状况、经济地理条件及人文社会环境等情况不尽相同，存在不同法院对相同案件作出不同判决的现象。这种现象也应纳入逐步消除之列。此外，讲究司法的目的性和有效性也是一个重要的理由。详言之，改造罪犯是我国刑法的重要目的之一，但实现这一目的有必要重视下列作用规律：改造（罪犯）以（罪犯）认罪服法为前提，（罪犯）认罪服法以（判决）罪刑相当为条件。一如前述，刑罚裁判的相对一致性是罪刑相当的主要表现形式，诸多来自监管场所的信息表明：当不同法院对相同或相似案件作出不同判决的罪犯被关押于同一劳改场所时，因犯相同罪行被判处不同刑罚的不公平感，常常成为许多罪犯抗拒改造的重要原因之一。因此，着眼于刑事司法的目的性和有效性，强调不同法院对犯罪性质和情节相同或相似的罪犯适用大致相同的刑罚，亦当属必要。

（四）在一个案件内部多名被告人之间，量刑应当体现处刑轻重的多向度协调性

所谓多向度协调性，是相对单向度协调而言的；在一案具有多名被告人的场合，审判实践中的习惯做法是，先确定罪行最严重的被告人所应承担的刑罚，然后以此为参照，按照其余被告人的罪行重轻，分别裁量不同的刑罚。这种在一个案件内部由重及轻的量刑平衡法，无疑实现了单向度的协调。应予指出的是，此种协调是重要的，但不是唯一的。由于一案中共犯关系的多样性和复杂性，关注对多名被告人量刑的多向度协调性也是必要的。主要理由如下。

第一，量刑均衡指的是全体被告人的量刑彼此协调、有序，而非仅指主犯、从犯之间量刑的差异性。对于单位犯罪和共同犯罪中的多名被告人所判处的刑罚，不是仅达到主犯与从犯的量刑有所区分即可，而是要达到量刑的整体均衡，即主犯与从犯之间、不同主犯之间、不同从犯之间进行个别比较和衡量时，均能得出处刑相对合理、彼此平衡的结论。因此，在判处刑罚时，不能仅考虑从主犯到从犯、从重到轻的单维度协调，还要从由轻及重的角度，看各被告人之间的刑罚是否均衡。

第二，从重及轻的思维方式无法应对共犯之间、单位犯罪中各主体间复杂的关系。个案中的共犯关系、单位犯罪中各主体间的关系具有多样性和复杂性。一方面，许多犯罪存在一帮多或多帮一等情形，如果仅考虑被告人与主犯之间的主从关系，则容易忽略各帮助犯之间的关系。另一方面，单位犯罪的情况更为复杂，多个单位共同犯罪时，主犯单位与从犯单位、单位内部各员工之间的量刑协调问题也需纳入量刑考虑。面对复杂的共犯关系，单纯采用从重及轻的量刑思维不足以完全实现量刑均衡，有必要进行多向度的量刑调整。

在案例二中，对三名抢劫主犯分别判处死刑和无期徒刑自无疑义，但对于事前帮助犯如何量刑？如果仅按照常规的由重及轻的思维方法考虑与三名抢劫主犯的协调，则很可能量刑偏重一些，如判处十年及以上的有期徒刑也不可谓不妥。如果逆向按照由轻及重的方式考虑与犯包庇罪的事后帮助犯（一般应处三年左右的有期徒刑）保持平衡，则对事前帮助犯判处十年以上有期徒刑明显偏重。此时，考虑到事前帮助犯与事后帮助犯的罪质相当，可以考虑保持二者之间的刑罚平衡，对事前帮助犯在三年左右处刑。

由此可见，单纯运用由重及轻的量刑平衡思路是不够的。况且，从罪犯心理角度审视，罪犯的思维习惯往往相反，其大多倾向于与同类罪犯中判处刑罚最轻者作比较，由此感受量刑是否公正并影响自己的改造心理。因此，树立量刑的多向度协调意识并适时加以运用，对于实现刑罚的目的性和有效性也是至关重要的。

（五）同一被告存在多个量刑情节时，量刑时应当体现优先适用的量刑情节，先确定基本量刑幅度再进行综合平衡

根据《最高人民法院、最高人民检察院关于常见犯罪的量刑指导意见（试行）》的规定，调节基准刑的量刑情节可分为一般量刑情节和特定量刑情节，一般量刑情节采用“同向相加、逆向相减”的方法调节基准刑，特定情节属于先适用量刑情节，先适用特定量刑情节调节基准刑，在此基础上，再适用其他量刑情节进行调节。特定量刑情节包括三个层面的量刑情节：一是表征犯罪主体身份的未成年人犯罪、老年人犯罪、限制行为能力的精神病人犯罪、又聋又哑的人或者盲人犯罪等情节；二是决定犯罪形态的防卫过当、避险过当、犯罪预备、犯罪未遂、犯罪中止等情节；三是决定被告人犯罪地位和作用的从犯、胁从犯、教唆犯等情节。实践中，存在多种量刑情节的情形并不少见，且形态较为复杂，尤其是多个逆向量刑情节并存时，应当体现特定量刑情节对基准刑的调整作用。

第一，从重与从轻情节并存情形。当同一被告人同时存在从重情节和从轻情节时，应当采用先重后轻的量刑方法，即先考虑从重情节上调量刑区间，再于从重的基础上酌情从轻。主要原因在于：一是先重后轻可以预判案件的刑罚上限，避免先轻后重导致刑罚上浮过限；二是避免在基本量刑区间等于或接近起点刑时，因没有量刑空间或量刑空间过窄导致从轻情节无法评价。

第二，从重与减轻处罚并存情形。当同一被告人同时存在从重情节和减轻情节时，应当采用先减轻后从重的量刑方法，即先减轻处罚，在基本量刑幅度最低刑以下酌定刑罚，然后再从重处罚。如果减轻处罚后适用的刑罚靠近原来确定的基本法定刑幅度的下限，从重后刑罚幅度可以上浮到原来的基本刑幅度之内，即此处的从重是在原来基本刑幅度内的从重，而非减轻处罚后法定刑幅度内的从重。主要理由在于，如果采用先从重再予以减轻的方法，则会导致从重情节实质上没有起作用。

第三，从重与免刑情节并存。当同一被告人同时存在从重情节与免刑情节时，应当先考虑免刑的影响，再考虑从重情节，并尽可能缩小从重处罚的分量，但一般也不宜判处免除处罚。我国的免刑情节一般和从轻、减轻情节并列规定，免刑的适用应相对慎重，尤其在同时存在从重情节时，更不宜免除刑罚，而应在原来的量刑幅度内，选择较轻的刑罚。

第四，加重与从宽情节并存。当同一被告人同时存在加重情节和从宽情节（包括从轻、减轻、免刑）时，应当先考虑加重情节再考虑从宽情节，即在根据犯罪事实和罪责确定的基本刑罚幅度的上一格确定刑罚，然后再予以减轻或者从轻，其中，减轻情节引起的刑罚量下降幅度要大于从轻情节，即使存在免刑情节，一般也不予免刑。

在案例三中，三名被告人均属于加重情节与从宽情节并存的情形，应当先考虑加重情节再考虑从宽情节。首先，三名被告人预谋共同与被害人强行发生性关系，其行为构成强奸罪，且属于轮奸。轮奸属于加重情节，应优先予以考虑。根据《刑法》及司法解释的相关规定，应当在十年以上有期徒刑、无期徒刑或者死刑法定刑幅度内量刑。其次，三名被告人均系犯罪未遂，且未对被害人造成损害，可以减轻处罚。被告人孙某在共同犯罪中罪责相对较轻，在量刑上应当与其他两名被告人有所区别。考虑到本案系多人共同有预谋的轮奸犯罪，故确定量刑起点为有期徒刑十一年，再考虑犯罪未遂、当庭自愿认罪认罚、取得被害人谅解、初犯，对三名被告人判处有期徒刑四年六个月左右是合适的。最后，考虑各被告人在共同犯罪中的作用，对罪责相对较轻的孙某再从轻处罚，判处有期徒刑四年。

综上所述，量刑适当与否，既是衡量刑事裁判质量的重要指标，也关系到刑罚功能的发挥和《刑法》立法目的的实现。准确把握量刑的原则，正确适用《刑法》关于刑罚裁量的各项规定，是准确量刑的前提和保证，是防止轻罪重判、重罪轻判，刑罚畸轻畸重，量刑失衡的关键。总之，量刑是一项法律性、政策性都很强，非常复杂细致的工作，必须要有严谨的态度和科学的方法，严格遵循法律规定的量刑原则，才能保证合法、正确地将刑罚运用到具体案件中。

第八章　危害公共安全犯罪的司法认定

危害公共安全罪，是指故意或者过失地实施危害不特定多数人的生命、健康或者重大公私财产安全的行为。该罪保护的法益是公共安全，对公共安全通常理解为不特定或者多数人的生命、身体的安全以及公众生活的平稳与安宁。下文以常见多发及存有较大争议的以危险方法危害公共安全案件、醉驾型危险驾驶案件、交通领域重大责任事故案件为例阐释危害公共安全罪的司法认定方法。

第一节　以危险方法危害公共安全罪的审理思路及要点

以危险方法危害公共安全罪被规定于《刑法》第 114 条和第 115 条之中，其客观行为被表述为“以其他危险方法危害公共安全”，并与放火、决水、爆炸以及投放危险物质等行为相并列。故从《刑法》规范的体系看，以危险方法危害公共安全罪具有兜底性质，且是作为《刑法》第 114 条和第 115 条的兜底规定，而非《刑法》分则第二章危害公共安全罪的兜底性罪名。因此，根据同类解释的原理，认定以危险方法危害公共安全罪，不仅要求相应危险方法客观上危害到公共安全，更要求该危险方法与《刑法》所明文列举的放火、决水、爆炸、投放危险物质等危险方法具有同质性或相当性。

一、以危险方法危害公共安全罪的认定规则

本罪在司法适用中，存在“其他危险方法”被忽略、“公共安全”危险性被直接推定、以量刑反制定罪的情况，这些知识构成和裁判思维渐渐成为判断本罪的“图式效应”。对此，司法适用者的任务在于重新建构判定本罪的裁判规则，破除该

种“图式效应”。[①]

（一）比较基准的确定：典型案例的清晰呈现

立法者基于生活经验以及立法目的考量，设置放火、爆炸、决水、投放危险物质四种以危险方法危害公共安全的典型案例。该四类典型案例为以其他危险方法危害公安罪的解释适用提供了一个“整体形象”的参照物，因此，首先应明晰典型案例的清晰“景象”。对此，司法适用者的任务在于从四类典型案例中提出公因式，塑造整体“景象”。如上所述，本罪在司法适用中产生异化现象的原因之一即在于镜像本体模糊，难以为本罪提供明晰的解释标准。塑造典型案例“整体形象”，需要依据具体事实资料作为判断基础。对此，应通过以下两个层面进行描绘：第一，在性质上，行为需具有引发危险的即时性、直接性和结果扩张性。放火、爆炸、决水、投放危险物质的行为一经实施即具备难以控制的高度危险性，无须借助于其他外界因素，即可导致不特定或多数人重伤或死亡。且这种危险性具有高度盖然性，行为所蕴含的内在危险在通常情况下会产生实害结果，未发生侵害结果仅仅因为不可预期的偶然因素的介入。第二，在程度上，行为应具备引发国民的重大恐慌与不安的现实性。放火、爆炸等行为存在导致不特定或多数人重伤或死亡的现实危险性，具有一定的恐怖性。据此，类似生产、销售有毒有害食品这种手段相对和平的犯罪，在行为性质上不具备危险的即时性、直接性和高度盖然性，在程度上不具有难以控制性和恐怖性，因此不应纳入“其他危险方法”的评价范畴。

（二）偏离限度的测量：核心评价要点的确定

待处理的系争案例与典型案例进行比较，两者可能存在一定的差异，即系争案例可能在一定程度上偏离典型案例，对此法律适用者必须解决的问题是，此种偏离在何种程度上被允许？换言之，在何种偏离限度内系争案例可与典型案例作等价评价。对此，首先要确定的是，案件的核心评价要点是什么。确定评价要点后，紧接的任务在于以此为尺度来测量案件的偏离限度。假定系争案例与典型案例的距离值为〔0~N〕，0 代表两者完全一致，N 代表两者的差距无限大以至于无法作等同评价，作为评价要点的 M 表示 0 与 N 之间的某个点，当偏离度处于 0~M 区间时，

---

① 该罪的认定规则参见叶锋：《以危险方法危害公共安全罪司法适用的微观透视——以构建本罪统一的裁判规则为中心》，载《法律适用》2017 年第 3 期。

则表示两类案件可作等同评价，当偏离度处于 M~N 区间时则否。本罪的核心评价要点在于危险方法和危害公共安全，且两者存在判断上的位阶关系。首先应判断系争案件中的行为是否与典型案例的行为具有危险相当性，这是客观上的可比性判断。其次再考量系争案例中的行为是否具有公共安全的危害性。

（三）司法评判模式的构建：以等置模式为分析工具

1. 判断的方法论体系：法官设“身”处“地”

其一，理性人构建：设“身”。法官在判断个案具体行为是否符合典型案例的特征时，应站在具有正常智力和知识水平的社会理性人的立场，而不应以法官高度个人性的法感来评判。为了保证判断的公正性和可预期性，法官必须是可替代的，即每个法官在每个程序中都得出相同的结论。

其二，场景重构：处“地”。法官从事的事实认定和裁判活动是一种历史性的“回溯式”认识活动，所有案情均需要回归案发现场。行为发生在特定时空之间，判断行为是否为危险行为及是否危及公共安全时，应将这些时空信息聚集起来，将其框定在特定时空范围之内。场景的构成包括行为对象、行为场所、行为时间、行为地点及行为周边的其他因素。如果法官脱离个案具体场景，则无法获得妥当的结论。本罪司法异化表现之一公共安全危险性的直接推定即未根据个案场景作具体判断。

其三，通过法官的论证机制完成判断。理性人及其所置身的场景确定后，法官应设身处地以一般的理性人视角去判断在该种场景中行为人的该种行为是否具备上述与典型案例的危险相当性，是否具有公共安全的具体危险性，即该行为是否引发一种急迫的危险状态，依照事件正常发展规律，该危险状态将产生侵害结果，未出现实害结果仅仅因为不可预期的偶然事件的介入。

2. 等置模式的操作流程

法律发现过程的核心是类比，但类比并非孤立出现，而是结合其他两种逻辑推论——设证、演绎成为一体。根据等置模式，在具体实践中判定本罪的操作流程可分为以下三个步骤。

其一，设证：查找一个与程序之结果相关的假设。法律发现的第一步在于通过设证寻找涉案行为可能在刑法体系中的法律评价。法官根据职业经验积累的前理解，可快速、准确地定位涉案行为所可能适用的法律规范。具体而言，对于以危险方法危害公共安全的判断，法官首先根据案件综合情况，形成危险方法可能与放火、爆炸等行为危险相当性的初步认识，不致在《刑法》各罪名中“大海捞针”。当然，这只是一种初步的、不确定的、有风险的假设，应再结合以下其他方法明定方向。

其二，类比与等置：典型案例和系争案例的个案比较。第二步的核心内容是典型案例和系争案例的类比。如前所述，立法已经构造放火、爆炸等典型案例群，形成了“整体景象”，从中提炼出该类型案件的核心评价要点：危险方法（A）和危害公共安全（B）。继而，讨论系争案例在上述核心评价要点上，是否与典型案例均属一致。只有系争案例在 A、B 两点同时与典型案例趋于一致时，方可作等置处理，即系争案例与典型案例作等同评价。若 A、B 中有一项要点偏离，则两者无法作等同评价。

其三，演绎：三段论涵摄。演绎是法律发现的最后环节，是对论证的最终审查。通过个案比较中的类比和等置的检验，说明系争案例与立法上典型案例在核心的评价要点上是否趋于一致，是否符合以危险方法危害公共安全的大前提和小前提，最后决定系争案例是否构成本罪。

二、其他危险方法的司法认定

以危险方法危害公共安全罪中对兜底行为类型的认定存在较大争议，实践中虽然均以行为的同质性限定入罪标准，但仍欠缺相对具体的可操作性认定标准。下文以典型案例阐释该罪中兜底行为的具体适用规则。

典型案例：

被告人陈某甲于 2015 年 3 月 20 日 23 时许，驾驶一红色丰田牌轿车至上海市某路，遇民警设卡例行检查时，不接受民警示意停车接受检查，强行驾驶车辆闯卡逃逸。在民警汪某驾车追截下，连续闯红灯、剐蹭行人、在非机动车道逆向快速行驶。当逃至某路口处时，被追截的警车碰撞仍不停车，又驾车撞到一面包房店面玻璃墙，后弃车逃跑。次日，被告人陈某甲向公安机关自首。

分歧观点：

第一种观点认为，被告人陈某甲因为害怕被警察查处其吸食毒品，即加速变道闯越检查点，其后不顾警车在后追赶、呼喊停车，连续在道路上闯红灯、剐蹭行人、驶入非机动车道逆向快速行驶、碰撞隔离栏、撞击面包房，该一系列危险驾驶行为足以危及不特定公众的人身安全及财产安全，且实际造成了相应损失，应当认定为以危险方法危害公共安全罪。第二种观点认为，被告人客观上逃逸的行为不足以认定为危险方法，对被告人闯卡并逃逸的行为只需以妨害公务罪追究刑事责任。

本书认同第一种观点。被告人疯狂逃逸的客观行为与放火、决水、爆炸、投放危险物质等危险方法具有同质性。如上所述，以危险方法危害公共安全罪是《刑法》第114条和第115条的兜底规定，而非《刑法》分则第二章危害公共安全罪的兜底性罪名。根据同类解释的原理，认定以危险方法危害公共安全罪，不仅要求相应危险方法客观上危害到公共安全，更要求该危险方法与《刑法》所明文列举的放火、决水、爆炸、投放危险物质等危险方法具有同质性或相当性。判断行为人的相关危害行为是否属于以危险方法危害公共安全罪中的危险方法，可以从以下两个方面着手分析。

其一，危险方法行为本身具有危险性，且侵害的对象具有非特定性。放火、决水、爆炸、投放危险物质等行为本身即属于危险行为，具有极大的危险性，且危害的对象往往是不特定多数人的生命、健康或财产安全。如果相关的危险行为只是行为人用于针对特定对象实施犯罪所采取的手段，而对不特定多数人的生命、健康或财产安全并未造成危险或实际损害，则不能认定为以危险方法危害公共安全罪中的危险方法。[①]

其二，危险方法行为造成的危险应当是明确的、具体的危险，而不是抽象的危险。按照传统刑法理论，危险犯有抽象危险犯和具体危险犯之分。抽象危险犯只要行为人实施了法律规定之特定行为，立法则直接推定相关犯罪成立所要求的危险状态即形成，而无须司法人员在个案中就危险状态是否具备作出判断。如醉酒驾车行为，只要经检测，驾车人的血液酒精含量达到法定标准从而构成醉驾的，就一律构成危险驾驶罪，而无须考察其醉驾行为是否实际产生危险。而具体危险犯则不同，尽管危险犯中的危险状态都表示实害结果发生的一种可能性，但具体危险犯中的危险是一种迫在眉睫、离实害结果更接近、极有可能发生的一种状态，因而具有现实性、具体性和明确性。以危险方法危害公共安全罪即属于具体危险犯，是否具备危险状态需要在个案中进行具体的判断。[②]

---

① 参见葛立刚:《强行闯卡并逃逸构成以危险方法危害公共安全罪》，载《人民司法》2016年第23期。

② 参见葛立刚:《强行闯卡并逃逸构成以危险方法危害公共安全罪》，载《人民司法》2016年第23期。

就上述案件而言，被告人陈某甲“毒驾”及强行闯卡并逃逸的行为都是具有危险性的行为，无疑也可能危及公共安全。当然，仅凭其上述违章驾驶行为尚不足以断定具体危险已经产生，仍需进一步考察个案以判断相关危险状态是否具有现实性、紧迫性。被告人陈某甲在逃逸过程中，连续在道路上闯红灯、剐蹭行人、驶入非机动车道逆向快速行驶、碰撞隔离栏、撞击面包房，可见其驾车疯狂逃逸行为已经对不特定多数人的生命、健康和财产安全造成现实和紧迫的危险，且已实际造成了一定损失，虽尚未达到成立《刑法》第 115 条实害犯所要求的重大损失的程度，却足以认定成立《刑法》第 114 条危险犯所应具备的具体危险已经发生。故被告人陈某甲的相应行为可以认定为以危险方法危害公共安全罪中的危险方法。

三、危害公共安全故意的司法认定

以危险方法危害公共安全罪中，被告人经常辩解其没有危害公共安全的主观故意。因此，有必要对该罪主观故意的司法认定方法进行说明。

典型案例：

2019 年 10 月 24 日 9 时许，被告人陈某某驾车自上海市某小区出发，于当日 9 时 21 分许，以 35~37 公里 / 小时的速度自南向北行驶至某路段处时，加速超越一电动车并与其发生轻微碰擦，但被告人陈某某仍持续加速并多次变道逃逸。被告人陈某某驾车逃逸过程中，在前方多个路口信号灯跳转为红灯的情况下，仍以 121 公里 / 小时的速度冲闯路口，先撞击到自西向东穿越该路口的一小汽车左前侧，避转中随即撞击到路口前方右侧非机动车道内一同向骑行的自行车。此时，被告人陈某某又纠转方向，仍驾车沿某道路机动车直行车道由南向北加速逃逸，其间最高时速达 161 公里，并在遭遇左侧车道一同向行驶车辆时纠转方向，以右偏方向从上述直行车道径直切入右侧的右转车道疾驶。在前方路口信号灯显示为红灯的情况下，被告人陈某某仍驾车以 119~123 公里 / 小时的速度冲闯，撞击多部车辆及多名行人后才被熄停。上述过程共造成 5 人死亡、1 人重伤、6 人轻伤及 20 万余元财产损失的严重后果。嗣后，被告人陈某某因受伤被送至医院救治，并在医院被接警赶至的公安人员当场抓获。经检测，被告人案发后脑电图异常。同时，有证据证明其曾经有过突发性失去意识的情况。

分歧观点：

本案的争议焦点主要在于对被告人陈某某行为的定性。第一种观点认为，本案的发生系意外事件。被告人陈某某案发后脑电图异常，其曾有突发性失去意识的情况，且被告人陈某某驾车离开多个路口时已无明显避转方向、刹车等车辆操控行为，故不能排除被告人陈某某在加速离开案发路口之后病发，短暂失去意识的可能性。第二种观点认为，本案应认定为交通肇事罪。被告人陈某某与电动车发生轻微碰擦后，没有变道逃逸，仅为加速离开，被告人陈某某没有驾车侵犯不特定多数人的生命、健康或公私财产安全的故意，主观系过失。第三种观点认为，本案应认定为以危险方法危害公共安全罪。被告人陈某某肇事后为逃逸，明知其行为会造成严重后果，但仍驾驶机动车在城市道路上持续高速行驶、多次变道及冲闯路口红灯，严重危害公共安全，主观系故意。

本书认可第三种观点。主要理由如下。

其一，被告人案发时不存在失去意识的客观情况。本案在审理过程中，有部分证据反映被告人陈某某案发后脑电图异常，且平时曾出现短暂呆滞、抽搐的情况，因此有观点认为本案的发生系意外事件。因此，查明本案被告人陈某某是否在案发时短暂失去意识，致使车辆失控，造成大面积撞击，是首先要回应的事实。本案中，合议庭依公诉人申请，经审查后认为鉴定人有必要出庭，通知相关 3 名鉴定人出庭作证。根据鉴定意见，结合鉴定人的当庭陈述，针对陈某某案发时是否存在精神疾病、癫痫发作等情况，进而失去意识及控制车辆能力的事实进行了详细调查，初步认定被告人陈某某在案发时出现急性缺血性、出血性脑卒中的诊断不能成立，案发时未出现癫痫发作表现，其发生第一次碰擦后即刻加速并连续避让车辆的行为与能力，与癫痫发作后的行为能力、临床表现不符，亦未见其存在患有癫痫脑部持久性改变的发病基础，不符合癫痫的诊断标准。此后，通过将鉴定意见与沿途道路监控视频、行车记录仪视频、被害人陈述及证人证言等其他证据进行比对，进一步查明被告人陈某某驾车与电动车发生碰擦直至最后在案发路口撞击，历时仅 30 秒左右，其驾车多次采取了反复纠偏、连续变道、超车等动作，具体表现为其驾车与出租车及自行车发生碰撞且车身已偏右后，立即纠转方向返回左侧行车道持续高速行驶，并在遭遇左侧车道一同向行驶车辆时纠转方向，以右偏方向从上述直行车道径直切入右侧的右转车道疾驶，以上两次纠转方向的目的均为加速超车过程中避让前方车辆，继续向前行驶，且速度基本呈现增加趋势。上述相关视频及证人证言与鉴定意见相互印证，不存在矛盾，足以判定被告人陈某某在案发时不存在失去意识的可能性，对本案负有完全刑事责任能力。被告人陈某某在案发时并不存在导致其主观失去意识的情况，本案的发生并非意外事件。

其二，查明犯罪动机是本案行为定性的关键。本案被告人陈某某具有驾驶资格及驾驶经验，排除肇事车辆故障，案发当天被告人陈某某也未酒驾、毒驾，另查明被告人陈某某不存在案发时失去意识的可能性。案发当天被告人陈某某从取车直至驾车到达案发路口某路段前，车辆行驶路线、状态、车速均正常，未见超速、非正常变道等异常驾驶操作，结合被告人陈某某生活有充分保障，平日表现也无明显异常，其在案发前也不具有报复社会的非法需求，至此，并无任何可以解释其为何一反稳妥行驶的状态突然加速、持续变道、冲闯路口红灯等后续一系列冲撞行为的原因。经进一步查明，本案存在一个发生于被告人陈某某正常驾驶与提速冲撞节点的关键事实，即被告人陈某某驾车行驶至某路段处时，与一电动车发生了碰擦。此次碰擦发生后，被告人陈某某采取了不同于常人在遇到交通事故后会停车处置的行为方式，而是选择逃逸并持续加速，最高速度达到了 161 公里 / 小时，并有多次变道和冲闯路口红灯的行为。依照常识判断，上述行为的实施极易引发道路交通事故，造成伤亡结果，然而被告人为满足其驾车迅速逃避、逃逸的内心需求，罔顾道路交通安全，不计后果地迅速驶离，该肇事逃逸的犯罪动机客观明确，充分解释了被告人陈某某犯罪行为的内在动因。由此可见，本案被告人陈某某的行为不应认定为过失犯罪。

其三，通过行为人外化的客观行为进一步固定其主观罪过形态。司法实践中，认定行为人的主观罪过通常极为复杂，难以准确界定，解决问题的关键在于如何通过其外化的客观行为来综合认定具体案件中行为人的主观心态。如前所述，过失犯罪中不存在犯罪动机，而本案被告人陈某某具有肇事逃逸的犯罪动机，为实现该非法需求，其对危害结果的发生并非持反对、否定的态度，故初步判定其行为不构成交通肇事罪。在高速路段、城市主干道、道路交叉口、商场、集市、步行街等人流密集、路况复杂地段，应尽到更高程度的谨慎驾驶义务，更不能实施包括超高速行驶、闯红灯、随意变道、强行冲出、恶意追尾等在内的危险驾驶行为。从本案的驾驶路况来看，案发时间是在上班高峰时段，案发路段地处繁华地段，交通相对繁忙，车辆和人员不仅流量大，而且更为集中，案发时天气状况良好，能见度较好，涉案路段路况较为复杂。被告人陈某某应当认识到自己选择实施的持续高速、变道、冲闯路口红灯等行为会产生危害公共安全的严重后果，却并未尽到谨慎驾驶义务，仍不计后果地实施危害行为，具有明显的主观故意。另外，结合案发时行为人采取的多次撞击行为，全面、客观分析撞击过程，把握每次撞击时行为人主观心态的变化。本案撞击过程分为三个阶段。第一阶段，被告人陈某某与电动车发生碰擦，此为第一次撞击，直接诱发陈某某产生了肇事逃逸的犯罪动机。第二阶段，陈某某没有停车处置碰擦事故，驾车持续加速行驶、多次变道变向、超车，冲闯多个路口红灯，随即撞击到出租车及自行车，此为第二次撞击。该撞击行为系陈某某为确保其逃逸的非法需求得以实现而实施，其对由此产生的危害结果至少具有放任的心理态度。第三阶段，陈某某继续高速行驶，再次冲闯多个路口红灯，随即发生了更大面积的撞击，造成重大人员伤亡和财产损失，此为第三次撞击。该撞击行为系陈某某在危害结果已经发生，并应当预见若不停止实施危害行为，危害结果必然会持续发生时，仍然实施的更加恶性的犯罪行为，足以表明其主观故意的恶性程度不断加深，甚至开始向积极追求危害结果发生转变。

综上所述，被告人陈某某驾车在车流大、人员密集的城市道路上行驶，在发生轻微碰擦后，非但不及时停车处置，反而为逃避处置继续实施加速、变道、冲闯路口红灯等危险性极大的行为冲撞正在正常行驶的其他车辆和行人，这种作案手段与放火、决水、爆炸、投放危险物质的危险性相当，具有随机性和不特定性，足以判定其主观上具有危害公共安全的主观故意，客观上实施了危害公共安全的行为，也实际造成了 5 人死亡、1 人重伤、6 人轻伤及 20 万余元财产损失的严重后果，符合以危险方法危害公共安全罪的主客观表现和立法精神。

第二节 醉驾型危险驾驶罪的审理思路及要点

醉驾型危险驾驶罪的行为要件表现为醉酒驾驶，鉴于行为人在明知行为危险的情况下仍积极实施这种危险驾驶行为，其罪过应是一种直接故意；但不是所有的醉驾行为都一律入刑，它还应受情节严重或情节恶劣的制约。根据条文规定，只要行为人实施了危险驾驶行为就构成危险驾驶罪，这说明该罪是一种抽象危险犯。当危险驾驶行为引起严重后果时，考量行为人的心态一般应是放任，也就是说，行为人自认为侥幸避免的辩解无法遮蔽超越了过于自信的过失范畴的现实根基，这缘于危险驾驶行为具有引起严重后果的高度盖然性。

一、醉驾型危险驾驶罪犯罪构成要件

结合法条，该罪的构成要件可作如下解读。第一，犯罪主体：凡是达到刑事责任年龄、具备刑事责任能力的自然人均可成为本罪的犯罪主体，包括从事交通活动的人员和非交通活动人员，而无须区分是否具备驾驶资格。第二，主观要件：行为人主观上应是一种直接故意心态，即行为人明知醉酒驾驶会对公共安全造成高度危险，但却积极追求这种危险行为发生。这种积极追求体现在一种作为的行为方式上，即饮酒后仍然驾车上路去追求对公共安全的威胁，但这种积极追求不应被理解为故意将机动车作为一种杀人工具而实施故意杀人的故意。需要注意把握对危险行为的主观心态是一种直接故意，而对危险行为所引起后果的主观心态则是一种间接故意或过于自信的过失。第三，犯罪客体：由于机动车行驶在公共交通领域，因而其侵犯的法益和交通肇事罪一样，都是公共交通活动安全，这并无争议。第四，客观要件：根据《车辆驾驶人员血液、呼气酒精含量阈值与检验》国家标准的规定，机动车驾驶人员血液中的酒精含量大于或等于 80 毫克 /100 毫升的，属于醉酒驾车。醉酒驾驶本质上是一种酒精含量超标的推定，即只要超过这个标准就是醉酒驾驶，而不考虑行为人是否真正神志不清或认知和控制能力下降。毕竟有一些人由于体质的原因对酒精的耐受力高，即使检测酒精含量超标但神志依然清醒与常人无异。而《刑法》是针对一般案件而非个案或特案进行规制，本意并非惩罚而是利用规范对驾驶者的行为进行导引。另外需注意对证据的收集，因为一般人代谢酒精的时间约 6 个小时，因而必须及时合法取证，否则证据瑕疵将会给起诉和审判工作带来被动。

这里需特别强调，上述四个构成要件只是认定危险驾驶罪成立的基本要件，但不是所有的醉酒驾驶行为都应纳入刑法调整范畴，否则会有违刑法之谦抑精神。刑法介入必须坚持必要性原则，危害行为只有达到严重侵害法益的程度、采用其他法律手段难以充分发挥保护作用时才启动刑法与其抗制，这既源于刑法是一种二次、补充和迫不得已的手段，又受制于但书“情节显著轻微不认为是犯罪”的规定。深究之，危险驾驶罪被定位于“危险犯”，并不以发生实际损害后果为要件，只有出现严重的危险驾驶行为才成立，从而与以结果为要件的交通肇事罪相区分。我们应防止打击面过宽和行政手段被虚置的情形出现，危险驾驶罪的落脚点是发挥刑法的规则导引作用，以强制力督促驾驶者树立规范驾车意识而非追求惩罚目的。危险驾驶罪的设立有效遏制了“醉驾”“飙车”等恶劣交通行为，在一定程度上减少了因醉驾发生交通事故的案件数量，但该类犯罪的数量仍居高不下。从国家和社会治理角度来看，因“醉驾”而入刑的罪犯越多，社会对立面就越多，社会治理难度越大，整个社会为此付出的代价也就会越大。如果机械地理解每100毫升血液中含有超过80毫克的酒精就是罪与非罪的界限，可能会导致机械司法。目前，这个问题已经引起中央政法委和最高司法机关的关注，并开始在司法实践中进行某种程度的“纠偏”。最高人民法院、最高人民检察院、公安部、司法部于2023年12月13日联合发布的《关于办理醉酒危险驾驶刑事案件的意见》规定，“在道路上驾驶机动车，经呼气酒精含量检测，显示血液酒精含量达到80毫克/100毫升以上的，公安机关应当依照刑事诉讼法和本意见的规定决定是否立案。对情节显著轻微、危害不大，不认为是犯罪的，不予立案”，明确了该罪可以适用但书出罪，并按照“血液酒精含量+情节”的模式确定入罪标准；进一步明确“道路”“机动车”等醉酒危险驾驶构成要件要素的认定；规定出于急救伤病人员等紧急情况迫不得已驾车构成紧急避险的，不负刑事责任；对虽不能阻却违法，但期待可能性较低，或具有其他可宽恕情形的行为，在处罚上应依法从宽。这些规则更加符合刑法谦抑性原则，更加科学、合理。对于醉驾情节显著轻微、危害不大的，不作为犯罪处理，这是给予行为人一次改过自新的机会，是对初犯、偶犯、人身危险性小的醉驾行为人的从宽处理。

二、抽象危险的准确解读

刑法理论通说认为，危险犯是指以行为人实施的危害行为造成法律规定的发生某种危害后果的危险状态作为既遂标志的犯罪。危险犯的成立条件之一是行为人的危害行为造成特定危险状态出现，因而特定危险状态是成立危险犯的本质特征。危险犯中的“危险”是一种对侵害法益可能性与盖然性的评估或推定，它是一种客观的事实状态，表明了这种社会关系处于一种被改变的实在可能状态。正如日本学者野村稔所言：“由于危险是建立在可能性基础上的，因此，在这里不能仅仅考虑到危险的有无，而应当考虑到从单纯可能性到高度盖然性的各种不同程度的危险状态。”[①] 危险犯根据危险程度可以分为具体的危险犯与抽象的危险犯。具体危险犯中

---

① ［日］野村稔：《刑法中的危险概念》，载［日］西原春夫主编：《日本刑事法的形成与特色》，李海东等译，法律出版社1997年版，第273页。

的危险，是在司法上以行为当时的具体情况为根据，认定行为具有发生侵害结果的危险；进而具体危险犯是指行为人的行为是否具有足以造成某种后果的危险需要根据具体案情加以判断的犯罪。抽象危险犯中的危险，是在司法上以一般的社会生活经验为根据，认定行为具有发生侵害结果的危险；进而抽象危险犯是指只要行为人实施了《刑法》分则条文所规定的某种具体犯罪客观方面构成要件的行为就具有产生某种后果的危险。现代社会存在高度风险与法益保护脆弱的尴尬对立情状，立法者为突破传统刑法事后报应理念的局限性，注入刑法规范附加预防与震慑的动态意义，运用抽象危险犯来对法益进行保护，进而使刑法对社会风险合理控制以有效弱化个人对规范控制风险的不信赖感。

醉驾型危险驾驶罪并不以危害后果产生为构成要件，因为醉酒驾驶行为引起的危害后果具有高度盖然性，因而需要刑法在未等危险驾驶行为转化为现实危害之前就予以提前介入规制。可见，醉驾型危险驾驶罪是一种抽象危险犯，只要实施了《刑法》分则条文规定的危险驾驶罪客观方面构成要件的行为，《刑法》就推定或拟制构成该罪，而不过多考虑这种危险驾驶行为到底是否存在一定具体危险或足以造成某种实害，更无须法官进行具体或个别的判断。追本溯源，抽象危险犯是一种法律拟制的危险，它是依据人们的一般经验而拟制的危险，具有发生危害的可能性。实验表明：人体每100毫升血液中的酒精含量为100~150毫克时，发生道路交通安全违法行为和交通肇事的概率增加32倍；当达到150毫克以上时，则增高128倍；酒后驾车发生事故的比例平均为没有饮酒情况下的16倍。[①] 根据实验证明和已发生的大量醉酒驾驶导致交通事故的案例可以得出醉酒驾驶很容易引起交通肇事的结论。因此，刑法正是基于这两种危险驾驶行为转化为现实危害的高盖然性以及长期形成的社会常识才提前介入，无须对行为本身是否具有发生严重危害的可能性或现实性作出判断，只要实施危险驾驶行为就肯定这种抽象危险行为会对公共安全造成威胁，预示着危险行为若允许其进一步发展将可能产生现实危害，刑法被迫启动提前进行惩治。从刑法规制功能的角度而言，醉驾型危险驾驶罪基于抽象危险犯的属性，其犯罪构成要件可以对法益进行周延保护且提前控制风险，是一种对法益的前置化保护措施。如果必须等待交通肇事引起死亡或伤害后果才能运用刑法进行惩

① 参见成戊平、孙涛：《中、美“酒后驾驶”刑法规制的比较研究》，载《金卡工程·经济与法》2010年第2期。

治，则显然刑法介入完全失去了事先预防的作用。设置危险驾驶罪不仅能够实现拓展性保护法益的功能，而且能够有效地执行行为规范的指引功能。立法者将从经验法则中累积而成的关于行为危险性的判断规则化，通过抽象危险犯的形式明确禁止危险驾驶规范的引导和示范作用。对于高度危险驾驶行为可以经由刑事立法设定抽象危险犯的方式，用以警示并进而引导或者塑成公众在风险社会的行为模式。

实践中，司法机关根据案件审理情况对抽象危险进行了限定，最高人民法院、最高人民检察院、公安部、司法部联合发布的《关于办理醉酒危险驾驶刑事案件的意见》规定，醉驾具有下列情形之一，且不具有从重处罚情形的，可以适用但书条款，认定为情节显著轻微、危害不大，依照《刑法》第13条、《刑事诉讼法》第16条的规定处理："（一）血液酒精含量不满150毫克/100毫升的；（二）出于急救伤病人员等紧急情况驾驶机动车，且不构成紧急避险的；（三）在居民小区、停车场等场所因挪车、停车入位等短距离驾驶机动车的；（四）由他人驾驶至居民小区、停车场等场所短距离接替驾驶停放机动车的，或者为了交由他人驾驶，自居民小区、停车场等场所短距离驶出的；（五）其他情节显著轻微的情形。"

三、醉驾型危险驾驶罪疑难问题的处理

（一）短距接替驾驶行为的认定

典型案例：

被告人王某杰晚间与他人吃饭饮酒后，搭乘由代驾司机驾驶的车辆行驶至其居住地小区，因小区内未找到停车位而将车辆停放至小区北门口。后被告人王某杰独自驾驶车辆至小区北门西侧约30米路边停车位停车，被附近巡逻盘查的民警当场查获。经鉴定，被告人王某杰血样中乙醇含量为188毫克/100毫升。

分歧观点：

第一种观点认为，王某杰的接替驾驶行为发生在小区之外，不应适用《最高人民法院、最高人民检察院、公安部、司法部关于办理醉酒危险驾驶刑事案件的意见》规定的短距离接替他人驾驶停放机动车的但书出罪条款。第二种观点认为，由他人驾驶至居民小区、停车场等场所短距离接替驾驶停放机动车的情形认定，应当全面准确贯彻宽严相济刑事政策，在适用的空间范围界定上从立法本意理解为并不局限于在场地内部进行车辆停放，还应同时根据案件的具体情节，综合考虑被告人驾驶的动机和目的、机动车类型、道路情况、行驶时间、速度、距离以及认罪悔罪

表现等因素，对于接替驾驶后在外部场地短距离停放车辆的亦可认定为情节显著轻微、危害不大。

从立法原意看，对于由他人驾驶至居民小区、停车场等场所短距离接替驾驶停放车辆的情形，在适用的空间范围界定上并不局限于在居民小区、停车场等场所的内部场地进行车辆停放，本案被告人王某杰接替驾驶后短距离驾车于外部道路停放车辆的行为也可认定为符合此情形。首先，被告人王某杰具有接替驾驶停放车辆的现实紧迫性。其饮酒后主动寻找代驾并搭乘自己的小型普通客车行驶至小区内，代驾因在小区内未找到车位而将车辆驶至小区北门出口靠右侧位置停放，后熄火结束行程，根据小区北门监控视频、照片等证据材料显示，当时小区左侧入口可以正常通行，但右侧出口因车辆停放导致通行不畅，存在改变车辆停放位置的现实紧迫性。其次，被告人王某杰驾驶停放车辆的距离较短。其驾车行驶路线为从小区北门左转，横穿道路后将车辆停至小区对面约30米处的路边停车位，虽其驾驶车辆横穿了居民小区外部的道路，但该行为发生时已近半夜，道路上基本无行人穿行与车辆行驶，且被告人王某杰驾车速度低、驾驶时间及其车辆行驶距离均较短，故在上述时空因素下该行为危险性亦相对较低。最后，结合案件的相关因素对被告人王某杰进行短距离接替驾驶停放车辆的情形予以认定。案件的具体情节以及相关证据能够证实，被告人王某杰饮酒后搭乘由代驾司机驾驶的小型普通客车行驶至居住地小区，为停放车辆短距离接替代驾司机驾驶车辆，其主观上驾驶车辆停车的目的与客观实行行为能够相互印证，其到案后对指控事实亦无异议，且认罪悔罪态度好，因此，结合全面准确贯彻宽严相济刑事政策的要求，可以对被告人王某杰进行该情形的认定。

（二）隔夜酒驾行为的认定

典型案例：

高某于2018年7月17日晚间10点左右饮酒，经休息后，于次日早晨6点左右驾驶小型轿车沿某区主干道由西向东行驶时被执勤民警查获。后提取其血液，经鉴定，血液中乙醇含量为90毫克/100毫升。

分歧观点：

第一种观点认为，隔夜醉驾行为一般不构成危险驾驶罪。主要理由在于，醉驾型危险驾驶罪系故意犯罪，该罪的构成不仅要求行为人客观上存在醉酒后驾车行为，同时主观上也必须对醉酒驾驶行为存在认识。通常情况下，隔夜醉驾的行为人经过一夜休息后，对醉酒状态往往不存在明确的认知，即使其客观上血液酒精含量达到法定标准，但由于欠缺对醉酒的认识，不能认定其构成醉驾型危险驾驶罪。第二种观点认为，隔夜醉驾行为应当构成危险驾驶罪。原因在于，行为人客观上对交通安全造成了威胁，其主观上对自己饮酒及《刑法》处罚醉酒驾驶具有明确认识，其醉酒驾驶是因为对自身脱离醉酒状态的误判，属于认识错误的范畴，不能阻却醉酒驾驶故意的存在。在该种思维下，隔夜酒驾行为应当构成危险驾驶罪。

本书认为，对隔夜醉驾行为的处罚，应当分情况讨论：当行为人未认识到自己系醉酒驾驶，处于正常行驶且未造成损害的，一般不应认定为犯罪；当行为人明知自己处于醉酒状态，仍执意驾驶车辆的，应当构成危险驾驶罪。主要原因如下。

其一，本罪只要求行为人对醉酒有概括性认识。作为构成要件要素的“醉酒驾驶”既是行为类型化的客观要素，也是行为人主观认识的对象。需要明确，作为抽象危险推定依据的醉酒虽属规范性构成要件要素，但对该要素并不要求行为人完全认识到其规范概念（血液酒精含量 80 毫克 /100 毫升），只需对醉酒驾驶的基础事实“过量饮酒并驾驶车辆”有认识即可。如果要求行为人对醉酒的认识程度达到规范概念的标准，那么该罪就成了只有具备高度法律知识的人方可构成故意的犯罪，这将极大地限制该罪的处罚范围，与立法目的明显不符。因此，不能因行为人系隔夜驾驶就一概否定行为人具有醉驾的故意，进而一律出罪，而应根据具体案情综合判断。

其二，隔夜醉驾中对醉酒的认定应当综合把握。在一般醉酒驾驶的认定中，通常以血液酒精含量（80 毫克 /100 毫升）为标准，这是立法者在限定处罚范围时根据调研结论及处罚必要性，对入罪标准进行的量化选择。虽然该选择具有必要性和实效性，但在某种程度上忽视了不同个体对酒精反应的差异性，因此该标准也受到一定质疑。在普通醉驾案件中，可以普通人标准为基础确定抽象危险存在的程度，个体差异性的作用并不突出，但在隔夜醉驾中，醉酒与驾驶之间存在较长时间间隔，酒精在不同人体内及睡眠状态下代谢的速度差别较为明显，实践中难以忽视该种差别，不宜单纯采用客观归责，将血液中酒精浓度达到法定标准的情形一律视为犯罪，可以根据行为人的主客观情况分别判断。

其三，有证据证明行为人对醉酒状态无认识的，不应认定为犯罪。本罪系抽象危险犯，立法者基于一般社会经验推定醉酒驾驶存在危害公共安全的现实危险，该种危险本身并非犯罪构成要件的内容，而是法律规定存在的理由和基础，即抽象危险本质属于法律拟制的危险，其主要特征在于推定性和可反驳性。推定性意味着裁判者不需审查具体危险是否在个案中存在或实现，只要具备法律规定的类型化行为，即可认定符合构成要件的要求；可反驳性意味着该推定危险可被确实的反向证据推翻。因此，在确有证据证明行为人确未认识到自己系醉酒驾驶且处于正常行驶状态时，足以否定推定危险的存在，因此一般不应认定为犯罪。

其四，行为人明知自己处于醉酒状态仍执意驾驶车辆的，应认定为危险驾驶罪。在行为人明知自己处于醉酒状态时，足以认定其存在醉驾的故意，当其达到法定醉酒标准时，应以危险驾驶罪定罪处罚；但隔夜饮酒可作为从轻、减轻刑罚的考量因素。

（三）缓刑适用标准

《最高人民法院、最高人民检察院、公安部、司法部关于办理醉酒危险驾驶刑事案件的意见》对醉驾案件不得适用缓刑的情形作了列举规定，但实践中能否适用缓刑应当采用何种标准进行判断，仍需进一步规范和总结。本书认为，醉驾型危险驾驶罪的缓刑适用标准应当根据《刑法》关于缓刑的相关规定，对相关醉驾行为的犯罪情节、行为人的悔罪表现、行为人是否具有再犯危险、适用缓刑是否对居住社区具有重大不良影响进行实质判断。缓刑制度是在消极责任主义的现代刑法观念下产生的刑罚替代措施，消极责任主义不仅意味着无责任则无刑罚，也意味着有责任未必有刑罚，即在预防犯罪的目的下，有责的行为在欠缺再犯危险时也并非一律被科处刑罚。这决定了缓刑适用的实质根据是行为无再犯危险，前提条件是法定责任较轻的轻罪。在醉驾型危险驾驶罪中，对再犯危险的评价可从行为的客观危害和行为人的人身危险两个方面进行。本书认为，对行为客观危害的评估可依据醉驾型危险驾驶罪的核心构成（醉酒、道路、机动车、驾驶）展开，具体包括血醇含量、驾驶环境、行驶目的、其他违法行为、犯罪后果等因素；对行为人人身危险的评估可依据行为人的罪前、罪中、罪后表现展开，具体包括审前表现、查获方式、赔偿情况、认罪认罚态度等因素。

在判断中，应根据行为客观危害要素在前、行为人人身危险要素在后的顺序展开。行为的社会危害性与行为人的人身危险性等因素虽然均属于量刑的事实根据，但二者在对量刑的功能上存在主次差异：行为的客观危害性决定刑罚的基础，行为人的主观恶性和人身危险性是调节刑罚的依据。因此，对醉驾行为判断是否适用缓刑时，应首先判断危害行为是否情节较轻，其次再判断行为人的主观恶性和人身危险性是否较弱。一是对犯罪情节进行判断，看是否犯罪情节较轻。可以从以下几个方面予以认定：（1）血醇浓度在 180 毫克 /100 毫升以下；（2）驾驶环境为非高危路段，如当事人并非在高速路、城市快速路或车流量大的路段驾驶等；（3）行驶目的为普通用途，非载人驾驶和非运载危险物品驾驶等；（4）不存在其他严重违法行为，如不存在严重超员、超载或者超速驾驶，不存在无证驾驶或使用伪造或者变造的车牌证等严重违反行政法规的行为，单纯的闯红灯等轻微违法行为不属于严重违法行为；（5）未发生交通事故，或虽然发生交通事故，但仅为轻微人身伤害或财产损失，且被告人积极赔偿取得谅解；（6）不存在其他从重处罚的情节。二是对行为人的人身危险进行判断，看其是否主观恶性较小和不存在再犯危险。具体可从以下几个方面进行综合认定：（1）考察行为人实施醉驾行为前的行为表现，如未曾因危险驾驶受过行政或刑事处罚，未曾有多次严重违反《道路交通安全法》的行为，未曾故意遮挡、污损或不按规定安装车牌等情形；（2）考察行为人被查获时的表现，如积极配合公安机关依法执行检查，不存在驾车逃跑、事后饮酒等严重抗拒检查的行为；（3）考察行为人归案后的表现，存在法定或酌定从宽处罚情节，如自首、坦白、立功、自动停止醉驾或当庭表示认罪等；（4）考察行为人在诉讼期间的表现，如在诉讼时及时到案并履行法定义务，并对被害人损失进行积极赔偿或赔礼道歉等。

第三节　交通领域重大责任事故罪的审理思路及要点

重大责任事故罪是刑法中比较常见的危害公共安全的犯罪，根据司法解释的规定，本罪的主体包括对生产、作业负有组织、指挥或者管理职责的负责人、管理人员、实际控制人、投资人等人员，以及直接从事生产、作业的人员。因此，企业经营者是重大责任事故罪的适格主体不具有争议。在营运性的道路交通运输活动发生安全生产事故时，严格依照《刑法》的有关规定追究涉事企业管理人员的刑事责任，有助于推动企业落实交通安全和安全生产的主体责任，最大限度地减少道路交通事故，保护人民群众的生命财产安全，符合刑法预防犯罪的目的。但这不意味着一旦有严重事故发生，就必然要对企业经营者追究刑事责任。重大责任事故罪是一种过失犯罪，企业经营者构成本罪应对事故的发生存在过失，且过失与事故发生有因果关系。认定刑事责任，应当坚持主客观统一的原则，防止简单机械的客观归罪，设立过高的注意义务标准，并注意区分行政责任和刑事责任的边界。以下，本书对营运性的道路交通运输活动发生安全生产事故时，企业经营者的罪责承担问题进行分析。

一、交通领域重大责任事故客观构成要件的审查

重大责任事故罪在客观方面表现为在生产、作业中违反有关安全管理的规定，因而发生重大伤亡事故或者造成其他严重后果，包括两个方面：一是行为人违反了有关安全管理的规定；二是上述行为引起了严重后果。具体到在公共交通运输领域从事生产经营活动发生的责任事故，需要注意以下问题。

（一）对驾驶员行为的定性不影响对管理者的定性

重大责任事故罪与交通肇事罪均属危害公共安全犯罪，前者违反的是“有关安全管理的规定”，后者违反的是“交通运输法规”。但对于从事营运活动的交通运输单位来说，公共交通领域同时也是其生产经营场所，“交通运输法规”同时亦属交通运输单位的“有关安全管理的规定”，交通运输活动中违反有关规定导致发生严重交通事故，造成人员伤亡或者重大财产损失的，行为人可能构成交通肇事罪与重大责任事故罪的法条竞合。需要综合考虑行为人所实施行为违反的主要是交通运输法规还是其他有关安全管理的法规、对交通运输活动是否负有安全管理职责、对事故发生是否负有直接责任等，准确选择适用罪名。但即使驾驶员主要违反交通运输法规构成交通肇事罪，交通运输活动的负责人、投资人等负有安全监管职责的主体如果违反有关安全管理规定，对事故发生负有监督过失责任，仍可能被认定为重大责任事故罪。是否对事故承担刑事责任，应根据相关主体自身的行为是否违反有关安全管理的规定、对事故发生负有责任进行评价。

（二）“其他严重后果”的认定标准审查

重大责任事故罪是典型的过失犯罪，刑法理论认为，过失犯罪主观上对行为的危害结果没有预见或轻信可以避免，客观上只有法定的危害结果发生才能构成犯罪，《刑法》第15条亦明确规定过失犯罪属于结果犯。因此，在对重大责任事故案件的客观构成要件进行审查时，应准确理解和适用“发生重大伤亡事故或者造成其他严重后果”这一客观的入罪标准，这也是刑法罪刑法定原则的基本要求。对此，《最高人民法院、最高人民检察院关于办理危害生产安全刑事案件适用法律若干问题的解释》（法释〔2015〕22号）明确规定，实施《刑法》第134条第1款规定的行为，因而发生安全事故，具有下列情形之一的，应当认定为“发生重大伤亡事故

或者造成其他严重后果”：（1）造成死亡一人以上，或者重伤三人以上的；（2）造成直接经济损失100万元以上的；（3）其他造成严重后果或者重大安全事故的情形。

二、过失行为与损害后果的因果关系之判断

重大责任事故罪是过失犯罪，该罪的因果关系具有不作为性，即犯罪结果的出现，是由于行为人违反了有关安全管理规定的作为义务。反过来说，如果行为人履行了法律法规规定的作为义务，其行为即不存在过失，不应作为犯罪处理。而在行为人有过失的情况下，需要评价过失行为与犯罪结果的因果关系。具体判断时，还应注意重大责任事故罪的性质，区分一般过失和业务过失。

实践中，重大责任事故罪的因果关系经常表现为多因一果的复杂因果关系，对介入型复杂因果关系，一般需判断先前过失行为与介入因素间的关联是否具有通常性，即介入行为是否可以由行为人先前的过失行为引发，两者之间是否具有高度的盖然性。如果可以在经验法则上承认此种盖然性的联系，那么，介入行为就不能被视为异常因素，介入行为所引发的法益侵害风险，可能被归入先前过失行为所创设的风险范围之内，并作为其实行行为的判断基础，此时先前行为人的行为与介入因素对重大责任事故发生都具有原因力，对于损害结果应当共同承担刑事责任。相反，如果不存在这样的高度盖然性联系，则需要将介入因素作为独立的风险源，进而考虑这一风险创设是否中断了先前过失行为所创设的因果流程，最后的损害结果究竟是作为何种具体风险的现实化而存在。

三、刑事政策导向下的刑法责任缩限

随着社会分工的日益复杂化，大量事故的发生都不只因为单一主体的单一过失，而是由合作多方中复数人的不当行为所共同导致，时常牵涉各个层级人员的不同注意义务的违反。对此，“权责一致”的正义直觉和旨在未来事故预防的刑事政策考量，都把刑事处罚的矛头指向了因果流程上较远的主体（典型的就是企业负责人）。但在重视运用刑法一般预防效果的同时，也应注意法律效果与社会效果的统一。对于严重危害社会的爆炸、危险物质泄漏这一类危害生产安全犯罪，在监督责任层面，刑事政策应考虑严惩、追责，对于哪些主体应当被纳入追责范围，应倾向于做扩大解释的适用，但是对于道路运输过程中发生交通事故，且影响面及社会危

害程度相对有限的这类案件，从刑事政策的角度考虑，可以适当收缩刑法打击的范围。原因在于，“后果 + 过失 = 罪责”的简易推论容易滑向客观归罪，在实践中可能导致刑法打击对象的不当扩大。

四、疑难案件的具体司法审查

典型案例：

2021 年 1 月下旬某日，A 公司实际经营者即被告人陈某委派公司业务员王某要约合适的车辆运输超限的隧道盾构机组件，王某通过朋友圈、运输微信群发布该业务信息。后吴某、金某甲等 6 辆运输车车主通过微信接单该笔业务，并将驾驶证、行驶证信息通过微信传给王某，与 A 公司未签署书面合同。其中，金某甲报送的涉案重型半挂牵引车行驶证上登记的车主为 X 公司，驾驶员姓名为金某乙，准驾车型为 A2。运输开始前，王某至装货场地叮嘱驾驶员注意事项、告知办理超限运输车辆通行证。经查，涉案车辆系金某甲实际出资购买，采用挂靠在 X 公司名下、自主经营的方式营运，金某甲长期雇佣金某乙驾驶涉案车辆。本案中，金某甲接单时上传的也是金某乙的驾驶证，后金某乙因突发身体不适无法驾驶，金某甲自行决定顶替金某乙驾驶涉案车辆。2021 年 1 月 24 日 22 时 06 分许，金某甲持准驾车型为 B2 的驾驶证驾驶涉案重型半挂牵引车，在未经交通运输管理部门颁发超限运输车辆通行证的情况下，运载超限的隧道盾构机行经某高速路口时掉头，因操作不当，致隧道盾构机 4 号刀臂撞击公路路边 1 万伏高压电线杆，隧道盾构机 4 号刀臂侧翻落地受损、路边高压电线杆及电线损坏、路灯及道路路面损坏，事发地周边大面积停电、主干道路因事故封闭数小时，事故造成电力、路灯及路政设施损失 28.3 万余元，盾构件物损 27 万余元，并造成部分周边企业、居民区等停电。2021 年 1 月 25 日，被告人陈某接事故通知后主动到案配合调查。同年 2 月至 3 月，A 公司对电力公司的损失 24.2 万元及涉案盾构机损失、修复费用等共计 31 万余元分别以转账、运费折抵等方式进行了垫付赔偿。交警部门出具的道路交通事故认定书认定事故原因如下：金某甲未按照驾驶证载明的准驾车型驾驶机动车；运载超限的不可解体物品，影响交通安全，未按照公安机关交通管理部门指定的时间、路线行驶；发生交通事故后弃车逃逸，金某甲的违法行为造成本起道路交通事故，承担本起交通事故全部责任。经查，肇事车辆所挂靠的 X 公司的道路运输经营许可证上的经营范围为普通货物运输和大型货物运输。被告人陈某名下有两家从事运输经营的公司，分别是A公司和B公司，两公司实际属于“两块牌子、一套人马”。案发时，B公司具备大件运输经营许可证，而A公司的道路运输经营许可证经营范围仅为普通货物运输，A公司于2021年6月取得大件运输许可。另查明，本案盾构机组件运输业务经过层层转包。首先，S机械制造公司与W大件物流有限公司签订运输合同，约定由W公司承运相关盾构机，W公司又与H物流公司签订运输合同，把盾构机运输业务分包给H公司，并约定未经同意W公司同意不得转包或分包。后H公司仍然在W公司不知情的情况下，把运输业务分包给了被告人经营的A公司，最终由A公司再分包给挂靠其他公司经营的金某甲等人。

分歧观点：

第一种观点认为，被告人的行为构成重大责任事故罪，主要理由如下：第一，被告人主观上对本次事故具有过失。本案中，A公司应作为实际承运方履行法律规定的责任和义务，被告人陈某作为A公司的法定代表人，未能尽到安全监管职责，未核实涉案车辆的实际驾驶人，未核实承运车运输超限物品通行证的取得情况，未核实车辆挂靠公司资质，对驾驶员没有筛选、培训、教育，未督促车辆驾驶员遵守道路交通安全法规，也未在发货现场派员监管，为事故发生埋下了隐患。第二，客观上被告人在生产、作业中违反了有关安全管理的规定因而造成严重后果，本次事故导致事发地周边大面积停电、主干道路因事故封堵数小时，造成了巨大直接经济损失和停电损失。第二种观点认为，被告人的行为不构成重大责任事故罪，主要理由如下：第一，事故发生在公共交通管理范围内，因金某甲违反交通运输管理法规引发，故本案的基础事实是交通肇事法律关系，不应认定重大责任事故罪。第二，即使以重大责任事故处理，本案也未达到重大责任事故罪的入罪标准。主观上，被告人不具有刑法意义上的过失，本案中，承运方责任应由金某甲所挂靠的X公司承担，A公司应在发包方的职责范围内承担法律责任，A公司及负责人陈某作为运输业务的发包方，已经审核了行驶证、驾驶证，并派员到了发货现场，提醒承运方办理超限运输车辆通行证，已经尽到了必要的审查义务，事故的发生与被告人的行为没有因果关联。客观上，本案经济损失由道路、电力、交通设施损失，周边企业停电损失，盾构件物损等组成，其中直接经济损失55万余元，未达到“造成直接经济损失100万元以上”的入罪标准，且在司法解释对本罪“情节严重”的认定有明确标准的情况下，不应随意扩大解释、适用兜底条款。

对本案的处理涉及是否符合其他严重后果、主观罪过、因果关系等的认定。

其一，其他后果认定问题。就上述案例而言，事故造成的损失和后果主要包含以下三个方面：第一，事故造成电力、路灯及路政设施损失 28.3 万余元，盾构件物损 27 万余元，因此本案直接经济损失共计 55 万余元。第二，事故造成部分主干道路封闭，封闭时间为 2021 年 1 月 24 日 22 时 20 分至次日 6 时 20 分。第三，根据电力公司统计，事故导致事发地周边居民区、企业等停电，共计 1723 户，停电时长为 1 小时至 8 小时不等，其中，约 60% 停电用户在 1 小时左右恢复供电，约 98% 停电用户在 2 小时以内恢复供电。上述损害结果不符合重大责任事故罪的客观构成要件。一方面，直接经济损失未达到入罪标准。本案认定的可以量化的直接经济损失共计 55 万余元，考虑到本案事故造成周边部分企业停工停产，由此造成的经济损失客观存在，受到影响的企业在正常生产经营活动中受到的损害可以纳入直接经济损失的范畴。但本案中，有关企业仅以证人证言或企业出具情况说明的形式证明经济损失（合计约 10 万元），并未提供客观的损失证明材料，证据的证明力不足，从存疑有利于被告人的角度，不宜以上述证明材料认定停电造成的直接经济损失。退一步讲，本案可以量化确认的直接经济损失为 55 万余元，与 100 万元的入罪标准相差明显，纵然把可能存在的停电损失纳入考虑，直接经济损失也仍远未达到司法解释规定的入罪标准。另一方面，审慎适用兜底条款。本案除查明的直接经济损失外，事故的损害后果还包括主干道路封闭和周边停电造成的影响。上述损害后果叠加后是否构成司法解释规定的“其他造成严重后果或者重大安全事故的情形”，应以审慎的态度进行审查。“其他造成严重后果或者重大安全事故的情形”是法律法规、司法解释对本罪客观要件规定的兜底条款，在适用时应秉持刑法适用的谦抑性原则，避免不当扩大刑罚适用的范围，做到罪责刑相适应。具体到本案而言，事故虽然造成周边居民区、企业停电，但绝大多数停电用户在 2 小时以内恢复供电，且停电造成的经济损失即使采信最不利于被告人的标准，其损害程度也相对轻微，而道路封闭时间段主要在车辆通行较少的深夜和凌晨，造成的交通拥堵并不严重，上述损害结果远没有达到与司法解释规定的严重后果的前两项标准即“造成死亡一人以上，或者重伤三人以上的”或“造成直接经济损失一百万元以上的”相当的程度，故本案适用兜底条款不符合比例原则，不应依该条款对被告人的行为认定为犯罪。

其二，主观罪过认定问题。一方面，合理确定被告人监管责任的边界。被告人作为 A 公司的负责人，在本案中涉及的安全生产责任主要是对交通运输活动的监管义务。明确被告人在案件中具有何种监管责任以及监管责任的边界，是评价被告人的行为有无过失的前提。本案中，A 公司与实际承接业务的运输车辆车主的关系更符合运输合同关系，而非类似雇佣的关系，原因在于：A 公司与金某甲等人并未形成管理与被管理的人身依附关系和经济从属关系，金某甲等人系主动接单并非接受工作委派，且其劳动工具即运输车辆非 A 公司自有（如金某甲提供的车辆行驶证明确记载所有人为 X 公司），运输费用结算方式也表现出一次性。基于此前提，被告人在本案中的监管责任不应是对道路运输活动全过程的全面监管，而应主要落在是否适当地审查了合同相对方的资质。另一方面，是否有过失的认定。从严格规范经营的标准出发，A 公司及被告人在本次交通运输活动中存在一定失范之处。首先，A 公司在承接本次运输业务时，其自身的道路运输经营许可证经营范围仅为普通货物运输，未包含大件货物运输，且与发包方的合同存在倒签。其次，个体户不具有大件运输资质，A 公司直接与挂靠经营的运输车辆的实际所有人对接大件运输业务，未要求对方提供车辆登记公司的营业执照、道路运输经营许可证进行审查（尽管本案中肇事车辆挂靠的 X 公司实际上具有大型货物运输资质），也未签订合同。但存在经营不规范不代表构成刑法上的过失行为，如 A 公司的大件运输资质问题，虽然被告人通过 A 公司在未具有资质时承接本次运输业务存在不当，但鉴于被告人实际控制经营的 A、B 公司存在人员及经营混同，在 B 公司具有相应的资质的情况下，被告人的该种不当行为并不会实质性影响到本次运输业务的组织、营运能力，A 公司在案发后不久就获得了相应资质也能侧面证明这一问题。因此，被告人在 A 公司资质问题上的管理不规范，与本次事故发生没有因果关系，不能认定为刑法上的过失行为，不具有刑罚可罚性。

综上所述，本案事故造成电力、路政设施等直接经济损失 55 万余元，同时造成道路封闭、周边地区停电的损害后果，未达到《刑法》第 134 条第 1 款重大责任事故罪的入刑标准。且被告人在其责任范围内履行了一定的监管和审查责任，其行为虽然仍有一定过失，但金某甲在准驾不符的情况下，擅自顶替向被告人申报的驾驶员驾驶涉案车辆，在超限运输车辆通行证未获得审批的情况下私自发车，是被告人难以预料、难以监管到的异常介入因素，足以切断原先的因果关系，被告人的过失与本案事故造成的损害后果之间的因果关系难以成立。故本案被告人的行为及事故的后果不符合重大责任事故罪的构成要件，不宜对被告人以犯罪论处。

第九章　新型经济犯罪的司法认定

经济、金融安全是国家安全的重要组成部分。新时期国内外经济金融环境正在发生着深刻变化，不稳定、不确定、不安全因素明显增多，经济、金融风险诱因和形态更加复杂。一段时期以来，不论是集中爆发的涉众型非法集资犯罪，还是专业化、团伙化特征明显的证券、期货犯罪，抑或是作案手段不断翻新的知识产权犯罪等，已经成为危害国家经济、金融安全，影响社会稳定的重要因素。本章聚焦典型案例，围绕实践中多发的非法集资犯罪、证券犯罪、知识产权犯罪的审理思路及要点展开。

第一节　非法集资犯罪的审理思路及要点

近年来，非法集资犯罪案件持续高发，严重扰乱金融管理秩序，侵害人民群众的合法财产权益，影响社会安全稳定。在此类案件审理过程中，各种新情况、新问题不断出现，法律、政策界限不易把握。为依法惩治非法集资犯罪、提高办案质量与效率、最大限度追赃挽损、促进适法统一，本书以典型案件为基础，对该类案件的审理思路、审判经验以及追赃挽损工作的开展进行梳理、提炼和总结。

一、非法集资犯罪案件的审理思路和裁判要点

（一）典型案例

典型案例一：涉及违法性认识、非法占有目的等的判断

2013年7月起，被告人马某成立了由A集团实际控制、管理，以B公司为销售端的系列企业，通过销售各类理财产品的方式非法集资。2013年9月至2015年12月，B公司及其下属公司推出众多盈利能力不能保障或明显虚假的“投资”项目，包装成理财产品对外发售，共招揽7万余名投资人，募集资金144亿余元。集资钱款中，用于兑付投资人到期本息、办公费用及薪酬支出近110亿元，用于项目

支出仅20余亿元，其余用于个人挥霍等。集资过程中，陈某、单某、胡某、徐某、汤某、李某、刘某负责各级层面的销售工作，张某、曾某负责财务工作，高甲、高乙负责项目引进及理财产品包装工作。至案发，尚有6万余名投资人未兑付本金共计64亿余元。公诉机关指控马某、A集团构成集资诈骗罪，B公司与其余被告人构成非法吸收公众存款罪。

典型案例二：涉及社会公众的认定

2010年年底，被告人芦某、刘某与马某、邱某、陈某商定，以D公司作为融资平台，由马某、邱某、陈某具体负责对外融资。2011年4月至2012年6月，D公司制作虚假宣传资料，约定支付投资者3%至6%的高额月息，由马某、邱某、陈某直接招揽或分别通过刘某、李某、陈某、江某等层层招募投资人，共集资5.3亿余元，其中用于项目投资仅0.7亿余元，共造成1200余名投资人损失3亿余元。公诉机关指控各名被告人分别构成集资诈骗罪、非法吸收公众存款罪。

典型案例三：涉及非法集资过程中的犯意转化及罪数判断

2012年9月，E公司实际控制人赵某指使张某成立E公司上海分公司用于融资。2013年2月至2015年8月，E公司上海分公司以对外售卖理财产品的方式吸收资金2亿元。2015年9月，张某在明知E公司已无力支付投资人本息并明确不再为分公司提供资金用于偿付的情况下，仍诱骗80余人参与投资，并将投资款用于归还已到期的借款本息及支付员工工资等；至案发时尚有本金2300余万元未兑付。公诉机关指控张某作为公司其他直接责任人员，其行为先后构成非法吸收公众存款罪、集资诈骗罪，应两罪并罚。

典型案例四：涉及被告人离职后非法吸收数额的认定

2014年年初，被告人张某等人以F公司团队负责人的身份招揽业务员，并通过宣介会等方式向投资人介绍公司多个投资项目，后签订借款合同，并承诺保本付息。2015年1月，张某从公司离职；同年6月案发。从张某离职到案发，其招揽的下线业务员在其离职后仍吸收资金100余万元，公诉机关指控张某的犯罪数额包括此金额。

（二）审理的整体要求与基本原则

1. 实现常态审理，加强沟通协调

对非法集资类案件的审理应从整体上把握以下四点：（1）实现常态审理，坚持司法公开。要以常态化审理为基调，节约使用司法资源；以公开审判为原则，实现庭审公开、判决文书公开、涉案财物处置公开，力求达到最佳司法效果，展示法院良好形象。（2）认真耐心沟通，注重释明疏导。要正确对待被害人、集资参与人的合理诉求与关切，统一接访答复口径，耐心细致地做好解释工作，以换取被害人、集资参与人对法院工作的理解，避免人为形成对立。（3）仔细研判案情，强化文书说理。针对审理过程中存在的事实认定、法律适用等方面的争议，应当认真研判，判决文书要全面回应争议问题，敢于说理、善于说理，展现法院依法公开、公正裁判的决心与信心。（4）加强沟通协调，形成工作合力。对于分别在不同法院审理的同一系列非法集资案件，不同法院之间要加强沟通协调，确保法律适用统一与量刑均衡。法院还应加强与其他办案机关、党政相关部门的协调配合，并做好涉案财物的处置工作。

2. 注重区别对待，突出打击重点

涉众型非法集资案件中，参与集资的被告人往往较多。对此，需要查明各被告人所处层级、岗位职责，并综合考虑被告人参与犯罪数额、个人违法所得、主观过错等事实、情节，在定罪量刑时予以区别对待、突出打击重点，做到罚当其罪。对于非法集资活动中的组织、策划、指挥者，主要实施者和主要获利者，应当重点打击，从严惩处；对于前述人员以外的被告人，即使参与犯罪数额巨大或者特别巨大，如到案后积极退缴违法所得，尽力弥补本人行为所造成的财产损失的，可依法从轻、减轻处罚。

3. 强化追赃挽损，着力化解矛盾

非法集资类案件中违法所得的追缴、退赔工作是处理该类案件的重中之重，关乎每一个投资者的切身利益，处理不当就会引发群访事件，形成社会不稳定因素。因此，最大限度追赃减损是办理非法集资案件的重要目标，也是预防不稳定因素的关键所在。审理过程中，法院应当强化追赃挽损意识，将此项工作放在与定罪量刑同等重要的位置，做好涉案财物的续封、续冻工作，重视涉案财物去向线索的搜集固定，做好继续追缴、退赔工作，在打击犯罪的同时充分保障集资参与人及被害人的合法利益。

（三）审理思路和裁判要点

1. 罪与非罪的界定

确定各被告人的行为是否构成犯罪是非法集资案件审理的重点，主要涉及三个方面。

（1）行政违法性的判断。非法集资犯罪作为法定犯，首先应当受到行政法、经济法、金融法等部门法的规制，本身具有“二次违法性”。而实践中，相关行政主管部门较少对集资行为的行政违法性作出前置认定。对非法集资行为违法性的判断，可以区分情况分别处理：其一，依职权直接认定。对于法律规定较为明确、行为性质并无明显争议的非法集资活动，办案机关可以依职权直接认定行为是否构成犯罪。这也是实践中最常见的情形。其二，行政主管部门出具认定意见。对于案情复杂、性质认定疑难及新类型案件，一般应要求行政主管部门出具涉案行为行政违法性的认定意见。主要是指行政主管部门出具的认定函、批复、情况说明等书面意见，也包括侦查人员根据行政主管部门口头答复制作的详细工作记录。行政主管部门对同类型集资行为作出行政处罚的材料，可以作为集资活动行政违法性判断的辅助性证据。

（2）违法性认识的判断。在确定集资行为违法后，需要判断被告人对非法集资行为是否具有违法性认识。认定被告人对非法集资行为是否具有违法性认识，并不以明知法律的禁止性规定为要件，满足下列情形之一的，一般即可予以认定：①明知公司虚构经营业务或者故意夸大宣传的；②明知集资参与人返利过高，或者招揽业务提成比例过高，不符合一般市场行情的；③本人或任职单位曾因从事非法集资活动被查处的；④曾在金融机构工作，具有一定金融专业知识的；⑤故意规避法律以逃避监管的。

如案例一中，针对被告人曾某所提出的主观上不具有违法性认识，其行为不构成犯罪的辩护意见，法院认为，曾某长期担任A集团财务人员且在后期担任财务总监，明知公司宣传情况与实际经营情况并不一致、刻意夸大公司兑付能力等，故应认定曾某具有违法性认识，构成非法集资犯罪的共犯。

（3）社会公众的判断。禁止非法集资的重要目的在于保护公众投资者的利益，故社会性是非法集资的本质特征。根据相关规定，在向亲友或者单位内部人员吸收资金的过程中，明知亲友或者单位内部人员向不特定对象吸收资金而予以放任的，应当认定为向社会公众吸收资金。

如案例二中，被告人江某提出了其未向不特定对象吸收资金的辩解。法院在审理中查明，江某在向其亲友吸收资金的过程中，明知亲友向其他不特定人员发布D公司的相关信息吸收资金而予以放任，并从中收取相应佣金，应当依法认定江某系向社会公众吸收资金，构成非法吸收公众存款罪。

2. 非法占有目的的认定以及罪数判断

确认被告人的行为构成非法集资犯罪后，应当根据被告人主观上是否具有非法占有目的，分别认定构成非法吸收公众存款罪或集资诈骗罪。

（1）非法占有目的的认定。认定被告人是否具有非法占有目的，应当坚持主客观相统一的原则，既要避免以欺骗方法的认定替代非法占有目的的认定，又要避免单纯根据损失结果客观归罪，同时也不能仅凭被告人自己的供述，而应当根据案件具体情况加以分析。实践中，应当重点围绕融资项目的真实性、实际经营情况、资金去向、归还能力等事实进行综合判断。被告人具有以下情形之一的，一般可以认定具有非法占有目的：①大部分资金未用于生产经营活动，或名义上投入生产经营但又通过各种方式抽逃、转移资金的；②资金使用成本过高，不具有支付全部本息的现实可能性的；③资金使用决策极度不负责任，造成资金缺口较大的；④归还本息主要通过借新还旧来实现的；⑤其他依照有关司法解释可以认定为非法占有目的的情形。

如案例一中，被告人马某否认其主观上具有非法占有目的。法院经审理认为，马某的行为符合集资诈骗罪的构成要件，具有非法占有目的，主要理由如下：其一，马某作为A集团、B公司的实际控制人，在非法集资过程中使用了欺骗方法；其二，从投资项目情况看，马某仅将所谓投资项目作为对外宣传、吸收资金的手段，未考虑项目本身的真实回报；其三，从资金去向看，用于生产经营活动的资金与筹集资金规模明显不成比例，大部分资金用于兑付投资人本息、办公费用与员工薪酬支出、个人使用及挥霍等；其四，归还本息主要通过借新还旧方式来实现。

（2）关注犯罪目的发生转变的时间节点。被告人在初始阶段仅具有非法吸收公众存款的故意，但在发生经营失败、资金链断裂等问题后，明知没有归还能力仍然继续吸收公众存款的，应当区分前后两个阶段分别认定非法吸收公众存款罪与集资诈骗罪，两罪并罚。

如案例三中，被告人张某作为E公司上海分公司负责人，除参与前期集资外，在2015年9月明知E公司已无力支付投资人本息并明确不再为分公司提供资金偿付时，仍诱骗投资人参与投资，尚有本金2300余万元未兑付，足以认定张某的犯意在2015年9月已发生转化，故对其以非法吸收公众存款罪、集资诈骗罪两罪并罚是妥当的。

（3）区分不同被告人的犯罪目的。在共同犯罪或单位犯罪中，各被告人由于所处的层级、职责分工、获取收益方式、参与公司投资情况以及对全部犯罪事实的知情程度存有差异，其犯罪目的也存在不同。对此，应当根据各被告人的实际情况分别认定，其中，应重点审查各被告人所处的层级与职责情况。

如案例一中，公诉机关指控除马某外的其余 11 名被告人均构成非法吸收公众存款罪。审理过程中，法院综合考虑该 11 名被告人在公司所处层级和具体任职岗位，是否参与虚假项目的引进、包装，对公司经营情况及资金去向的了解程度，在公司的投资情况等因素，认定单某等 4 名被告人具有非法占有目的，故改变指控的非法吸收公众存款罪名，认定该 4 名被告人的行为构成集资诈骗罪。具体理由如下：其一，从各名被告人所处层级看，4 名被告人曾分别担任 B 公司法定代表人、首席执行官、A 集团投行部负责人等职，在被告单位中层级高，参与被告单位的决策、管理；其二，从对投资项目的了解程度看，4 名被告人或者对相关投资项目没有收益、收益本身难以覆盖投资本息有概括认识，知道公司发展模式不具有可持续性，或者直接参与投资项目引进，明知针对项目所做的尽职调查缺乏实质内容，盈利能力无法保障，甚至参与引进虚假项目；其三，从对集资钱款去向的了解程度看，4 名被告人知道公司通过借新还旧的方式归还投资人本息；其四，从参与投资情况看，4 名被告人本人或其近亲属在被告单位并不存在参与巨额投资且未归还的情形。

值得注意的是，应注意区分总公司与分（子）公司人员的犯罪目的。一般而言，因分（子）公司人员对融资项目情况、公司经营情况、钱款实际去向等均不太清楚，故即使总公司实际控制人与直接负责的主管人员被认定构成集资诈骗罪，分（子）公司的负责人一般被认定构成非法吸收公众存款罪，但是，在总公司实际控制人被认定构成非法吸收公众存款罪的情况下，如果有证据证明分（子）公司负责人存在犯意上的转化，则对分（子）公司人员在犯意转化后实施的集资行为仍可认定构成集资诈骗罪，该情形并不属于同案异判。

如案例三中，虽然 E 公司实际控制人赵某仅被认定构成非法吸收公众存款罪，但张某作为 E 公司上海分公司负责人，其犯意于 2015 年 9 月已发生转化，故对张某之后的行为以集资诈骗罪论处，对其两罪并罚。

（4）注意不同被告单位之间的罪名协调。非法集资犯罪往往所涉单位数量众多、层级复杂，应当全面查清涉案单位中上级单位和下属单位的主体资格、层级、关系、地位、作用、资金流向等，区分情况依法作出处理。同时，应注意不同被告单位之间罪名认定的协调性。

如案例一中，公诉机关指控 A 集团、B 公司分别构成集资诈骗罪、非法吸收公众存款罪。法院经审理认为，对两家被告单位分别定罪并不妥当，故判决 A 集团与 B 公司均构成集资诈骗罪。主要理由如下：其一，单位与单位实际控制人的主观故意具有一致性。被告单位的主观故意应依据单位实际控制人及其他直接负责的主管人员的主观故意加以认定，罪名认定上也应保持一致。该案认定 B 公司实际控制人马某、其他主要负责人员单某等主观上均具有非法占有目的，构成集资诈骗罪，B 公司的主观故意及罪名认定应与前述人员保持一致。其二，同一行为人控制的多个单位在罪名认定上具有逻辑性。鉴于 A 集团与 B 公司均由马某直接控制，在认定马某、A 集团均构成集资诈骗罪的情况下，认定 B 公司构成非法吸收公众存款罪存在逻辑冲突。

需要指出的是，鉴于该案改变部分被告单位、被告人的指控罪名，且系由轻罪名非法吸收公众存款罪改为重罪名集资诈骗罪，为充分保障相关被告单位与被告人的合法诉讼权利，本案再次开庭，听取了控辩双方的相关意见。

3. 区分单位犯罪与自然人犯罪

基本确定行为性质后，还应界定全案属单位犯罪还是自然人犯罪。根据相关规范性文件的规定，单位实施非法集资犯罪活动，全部或者大部分违法所得归单位所有的，应当认定为单位犯罪。个人为进行非法集资犯罪活动而设立的单位实施犯罪的，或者单位设立后，以实施非法集资犯罪活动为主要活动的，不以单位犯罪论处，单位中组织、策划、实施非法集资犯罪活动的人员应当以自然人犯罪依法追究刑事责任。

判断单位是否以实施非法集资犯罪活动为主要活动，应当根据单位实施非法集资的次数、频度、持续时间、资金规模、资金流向、投入人力物力情况、单位进行正当经营的状况以及犯罪活动的影响、后果等因素综合认定。

4. 查证被告人参与的犯罪数额

犯罪数额的认定是准确界定各被告人刑事责任的重要依据，需要结合被告人参与犯罪的时间、所任职位与所涉具体项目等方面综合判断。

（1）亲友或者单位内部人员投资金额的认定。非法吸收或者变相吸收公众存款构成犯罪的，具有下列情形之一的，向亲友或者单位内部人员吸收的资金应当计入犯罪数额：①在向亲友或者单位内部人员吸收资金的过程中，明知他们向不特定对象吸收资金而予以放任的；②以吸收资金为目的，将社会人员吸收为单位内部人员，并向其吸收资金的；③向社会公开宣传，同时向不特定对象、亲友或者单位内部人员吸收资金的。

需要注意的是，对于以被告人妻子、丈夫或未成年子女名义投入的资金，一般应从吸收数额中扣除，因为前述投入钱款通常为家庭共有财产或被告人以家庭成员名义投入。如果被告人先向亲友、单位内部人员吸收资金，之后再向其他不特定对象吸收资金的，鉴于被告人前一阶段吸收资金的行为尚难认定具有社会性，在认定吸收数额时一般应予扣除。

（2）下线人员独立吸收数额的扣除。非法集资人员离开单位后，其发展的下线人员独立实施的非法集资金额，不应计入其吸收数额。如案例四中，在案证据证明张某自 2015 年 1 月从公司离职后，其之前招揽的业务员仍继续吸收资金 100 余万元。对于该 100 余万元，张某既不知情，也未提取任何报酬，系下线业务员独立实施，故应从张某的吸收数额中予以扣除。

（3）滚动投资金额的认定。非法吸收或者变相吸收公众存款的数额，以行为人所吸收的资金全额计算。对于一次性投入资金未作提取，其间利用到期本息滚动投入的，一般将一次性投入的本金计入犯罪数额即可。

（4）参与部分时段集资的被告人的诈骗数额认定。通常情况下，集资诈骗数额应以案发时未实际兑付的本金数额计算。对于仅参与部分时段集资的被告人，如果以案发时被告人所募集资金中未归还的金额认定诈骗数额，则可能存在部分被告人因所募集资金已通过借新还旧的方式全部归还，无法认定其诈骗数额的情形。但相关被告人的行为与全案造成的损失具有因果关系，单纯以案发时未实际兑付的本金来认定部分时段参与型集资人的犯罪数额并不妥当。从整体上看，各被告人所募集资金中未归还的数额，只能体现不同时段被害人损失之间转移填补后的损失金额；各被告人参与非法集资的时间存在先后长短之分，通过借新还旧，前期参与犯罪的被告人所募集资金可能已被全部或大部分归还，而后期参与犯罪的被告人所募集资金可能未被归还或大部分未被归还。

因此，对于仅参与部分时段集资的被告人，可通过以下方法认定诈骗数额：①以被告人离职时参与募集资金中未归还的金额认定诈骗数额。被告人离职时参与募集资金中未归还的金额，一般能够较为准确地反映出其行为的社会危害性与造成的损失。②如果以前述方法认定的诈骗数额明显偏低甚至归零时，为了对行为人的行为作出充分合理的评价，可依据被告人参与募集资金的数额并结合全案未兑付本金比例确定其法定量刑幅度。

如案例一中，除马某作为被告单位的实际控制人，按照案发时全案未兑付的本金数额认定集资诈骗数额外，对于改认定集资诈骗罪的单某等 4 名被告人，由于依据案发时未兑付金额认定各行为人的犯罪数额存在不合理之处，故未认定具体诈骗数额，而是依据 4 人参与募集资金的数额并结合全案未兑付本金比例，依法认定为集资诈骗数额特别巨大，适用十年以上有期徒刑或无期徒刑的法定刑幅度。

5. 厘清主从犯、自首等法定情节及追缴、退赔等酌定情节

通过前述步骤，已经可以对指控犯罪事实进行基本的法律评判。在此基础上，还需要结合一些其他法定、酌定情节，来确定各被告单位、被告人的刑罚，主要涉及主从犯、自首、立功、坦白等法定情节及追缴、退赔等酌定情节的认定。

（1）主从犯的认定。对于实施非法集资的个人和单位，应依法区分主从犯：①对于多人参与、分工实施的非法集资犯罪，原则上应当区分主从犯。非法集资犯罪活动的组织、策划、指挥者，主要实施者及主要获利者，应当认定为主犯；对于接受他人安排、指使而实施非法集资行为的次要实行者，或仅提供后台支持的帮助者，或受利益驱动帮助非法集资而从中收取代理费、佣金等费用的“集资中间人”，可依法认定为从犯。②单位犯罪中，直接负责的主管人员与其他直接责任人员的地位、作用存在明显差别的，可以区分主从犯。③对于多个单位共同实施的非法集资犯罪，应当根据各自在共同犯罪中的地位、作用，决定是否区分主从犯。主犯单位内部人员的地位、作用确有差别的，仍可区分主从犯；从犯单位的内部人员，应一律认定为从犯。

如案例一中，对于被认定构成集资诈骗罪的马某等 5 名被告人，根据他们在单位中的不同层级、在犯罪活动中发挥的具体作用等因素，认定马某等 4 人为集资诈骗主犯，高甲为从犯。对于被认定构成非法吸收公众存款罪的张某等 7 名被告人，均系被告单位的高层、中层管理人员，且积极主动地参与了非法吸收公众存款活动，故未区分主从犯。

（2）自首等法定情节的认定。在自首、立功、坦白等法定情节的认定上，应重点审查侦查机关出具的能反映全案侦破情况及各被告人到案的时间、地点和过程的“案发经过”记录。同时，因侦查机关出具的案发与到案经过的记录表述有时较为简单，被告人的实际到案情况并不完整、全面，故需要结合被告人的供述、证人证

言等进一步查明，必要时可向侦查人员核实具体情况。

非法集资类案件中，被告人的到案情形往往较为复杂，能否认定自首应区分情况对待：①被告人被抓获前，明知公安机关会前来处置仍在特定地点等候的，可视为自动投案，到案后能如实供述犯罪事实的，可认定构成自首。如案例一中，案发经过记录反映徐某、曾某系在公司办公地点被抓获，公诉人、被告人、辩护人均未提出构成自首的问题。经法院审理查明，徐某、曾某在被抓获之前，已明知侦查人员会来公司带走管理人员调查，但仍在公司等候，应当视为自动到案，且到案后如实供述了犯罪事实，可认定具有自首情节。②公安机关抓获被告人后，责令被告人随传随到、听候处置，未采取其他强制措施的，鉴于该要求系针对非法集资犯罪的特殊情况而对被告人采取的一种管控方式，不再存在被告人自动投案的空间，故不能认定构成自首。③被告人因非法集资行为自动到案配合调查后被取保候审，在取保候审期间继续从事非法集资活动后又自动投案、如实供述犯罪事实的，整体上仍符合自首的成立要件，可认定构成自首。如案例一中，张某的到案过程属于上述情形，故认定其具有自首情节，但对其从宽处罚的幅度予以从严把握。

（3）注意区分追缴、退赔对量刑的不同影响。实践中，应当区分办案机关追缴赃款、赃物与被告人及其亲友主动退赔对量刑的不同影响，特别是在量刑时要充分考虑各被告人的主动退赔阶段及数额等情节。其中，对于在提起公诉前积极退赃退赔，减少损害发生的被告人，可以从轻或者减轻处罚；在提起公诉后退赃退赔的被告人，可以作为量刑情节酌情考虑；对于积极筹措大额资金退赃的被告人，可以大幅从宽处罚。如案例一中，汤某个人违法所得 17 万余元，但审理过程中汤某在家属配合下退赔 480 万元，且提供其在第三人名下的股权及账户等财产线索供查封、冻结，故对其大幅从宽处罚。

二、非法集资犯罪案件追赃挽损工作的开展思路及要点

非法集资案件的追赃挽损，是指刑事办案机关在查明此类案件涉案财物去向的基础上，依法开展追缴、归集、处置及责令退赔工作，以最大限度地减少实际损失。近年来，非法集资案件持续高发，严重扰乱国家金融管理秩序，侵害人民群众的合法财产权益。如何做好此类案件的追赃挽损工作成为司法实践中亟待解决的重点和难点问题，办案机关特别是人民法院面临巨大压力。追赃挽损工作贯穿刑事诉讼、执行全过程，为最大限度追赃挽损，切实保障被害人的合法权益，有必要对此

类案件审理、执行过程中涉及的追赃挽损难点问题进行梳理，并结合司法实践中的典型案例，明确该类案件开展追赃挽损工作的整体思路和审查要点。

（一）典型案例及问题

典型案例一：涉及易贬损财物的先予执行

被告人刘某设立并实际控制A公司非法募集资金50亿余元，未兑付本金18亿余元。该案在侦查阶段查扣游艇一艘，侦查机关委托某游艇公司保管，一年期保管费为20万元。因保管合同即将到期，侦查机关函告法院要求及时办理交接手续。经查，该游艇系A公司使用600余万元集资款购买。

典型案例二：涉及继续追缴与责令退赔的范围

B平台非法募集资金100亿余元，未兑付本金30亿余元。被告人王某作为B平台某分部经理参与募集资金2.5亿余元，未兑付本金1.4亿余元，王某个人非法获利80余万元。一审法院在以非法吸收公众存款罪对王某定罪处罚的同时，还判决：集资参与人尚未兑付的集资款向王某追缴或责令其退赔后，发还集资参与人。王某上诉提出原判决认定集资参与人尚未兑付的集资款向其追缴或责令退赔有误。在本案审理、执行阶段，被害人的诉讼代理人提出，法院应当追缴B平台所有员工的历年工资、佣金、提成，公众人物李某收取的200万元代言费，以及B平台在各地因开设门店所支付的租金、押金。

典型案例三：涉及继续追缴与责令退赔的路径

被告人于某组建C公司非法募集资金500亿余元，未兑付本金150亿余元。其间，C公司将部分募集资金通过网贷平台出借给罗某等数十万人。在侦查、审理过程中，侦查机关及法院冻结了罗某等4000余人名下相关银行账户。罗某等人均未还清所借资金本息，且借款金额均在5万元以上。后法院出具刑事裁定书直接追缴罗某等借款人名下相应资金。

典型案例四：涉及涉案财物的善意取得

F集团非法募集资金200亿余元，未兑付本金30亿余元。其中，3亿元集资款以增资扩股的名义汇入G公司账户。在审理、执行过程中，G公司提出对F集团的实际经营情况并不知情，且已给付相应对价，对3亿元集资款系善意取得，不应予以追缴。后法院认定G公司并非善意取得，并依法裁定追缴该公司资金3亿元。

（二）追赃挽损工作的开展难点

涉众型非法集资案件在追赃挽损过程中面临诸多难点，主要体现在以下四个方面。

1. 查封、扣押、冻结工作繁重

侦查机关在侦查阶段查封、扣押、冻结的财物数量多、品类杂，涉及大量银行账户、股权、房产、汽车、工艺品等，续封、续冻工作繁重。实践中，对此类案件进入审理阶段后由谁承担该项工作认识不一，部门之间配合协调不够顺畅，容易造成涉案财物脱封、脱冻。

2. 继续追缴与责令退赔争议较大

非法集资案件的集资款去向十分复杂，部分涉案资金经多次流转，难以查明去向，加大了继续追缴的难度。实践中，对于继续追缴与责令退赔的范围、追缴的路径存在很大争议，例如，各被告人的退赔范围应当如何确定，用于股权等项目投资、发放贷款、商业赞助的钱款或财物应当如何追缴等问题亟待明确。

3. 查扣财物归集、处置难度较高

非法集资案件查扣在案财物的归集、处置难度较高，主要体现在以下三个方面：一是股权等涉案财物的先行处置存在较大争议。二是涉案财物、资金的归集难度较大。受沟通机制不健全等因素影响，案件主办地办案机关对于外地办案机关追缴、退赔情况并不了解，部分外地办案机关将追缴、退赔的款项转至案件主办地办案机关的意愿不强。三是查扣在案的部分财物涉及刑民交叉问题，如何处理争议较大。

4. 涉案资金清退、发还任务艰巨

对于被害人的损失一般应当按照查扣在案的财物总额占全案未兑付金额的比例予以发还。然而在案件审理、执行过程中，有不少被害人以“特定集资平台集资款来源明确”或“相关集资款项尚未进入资金池”等为由主张不应参与全案按比例发还，而应单独发还。法院在何种情形下应当支持被害人的此类诉求亟须明确。

（三）追赃挽损工作的开展思路及要点

追赃挽损工作的开展是办理非法集资案件的重中之重，关乎每一个投资者的切身利益，处理不当容易引发群访事件。为最大限度地追赃挽损，充分保障受损群众权益，法院在开展追赃挽损工作过程中，应当强化追赃挽损意识，正确对待、妥善处理被害人、集资参与人的合理诉求与关切；加强与公安机关、检察机关、处置非法集资职能部门、审计部门的沟通协调，形成追赃合力；同时，法院内部在追赃挽损过程中也应注重合理分工，强化协作配合，严格做到依法依规、公开公正处置涉案财物，不得损害国家利益及被害人、案外人的合法利益。

1. 涉案财物的续封、续冻与先行处置

案件办理过程中，法院应当与侦查机关、检察机关积极协作，共同做好续封、续冻以及易贬损财物的梳理和先行处置工作，为后续执行工作的开展夯实基础。

（1）续封、续冻工作的协调衔接。法院立案后，涉案财物的查封、扣押、冻结工作一般即移交至法院。为防止因案件流转过程中的疏漏导致涉案财物脱封、脱冻，需要做好以下工作。

第一，审查检察机关是否随案移送涉案财物信息清单等。刑事立案阶段，立案庭应当重点审查检察机关是否随案移送涉案财物信息清单等。对未移送或者移送清单内容不完善的，立案庭可以要求检察机关提供或补充。检察机关不能提供或补充完善的，立案庭可以会同刑事审判庭报请上级部门协调解决。

第二，函请侦查机关配合做好续封、续冻工作。审理阶段，刑事审判庭应当密切关注涉案财物查扣措施的届满日期，并函请侦查机关继续配合做好涉案财物特别是侦查阶段线上集中查扣财物的续封、续冻工作。

第三，移送执行局续封、续冻。若侦查机关无法继续开展此项工作，则由刑事审判庭直接出具裁定书交由执行局做好涉案财物的续封、续冻工作，并为执行保全预留一定准备时间。

（2）易贬损财物等的先行处置。为最大限度地减少经济损失，对查封、扣押、冻结的易贬值、易灭失以及保管、养护成本较高，且权属关系已经查明的涉案财物，经法院院长批准、刑事审判庭出具裁定书后，由执行局拍卖、变卖。先行处置结束后，应及时将结果告知当事人，所得价款按规定妥善保管，待诉讼终结案件生效后一并处理。如案例一中，查扣的游艇属于保管养护成本过高的易贬损财物，权属关系清楚，故经院长批准，刑事审判庭依程序可移送执行局先行处置。同时需要注意的是，对于权属存疑、先行处置可能损害第三人利益的财物，不宜先行处置。

2. 涉案财物的继续追缴与责令退赔

涉案财物的继续追缴与责令退赔关乎被害人的切身利益和追赃挽损的最终效果，因此有必要明确继续追缴与责令退赔的常态化工作机制。

（1）继续追缴与责令退赔的范围。实践中，非法集资案件继续追缴与责令退赔的内容主要包括以下几个部分。

①实施非法集资人员所获工资、佣金、提成的追缴。对于非法集资平台员工工

资、佣金、提成的追缴，应当区分以下情形予以处理：其一，如果该非法集资人员已被追究刑事责任，其获得的工资、佣金、提成等均属于违法所得，全部予以追缴。其二，如果实施非法集资人员未被追究刑事责任，其获得的工资、佣金、提成等可视为合理劳务报酬，一般不予追缴；但所获报酬明显超出合理范围的，超出部分可予以追缴。其三，虽然实施非法集资人员未被追究刑事责任，但与其地位、作用相同的人员已被追究刑事责任的，经综合权衡后也可考虑追缴其获得的工资、佣金、提成等。

②用于项目投资、发放贷款等钱款的追缴。实践中，集资平台将集资款用于项目投资、发放贷款的情形较为常见。用于放贷、投资股权等项目的款项以及产生的收益、孳息均属于办案机关继续追缴的范围。如果在案证据证明被投资方并非善意取得，明知投资款源于非法集资款或未支付合理对价的，则可考虑直接追缴、处理被投资企业的相应资产。

③被告人的退赔范围。非法集资案件尤其是特大规模集资诈骗案件中，由于各被告人所处层级、岗位职责、参与时段不同，参与集资数额与造成损失数额有明显区别。在确定各被告人的退赔范围时，应当兼顾罪刑相当原则、比例原则和损失填平原则，综合考虑其所处层级、岗位职责、参与集资数额、造成损失数额与个人实际违法所得等因素，区分认定退赔责任。

其一，对于涉案公司的实际控制人，应当责令其对实际控制公司、平台时间段内造成的全部损失承担退赔责任。其二，其他参与公司决策人员与高层管理人员，可视情形要求其对参与非法集资时间段内造成的全部损失承担退赔责任，也可按照违法所得的相应倍数或根据其造成损失数额的一定比例确定退赔责任。其三，对于中层管理人员、团队长、业务员等中低层级人员，主要依法追缴其获得的工资、佣金、提成等违法所得，同时可按照违法所得的相应倍数或根据其造成损失数额的一定比例，认定其所应承担的退赔责任。

如案例二中，被告人王某作为B集资平台的中低层级人员，参与募集资金2.5亿余元，未兑付本金1.4亿余元，非法获利80余万元，若要求其对B平台造成的全部损失1.4亿余元承担退赔责任则过于严苛。

④涉案门店租金、押金的追缴。实践中，集资平台往往通过在全国各地设立分支机构、大肆开设门店的方式募集资金，部分集资款项被用于支付租金、押金。如案例二中，B集资平台的被害人提出应当对该部分钱款进行追缴。考虑到涉案门店

的租赁关系合法有效，出租人亦已支付相应对价，其对涉案门店因案发而被终止租赁关系并不存在过错，故不宜通过刑事裁定对出租人收取的租金、押金予以追缴。经综合权衡，必要时可通过发函等手段对出租人已收取租金、押金中不合理的部分予以催讨。

⑤用于广告代言费用的追缴。非法集资案件中，明星等社会公众人物为集资平台提供广告代言服务并获取费用的情形较为常见，实践中应当区分情形处理：其一，代言人对非法集资活动性质并不明知且尽到合理审慎义务的，对其获取的合理劳务报酬部分可不予追缴；超出合理部分的，可予以追缴。其二，代言人虽对非法集资活动性质并不明知，但在代言过程中存在重大过错，未尽到合理审慎义务的，一般也应予以追缴。其三，代言人明知系非法集资活动还提供广告宣传服务的，以非法集资犯罪的共犯论处，代言费用理应予以追缴，并根据案件具体情况责令其承担其他退赔责任。如案例二中，公众人物李某为B集资平台代言时未尽到合理的审慎义务，故对其收取的200万元代言费应予以追缴。

⑥用于商业赞助费用的追缴。对于将非法集资钱款或转化财物用于商业赞助的情形，考虑到商业赞助对于涉案企业实质上属于软广告宣传行为，如果被赞助方未支付任何对价即获取赞助费用的，对该部分赞助费用可予以追缴；若支付的对价明显低于合理市场价格的，则可要求其补足差价部分。

⑦不予追缴的情形。以非法集资的钱款或者转化财物进行公益、慈善活动的，考虑到此类活动与社会责任、公共利益及帮助特殊群体获得正常生存和发展权利密切相关，故对该部分钱款可不予追缴。

（2）继续追缴与责令退赔的路径。为保证追赃挽损的效果，办案机关可根据集资款的不同去向，区分继续追缴与责令退赔的路径。

①经营性项目的追缴路径。由于此类财产处置的专业性、技术性较强，有条件的法院可参照破产管理人制度，引入律师、会计师、审计师、资产评估师等专业人士作为“第三方管理人”，在办案机关的监督下接管相关涉案财物并开展清收。特别是经评估后存在经营可能性的投资项目、经营实体，可在征得被害人代表同意后，交由相关单位托管、经营，经营所得逐步用于弥补被害人损失。

②对外债权的追缴路径。办案机关可分阶段、分层次追缴对外债权，具体如下。

其一，案件查处初期，可适当保留或恢复网贷平台的贷款催收功能，由办案机关监督指导催收工作，以便借款人通过平台及时归还借款。

其二，审理或执行阶段，办案机关可开通专门的“债权清收平台”，通过发布催收公告、短信等方式，督促所有借款人在公告期限内尽快登录平台对所涉债务予以确认并偿还。

其三，借款人在公告期限内未归还所借资金的，若债权债务关系清晰，刑事审判庭可根据出借金额大小，分批、分区间出具裁定书直接予以追缴；由于债权债务关系尚不清晰等原因，不宜由刑事审判庭出具裁定书追缴的对外债权，可由执行局根据相关财产线索，通过出具履行到期债务通知书予以追缴。如案例三中，刑事审判庭即通过出具裁定书的方式，对出借资金在 5 万元以上的 4000 余名借款人的借贷资金直接予以追缴。

其四，对于恶意逃废债的借款人，可与相关部门配合，集中开展失信惩戒。其中，借贷资金数额较大的，可直接纳入失信被执行人名单，按照相关规定限制高消费；对于小额借款人，基于比例原则，应审慎开展失信惩戒或采取限制高消费措施。

其五，必要时，可委托律师事务所等第三方社会中介机构，对已到期债务通过民事途径追缴。

3. 涉案财物的归集与处置

非法集资案件的关联案件往往遍布全国各地，为最大限度追赃挽损，有必要对各地办案机关查扣的涉案财物、资金进行归集。根据 2019 年《最高人民法院、最高人民检察院、公安部关于办理非法集资刑事案件若干问题的意见》第 9 条的规定，跨区域非法集资刑事案件由案件主办地办案机关及时归集涉案财物。

对于跨区域的系列分案，由案件主办地办案机关或处置非法集资职能部门跟踪、掌握外地办案机关追缴、责令退赔的财物情况，并通过发函等方式进行归集，必要时可层报上级办案机关协调处理。对于涉案款项及被告人退赔金额，可要求外地办案机关直接转至案件主办地办案机关；对于查扣的其他涉案财物，可要求外地办案机关配合提供涉案财物的来源、去向、用途、流转情况、查扣情况及处置情况清单，待处置结束后再将相关款项转至案件主办地办案机关。

对于被害人提供的外地办案机关针对同一系列案件查扣财物的明确线索，主办地办案机关应根据反映情况主动与外地办案机关联系，及时处理。

4. 资金的清退与发还

一般情况下，对于参与集资的被害人损失，应当按查扣在案的财物总额占全案未兑付金额的比例予以发还，但实践中亦存在不宜参与全案按比例发还的情形。此外，考虑到实践需要，办案机关在发还资金的同时还应为无法取得联系的被害人等特殊群体预留相应比例的受偿款。

（1）发赃对象及金额的确认。一般而言，刑事发赃的对象应当是经刑事审判程序确认的被害人，但非法集资案件中遗漏被害人的情形较为常见。考虑到此类案件的特点，基于经济原则与充分救济原则，有必要将被遗漏的被害人纳入刑事发赃范围。实践中，该部分人员可向办案机关主张权利，办案机关在审计部门的配合下对其提交的证据材料审核确认后，可以让该部分人员参与发赃。

对于被害人提出的审计认定金额与实际受损金额不符的情形，被害人应当向办案机关提供银行流水、转账凭证等证据材料，经审计部门重新审计、办案机关予以确认后，方可以确认金额为依据参与按比例发赃。

（2）特定平台或子公司集资款项来源明确情况下集资款项的发还。对于涉案单位的某一集资平台或其子公司所涉集资款来源明确，与其他平台、关联公司集资款来源能够截然分离的，考虑到与该平台、子公司相关的涉案财物权属关系明确，此时不宜参与全案按比例返还，而是应当对该特定平台或子公司所涉被害人单独按比例返还。2011 年《最高人民法院、最高人民检察院关于办理诈骗刑事案件具体应用法律若干问题的解释》中对此亦有相应规定。

（3）未进入资金池的集资款项的发还。实践中存在投资人的钱款尚未进入资金池，集资平台就因“爆雷”而案发的情形。如果查明该部分投资款仍保留在第三方支付平台，确未实际进入资金池、未与其他投资人的钱款混同、与投资人权属对应关系明确的，可考虑直接予以退还。

（4）追缴到案金额过低时的处理。当非法集资案件追缴到案的金额明显过低，而参与分配的被害人人数又较多时，若再由法院主动按比例发还，不仅对弥补被害人损失不具有实际意义，还会浪费已经紧缺的司法资源，与涉案财物处理的经济原则相悖，故此时不宜再由法院主动发还，可以考虑依被害人申请按比例发还。

（5）特殊情形下受偿款的预留及发还。实践中存在部分被害人去世、下落不明或经通知未能及时提供收款账户等信息的情形。对于已经去世的被害人，可以由其顺位继承人经公证后向法院提出申请，符合条件的，与其他被害人享有参与发赃的同等权利。对于下落不明或经通知未能及时提供收款账户等信息的被害人，其受偿的相应款项应当按比例预留。

5. 刑民交叉问题的处理

（1）涉案财物追缴与善意取得制度的协调。非法集资案件的集资款去向十分复杂，其中用于偿还债务或用于投资项目的情形较为常见，甚至还存在多次流转的情形。办案机关能否以涉案财物系违法所得一追到底，案外第三人能否以善意取得为由对抗追赃，实践中存在争议。

对此，应当根据《刑事涉财产执行规定》第 11 条及 2011 年《最高人民法院、最高人民检察院关于办理诈骗刑事案件具体应用法律若干问题的解释》第 10 条的规定，非法集资案件的被告单位、被告人将认定为赃款赃物的涉案财物用于债务清偿、投资项目或者转让给他人的，应当根据受让人是否明知是涉案财物、是否支付合理对价以及取得涉案财物的原因及方式等综合判断受让人是否符合善意取得的要件。受让人不符合善意取得要件的，办案机关应当视情况对涉案财物或受让方的其他资产进行追缴。

如案例四中，F 集团在未对 G 公司进行尽职调查，与 G 公司未约定业绩要求及投资资金退出等重要内容的情况下，以高于每股净资产 13 倍的价格对 G 公司增资扩股，投资金额特别巨大，且资金最终去向不明；而 G 公司的实际控制人又明知 F 集团系互联网金融公司，应当清楚 F 集团的投资资金来源于集资款。经综合判断，G 公司显然不属于善意取得，故法院出具刑事裁定书向 G 公司追缴相应钱款。

（2）退赔被害人损失与其他民事债务清偿的顺位。涉众型非法集资案件的被告单位、被告人往往还会涉及其他民事债务的清偿问题。法院在对涉案财物以及被告单位、被告人的合法财产进行执行时，除被害人外的其他权利主体也可能会根据不同的执行依据申请参与被执行财产的分配，存在被告人刑事责任和民事责任交叉时的优先顺位问题。

根据 2014 年《刑事涉财产执行规定》第 13 条第 1 款的规定，被执行人在执行中同时承担刑事责任、民事责任，其财产不足以支付的，退赔被害人的损失优先于其他民事债务受偿。2019 年《最高人民法院、最高人民检察院、公安部关于办理非法集资刑事案件若干问题的意见》第 9 条第 4 款则作出更具弹性的规定：退赔集资参与人的损失一般优先于其他民事债务以及罚金、没收财产的执行。因此，实践中有必要根据被查扣财物的性质及查扣顺序区分处理。

①被查扣财物系赃款赃物或赃款赃物转化而成时的清偿顺位。被查扣财物系赃

款赃物或赃款赃物转化而成的，退赔被害人的损失应当优先于其他民事债务的执行。原因在于：赃款赃物或赃款赃物转化而成的财物应当被视为被害人的财物，而不是被执行人在民法上的责任财产。相对而言，被害人要求退赔的权利属于类似物权请求权性质的权利，故应将该部分财物交还财物的合法所有者即被害人。

②被查扣财物与赃款赃物无关时的清偿顺位。被查扣财物与赃款赃物无关时，应当根据非法集资案件及其他民事案件的查扣顺序区分处理。如果系刑事案件首次查封、冻结的，考虑到刑事办案机关在追赃挽损过程中付出了大量的人力、物力，且不少财产线索由被害人提供，故退赔被害人的损失应当优先于其他民事债务的受偿。相反，如果刑事案件系在其他民事案件之后轮候查封、冻结的，应该考虑平等分配或民事案件适当优先分配原则。该情形下，如果退赔被害人损失仍然优先于其他普通民事债务，则有违参与分配制度的初衷，也显失公平。

（3）存在优先受偿权的民事债务的清偿范围。根据 2014 年《刑事涉财产执行规定》第 13 条第 2 款的规定，债权人对执行标的依法享有优先受偿权，其主张优先受偿的，人民法院应当在人身损害赔偿中的医疗费用受偿后予以支持。据此，如果在案证据证实民事债权人对查扣的涉案财物享有法定优先权，且不能认定债权人非善意或有明显过错的，民事债权人对执行标的的优先受偿权可以对抗所有权，即一般先于退赔被害人损失受偿。

涉众型非法集资案件中，存在优先受偿权的民事债务的清偿范围应当仅限于主债权，而不包括利息、违约金等。这是因为此类案件中刑事被害人参与发赃的依据是本金损失，并不包括利息，且通常被害人损失的获赔比例很低。在此情形下，相应民事债权的优先受偿权范围有必要限定为本金，而不能包括利息，否则有违案件处理的公平原则与利益衡平原则。

第二节　证券犯罪的审理思路及要点

一、证券内幕交易犯罪案件的审理思路和裁判要点

证券内幕交易犯罪案件是指我国《刑法》第 180 条第 1~3 款所规定的发生在证券市场领域的内幕交易、泄露内幕信息犯罪案件。由于该类案件涉及大量证券专业知识，相关法律规定未臻完善，实践中频发争议问题。为确保审判质量，现以典型

案例为基础，对该类案件的审理思路和裁判方法进行梳理总结。

（一）典型案例及问题

典型案例一：涉及内幕信息敏感期的认定

2013年8月15日，A公司（系上市公司）董事长胡某提出收购B公司的构想，并征求总经理陈某等人意见。陈某当即表示收购有利于公司发展，并负责起草预案。同年9月18日，A公司通过了收购预案并开展谈判工作；11月1日，A公司和B公司签署收购协议，并于次日对外公告。经查，同年8月16日至11月1日，陈某陆续买入大量A公司股票。

典型案例二：涉及犯罪主体的认定

黄某系C公司（系上市公司）总经理。李某与杨某分别为黄某的专职司机和保姆，黄某从未向两人透露过自己的工作单位或职务等情况。李某通过长期接送黄某上下班及参加应酬等判断出黄某系C公司的高级管理人员，而杨某对黄某的身份和职务等并不知情。李某和杨某偶然听到黄某打电话时谈及C公司重大资产重组的信息，随后二人在该内幕信息敏感期内分别买入C公司股票。

典型案例三：涉及犯罪行为的认定

汪某系某公司高管，在工作中获知本公司将被D公司（系上市公司）并购的内幕信息，后与其表兄彭某多次电话联系。彭某于某次深夜通话的次日亏本卖出全部股票，全仓买入D公司股票，并用手机向他人发送“D公司股票有封盘可能，建议满盘杀入”的信息。案发后，汪某辩称没有向彭某泄露内幕信息，彭某辩称系根据个人分析从事相关交易。经查，彭某此前从未进行过满仓操作、重仓单只股票或亏本卖出等行为。

典型案例四：涉及利益共同体责任的认定

吴某之妻丁某用夫妻共同财产购买了E公司（系上市公司）股票，吴某对此知情。吴某在获知E公司拟发布业绩预亏公告的内幕信息后，向丁某发送短信“E公司业绩预亏”，丁某随即卖出上述股票，不久后E公司股价大幅下滑。

（二）审理难点

1. 内幕信息的敏感期界定难

内幕信息敏感期是内幕信息自形成到公开的时间段，在实践中对该期间的认定存在难点：一是内幕信息的形成往往具有过程性、持续性的特点，确定初始时间的难度较大。二是内幕信息公开时间的认定是否受非官方指定媒体提前传播的影响存在争议。

2. 拒不认罪型案件的犯罪行为认定难

交易行为与内幕信息之间的关联性是认定内幕交易行为的关键。当行为人对内幕信息的泄露、获取和内幕交易等情况均拒不供认时，裁判中需综合各项证据充分论证交易行为与内幕信息的关联性。

3. 违法所得的计算方法选择难

相关法律法规对内幕交易违法所得数额计算方法的规定较为笼统，导致司法机关对相关规则的认识不一，做法不尽相同。

4. 不同内幕交易行为的罪名认定难

内幕交易犯罪和泄露内幕信息犯罪在实践中的表现方式复杂多样，既可能构成上下游犯罪，又可能构成共同犯罪，在定罪方面争议较大，适法不统一的情况时有发生。

（三）审理思路和裁判要点

内幕交易、泄露内幕信息犯罪的对象是“内幕信息”。行为人通过对内幕信息的不当泄露、获取、交易等行为，取得了证券市场中的不正当竞争优势，破坏了证券市场的公平秩序，侵害了其他投资者的合法权益。因此，在审理该类案件时，应当紧扣内幕信息这一核心要素，依序展开审理思路。

1. 审查内幕信息

我国《证券法》第 52 条对内幕信息作了明确规定，载明内幕信息具有“非公开性”和“重大性”的双重特征，审查时应予重点把握。

（1）审查信息是否具有“非公开性”。内幕信息的“非公开性”表现为信息在敏感期即内幕信息自形成至公开的期间内禁止对外公开。敏感期的起点通常为影响内幕信息形成的动议、筹划、决策或者执行的初始时间，即使此时内幕信息尚不确定，也应认定为在敏感期内。敏感期的结束时间是内幕信息在国务院证券监督管理机构指定的报刊、媒体上披露的时间。需要注意的是，内幕信息被强制披露信息人以外的人在非指定报刊、媒体提前泄露的，敏感期不提前结束，因为该渠道不具有权威性，广大投资者无法据此判断信息的真伪和实现可能性。

（2）审查信息是否具有“重大性”。内幕信息的“重大性”特征表现为信息公开后会对证券交易价格产生重大影响，也就是说，我国立法对内幕信息重大性的认定采用的是“价格敏感标准”。具体判断时，首先审查相关信息是否属于《证券法》

第 80 条、第 81 条所列举的涉及经营、财务、人事、担保、诉讼等可能对上市公司股票交易价格产生重大影响的事件，如果属于可径直认定为内幕信息；如果不属于列举情形的，可参照历史同类信息是否对股票价格产生重大影响决定是否适用兜底条款认定为内幕信息。

（3）审查信息是否具有“真实性”。除须具备“非公开性”和“重大性”特征外，内幕信息还应具有真实性特征。这里的真实性并非指绝对意义上的真实，而应当以“相对真实”作为认定标准。即不论在国务院证券监督管理机构指定报刊、网站等媒体上公开的信息内容是否准确，只要该信息与在指定报刊、网站等媒体上首次公开的信息保持基本一致，即可认定具有真实性。这是因为考虑到广大股民对指定报刊、网站等媒体的信赖，信息一经指定报刊、媒体公开，往往便会对证券市场价格、交易量产生重大影响。即使该信息并非绝对准确甚至可能失实，但在未公开前，也应当被禁止用于从事证券交易。此外，实践中还存在内幕信息最终未在指定报刊、媒体公开的情形，此时应当以信息内容是否客观真实作为认定标准。

2. 审查犯罪主体

本罪主体包括内幕信息的知情人员和非法获取内幕信息的人员，审查主体是否适格可根据具体情形分别处理。

（1）审查内幕信息的知情人员。内幕信息知情人员，包括基于管理地位、监督地位、职业地位或者通过职务行为能够接触或者有权获取内幕信息的人员。实践中，可根据我国《证券法》第 51 条的规定审查判断涉案人员是否属于本罪适格主体。需要注意的是，发行人（上市公司）的控股股东、实际控制人控制的其他公司的董事、监事、高级管理人员不是法定的内幕信息知情人员。

（2）审查非法获取内幕信息的人员。非法获取内幕信息的人员，是指原本无权获取但通过非法途径获取内幕信息的人员，《最高人民法院、最高人民检察院关于办理内幕交易、泄露内幕信息刑事案件具体应用法律若干问题的解释》第 2 条规定了三种情形。

①非法手段获取型。即强调该类人员获取内幕信息的手段本身就是非法的，如通过窃取、骗取、套取、窃听、利诱、刺探等手段获取内幕信息。

②特定身份获取型。这类人员基于特定身份而被禁止获取内幕信息，但仍予以获取的，至于其获取手段是否合法在所不问。内幕信息知情人员的所有近亲属（不限于夫、妻、父、母、子、女、同胞兄弟姐妹），以及其他与内幕信息知情人员关

系密切的人员（如内幕信息知情人员的情妇、情夫等）均属于特定身份型非法获取内幕信息人员的范围。实践中，关于其他与内幕信息知情人员关系密切的人员的判断，应当根据其能否基于密切关系判断出信息真伪和实现可能性、交易行为是否异常、行为人所作解释的合理性等加以认定。

③积极联系获取型。即在内幕信息敏感期内，与内幕信息知情人员有过联络、接触的人员。实践中，应当结合行为人与内幕信息知情人员的通话记录、信息往来情况、交易行为的异常情况等进行综合判断。

3. 审查犯罪行为

根据交易主体等查明属于以下哪类交易行为：一是内幕信息知情人员从事的与内幕信息相关的证券交易；二是被明示、暗示的人员从事的与内幕信息有关的证券交易；三是非法获取内幕信息人员从事的与内幕信息有关的交易。

（1）内幕交易行为的审查认定。

①审查交易行为是否发生在内幕信息敏感期内。需要注意的是，与内幕信息利好利空性质相反的交易行为不符合内幕交易趋利避害的动机，所以对于利好型内幕信息只审查买入行为的时间，对利空型内幕信息只审查卖出行为的时间。

②审查交易行为是否明显异常。实践中，通常从时间吻合程度、交易背离程度和利益关联程度等方面进行综合把握。具体如下：一是审查时间吻合程度。包括审查账户变动情况（行为人开户、销户、激活资金账户或者托管、转托管时间）、资金变化时间、相关证券合约的买入或卖出时间等与内幕信息的形成、变化、公开时间是否基本一致，以及买入卖出的时间与获悉内幕信息的时间是否基本一致。吻合程度、相关交易行为与内幕信息之间的关联性成正比，吻合程度越高，关联性越大。二是审查交易背离程度。即从交易行为与正常交易的背离程度予以把握，重点审查相关交易行为与行为人平时的交易习惯或者证券公开信息反映的基本面是否明显背离。三是审查利益关联程度。即从账户交易资金进出与内幕信息知情人员或者非法获取人员有无关联或者利害关系把握。同时，考虑到实践情况错综复杂，相关司法解释还规定了兜底项，故还应当注意是否存在其他与正常交易行为相背离的明显异常情形。需要注意的是，前述某一方面要素明显异常的，并不意味着交易行为就明显异常，还是应当结合案件情况综合分析。

以案例三为例，彭某交易行为的异常性表现在以下几个方面：其一，时间吻合程度方面，在与汪某电话联系的次日即买入涉案股票；其二，交易背离程度方面，亏本卖出全部股票后全仓买入涉案股票，明显违背其交易习惯；其三，利益关联程度方面，彭某与汪某系表兄弟关系，汪某是涉案股票的内幕信息知情人员；其四，彭某发消息告诉朋友该只股票有封盘可能，明显超出一般投资者的认知水平和预测能力。彭某虽辩称依靠个人分析进行交易，但无法提供证明材料，不具有法定正当理由，据此足以认定彭某的交易行为和汪某所知的内幕信息之间具有关联性，彭某的行为属于内幕交易行为。

③审查是否存在犯罪阻却事由。法院经综合审查认为确实存在异常交易的，还应当审查行为人是否具有正当理由或者正常信息来源。即审查是否存在《最高人民法院、最高人民检察院关于办理内幕交易、泄露内幕信息刑事案件具体应用法律若干问题的解释》第 4 条列举的四项内幕交易、泄露内幕信息犯罪的阻却事由。

④审查交易行为的情节严重程度。我国《刑法》对内幕交易行为规定了“情节严重”和“情节特别严重”两档法定刑。根据司法解释规定，实践中主要审查单次证券交易成交额、获利或者避免损失数额、交易次数等要素。同时，考虑到内幕交易情形错综复杂，司法解释还设置了“具有其他严重情节的”“具有其他特别严重情节的”兜底项，实践中可根据个案具体把握。需要注意的是，同一案件中，从不同审查角度判断如果分别构成情节严重、情节特别严重的，应按照处罚较重的数额适用情节特别严重的法定刑。

（2）审查泄露内幕信息行为。确认内幕交易行为后，再审查有无对应的泄露内幕信息行为，具体可以遵循以下思路。

①审查泄露内幕信息的主体。内幕信息知情人员、非法获取内幕信息人员均是泄露内幕信息的适格主体。非法获取行为有时依附于泄露行为而存在，特别是在通过利诱、刺探或者私下交易等手段获取、利用特定身份获取以及通过积极联系获取内幕信息的情形中，均存在对应的主体实施泄露内幕信息的行为。

②审查行为人是否具有泄露内幕信息的主观故意。应当结合在案证据，从行为人与信息获取者之间的关系、二者之间的联络情况、内幕交易行为与信息的关联程度等方面综合把握。需要注意的是，因过失导致内幕信息泄露的，不属于刑法规制范畴。

③审查行为人泄露的内幕信息是否达到足以使对方领会的程度。内幕信息的泄露行为并不要求行为人将与内幕信息相关的全部内容与细节均完整地透露出来。行为人仅泄露部分内容与细节的，只要信息获取者能够从泄露部分领会信息内容，并

能做出利好、利空判断即可。

④审查信息获取者是否实际从事与行为人泄露的内幕信息有关的交易活动。认定行为人构成泄露内幕信息罪需以信息获取者实际从事与该内幕信息有关的交易活动为要件。如果信息获取者最终未利用内幕信息从事相关交易活动的，意味着相关泄露行为并未对证券市场秩序造成实质损害，不具有刑法意义上的社会危害性。

4. 审查违法所得的计算方法

违法所得是内幕信息的价值反映，表现为行为人通过内幕交易行为的获利数额或避损数额。由于证券市场错综复杂，行情走势受诸多因素影响，故违法所得的计算方法需分情形把握。

（1）两次以上交易或泄露内幕信息相关交易数额的累计计算。两次以上实施内幕交易或者泄露内幕信息行为，未经行政处理或者刑事处理的，应当对相关交易数额依法累计计算。需要注意的是，单次内幕交易或者泄露内幕信息行为如果不构成犯罪，但超过行政处罚时效限制或者构成犯罪但超过追诉时效的，不在累计范围之内，但依照法律不受追诉期限限制的除外。此外，对于单次买入金额、卖出金额不同的，一般应将与内幕信息相关联的买入行为或者卖出行为对应的金额认定为成交额。

（2）获利型内幕交易违法所得的计算。获利型证券内幕交易已平仓的，如账户内有实际收益，则以实际收益认定违法所得。未平仓的，则以账面收益认定违法所得，计算公式如下：［复牌日（若复牌即涨停的，则以首个涨停板打开日为准）的收盘价－买入价］×未平仓股票股数。需要强调的是，对于为逃避处罚而卖亏的股票，应当按照账面所得计算。

（3）止损型内幕交易违法所得的计算。止损型证券内幕交易行为只计算平仓部分的违法所得，未平仓部分不作为内幕交易犯罪处理。违法所得的计算方法可以参考前述获利型证券内幕交易未平仓的账面收益认定方法，公式如下：［卖出价－股票复牌日（复牌后即跌停的，则以首个跌停板的打开日为准）的收盘价］×平仓股票股数。

（4）股票分红能否计入违法所得。实践中，内幕交易行为人的利益增值中可能包含股票分红。对此，如果分红直接派生于内幕信息的内容和价值，即行为人是因为股票分红的内幕信息从事交易的，则分红理应计入违法所得；如果该分红与内幕信息的内容和价值无关，则不计入违法所得，而应作为犯罪孳息予以追缴。

（5）内幕交易失败时是否计算违法所得。内幕交易失败，是指行为人的内幕交易行为违背预期，没有成功获利或止损，违法所得为负值的情形。该情形不必计算具体违法所得数额，在裁判文书中客观表述亏损即可。

（6）已经行政处罚的认定。行为人已经根据《证券法》第 191 条的规定被行政机关没收违法所得并处罚款的，如果没有新的证据证明行政机关认定的违法所得数额有误，则可直接以行政机关认定的数额为违法所得数额。对于多次实施内幕交易，或泄露内幕信息的，其中已经被行政处理的，相关交易数额、违法所得数额不累计计算。

（7）“二手以上”人员利用泄露内幕信息人员泄露的内幕信息进行交易时对泄露内幕信息人员的责任认定及数额计算。如果泄露信息一方明知内幕信息被“再传”而不加以制止的，应当认定其具有再次泄露内幕信息的间接故意，根据导致他人从事内幕交易的具体情况承担相应刑事责任，同时，应当将“二手以上”再传人员的犯罪数额计入泄露信息一方的犯罪总额。

5. 罪名的确定

《刑法》规定的内幕交易、泄露内幕信息罪属于选择性罪名，是对行为方式的选择。前者表现为从事与内幕信息有关的交易，后者表现为将内幕信息泄露给他人。现结合行为人的主观故意和客观行为，对实践中常见行为的罪名选择作分别说明。

（1）向他人泄露内幕信息后又伙同对方进行内幕交易的，应认定为内幕交易、泄露内幕信息罪，数额不累计计算。依据选择性罪名的刑法理论，针对同一笔数额分别实施了两种行为的，对两种行为认定为一罪，数额不累计计算。因此，行为人向他人泄露内幕信息后又伙同对方从事内幕交易的，应认定为内幕交易、泄露内幕信息罪，犯罪数额不累计计算。

（2）自行内幕交易，又向他人泄露内幕信息导致对方进行内幕交易的，应认定为内幕交易、泄露内幕信息罪，数额累计计算。依据选择性罪名的刑法理论，针对不同笔犯罪数额分别实施了两种行为的，对两种行为仍认定为一罪，数额累计计算。因此，行为人自行内幕交易，又向他人泄露内幕信息导致他人进行内幕交易的，应认定为内幕交易、泄露内幕信息罪，犯罪数额为自行交易的数额与泄露内幕信息导致他人交易的数额之和。

（3）泄露内幕信息行为人对内幕信息被“再传”是否承担刑事责任，应审查其主观罪过形态。根据主客观相一致原则，泄露内幕信息行为人对内幕信息被“再传”是否承担刑事责任，应当审查其对于“再传”行为的主观态度。如果泄露人明知内幕信息被“再传”而不加以制止的，应当认定其具有再次泄露内幕信息的间接故意，根据导致他人从事内幕交易的具体情况承担相应刑事责任；如果其不明知内幕信息被“再传”或者明知后加以制止的，应当认定其主观上不具有再次泄露内幕信息的故意，不应承担刑事责任。

（4）仅用内幕信息换取报酬不参与交易的，一般应认定为泄露内幕信息罪。行为人用内幕信息换取报酬的情形与常见的内幕交易共同犯罪情形具有相似性，表现为行为人均主观追求通过内幕信息获得经济利益。但前者行为人并不关心对方的交易活动，客观上也没有实际参与对方的内幕交易行为，属于罪状表述中的“在对证券交易价格有重大影响的信息尚未公开前，明示他人从事交易活动的行为”，应认定为泄露内幕信息罪。

（5）利益共同体中泄露内幕信息的一方，应审查其主观罪过形态确定责任。配偶关系或者其他基于法定、约定形成的利益共同体中的各方均有维护共同经济利益的动机，且相互之间具有较高的熟悉度和默契度，有能力掌握对方的交易情况以及判断对方的内心想法。对利益共同体中泄露内幕信息一方如何定罪，应审查其主观罪过。如果利益共同体中泄露信息的行为人主观上确实没有了解对方账户情况的可能性或者要求对方进行内幕交易的意图，则应认定为泄露内幕信息罪。如果行为人主观上明知对方账户情况，并且出于维护共同财产利益考虑泄露内幕信息的，可推定泄露方具有希望或放任对方从事内幕交易的意志，应认定双方构成内幕交易罪的共同犯罪。

如案例四中，吴某在知道妻子丁某已用夫妻共同财产大量买入 E 公司股票的情况下，将该公司利空信息泄露给丁某，即使没有明说尽快抛售，吴某也可基于夫妻共同财产的利益考量进行避损交易，因此吴某对丁某的交易行为具有主观故意，应认定为内幕交易罪。

（6）利用内幕信息优势操纵证券市场的，从一重罪处罚。行为人利用内幕信息优势操纵证券市场的，可能同时符合内幕交易罪和操纵证券市场罪的构成要件，一般应从一重罪处罚。需注意的是，如某一案件事实适用两罪的主刑量刑档次相同，则因操纵证券市场通常对行为评判更为完整充分，且该罪对罚金并未规定上限，故一般宜认定构成操纵证券市场罪。

6. 刑罚适用问题

内幕交易、泄露内幕信息罪的刑罚包括自由刑、罚金、追缴违法所得三个方面。

（1）自由刑。《刑法》对本罪规定了“情节严重”和“情节特别严重”两档法定刑。实践中，对同一事实、同一数额的内幕交易行为人和泄露内幕信息行为人之间是否应当区别量刑存在争议。有观点认为应区别量刑，原因在于单纯的泄露内幕信息行为并没有直接侵害证券市场秩序和广大投资者合法权益。本书认为，实践中大多数案件的泄露内幕信息行为是内幕交易行为的主要原因，特别是内幕信息知情人员负有保密义务，理应认识到内幕信息的价值性、诱惑性和泄露的危害性。泄露内幕信息行为的危害性并不比内幕交易行为低，因此对二者的量刑不应明显区别对待，法院应当综合考量自首、退赃、认罪悔罪态度等情节作出判罚。

（2）罚金刑。《刑法》对本罪规定了违法所得一倍到五倍的罚金刑，且可单处罚金。对于内幕交易失败时是否应判处罚金、泄露内幕信息与内幕交易罚金金额的衡平处理问题，在理论和实践中分歧较为突出。

①内幕交易失败时是否应当判处罚金。法律对此并未明确规定，本书认为以判处罚金为宜。理由如下：一是《最高人民法院关于适用财产刑若干问题的规定》对判处罚金的条件和下限作了原则性规定，本罪可参考适用相关规则。二是《证券法》第 191 条对内幕交易失败的情形已规定相应罚款，刑罚的适用应与行政处罚具有衔接性和协调性。三是本罪系经济犯罪，应给予行为人一定的经济处罚。罚金数额的确定可参照《证券法》相关规定。

②泄露内幕信息与内幕交易罚金金额的衡平处理。根据《最高人民法院、最高人民检察院关于办理内幕交易、泄露内幕信息刑事案件具体应用法律若干问题的解释》第 9 条第 2 款、第 10 条的规定，内幕交易共同犯罪中对各被告人判处罚金的总额，需在违法所得的一倍到五倍的区间内加以确定，泄露内幕信息人的罚金按照内幕交易人违法所得数额的一倍到五倍来确定。若形而上地依据该规则判决，则会导致行为人单纯泄露内幕信息的罚金刑反而重于行为人既泄露内幕信息又伙同对方共同进行内幕交易的罚金刑。为避免上述责任倒挂的问题，法院宜对前者处以较低倍数的罚金刑，对后者处以较高倍数的罚金刑。

（3）追缴违法所得。犯罪行为人如有内幕交易违法所得或者报酬、分红等非法所得的，应予追缴。如果获利型内幕交易尚未平仓的，则应将未平仓的股票全部予以平仓变现后追缴，而不应以判决所认定的账面收益作为追缴的数额标准。

二、利用未公开信息交易犯罪案件的审理思路和裁判要点

利用未公开信息交易，是指证券交易所、期货交易所、证券公司、期货经纪公司、基金管理公司、商业银行、保险公司等金融机构的从业人员以及有关监管部门或者行业协会的工作人员，利用因职务便利获取的内幕信息以外的其他未公开的信息，违反规定，从事与该信息相关的证券、期货交易活动，或者明示、暗示他人从事相关交易活动的行为。从本质上讲，利用未公开信息交易属于欺诈行为，行为人窃取公司智力成果和资本研究成果，通过抢先交易、跟随交易或借势交易，获取非法利益。因其行为较为隐蔽且无法见光，偷偷利用公司建仓某一金融产品之信息从中分一杯羹，故此种违法模式又被形象地称为“老鼠仓”。

在我国证券、期货交易活动中，利用未公开信息交易犯罪案件较为频发，破坏证券、期货市场的公平交易秩序，损害投资者的合法权益及金融行业的信誉，影响国家金融安全和资本市场健康发展。该类犯罪属于典型的“白领犯罪”，专业性、技术性、隐蔽性较强，认定难度较大，且犯罪所涉金额较大，具有严重的社会危害性。为保证此类案件的审判质量与适法统一，本文结合司法实践中的典型案例，对此类案件的审理思路和裁判要点进行梳理、提炼和总结。

（一）典型案例及问题

典型案例一：涉及未公开信息的审查认定

公诉机关指控，2010 年 9 月至 2013 年 6 月，被告人李某利用负责 A 基金公司自营资金账户管理和股票投资决策的职务便利，先于、同期于或稍晚于 A 基金公司上述自营资金账户买卖相同股票 30 只，成交金额累计 3000 余万元，非法获利金额 200 余万元。李某辩称，在其与 A 基金公司的趋同交易中，有部分股票系其根据当时已公布的利好消息购买。法院经审理认为，其中 10 只股票在李某进行交易前曾发布收购增资、利润增长、分红派股等利好业绩公告，李某根据从公开渠道获取的信息购买上述股票的辩解具有合理性。

典型案例二：涉及趋同交易的认定

2013 年至 2017 年 5 月，被告人赵某违反规定，利用其所掌握的 4 只基金产品的投资决策及交易执行等未公开信息，使用其实际控制的他人证券账户，趋同交易股票 330 余只，非法获利共计 1523 万余元。被告人赵某及其辩护人提出，部分指控事实中，基金账户买入前涉案账户已交易完毕、基金账户卖出后涉案账户才开始

交易，虽然该部分交易形式上符合“前五后二”标准，但不应认定为趋同交易。

典型案例三：涉及行为人明示或暗示他人从事相关交易活动的认定

2008 年 11 月至 2014 年 5 月，被告人王某甲担任 D 基金公司交易管理部债券交易员。2009 年 1 月 15 日至 2011 年 8 月 9 日期间，王某甲多次登录该基金公司交易管理部在恒生系统开设的公用查询账号，能够知悉该基金旗下所有股票类基金、年金和专户等产品的交易指令、交易品种、交易方向、交易数量、交易时间和持仓情况等未公开信息。被告人王某乙、宋某某系被告人王某甲父母。2009 年 3 月至 2011 年 8 月期间，王某乙、宋某某实际控制的他人证券账户内的交易金额、交易频率与王某任职的 D 基金公司旗下股票基金产品交易趋同程度较之前明显大幅增加。另查明，王某乙、宋某某并不认识王某甲以外的其他 D 基金公司工作人员。

典型案例四：涉及私募基金从业人员与公募基金从业人员双向交流投资信息并从事相关交易的认定

2011 年 3 月，被告人姜某某设立某私募基金并从事证券交易；2009 年 4 月至 2015 年 1 月，被告人柳某担任 E 基金公司基金经理，管理某公募基金的运营和投资决策。2009 年 4 月至 2013 年 2 月，姜某某频繁与柳某交流股票投资信息。柳某明知姜某某经营股票投资业务，仍将利用职务便利所获取的公募基金交易股票的未公开信息泄露给姜某某；或使用公募基金的资金买卖姜某某向其推荐的股票，并继续与姜某某交流所交易的特定股票。姜某某则利用上述从柳某处获取的未公开信息，使用所控制的证券账户进行股票交易。

（二）审理难点

利用未公开信息交易犯罪案件在审理过程中主要存在以下难点问题。

1. 未公开信息的理解与认定难

最高人民法院、最高人民检察院于 2019 年 6 月联合发布的《关于办理利用未公开信息交易刑事案件适用法律若干问题的解释》第 1 条采用“列举 + 兜底”模式对“未公开信息”的范围进行界定，该规定对于指导司法实践、统一法律适用起到积极作用。但同时应当看到，当前我国证券、期货领域的相关政策以及相关法律法规正在不断改革、完善之中，在此背景下，某些案件中所涉信息是否属于“未公开信息”出现难以认定的情况。实践中，对于前述司法解释中规定的“其他可能影响证券、期货交易活动的信息”如何理解，存在较大争议。

2. 证明标准难以把握

实践中，具有特定身份的人员在利用职务便利获取未公开信息后，往往会采取与外部人员分工协作的方式进行股票交易，隐蔽性强，查处难度较大。特别是在出现“零口供”的情形下，如何证明身份犯与操盘手之间的犯意联络，进而证明身份犯“明示或暗示他人从事相关交易活动”难度较大。

3. 趋同交易的理解与认定存有争议

实践中，司法机关通常将“前五后二”（“T-5”日至“T+2”日期间，T为交易日）这一证券业内惯例即行为人在机构交易日的前五日至后两日期间进行的交易作为认定行为人趋同交易时间以及计算交易金额的标准。原因在于这一时间范围内，行为人掌握的信息一般不为普通投资者所知悉，符合信息未公开性的要求。在行为人无相反证据证实其交易行为与掌握的未公开信息无关的情况下，可以推定上述时间范围内的交易与相关机构的交易具有关联性。应当说，该认定标准在过去一段时间内为适法统一提供了相应依据，但同时也应当看到，该标准在实践中的僵化适用产生了较为突出的问题，如基金经理等利用未公开信息进行交易时刻意规避“前五后二”的时间范围，以逃避法律制裁。因此，当前如何理解与把握趋同交易存在较大难度。

4. 违法所得的计算标准尚不统一

利用未公开信息交易案件中违法所得数额的计算是对行为人进行定罪量刑的重要依据之一。而违法所得的认定又涉及交易所得与未公开信息之间的因果关系判断。证券、期货市场瞬息万变，价格波动幅度很大，原因纷繁复杂，该情形下，对如何把握交易行为与未公开信息之间的因果关系，按照何种节点、何种价格计算股票账面价值等，争议较大，实践中的做法也不统一。

（三）审理思路和裁判要点

审理利用未公开信息交易犯罪案件，应当从整体上把握以下处理原则：一是充分认识此类案件的社会危害性，坚决贯彻“零容忍”要求，严格把握缓刑的适用条件，注重发挥罚金刑与从业禁止的惩治作用，切实提高违法犯罪成本。二是严格把握刑事处罚与行政处罚的界限，注重行政、刑事不同执法体系移送程序、证据转化与事实认定、处罚力度的有序有效衔接。三是重视客观证据材料的审查运用，尤其在欠缺言词证据的情况下，要综合全案客观证据，合理排除案件矛盾，准确认定案件事实。四是贯彻宽严相济刑事政策，加大对严重损害投资者利益行为的惩处力度，具备从宽情节的，则根据案件具体情况切实把握好从宽幅度。

利用未公开信息交易犯罪的对象是“内幕信息以外的其他未公开信息”。审理此类案件时，应当紧扣未公开信息这一核心要素，按照犯罪构成的主客观要件，依序展开审理思路。

1. 审查未公开信息

未公开信息，是指证券期货交易活动中，除内幕信息以外的对证券期货市场价格有重大影响的其他尚未公开的信息。此类信息一般属于单位内部的商业秘密，法律并不要求此类信息公开，故不属于内幕信息范畴，但鉴于又会对证券期货交易活动产生影响，故而认定为内幕信息以外的其他未公开的信息。认定涉案信息是否属于未公开信息，应当把握以下审查要点。

（1）审查涉案信息是否具有秘密性。即审查涉案信息在行为人从事相关交易活动时是否处于普通投资者无从获悉该信息内容的秘密状态。该涉案信息尚未通过规定渠道或者以其他公众熟知的方式向投资者公布、显示，在信息向市场公布之前，均具有秘密性与时效性。换言之，如果行为人系通过对证券公司等金融机构公开的季报、年报及行业资讯等信息进行技术分析，进而提炼出有价值的预判信息（属于个人调研成果与经验），即使与所在公司投资持有的股票相趋同，一般不应认定为《刑法》上的未公开信息。

（2）审查涉案信息是否具有价格敏感性。即审查涉案信息一旦被实施或公布后是否会对相关证券、期货交易价格产生重要影响。具体判断时，首先应当审查涉案信息是否属于2019年《最高人民法院、最高人民检察院关于办理利用未公开信息交易刑事案件适用法律若干问题的解释》第1条所列举的未公开信息范围，包括以下两个方面：①证券、期货的投资决策、交易执行信息。如基金投资公司即将建仓、出仓的信息等。②证券持仓数量及变化、资金数量及变化、交易动向信息。此类信息主要是指证券交易所等单位受托管理资金的运营情况、客户的交易信息等。需要注意的是，国务院发布的《期货交易管理条例》第81条第11项[①]明确将“期

① 《期货交易管理条例》第81条规定：“本条例下列用语的含义：……（十一）内幕信息，是指可能对期货交易价格产生重大影响的尚未公开的信息，包括：国务院期货监督管理机构以及其他相关部门制定的对期货交易价格可能发生重大影响的政策，期货交易所作出的可能对期货交易价格发生重大影响的决定，期货交易所会员、客户的资金和交易动向以及国务院期货监督管理机构认定的对期货交易价格有显著影响的其他重要信息……”

货交易所会员、客户的资金和交易动向”划归“内幕信息”范畴，不属于未公开信息，也就是说，如果在期货领域利用此类信息进行非法交易的，应当以内幕交易、泄露内幕信息罪论处。如涉案信息不属于前述列举的未公开信息范围的，则再行判断是否属于可能影响证券、期货交易活动的信息。从社会危害性和刑事处罚力度来看，未公开信息与内幕信息具有同等市场价值。对于价格敏感性的判断标准，应坚持主观与客观标准相结合的审查方法。如果理性投资者在交易某一证券、期货产品时不认为相关信息是重要的，即不影响其作出决策判断时，应当以该信息事实上是否会对相关证券、期货交易价格产生实质影响为基础，并参考证券、期货交易的价格波动指数等因素作出判断。

（3）审查行政监管部门出具的认定意见。司法实践中，对是否属于未公开信息难以认定的，可商请有关行政主管、监管部门就涉案信息的类型及性质出具认定意见。对行政主管、监管部门出具的认定函等，法院应当在依法进行客观性、关联性、合法性审查判断后决定是否采信。需要注意的是，行政主管、监管部门出具的行政认定函具备证据资格和证明能力，能够作为定案证据，同时应当重视对抗辩内容的审查，如果辩方确有充足的理由和证据证明涉案信息尚不足以对证券、期货交易活动产生重大影响的，则不应认定为“未公开信息”。

2. 审查犯罪主体

本罪主体为特殊主体，即在证券、期货交易活动中具有先天信息优势，利用职务便利能够先行知悉内幕信息以外的其他未公开信息的人员。具体包括两类：（1）证券交易所、期货交易所、证券公司、期货经纪公司、基金管理公司、商业银行、保险公司等金融机构的从业人员。（2）有关监管部门或者行业协会的工作人员。如证监会等具有金融证券监管职能的监管部门和证券业协会、银行业协会等接受金融监管部门监督管理和业务指导的自律性金融行业协会的工作人员。不具有获取未公开信息职务便利的金融机构或有关监管部门、行业协会的工作人员，偶然间获取未公开信息并从事相关交易的，不构成利用未公开信息交易罪。

需要指出的是，实践中公募基金从业人员与私募基金从业人员互相荐股进行利益输送的情形时有发生。私募基金从业人员购买公募基金从业人员推荐股票的行为，可能构成利用未公开信息共同犯罪。

3. 审查犯罪行为

本罪的实行行为包括两类：一是行为人利用因职务便利获取的未公开信息，违反规定，从事与该信息有关的证券交易活动，情节严重的行为；二是行为人明示、暗示他人从事相关交易活动，情节严重的行为。

（1）行为人本人利用未公开信息从事相关交易活动的认定。

①审查行为人是否利用职务便利获取未公开信息。实践中，可根据单位出具的行为人任免通知书及相关劳动合同，恒生系统人员权限管理办法、恒生系统登录日志和使用情况说明，岗位职责说明书、交易员任职承诺书，关于股票投资权限的说明及相关公告、投资决策委员会会议纪要等证据，审查行为人获取并利用的未公开信息是否源于职务便利。如果行为人并非通过职务便利获取未公开信息，而是通过窃听、骗取、套取、利诱、刺探等非法手段获取或者无意间听到未公开信息的，或通过对证券公司等金融机构公开的季报、年报及行业资讯等信息进行技术分析，并预判出有价值的信息的，即使其从事的相关交易活动与所在公司投资持有的股票相趋同，也不属于利用未公开信息交易罪的规制范畴。如案例一中，指控被告人李某与 A 基金公司趋同交易所涉股票中，有 10 只股票曾在李某交易前发布利好业绩公告，李某关于并非利用职务便利获取未公开信息的辩解存在合理性，从有利于被害人的角度出发，应将该 10 只股票所涉交易金额及获利金额予以扣除。

关于“职务便利”的理解与认定，可参照《刑法》第 382 条贪污罪、第 385 条受贿罪的罪状以及刑法理论通说中关于“利用职务上的便利”的理解进行解释，即行为人具有主管、管理、经手客户资金、投资决策、交易执行或掌握影响证券、期货交易活动信息等的职权及其所形成的便利条件。而且，利用职务便利不仅包括直接利用本人职权获取未公开信息的情形，也包括行为人通过职务上有隶属关系的其他适格主体获取未公开信息的情形。

②审查行为人是否违反了有关未公开信息保护的规定。即审查行为人是否违反了法律、行政法规、部门规章、全国性行业规范有关证券未公开信息保护的规定，以及行为人所在的金融机构有关信息保密、禁止交易、禁止利益输送等的规定。

③审查行为人实施的相关交易活动是否属于趋同交易。所谓趋同交易，是指行为人使用个人账户或实际控制的他人账户，在与未公开信息相关联的一定时间段内实施的与公募基金相同方向、相同交易品种的买入或卖出行为。

关于趋同交易时间范围的界定，我国立法并未对此作出明确规定。实践中，为确保趋同交易金额及违法所得数额计算标准的统一性，达到类案同判、提升办案效率的效果，证券监管部门兼顾考虑交易决策信息产生至执行的普遍期限、未公开信息及机构操作对市场影响的持续性、交易周期与未公开信息的关联程度等因素，逐渐形成了“前五后二”即将机构交易日的前5个工作日至后2个工作日作为认定趋同交易区间的行业认定惯例，并被刑事审判实践所采纳。但是随着这一标准在实践中的僵化适用，越来越多的行为人特别是那些制作未公开信息的人员在作案时会刻意规避“前五后二”框定的筛查范围，以达到逃避法律制裁的目的。如实践中已经出现“制作未公开信息的基金经理本人实际控制的账户在早年已大量持有某只交易不活跃的冷门股票，在其担任基金经理后，便操作基金大盘买入与其持有的同只股票以拉升股价，随后选择在‘T+2’以后的时间卖出股票获利”，以及行为人本身作为基金公司等的投资决策者，明知投资决策等未公开信息，刻意避开“前五”的交易区间，提前建仓，随后操作基金大盘拉升股价，并选择在“T+2”以后的时间卖出股票获利。前述行为实质上仍属于利用未公开信息优势的行为，同样背离了相关从业人员的职务信赖与受托责任，侵害投资客户的利益，但如果一味按照“前五后二”框定的时间范围，则无法对此类行为进行有效打击与规制，既不符合当前从严打击证券违法犯罪的刑事政策，也不利于对相关从业人员进行监管。因此，在认定趋同交易时，不宜一味僵化适用“前五后二”的标准，而是应当结合个案具体情况，包括行为人的身份（系未公开信息的“掌握型主体”还是“跟随型主体”）、未公开信息的产生时点、关联账户的建仓时点与交易时点、趋同比率、金融机构交易量对股价的影响以及行为人的投资经历、交易风格、专业判断等因素，综合判断涉案账户的交易情况与行为人利用职务便利获取的未公开信息之间是否具有实质关联，并以此为依据计算趋同交易金额。通常情况下，只要行为人利用了因职务便利获取的未公开信息，并从事了与基金账户交易方向相同的交易行为，就可认定行为人实际参考、利用了未公开信息。需要注意的是，认定趋同交易并不要求未公开信息是行为人作出交易决定的唯一原因。只要在案证据能够证明行为人知悉未公开信息并实施了趋同交易的，即可认定行为人利用了未公开信息。至于该未公开信息是否系行为人决定实施趋同交易的唯一原因，即行为人是否同时参考了自身专业判断及研究成果，并不影响利用未公开信息交易罪的认定。

关于趋同交易方向的界定。行为人个人账户或其控制的其他账户与基金账户必须为同向交易，但不需要同时满足买入、卖出方向均趋同。趋同交易情形并不限于利用未公开信息先买先卖以实现“抬价”效果的情形，从实质判断与从严打击证券犯罪的角度，刑法规制的利用未公开信息交易行为的范畴应当大于典型的“老鼠仓”案件，只要行为人利用职务便利获取未公开信息后，其个人账户存在与基金账户交易方向相同的交易行为，即可认定其实际参考、利用了未公开信息。

（2）行为人明示或暗示他人从事相关交易活动的认定。实践中，金融机构工作人员等利用职务便利获取未公开信息后，明示或暗示他人进行趋同交易的情形时有发生。该情形下，双方往往会达成攻守同盟，对“明示或暗示”的事实予以否认，导致出现“零口供”情形，大大增加了案件侦办难度。结合司法实践，判断行为人是否存在明示或暗示他人从事趋同交易的行为，应当从以下六个方面综合把握。

①审查行为人是否具有获取未公开信息的职务便利。实践中，具有获取未公开信息职务便利的人员不局限于基金经理，还包括能够接触、掌握证券持仓数量及变化、资金数量及变化以及交易动向信息的人员。

②审查行为人获取未公开信息的初始时间与他人从事相关交易活动的初始时间是否具有关联性。实践中，应当根据他人从事相关交易的初始时间与未公开信息的产生时间、行为人获取信息的初始时间进行关联性判断。

③审查行为人与他人之间是否具有亲友关系、利益关联、交易终端关联等关联关系。如果交易者与行为人之间存在夫妻、父母、子女等密切关系，或者交易终端关联（共同使用交易的电脑、手机）等，一般可以锁定犯罪主体。如果交易者与某未公开信息知情人员仅具有一般朋友关系，该知情人是否为明示、暗示人，还要结合其他证据进行综合判断。

④审查他人从事相关交易的证券品种、交易时间与未公开信息所涉证券品种、交易时间等方面是否基本一致。例如，某个人账户与金融机构账户交易的多只股票有较高的重合度，且在相近时间同买、同卖，即两个账户交易的股票品种及交易时间基本一致的，该情况下，明示、暗示他人从事相关交易活动的可能性就很大。

⑤审查他人从事的相关交易活动是否明显不具有符合交易习惯、专业判断等正当理由。即审查相关交易行为与他人平时的交易习惯是否明显背离，以及行为人是否具有作出专业判断的基础。

⑥审查行为人对明示、暗示他人从事相关交易活动是否作出合理解释。即给予行为人、交易者合理辩解的机会，在充分听取相关辩解的基础上，结合其他在案证据，查证辩解的合理性与真实性。

案例三中，尽管王某甲、王某乙、宋某某均辩称王某甲未传递未公开信息让二人交易相关股票，王某甲对二人交易股票的事情并不知情，但从双方的关系看，王某乙、宋某某与王某甲系亲子关系，关系十分密切；从从业经历与交易习惯看，王某甲父母并不具备从事证券交易的专业背景和经验；再结合王某甲父母操作的证券账户在王某甲具有获取未公开信息职务便利期间的交易行为与王某甲所在基金公司的股票交易指令高度趋同，而王某甲父母又无法对如此异常的交易行为作出合理解释，故能够认定王某甲存在明示或暗示其父母从事相关交易活动的行为。

（3）审查交易行为的情节严重程度。根据我国《刑法》第180条第4款之规定，金融机构工作人员或者有关监管部门、行业协会的工作人员利用未公开信息从事相关交易活动，情节严重的，依照第1款即内幕交易、泄露内幕信息罪的规定处罚，而内幕交易、泄露内幕信息罪状中又规定了"情节严重"和"情节特别严重"两个量刑档次。对此，需要注意的是，尽管利用未公开信息交易罪状中仅规定了"情节严重"的情形，但该情形仅是入罪标准，本罪在处罚上援引第1款法定刑，应当是对内幕交易、泄露内幕信息罪全部法定刑的引用，即利用未公开信息交易行为同样存在"情节严重""情节特别严重"两种情形，并对应两个量刑档次。

实践中，主要通过审查单次证券交易成交额、占用保证金数额、获利或者避免损失数额、交易次数、明示或暗示人数及曾因证券、期货犯罪行为受过刑事追究或行政处罚等要素，认定交易行为属于"情节严重"还是"情节特别严重"。同一案件中，成交额、占用保证金额、获利或者避免损失金额分别构成情节严重、情节特别严重的，按照处罚较重的数额定罪处罚。

4. 审查犯罪数额

（1）趋同交易金额的计算。实践中，针对同一只股票进行趋同交易的，主要有两种情形：一种是单边趋同，即针对同一只股票，行为人交易账户与基金账户仅买入趋同或者仅卖出趋同；另一种是双边趋同，即买入、卖出均趋同。对此，应当区分情形计算趋同交易金额：单边趋同的，按照趋同一边的成交额认定；双边趋同的，考虑到行为人针对同一只股票实施的买入行为与卖出行为本质是一个整体，从禁止重复评价的原则出发，应当按照交易额较大的一边认定。

（2）违法所得金额的计算。关于违法所得的计算，应当以行为人利用未公开信息从事与该信息相关的证券交易活动所获利益或者避免的损失计算。具体规则如下：对于已经抛售的股票，按照实际收益计算；对于未抛售的股票，按照账面所得计算；对于为逃避处罚而卖亏的股票，按照账面所得计算；利用未公开信息交易失败时，无须计算违法所得数额，在裁判文书中客观表述亏损即可。具体计算公式可参照内幕交易、泄露内幕信息犯罪。

行为人明示、暗示他人利用未公开信息从事相关交易活动，被明示、暗示人员从事相关交易活动所获利益或者避免的损失，应当认定为“违法所得”。

（3）应予行政处理或刑事处理而未经处理的认定。两次以上利用未公开信息交易的，在单次利用未公开信息交易行为依法应予行政处理或者刑事处理而未经处理的前提下，相关交易数额或者违法所得数额累计计算。对于不构成犯罪但超过行政处罚时效期限，或者构成犯罪但超过追诉期限的，相关交易数额不应累计计算。

5. 利用未公开信息交易罪中共犯关系的认定

（1）有身份者与其配偶、父母等特殊亲属构成共犯的认定。行为人明示、暗示其配偶、父母、子女等特殊亲属从事相关交易活动的，由于行为人与前述特定亲属系不可分割的利益共同体，且特定亲属对行为人相关从业禁止规定有概括认识，故可推定特定亲属主观上明知行为人明示、暗示其进行的交易活动系利用未公开信息交易，进而可认定为共同犯罪。如案例三中，王某甲与其父母王某乙、宋某某即构成利用未公开信息交易共同犯罪。

（2）有身份者与特殊亲属以外的无身份者、单位构成共犯的认定。该情形下，应当重点审查有身份者与无身份者及单位是否存在共谋。如果经共谋，由有身份者负责提供未公开信息，无身份者或单位负责从事与该未公开信息相关的证券交易活动，则二者构成利用未公开信息交易共同犯罪；若双方没有共谋，仅是有身份者建议无身份者或单位从事某种交易活动的，无身份者或单位一般不构成利用未公开信息交易罪。

（3）公募基金从业人员与私募基金从业人员构成共犯的认定。实践中，公募基金从业人员与私募基金从业人员互相荐股进行利益输送的情形时有发生。尽管当前不宜将私募基金从业人员单独认定为利用未公开信息交易罪的适格主体，但特定情形下可按照共同犯罪予以规制。具体规则如下：一是私募基金从业人员与公募基金从业人员合谋，由前者利用后者提供的未公开信息，从事股票趋同交易的，二者构成共同犯罪。二是私募基金从业人员与公募基金从业人员相互购买对方推荐的股票的，该情形下，应当仅将前者利用后者提供的未公开信息从事趋同交易的部分认定为共同犯罪；而公募基金从业人员购买私募基金从业人员推荐的股票部分，考虑到公募基金从业人员利用的并非通过其职务便利获取的未公开信息，私募基金从业人员又不具备犯罪身份，故对该部分不作为犯罪处理。如案例四中，姜某某、柳某分别系私募基金从业人员与公募基金从业人员。柳某明知姜某某经营股票投资业务，仍将利用职务便利获取的相关股票的未公开信息泄露给姜某某，或使用公募基金的资金买卖姜某某推荐的股票；姜某某则利用上述未公开信息，使用所控制的证券账户进行趋同交易。该二人构成利用未公开信息交易罪共同犯罪。

此外，需要注意的是，如果双方并未形成相互荐股的故意，仅是公募基金从业人员明示或暗示私募基金从业人员实施相关交易活动的，此时公募基金从业人员单独构成犯罪。

6. 刑罚适用问题

（1）关于缓刑的适用。在坚持“零容忍”刑事政策的背景下，应当依法从严控制缓刑的适用。对于行为人如实供述犯罪事实，愿意认罪认罚，并积极退缴违法所得及缴纳罚金的，依法可以从轻处罚，其中犯罪情节轻微的，可考虑适用缓刑。在共同犯罪情形中，对于利用未公开信息交易的决策者、组织者、主要获利者，即使认罪认罚的，也不宜判处缓刑；对于那些作用较小且不具备专业的金融证券知识，完全系按照他人的指使实施了帮助行为，并自愿认罪认罚的犯罪分子，可考虑适用缓刑；对于从犯所作供述对侦破疑难复杂案件起到关键作用的，在符合适用缓刑条件的情况下，可考虑适用缓刑，以起到震慑犯罪与分化瓦解的双重作用。

（2）关于罚金刑的适用。此类犯罪中，被告人的主观动机往往是为了攫取巨额财产利益，因此，在依法没收被告人违法所得的同时，还应注重发挥罚金刑的惩治作用，视情形对被告人加大罚金刑处罚和执行力度，强化震慑效应。

我国《刑法》针对利用未公开信息交易罪规定了违法所得一倍到五倍的罚金刑，且可单处罚金。在具体判处罚金刑时，应当注意：①共同犯罪案件中，对各名被告人判处罚金的总额应当掌握在获利或者避免损失总额的一倍以上五倍以下；②行为人未实际从事与未公开信息相关的证券交易活动的，其罚金数额按照被明示、暗示人从事相关交易活动的违法所得计算；③对利用未公开信息交易无违法所得的情形，从从严打击证券犯罪以及预防再犯罪的角度出发，仍应当对被告人判处罚金。参照我国《证券法》第 194 条的规定，罚金数额可在 10 万元以上 100 万元以下幅度内确定。

（3）关于从业禁止制度的适用。对于证券交易所、期货交易所、证券公司、期货经纪公司、基金管理公司、商业银行、保险公司等金融机构的从业人员，可根据其犯罪情节及社会危险性，决定禁止其在一定时间内从事与证券交易相关的职业，切实提高违法犯罪成本。

三、操纵证券市场犯罪案件的审理思路和裁判要点

操纵证券市场，是指行为人以法律所禁止的手段，影响证券交易价格或交易量的行为。证券市场是资本市场的主要组成部分，在经济社会中发挥了重要的资源配置导向作用，为实体经济提供了重要的金融支持。操纵证券市场违法犯罪行为频频发生，会严重破坏证券市场管理秩序，危害投资者合法权益和国家金融安全。为保证此类案件的审判质量与适法统一，本书结合司法实践中的典型案例，对此类案件的审理思路和裁判要点进行梳理、提炼和总结。

（一）典型案例及问题

典型案例一：涉及被告人实控账户的认定

2013年2月至2014年8月，被告人朱某担任某证券公司经纪人，并受邀担任“谈股论金”电视节目嘉宾。在此期间，朱某在其亲属王某等人名下的证券账户内，预先买入A公司、B公司等15只股票，并在随后播出的电视节目中对上述15只股票进行公开评价、预测及推介，再于节目首播后1至2个交易日内抛售，非法获利75万余元。案发后，朱某否认实际控制王某等人名下的证券账户。

典型案例二：涉及操纵类型的认定

2012年5月，被告人陶某以3.4亿余元收购上市公司C公司11.75%的股份，并担任法定代表人、董事长。2015年，陶某个人决定启动公司名称变更程序。5月11日，C公司对外公告称该公司立志于做中国首家互联网金融上市公司，并基于业务转型需要，拟变更公司名称。公告发布前，陶某通过其控制的账户组买入2000余万股C公司股票，公告后C公司股票连续六个交易日涨停。

典型案例三：涉及操纵标准的认定

2014年7月至2015年1月，被告人张某以虚假申报方式操纵D公司、E公司等6只股票，当日累计撤回申报买入量达到同期该6只股票总申报买入量50%以上，但未达到同期该6只股票总申报买入及卖出量50%以上，6只股票撤回申报买入额均在1000万元以上。

典型案例四：涉及场外配资行为性质的认定

自2016年起，被告人章某等配资中介人员以1：3至1：10不等的配资比例，违规向F集团提供资金10亿余元及他人证券账户119个。章某对其提供的账户及

资金进行监控，且在多次收到证券交易所监管函的情况下，仍持续向F集团提供资金及新的证券账户。2017年2月至3月，F集团使用配资资金连同部分自有资金，集中资金优势、持股优势连续买卖或在实际控制的证券账户之间买卖G公司股票。

典型案例五：涉及违法所得的认定

2015年至2017年，黄某、文某、蒋某与上市公司H公司股东何某、麦某等人合谋，从上述股东处以协议转让方式受让全部股份。后黄某等人控制H公司发布收购、参股科技公司、非公开发行股份、转增派息等公告，并基于上述信息优势在二级市场连续买卖H公司股票。2017年6月，黄某等人被公安机关抓获。截至案发前一个交易日，黄某、文某、蒋某分别非法获利10余亿元至20余亿元不等（包含账面持股浮盈在内）。2017年6月至次年1月，H公司股票停牌，复牌后该股票连续多个交易日跌停。

（二）审理难点

在操纵证券市场犯罪案件审理过程中，在行为人实控账户认定、操纵类型判断、操纵标准适用、场外配资定性、违法所得计算等方面存在一定难度。

1. 行为人实控账户认定复杂

操纵证券市场案件中，为隐蔽操作、逃避监管，行为人往往在多家证券营业部利用众多账户分散筹码，行为人与账户之间的对应关系较为复杂。同时，金融创新业务催生了诸多监管层面的“看不穿”账户，进一步增加了查处难度。

2. 操纵类型判断难

操纵证券市场包括联合、连续交易操纵及“抢帽子”交易操纵等八种法定操纵类型。不同操纵类型的构成要件存在较大差异，部分还存在交叉重合之处，应当审慎认定、区分。同时，伴随着金融市场上程序化交易、数量化交易以及金融衍生品的创新发展，新类型操纵也不断出现，在行政监管和司法处置上均有一定难度。

3. 操纵标准适用难

不同的操纵类型具有特定的操纵标准，法律适用的要点、难点较多。同时，法律设定标准的概括性及现实交易的复杂性进一步增加了适法难度。如联合、连续交易操纵和“抢帽子”交易操纵标准认定复杂，争议较多。

4. 场外配资定性争议大

证券市场上，投资者为快速获取高额回报，往往动用资金杠杆，形成巨大的资金需求，故而在合法融资融券之外，场外配资规模得以快速增长。场外配资行为可能具有非法经营融资融券或证券经纪业务、帮助操纵证券市场等多种属性，需要予以分类处置。

5. 违法所得计算标准不一

实践中，对违法所得的认定主要有实际收益法及虚拟收益法两种计算方法，而后者关于收益计算的认定又有操纵行为终止、操纵影响消除、行政调查开始或终结、刑事立案等多个时间节点，认定标准较为复杂。

（三）审理思路和裁判要点

处理操纵证券市场犯罪案件，应当着眼于服务保障资本市场改革发展，注重防范化解重大金融风险。根据《刑法修正案（十一）》、2019 年《最高人民法院、最高人民检察院关于办理操纵证券、期货市场刑事案件适用法律若干问题的解释》（以下简称《操纵证券期货市场解释》）和 2022 年《最高人民检察院、公安部关于公安机关管辖的刑事案件立案追诉标准的规定（二）》[以下简称 2022 年《立案追诉标准（二）》] 的规定，操纵证券市场有八种类型，且不同操纵类型具有特定的犯罪构成。审查此类案件，应当首先判断行为人所采用的操纵类型，并紧扣操纵类型进一步审查各项主客观要件。

1. 判断操纵类型

根据操纵行为对证券交易价格或交易量的影响机制不同，现有操纵类型可以分为交易型操纵、信息型操纵、虚假申报操纵三类。其中，交易型操纵包括联合、连续交易操纵，约定交易操纵，自买自卖操纵；信息型操纵包括蛊惑交易操纵、“抢帽子”交易操纵、重大事件操纵、利用信息优势操纵。此外，当前市场上还存在以利用技术优势操纵为代表的其他操纵方法。

2. 审查犯罪主体

操纵证券市场罪的主体为一般主体，包括单位及自然人。具体认定时应当注意新旧规定的衔接问题。

根据 2010 年《最高人民检察院、公安部关于公安机关管辖的刑事案件立案追诉标准（二）》[以下简称 2010 年《立案追诉标准（二）》] 的规定，利用信息优势操纵的犯罪主体是上市公司及其董事、监事、高级管理人员、实际控制人、控股股东或者其他关联人员，“抢帽子”交易操纵的犯罪主体是证券公司、证券投资咨询机构、专业中介机构或者从业人员，均为特殊主体；而《操纵证券期货市场解释》首次将上述特殊主体扩展为一般主体。据此，对于《操纵证券期货市场解释》

施行前非特殊主体实施的上述操纵行为，不能以操纵证券市场罪处理，但可能构成非法经营证券业务，可按非法经营罪处理。

3. 审查行为人实控账户

行为人实际控制的账户有四类：（1）行为人以自己名义开户并使用的实名账户；（2）行为人向账户转入或者从账户转出资金，并承担实际损益的他人账户；（3）行为人通过投资关系、协议等方式对账户内资产行使交易决策权的他人账户；（4）行为人以其他方式管理、支配、使用的他人账户或者具有交易决策权的账户。

行为人实控账户的认定难点在于“他人账户”，常见类型如下：（1）行为人违规使用的他人名下账户。如案例一中被告人朱某使用的相关亲友账户。（2）证券公司与各类场外衍生品工具、“类信托”“类通道”业务有关的自营账户，客户发出投资指令但交易主体可能显示为证券公司的自营账户。（3）伞形账户：配资机构利用分仓系统（类 HOMS 系统）为投资者设立伞形账户（二级账户），其交易模式与证券公司自营账户相类似。（4）跨境账户：以“沪港通”为例，香港投资者通过“沪港通”买入证券的名义持有人是香港中央结算公司，证券登记结算机构难以实时监测香港投资者个人账户。

审查行为人实控账户主要参考以下要素：（1）账户的网络轨迹：账户交易的 MAC 地址（物理地址）、IP 地址（网络地址）与行为人互联网访问轨迹的重合度与连贯度。（2）资金往来记录：账户内资金来源、账户之间是否有资金划转记录等。（3）交易对象、方式：账户交易的产品是否相似、交易的方向及频率是否趋同。（4）行为人与账户开户人之间的关系：是否存在亲友、同事关系等。

如案例一中，结合相关证券账户的 MAC 地址、IP 地址与被告人朱某的上网轨迹重合，证券账户与朱某银行账户之间资金往来频繁，同时考虑到交易方向与朱某的荐股意见相反等因素，综合认定涉案证券账户由朱某实际控制使用。

4. 审查操纵行为

对于操纵行为，应当结合不同操纵类型的构成要件分别判定。

（1）联合、连续交易操纵。主要审查行为人是否具有资金、持股或持仓优势，是否利用上述优势对证券交易进行干预和引导。

具体认定时还需要注意多项操纵标准的界定：①“持有或者实际控制证券的流通股份数量达到该证券的实际流通股份总量百分之十以上”，要求一个交易日以上持股比例超过 10% 即可。②“连续十个交易日的累计成交量达到同期该证券总成交量百分之二十以上”，要求连续 10 个交易日累计成交量达到 20% 以上，但不要求逐日比例均达到 20% 以上。③“累计成交量”采用双边计算法，计算行为人的累计买入量和累计卖出量之和。

（2）约定交易操纵、自买自卖操纵。主要审查行为人实际控制的账户范围及对倒交易方的共谋情况。

（3）蛊惑交易操纵、重大事件操纵。主要审查行为人是否利用虚假或不确定的重大信息，是否策划或实施虚假重大事项。“重大信息”的范围可根据《证券法》第 80 条规定的“重大事件”范围予以确定，同时包括能够对一般投资者的投资决策产生重大影响的相关国家政策、行业信息等。

（4）“抢帽子”交易操纵。主要涉及非持牌机构及一般公民实施“抢帽子”交易操纵的认定问题。《操纵证券期货市场解释》首次将“抢帽子”交易操纵的主体从“证券公司、证券投资咨询机构、专业中介机构或者从业人员”扩展至一般主体，原因在于：随着自媒体等现代通信传播技术的发展，非持牌机构及一般公民也具有较高的影响力，足以对投资者进行误导，因而有必要予以刑事规制，但在司法认定上应当持相对慎重的态度。证券机构及其从业人员应当以客户利益为导向，负有从业禁止义务，以防发生关联交易从而破坏其与客户之间的代理关系、信赖关系。然而，非持牌机构及一般公民不负有从业禁止义务，也不存在代理关系、信赖关系，司法认定上理应更为严格。

认定非持牌机构及一般公民“抢帽子”交易操纵应着重审查以下要素：①行为人的影响力：行为人的品牌效应越高，信息传播范围越大，越有可能通过操纵获利。②个人持股信息的披露情况：行为人真实披露其持股及变动情况，可在一定程度上免除其与其他投资者的利益冲突，反之则更有可能利用信息不对称谋取不法利益。③反向交易情况：行为人趁其他投资者进场时抢先了结获利，表明其获取利润是以其他投资者损失为代价。

（5）利用信息优势操纵。主要审查行为人对信息生成、披露的控制情况及相关交易情况。具体认定时需注意利用信息优势操纵与联合、连续交易操纵及内幕交易的区分。

①利用信息优势操纵与联合、连续交易的区分。《刑法》第 182 条第 1 款将“集中资金优势、持股或者持仓优势”与“利用信息优势”并列，合并规定为联合、连续交易操纵，该表述与利用信息优势操纵存在一定重合。从立法历程看，早期

证券市场上，行为人利用巨额资金、高比例持股优势，长期控制上市公司流通股交易、连续交易等手法极其突出，信息优势相对处于从属地位。因此，《刑法》及《证券法》均将信息优势与资金、持股优势并列，以打击联合、连续交易操纵。此后逐渐出现行为人配合市场热点，通过披露更名、转型、重组等信息的方式影响股票价量，故2010年《立案追诉标准（二）》单列利用信息优势操纵。由此可见，上述两种操纵类型的区别在于：联合、连续交易操纵本质上是一种交易型操纵，其引起证券价量变动的核心要素是资金；而利用信息优势操纵本质上是一种信息型操纵，其影响证券价量的核心要素是信息本身。

如案例二中，陶某主导、控制披露公司更名、转型从事互联网金融业务等热点信息，误导投资者作出投资决策，影响证券交易价量，属于典型的利用信息优势操纵，而非联合、连续交易操纵。

②利用信息优势操纵与内幕交易的区分。利用信息优势操纵和内幕交易均是利用信息牟利，两者的区别主要在于牟利机制不同：内幕交易中，行为人利用信息的未公开性，预测信息公开后证券价格走向，提前布局并牟利利益；而利用信息优势操纵中，行为人滥用其优势地位，控制信息的生成及披露，误导投资者进行证券交易。此外，在利用信息优势操纵与内幕交易形成竞合时，一般以操纵证券市场罪处理，以更为全面准确地评价犯罪行为。

（6）虚假申报操纵。主要涉及操纵标准的适用问题。根据《操纵证券期货市场解释》和2022年《立案追诉标准（二）》的规定，当日累计撤回申报量达到同期该证券总申报量50%以上，且证券撤回申报额在1000万元以上的，构成“情节严重”。计算撤回申报比例时，应分别以证券总申报买入量或者总申报卖出量为基础进行计算，而非以总申报买入量及卖出量之和为基础计算。

如案例三中，被告人张某以虚假申报方式实施操纵，虽然当日累计撤回申报买入量未达到同期该证券总申报买入及卖出量50%以上，但达到同期该证券总申报买入量50%以上，可认定为“情节严重”。

（7）以其他方法操纵。主要涉及利用技术优势操纵的认定问题。当前证券交易的技术优势以程序化交易和数量化交易为主，两者通过计算机技术及数学分析手段实现自动化交易，能够探知短暂的市场变化并先于其他投资者进行交易。技术优势的主要特征是大量买卖，其中部分交易手法可能具备操纵特征。例如，利用技术优势向市场发出大量报单、撤单，增加不确定性并趁机完成交易，或者引导交易趋势至预期价位，或者通过在交易两侧大量报单以隐藏其一侧的真实交易意图。

基于保护技术创新与遏制技术风险的刑法规制尺度之间的平衡，认定利用技术优势操纵证券市场应当极为慎重。目前尚未有相关案件进入刑事程序，但在操纵期货市场领域已有案例。例如，在Y公司操纵期货市场案中，Y公司利用自行开发的报单交易系统，在本身已使用高频程序化交易的基础上，利用不正当的交易优势和额外交易速度优势抢占交易先机，限制或排除其他合规投资者的最优交易机会，其行为严重破坏了期货市场公平交易秩序和原则，非法获利3亿余元，构成操纵期货市场罪。

审查是否利用技术优势操纵证券市场主要考虑以下因素：①是否干扰交易系统正常运行；②是否使其他投资者难以作出投资决策；③是否造成错误的供求关系；④是否形成虚假的价格水平等。

（8）审查“反向交易”“相关交易”“谋取相关利益”。《操纵证券期货市场解释》对五类“以其他方法操纵证券市场”的情形，均明确应当具备“相关交易”“反向交易”“谋取相关利益”等要件。然而《刑法修正案（十一）》增加规定的三类操纵证券市场情形中，除明确规定“抢帽子”交易操纵需要进行反向交易外，对于虚假申报操纵、蛊惑交易操纵并未作相应规定。2022年《立案追诉标准（二）》则综合考虑了前述两者的规定，《刑法修正案（十一）》有规定的，采用《刑法修正案（十一）》的表述；《刑法修正案（十一）》没有规定的，则沿用《操纵证券期货市场解释》的表述。

“反向交易”“相关交易”“谋取相关利益”包括推高股价后减持，做空股价后增持，影响定向增发、股权质押、大宗交易价格，打压他人基金排名，影响公司收购价格等各类非法情形。认定是否构成操纵证券市场罪，一般应当按照《操纵证券期货市场解释》的规定，审查操纵行为是否具备“反向交易”“相关交易”“谋取相关利益”等要件。主要理由在于操纵证券市场罪隐含有非法目的、动机要素。证券市场上改变证券交易价量的行为多种多样，并非所有行为均具有危害性。在证券市场异常波动时，国家动用资金入市、上市公司及股东回购和增持股份等，均受影响，乃至有针对性地影响证券价量。界定行为是否具有违法性，需要结合行为人是否进行“反向交易”等加以判断。从行为的危害性角度评判，影响证券价量但不具备“反向交易”等情形的，可以优先考虑进行行政处罚，如无必要可不动用刑事手段。

5. 场外配资行为的定性

行为人为获取巨额资金用于操纵，往往通过他人进行场外配资。对于场外配资行为应认定为操纵证券市场共犯、非法经营犯罪抑或不作为犯罪处理，司法实践中争议较大。

（1）场外配资人员对操纵行为不知情，但配资行为符合非法经营罪构成要件的，可按非法经营罪处理。实践中，场外配资模式主要有出借账户模式与系统分仓模式。出借账户模式下，客户向配资机构缴纳保证金，配资机构向客户出借账户及资金，同时负责风控盯盘、强制平仓等，但由客户自行通过证券公司下单交易，属于以提供融资为核心特征的融资融券业务。系统分仓模式下，配资人员实际控制资金，并通过分仓系统代理客户向证券公司下达交易指令，此类行为延长了证券交易链条，还可认定为以代理买卖为核心特征的证券经纪业务。

《证券法》第 120 条规定，除证券公司外，任何单位和个人不得从事证券经纪和证券融资融券业务。因此，场外配资人员通过上述方式从事场外配资且情节严重的，可按非法经营罪定罪处理。同时，鉴于 2020 年 3 月 1 日施行的《证券法》方将证券融资融券业务明确规定为证券业务，故对于将此前实施的非法融资融券行为纳入非法经营犯罪规制处理应当慎重。

（2）场外配资人员明知他人操纵证券市场仍提供配资的，可按操纵证券市场罪的共犯处理。如案例四中，鉴于被告人章某明知 F 集团操纵证券市场，仍积极提供配资，故将章某认定为操纵证券市场共犯。认定章某的主观明知主要考虑以下因素：一是章某出借资金金额特别巨大，账户数量众多，应当知道 F 集团交易的异常性；二是章某对出借账户逐日盯盘，较为清楚 F 集团的交易手法；三是章某收到监管部门发出的账户异常交易监管信息后，仍恶意规避监管，继续以其他账户提供配资。

需要指出的是，场外配资人员的行为同时构成非法经营罪和操纵证券市场罪的，应当充分考虑全面评价原则及两个罪名之间的轻重关系，慎重决定适用的罪名及判处的刑罚。

6. 违法所得的认定与追缴

《操纵证券期货市场解释》第 9 条规定，违法所得是指通过操纵证券、期货市场所获利益或者避免的损失，2022 年《立案追诉标准（二）》亦采用相同的认定立场。对操纵证券市场所获利益或者避免损失的具体计算可遵循以下规则。

（1）案发前已经平仓的，违法所得一般按照实际收益法计算。此方法将建仓时点作为计算违法所得的起点，将平仓时点作为终点，以建仓成本与平仓金额之间的差额计算违法所得。实际收益法的优势在于客观反映了行为人的实际获利，亦能与后续违法所得追缴工作紧密衔接。

（2）未平仓或以实际收益法计算明显不合理的，可以按照虚拟收益法计算。虚拟收益法又称市场吸收法，是以操纵影响消除或操纵行为中断、终止等适当时点为基准计算违法所得。非法持有余券的，可以按照操纵影响消除之时的价格计算违法所得。行为人在操纵影响消除以后再行平仓的，即使平仓价高于操纵影响消除之时的价格，两者的差价部分也可不认定为违法所得。操纵影响消除时间难以证明的，也可以操纵行为中断、终止等时点作为计算基准。

如案例五中，黄某等人的操纵行为因案发而中断，虽然其前期获利因案发后股票停牌、股价连续跌停而大幅回吐，但仍可以案发前一个交易日为基准，将前期浮盈一并计入违法所得数额，以完整揭示操纵行为的社会危害性。

（3）操纵多只股票，部分个股盈利、部分个股亏损的，计算违法所得宜采用“盈亏不相抵”原则，仅累计计算盈利部分的数额。操纵多只股票的社会危害性明显高于操纵一只股票的社会危害性，如果操纵过程中出现个股亏损并进行盈亏相抵，会整体上降低处罚力度，导致对重度行为的处理反而更轻，同时也与《证券法》第192条对于操纵证券市场没有违法所得的行为仍然需要予以行政处罚的精神相悖。

（4）违法所得追缴规则。行为人的获利已经实际兑现，根据实际收益法计算违法所得的，一般应全额追缴。行为人在案发时仍持有余券，根据虚拟收益法计算违法所得的，具体追缴金额根据平仓时的实际盈亏情况确定。主要考虑在于，根据虚拟收益法认定的违法所得仅作为对被告人定罪量刑的数额标准，而不代表实际获利数额。对于因市场环境变化、监管部门责令平仓、司法机关介入调查等行为人无法控制的客观情势造成贬损或转为亏损的，不宜要求行为人以合法财产补足，否则对行为人过于严苛。对于行为人用于操纵证券市场的资金，根据比例原则可不予追缴。

7. 2010年《立案追诉标准（二）》与《操纵证券期货市场解释》、2022年《立案追诉标准（二）》的衔接

司法解释的效力一般应及于《刑法》施行期间，同时按照从旧兼从轻原则，对

发生于2019年7月1日以前的操纵证券市场行为采用以下规则处理：（1）《操纵证券期货市场解释》扩大主体范围的，适用2010年《立案追诉标准（二）》的规定。如前所述，一般主体实施利用信息优势操纵及“抢帽子”交易操纵的，不宜认定为操纵证券市场罪。（2）《操纵证券期货市场解释》降低入罪标准的，适用2010年《立案追诉标准（二）》的规定。如联合、连续交易操纵，仍然适用“持有或者实际控制证券的流通股份数达到该证券的实际流通股份总量百分之三十以上，且在该证券连续二十个交易日内联合或者连续买卖股份数累计达到该证券同期总成交量百分之三十以上”的规定。（3）《操纵证券期货市场解释》新增操纵类型的，适用该解释的规定。例如，对于蛊惑交易操纵、重大事件操纵等新增操纵类型，按照《操纵证券期货市场解释》予以认定。（4）《操纵证券期货市场解释》新增违法所得数额作为认定“情节严重”“情节特别严重”的标准，应予区别适用。蛊惑交易操纵、重大事件操纵等新增操纵类型，以及“抢帽子”交易操纵、利用信息优势操纵等之前没有明确“情节严重”标准的，可以适用违法所得标准；除上述操纵类型外，一般不适用该标准。（5）《操纵证券期货市场解释》对不同操纵类型新增“情节特别严重”特定标准，可予直接适用。

对发生于2019年7月1日以后的操纵证券市场行为，应当注意违法所得标准与其他特定标准之间的协调适用问题。如果完全不考虑不同操纵类型的特定标准，直接适用违法所得标准，极有可能造成特定标准的虚置及罪名的不当扩张。有鉴于此，操纵行为满足违法所得标准的，还需结合相关特定标准综合认定是否属于“情节严重”“情节特别严重”，如持股比例、连续交易日、成交量、成交比例、撤回申报比例等是否接近特定标准，是否在市场出现重大异常波动等特定时段操纵。

需要特别说明的是，2022年《立案追诉标准（二）》规定的操纵证券市场刑事案件立案追诉标准，是参照《操纵证券期货市场解释》对2010年《立案追诉标准（二）》的修订，其规定的入罪标准与《操纵证券期货市场解释》基本保持一致，并无实质变化，均应在司法实践中适用。

8. 刑事处罚与行政处罚的衔接及协调处理

根据《操纵证券期货市场解释》第6条的规定，两次以上实施操纵证券、期货市场行为，依法应予行政处理或刑事处理而未经处理的，相关交易数额或者违法所得数额累计计算。该规定涉及操纵证券市场行为处理中的刑行衔接问题。

刑行衔接问题主要涉及以下层面：（1）操纵证券市场的刑行衔接为双向衔接，

不仅涉及行政机关移送司法机关，也涉及司法机关移送行政机关。如司法机关对行为人不起诉或者免予刑事处罚的，可移送行政机关进行相应行政处罚。（2）对操纵证券市场行为的刑事处罚不以行政认定及处罚为前置条件。（3）已受过行政处罚的操纵证券市场行为达到入罪标准的，应当依法移送司法机关追究刑事责任，避免“以罚代刑”；行政机关已经对行为人处以罚款的，应当折抵相应罚金。（4）操纵证券市场违法行为未达到入罪标准，已受过行政处罚的，一般不累计计算交易数额与违法所得数额后再行追究刑事责任。主要原因在于，根据一事不再罚原则，对当事人的同一违法行为，行政机关不得根据同一事实和同一理由进行两次以上的行政处罚，更加不能重复进行刑事处罚。

9. 刑事罚没与民事赔偿的优先性问题

根据《证券法》第 55 条的规定，操纵证券市场行为给投资者造成损失的，应当依法承担赔偿责任；根据《证券法》第 220 条的规定，应当承担民事赔偿责任和缴纳罚款、罚金、违法所得，违法行为人的财产不足以支付的，优先用于承担民事赔偿责任。在投资者针对操纵行为所受损失提起民事诉讼的情况下，刑事罚金、违法所得等可暂不上缴国库，必要时移交至审理民事案件的法院，优先用于赔偿投资者的损失。如案例二中，被告人陶某在刑事案件中退缴的违法所得 300 余万元被移交至民事案件审理法院，用于赔偿投资者损失。

此外，罚金、违法所得上缴国库后，投资者再提起民事诉讼的，确有必要时可根据民事判决结果对已上缴国库的罚金、违法所得予以退库，用于民事赔偿。

10. 从业禁止的适用

对于特定主体利用职业便利实施操纵证券市场犯罪，需要注意适用从业禁止的规定。《刑法》第 37 条之一第 1 款规定：“因利用职业便利实施犯罪，或者实施违背职业要求的特定义务的犯罪被判处刑罚的，人民法院可以根据犯罪情况和预防再犯罪的需要，禁止其自刑罚执行完毕之日或者假释之日起从事相关职业，期限为三年至五年。”据此，上市公司的董事、监事、高级管理人员等利用其经营管理上市公司的便利操纵上市公司证券的，根据其犯罪情节及人身危险性等，可以同时决定禁止其在一定时间内从事上市公司管理工作。证券公司、证券投资咨询机构、专业中介机构从业人员利用职业便利实施操纵证券市场行为的，可以同时决定禁止其从事与证券相关的职业。

第三节 侵犯知识产权犯罪的审理思路及要点

2019年11月24日，中共中央办公厅、国务院办公厅印发实施《关于强化知识产权保护的意见》，强调"加强刑事司法保护，推进刑事法律和司法解释的修订完善"。五年来，上海法院坚决贯彻上述意见要求，着力加强知识产权刑事审判工作，严厉打击知识产权刑事犯罪，知识产权刑事一审案件收案数从2019年的325件跃升至2023年的843件，五年间上升迅速，达到历史最高值。同一时期，2020年12月26日全国人大常委会通过《刑法修正案（十一）》，对侵犯知识产权犯罪进行了重大修改，对知识产权刑事司法的法律适用提出了新要求。根据现行《刑法》第213条至第219条之一之规定，侵犯知识产权刑事犯罪包括假冒注册商标罪，销售假冒注册商标的商品罪，非法制造、销售非法制造的注册商标标识罪，假冒专利罪，侵犯著作权罪，销售侵权复制品罪，侵犯商业秘密罪，为境外窃取、刺探、收买、非法提供商业秘密罪八个罪名，从侵犯的权利客体而言，可以分为侵犯商标权刑事案件、侵犯专利权刑事案件、侵犯著作权刑事案件、侵犯商业秘密刑事案件四大类。由于假冒专利罪案件实践中极为少见，缺乏实践案例诠释相关法律的适用，且近十年来上海法院并未受理过涉该罪名的侵犯知识产权刑事案件，故本节结合相关法律规定和典型案例，重点针对侵犯商标权、侵犯著作权、侵犯商业秘密三大类刑事犯罪案件，梳理归纳其中的审理思路和裁判要点。

一、侵犯商标权刑事案件的审理思路和裁判要点

（一）注册商标专用权范围的判断

根据《刑法》第213条至第215条之规定，《刑法》保护的对象为注册商标。这一保护对象的限定包括三层意思：（1）商标，顾名思义是一种商业标识，除烟草、药品等特殊商品类别外，一般普通商品并不强制性要求注册商标，因此，在市场活动中，商品生产者使用注册商标和非注册商业标识的现象同时存在。但是，只有注册商标受到侵犯，才能纳入刑事保护的范围，非注册商业标识受到侵害时可以寻求民事或者行政渠道的救济，但不能通过刑事渠道予以保护。（2）知识产权具有地域性，商业标识必须经过商标局审核批准，登记公告为注册商标后，才能受到我国《刑法》保护，他国的注册商标不能当然地作为我国《刑法》的保护对象。（3）《刑法》保护的对象不区分普通商标和驰名商标，与民事高强度保护驰名商标

不同的是，驰名商标在刑事保护体系中并不具有特殊的地位，不享有跨类保护的待遇。

既然注册商标是一种商业标识，其承载着商标所有人的注册商标专用权，那么，如何判断商标所有人注册商标专用权的范围？根据《商标法》第56条的规定，注册商标的专用权，以核准注册的商标和核定使用的商品为限。换言之，注册商标专用权的范围需要从两个方面予以把握：一是核准注册的商标。商标所有人申请注册商标时，必须向商标局提出申请，申请时应当提交《商标注册申请书》及商标图样。经商标局审查核准后，商标所有人应当使用核准的商标图样，如果需要改变商标图样的，应当重新提出注册申请；如果擅自使用改变的商标图样，则由地方工商行政管理部门责令限期改正；期满不改正的，由商标局撤销其注册商标。因此，所谓核准注册的商标，即为商标局核准的商标图样，包括文字、图形、字母、数字、三维标志、颜色组合和声音等，以及上述要素的组合。故在侵犯商标权刑事案件中，比对商标是否相同应当以商标所有人核准注册的商标和犯罪嫌疑人使用的商标为依据，而非依据商标所有人实际使用的商标和犯罪嫌疑人使用的商标。因为，某些时候，商标所有人实际使用的商标和其核准注册的商标也可能不尽一致，即存在着商标所有人不规范使用商标的情形。二是核定使用的商品。《商标法》第22条第1款规定："商标注册申请人应当按规定的商品分类表填报使用商标的商品类别和商品名称，提出注册申请。"这一规定表明，商品分类表是商标局审核申请人申请使用商标的商品类别和商品名称的基本依据。但是，由于市场经济的活跃性，商品的品种和类型日益丰富，而商品分类表则是根据商品生产情况不定期修订完善的，具有一定的滞后性，因此，可能出现申请人申请将商标用于自己生产的商品时，该类商品在商品分类表上没有对应说明的情形。针对这一情况，《商标法实施条例》第15条第1款明确，"商品或者服务项目名称应当按照商品和服务分类表中的类别号、名称填写；商品或者服务项目名称未列入商品和服务分类表的，应当附送对该商品或者服务的说明"。据此而言，核定使用的商品存在两类情况：一种是在商品分类表中已列明商品名称的商品，经商标局核定使用；另一种是商品分类表中未列明，但申请人已附送说明，亦经商标局核定使用。一旦注册商标所有人核定使用的商品类别和名称确定之后，权利人只能在此范围内使用注册商标。如果需要在核定使用范围之外使用注册商标，则根据《商标法》第23条的规定，应当另行提出注册申请。因此，在侵犯商标权刑事案件中，比对商品是否相同应当以商标所有人核定使用的商品和犯罪嫌疑人生产销售的商品为依据，而非依据商标所有人实际生产销售的商品和犯罪嫌疑人生产销售的商品。正如前述，某些时候，商标所有人会存在不规范使用商标的行为，将商标用于核定使用的商品类别之外。实践中，司法机关一般根据商标所有人持有的注册商标证来判断其注册商标专用权的范围，因为注册商标证详细载明了商标所有人核定使用的商品类别和名称，从而限定了商标所有人商标专用权的范围。

（二）假冒注册商标罪“双相同”的审查

《刑法》第 213 条规定，“未经注册商标所有人许可，在同一种商品、服务上使用与其注册商标相同的商标，情节严重的”，构成假冒注册商标罪。司法实践中，通常将该定罪规则简称为“双相同”原则，即商品（服务）相同和商标相同。但是，由于犯罪行为的复杂性，判断商品（服务）相同或者商标相同并非易事，需要结合具体案例予以说明。

1.“同种商品”的判断

根据最高人民法院、最高人民检察院、公安部于 2011 年 1 月 10 日发布的《关于办理侵犯知识产权刑事案件适用法律若干问题的意见》第 5 条的规定，判断“同种商品”有两种方式：一是严格对应《商标注册用商品和服务国际分类》中所规定的商品名称，名称相同，即为同种商品；二是立足于相关公众的视角，名称虽然不同，但相关公众依据两者功能、用途、主要原料、消费对象、销售渠道等进行比较，一般认为属于同一事物的，属于同种商品。前一种方式简单易行，容易判断；而后一种方式存在着一定的主观性，与刑事诉讼确实、充分的证据标准具有内在的紧张关系，需要严加把握。

第一，如前所述，权利人注册商标专用权有特定的范围，限于商标所有人核定使用的商品。这一专用权范围的限定，在刑事司法中亦得以确认。《关于办理侵犯知识产权刑事案件适用法律若干问题的意见》第 5 条第 3 款明确规定，认定“同一种商品”，应当在权利人注册商标核定使用的商品和行为人实际生产销售的商品之间进行比较。如果两者名称均相同，则可以认定为“同种商品”，但是，如果两者名称不同，但指向同一事物的，也可以认定为“同种商品”。如在孙某某等假冒注册商标案中，权利人郑州思某食品有限公司“思某”牌注册商标核定使用商品的范围为饺子、元宵、馄饨、包子、春卷、方便米饭、八宝饭、粽子、馒头、冰淇淋。2007 年 6 月至 2008 年 1 月，被告人孙某某将在北京自行生产的水饺、汤圆，灌装到标有“思某”牌商标水饺、汤圆的包装袋及包装箱中进行销售，并在庭审中辩称自己销售的水饺、汤圆与注册商标核定使用商品范围中的饺子、元宵名称不同，故非同一种商品。事实上，“水饺”与“饺子”仅一字之差，“水饺”体现出对“饺子”这种食品的烹饪方式，二者所指向的实际上是同一种事物，应当认定为“名称相同”的“同一种商品”；“汤圆”与“元宵”两者在功能、用途、主要原料、消费对象、销售渠道等方面基本相同，仅是因为地域文化或风俗习惯等方面的差异，叫法不同而已，相关公众一般认为是同一事物的商品，二者指向的也是同一事物，故而也应当认定为“名称相同”的“同一种商品”。法院据此认定被告人假冒注册商标的罪名成立。[①]

第二，相关公众的界定。在商标法体系中，相关公众是一个特定的法律概念。具体而言，可以从两个维度把握相关公众：一是涉及商品或服务的相关过程，即商标使用于商品或服务的过程，包括售前、售中及售后过程；二是涉及人员群体，包括使用该商标的商品或服务的实际和潜在消费者或营销渠道所涉及的人员，且两类人员属于选择关系，符合其中一种类型，即为相关公众。[②]

第三，在功能、用途、主要原料、消费对象、销售渠道等方面的比较。首先，上述方面的比较应当立足于相关公众的同一群体，如立足于消费者视角或者营销者视角，而不能同时从消费者与营销者两个视角判断，因为通常情况下，营销者相对消费者而言，对于某一商品的了解更具专业性，这种专业性会影响到对于同一种商品的判断。比如，从营销者的视角来看，卷烟和雪茄烟针对的消费群体并不相同，而对于普通消费者而言，购买卷烟和雪茄烟的消费者均为烟民，属于相同消费对象。在刑事诉讼中，只要从其中一个群体的视角进行判断，认为系相同商品的，即可认定属于相同商品。其次，在功能、用途、主要原料、消费对象、销售渠道等方面应当进行全要素比较，而非选择性比较，即不能选择性比较上述五个方面中的两个或三个方面，就得出“相同商品”的结论，而应当对上述五个方面全部进行比较。另外，有的传统商品由于嵌入了科技手段，无论在用途上还是功能上，均会发生迥然有异的变化。如脱胎于传统机械手表的智能手表，除了具有传统手表的计时功能之外，更有健康状况监测、运动数据收集等功能，甚至还有社交平台聊天、

---

① 参见李振林：《假冒注册商标罪之“同一种商品”认定》，载《法律适用》2015年第7期。

② 参见黄晖：《商标法》（第三版），法律出版社2023年版，第204页。

NFC数字钥匙、移动支付等用途，因此，尽管两者名称上均属于手表类别，且消费对象、销售渠道也可能存在着一定范围的重合，但实质上，从功能、用途、主要原料等方面判断，已经难以认定两者为“相同商品”。因此，全要素的比较有助于精准界定“相同商品”，以体现刑罚的谦抑性。

2.“相同商标”的判断

根据2004年12月8日公布的《最高人民法院、最高人民检察院关于办理侵犯知识产权刑事案件具体应用法律若干问题的解释》（以下简称《知产刑事司法解释》）第8条的规定，《刑法》第213条规定的“相同的商标”，是指与被假冒的注册商标完全相同，或者与被假冒的注册商标在视觉上基本无差别、足以对公众产生误导的商标。但是，这一规定相同原则不能满足司法实践的需求。2020年9月12日公布的《最高人民法院、最高人民检察院关于办理侵犯知识产权刑事案件具体应用法律若干问题的解释（三）》[以下简称《知产刑事司法解释（三）》]第1条对何谓“相同商标”作了进一步明确。需要注意的是，尽管司法解释进一步明确了判断“相同商标”的具体情形，但并未明确采用什么样的方法进行判断。鉴于刑事司法更为严格的证据标准，采用“直接观察比对”更为妥当，即将比对对象置于同一视域下，同时观察得出“相同”或“不相同”的结论。毕竟，商标作为一种商业标识，主要还是从图案（包括立体图案）上进行观察。如果相关公众在同一视域下，在视觉效果上感受不到图案区别的话，还是应当认定为“商标相同”。当然，《商标法》保护的重心在于商标的显著性，正如《知产刑事司法解释（三）》第1条第4项所指出的，只要体现注册商标显著特征的图案相同，即使在注册商标上增加了商品通用名称、型号等缺乏显著特征要素的，也不影响“相同商标”的认定。例如，陈某、鲁某某销售假冒注册商标的商品上诉案。被告人陈某销售的雪地靴上使用的是“UGG变体＋australia”商标，其辩解该标识与“UGG”注册商标不构成相同，法院经审理认为，陈某使用的商标在注册商标的基础上增加了文字内容“australia”，而“australia”系外国国家名称，鉴于国家名称、地名等非属商标构成要素，对商标的区分来说是无关紧要的，仅增加了这一内容而其他方面都基本相同的商标在视觉上基本无差别、足以对公众产生误导，应认定为相同商标。[1]又如，黄某、艾某、陈某假冒注册商标案。三名被告人结伙生产假冒Dior商标的Dior-

---

① 参见上海市第二中级人民法院（2011）沪二中刑终字第459号刑事判决书。

Dior 标识的牛仔裤。案发后，三名被告人抗辩假冒商品的商标与权利人注册商标不属于“相同商标”。尽管从视觉效果来看，Dior 与 Dior–Dior 并不相同，但是 Dior 是体现注册商标显著特征的基本文字（图案），Dior–Dior 是对该注册商标最显著特征的重复，足以对公众产生误导，因此，法院经审理认为，两者属于“相同商标”，三名被告人的行为构成假冒注册商标罪。[①]

（三）“两种以上注册商标”的判断

《知产刑事司法解释》对假冒两种以上商标属于“情节严重”和“情节特别严重”的情形作出了规定。相对于假冒一种注册商标而言，假冒两种以上注册商标的刑事追责和加重处罚的金额标准明显降低。由于涉及对被告人的定罪量刑，在司法实践中，是否假冒了两种以上的注册商标往往是控辩双方争议的焦点问题。对此，需要把握以下审查要点。

1. 注册商标证是认定注册商标数量的基本依据

我国是实行商标注册制的国家。根据《商标法》第 4 条的规定，自然人、法人或者其他组织在生产经营活动中，对其商品或者服务需要取得商标专用权的，应当向商标局申请商标注册。商标申请注册成功之后，国家商标局将依照《商标法》的有关规定，颁发给商标注册人注册商标证，以证明其商标专用权的范围。注册商标证上记载的主要内容有商标（图样）、商标注册号、商标注册人名称及地址、注册商标核定使用的商品或服务项目及其类别、商标专用权的起止日期（有效期）。通常而言，一个注册商标证只有一个商标注册号，代表着一个注册商标，这是司法实践中判断注册商标数量的基本依据。一般情况下，当假冒注册商标的标识与一个注册商标相同时，可以判断为假冒了一种注册商标。

2. 商标的核心功能是判断注册商标数量的重要依据

商标的功能包括识别来源、品质保障和广告宣传。其中，识别来源为其核心功能，也是商标的本质特征和进行商标注册的前提条件。所谓商标的识别功能，是指商标可以区分商品和服务的来源，也就是使消费者通过商标将相同或类似的商品或服务的提供者区分开来，即消费者可以根据在商品或服务上使用的商标，知晓该商品或服务源于一个特定的提供者，信赖该提供者将为所有使用了该商标的相关商品

① 参见广东省佛山市顺德区人民法院（2015）佛顺法知刑字第 5 号刑事判决书。

或服务的质量承担责任。[①] 由于《知产刑事司法解释》使用了“种”而非“个”的文字表述，因而，单纯1个或2个的注册商标证数量不能作为认定一种或两种注册商标的根本依据，应当结合注册商标是否指向同一商品或服务来源予以判断。如果注册商标不同，且各注册商标指向不同的商品或者服务来源时，应当认定为假冒“两种以上注册商标”。如吕某某假冒注册商标罪案。该案中，被告人吕某某未经注册商标权利人许可，参与生产假冒“The North Face”和“supreme”品牌的服装对外销售，非法经营数额达700余万元。因被假冒的注册商标为两个不同服装生产商，注册商标指示的商品来源不同，故应当认定为侵犯了“两种以上注册商标”。[②] 如果注册商标虽然不同，但均指向同一商品、服务来源的，不应当认定为“两种以上注册商标”。

（四）销售假冒注册商标的商品罪涉案金额的认定

1. 违法所得的计算方法

《刑法修正案（十一）》吸纳了《知产刑事司法解释》的相关内容，将“所得和应得的全部违法收入”直接用“违法所得”予以概括，用语更为简洁明了；以“违法所得数额较大或者有其他严重情节的”替代“销售金额数额较大”，改变了销售假冒注册商标的商品行为刑事追责唯数额论的实践弊端，使符合该罪入罪门槛的情形更为丰富（如销售假冒注册商标的商品犯罪历时长、范围广、损害大或者同时触犯食品、药品等行政法律法规，可能危害人身安全、损害社会公共利益等），有利于凸显我国政府力主推行知识产权“严保护”的政策导向。对《刑法》《刑事诉讼法》等法律规定中的“违法所得”存在着是否应扣除相关经济成本的问题，如实施销售非法出版物的行为，违法所得应当扣除相应的经济成本；而实施非法集资的行为，违法所得则无须扣除相应的经济成本。针对法律规范相同，表述含义不一的问题，实践中有观点认为，产生违法所得的犯罪主要是财产性与经济性的犯罪。从违法所得来源区分，可将产生违法所得的犯罪区分为两大类：一是取得利益型；二是经营利益型。对于前者，其所获取的非法财产本身即违法所得，犯罪数额与违法所得数额具有一致性；而对于后者，一般以作出相应的扣除为宜。因为整体而言，违法所得利益一般不应高于犯罪人所获利益，否则追缴、没收就具有了附加刑的刑

① 参见王迁：《知识产权法教程》（第七版），中国人民大学出版社2021年版，第489页。

② 参见上海市松江区人民法院（2023）沪0117刑初2号刑事判决书。

罚特征，这与我国刑法将追缴、没收排除在刑罚之外的安排并不完全相符。具体而言，对于经营利益型的犯罪，理应采取纯利原则，即扣除相应的经营成本；而对于取得利益型的犯罪，则无须扣除所谓的成本开支。[①] 该理论观点针对性地回应了不同犯罪行为所产生的违法所得是否应扣除成本开支的问题，较好地解决了实践中的困惑。据此而言，就实施销售假冒注册商标的商品行为所涉“违法所得”而言，应当扣除相应的经营成本。事实上，这种违法所得的计算方法与行政机关的实践做法也是相互一致的。[②] 由于知识产权犯罪存在明显的行刑衔接必要，知识产权刑事犯罪以知识产权行政违法为前提，因此，从体系性解释的角度出发，销售假冒注册商标的商品行为所涉“违法所得”应当按违法销售商品的销售收入扣除所售商品的购进价款计算。如在苏某某等六人假冒注册商标案中，被告人采用以次充好的方式制作假冒注册商标的白酒，通过购入低档白酒等制作并销售假冒高档白酒，非法销售金额达680余万元。本案中，相关被告人的违法所得应当按照侵权产品（高档白酒）销售收入扣除所售产品（低档白酒）购入成本予以计算。[③]

2. 非法经营数额的计算方法

根据前述分析，销售假冒注册商标的商品行为所涉“违法所得”应当按违法销售假冒商品的销售收入扣除所售假冒商品的购进价款计算。毫无疑问，销售收入越高，购进价款越低，两者的差价就越大，违法所得就越多。但是，实践中，证明销售收入和购进价款的证据材料均由犯罪行为人所掌握，某些时候还存在着按需定制、阴阳账本或者售后即焚的销账方式，侦查机关难以全面获取相关证据材料，导致涉案金额认定困难。而销售假冒注册商标的商品罪作为情节犯，涉案金额是其中重要的情节之一，关系到刑事追责和责任大小问题。为了解决实践中的困难，《知产刑事司法解释》提出了“非法经营数额”的概念，其第12条明确，“本解释所称‘非法经营数额’，是指行为人在实施侵犯知识产权行为过程中，制造、储存、运

① 参见李长坤：《刑事涉案财物处理制度研究》，上海交通大学出版社2012年版，第97页。

② 2009年1月1日施行的《工商行政管理机关行政处罚案件违法所得认定办法》第2条明确，“工商行政管理机关认定违法所得的基本原则是：以当事人违法生产、销售商品或者提供服务所获得的全部收入扣除当事人直接用于经营活动的适当的合理支出，为违法所得”；第4条明确，“违法销售商品的违法所得按违法销售商品的销售收入扣除所售商品的购进价款计算”；第9条进一步明确，“在违法所得认定时，对当事人在工商行政管理机关作出行政处罚前依据法律、法规和省级以上人民政府的规定已经支出的税费，应予扣除”。

③ 参见上海市浦东新区人民法院（2020）沪0115刑初794号刑事判决书。

输、销售侵权产品的价值。已销售的侵权产品的价值，按照实际销售的价格计算。制造、储存、运输和未销售的侵权产品的价值，按照标价或者已经查清的侵权产品的实际销售平均价格计算。侵权产品没有标价或者无法查清其实际销售价格的，按照被侵权产品的市场中间价格计算”，以力求解决在犯罪行为人处无法查获证明实际销售金额的证据，难以认定涉案金额的问题。因为被侵权产品的市场中间价格可以通过市场调研的方式获得，无须依赖于犯罪行为人掌握的相关证据。

同时，需要指出的是，《知产刑事司法解释》第12条的规定表明，非法经营数额的计算分了三个层次，并呈现递进性，只有利用前一种方法无法计算时，才适用后一种方法。换言之，“非法经营数额”计算首先适用实际销售价格；其次适用标价或者实际销售平均价格；最后适用被侵权产品市场中间价。但是，存在两个方面的因素影响着“非法经营数额”递进计算方法的实施。一方面，知识产权犯罪的隐蔽性决定了查证实际销售价格存在一定困难，理由如前所述。另一方面，侦查机关本身工作的积极性也影响了对实际销售价格的查证，因为调查犯罪行为人的实际销售价格往往需要侦查机关投入更多的精力和财力。侦查机关难免会选择性适用“非法经营数额”的计算方法，最为便捷的方法当属以被侵权产品的市场中间价格计算。由于通常情况下，被侵权产品的市场中间价格远高于假冒产品的实际销售价格（如假冒LV品牌皮包单位售价大多为百元以下，而正品LV品牌皮包单价则高达万元以上），因此，按被侵权产品的市场中间价格计算涉案金额尽管提高了刑事打击的效率，但实质上存在着涉案金额虚高的事实，导致最终的裁判可能有违罪刑相当的刑罚适用原则。对此，人民法院有必要遵循以下的法律适用思路。

第一，区分侵犯商标权刑事犯罪的犯罪形态，即控方指控被告人的犯罪行为属于既遂还是未遂。如果指控犯罪行为既遂的，则说明被告人有实际销售的行为，正常情况下，也应当存在着实际销售价格，可以按实际销售的价格来计算涉案金额。如果在既遂状态下，控方仍然以被侵权商品市场中间价格计算涉案金额，人民法院可以建议检察机关补充侦查或自行调取证据。第二，如果指控犯罪形态系未遂的，人民法院应当重点审查有无证据证实被告人有过实际销售价格或者商品存在标价的，如有无帮工、下家等的证人证言，销货记录、送货清单等书证，被告人及同案被告人的供述以及侵权商品标价等，如果证据之间能够相互印证，则可以认定相关侵权商品的实际销售价格或有标价。第三，如果指控犯罪形态系未遂，且无证据证实实际销售价格或者商品无标价的，则依据《知产刑事司法解释》第12条之规定，根据被侵权商品的市场中间价格计算非法经营数额。第四，根据《刑法》第23条第2款有关“对于未遂犯，可以比照既遂犯从轻或者减轻处罚”的规定，依法对被告人从轻、减轻处罚，甚至在市场中间价格严重背离实际销售价格的特殊情况下，可以大幅减轻处罚，以落实罪刑相当的刑罚适用原则。[①]

（五）网络环境下销假案件中“虚假刷单”抗辩的审查

随着“互联网+”产业形态的发展，原先线下的销假行为已经基本转移至线上。上海法院自2019年以来审理的销售假冒注册商标的商品罪刑事案件达到1767件，占侵犯商标权案件总量的60.33%，其中超过80%的销假犯罪行为发生于网络销售平台之中。由于某些时候销假数量直接关系到被告人的罪与非罪、罪轻与罪重，因此，是否存在着“虚假刷单”的事实以及“虚假刷单”的数量往往是控辩双方争议的焦点问题。对此，人民法院需要严格审查，并注意把握以下两点。

一是明确辩方对于特定事实的证明责任。对于隐蔽性较强的刷单行为，除司法机关应依法全面查证之外，还需要明确辩方收集证据以证明这一特定事实的责任。当然，受限于刑事诉讼中辩方收集证据的能力，根据《刑事诉讼法》第43条的规定，辩方既可以自行收集，也可以申请司法机关收集、调取证据。不过，需要强调的是，作为本身属于辩方证明责任的待证事实，辩方申请取证时，应当向司法机关说明理由，并提供有价值的查证线索，比如委托刷手刷单及支付费用的微信记录、被告人自卖自买的成交记录、无实际快递行为的物流信息、销售数量巨大而销售金额畸低的成交记录等，而诸如“虚假刷单是同行网店销售常态”或者“曾委托刷手刷单，但已无信息记录”等缺乏明确指向的申请事由是不能成立的。如郭某升、郭某锋、孙某标假冒注册商标案（最高人民法院指导案例87号）。该案中，被告人郭某升等3人在未经某（中国）投资有限公司授权许可的情况下，从他人处批发假冒某品牌手机裸机及配件进行组装，利用其在淘宝网上开设的“某数码专柜”网店进行“正品行货”宣传，并明显低于市场价格公开对外销售。至2014年6月，被告人共计销售假冒某品牌手机2万余部，销售金额2000余万元，非法获利200余万元。被告人郭某升等3人对假冒注册商标的犯罪事实予以认可，但对非法经营额、非法获利提出异议，辩解称其淘宝网店存在虚假刷单提升信誉的行为，真实交易量

---

① 参见唐震:《侵犯商标权刑事犯罪罪量认定思路之把握——基于湖南农民售假被处天价罚金事件所展开的分析》，载《法律适用》2013年第3期。

只有1万多部。合议庭最终裁判认为，刷信誉是网店卖家请人假扮顾客用虚假购物方式提高网店商品的销量及获取好评，从而提高网店排名吸引顾客。刷信誉的整个流程，包括下单、支付货款、发货等在网上的显示均与真实交易完全相同，因此刷信誉形成的电子数据与真实交易数据从网络上无法区分，刷信誉情况仅为被告人所掌握。侦查机关对此难以调查，客观上也不能提供相关证据，而相关证据由被告人掌握，将此事实的举证责任分配给被告人承担，不仅有利于发现案件事实，而且有利于提高诉讼效率，故理应由被告方对此承担举证责任。鉴于其无证据证实虚假刷单的事实，故对其辩解不予采纳。① 如果被告人对虚假刷单的事实能够提供证据予以证实的，司法机关理应实事求是，将相关金额予以扣除。如余某销售假冒注册商标的商品案。该案中，被告人余某始终供述稳定，称有2.5万元左右的刷单金额，并提供了网络刷单平台及快递空包网的登录账号和密码。经法院审查核实，发现存在余某本人交易行为，对该部分刷单金额在犯罪总数额中予以扣除。②

二是遵循"存疑有利于被告人"的刑事诉讼裁判规则。司法实践中，虚假刷单的事实是否存在以及虚假销售数量究竟有多少，经过查证，通常可以表现出以下情形：第一，虚假刷单事实和刷单真实数据均可查明；第二，虚假刷单事实存在，但刷单数据无法全部查清；第三，虚假刷单事实无法查实。就第一种情形而言，理所当然应将虚假刷单数量在销假总量中予以扣除。就第二、第三种情形而言，被告人辩称的刷单数量与查实的数量存在差距，或者刷单的事实无法查实，则均应当以查实的销假数量为准。但是，实践中应当引起高度关注的是，少数时候，无法查清或无法查证的结果可能与侦查机关怠于履行侦查职能，消极查证线索有关。对此，人民法院可以召开庭前会议组织听取控辩双方有关线索价值的意见或者依职权通知证人、侦查人员等出庭接受询问，对于侦查机关能查证而不查证或者消极查证，导致虚假刷单事实或数量真伪不明的，应当作出有利被告人的事实认定。③

（六）注册商标标识件数的认定

被侵权注册商标标识的数量直接影响着犯罪行为人的定罪量刑，需要予以重点

---

① 参见郭黎明、石磊：《〈郭某升、郭某锋、孙某标假冒注册商标案〉的理解与参照——网络销售假冒注册商标产品非法经营数额的认定》，载《人民司法》2021年第17期。

② 参见吴若、王佳佳：《销售假冒注册商标的商品案中非法经营数额的认定》，载《人民法院报》2019年6月6日，第6版。

③ 参见唐震：《销假刑事案件中"虚假刷单"抗辩司法审查的要点》，载《人民法院报》2022年11月3日，第6版。

审查。根据《知产刑事司法解释》第 12 条第 3 款的规定，所谓“件”，是指标有完整商标图样的一份标识。简单而言，一份具有完整商标图样的标识即为一件，行为人非法制造或者非法销售了几份侵权标识，即可以认定为几件。但是，应当注意的是，非法制造、销售非法制造的注册商标标识罪系假冒注册商标罪的上游犯罪，非法制造的注册商标标识主要用于假冒他人商品。实践中，非法制造的注册商标标识经常依附于商品或商品的包装物等实物载体而存在，对于此类场景之下件数的计算，不能一概而论，需要结合具体的应用情况具体分析。

第一，在同一载体上印制有多个商标标识，且上述标识并非以独立形态呈现，而是以组合方式使用在同一载体上，则不宜将同一载体上的多个标识重复计算为标识件数，而是应当以独立载体的数量来计算商标标识件数。主要原因在于，商标标识在于指示商品或服务的来源，对于印制在同一载体之上，且不能分割使用的商标标识，无论其数量多少，实质上只是指示同一商品或服务的来源。该种商标标识应用场景的特点，与单独的商标标识功能一致，反映了其来源指向的唯一性，故不宜以标识数量简单等同于“件”数，否则会导致罪责失衡。如在洪某某销售非法制造的注册商标标识案中，侦查机关在被告人使用的货车上当场查获非法制造的注册商标标识一批。经鉴定，其中有金某食用调和油标签 1200 张（上附标识共计 43 200 个）、金某食用调和油 1.8 升装瓶盖 4000 个（上附标识共计 20 000 个）、金某食用调和油 5 升装瓶盖 7000 个（上附标识共计 35 000 个）、鹰某食用油吊牌标签 19 500 件（上附标识共计 97 500 个）、花某花生香食用调和油标签 600 张（上附标识共计 3600 个）。法院经审理认为，查获的标签、瓶盖、吊牌上均有多个商标标识，上述标识非以独立形态呈现，而是以组合方式使用在同一载体上，根据禁止重复评价原则，不宜将同一载体上的多个标识重复计算为刑法意义上的标识件数，应当以独立载体的数量计算。故查获的注册商标标识件数为 32 300（1200+4000+7000+19 500+600）件。

第二，存在大中小包装盒时，包装盒上分别印有相同商标标识，大小包装依次套装。在计算商标标识数量时，应当以最小单位商品上的商标标识计算为 1 件；无最小单位商品的商标标识，则以包装盒上的侵权商标标识累加计算。因为商标标识完整且可以独立使用于商品之上，最小单位商品所附商标标识可以作为件数计算的依据。如在张某某非法制造、销售非法制造的注册商标标识案中，侦查机关查获未包装的带有权利人注册商标标识的动漫游戏纸卡塑料外包装 13 卷（每卷 4000 张），计 52 000 张；已包装成品的游戏盒装纸卡 1875 盒（每盒 36 小袋装），计 67 500 小袋；长塑料袋装已包装的纸卡 532 袋（每袋 36 小包装），计 19 152 小包；已包装盒装纸卡 400 袋（每袋 12 小盒装），计 4800 盒。法院经审理，对于已包装成品的游戏盒装纸卡 1875 盒的标识数量，因纸卡由包装袋、包装盒依次套装，且包装上有注册商标，在计算标识数量时，法院以最小商品上的商标标识计算为 1 件，认定此部分数量为 67 500+1875=69 375 件，最终认定张某某非法制造注册商标标识 52 000+69 375+19 152+4800=145 327 件。[①]

二、侵犯著作权刑事案件的审理思路和裁判要点

（一）侵犯著作权刑事案件权利基础的审查

根据《刑法》第 217 条的规定，侵犯著作权或者与著作权有关的权利符合法定情形，违法所得数额较大或者有其他严重情节的，构成侵犯著作权罪。毫无疑问，被害单位或者被害人对其智力成果拥有著作权及与著作权有关的权利是启动刑事追责程序的前提事实。然而，与商标权、专利权等知识产权具有国家行政管理机关颁发的权利凭证（注册商标证、专利证）不同的是，著作权没有法定的权利凭证，作者等著作权人在著作权登记机构办理作品登记亦实行自愿登记制度，即使其不进行登记，只要其智力成果符合《著作权法》第 3 条规定的要件，无论是否发表，即依照《著作权法》享有著作权。因此，该类刑事案件中对权利基础的审查是实践中的一个难点问题。对此，需要从两个方面加以把握。

1. 智力成果构成作品的实质性审查

根据《著作权法》第 3 条的规定，作品，是指文学、艺术和科学领域内具有独创性并能以一定形式表现的智力成果。司法机关追究被告人侵犯著作权犯罪行为时，应当首先对被害主体的智力成果是否构成《著作权法》所保护的作品进行实质性审查。具体包括以下方面：一是作品必须是人类的智力成果，因为《著作权法》的立法目的是鼓励作品的创作，而人的智力活动才能被称为“创作”，由此排斥了人工智能生成物纳入《著作权法》保护的可能；二是作品必须是可被客观感知的外在表达，即能够以一定形式表现，单纯停留在内心世界的思想感情或者“腹稿”不能作为作品；三是作品必须是文学、艺术或科学领域内的成果，对于体育运动、技

---

① 参见李玉萍主编：《知识产权刑事案件裁判规则》，法律出版社 2020 年版，第 88~89 页。

术领域的智力成果，如艺术体操项目、技术实施方案等，不能受到《著作权法》的保护；四是作品必须具有独创性，其中的“独”是指独立创作，源于本人；“创”是指具有一定的智力创造高度。[①] 实践中，对于是否达到一定智力创造高度，常有争议，对此，需要结合具体案情予以判断。

2. 著作权权利证据的综合审查

《著作权法》第 12 条第 1 款规定：“在作品上署名的自然人、法人或者非法人组织为作者，且该作品上存在相应权利，但有相反证明的除外。”对此，《知产刑事司法解释（三）》第 2 条第 1 款亦作了基本相同的规定，即“在刑法第二百一十七条规定的作品、录音制品上以通常方式署名的自然人、法人或者非法人组织，应当推定为著作权人或者录音制作者，且该作品、录音制品上存在着相应权利，但有相反证明的除外”。实质上，对于著作权权利是从正反两个方面来进行审查的。正面而言，系作品署名。对于质疑作者署名的作品，[②] 也可以根据 2020 年 12 月 29 日修正的《最高人民法院关于审理著作权民事纠纷案件适用法律若干问题的解释》第 7 条的规定，要求当事人提供涉及著作权的底稿、原件、合法出版物、著作权登记证书、认证机构出具的证明、取得权利的合同等证据。反面而言，系相反证明。比如，涉案作品已经超过保护期，进入公有领域；涉案作品著作权不受我国《著作权法》保护、权利人自行放弃权利等。实践中，司法机关通常结合控辩双方意见来认定涉案作品的权利。如在陈某等八人侵犯著作权案中，司法机关根据固定比例抽取部分涉案视频，并委托美国电影协会、韩国著作权委员会等相关著作权认证机构出具权属证明；同时，重点审查被告人的供述和辩解，综合正反两个方面的证据来认定涉案作品的著作权。[③]

（二）避开或者破坏技术措施侵犯著作权的认定

《刑法》第 217 条第 6 项规定：“未经著作权人或者与著作权有关的权利人许

---

① 参见王迁：《著作权法》（第二版），中国人民大学出版社 2023 年版，第 19 页。

② 如 2019 年 4 月 11 日，视觉中国网站发布欧洲南方天文台拥有原始版权的“黑洞”照片，并打上了“视觉中国”标签，同时在图片旁边的基本信息栏注明“此图为编辑图片，如用于商业用途，请致电或咨询客户代表”，使网络用户误认为视觉中国拥有这张黑洞照片的版权，从而遭到社会质疑。参见陈宇曦等：《科学家都说“免费” 视觉中国却说黑洞照片版权是他家的！已被约谈、暂时关停》，载搜狐网 2019 年 4 月 12 日，https://www.sohu.com/a/307514977_740122。

③ 参见孙秀丽、金华捷：《网络侵犯著作权刑事案件中的难点问题分析》，载《中国检察官》2021 年第 14 期。

可，故意避开或者破坏权利人为其作品、录音录像制品等采取的保护著作权或者与著作权有关的权利的技术措施的。”该项是《刑法修正案（十一）》新增加的内容，进一步完善了著作权保护的方式。但何谓技术措施，在《刑法》和相应刑事司法解释中并没有规定。对此，在理解上应当与作为权利法的《著作权法》规定保持一致，即《著作权法》第49条第3款所规定的，“本法所称的技术措施，是指用于防止、限制未经权利人许可浏览、欣赏作品、表演、录音录像制品或者通过信息网络向公众提供作品、表演、录音录像制品的有效技术、装置或者部件”。据此而言，技术措施按其保护作品的功能可以分为两大类：一是禁止接触型，即用以防止、限制他人未经许可地接触作品、表演、录制品的技术措施。如通过设置用户名和密码及相应的验证机制禁止未付费用户在线观看视频内容。二是禁止传播型，即用来阻止他人未经许可通过信息网络传播的方式向公众提供作品、表演、录制品的技术措施。如在线教学网站只允许在线实时观看教学视频，而不允许下载的营销方式。

由于技术发展迅猛，权利人保护版权的技术手段多样，形态复杂，因此，在实践中，司法机关应当严格把握技术措施的基本功能，结合具体案情，准确界定纳入刑事司法打击的反技术措施行为。比如，在闫某侵犯著作权案中，法院经审理查明，飞某公司及其关联公司系超声设备 Voyager 平台软件、血管造影机 Azurion R1 软件、CT 扫描仪 Brilliance 软件、IntelliSpace Portal 星云工作站软件、算码器软件、维修手册等作品的著作权人，授权飞某中国公司在中国境内行使著作权。飞某公司为保护上述作品著作权采取了 IST 安全系统、认证工具（俗称加密狗）、算码器等技术保护措施。2019年4月至2022年6月，被告人闫某以营利为目的，未经飞某公司许可，利用自网友李某某处购买的可以生成飞某 IST 数据证书的程序，自行制作用于避开著作权技术保护措施的加密狗，后通过微信等渠道销售给刘某某等人。经鉴定，闫某销售的加密狗可以避开飞某公司为其作品采取的技术保护措施。经审计，闫某通过支付宝、微信、银行账户等，共收取加密狗销售金额75万余元。法院认为，被告人闫某以营利为目的，未经著作权人许可，故意避开著作权人为其作品采取的保护著作权的技术措施，情节特别严重，其行为构成侵犯著作权罪。[①] 另如，在北京某科技有限公司诉上海某电子科技有限公司侵害计算机软件著作权纠纷案中，法院认为，计算机软件著作权人为实现软件与机器的捆绑销售，将软件运行

① 参见上海市第三中级人民法院（2023）沪03刑初24号刑事判决书。

的输出数据设定为特定文件格式，以限制其他竞争者的机器读取以该特定文件格式保存的数据，从而将其在软件上的竞争优势扩展到机器，不属于《著作权法》所规定的著作权人为保护其软件著作权而采取的技术措施。他人研发软件读取其设定的特定文件格式的，不构成侵害计算机软件著作权。[①] 申言之，破坏该类技术保护措施也不可能构成侵犯著作权罪。上述两个案件尽管分属刑事和民事两个领域，但对有关版权保护技术措施认定的标准是一致的，两案的结论截然不同，正反映出对于《著作权法》所界定的技术措施需要严格审查，不能因为权利人对作品自行采取了技术保护措施，就必然认定该措施系《著作权法》所界定的技术措施，特别对于刑民交叉的情形，更是需要综合多方意见，审慎作出裁判，防止刑事打击的泛化。

（三）涉案作品数量的认定

在知产刑事司法规范体系中，关于作品数量有“张”“份”“件”“部”的不同表述。但是，目前尚未有相应规范对于如何计算“张”“份”“件”“部”作出明确界定。对此，有必要强调的是，我国《著作权法》第3条以表达形式为依据规定了八类作品，如文字作品、口述作品、音乐、美术、摄影、视听作品等。而不同的作品形式在日常口语中，表达作品计量单位的用语是不同的。比如，一本书、一首歌、一幅画、一张照片、一部电影等。同时，不同作品在实践中使用的形态丰富多样，导致作品数量的认定无论在立法上还是司法上均难以形成统一的规则。比如，一套书中包括多本书，或者一本书可以分成上集、下集刊发；一部时长三小时的电影既可以一次性播放，也可分成上、下两集播放，甚至还有的电视连续剧尽管只是改编于一部文字作品，只是表达一个特定故事，却分成若干集在一定时期播放。特别是伴随着数字技术的发展，作品载体的发展也是日新月异。比如，最先面世的DVD传统光盘，通常只能容纳一部电影，查获的一张光盘可以等同于一部电影来认定侵权作品数量。而后续发展的蓝光光盘，则存储容量大大增强，达到传统光盘的数倍乃至数十倍，可以存储数十部电影，对此，不能简单地以一张光盘等同于一份侵权作品来认定，而应当以侵犯著作权的具体电影部数来认定侵权作品数量。

信息网络技术的发展，也导致作品的传播演绎形式发生着明显的变化。比如，短视频创作者对电影内容进行所谓“二次创作”，使一部电影的主要情节可以在数

---

① 参见北京某科技有限公司诉上海某电子科技有限公司侵害计算机软件著作权纠纷案（最高人民法院指导案例48号）。

分钟内被快速浏览，在影片上映前引发剧透使发行方遭受票房损失。对此，是否能将一个短视频视为一部侵权作品计算从而纳入刑事打击范畴亦不无疑问。正是由于现实情形的多样性，要在立法或者司法层面形成统一明确的数量判断规则还不成熟，有待于进一步地探索实践，凝聚共识。就现状而言，有必要遵循罪刑法定的基本原则，从两个方面加以把握：一是坚持犯罪手段法定。《著作权法》第 10 条规定的权利人专有控制权为 17 项，而被纳入刑法规制的侵权行为主要系复制、发行和通过信息网络传播 3 项，因此，不能将所有侵害权利人专有控制权的行为均纳入刑法打击范畴。比如，短视频系对原电影作品的改编，已经形成了具有独创性的新作品，此时，因为侵害改编权的行为不属于《刑法》规定的侵犯著作权的犯罪行为，故不能将该 1 个短视频视为《知产刑事司法解释》中规定的 1 “部” 侵权作品来计算，权利人只能通过民事侵权诉讼寻求救济。但是，如果短视频系对原电影作品独创性情节的复制或选择性部分复制，其通过信息网络传播的行为落入刑法规制的范畴，该 1 个短视频应当作为《知产刑事司法解释》中规定的 1 “部” 侵权作品来计算。二是坚持作品实质判断。作品系作者独创性的智力成果，表达了作者的思想。出于作者习惯或者作品权利人的商业安排，有的作品会以不同的编排形式发行。比如，单独的一部电影独立放映或者分成上下集放映；有的连续剧每一集系一个单独故事，有的连续剧必须结合上下集剧情才能理解。显然，如果将分成上下集放映的一部电影作为两部侵权作品予以计算的话，对于侵权行为人并不公平；而如果将反映每个单独故事的连续剧合并作为一部侵权作品予以计算的话，对于著作权权利人亦不公平。因此，有必要以独立完整反映创作者思想为依据，排除人为分割作品的事实，客观认定侵权作品的数量。如在温某某、郑某某等侵犯著作权案中，法院经审理认为，本案各被害单位经权利人许可所享有相关著作权权利的动漫剧集系固定在一定介质上，由一系列有伴音的活动画面组成，并且借助适当装置放映或者以其他方式传播的视频影像，应认定为是受我国《著作权法》及《刑法》保护的电影作品和以类似摄制电影的方法创作的作品。该类作品整部剧集虽然有相同的主要人物名称，装束、角色定位等，但与传统意义上的影视连续剧前后集之间均为承上启下、每一集都是无法独立分割的故事一部分不同，其定期或不定期连续更新的每一集一般都有独立完整的故事情节及场景、相同或不相同的角色，每集时长 20 分钟左右，往往都还有突出每集剧情主题的独立片名，每一集之间虽有一定联系，但更像一个完整故事的独创表达，部分单集的影响力甚至彰显了整部动漫剧的知名度，故各单集应认定为系整部动漫剧中虽有联系但可分割、可独立的单独作品。据此，根据公诉机关的意见，按6000余集的数量来认定各被告人传播他人作品的部数。[①]

三、侵犯商业秘密刑事案件的审理思路和裁判要点

（一）商业秘密权利人的界定

实践中，商业秘密的使用情形较为复杂，需要结合具体案情确定商业秘密的权利主体。如在张某、泽某侵犯商业秘密案中，商业秘密权利人为易某公司，合某公司系易某公司全额出资股东。检察机关认为，易某公司为合某公司的全资子公司，合某公司向易某公司安排研发任务，提供运营资金，易某公司对相关科技产品进行技术开发，形成技术信息并投入生产。因此，合某公司及易某公司均是涉案技术信息的所有人及使用人，依照法律规定应当确认为涉案商业秘密的权利人。被告人及辩护人则认为，易某公司投入资金，独立研发并形成技术信息，易某公司为涉案技术信息的所有人；而合某公司及其下属公司独立核算，不能因为合某公司对易某公司的绝对控股关系就将其视为涉案技术信息的权利人。法院经审理认为，易某公司与合某公司均为独立法人，涉案GIS数据采集器系由易某公司组织研发、生产，劳动合同及相关商业秘密的保密协议亦由易某公司与两被告人所订立，本案商业秘密的权利人应认定为系易某公司。主要原因在于：公司是法律拟制的企业法人，有自身独立的法人财产，并以其全部财产对公司的债务承担责任。而母公司与子公司之间的主体身份独立，如果允许母公司基于绝对控股关系而占有子公司的财产，无疑会侵害子公司债权人的利益，因此，出于维护交易安全和企业信用的考虑，法院不能确认这种占有方式的合法性。另外，商业秘密使用人，通常是指与商业秘密所有人签订商业秘密使用许可合同的人。如果易某公司与合某公司签订了商业秘密使用许可合同，那么，合某公司可以成为涉案商业秘密的使用人，从而被作为权利人予以认定。但在本案中，检察机关并未提供涉案商业秘密使用许可合同，而是基于合某公司的绝对控股地位而主张其为权利人，是缺乏法律和事实依据的。[②]

（二）侵犯商业秘密罪"情节严重"之判断

《刑法》对第219条所规定的侵犯商业秘密行为"情节严重"和"情节特别严

---

① 参见上海市徐汇区人民法院（2020）沪0104刑初963号刑事判决书。

② 参见唐震、王利民：《商业秘密权利人及其损失的认定》，载《人民司法》2016年第11期。

重”具体包括哪些情节并没有明确的规定。实践中，主要依据《知产刑事司法解释（三）》第5条有关权利人所受损失或者行为人违法所得计算的规定，来判断侵犯商业秘密行为是否达到“情节严重”的程度。具体而言，包括以下计算方法：（1）该项商业秘密的合理许可使用费，主要适用于以不正当手段获取权利人的商业秘密，但尚未披露、使用或者允许他人使用的情形；（2）权利人因被侵权造成销售利润的损失，主要适用于披露、使用或者允许他人使用以不正当手段获取的商业秘密的情形，但如果该损失数额低于商业秘密合理许可使用费的，根据合理许可使用费确定；（3）该项商业秘密的商业价值，主要适用于因侵权行为导致商业秘密已为公众所知悉或者灭失的情形，其中的商业价值，则根据该项商业秘密的研究开发成本、实施该项商业秘密的收益综合确定；（4）侵权人因侵权所获得的违法所得，根据其披露或者允许他人使用商业秘密而获得的财物或者其他财产性利益而认定。《知产刑事司法解释（三）》第5条进一步明确，权利人因被侵权造成销售利润的损失，可以根据权利人因被侵权造成销售量减少的总数乘以权利人每件产品的合理利润确定；销售量减少的总数无法确定的，可以根据侵权产品销售量乘以权利人每件产品的合理利润确定；权利人因被侵权造成销售量减少的总数和每件产品的合理利润均无法确定的，可以根据侵权产品销售量乘以每件侵权产品的合理利润确定。商业秘密系用于服务等其他经营活动的，损失数额可以根据权利人因被侵权而减少的合理利润确定。此外，商业秘密的权利人为减轻对商业运营、商业计划的损失或者重新恢复计算机信息系统安全、其他系统安全而支出的补救费用，应当计入给商业秘密权利人造成的损失。结合具体的案例，上述计算方法的应用需要注意以下要点。

第一，涉案商业秘密没有实际合理使用许可费标准的，可以“虚拟许可＋类比参照”为标准计算损失数额，即通过具有法定资质的资产评估机构进行密点价值评估，同时参考类似商业秘密的合理许可使用费标准，作为确定对权利人造成损失数额的依据。如在周某某侵犯商业秘密案中，被告人周某某于2016年9月至2019年1月期间任职中某国际公司担任设计服务部主任工程师，具有查阅中某国际公司涉案商业秘密相关数据包的权限。2017年3月至2018年11月，被告人周某某违反与公司签订的劳动合同及保密协议，将包括两个IP数据包在内的文件下载至工作电脑硬盘，再以拆除硬盘的方式将涉案文件带离公司并存储于其个人电脑。经审计，中某国际公司因被侵犯商业秘密造成损失128万余元。法院认为，《知产刑事司法解释（三）》明确了非法获取持有型侵犯商业秘密罪的案件，损失数额可以合理许可使用费确定，原因在于，行为人通过不正当手段获取权利人的商业秘密，实际上节省了正常情况下获取商业秘密本应支付的许可使用费，该许可使用费正是权利人应当收取而未能收取的，应当属于遭受的损失。实践中，对于没有客观真实的许可使用费标准的情形，可以采用“虚拟许可 + 类比参照”方式来评估得出假设的、虚拟的许可使用费，即由有资质的资产评估机构结合商业秘密的研发成本、使用周期、市场竞争程度、市场前景、经济价值大小和新颖程度等因素综合评估确定许可使用费标准；同时将权利人提供的与涉案商业秘密类似的商业秘密的许可使用费作为价值评估的参考，以确保资产评估机构出具的评估意见的合理性和准确性。[①]

第二，计算商业秘密权利人损失时，要考虑商业秘密的价值一般与其秘点相对应，秘点具有独立价值的，应当单独计算；秘点与整件不可分割的，应当按照秘点在整件中的作用或比重予以计算。如在被告单位伊某公司及被告人郭某某、杜某某侵犯商业秘密案中，两被告人从权利人米某公司处非法获取涉案商业秘密用于生产销售同类产品（特种灯生产线）。2008 年 3 月至 8 月，被告单位伊某公司向海宁某公司等 7 家单位销售特种灯生产线，包括手套箱、高温炉、等离子排气封接台等，价值为 105 万元至 140 万元，共计合同金额为 792 万余元。一审法院经审理认为，被害单位损失以查实的被侵权产品在市场上销售的总数乘以每件产品的合理利润所得之积计算，估算 7 套设备的利润约为 1155 万元。二审法院经审理查明，涉案特种灯生产线中的手套箱、真空脱羟炉、抽充台及等离子封接台等主要设备部分可以单独销售及计算价格，原审判决按照整条生产线的利润来计算权利人的损失不当，予以纠正。结合涉案产品在同类产品市场中的可替代性，以及侵权产品的利润率，确认被告单位因侵权行为获利 58.8 万元，据此对被告单位和被告人的量刑予以改判。[②]

第三，涉案商业秘密被侵权行为人披露，商业秘密权利人损失可以根据商业秘密的研发成本予以计算，但是其中部分技术方案在披露之前已经被权利人申请专利，权利人因享有专利优先权而不会遭受损失，故不应将该部分研发费用计入损

---

① 参见肖晚祥、高卫萍：《“非法获取持有型”侵犯商业秘密行为的入罪要件及损失认定》，载《人民司法》2023 年第 23 期。

② 参见刘军华、唐震、巩一鸣：《侵犯商业秘密犯罪中重大损失的计算》，载《人民司法》2014 年第 16 期。

失。如在吴某侵犯商业秘密案中，被告人吴某于2011年3月2日和11日为展示其公司的研发能力，吸引潜在客户，以其公司名义在化工领域国际通用的SciFinder和ACDFIND数据库及其公司网站上公开披露其窃取和编辑的权利人作为商业秘密保护的88个化合物结构式及合成过程信息。法院经审理认为，被告人的披露行为导致权利人研发的化合物结构式必定得不到发明专利的保护，权利人公司为此投入的研发费用必然遭受损失。鉴于被告人的行为导致相应结构式被公众知悉，给权利人造成的损失可根据相应研发成本来计算。研发过程包括结构式的设计、合成验证、重复合成等阶段，权利人公司为此支出的费用均属结构式的研发成本。但在涉案化合物结构式被披露之前，第28号、第29号和第75号结构式已经申请专利，存在专利优先权，故相应合成费应从中扣除，扣除后共计研发费用为260万余元。[①]

此外，补救费用计入商业秘密犯罪行为造成的权利人损失，是商业秘密刑事诉讼权利人损失计算的一种新方式，目前司法实践对此尚未形成相对成熟的经验和理论，对此，需要加强法律适用问题的分析和预判，准确理解和适用司法解释的规定，防止刑事打击泛化的风险。目前，该种计算方法主要存在着以下难点。

一是如何保证知识产权刑事犯罪权利人损失计算的体系性？《刑法》规定的知识产权犯罪涉及假冒注册商标罪，销售假冒注册商标的商品罪，非法制造、销售非法制造的注册商标标识罪，假冒专利罪，侵犯著作权罪，销售侵权复制品罪，侵犯商业秘密罪，为境外窃取、刺探、收买、非法提供商业秘密罪八个罪名。就补救费用而言，侵犯商标权犯罪、侵犯著作权犯罪、侵犯专利权犯罪均面临着事后补救的问题。比如，因商标权受到侵害，商标权利人更新置换所涉商品的电子防伪标签；因著作权受到侵害，计算机软件权利人开发部署防源代码破译的技术方案；因专利权受到侵害，专利权利人增加设置专利产品的防伪措施等。而《知产刑事司法解释（三）》仅规定补救费用应当计入给商业秘密权利人造成的损失之中，那么，补救费用为什么不能计入其他知识产权犯罪行为给权利人造成的损失之中？其不能一体化适用的理论依据又是什么？

二是如何保持商业秘密刑事和民事案件损失计算的协调性？2007年2月1日施行的《最高人民法院关于审理不正当竞争民事案件应用法律若干问题的解释》

---

① 参见唐震：《商业秘密“无需付出一定代价而容易获得”的司法判断》，载《人民司法》2015年第22期。

（2020 年 12 月 29 日修正）第 17 条规定了侵犯商业秘密民事案件损害赔偿额的计算方法，即参照确定侵犯专利权的损害赔偿额的方法进行；同时明确，因侵权行为导致商业秘密已为公众所知悉的，根据该秘密的商业价值确定损害赔偿额。脱胎于前述司法解释并于 2020 年 9 月 12 日起施行的《最高人民法院关于审理侵犯商业秘密民事案件适用法律若干问题的规定》基本延续了上述损失计算方式，只是重点强调了商业秘密的价值、参照许可使用费确定实际损失及法定赔偿的考量因素。但同时，该司法解释第 23 条明确，当事人主张依据生效刑事裁判认定的实际损失或者违法所得确定涉及同一侵犯商业秘密行为的民事案件赔偿数额的，人民法院应予支持。这就意味着，刑事案件中补救费用计入商业秘密权利人损失的合理性，在民事案件审理中应当得到确认。那么，是否可以据此将补救费用计入商业秘密权利人损失的计算方法适用于商业秘密民事案件损害赔偿数额的计算之中？如果不可以，如何解释刑事案件可以而民事案件不可以的逻辑矛盾？

三是如何审核商业秘密权利人支出补救费用证据的有效性？补救费用是权利人在犯罪嫌疑人侵犯商业秘密犯罪行为结束之后支出的费用。在刑事诉讼证据审核方面，存在着两点先天不足：（1）证据的证明力问题。在侵犯商业秘密刑事案件中，商业秘密权利人即刑事案件被害人。毋庸置疑，刑事诉讼被害人与被告人存在着天然的利害关系，补救费用证据直接形成于被害人一方，且由被害人事后补充实施所得，证据的证明效力堪忧。（2）证据的关联性问题。根据《知产刑事司法解释（三）》的规定，补救费用的支出用途为“减轻对商业运营、商业计划的损失或者重新恢复计算机信息系统安全、其他系统安全”。根据其表述，补救费用支出的范围包括但又不限于维系商业秘密本身价值的需要。由此，如何准确界定补救费用支出与犯罪行为之间的因果关系，确保证据的关联性将成为实践难题。

四是如何把握侵犯商业秘密犯罪行为类型与费用支出的对应性？根据《刑法》第 219 条之规定，以不正当手段获取、披露、使用或允许他人使用其以不正当手段获取的权利人商业秘密，情节严重的，构成侵犯商业秘密罪。据此而言，侵犯商业秘密犯罪行为表现为非法获取、披露和使用（含允许他人使用）三种主要类型。而不同的犯罪行为侵犯商业秘密产生的后果不同，权利人是否需要以及在多大范围内支出补救费用存在区别对待的必要。比如，“非公知性”是商业秘密的根本属性，由此导致商业秘密具有“一旦公开，彻底失权”的特性。被告人一旦实施了披露行为导致商业秘密已为公众所知悉的，权利人自此将无商业秘密可言。在这种情况下，权利人是否还有必要支出补救费用以及补救什么样的客体值得斟酌。特别是在商业秘密本身的商业价值不高，权利人通过实施所谓的补救行为，导致相关费用金额超过刑事追诉标准，被告人行为直接面临罪与非罪评价的时候，这种必要性探讨的现实意义将更加突出。应当说，在目前越来越多的迹象表明知识产权诉讼某些时候已经演变成为一种商战手段的情况下，这种担忧并非多余。[1]

---

① 参见唐震:《补救费用计入商业秘密权利人损失的法律适用问题探究》，载《人民法院报》2015 年 5 月 13 日，第 6 版。

第十章　侵犯人身权利犯罪的司法认定

实践中，侵犯人身权利犯罪也是较为常见的犯罪类型。本章选择实践中存在争议的轻微暴力致人死亡、伤害类案件以及聚众斗殴类案件，厘清侵害人身类案件存在的故意、过失认定难，因果关系认定难，加重情节认定难等共性问题，总结相关案件的审理思路和要点，为该类案件的审理提供指导。

第一节　轻微暴力致人死亡犯罪的审理思路及要点

轻微暴力致人死亡案件，是指亲友、邻里或者其他人员之间因日常生活琐事突发争执、打斗，造成他人意外死亡的案件。由于这类案件中被告人的主观故意内容较为模糊，客观方面的因果关系较为复杂，实践中经常引发定性分歧与量刑差异。为确保同类案件法律适用的统一性和公正性，现结合典型案例，对该类案件的审理思路和裁判要点进行梳理总结。

一、典型案例

为便于分析问题，从因果关系角度切入，按照暴力行为导致危害结果的原因力大小，将此类案件细分为暴力行为直接导致被害人死亡、暴力行为偶合外在介入因素导致被害人死亡、暴力行为诱发严重疾病导致被害人死亡和非攻击性行为合并被害人自身失误导致被害人死亡四种情形。

典型案例一：

被告人曹某因比拼酒量，与同桌被害人唐某发生争执并相互推搡。其间，曹某将处于严重醉酒状态的唐某推倒并压在身下掐其脖颈，致唐某因胃内食物反流呼吸道，造成异物堵塞气管而窒息死亡。检察机关指控曹某犯故意伤害（致人死亡）罪，辩护人认为曹某构成过失致人死亡罪。

典型案例二：

被告人王某对路过的被害人徐某进行言语调戏。徐某折回进行责问，又遭王某恶语回复，徐某遂抽打王某一记耳光。王某暴怒，双手先后推打徐某的左右肩膀，致徐某在后退过程中被身后驶过的卡车碰撞倒地，头部遭车轮碾压而死。检察机关指控王某犯过失致人死亡罪，一审法院认定王某构成故意伤害（致人死亡）罪，王某不服提出上诉。

典型案例三：

被害人陆某有酒后殴打妻子赵某的陋习。某日，陆某酒后再次追打被告人赵某。赵某在逃离过程中，随手捡起陆某脚上滑脱的一只皮鞋，朝陆某头部和身上抽打两下。两天后，陆某在自身脑血管硬化的基础上，因头部遭受钝性外力作用致闭合性颅脑损伤，引起中枢神经功能障碍导致死亡。一审法院以故意伤害（致人死亡）罪判处赵某有期徒刑十年，赵某不服提出上诉。

典型案例四：

被告人张某与被害人陶某因争抢座位在公交车上发生争执并推搡。其间，陶某站在车后门处欲将张某拉下车，张某用力转身甩脱陶某奔向车内。陶某后背朝车外踏空摔倒在地，不治身亡。经鉴定，陶某系因左枕部受外力作用致广泛性脑挫伤、硬膜下血肿，蛛网膜下腔出血而死亡。检察机关指控张某犯过失致人死亡罪，辩护人则认为张某的行为属于意外事件，不应负刑事责任。

二、疑难问题

轻微暴力虽然不是法定概念，但轻微暴力致人死亡案件却存在明显的共性特征：一是涉案行为本身具有一定节制性，通常不会直接造成轻伤以上的后果；二是涉案行为与其他因素共同导致危害结果发生，是典型的多因一果案件；三是行为人主观上对严重危害结果的发生缺乏应有的认知。总体上，该类案件的外观形式与过失致人死亡罪的构成要件行为具有相当性，但是具体案件类型及个案特点又有差异，不能排除认定故意伤害（致人死亡）罪或者意外事件的可能性。司法实践中，主要存在以下两个审理难点。

一是故意伤害（致人死亡）罪与过失致人死亡罪区分难。轻微暴力致人死亡案件中，客观上行为人均实施了故意暴力打击他人的行为，但未直接造成被打部位机体的严重损伤，且暴力打击行为通常在打击工具、打击力度、打击频次、打击部位等方面表现出一定的节制性，难以准确区分涉案行为属于严重加害行为还是一般殴打行为。主观上行为人对死亡结果的发生均持过失心态，难以准确判断行为人是否具有严重伤害他人身体的犯罪故意。此类案件存在故意伤害（致人死亡）罪还是过失致人死亡罪的定性困难。

二是过失致人死亡罪与意外事件区分难。在轻微暴力合并被害人自身失误或诱发严重疾病，抑或偶合外在介入因素致人死亡的案件中，死亡结果由轻微暴力打击、自身疾病或者被害人自身失误、外在介入因素等共同导致，因果关系较为复杂，通常难以清楚预见死亡结果的发生，且司法实践中缺乏具有操作性的判断标准，难以准确判断行为人对死亡结果属于“应当预见”还是“无法预见”。此类案件存在过失致人死亡罪还是意外事件的定性困难。

三、审理思路和裁判要点

轻微暴力致人死亡案件的审理，总体上应当基于实质合理性的基础立场适用法律，坚持罪质与罪量要素的统一考量，事实甄别与价值判断的一体运用，最终以实现罪刑相当的刑法基本原则为依归。具体而言，在厘清个罪内部结构、合理界定个罪规制对象及其边界的基础上可分三步进行审查：第一步，审查涉案行为的类型，区分攻击性行为和非攻击性行为；第二步，同时审查攻击性行为的致害危险性和行为人的主观故意内容，区分严重加害行为和一般殴打行为以及伤害故意和殴打故意；第三步，审查判断行为人在实施相应行为时应否预见严重危害结果的发生，区分行为人是否应承担刑事责任。

（一）厘清个罪内部结构以准确区分各罪间的罪责界限

从法理上讲，每种犯罪都有自己质的规定性及特定的规制范围。厘清个罪的内部结构，往往是合理界定特定规制对象及其边界的有效方法。

1. 故意伤害（致人死亡）罪

该罪是典型的结果加重犯，一般用“基本的犯罪构成＋严重结果＋重于基本犯的加重法定刑”表述其罪刑结构，刑法通说将其归入实质一罪的范畴。透视本罪，从中可以归纳四个要点。首先，本罪的基础危害行为应当符合“基本的犯罪构成”，也即本罪是在实施基本犯罪之时，发生了基本犯罪构成之外的严重危害结果，导致超出基本罪法定刑的处罚限度，法律才另行规定“重于基本犯的加重法定刑”。倘若基础危害行为没有达到犯罪的程度（如仅属于一般违法行为或者更轻的过错行为），则不至于发生超出基本罪法定刑之处罚限度的问题，也不产生认定结果加重犯的必要性。其次，在基本罪与严重危害结果的关系上，故意伤害行为应当是引起致人死亡严重危害结果的直接或者主要原因。倘若故意伤害行为只是多种原因（或曰多因一果）中的间接或者次要诱因，则行为人主观上对于严重危害结果的预见可能性就会大大降低，加之客观上的原因力相对较小，其罪责程度自然会相应减小。再次，本罪在主观方面属于混合或者双重罪过形式，[①] 即行为人既有明确的伤害他人身体的故意，又有对于发生致人死亡结果的过失心态。两种罪过内容缺一不可。倘若缺少足够的证据证明行为人的伤害故意，则只能认定相应的过失犯罪。假如连过失心态也难以证实，则应当依法作为意外事件处理。最后，从法律逻辑角度分析，故意伤害罪包含由轻到重的三个并列罪行，分别是致人轻伤处三年以下有期徒刑、致人重伤处三年至十年有期徒刑、致人死亡处十年以上有期徒刑直至死刑。三种行为与结果依次加重，后一种行为强度理应重于前一种行为。既然直观表现罪责大小的法定刑幅度依次趋重，则自然昭示所规制的危害行为的强度亦相应增大。基于刑法系统解释的立场，故意伤害致人死亡行为的侵害强度，理当居于本罪之首，或者至少不应低于故意伤害致人重伤的行为。由此可知，故意伤害（致人死亡）罪的伤害行为强度应当至少具有造成他人身体严重伤害的可能性。

2. 过失致人死亡罪

从过失犯罪的犯罪构成来看，过失犯罪通常可以表现为行为人故意实施某种违规、违法行为，甚至是轻微犯罪，由此引发严重危害后果，但行为人对于严重危害后果仅仅持有疏忽大意或者过于自信的罪过心理。第一，我国刑法并不以行为人故意实施危害行为作为认定故意犯罪的主要事实依据，而是以行为人对于“危害社会的结果”（行为结果）所持的不同罪错心态来区分故意与过失，也即故意实施的危害行为，也可以引发过失犯罪。第二，能够引发过失犯罪的故意危害行为的范围是明显受到限制的，其危害程度必须限定在一般违规、违法行为，抑或轻微罪行的范围以内，以保证过失犯罪的规制对象始终恪守仅因轻率行为（或曰低度危害行为）而引发严重危害社会结果的本质属性。结合轻微暴力致人死亡案件来分析，如果行为人故意实施的暴力行为尚在一般违法抑或轻微伤害罪行的限度以内（俗称一般殴打行为），则整体行为完全可能符合过失致人死亡罪的构成要件。因此，过失致人

---

① 参见马克昌主编：《犯罪通论》，武汉大学出版社 1991 年版，第 295~297 页。

死亡罪的罪行必须限定为暴力打击强度较轻的一般殴打行为，行为人主观上仅具有造成他人身体一时疼痛的故意，并不具有严重伤害他人身体的故意。

3. 意外事件

根据刑法规定，行为在客观上虽然造成了损害结果，但不是出于行为人的故意或者过失，而是由不能预见的原因所引起的，不是犯罪。“不能预见”不仅指行为人实施相应行为时没有预见损害结果的发生，而且根据行为人实际能力和当时的具体条件也根本无法预见。

通过剖析个罪内部结构可知，故意伤害（致人死亡）罪与过失致人死亡罪的区分关键在于行为人的主观故意内容和暴力打击的轻重程度；过失致人死亡罪与意外事件的区分关键在于行为人对死亡结果是“应当预见”还是“无法预见”。

（二）同步审查行为致害危险程度和行为人主观罪过，以区分故意伤害（致人死亡）罪和过失致人死亡罪

轻微暴力致人死亡案件中的涉案行为通常可以分为两类，即攻击性行为和非攻击性行为。非攻击性行为较易区分，一般表现为猛然转身、甩手挣脱等，行为人没有加害被害人的故意，可以直接排除故意伤害（致人死亡）罪。攻击性行为有些表现为推搡、掌掴、拍打等致害危险程度较低的行为，有些则表现为拳击头部、扼压颈部等致害危险程度较高的行为，但是被直接打击部位却没有明显伤势，对该类行为的认定就存在一般殴打行为与严重加害行为的分歧，继而影响对行为人主观伤害故意与殴打故意的区分判断。

一般情况下，行为的致害危险性可以通过打击工具、打击部位、打击力度、打击频次等行为构成要素综合判断，以此区分严重加害行为与一般殴打行为。

1. 打击工具

所持打击工具为具有一定杀伤力的器械的，通常具有高度致害危险性，则更多考虑为严重加害行为；徒手殴打或者所持打击工具仅为随手获取的日常用品的，通常不具有高度致害危险性，则更多考虑为一般殴打行为。

2. 打击部位

打击部位为人体要害部位，且打击方式通常认为具有高度致害危险的，如手掐脖子、拳击头部等，则更多考虑为严重加害行为；打击部位为非要害部位，且打击方式不具有高度致害危险的，如拍打臀部、掌推胸部等，则更多考虑为一般殴打行为。

3. 打击力度

打击力度主要通过被直接打击部位的伤势情况得以反映，若打击力度较大，则更多考虑为严重加害行为；若打击力度较小，则更多考虑为一般殴打行为。

4. 打击频次

打击频次主要通过打击时间和打击次数得以反映，若打击频次高，则更多考虑为严重加害行为；若打击频次低，则更多考虑为一般殴打行为。

通过以上四个要素，一般可以区分涉案行为属于严重加害行为还是一般殴打行为，再根据主观见之于客观，客观反映主观的原则，严重加害行为通常表明行为人具有伤害故意，一般殴打行为通常表明行为人仅有殴打故意，就可以直接认定行为人是否构成故意伤害（致人死亡）罪。然而，当以上四个要素指向不一致而无法直接判断涉案行为属于严重加害行为还是一般殴打行为时，就需要再结合双方关系亲疏程度、双方力量强弱对比等因素认定行为人的主观罪过，进而认定行为人是否构成故意伤害（致人死亡）罪。

5. 双方关系亲疏程度

某些特殊关系可以成为排除伤害故意的关键要素，通常情况下，夫妻之间、父母与子女之间一般并无严重加害的故意。如父母出于教育目的，使用随手获取的拖鞋击打年幼子女臀部等非致命部位，年幼子女因承受能力较弱而死亡，一般不宜认定涉案父母具有伤害故意。

6. 双方力量强弱对比

力量差异悬殊可以作为认定行为人具有伤害故意的因素。如年轻武术运动员拳打脚踢幼童或者老者，只要幼童或者老者确因殴打行为而死亡，则一般会认为被告人的行为具有高度致害危险，进而认定其具有伤害故意。

7. 其他要素

案发原因、犯意顽固程度、时空条件等可以作为帮助判断行为人主观罪过的要素进行考虑。

如案例一中，被告人曹某系心智正常的成年人，因比拼酒量等生活琐事而打斗，将被害人压在身下用双手掐其脖颈，打击部位和打击力度均表明被告人的行为具有高度致害的危险性，可以认定为严重加害行为。根据主观见之于客观的原则，应当认定曹某具有严重伤害他人身体的故意，但结合案发原因、双方关系等因素，可以排除被告人具有杀人的故意，结合自首、积极赔偿等情节，法院以故意伤害

（致人死亡）罪减轻判处曹某有期徒刑三年，既充分体现刑法的谦抑精神，又符合罪刑相当原则。

值得注意的是，判断涉案行为究竟是严重加害行为还是一般殴打行为，必须结合具体案情、运用综合评判方法才能得出定论，不可一味沿用常规思维判断。比如，出于犯罪恶意持械追赶他人致其泅水逃避溺水死亡的，应当结合行为人犯意的顽固性、时空条件等因素综合考量，认定持械追赶行为系具有高度致害危险性的严重加害行为，行为人的主观罪过仍然是故意伤害的故意，而非寻衅滋事的故意。

（三）审查行为人实施相应行为时应否预见死亡结果的发生，以区分过失致人死亡罪与意外事件

在非攻击性行为和一般殴打行为致人死亡的案件中，审查行为人实施相应行为时应否预见死亡结果的发生，是区分过失致人死亡罪与意外事件的关键。通常情况下，行为的致害危险性越高、因果关系越简单，危害结果的可预见性就越强，但在涉案行为系非攻击性行为和一般殴打行为的轻微暴力致人死亡案件中，一般是行为人突然转身、拉扯、推搡、掌掴等行为致使被害人倒地磕碰死亡或者诱发原有病症发作死亡，行为致害危险性不大、因果关系复杂，难以清晰判断行为人对死亡结果发生的预见程度。至于是否达到“无法预见”的程度，在很多场合下仅凭事实本身可能很难得出明确的结论。在此情形下，有必要引入法律价值取向，据此作出最终取舍和决断。

对于主观事实的认定通常需借助于客观行为表现，依据社会上一般人的认识水准，运用经验法则予以推定，具体可以综合案发时空环境、双方过错程度、行为人的主观状态、被害人的身体状态以及社会普遍观念等因素判断行为人实施相应行为时应否预见严重危害结果的发生。现结合各类案件分析如下。

1. 一般殴打行为偶合外在介入因素导致被害人死亡的案件，通常构成过失致人死亡罪

该类案件中，死亡结果通常与案发地点地面不平、空间狭窄或者案发地点存在来往车辆等危险因素有关。对于该类较为显见的外部要素，行为人应当负有更多的注意义务并避免在该种环境下实施可能造成被害人严重伤亡结果的行为。在此情形下，发生“无法预见”的意外事件的可能性不大，多为疏忽大意的过失而“没有预见”严重伤亡结果的发生。若行为人故意利用外在介入因素或者环境条件加害被害人的，则应以故意犯罪论处。

如案例二中，被告人王某用双手推打被害人的肩膀，一般情况下不足以直接导致被害人产生轻伤以上的后果，属于一般殴打行为，行为人亦无严重伤害他人身体的故意。然而，在车来车往的马路旁边推搡他人，被告人只要稍加留心就可以预见现实危险，只是因为被告人疏忽大意，加之天色已晚，没有注意到驶来的卡车，属于典型的应当预见而没有预见的情形。二审法院最终以过失致人死亡罪对王某判处有期徒刑七年，体现了罪刑相当原则。

2. 一般殴打行为诱发严重疾病导致被害人死亡的案件，通常情况下构成过失致人死亡罪，但在极少数例外情况下，可能属于意外事件

该类案件中，行为人可能事先并不知晓被害人患有严重疾病，但是对于徒手打击行为在某些情况下会导致他人受伤甚至死亡，属于基于日常生活经验能够预见的事实，而行为人没有预见，故一般认为其存在过失。然而，当被害人身体表征格外强健，且涉案行为暴力程度确实较小时，不能排除意外事件的可能。

如案例三中，被害人死亡的主要原因系患有脑血管硬化的严重疾病，皮鞋抽打只是外在因素，被告人赵某虽然与被害人系多年夫妻，但并不知晓被害人患有脑血管硬化疾病，在逃离丈夫酒后追打过程中随手拾起一只皮鞋抽打丈夫两下，显然没有严重加害自己丈夫的犯意及行为，应当认定用皮鞋抽打的行为仅为一般殴打行为，可以排除故意伤害（致人死亡）罪，但是用皮鞋抽打头部可能会造成一定的危险，属于基于日常经验能够预见的情形，加之被害人存在严重过错，故二审法院以过失致人死亡罪对赵某从轻处罚，改判有期徒刑三年六个月。

3. 非攻击性行为合并被害人自身失误导致死亡的案件，通常认定为意外事件，仅在外部环境极为危险的情况下认定为过失犯罪

该类案件中，行为人并未实施攻击性的暴力行为，在导致死亡结果发生的多种原因中，被害人自身失误占相当大的比重，通常无法要求被告人对被害人的失误行为及其后果迅速作出预判和适当反应。在刑事法律关系上宜作意外事件处理，在民事法律关系上宜依因果关系判定被告人承担必要的赔偿责任，可以起到良好的社会效果。

如案例四中，被告人张某为摆脱被害人的拉扯而用力转身、奔向车内，该行为本身并不会造成对被害人的严重伤害，也无明显过错；被害人死亡的主要原因是自身失误，即因拖拽不住和脚底踏空倒向车外受伤而死亡。在当时的情形下，要求被告人对被害人的自身失误行为及其后果作出预判并及时采取避免措施，实为强人所

难，故法院最终认定陶某死亡属于意外事件，张某不负刑事责任。

因此，在轻微暴力致人死亡案件中，一般认定过失致人死亡罪是适宜的，在暴力行为直接致死与偶合外在介入因素两种场合，行为人对自身行为及其结果的认识程度较高，可能认定故意伤害（致人死亡）罪；在暴力行为诱发严重疾病或合并被害人自身失误的场合，行为人对于危害结果的认识可能性趋小，则可能认定为意外事件。只有区分不同情形分别定罪处罚，才能做到罪刑相当、罚当其罪。

综上所述，正确妥善处理轻微暴力致人死亡案件需要重点关注三个方面：第一，在刑法解释层面，应当注重从罪质、罪量两个方面厘清相关界限。既要从危害行为的主客观事实特征上分辨犯罪，也要从危害程度上把握不同罪行的边界范围。第二，在司法认定层面，法条以典型犯罪样态为对象，而实践中的具体个案经常表现出不同程度的非典型性或者复杂性。对此，应当基于刑法实质合理性的基础立场，以实现罪刑相当原则为判断取舍的依据。轻微暴力致人死亡案件在整体上与过失致人死亡罪有实质上的该当性，故以本罪论处为原则，以其他处理为例外是合适的。第三，在刑罚裁量层面，仔细甄别案件类型，以实现刑罚处罚的协调性及司法裁判的公正性为依归，除法定量刑情节之外，通常还应当考虑案发原因、双方关系、被害人过错、被告人案发后的态度和行为等要素。若量刑畸重又无法定减轻情节的，切不可因量刑不协调而轻易改变定性，可依法定程序层报最高人民法院在法定刑以下量刑。

四、需要说明的问题

尽管多数案件可以归入上述四种类型作出判断，但实践中总会存在例外，如明知他人患有严重疾病而故意言语激怒、推搡拍打引起严重疾病发作，或者故意利用外部环境推搡他人致人死亡的，应当结合具体案情进行综合评判，不排除构成故意伤害（致人死亡）罪或者故意杀人罪的可能。

第二节　轻微暴力致人伤害犯罪的审理思路及要点

轻微暴力致人伤害案件，是指亲友、邻里或者其他人员之间因民间矛盾突发争执，被害人因推搡、拉扯等轻微暴力行为而受伤的案件。该类案件特点显著：在客观方面，涉案行为没有直接导致被害人受伤，而是引发其他因素或者合并其他因素导致被害人受伤，涉案行为与危害结果间的因果流程多较为复杂；在主观方面，涉案行为因突发争执而起，结果发生于刹那之间，行为人难以清楚认知并准确评估涉案行为可能导致何种危害结果，且行为人通常与被害人并无积怨宿仇，并非积极追求危害结果发生，因此，无论是在认识要素层面认定行为人是否明知涉案行为会导致危害结果发生，还是在意志因素层面认定行为人对于危害结果是放任发生还是轻信能够避免，均存在较大争议。为确保同类案件法律适用的统一性和公正性，现结合典型案例，对该类案件的审理思路和裁判要点进行梳理总结。

一、典型案例

轻微暴力致人伤害案件的共同点较为突出，即涉案行为没有直接导致作用部位受轻伤以上，但是具体案件中的行为方式、暴力程度、因果流程、案发起因以及被告人的行为动机、作案后的表现等方面均存在差异，鉴于行为的暴力程度与因果流程的简单复杂程度相对客观和明确，故以此为标准，选取四个典型案例进行探讨。

典型案例一：

被告人季某与被害人系隔壁邻居。被害人在家中开门炒菜（进门即厨房）导致楼道内弥漫油烟味，季某要求被害人关闭防盗门，被害人不予理会。季某遂从外关闭被害人家防盗门，被害人从内打开防盗门，反复两次后，在季某第三次关门时，被害人从内顶门，右手不慎滑入门与门框之间，导致右手腕构成轻伤。

典型案例二：

被告人张某在社区老年活动室内因琐事与被害人（72岁）发生争吵，张某推搡被害人一下，被害人站立不稳摔倒在地受轻伤。经查，被害人右腿刚做过手术导致其较其他人更易摔倒。

典型案例三：

被告人吴某在租住房间内与被害人房东发生争执。被害人（56岁）倚靠房门欲与吴某进一步解决纠纷，吴某要求被害人从房内离开，多次推搡被害人并强行关门，致使被害人倒地受伤且左脚被卡在房门与门槛之间，导致房门无法关紧，被害人大声呼救，吴某在房间内继续大力关门，后因在场其他人上前抵住门才将被害人左脚拿出。经鉴定，被害人因摔倒在地导致腰椎骨轻伤，左脚未受伤。

典型案例四：

被告人陈某系小区志愿者，被害人在扔垃圾时未按照要求分类并不听劝阻离开，陈某追赶被害人至楼道门口并要求找被害人丈夫（居委会干部）评理，被害人关闭楼道门不让陈某进，陈某多次大力推楼道门要进，在推搡中被害人倒地受轻伤。

二、疑难问题

在案例一和案例二中，由于涉案行为暴力程度相对较低，通常情况下不会致人受伤，被害人受伤系暴力行为与其他因素共同导致，但其他因素又未阻断暴力行为与危害结果之间的因果关系，故该类案件的争议焦点是，行为人是否明知其行为可能会发生危害结果，在肯定观点中又存在行为人对于危害结果是轻信能够避免还是放任发生的分歧，在否定观点中又存在行为人是不能预见还是应当预见而没有预见的分歧。在案例三和案例四中，由于涉案行为暴力程度相对较高，表现为多次或者大力推搡，被害人因推搡行为摔倒受伤，因果流程相对简单，对于认定行为人明知其行为可能导致危害结果发生通常不存异议，争议焦点主要是，行为人对于危害结果是轻信能够避免还是放任发生。基于以上问题，该类案件的争议焦点主要是主观罪过的认定，即如何区分意外事件、过失和间接故意。审理难点体现在，在事实层面难以区分“应当预见”与“无法预见”、“已经明知”与“没有明知”、“轻信能够避免”与“放任发生”的情况下，如何在价值层面基于日常经验和生活常识、刑法基本原则和立法目的等进行实质判断，得出裁判结论。

三、审理思路和裁判要点

（一）区分罪过类型的基本思路

根据刑法理论，罪过由认识因素和意志因素组成，认识因素指行为人对自己行为引发危害结果的认知，意志因素指行为人对于所引发的危害结果的态度。刑法上的罪过包括直接故意、间接故意、过于自信的过失和疏忽大意的过失。其中，疏忽大意的过失为无认识罪过，若行为人不明知危害结果可能发生，则可以排除其构成故意犯罪，主要根据认识因素认定；直接故意的意志要素为积极追求，在行为具有客观危害性的情况下，若证据能够证实行为人积极追求危害结果发生，则可以直接认定其构成故意犯罪。

间接故意与过于自信的过失的区分则是司法实践中的认定难点，原因有三：一是间接故意与过于自信的过失均是对附随结果的主观态度。间接故意是指行为人为了追求某种行为目的，而容忍或者放任该行为可能产生的伴随结果（本罪构成要件结果）的心理态度，过于自信的过失也是指行为人基于日常目的实施了具有一定危险性的行为，轻信可以避免作为目的行为附随后果的危害后果而未能避免。二是间接故意与过于自信的过失均是认识到危害后果发生的可能性。虽然有观点认为，明知作为附随结果的危害结果必然发生仍执意实施目的行为，因行为人对于附随结果并非持希望态度，也应认定为间接故意，但是此类间接故意的意志因素是容忍而非放任，而且该类情况毕竟是少数，多数情况下间接故意的意志因素为放任，即明知危害结果有可能发生但对此持无所谓态度，仍继续实施目的行为；过于自信的过失是已经预见到危害结果而认为不会发生，才继续实施目的行为。二者虽然对于危害结果的态度不一样，但在认识因素层面均认识到危害结果发生的可能性。三是过于自信的过失中轻信能够避免的凭借不仅包括可见的客观凭借，也包括不可见的主观凭借。虽然过于自信的过失中的“轻信能够避免”要有依据，但是行为人轻信结果不会发生亦可成为认定依据，故对于行为人是真的认为不会发生，还是放任发生，实难区分。

虽然二者的区分标准为行为人对于危害结果的心理态度，即意志因素，但是也有学者主张从认识因素层面进行区分，行为人认识到具体危害结果的发生，为间接故意，认识到抽象危险，则属于过于自信的过失。[①]

（二）立足事实层面判断认识因素的路径和困境

如前所述，行为人能否预见、是否明知其行为可能导致危害结果，是认识因素层面的问题。从司法实践来看，主要以涉案行为的致害危险性与因果关系结果复杂性等事实层面的判断要素为考量依据，行为人是否明知与上述要素密切相关，[②]通常情况下二者是一致的，涉案行为暴力程度低，致害危险性小，则根据日常生活经验一般不会导致危害结果，若危害结果切实发生，则多数系因介入了其他因素，而其他因素介入一般就会使得涉案行为与危害结果之间的因果流程复杂化。因此，在涉案行为暴力程度相对较低、存在介入因素或者合并其他因素导致因果关系结构较为复杂，且排除行为人故意利用特殊环境的情况下，一般可认定行为人没有认识到可能发生危害结果，尤其是在行为人因突发争执而与被害人发生推搡、拉扯时，行

① 参见刘为波：《放任包括不希望的态度》，载《法学》1999年第11期。

② 参见黄祥青：《轻微暴力致人死亡案件定性研究》，载《法律适用》2016年第3期。

为人由于情绪激动等原因，更缺乏认识到危害结果的现实可能。在涉案行为暴力程度相对较重、因果关系流程较为简单的情况下，通常能够认定行为人明知危害结果可能发生。

由于上述标准包含“相对”“较为”等字眼，在具体实践中，某些非典型案件据此难以判断行为人是否明知可能发生危害结果，而且即便能够认定行为人不明知，也难以判断是不能预见还是应当预见而没有预见。

（三）立足事实层面判断意志因素的路径和困境

意志要素是故意的核心要素，行为人对于危害结果是否持放任态度是间接故意和过于自信的过失的根本界限，但是由于行为人对于结果究竟持什么态度很难查明，“间接故意与有认识过失的分界问题是刑法上最困难且最具争议的问题之一，这个问题难就难在意欲是一种原始、终极的心理现象，它无法从其他感性或者知性的心理流程中探索出来，因此只能描述它，而无法定义它”，前述有关可以从认识因素层面区分二者的观点实际是立足于事实层面的判断思路，即以行为人认识到的情况作为认定意志因素的判断基础，主要理由如下。

第一，具有法理基础。虽然放任作为一种意欲态度，难以通过外在因素予以识别判断，但是行为人做出某项决定均是基于一定的认识，故可以通过行为人实施涉案行为时认识到的各种情况来认定其对于行为结果的态度，正如有的学者所说，认知会向意欲输送动力强度，高认知程度足以提供意欲动力。[①] 从另一个角度讲，只要行为人认识到其行为可能导致危害结果发生仍执意实施，实质就是以牺牲他人权益为代价去冒险，说明其对于危害结果持放任态度，正如有的学者所说，从法益保护角度来看，对于故意要素，除了“知”以外再加上其他任何要素都是有害的。

第二，具有可操作性。涉案行为导致危害结果发生的概率通常与行为人对危害结果的认识程度密切相关，通常情况下，行为导致危害结果发生的概率越高，认定行为人认识到危害结果发生的依据就越充分，就越有可能确定行为人是否存在间接故意。对于涉案行为导致危害结果发生的概率，存在具体的判断依据和标准，如涉案行为的行为方式、行为力度及频次、行为人与被害人的力量对比等。经上述因素判断得出涉案行为导致危害结果发生的概率后，就可以根据概率大小来区分间接故意和过于自信的过失。通常认为，间接故意是认识到具体危害结果发生，过于自信

---

① 参见劳东燕：《犯罪故意理论的反思与重构》，载《政法论坛》2009 年第 1 期。

的过失是认识到抽象危险。据此，可以将二者的区分标准建立于客观要素之上，以防止刑法理论陷入“心情刑法”的危险。[①]

在多数案件中，立足客观事实层面，根据行为客观危险来认定意志因素，确定行为人对于危害结果的态度，可以得出结论，但是对于处在模糊边缘地带的少数行为，在事实认定层面难以做出判断。

一是行为人对于危害结果的认识达到何种程度就能认定为间接故意尚无定论。这实际是两个问题：第一个问题是主观层面，行为人是否认识到上述客观可能性，即行为人如何认为；第二个问题是客观层面，涉案行为导致危害结果的可能性如何认定，即一般人如何认为。首先，本书认为除非行为人存在认知能力方面的特殊缺陷，否则就应当按照一般人标准来认定。其次，英美刑法注重对危害结果发生可能性大小的研究，有结果必然性、结果准必然性、结果盖然性、结果可能性等标准，但是因结果发生概率存在从 0（不可能发生）到 100 的区间（必然发生），而且该区间又由无限多个紧密相连、逐级衔接的小区间构成，呈现量变到质变的过程，到底在哪个点位出现质变难以确定，因此上述标准也只能是相对而言，要在必然性和可能性的临界部分再区分出准必然性和盖然性，是相当困难的，在刑法上的现实价值也是有限的。[②] 虽然理论界和实务界普遍认为间接故意可以适用盖然性标准，即涉案行为导致危害结果发生的可能性相当高，明显高于过于自信的过失，但是具体何为盖然性，并不存在量化标准。

二是即便可以明确量化标准，如何根据危害结果发生概率的考量因素，确定是否达到相关标准，仍是难以解决的问题。判断行为客观危险性可以依据行为方式、打击部位、力度及频次、双方力量对比、环境要素等判断，若上述要素所指向的方向一致，可以轻易认定，相关论述中用于举例的典型案件通常各要素指向方向一致，如双方力量均衡、打击力度很小且仅有一二下、部位仅是肩膀等非要害部位等，但是在具体案件中，普遍存在的情况是多个要素指向不同方向，如虽然仅推搡一下，但是双方力量对比悬殊，又如虽然推搡了多下，但是力量并不大，而且打击次数达到多少、打击力度达到多大就属于没有节制也是见仁见智的问题，不同裁判者会根据自己的风险偏好、生活经历等作出不同判断。

---

① 参见周光权：《论放任》，载《政法论坛》2005 年第 5 期。

② 参见贾宇：《犯罪故意研究》，商务印书馆 2020 年版，第 91 页。

三是事实层面的客观危险并不能绝对地决定意志因素的内容。在特定行为仅是可能导致危害结果发生的情况下，不同行为人实施相同的行为，虽然该行为引发危害结果发生的概率高低基本一致，但是意志因素可能完全是不同的，例如，有人是怀着积极追求结果发生的态度，有人则是为了实现其他目的而放任该结果发生，还有人则是希望危害结果不要发生，若仅因他们实施了相同的行为而作同一处理，明显没有实现罚当其罪。有学者指出，间接故意的“盖然性”标准有点类似于刑事推定，仅表现为一种高度的可能对应性，在特殊情况下仍然会存在偏差和错位。[①]

（四）解决路径：认识因素和意志因素的认定均引入价值判断

认识因素关乎罪与非罪、过失与故意的区分，意志因素关乎过失与故意的区分，定罪的重点在于规范判断。过失犯的本质在于对规范的轻视，故意犯的本质在于对规范的敌视。通常情况下，根据涉案行为引发危害结果的概率高低，可以认定行为人能否预见、是否明知危害结果可能发生以及行为人对于危害结果的心理态度，但是在非典型案件中，仅基于涉案行为客观危险性，可能会陷入事实认定的灰色地带，无法得出结论，此时可以运用价值判断方法，即在事实本身难以显示清晰界限时，引入价值取向判断，[②]通过直接判断行为人对于法规范的态度，确定结论，进而认定相关事实。

在轻微暴力致人轻伤案件中，存在的具体争议主要表现为三类：第一类是在可以认定行为人不明知涉案行为可能导致危害结果的情况下，对于行为人能否预见存在分歧，涉及疏忽大意的过失和意外事件，主要是认识因素的判断；第二类是对于行为人是否明知涉案行为可能导致危害结果存在分歧，涉及疏忽大意的过失、过于自信的过失和间接故意，主要是认识因素的判断；第三类是在行为人明知涉案行为可能导致危害结果的情况下，对行为人对于危害结果持何种心理态度存在分歧，涉及过于自信的过失和间接故意，主要是意志因素的判断。如前所述，上述三个争议在事实层面均难以寻求达成共识的路径，有必要进行价值判断。鉴于第三个争议在司法实践中更为常见，故首先论述在意志因素层面进行价值判断需要考虑的几个方面。

一是行为动机。行为动机是定罪量刑时需要考虑的主要因素，良善的行为动机

---

① 参见冯亚东、叶睿：《间接故意不明时的过失推定》，载《法学》2013 年第 4 期。

② 参见黄祥青：《轻微暴力致人死亡案件定性研究》，载《法律适用》2016 年第 3 期。

通常表明行为人对于规范并无敌视态度。在行为人具有防卫目的或者避险目的等情况下，还有可能构成正当防卫或者紧急避险，在行为人具有履职目的或者其他正当行为目的的情况下，虽然不属于刑法规定的正当化事由，但是可以作为认定行为人对于法规范并不存在敌视态度的依据。若行为人系基于随意殴打他人目的或者不法目的，则说明行为人对于法规范具有敌视态度。

二是案发起因。案发起因与行为动机有类似之处，但案发起因更侧重于判断被害人是否有过错，若被害人对于本案发生有一定责任，则行为人的可谴责性则有所降低，尤其是在被害人挑起事端的情况下，基于价值衡量考虑，在认定具有放任态度时应当慎重。

三是双方关系。行为人与被害人的关系也是认定意志因素的重要依据，若双方系平日关系很好的亲友，阻却故意的动力较大，若双方素有积怨，则成立故意的动力较大，如司法实践中父母管教孩子导致孩子受伤或者死亡的案例，一般不认定为放任。

四是作案后的表现。行为人在知道危害结果发生后的表现也可以体现其对于危害结果的态度，间接故意是放任或者容忍危害结果发生，过于自信的过失是希望危害结果不发生，“希望不”作为一种明确态度，通常会通过外在行为表现出来，如在得知危害结果发生后表现出惊讶、不相信等神态，并积极采取抢救措施。如果行为人已经知道被害人可能受伤或者已经受伤，仍不住手并且对被害人不闻不问，难以认定其具有“希望不发生危害结果”的态度，而是反映其认可该危害结果，可以反证其已经认识到其行为可能发生该危害后果仍予实施。

上述四个要素中，若行为人动机良善、被害人在案发起因方面有一定责任、双方关系密切、行为人在危害结果发生后立即采取补救措施，则说明行为人在意志因素层面并非放任危害结果发生。当几个要素指向不一致时，需要综合考虑，动机良善与被害人过错通常是一致的，可以赋予较高权重；作案后的表现通常可以直接反映行为人对于危害结果的心理态度，可以次之；对双方关系的标准较难把握，可以作为权重最轻的要素予以考量。但是若能够直接认定行为人具有斗殴目的或者不法目的以及行为人明知被害人受伤或者可能受伤仍不停手时，则可以认定行为人在意志因素层面持放任态度。

在认识因素层面，能否预见、是否明知的认定在于如何确定行为人的注意义务，在事实层面难以判断时，可以通过判断涉案行为的致害风险与正向意义进行价值衡量，具体考量因素就是行为动机。例如，对于普通的民间纠纷引发的冲突，应当优先鼓励互谅互让，对于主动挑衅、主动实施暴力的行为人可以赋予较高的注意义务，即一般可以认定其明知危害结果可能发生；对于动机良善的行为人，在事实层面难以认定其是否明知危害结果可能发生时，则一般可以认定其不明知危害结果可能发生。但是在有些案件中，行为动机并没有明显的善恶之分，则需要借助意志因素的价值判断来认定认识因素，若意志因素层面的价值判断指向放任，则可以认定行为人明知结果高度盖然发生。

认识因素的价值判断和意志因素的价值判断并不是截然分开的，二者可以融为一体，互相印证，并且可以通过二者的联动判断，准确定罪量刑。在司法实践中，通常的定罪思路是先判断行为人是否明知其行为可能导致危害结果发生，若认定行为人不明知，则无须判断意志因素，若难以认定行为人是否明知，则可以联动考虑意志因素进行判断。认识因素标志着法益可能受害的远近，意志因素意味着行为意志程度背离规范的远近。[①] 在认识因素层面难以判断行为人是否认识到涉案行为具有导致危害结果发生的高度盖然性时，不能就此立刻否定行为人成立故意犯罪的可能，而是应当继续关注意志因素方面是否存在表征行为人放任危害结果发生或者敌视法规范态度的典型情节，若也不具有则应当不构成间接故意，若存在则需要判断是否可以“充足”间接故意的构成要件。故意就是透过认识特征和意志特征在强度上互补的弹性组合，在整体上表现出一种较之过失更应当受到谴责的主观心态类型。[②]

根据上述判断方法，对于轻微暴力致人伤害案件的定性，可以明确以下三点：一是该类轻微暴力致人伤害案件通常不作为故意犯罪处理，主要是考虑到发生在邻里亲朋之间，双方并无深仇大恨，案发起因通常为琐事纠纷，只要在案发后积极救助，一般不能认定行为人具有敌视法规范的态度。二是行为人具有不法目的的，一般可以作为故意犯罪处理。因为若有证据证明行为人系基于殴斗目的或者其他不法目的，则说明其具有敌视法规范的态度。三是行为人在明知被害人受伤或者可能受伤后仍实施涉案行为的，一般可以作为故意犯罪处理。因为行为人在明知他人受伤或者可能受伤后仍不停手，则说明其对于危害结果并非持不希望发生的态度，不符

---

① 参见陈磊：《犯罪故意的古今流变——兼评方法论意义上故意与过失的界分》，载《环球法律评论》2014 年第 4 期。

② 参见陈磊：《犯罪故意认定的证据法学解读》，载《证据科学》2012 年第 4 期。

合过失的构成要件。

但是对于上述第二、第三点，可能招致的质疑有两点：一是司法实践中对于轻微暴力致人死亡案件通常以过失致人死亡罪处理，若这一类轻微暴力致人轻伤案件以故意伤害罪处理，就会出现对于推搡等轻微暴力行为，造成伤害结果构成故意犯罪，造成死亡结果构成过失犯罪的悖论；二是若将轻微暴力致人伤害行为认定为故意伤害罪，则就是认定轻微暴力行为属于故意伤害行为，那么轻微暴力致人死亡的情况应认定为故意伤害（致人死亡）罪才符合逻辑规则。本书认为，第一，故意伤害致人死亡的涉案行为应当具有致人重伤、死亡的高度危险，轻微暴力行为明显不具备上述要求，所以不符合故意伤害（致人死亡）罪的客观构成要件；第二，间接故意中的放任和过于自信的过失中的轻信能够避免，均是针对危害结果而言，在涉案行为导致危害结果发生后，需要综合考虑行为的客观危险、行为时的情境、双方关系等判断行为人对于危害结果的心理态度，进而认定是构成过失犯罪还是故意犯罪。

基于上述辨析，案例一和案例二的定性争点在于如何区分应当预见和无法预见。在事实层面，一是两名被告人的涉案行为的致害危险均较低，案例一中，房门向外打开，被害人站在房门门槛内，被告人关闭房门的行为导致被害人因房门关闭而摔倒受伤的可能性较低，案例二中，被告人仅是推搡了被害人一下；二是涉案行为与危害结果之间均介入了被害人自身因素或者行为，案例一中，被害人受伤是因为其在推挡房门过程中不慎将手划入门轴夹缝，案例二中，被害人受伤是因为其右腿做过手术，相较他人更易于摔倒。虽然以上两个因素都表明被告人预见危害结果的可能性趋小，但是是否达到无法预见的程度在司法实践中仍存争议。在价值判断层面，案例一的案发起因是被害人故意开门以使家中油烟飘至楼道对于公共环境造成影响，其行为存在不当之处，被告人的行为动机是维护公共环境的整洁，具有一定程度的正当性与合理性，可以认定其无法预见。案例二的案发起因是被告人与被害人因琐事发生争执，被告人因此推搡被害人，其行为动机并非良善，而且对于民间纠纷引发的冲突，应当倡导互谅互让，对于先行动手的人员应当赋予其较重的注意义务，故宜认定其对于危害结果应当预见而没有预见。

案例三与案例四的主要分歧在于被告人对于危害结果所持的心理态度，但是对于行为人是否明知可能发生危害结果，也有不同观点：一是能否认定被告人明知涉案行为会导致他人摔伤的危害后果；二是若认定被告人明知，其对于危害结果持何种心理态度。两个案例中的被告人，一个是为了推门，一个是为了关门，明知被害人站在大门附近阻拦，仍大力、多次推门，导致被害人倒地受轻伤，在认识因素方面，肯定观点认为被告人明知被害人站在门后阻挡且有门槛，仍大力、多次推门，明知涉案行为可能导致他人摔倒受伤；否定观点则认为，推门行为属于日常行为，通常情况下不会导致他人摔倒受伤，行为人不明知涉案行为可能导致被害人摔倒受伤。因此，在事实层面难以就行为人是否明知危害结果可能发生达成共识，两案因日常纠纷引发，而且就推门行为而言，两名被告人的行为动机并无明显善恶之分，需要借助意志因素的价值判断来联动判断。案例三中，被害人倒地后大声呼救，被告人在被害人摔倒呼救后仍大力推门，而且在因其他人介入而停止推门行为后，完全没有查看被害人伤势等行为，可以认定被害人受伤结果在其预料范围之内，且其对此持放任态度，故可以认定其具有间接故意。案例四中，案发起因是被害人没有按照规定进行垃圾分类，被告人作为志愿者，追赶被害人让其返回完成垃圾分类工作是其职责所在，被害人在案发起因方面具有一定责任，被告人没有不法目的，而且在被害人倒地磕碰后，被告人积极查看伤势并拨打 120，也反映其主观上对于危害结果持否定态度，据此应当认定被告人并非放任危害结果发生。

四、需要说明的问题

轻微暴力致人伤害案件多与日常民间纠纷相关，与其他重大刑事案件相比，该类案件更贴近社会普通民众的生活，其处理结果不仅涉及当事人切身利益，还关乎社会公众对于司法判决的认同。应当预见与无法预见的区分、间接故意与过于自信的过失的区分是这类案件中的争议焦点，也是刑法理论层面的疑难问题。要解决上述问题，从认识因素和意志因素入手是基本方法，但是在认定认识因素和意志因素时，不仅要坚持事实判断，更要在面对典型行为之外的边缘行为、模糊行为时，注重价值判断，并构建认识因素和意志因素的联动判断机制。通过事实判断和价值引导的双层认定思路，在审判中兼顾天理国法人情，使裁判结果获得社会公众的理解和认同，同时实现明确行为规范、彰显价值取向的作用。

第三节 聚众斗殴犯罪的审理思路及要点

聚众斗殴案件，是指行为人基于报复他人、争霸一方、寻求刺激或者其他公然藐视国家法纪和社会公德的不法动机，纠集多人成帮结伙地互相打斗，破坏社会公共秩序的案件。该类案件参与人员众多、打斗场面混乱，且往往造成他人重伤、死亡等严重后果，情况颇为复杂，定罪量刑的难度较高。为确保法律适用的统一性和公正性，现结合典型案例，对该类案件的审理思路和裁判要点进行梳理、提炼和总结。

一、典型案例

为便于分析问题，从聚众斗殴罪基本犯、加重犯、转化犯三个层面，分别选取涉及聚众斗殴认定、斗殴与防卫区分、持械斗殴认定、转化定性的典型案件进行剖析。

典型案例一：

被告人葛某与王某在饮酒过程中发生争执。双方离开后，王某纠集人员并打电话让葛某前往斗殴地点，葛某随后携带霰弹枪并带领一人前往斗殴地点。葛某到达后，王某等众人持木棍、铁管等围上来，葛某随即向王某等开枪，致一人死亡。本案的争议焦点在于葛某携带枪械并带领一人前往斗殴地点是否构成聚众斗殴罪。

典型案例二：

被告人曾某为讨要赌债与何某等人发生纠纷，双方通过电话互相挑衅。何某预想到曾某会前来公司斗殴，事先纠集多人至公司，并在公司内准备菜刀等。曾某纠集多人持刀至现场后，双方发生持械打斗。本案的争议焦点在于何某一方应认定为聚众斗殴还是正当防卫。

典型案例三：

被告人杨某、刘某、张某、陈某在舞厅娱乐，张某遇见曾与其争吵的伍某并向其挑衅。伍某、栗某等人欲离开舞厅时，张某取出随身携带的折叠刀追至舞厅门口，同伴刘某、杨某、陈某亦跟出舞厅，与伍某、栗某等人发生争执并斗殴。刘某见同伴陈某被栗某打了一记耳光后，遂向张某要过手中的折叠刀交给杨某，4人与对方继续斗殴。互殴中，杨某对栗某的胸腹部猛刺数刀致其死亡。本案的争议焦点在于杨某等4名被告人是否均构成转化犯，从而以故意杀人、故意伤害等罪名论处。

二、疑难问题

（一）基本犯层面：聚众行为认定难

双方事先约架，并分别纠集3人以上至约定地点斗殴是典型的聚众斗殴，但在司法实践中亦存在多种非典型的斗殴情形，是否均认定为聚众斗殴尚无定论。例如，双方因一时言语不和而临时起意斗殴，没有事先纠集人员的行为，是否属于聚众斗殴；又如，一方人数在3人以上，另一方人数在3人以下的“多对少”情形，或者双方人数均在3人以下但总数在3人以上的情形，双方人员是否均属聚众斗殴；再如，双方均通过电话纠集多人，但实际赶赴现场的人数在3人以下，是否属于聚众斗殴。

（二）基本犯层面：斗殴与防卫区分难

聚众斗殴是否存在正当防卫的空间，以及如何认定防卫意图仍有争议。通常情况下，斗殴双方均具有斗殴的故意，可以排除防卫意图，但实践中聚众斗殴具有多样性和复杂性。例如，一方开始没有斗殴故意，但在被迫反击的过程中逐渐产生斗殴故意并纠集人员进行互殴；又如，明知对方纠集多人要“打上门”，积极准备斗殴工具、纠集多人准备进行反击；再如，一方已经停止斗殴而另一方继续追赶殴打，继而被迫反击。审判实践中显然不宜一概否认反击一方的防卫意图，但如何厘清互殴与防卫的界限以及何种情形下可以认定反击行为成立正当防卫，仍是审理难点。

（三）加重犯层面：持械斗殴判断难

在聚众斗殴过程中持尖刀、铁棍等工具殴打他人是典型的持械聚众斗殴，但司法实践中亦有多种非典型情形。例如，使用随身携带的皮带或者领带等物品殴打他人、牵着烈性犬前往斗殴现场并驱使其参与斗殴等是否属于持械斗殴存在争议。通常而言，“持械”是指手持无生命的质地坚硬的器具，烈性犬、小汽车等显属该文义范围外，但若不认定为持械聚众斗殴，则难以实现罚当其罪，故在聚众斗殴犯罪中如何对“持械”作出合理且有限度的扩张解释尚存争议。

（四）转化犯层面：转化范围及责任划分难

聚众斗殴案件参与人员众多，且常发生致人重伤、死亡等严重后果。从行为样态来看，有的表现为相互混打，有的表现为一对一的分散殴击，还有的是多数人殴击少数几人甚至一人；从行为后果来看，有的造成单一的重伤或者死亡结果，有的死伤后果并存，有的伤亡后果可以查清由具体何人造成，有的事后无法查清；从参与者的地位和作用看，有的是纠集、组织、指挥的首要分子，有的是积极参与斗殴的积极参加者，还有的是跟随呐喊助威的一般参加者。如何在这些复杂情况下准确定罪、合理量刑是审判难题。

三、审理思路和裁判要点

审理聚众斗殴案件应当坚持主客观相一致的原则并依据共同犯罪的基本原理。首先，审查涉案行为是否构成聚众斗殴犯罪，可以从行为主体、聚众行为、斗殴意图三个方面进行判断。其次，审查涉案行为是否存在加重情形，可以分别从聚众斗殴的人数、次数、方式、地点四个方面进行判断，其中针对方式规定的“持械聚众斗殴”需要根据所持物品是否足以致人伤亡的特征进行判断。最后，出现致人重伤、死亡结果时，确定转化犯的范围及刑事责任应当综合考虑参与人员在聚众斗殴过程中的地位、作用、所实施的具体行为、主观明知情况、致死原因查明情况等。

（一）聚众行为的认定

聚众斗殴犯罪中的“聚众”，是指为实施斗殴而聚集3人或3人以上的行为。“聚众”的方式既包括事先纠集行为，也包括临时纠集行为；既包括在首要分子策划下明示的纠集行为，也包括首要分子对他人纠集不予阻止的默示行为。“3人或3人以上”既包括首要分子、积极参加者，也包括其他一般参加者。

1. 聚众斗殴不以事先纠集为必要条件

聚众斗殴既可以是事先纠集的多人约斗，也可以是临时起意的多人互殴。从法益侵害来看，聚众斗殴是破坏公共秩序的行为，人数较多的斗殴行为才具备破坏公共秩序的危害性，故聚众是斗殴的方式，而非与斗殴相并列的构成要件行为；从司法实践来看，没有事先纠集人员的当场互斗型聚众斗殴较为常见，若以事先纠集人员作为聚众斗殴罪的构成要件，则会导致该类斗殴行为无法以聚众斗殴罪定罪处罚。

2. 聚众斗殴以单方纠集人员3人以上为要件

聚众斗殴犯罪中“聚众”的人数要求是纠集本方人员达3人或3人以上（包括亲临现场的纠集者本人），对方人数未达3人的不应以聚众斗殴罪论处，构成其他犯罪的，应依法处理。从主观方面看，成立聚众斗殴罪需要行为人有相应的犯罪故意，在斗殴人员少于3人的情况下，无论是纠集人员还是参与人员均无聚众故意；

从客观方面看，斗殴人员少于3人的一方，因人数较少，难以认定具有严重破坏社会公共秩序的危害性。

3. 聚众斗殴双方不同人数情形下的定罪分析

根据司法实践情况，在没有发生人员重伤或者死亡结果的情况下，可分为以下三种情形：（1）斗殴双方的人数均达到3人或3人以上的，双方均构成聚众斗殴罪。（2）斗殴甲方的人数达到3人或3人以上，而乙方的人数未达到3人，则甲方构成聚众斗殴罪，乙方不构成聚众斗殴罪。乙方构成其他犯罪的，以其他犯罪定罪处罚。（3）斗殴双方的人数均未达到3人或3人以上，则双方均不构成聚众斗殴罪；若系无事生非或者借故生非的，则考虑是否构成寻衅滋事罪；若事出有因且均未受伤，一般不作为犯罪处理。

如案例一中，被告人葛某虽然前往斗殴，但其一方仅有2人，主观上没有聚众斗殴的故意，亦不符合纠集3人以上斗殴的客观要件，故不构成聚众斗殴罪，但应对其持枪射击致人死亡的行为承担刑事责任。

（二）斗殴与防卫的甄别

在聚众斗殴案件中，互殴与防卫具有外观相似性，应坚持主客观相统一原则对两者准确区分，综合考量案发起因、对冲突升级是否有过错、是否采用明显不相当的暴力进行回应、是否使用管制刀具或者其他足以致人死伤的凶器、是否纠集他人参与打斗等客观情节，准确判断行为人的主观意图和行为性质。避免出现“后动手就是防卫行为”“打上门的还击就是防卫行为”等判断误区。具体可区分以下三种情形讨论。

第一，具有明显斗殴意图的反击行为，不能认定为防卫行为。如斗殴系因本方人员的挑衅行为引发，因挑衅行为足以表明其事先已经产生斗殴意图，故在对方人员先动手后的反击行为一般不能认定为防卫行为。例如，甲纠集人员持械前往乙的住处挑衅滋事，因乙不在家而返回，途中遇到闻讯赶来的乙等众人，乙等持械先动手，甲等众人后动手并积极参加斗殴。因为甲纠集人员、前往滋事的行为已充分表明其具有斗殴意图，故不能认定为防卫行为，除非有证据证明甲等众人明确放弃了斗殴意图，并有避免矛盾升级的实际行为。

第二，在预期侵害场合具有积极加害意思的反击行为，不能认定为防卫行为。如明知他人要上门斗殴，事先准备工具，待对方人员赶到并先动手后的反击行为，要根据行为人是否具有积极加害意思来判断是否为防卫行为。具体可综合行为人准备的工具、纠集人员的数量、在做好准备之后有无挑衅刺激对方、斗殴过程中的行为方式等因素判断。若准备的工具杀伤力大、纠集人员多、在做好准备后又有挑衅行为、在斗殴过程中的暴力行为毫无节制等，则应当认定为聚众斗殴行为。若仅是准备日常所用之物、没有大量纠集人员、在对方赶来之后尽量避免发生冲突等，在对方动手后的反击行为宜认定为正当防卫。

第三，斗殴结束或者明确放弃斗殴后的反击行为，一般可以认定为防卫行为。例如，一方明确表达了停止斗殴的意思并已实际停止斗殴，另一方突然袭击或者继续实施侵害行为，则停止斗殴一方依法享有正当防卫的权利，其反击行为已具备正当防卫的成立要件；又如，在赤手空拳的斗殴中，一方突然使用杀伤力很强的凶器，另一方见势放弃斗殴并逃跑，而使用凶器一方紧追不舍，另一方在生命安全受到威胁时亦可进行正当防卫。需要特别指出的是，由双方互殴转变为一方自动放弃斗殴或者主动退出斗殴现场，应该具有彻底性，并表现出明显的阶段性，而不包括互殴双方打斗中的此消彼长、强弱转换的情形变化。

如案例二中，被告人何某等人在明知曾某等人会到公司斗殴的情况下，事先纠集多人至公司并准备菜刀等斗殴工具，就绪后电话挑衅曾某等人前来斗殴。何某等人并非消极地等待曾某等人上门斗殴，而是积极地为斗殴做准备，主观上具有斗殴的故意，客观上纠集人员、准备工具、实施互殴行为，其行为亦构成聚众斗殴罪。

（三）持械聚众斗殴中“持械”的认定

“持械聚众斗殴”是聚众斗殴犯罪的加重情节之一，既包括在斗殴过程中实际使用器械殴打对方，也包括通过展示器械威胁、震慑对方；既包括事先准备并在斗殴中使用的器械，也包括在斗殴过程中就地取材获得的器械。司法实践中，可以从以下三个方面对持械情节进行审查。

1. 是否基于斗殴目的持械至现场并为他人感知

从刑罚目的上看，聚众斗殴侵害的法益主要为社会公共秩序，故作为加重情节的持械动作应当能够为社会公众所知，唯此才能够加剧社会公众心理的不安与恐惧，从而严重破坏社会公共秩序。若行为人仅随身携带器械，但既未实际使用也未向对方展示，其行为与一般斗殴并无明显区别，不宜认定为持械聚众斗殴。

2. 所持器物依通常使用方式是否足以致人伤亡

刑法之所以将持械聚众斗殴作为加重处罚情节，是因为持械斗殴比徒手斗殴的危害性更大，更易产生致人重伤、死亡等严重后果。因此，应根据生活经验和常情常理认定所持器物的危险性，依通常使用方式是否足以致人伤亡来判断。司法实践中，聚众斗殴所持器物大致可以分为两类：（1）依其通常使用方式即可攻击他人并致人伤亡的器物，如棍棒、酒瓶、砖块等；（2）一般不用于攻击他人的日常用品，但依特殊使用方式也能够致人伤亡的，如使用皮带或者领带紧勒被害人颈部、使用随手拿到的扫帚拍打他人头部等致命部位。持上述第二类器物聚众斗殴不应认定为持械斗殴，因为较于普通聚众斗殴，其社会危害性并未显著增加，不宜升格法定刑。需要特别注意的是，行为人持日常物品以非常规方式使用并致他人重伤或者死亡的，还要判断其是否转化为故意伤害罪或者故意杀人罪。

3. 持械不限于便于随身携带之物

“械”的基本含义是器物、用具，通常情况下表现为棍棒、刀具、枪支等便于携带之物。鉴于案情复杂多样，具体司法实践中对持械的理解不宜局限于此，而应以文义解释为基础，通过功能解释或者实质解释另以补充，作出合乎情理的判断。考虑到持械聚众斗殴作为加重情节主要是由于该行为更易造成严重伤亡后果，故对持械的认定宜紧扣“以常规方式使用足以致人伤亡”这一本质特征。

（四）聚众斗殴转化犯的认定

聚众斗殴犯罪具有共同犯罪的一般属性，聚众斗殴致人重伤或者死亡属于实行过限的范畴，对直接加害人（积极参加者）转化定罪不存争议，对首要分子和其他积极参加者（共同加害人）是否一并转化定罪还需依据《刑法》的具体规定和共同犯罪的基本原理，结合具体案情，区分不同情形依法定罪量刑。具体而言，可根据参与人员的主观故意、斗殴过程中的配合程度、致死原因的查明情况等确定转化犯的范围和责任。

第一，聚众斗殴的首要分子对造成他人重伤、死亡后果有概括故意的，应当转化定罪。首要分子具有概括故意通常表现如下：（1）首要分子在纠集人员斗殴时主动给参与斗殴人员发放斗殴工具，或者未明确要求不得携带尖刀、棍棒等足以致人伤亡的工具；（2）首要分子在组织、指挥斗殴过程中，明知本方人员的行为可能致人重伤、死亡，仍持默认、不加制止等放任态度；（3）首要分子虽然要求参与斗殴人员不能造成他人伤亡，但没有采取有效措施阻止致人重伤、死亡后果产生。首要分子有上述情形之一的，不论其是否直接实施加害行为，均应对重伤、死亡的结果承担刑事责任。

第二，聚众斗殴的积极参加者对可能造成他人重伤、死亡后果有概括性认识，相互配合，共同加害他人致人重伤、死亡的，应当转化定罪。聚众斗殴中，部分积极参加者致人重伤、死亡，其他积极参加者有共同加害行为的，鉴于其对可能发生致人重伤、死亡后果有概括性认识，应当认定其在共同犯罪中具有相互配合、支持的行为。即使其并非造成重伤、死亡结果的直接加害人，亦应一并转化定罪，但应依据对造成他人重伤、死亡后果的原因力大小，尽量区分主从犯分别裁量刑罚。

第三，在多人参与、随后形成一对一的聚众斗殴案件中，如果各加害人的行为始终针对一人实施，相互之间没有协调配合的，各加害人仅对其本人的加害行为负责。如果有人造成他人重伤或者死亡后果的，除加害人外，首要分子也要对此严重后果一并承担故意伤害罪或者故意杀人罪的罪责，其他参与聚众斗殴的人则应依法承担聚众斗殴罪的刑事责任。

第四，聚众斗殴中致人重伤、死亡，不能查清直接加害人，但能够查清共同加害人的，对共同加害人均转化定罪。依据共同犯罪基本原理，应由所有实施加害行为的人员共同对严重后果承担刑事责任，依法认定故意伤害罪或者故意杀人罪，量刑时应秉持谦抑性原则酌情从轻，并根据参与聚众斗殴的程度、作用等情节不同，分别裁量刑罚。

第五，聚众斗殴中致人重伤、死亡，既不能查清直接加害人，又不能查清共同加害人的，仅对首要分子转化定罪。若首要分子对于斗殴过程致人重伤、死亡有概括性认识，则可对首要分子以故意伤害罪或者故意杀人罪定罪处罚，难以认定首要分子有杀人故意的，可以故意伤害并致人死亡论处。对聚众斗殴的积极参加者以聚众斗殴罪从重处罚。

如案例三中，张某把刀递给刘某，刘某把刀传给杨某，这一行为过程中 3 人的主观故意均是要用刀刺杀对方，至于后果是死是伤均在 3 人的认识、预见范围之内。当刀传给杨某后，4 名被告人一同追上被害人进行围殴，以致刺杀与殴打行为相互配合，使被害人无法脱身而被刺身亡，客观上杨某等 4 人的行为与被害人栗某的死亡结果之间均有因果关系。杨某等 4 人的行为均应由聚众斗殴转化为故意杀人，然后依其在共同犯罪中的作用大小，分别裁量刑罚。

此外，聚众斗殴既致人重伤又致人死亡的，部分积极参加者可能转化为故意杀人罪或者故意伤害罪，部分积极参加者未转化定罪，如果该重伤和死亡结果均在首要分子概括故意内，其出于一个概括故意，实施了一个聚众斗殴行为，造成轻重不同的损害结果，对首要分子应以重罪故意杀人罪转化定罪，不实行数罪并罚；对同一行为人的转化定罪，应采取重行为吸收轻行为的原则，认定故意杀人罪一罪，不实行数罪并罚。

四、需要说明的问题

本书择要分析了聚众斗殴案件审理中的重点、难点问题，未对聚众斗殴犯罪的主体、犯罪形态以及全部加重情形进行讨论。此外，根据2004年《最高人民法院研究室关于对参加聚众斗殴受重伤或者死亡的人及其家属提出的民事赔偿请求能否予以支持问题的答复》的规定，对未发生重伤、死亡的聚众斗殴参与人提起的附带民事诉讼，因其明知自己的行为有可能产生伤害他人以及自己被他人伤害的后果，应各自承担民事责任，故不予受理；对受重伤或者死亡的聚众斗殴参与人及其家属、法定代理人提起的附带民事诉讼，应予受理，并适用混合过错责任原则；若给案外人造成损害的，聚众斗殴参与人按各自过错承担民事责任，并相互负连带责任。

第十一章　侵犯财产犯罪的司法认定

侵犯财产犯罪是司法实践中最为常发的一类犯罪。随着信息技术的飞速发展以及支付方式的迭代升级，近年来此类犯罪手段呈现智能化、网络化、复杂化特征，犯罪对象具有数字化、虚拟化特点，部分犯罪呈现集团化、产业化趋势，导致司法实践中对于虚拟财产能否成为财产犯罪的对象以及如何计算犯罪数额，盗骗交织型犯罪的罪名如何认定，涉微信、支付宝等新型支付方式侵财犯罪的定性等问题，均存在一些认识分歧，有的甚至影响法律适用统一，有必要厘清审理思路及要点。本章以问题导向，结合实践中的典型案例，围绕侵犯财产性数据犯罪、盗骗交织型犯罪、涉第三方支付侵财犯罪的审理思路及要点展开。

第一节　侵犯财产性数据犯罪的审理思路及要点

随着网络空间从信息媒介转化为日常生活的第二空间，数据已拓展为包含经济价值属性、身份信息属性、数据安全属性的复合型法益形态。财产性数据，是指存储于网络服务器上的电磁记录所代表的，可以为某一特定网络用户所控制，由相关网络服务商代为保存，并存在于网络服务器上的，可通过法定货币兑换和交易的数据。在数据法益具有信息安全和财产价值等多重属性时，如何对其进行充分、完整的保护，是刑法理论上亟待解决的课题，实践中经常引发定性分歧与量刑差异。为确保同类案件法律适用的统一性和公正性，现结合典型案例，对该类案件的审理思路和裁判要点进行梳理总结。

一、典型案例

典型案例一：

被告人沈某系网络游戏公司运营主管，负责对玩家发放充值返利，公司分配给他的游戏管理账号可直接修改玩家游戏账户中的游戏元宝数量。正常情况下，沈某在公司接受玩家充值后，须报请运营经理徐某同意后再实际发放元宝。任职期间，沈某为牟取非法利益，利用上述权限，未经授权为李某等多名玩家累计增加元宝1800万个，并私下从李某等处收取15万元。公司发现李某等账户异常，经核查，其账户获取大量元宝并无充值记录，该元宝来自沈某的违规发放，遂报案。该游戏中，充值1元可换取10元宝，涉案元宝折算后市价约值180万元。大额充值时游戏公司会按比例赠送元宝，若扣除赠予元宝则价值130万元。

典型案例二：

被告人徐某受金某委托，帮金某代练游戏等级，获悉了金某游戏账户、密码及绑定邮箱。后徐某与金某因酬金发生矛盾，金某终止代练合同，并修改游戏账户密码。徐某利用绑定邮箱重置密码进入徐某账户，将金某花4万元购买的40万个游戏元宝转至自己账户，并以2万元的价格销售给他人。后徐某找到金某，殴打金某迫使其将游戏账户中价值2000元的稀有装备转给自己。

二、疑难问题

上述案件涉及的游戏元宝、道具等虚拟物品属于数据，但其同时具有财产属性。实践中，对该类案件的处理存在较大争议。第一，具有财产属性的数据能否成为《刑法》中规定的财物。如果仅将该类数据视作电磁记录，则只需要考虑通过计算机网络相关犯罪（主要是非法获取计算机信息系统数据罪、破坏计算机信息系统罪等）的有关规定予以保护，但如果认为该类数据可以成为刑法意义上的“财物”，则还需利用财产犯罪的罪名予以规制。第二，当侵财类犯罪与数据类犯罪竞合时如何进行罪名选择。在发生竞合时，应如何选择罪名才能对相关行为进行完整、充分的评价，存在较大争议。有观点坚持，应一律适用从一重处规则；也有观点认为，如果一律从一重处，由于计算机犯罪与侵财类犯罪的数额标准不统一（入罪和加重法定刑的数额标准存在交叉重叠），可能出现罪名选择随着犯罪数额不同而不断变化的情形，即对同一种行为的定性评价标准并非依据行为的罪质，而是依赖于罪量要素，最终导致对同种行为进行不同处理。第三，如果以侵财类犯罪论处，如何认定犯罪数额。有的主张以买卖双方的合意价格为基础确定虚拟财物的数额；有的主张采用折算法，根据交易市场的日平均交易价格认定数额；还有的主张把没有合法来源凭证、无法进行鉴定的虚拟财物的销赃价格作为犯罪数额等。

三、审理思路和裁判要点

对具有财产属性数据的保护，应立足于其非功能性数据、映射数据、结构性数据的特点，肯定其具有独立的保护必要性。对具有财产属性数据的保护并不总是依存于计算机信息系统，保护重点应侧重于数据映射的现实利益而非其背后的代码，保护方式应考虑数据生产、运营、消费的不同环节和不同主体。对该类数据价值的认定，应坚持损失填平原则并适用物权保护的一般规则。鉴于该类数据价格与价值不存在强对应关系，也不应以市场标价为准计算数额，应根据交易主体和交易环节区分认定其价值。

（一）准确分析数据的法律地位和类别

数据是信息网络构成的基本元素，也是信息网络犯罪最主要的犯罪对象或者手段，无论是计算机信息系统还是网络虚拟财产，乃至公民个人信息等，都是数据的集合。技术意义上的数据，是指对客观事件进行记录并可以进行鉴别的符号，是对客观事物的性质、状态及相互关系等进行记载的物理符号或者组合，是可识别的、抽象的符号，是信息的表现形式和载体。[①] 刑法中的数据则应以技术概念为基础，结合刑法条文的规范目的予以认定。即刑法对数据的保护并不是以数据背后的代码逻辑为依据（这是知识产权法调整的范畴），而是以数据背后的具体法益为依据。该类利益往往直接涉及国家、政治安全，社会正常秩序，公民人身、财产安全等刑法所保护的具体法益，如储存于计算机信息系统中的国家秘密、游戏源代码、公民身份认证信息等，又如实现信息系统功能必不可少的数据、指令等，未依照法律规定或者未获得授权、许可，擅自对该类信息进行查看、复制、删除、修改，均有可能侵犯相应法益，进而触犯《刑法》分则所规定的不同罪名，应受《刑法》规制。因此，对数据进行准确分类，才能够为司法实践中不同的涉数据犯罪案件提供审理思路。

第一，以数据在信息网络系统中的具体作用为标准，可将数据分为功能性数据与非功能性数据。功能性数据，是指与信息网络系统功能密切相关的数据，该类数据以代码为主要表现形式，并通过一定方式的排列、组合等，实现计算机的输入、计算、输出等功能。该类数据本身就是计算机功能实现的一部分。对该类数据进行修改、删除、增加等，会对计算机系统造成干扰，甚至造成系统宕机、不能正常运

---

① 参见宋星:《数据赋能》，电子出版社 2021 年版，第 1 页。

行等，因此对该类数据的保护依托于计算机系统安全。非功能性数据，是指与信息网络系统功能不直接相关的数据，如用户端输入的数据、运算的中间数据及输出的结果数据等，信息网络系统存储、运输、处理的数据即非功能性数据。无论对该类数据进行何种处理，通常不会影响计算机信息系统功能之实现，更不会导致计算机信息系统无法正常运行，对该类数据的保护，并不依托于计算机信息系统安全，行为人可以在不影响计算机信息系统的情况下侵害该类数据。

第二，以数据来源为标准，可将数据分为系统数据与映射数据。系统数据，是指伴随信息网络诞生、发展、完善过程中产生的数据，包括系统源代码及其本身运行过程中产生的数据和相关工具等。该类数据因信息网络产生，对其保护主要依托于网络安全，只有相关行为对网络安全产生侵害时，才有规制的必要性。映射数据，是指数据信息在现实社会中存在对应的现实权益，该类数据的产生是因为行为人将信息网络作为存储、运输、处理的工具，对该类数据的保护既要考虑数据安全，也要考虑其映射的现实利益。

第三，以数据的存在形式为标准，可将数据分为结构性数据和分散性数据。结构性数据是以一定的结构、层次，借助不同媒介等方式表现多样的内容，如网页、App、网络游戏及其中的账户信息等。分散性数据，是指以单体形式存在的数据信息，如何对其排列组合，并不影响信息的完整性和可读性。

实践中，常见的财产性数据类型有 Q 币等传统虚拟货币、比特币等“去中心化”的虚拟货币，游戏装备、虚拟宠物、游戏道具等游戏虚拟财产等。根据上述分类，财产性数据属于非功能性数据、映射数据和结构性数据。同时，财产属性是上述数据映射的主要现实利益，对其保护应当充分考虑其映射的现实利益。

（二）财产性数据可以成为侵财类犯罪的对象

对于以虚拟财产为代表的具有财产属性的数据能否被视为侵财类犯罪的对象存在不同观点。数据说认为，虚拟财产不是财物，本质上是电磁记录，对侵犯虚拟财产的行为应以侵犯计算机类犯罪予以规制。财产说认为，虚拟财产具有财物的核心属性，可以成为侵财类犯罪的侵害对象。区分说认为，网络用户以支付对价的方式获取的虚拟物品可以认定为财物，游戏公司等服务提供商持有的虚拟物品可无限复制发行，不宜认定为财物，作为数据犯罪处理更合理。本书认为，以游戏币、游戏道具等为代表的具有财产属性的数据，具有财产的核心特征，完全否定其财产属性不可取。

第一，刑法中的财物既包括有体物也包含无体物，不能单纯以该类数据存在于虚拟空间为由否定其财产属性。作为侵财类犯罪对象的财物与民法中作为物权客体的物具有一定的共性，在解释时应当考虑法秩序统一性。民法中的物包括动产和不动产，权利在出质等情形下能够成为物权客体，网络虚拟财产这一法律概念亦被明确提及。刑法中的财物一般是指有体物，在特定情况下也包括无体物、财产性利益等，具有财产属性的数据虽然以电磁形态存在于游戏系统，属无体之物，但是否属于刑法中的财物，仍应以其是否符合财物的核心特征为判断标准。

第二，刑法中的财物原则上为具有经济价值的财产。犯罪行为能否以侵财类犯罪规制，需同时考虑刑法保护的必要性、可能性和有效性。具体到财物的判断标准，即看相关虚拟物品是否具有体现保护必要性的价值属性、保护可能性的管理属性、保护有效性的交换属性。只有相关数据能够映射现实利益，其才具有保护的必要性；只有相关数据能够被权利人有效管理，其才具有保护的可能性；只有相关数据能够进行自由交换和处分，对其保护才能有效维护网络经济发展所需的交互性和便捷性。上述案例中提及的涉案游戏币等虚拟物品凝聚了运营商为开发、运营游戏而投入的人力、物力，用户需支付一定对价购买，故该类物品具有财物的价值属性。用户可以通过个人账户对相关财物进行占有、处分、收益，且该占有状态相对于其他网络用户而言具有排他性和稳定性，游戏市场的健康发展也以该种占有状态的稳定性为基础，游戏公司虽可以通过修改代码的方式复制游戏币，但就单个游戏币而言，行为人仍可以排除他人占有并建立新的占有，具备成立侵财类犯罪的必要条件。这类虚拟物品存在交易市场，用户可以私下或者通过交易平台与他人达成交易并进行转移，故该类物品也具有交换属性。

第三，不宜以可复制性、欠缺稀缺性为由否定该类财物的财产属性。不可复制和稀缺性并非财物的本质特征，就实体物而言，以种类物形式存在的大量现实物品均可以成为侵财类犯罪的对象，如可批量生产的茶杯，并不因其可以复制和不具有稀缺性而否定其财产属性，判断相关物品是否属于财物，仍应以其是否具有价值属性、管理属性、交换属性为标准。虚拟物品区别于普通物品的核心特征，在于其可通过低成本或者无成本的方式进行复制发行，即其单次生产成本与价格之间并不存在稳定的对应关系，这种差异是由虚拟财物的研发模式和游戏的运营模式所决定的，该种差异可以在价格认定时予以充分考虑，但不宜径行否定其财产属性。另外，如果认定用户控制的虚拟财产系财物，同时又否定网络运营商所控制的虚拟财产系财物，会对同一物品的法律属性形成不同评价，破坏财物概念的统一性。

（三）对侵犯财产性数据犯罪进行刑法规制的一般原则

承认虚拟财产等数据的财产属性，并不意味着否定其本身所具有的数据属性。非法获取财产性数据的行为既可能构成侵财类犯罪，也可能构成侵犯计算机类犯罪。当发生竞合时，如何进行罪名选择，应当遵循以下原则。

第一，完整评价原则。评价一个完整的犯罪行为，既不能对整体行为进行人为取舍，也不能对整体行为进行人为分割。此处的完整，同时包含行为的完整性和过程的完整性。具体到案件处理，需要明确两点：一方面，要通过定罪处罚充分揭示相关行为的实质危害性，不能只选取手段行为或者目的行为单独评价，而要选取能充分评价行为客观危害性和主观恶性的评价方式。另一方面，要考虑对受损法益的完整救济。对于当事人受损的合法权益，既要依法给予完整的保护或者救济，又要保持合法、合理限度。在侵犯财产性数据的案件中，对被害人的救济应当以损失填平为标准，弥补其直接经济损失，防止对其重复救济造成利益保护失衡，严格坚守任何人不得从犯罪中获利的规则。

第二，充分评价原则。在一次定罪量刑过程中，对于一个危害行为或者情节，要进行充分评价。该原则也是现代刑事司法的重要理念之一，与完整评价原则具有相通性。实践中，存在一种错误的倾向，即对于严重侵害具有财产属性的数据的案件，由于财产价值难以评价，故倾向于仅对手段行为进行评价，以侵犯计算机信息系统类犯罪定罪处罚，溢出的侵财目的则作为从重处罚的根据。本书认为，该种做法并不妥当，一方面，选取手段行为进行评价无法揭示行为的实质危害性；另一方面，对同一行为人的目的行为和手段行为进行区分评价，会对构成要件确定类型化行为的功能造成侵蚀，导致不同构成要件行为之间的认定标准日益模糊，有违罪刑法定原则。

如案例一中，被告人修改数据的目的是非法获取相关数据的经济对价，而非修改或者获取数据本身，如仅以非法获取计算机信息系统数据罪或者破坏计算机信息系统罪进行规制，则难以充分、完整评价行为人利用职务之便取财的目的行为。

实践中，从竞合状态看，涉及虚拟财产的犯罪在构成计算机类犯罪时通常也会构成侵财类犯罪，但有些构成侵财类犯罪的行为则不会构成计算机类犯罪，故侵财类犯罪更具普遍性，可视为基本规则，计算机类犯罪可视为补充规则，二者应当优先适用基本规则。如果未发生竞合，则应根据各类犯罪的具体构成选择合适罪名予以规制，确保对犯罪行为进行充分、完整的评价。

（四）财产性数据的价值认定

财产性数据的价格认定方式与传统物品存在明显差异，在认定犯罪数额时，可以结合其价值形成规律，以填平损失为原则，探索区分认定方式。

第一，以损失填平为基本原则确定犯罪数额。财产性数据具有物权属性，对其救济只应考虑行为时的实际损失。刑法中的财物通常可还原为民法中的物权、债权、知识产权等具体权益。该类数据不需要原创性，不属于智力成果，可由政府外的私主体发行授予，故不属于知识产权；该类数据的交易与有体物的交易相似，没有一对一的义务主体，也不应视为债权；该类数据具有独立的经济价值，可以作为单独的交易对象，符合物权客体独立性的要求，以物权来保护具有合理性，对其救济仅考虑原物的实际价值，无须考虑预期利益。因此，对非法获取财产性数据的犯罪救济，应坚持损失填平原则，确保任何人不得从犯罪中获利。具体而言，犯罪数额的认定应当与法益主体的实际损失相同。

第二，不宜将游戏开发商标价作为认定标准。网络中虚拟物品的价格形成方式与传统物品不同。例如，传统物品在研发后，每次生产均需投入等量成本，其成本与价格在市场规律的调节下形成了相对稳定的一一对应关系，故其价格可以大体反映其价值。但以虚拟物品为代表的数据，存在一次研发、反复复制发行的特征，因此其价格与价值之间不存在强对应关系，价格并不能直接反映其价值。同时，相关犯罪数额的认定需考虑购买人的实际购买能力。在该类案件中，购买、使用作为赃物处理的游戏币或者道具的游戏玩家，通常是低价或者通过非正常交易购买，其在正常交易条件下，没有购买同等数量虚拟物品的意愿和能力。如果以市场标价认定犯罪数额，那么退赃数额会高于游戏公司正常经营所得，导致游戏公司从他人犯罪中获利。

第三，区分交易环节、主体认定犯罪数额。如上所述，虚拟财产属于非功能性数据、映射数据、结构性数据，这就决定了其有独立于计算机系统的单独保护价值，在保护时需要考虑数据的形成阶段和其映射的现实利益形态。实践中，可以探索区分交易环节、法益主体分别认定相关犯罪的犯罪数额。上述案件中，涉案游戏元宝等虚拟物品欠缺规范的价格认定机制，通常无法通过专业机构进行鉴定。由于其价值在不同交易主体之间、是否进入流通环节等不同情形下也呈现不同的形态，因此，可区分情况分别认定：一是如果进入流通环节，存在交易对价的，相关交易对价可以反映其价值。这种交易对价既包括玩家购买所支付的价款，也包括从游戏公司处非法获取虚拟物品后的销赃价格，因为该销赃价格大体反映了行为人与购买者之间的合意价格，以及游戏公司实际可从这些购买者手中通过正常交易获取的价格。二是如未进入流通环节，没有交易对价，原则上应当由受害者对虚拟物品的成本价格进行举证，再结合犯罪时间、次数、获利金额等进行综合认定。如案例一中，游戏币的销赃价为 15 万元，该数额能大体反映游戏公司通过正常交易从涉案玩家处获利的实际金额，以此认定游戏币的价值较为合理。在案例二中，金某购买游戏币和道具支付了 4 万元，该交易对价可以反映游戏币和道具的价值，可以交易对价认定犯罪数额。

虚拟世界具有复杂性，为不同的数据构建完善的保护规则也是高度复杂的工程。对于新兴经济带来的各种挑战，现有法律不会对所有问题都有明确规定。面对如此多的非法侵害虚拟财产的犯罪，应当在既有法律规定之下，通过合理解释来平衡财产保护和经济发展。在面对具有多重性质的新型数据法益时，我们应当坚持实质的解释立场以完整、充分评价各类违法行为，唯有如此，我们才能应对新兴经济带来的各种挑战，切实维护司法公正。

第二节 盗骗交织型犯罪的审理思路及要点

近年来，在信息技术飞速发展的同时，诈骗手段也不断翻新升级，盗窃与诈骗相交织、公然诱骗与暗中窃取双管齐下的犯罪层出不穷。盗骗交织型犯罪，通常表现为既有行为人在实施骗术过程中加入秘密窃取行为，也有行为人在行窃之后跟进实施骗取行为，或者交错实施窃取、骗取行为等。对此究竟应认定构成盗窃罪还是诈骗罪，存在一定适法不统一现象。为确保同类案件法律适用的统一性和公正性，现结合典型案例，对该类案件的审理思路和要点进行梳理总结。

一、典型案例

典型案例一：

被告人罗某伙同田某、卢某专门在银行附近物色犯罪对象，先由罗某在骑车经过被害人时假装掉下一扎钞票（实为 2 张百元人民币覆盖表面的一扎冥钞），田某冲上前捡起钞票欲走，走在被害人身边的卢某出面制止并提出与被害人一起平分。正当3人准备分钱时，罗某骑车返回，声称有路人告诉他，该3人捡到他遗失的“巨款”，并要求搜包查看。罗某从被害人包内搜出银行卡等财物，并要求被害人说出密码，让田某跟随自己到银行查询是否已将捡到的钱款存入卡内。被害人轻信田某是自己“一伙的”，便说出密码。罗某遂与田某在银行的ATM机上取走卡内钱款。

典型案例二：

被告人梁某通过中国网络业务QQ购买并设计了一个免费空间站网页，同时又设计了一个虚假的中国工商银行网上支付页面链接在免费空间站网页上，以此诱骗他人上网（其网址比中国工商银行网址多一个字母“a”），窃取他人的密码和账号。梁某先后窃取田某、贾某等多名因误认网址而在网上办理“存取款业务”的工商银行客户的相关信息，再用此信息进入真实的中国工商银行网上支付网页，将被害人田某等多人的存款4万余元转入梁某女友的账户，然后在工商银行自动取款机上提取。

典型案例三：

被告人李某、张某、王某（系银行离职人员）经共同策划，采用高息揽存的方式，诱使田某某等多名个人或者单位到指定的银行办理存款业务。王某先行等候在银行冒充银行前台接待职员。在被害人将盖章确认的开户资料交给王某去柜台代办开户手续过程中，王某利用自己熟悉银行存储业务流程及工作环境的便利，伺机在开户申请书上添加同意开通网上电子银行转账功能的内容，并相应地从银行领取网上电子银行移动数字证书（U盾）。待被害人或者单位将巨款划存银行账户以后，李某等3人即使用截留的U盾，分别进入该银行网上电子划拨系统中的被害人账户，盗划被害人或单位的存款数千万元，非法据为己有。

典型案例四：

被害人苏某与被告人晏某原系朋友关系。苏某借用晏某的身份证到某工商银行开设个人存款账户，并存入10余万元。苏某自己持有银行卡及密码，以支取账户内的钱款。不久，晏某产生非法占有上述钱款的歹念，遂独自用自己的身份证向银行申请挂失、重新补办存折并设置密码，然后分两次取走账户内的全部钱款。

二、疑难问题

在上述四个案例中，行为人均实施了不同形式、不同程度的欺诈、窃取行为，以非法占有他人财物。该类案件的审理难点在于如何对紧密交织的盗窃与诈骗行为准确定罪。具体而言，一是该类案件行为人取得财产的主要行为认定难，二是被害人是否具有处分意识和处分行为判定难。

三、审理思路和裁判要点

盗窃罪与诈骗罪同属于非法占有公私财物的侵财犯罪，主要区别在于犯罪行为的客观方面，即行为人是采用秘密窃取的方式使财物所有人、管理人等合法占有人在不知情的情况下失去占有，还是采用欺骗的方式使财物的合法占有人基于错误认识而“自愿”处分财物。故盗骗交织型犯罪的定性取决于行为人取得财物的主要手段，或者说被害人转移财物占有的实时状态。如果行为人是因为合法占有人基于错误认识“自愿”处分财物而取得财物，则以诈骗类犯罪定罪处罚；如果行为人采取假象作掩盖，暗中取得公私财物，则以盗窃罪定罪处罚。这一审理思路在传统的“自然人控制（占有）财物”的案件中是适宜的，因为在自然人控制下相对比较容易判断自然人是否实施了“自愿处分财物的行为”。但是，对于非法占有“数字技术控制（占有）下的财物”的案件，则可以考虑将据以定罪的事实环节适度前移，一般以行为人“非法获取”被害人的银行账号及密码或者同类数码介质的行为作为认定犯罪性质的事实依据。具体可以从以下四个要点进行把握。

（一）直接切入据以定罪的事实环节

盗窃与诈骗行为交织型侵财犯罪的突出特点之一，就是行为人针对一个犯罪对象，连续实施了多个手段行为，以达成一个非法占有他人财物的目的。在行为人连续实施的多个手段及目的行为中，直接切入据以定罪的事实环节无疑是厘清纷争、准确定罪的一条捷径。

对于针对“自然人控制（占有）的财物”实施的侵财犯罪，应当径直切入“转移占有”的事实环节，直接以行为人实施的转移占有的行为认定罪名。主要理由如下：其一，从犯罪构成角度看，犯罪的本质特征在于侵害法益，侵财犯罪的本质在于非法改变财物的合法占有状态。因此，“转移占有”行为是直接侵害法益的危害行为，也是犯罪构成的核心构成要素。依此确定罪名，有利于揭示危害行为的实质构成特征。其二，依“转移占有”行为认定犯罪性质及罪名，亦保持了侵财犯罪定罪标准的统一性。因为在单一的盗窃、诈骗、抢夺等财产犯罪中，从犯罪预备到着手实行乃至完成犯罪的过程中，也可能存在多个危害行为事实。譬如，为入室盗窃而先行毒死户主门前的看家狗，或者剪断被害人家里的电话线；有的诈骗犯在使用虚假合同骗取他人财物以后，又用各种借口掩饰诈骗，或者使用空白票据搪塞被害人等。但是，决定犯罪性质的行为只有一个，即改变被害人财物占有状态的危害行为。换言之，诸如秘密窃取、公然夺取等不同的改变财物占有状态的实行行为，才是不同侵财犯罪据以定罪的事实依据。

对于针对“数字技术控制（占有）下的财物”实施的财产犯罪的定罪，可以考虑将据以定罪的事实环节适度前移，一般以行为人“非法获取”被害人的银行账号及密码或者同类数码介质的行为作为认定犯罪性质的事实依据。主要理由如下：其一，在现行法律规定中有据可循。我国《刑法》第196条第3款规定，盗窃信用卡并使用的，应当认定为盗窃罪。这一规定中包含“盗窃”与“使用”两个行为，其中，后续的冒用他人信用卡的“使用”行为才是“转移占有”的行为。但是立法者并未据此认定犯罪性质，而是以先行实施的非法获取信用卡（数码介质）的窃取行为予以定罪。其二，在客观行为方面有据以定罪的事实基础。一方面，此类侵财犯罪均由前后相继的两部分实行行为结合而成。非法获取他人银行账号及密码是必不可少的前提行为，非法提取或者划转他人账户资金是造成实质侵害的目的行为。两者紧密衔接，但又彼此区隔。事实上，一旦行为人非法获取他人的银行账号及密码，距离造成实际危害结果就十分接近。可谓时间上通常短暂，操作上没有障碍。上述前三个案例中的行为人均无一例外地迅速使用非法获取的他人银行账号及密码，顺利提取、划转他人钱款。因此，依此先行实施的“非法获取”行为认定犯罪性质，并不影响定罪事实的充实性与法律评价的完整性。另一方面，前提行为的法律性质往往是单一的、清晰的，与后续的“转移占有”的目的行为存在显著差异，因而有利于界定犯罪性质。财物的（自然人）占有人与其银行账户及密码的控制、支配关系是直接的。以自然人对财物或者数码介质（含银行账号及密码等）的控制状态为对象，判断行为人究竟实施了盗窃还是诈骗行为，不仅实现了两类犯罪（“自然人控制财物”与“数字技术控制财物”）在定罪标准与判断对象上的统一性，而且有效避开了机器智能因素介入与财物的关系之间所产生的复杂判断困境。

（二）甄别“交给”与“（交付）处分”行为

从司法实践情况看，盗窃与诈骗犯罪中均可能发生被害人把财物“交给”被告人的行为表现。常见的如借用手机乘机逃逸案、商场营业员主动让“顾客”试穿衣服遭遇失窃案等都是适例。值得重视的是，“交给”行为不能与作为诈骗罪必备构成要素的“(交付)处分”行为混为一谈。易言之,“(交付)处分”行为具有特定的内涵。

第一,被害人必须清楚意识到自己的交出行为及所给出的财物。如果行为人采用“调包”或者其他隐蔽方法使被害人没有认识到所交出的是自己控制下的财物及其数量的,则不能认定被害人实施了“(交付)处分”行为。例如,某甲在收购某钢铁厂的废铁过程中,先用2吨重的货车过磅秤登记自重。装载一趟之后即改用外观相似的自重1吨的货车继续装运。钢铁厂没有发现换车的情况,仍按2吨扣减自重,某甲由此每趟多运出1吨废铁据为己有。从现象看,每车废铁都是经过钢铁厂门卫称重后允许运出的,具有“自愿交出”的行为表象;但是,门卫并不清楚某甲每车多运出1吨废铁的事实。对于多运出的废铁,门卫缺乏认识,当然也就谈不上实施“(交付)处分”的行为。实际上,某甲系采用隐瞒事实真相的方法作掩饰,乘机窃取他人财物,故应当以盗窃罪论处。

第二,被害人事实上失去对财物的控制、支配力,并转归行为人控制与支配。如案例一中,被害人交出自己的银行卡并告知密码以后,虽不希望罗某、田某提取卡内钱款,而是仅供罗某、田某查核有无将所谓“捡拾的巨款”存入卡内的情况。但是,自被害人交出银行卡与罗某等人分离之时起,就事实上失去了对卡的控制,继而转归罗某、田某控制、支配。因此,被害人在“明知”状态下而交由他人“事实上控制与支配”,其交出行为应当认定为“(交付)处分”。为进一步分清“交给”与“(交付)处分”行为,这里不妨与前述“借用手机案”与“试穿衣服案”作一细节比较:前两案的被害人不仅在主观上没有“放弃控制(占有)”手机和衣服的意思,更重要的是,在客观上交出行为发生后手机和衣服仍然处于两名被害人的“目击控制”范围之内,亦即“交出”并不等于“失控”,被害人当时在主客观方面均对财物具有事实上的控制、支配力。手机和衣服之所以最终失窃,是因为被告人随后利用被害人的注意力转移或者疏忽,实施了乘机逃逸的“秘密窃取”行为。所以,两个常见案例中的被害人实施的仅仅是“交给”行为,而并非“(交付)处分”的行为。

(三)厘清盗窃间接正犯与三角诈骗的关系

所谓盗窃间接正犯(或间接实行犯),是指行为人利用他人的行为完成盗窃犯罪,或曰他人的行为成为被利用的盗窃犯罪的工具。至于三角诈骗,其典型特征就是受骗人与财物被害人相分离,由两人以上分别担当。不难看出,以上两种犯罪形态存在一个共同特点，即在犯罪行为人与财物被害人之间加入了第三人的行为。在如此相近的犯罪行为结构中，如何分辨两种不同性质的危害行为？细言之，第三人作为犯罪工具抑或受骗人的分辨要素是什么？这是应予讨论的焦点问题。

如前所述，有无“（交付）处分”行为是区分盗窃罪与诈骗罪的关键要素。如果第三人不是财物的占有者（含所有者、保管者等）或者辅助占有者（如家中保姆等），其当然不具有（交付）处分财物的权限和地位，其所实施的把他人财物“交给”犯罪行为人的类似帮助行为，无疑只能认定为盗窃间接正犯。如10余人参加小型会议，散会前，被害人B去洗手间时，将提包放在自己的座位上。不一会儿会议结束，清洁工C立即进入会场打扫卫生。当C见到空位上的提包时，便询问谁忘了拿包？A乘机应答，让C把提包递给了自己，然后迅速逃离现场。很显见，C不是提包的占有者，也不具有处分提包的权限或者地位，其把提包递给A，只能认定其受骗充当了A盗窃提包的工具，而不能说A诈骗了C的提包。

在司法实践中，相同或者类似案件的定性一般不会产生异议或混淆。值得关注的是，在占有者或者辅助占有者受蒙骗交出财物的场合（其有交付处分财物的权限或者地位），是否一定构成诈骗罪，而不存在成立盗窃间接正犯的空间或者余地？如案例四中，被告人晏某系通过使用自己的身份证向银行挂失、补办存折、设置密码等系列手段，最终取走被害人苏某的存款10余万元。银行作为苏某存款的占有者，实施了将钱款交给晏某的行为。那么，银行的作为究竟是（交付）处分行为，还是盗窃罪的间接正犯？毫无疑问，在一般社会观念上，银行是受蒙骗的，其交出钱款的行为事实上使被害人苏某的存款处于被告人晏某的控制、支配之下。但是，银行所实施的系列行为并无任何过错可言。因为，在实名制存款制度下，银行受理挂失、补办存折、兑付钱款等都是依规行事，尽到了法定注意义务及职责。在刑法视域下，银行并未“基于认识错误而交付处分财物”。故此，银行不是三角诈骗中的受骗者。被告人晏某显然是刻意利用了银行的无过错行为，以达成自己非法占有他人财物的目的。银行是晏某秘密窃取被害人苏某之银行存款的工具，晏某的行为以盗窃罪论处是适宜的。由此可见，在认定诈骗罪的（交付）处分行为时，完整把握“因认识错误而交付处分财物”的构成要素，对于准确区分盗窃罪与诈骗罪尤其重要。

（四）准确界定多人分担“数字技术控制财物”型侵财犯罪的不同罪责

如前所述，“数字技术控制财物”型侵财犯罪通常由“非法获取”与“使用”

数字密码及其介质的两部分行为结合而成。在两人以上分别实施非法获取与使用行为的场合，如果使用者参与或者明知“非法获取”行为，二者成立事前与事中共犯自无疑义。例如，甲、乙二人按分工窃取或者骗取他人信用卡及其密码以后，立即交由丙、丁到 ATM 机上取款并共同分赃。四人具有共同的犯罪故意及相互配合的客观行为，对其以盗窃罪或者诈骗罪的共犯论处，当属无疑。在按分工抢劫信用卡及获取密码予以使用的场合，也是如此。

有学者强调构成抢劫罪之使用行为的“当场性”，即只有在针对被害人使用暴力、胁迫等强制手段行为的同时，使用其信用卡并取走钱款的，才能构成抢劫罪。如果是当场提取部分钱款（受提款限额影响），放走被害人以后又支取卡内资金的，则因后续的取款行为并不具备“当场取财”的行为特征，应当分别认定抢劫罪与信用卡诈骗罪，实行数罪并罚。本书以为这一见解注重抢劫罪构成要素的完整性是有益的，但也存在进一步推敲的情形：如果被告人出于抢劫财物的目的先行杀害被害人，然后使用劫取的信用卡及获取的密码支取卡内资金，能否因为暴力行为已经结束，取款行为的时空条件均已改变而否定抢劫罪构成要件的完备性？再极端一些的推演情形：如果部分人在强力控制被害人的过程中遭遇反抗而杀害被害人，部分人已到 ATM 机上提取信用卡内钱款，究竟取款行为是发生在暴力行为的同时抑或之后，恐怕大多数情况下都难以查清。也就是说，侵害诸如信用卡之类的“数字技术控制下的财物”确有自身的行为特点。只要行为人以抢劫为目的使用暴力等手段行为排除被害人的反抗，且当场劫取他人的信用卡等数码介质并借此非法占有被害人的钱款的，就应当认为该行为侵害了双重客体，具备了抢劫罪的全部构成要件。否则，过分强调暴力等手段行为与非法取款行为的当场性（或者时空同一性），实际上忽略了此类案件中“非法获取”与“使用”行为之间通常存在的时空差异性，故不尽符合实际。

回到数人分担非法获取与使用他人信用卡行为的场合，如果使用者对于“非法获取”行为并未获知实情，应当讲，二者自然缺乏共同犯意，不能认定为共犯以一罪论处。那么，对于非法获取者与使用者应当如何分担罪责？这里有两个层面的问题应当兼顾：一是非法获取行为对于使用行为的高度依赖性，即非法获取了他人信用卡等数码介质，并不等于非法占有或者控制了他人的财物；后续的非法使用行为才是真正侵害财产法益的实行行为。因此，有无非法使用行为不仅影响盗窃、诈骗、抢劫等犯罪的构成，而且关系相应犯罪的既未遂形态。如果行为人盗窃到他人的背包后，丢弃其中的银行卡等数码介质的，证明其对银行卡内相应财产具有非法占有目的的证据不足，如果行为人确实未利用银行卡取现或消费的，银行卡内资金不宜计入犯罪数额，如果行为人使用了银行卡等数码介质，但因故未能实际取得他人钱款的，则对应数额可认定相应犯罪的未遂形态（至于是否属于应处罚的未遂，则需根据行为情节具体认定）。二是非法使用行为相对于非法获取行为的相对独立性，因为非法使用者可能因为非法获取者的故意隐瞒而产生不同的犯意。如非法获取者故意隐瞒盗窃、抢劫他人信用卡的事实，谎称捡到他人信用卡而让人支取，共同分赃。此时，非法使用者并无盗窃、抢劫的共同故意，但明知“冒用”他人信用卡的事实，故不能以盗窃、抢劫罪的共犯论处，只能以独立的信用卡诈骗罪定罪，二者在共同冒用他人信用卡的共同故意范围内成立共犯，实际获取财物共同分赃的，均成立犯罪既遂。

四、结语

在不同类型的盗窃、诈骗行为相交织的案件中，区分盗窃、诈骗犯罪的标准是一致的，但认定实行行为的重点事实环节有所不同。据此，上述前三个案例系以非法获取他人信用卡及密码等数码介质为特征，依行为人非法获取的行为表现，分别认定信用卡诈骗罪、盗窃罪、诈骗罪是适宜的；案例四以占有者银行成为盗窃工具为特点，依行为人实施转移占有行为时的表现，认定盗窃罪是正确的。

第三节　涉第三方支付侵财犯罪的审理思路及要点

随着支付宝、微信等第三方支付方式的普及，涉第三方支付侵财类犯罪案件不时发生。在该类案件中，行为人往往同时转走第三方支付所关联的账户余额、银行卡资金、借贷类资金等，且同时交叉存在被害人已绑定银行卡、已申请借贷类资金与行为人冒充被害人绑定银行卡、申请借贷类资金的情况。侵财行为隐蔽，涉及法律关系复杂，涉及盗窃罪与诈骗类犯罪的区分，因盗窃罪与其他相关犯罪的定罪量刑标准相差较大，极易导致类案不同判，尤其涉及“罪与非罪”“罪轻与罪重”“一罪与数罪”的情形，既影响被告人的重大权益，也影响司法的公信权威。为确保法律适用的统一性和公正性，现结合典型案例，对该类案件的审理思路和裁判要点进行梳理、提炼和总结。

一、典型案例

为便于分析问题，现根据涉案资金的来源及行为手段的差异，将此类案件进行分类讨论。

典型案例一：

被告人徐某在使用单位配发的手机时发现，其可以直接登录原同事马某（被害人）的支付宝账户，且账户内有余额50 000元。翌日，徐某登录马某支付宝账户输入其从工作中获悉的马某的支付密码，将15 000元从马某账户转移至刘某银行账户内。之后，刘某将15 000元提现转交徐某。

典型案例二：

被告人李某在移动营业厅购买手机号码后，发现该手机号码绑定了前用户姚某（被害人）的支付宝账户和银行卡，之后李某便利用该手机号重新设置了姚某的支付宝账户信息和密码，使用与姚某支付宝绑定的银行卡内资金进行消费转账，共计14 900元。

典型案例三：

被告人张某趁李某某（被害人）熟睡之际，用之前偷窥到的李某某手机解屏密码、身份证号及银行卡号，修改李某某支付宝密码，之后通过扫自己支付宝收款码的方式，从李某某支付宝花呗中向自己支付宝账户转款人民币42 800元。

典型案例四：

被告人金某因沉迷游戏欠下巨额债务，遂拦路抢劫刘某某（被害人）手机并逼问开机密码及支付宝支付密码。翌日，金某通过刘某某支付宝绑定的银行卡进行游戏充值，共计人民币50 165元，经评估，手机价值人民币1903元。

典型案例五：

被告人程某和董某（被害人）原系男女朋友关系，恋爱期间，董某以其本人名义办理了一张手机号码给程某使用。后程某在董某不知情的情况下，使用该手机号码及董某的身份信息注册了支付宝，开通了网络贷款功能，并在无还款来源保证的情况下，以董某名义通过“借呗”向江苏银行贷款，案发前尚有本金14万余元未归还。

二、疑难问题

在上述种种利用第三方支付非法取财的案件中，行为人的主要行为是围绕支付宝、微信展开的，但是在支付宝、微信的前端或者后端都有一系列辅助行为，进而使得行为人取得财物、被害人失去财物。此类案件的审理难点如下：首先，需要厘清第三方支付的交易结构，以及对第三方支付进行法理解读。其次，结合具体案情，区分不同情形对此类案件进行评价。比如，行为人非法取得手机、账户信息的行为如何评价？行为人非法获得被害人相关信息进行支付宝、微信账号申请，进行银行卡绑定的行为如何认定？行为人利用被害人的支付宝、微信向第三方贷款平台贷款的行为如何认定？应当被认定为盗窃罪、诈骗罪、信用卡诈骗罪，还是其他侵犯金融管理秩序的罪名？是想象竞合还是数罪并罚？

三、审理思路和裁判要点

审理此类案件，首先，要准确判断被侵害的法益，即该类案件是传统侵财犯罪的网络化，还是利用网络手段侵害金融管理秩序。其次，直接切入据以定罪的主要事实，即准确认定造成被害人财产损失的主要行为。再次，准确把握盗窃罪与诈骗罪的区分关键，即正确把握“受骗人基于认识错误处分（交付）财产”或者“被害人自愿交付财物”的构成要素。最后，从量刑是否公正检验行为评价是否充分、完整。

为便于展开论述，首先需要对第三方支付进行交易结构和法理解读。

第一，第三方支付账户余额的性质及利用余额付款、转账的结构。以支付宝为例，支付宝账户内的余额是一种预付价值。该预付价值对应的货币资金归属于用户，以支付宝名义存放在银行，并且由支付宝向银行发起资金调拨指令。侵权行为人对支付宝发出资金调拨指令，调拨支付宝保管的他人资金，获得的是支付宝内的钱款，虽然涉及银行，但行为人并没有直接与银行发生指令信息和资金来往。

第二，第三方支付账户与绑定银行卡的关系及从银行卡转账的结构。根据支付宝的操作规程，获取银行卡内的钱款需要先将银行卡与支付宝程序绑定。持卡人在将银行卡与支付宝进行绑定时输入银行卡号及银行发送的动态验证码即可完成操作，银行在办理相应绑定业务时需要进行相关的信息认证。由于绑定时银行卡主已经输入过银行卡相关信息进行认证，在交易时银行无须再次对客户的身份进行验证，当支付宝密码正确时银行会当然地支付。在涉第三方支付侵财犯罪行为中，侵权行为人获知被害人支付宝的账号和密码，只需输入正确的支付宝支付密码就可以支取银行卡内的资金。银行在收到支付宝发送的支付指令后直接将相应数额的钱款转至支付宝账户，钱款再从支付宝账户转至他处。

第三，第三方支付账户与信贷公司的关系及套取贷款的结构。蚂蚁花呗、蚂蚁借呗等属于贷款公司与支付宝（中国）网络技术有限公司合作而形成的第三方信贷服务。第三方支付机构相当于资金需求者与商家或者贷款企业之间的中间人，起到桥梁纽带的作用。冒用蚂蚁花呗、蚂蚁借呗等，其实是冒名申请消费贷款或者与第三方支付形成基于买卖合同而产生的债权债务关系。行为人通过支付宝应用中的蚂蚁借呗、蚂蚁花呗等平台发出贷款指令，蚂蚁花呗、蚂蚁借呗收到指令后根据签订的第三方服务协议会联系相应的贷款公司，由贷款公司与申请人签订贷款合同后放款给申请人，确认相应的债权债务。贷款公司将相应的贷款发放到支付宝账户或者支付宝账户所绑定的银行卡中。侵权行为人要取得财产需再次将账户余额或者银行卡中的资金转移到自己的账户上，贷款资金一经转出即造成该支付宝账户所有人的债务产生，遭受财产上的损失。

第四，第三方支付平台不属于金融机构，也不能视作独立的金融交易平台。根据 2010 年中国人民银行《非金融机构支付服务管理办法》的规定，支付宝等第三方支付平台属于非金融机构，支付宝等第三方支付平台是在收付款人之间作为中介机构提供网络支付等货币资金转移服务，并不能从事银行等金融机构才能开展的资金结算业务。因此，不能将其视作银行的延伸终端，第三方支付和银行的 ATM 机有着本质的区别，其与银行之间因服务协议而连接，且依附于用户本人而存在，根据用户的支付需求，传输用户的相关信息至签订服务协议的银行，由银行按约定进行支付结算操作。

第五，第三方支付账户信息不属于信用卡信息资料。尽管第三方支付在功能上和信用卡的功能相类似，但不能将其等同于信用卡。2004 年全国人大常委会通过的《关于〈中华人民共和国刑法〉有关信用卡规定的解释》明确规定，《刑法》规定的“信用卡”，是指由商业银行或者其他金融机构发行的具有消费支付、信用贷款、转账结算、存取现金等全部功能或者部分功能的电子支付卡。而支付宝、微信等第三方支付属于非金融机构，不能独立开展存款业务，其支付功能也是基于与特定金融机构签订合作协议而实现的。换言之，支付宝、微信等第三方支付方式与银行或者金融机构发行的信用支付方式有本质区别，因此，支付宝账户不能等同于信用卡账户。

基于上述内容，对涉第三方支付侵财案件分类展开论述。

（一）非法占有第三方支付平台账户资金的定罪思路

该类案件的定性，往往需结合行为人获取他人微信、支付宝账户的行为性质。实践中，常见两种类型：第一种为擅自登录型，如捡拾、借用、保管他人手机，未经许可登录其微信、支付宝，或者曾经使用他人微信、支付宝而记取账号和密码，未经许可登录，非法占有该微信、支付宝账户中的资金，如案例一。第二种为非法获取型，如通过抢劫、抢夺、盗窃、诈骗等手段获取他人手机后登录微信、支付宝，非法占有该微信、支付宝账户中的资金。

第一种类型中，通过捡拾、借用、保管他人手机等方式获取他人微信、支付宝账户的行为，无须刑法评价，故此类案件的定性关键在于擅自登录他人微信、支付宝后实施取财行为的性质。对此，当前主流观点认为，因盗窃了他人放在微信、支付宝账户中的“钱”，侵犯了他人的财产权利，“不存在对自然人的欺骗行为”[①]，应以盗窃罪定性。实践中，保管他人手机期间（包括依法扣押情形），未经许可登录该手机上的微信、支付宝，非法占有账户中的资金，一般也应以盗窃罪论处。因为保管他人手机，并不意味着一并保管他人微信、支付宝账户中的资金，事实上他人既不会向行为人特别交代账户资金情况，也不会告知其登录、支付密码，故该资金不属于受托保管的他人财产，如非法占为己有的，不能认定为侵占。同理，办案人员依法扣押他人手机，并不意味着一并扣押了他人微信、支付宝账户中的资金，此时，扣押清单只会列明“手机”，而不列明相关账户资金情况。既然这些资金不处于扣押之中，则仍然处于他人占有、控制之下，不以公共财产论处。如他人处于自由状态，即使其手机被扣押，其仍然可以通过其他方式使用、转移这些资金。此时，办案人员利用保管他人手机的工作便利，登录该手机上的微信、支付宝，消费或者转走账户中的资金，实质上是秘密窃取他人财物，不属于贪污，数额较大的，应以盗窃罪论处。当然，如果明确他人微信、支付宝账户中的资金属于保管或者扣押对象，此时行为人利用保管或者扣押之便将该账户中的资金非法占为己有的，则属于侵占或者贪污。

第二种类型中，需要区分不同情形认定罪名。第一，以非法占有他人微信、支付宝账户中的资金为目的而抢劫、抢夺、盗窃、诈骗他人手机的，因前后两个行为都属于侵财行为，且后行为是前行为的自然延续，行为人只有一个犯意，故应当根

---

① 张明楷：《刑法学》（第六版），法律出版社 2021 年版，第 1252 页。

据非法获取他人手机的不同方式分别认定为抢劫罪、抢夺罪、盗窃罪或者诈骗罪一罪，累计手机价值及从微信、支付宝账户中实际获取的资金认定犯罪数额。第二，微信、支付宝支付已成为常态的支付方式，行为人以抢劫、抢夺、盗窃、诈骗等方式获取他人智能手机，往往兼具非法占有他人手机上微信、支付宝账户中的资金这一目的。且实践中确实存在难以认定是为了获取微信、支付宝账户中的资金而先非法获取他人手机，还是在非法获取他人手机之后才起意窃取微信、支付宝账户中的资金这一实际情形，直接以非法获取他人手机的不同方式认定为抢劫罪、抢夺罪、盗窃罪或者诈骗罪一罪，有其合理之处。但若能证明行为人的确是抢劫、抢夺、盗窃或者诈骗他人手机之后再起意占有微信、支付宝账户中的资金的，则对之前非法占有手机行为和之后非法取财行为的性质应予分别评价，前者构成犯罪的，以抢劫罪、抢夺罪、盗窃罪或者诈骗罪定罪处罚，后者涉案数额较大的，构成盗窃罪，故该种情形可能构成两罪，即抢劫罪与盗窃罪或者抢夺罪与盗窃罪、诈骗罪与盗窃罪，也可能仅构成盗窃罪一罪。第三，抢劫他人手机并要求报出微信、支付宝支付密码，现场或者事后非法占有账户中资金的，属于当场劫取他人财物，应以抢劫罪论处。

（二）非法占有与第三方支付平台绑定的银行卡内资金的定罪思路

实践中，将绑定的他人银行卡内资金非法占为己有，是盗窃还是信用卡诈骗，争议较大。在他人不知情的情况下将其银行卡与微信、支付宝绑定，再将银行卡内资金非法占为己有，是盗窃还是信用卡诈骗，同样争议较大。对上述问题，可以概括为两种类型分别予以论述，即直接占有已绑定卡内资金型和先绑卡再占有卡内资金型。

1. 直接占有已绑定卡内资金型

第一，擅自登录他人微信、支付宝，将绑定的银行卡内资金非法占为己有的定性。因此类获取他人微信、支付宝账户的行为无须刑法评价，故案件的定性关键在于未经许可登录他人微信、支付宝，并将绑定的银行卡内资金非法占为己有的性质。其一，致使被害人遭受财产损失的是从微信、支付宝账户中转款的行为，但该行为并没有使用储蓄卡的账号与密码，故不能认定为信用卡诈骗罪，而应认定为盗窃罪。其二，在银行卡已被平台绑定的情况下，行为人系与第三方支付平台发生联系，与银行并不存在联系，银行没有识别义务，故也不存在被骗问题。如案例二中，李某利用手机号重置姚某的支付宝账户信息和密码，使用与姚某支付宝绑定的银行卡内资金进行消费转账，整个过程中并没有使用到姚某的银行卡账号和密码，银行也没有识别的义务，故李某的行为构成盗窃罪。其三，以盗窃罪定罪更符合主客观相统一原则。主观上，无论是非法占有账户中的资金，还是非法占有绑定的银行卡内资金，行为人都是在被害人不知情的情况下，通过秘密方式非法占有他人财物，并无意破坏国家对信用卡的管理制度。行为方式上，无论是非法占有何种类型的资金，都是通过使用被害人的手机，登录其微信、支付宝，使用支付功能，点击并输入支付密码即可（如需要的情形），也就是行为方式相同，且都是侵犯被害人的财产权利。可见，两种行为性质相同，对于秘密获取绑定的他人银行卡内资金的行为，也认定为盗窃罪，符合主客观相统一原则。如果根据资金来源不同而区别定罪，因为两罪的入罪门槛和法定刑不尽相同，就会对同类行为评判不一，并导致罪刑失衡。

第二，非法获取他人微信、支付宝账户并进行登录，将绑定的银行卡内资金非法占为己有的定性。因非法占有微信、支付宝绑定的银行卡内资金的性质与非法占有微信、支付宝账户资金的性质相同，故通过抢劫、抢夺、盗窃、诈骗等手段获取他人手机后登录其微信、支付宝，非法占有绑定的银行卡内资金的性质，如前文所述，需要区分不同情形认定罪名，即一般情况下认定抢劫罪、抢夺罪、盗窃罪或者诈骗罪一罪。但是，如果行为人的确是抢劫、抢夺、盗窃或者诈骗他人手机之后再起意占有与微信、支付宝绑定的银行卡内资金的，则需要对前后两个行为分别评价，可能构成两罪，即抢劫罪与盗窃罪或者抢夺罪与盗窃罪、诈骗罪与盗窃罪，也可能仅构成盗窃罪一罪。对于抢劫他人手机并要求报出其微信、支付宝支付密码，现场或者事后非法占有绑定的银行卡内资金的，属于当场劫取他人财物，应以抢劫罪论处。如案例四中，被告人金某拦路抢劫刘某某（被害人）手机并逼问开机密码及支付宝支付密码，随后通过刘某某支付宝绑定的银行卡进行游戏充值，该行为应构成抢劫罪。

2. 先绑卡再占有卡内资金型

第一，通过盗窃、抢劫、诈骗等方式获取他人银行卡，并将该卡与微信、支付宝绑定，非法占有卡内资金的定性。无论窃取并使用的银行卡是储蓄卡还是信用卡，都属于盗窃信用卡并使用的行为，依照《刑法》第 196 条第 3 款的规定，以盗窃罪定罪处罚。其实，盗窃信用卡的行为未必构成盗窃罪，但绑卡后秘密占有卡内资金的行为，系窃取他人财物，数额较大的，构成盗窃罪。参考 2005 年《最高人民法院关于审理抢劫、抢夺刑事案件适用法律若干问题的意见》第6条的规定，抢劫银行卡并使用、消费的，认定为抢劫罪，实际使用、消费的数额为抢劫数额，对于抢劫他人银行卡，并将该卡与微信、支付宝绑定，非法占有卡内资金的行为，也应以抢劫罪论处。事实上，抢劫信用卡的行为本身即可构成抢劫罪，也是刑法评价的重点，之后绑卡并占有卡内资金的使用行为系劫卡行为的延续，应与抢劫行为作整体评价。骗取他人银行卡，并将该卡与微信、支付宝绑定，非法占有卡内资金的，属于《刑法》第196条规定的冒用他人信用卡并使用的信用卡诈骗行为，数额较大的，构成信用卡诈骗罪。

第二，通过偷窥、骗取等方式获取他人银行卡卡号，并将该卡与微信、支付宝绑定，非法占有卡内资金的定性。对此，存在两种观点。第一种观点认为构成盗窃罪。主要理由如下：单纯的绑定银行卡行为本身不会也没有导致转移被害人的财产，只有使用微信或者支付宝付款、转款的行为，才会侵害被害人的财产法益，但使用微信或者支付宝时并没有再使用银行卡的账号和密码，因而不构成信用卡诈骗罪，只能认定为盗窃罪。[①] 第二种观点认为构成信用卡诈骗罪。主要理由如下：银行卡卡号属于信用卡信息资料，而不属于“盗窃信用卡并使用”中的有形信用卡，故不能认定为盗窃罪，但该行为符合司法解释关于冒用型信用卡诈骗罪的规定。[②] 但根据前文论述，从系统思维角度，认定为盗窃罪更为合理。主要理由如下：一是将通过偷窥方式获取的银行卡卡号与微信、支付宝绑定并使用，与盗窃信用卡并在ATM机上使用并无实质区别，都是秘密窃取他人钱款的行为，定性为盗窃罪具有合理性。二是对非法占有与微信、支付宝绑定的银行卡内资金的行为以盗窃罪定性，对将窃取的银行卡绑定并使用这一相对较重的行为，因为多了一节窃取银行卡卡号的行为，适用较信用卡诈骗罪更重的罪名盗窃罪定罪处罚，更符合罪罚相当原则。三是窃取银行卡卡号的行为一般不构成犯罪，绑卡行为亦不构成犯罪，故只需评价后续取财行为的性质即非法占有绑定的卡内资金的性质，根据前述，当然是认定为盗窃罪。同样，骗取银行卡卡号及绑卡行为均不构成犯罪，而非法占有绑定的卡内资金的行为属于盗窃，故对通过骗取方式获取他人银行卡卡号，并将该卡号与

---

① 参见张明楷：《刑法学》（第六版），法律出版社2021年版，第1253页。

② 参见张超：《冒名注册支付宝账户并绑定信用卡套现的定性》，载《人民司法》2018年第29期；周孚林：《将他人微信与银行卡绑定后转走资金构成信用卡诈骗罪》，载《人民司法》2018年第20期。

微信、支付宝绑定，非法占有卡内资金的行为也应认定为盗窃罪。

（三）通过第三方支付平台冒名网贷的定罪思路

实践中，存在以正当手段获取他人手机，未经许可登录其支付宝，以其名义向蚂蚁“借呗”“花呗”等网络贷款平台申请贷款，并将所贷资金非法占为己有；抢劫他人手机，登录其支付宝，以其名义向网络贷款平台申请贷款，并将所贷资金非法占为己有；在获取他人身份信息后，以其名义开通“借呗”“花呗”等网络贷款功能，继而冒名贷款并将所贷资金非法占为己有等情形。对上述问题，可以概括为两种类型予以分别论述，即擅自登录冒名网贷型和冒名开通网贷功能并冒名网贷型。

1. 擅自登录冒名网贷型

第一，擅自登录他人支付宝，以其名义向“借呗”“花呗”等网络贷款平台贷款，并将所贷资金非法占为己有的定性。根据前述，因此类获取他人账户的行为无须刑法评价，故此类案件的定性关键在于未经许可登录他人支付宝，使用他人网络贷款额度申请贷款，并将所贷资金非法占为己有的性质。对此，存在盗窃罪、贷款诈骗罪、合同诈骗罪和信用卡诈骗罪四种不同观点。本书认为，如果用户已经开通网络贷款功能，行为人冒用用户名义申请贷款，并将所贷资金占为己有的，应以盗窃罪论处。主要理由如下：一是从犯罪对象及侵害客体看，该行为真正侵害的是被冒用身份者对财产的占有，而非网络贷款平台对财产的占有，被害人是被冒用身份者。网络贷款平台依据接受的规范信息放贷，并无过错责任可言，无须承担财产损失。二是从行为特征看，造成财产侵害的转款或者消费行为，均是在被冒用身份者不知情的情况下秘密实施的，符合盗窃罪秘密窃取的行为特征。三是从行为人的主观认知看，此类行为更符合窃取被害人财物的内心想法，而非从被害人处骗取财物。将此类行为认定为盗窃罪，更符合行为人的主观认知和社会公众的一般认知。四是从罪刑均衡看，因盗窃罪的入罪数额标准远低于贷款诈骗罪和合同诈骗罪，将此类行为认定为盗窃罪，相较贷款诈骗罪和合同诈骗罪而言，不会造成罪刑失衡和法律适用的盲区。而且，因为“借呗”“花呗”类似于信用卡（在无法律明确规定的情况下不能将“借呗”“花呗”认定为信用卡，故对冒名网贷行为不以信用卡诈骗罪论处），冒用用户名义申请网络贷款并将所贷资金占为己有的行为，同非法占有与用户的微信、支付宝绑定的银行卡内资金的行为，具有同质性，以盗窃定性具有合理性。

第二，非法获取他人支付宝账户后登录，以其名义向“借呗”“花呗”等网络贷款平台申请贷款，并将所贷资金非法占为己有的定性。如通过抢劫、抢夺、盗窃、诈骗等手段获取他人手机后登录其支付宝，使用他人网贷额度申请贷款并占有所贷资金的性质。如前文所述，需要区分不同情形认定罪名，即一般情况下认定抢劫罪、抢夺罪、盗窃罪或者诈骗罪一罪。但是，如果的确是抢劫、抢夺、盗窃或者诈骗他人手机之后再起意使用他人网贷额度申请贷款并占有所贷资金的，则需对前后两个行为分别予以评价，可能构成两罪，即抢劫罪与盗窃罪或者抢夺罪与盗窃罪、诈骗罪与盗窃罪，也可能仅构成盗窃罪一罪。

需要注意的是，对于抢劫他人手机，当场要求报出支付宝支付密码，并以其名义向“借呗”“花呗”申请贷款的，此时，对抢劫手机行为当以抢劫罪论处。对于当场要求报出支付密码并向“借呗”“花呗”申请贷款，将所贷资金占为己有的，也应认定为抢劫罪，即对全案以抢劫罪论处。主要理由如下：一是他人被迫报出密码，意味着行为人在获取密码后即可以向“借呗”“花呗”成功贷款。二是行为人逼迫他人报出密码后向“借呗”“花呗”贷款获取钱款，于行为人而言，就是在形式上已征得他人“许可”，以他人名义先从“借呗”“花呗”获取钱款，再将这些所有权已经归属他人的钱款占为己有，并要求他人向放贷公司承担还款责任；于他人而言，其报出了密码，意味着其不仅知晓行为人将以其名义向“借呗”“花呗”贷款，而且还知晓行为人将非法占有其所贷资金。即对于涉案钱款，虽系向“借呗”“花呗”所借，但行为人意欲劫取的是所有权转归为他人的钱款，而他人也知道以其名义所贷资金最终将被行为人所劫取。此类案件与强行要求他人向银行贷款，后将他人所贷资金非法占为己有的抢劫案件具有同质性。三是如果将劫取手机行为评价为抢劫罪，而将强行要求报出密码并向“借呗”“花呗”贷款行为评价为其他犯罪，则人为地割裂了属于一个整体的抢劫行为，也不符合社会公众的一般认知。

2. 冒名开通网贷并冒名网贷型

实践中，对于行为人获取他人身份信息后，以他人名义开通“借呗”“花呗”等贷款功能，继而获取相关贷款的情形，正如在他人不知情的情况下，行为人利用其身份信息以其名义申请贷款。此时若将被冒用者视为被害人，显然不合理。因为被冒用者没有去申请信用额度，就不存在其授信资金被他人非法占有的问题。上述情形属于假冒他人名义申请贷款，如何定性，要看被害单位是否属于金融机构，即所骗取的钱款是否来自金融机构。如果所骗取的钱款来自银行或者其他金融机构，数额较大的，以贷款诈骗罪论处。如果所骗取的钱款来自小额贷款公司，虽小额贷款公司由地方金融监管部门批准设立后从事金融业务，但其不同于经国务院金融管理部门依法批准设立的金融机构，即并未取得金融许可证，也并非以金融机构名称注册成立，在法律上不能认定为金融机构。[①]小额贷款公司不属于贷款诈骗罪中的"其他金融机构"，此时冒用他人名义向"借呗""花呗"申请贷款的，不能认定为贷款诈骗罪。但是，冒用他人名义向"借呗""花呗"贷款，需阅知和点击同意相关协议，即需要签订借款合同，该行为既扰乱了市场秩序也侵犯了相关公司的财产权利，数额较大的，可构成合同诈骗罪。

如案例五中，董某既未开通网络贷款功能也未申请贷款额度，不存在其授信资金被他人非法占有的问题。程某以非法占有为目的，虚构事实、隐瞒真相，冒用董某名义申请贷款，致使银行产生错误认识而向其交付钱款，其行为侵犯了国家对银行贷款的管理制度和银行的财产权利，构成贷款诈骗罪。当然，如果征得被害人同意后为其开通网络贷款功能，再以欺骗或者秘密方法，以其名义申请贷款并将所贷资金占为己有的，此时非法占有的是被害人的授信资金，应以诈骗罪或者盗窃罪论处。

涉第三方支付的侵财案件尽管行为交织杂糅，但区分盗窃罪、诈骗罪、信用卡诈骗罪、贷款诈骗罪的标准是一致的，遵循侵财犯罪认定的一般思路，把握主要取财行为的本质特征予以定性。秘密占有他人第三方支付平台账户资金及与平台绑定的银行卡内资金，均系窃取他人财物。通过盗抢骗等方式获取银行卡并将之与平台绑定使用，分别认定盗窃罪、抢劫罪和信用卡诈骗罪；非法获取银行卡卡号并将之与平台绑定使用，绑卡行为不构罪，秘密占有卡内资金的，认定为盗窃罪更合理。通过支付平台冒名贷款，占有他人的授信资金，属于盗窃；冒用他人名义开通网贷功能并冒名贷款，因并非占有他人的授信资金，根据所骗钱款是否来自金融机构，认定贷款诈骗或合同诈骗。为占有他人账户资金、与平台绑定的卡内资金或为冒名贷款占有他人的授信资金，采取盗抢骗等方式获取他人手机的，以获取手机的行为性质定罪。

---

① 参见陈岱松:《小额贷款公司法律支付研究——上海的实践与探索》，法律出版社 2010 年版，第 154 页。

第十二章　妨害社会管理秩序犯罪的司法认定

妨害社会管理秩序犯罪，是指妨害国家机关对社会的管理活动、破坏社会秩序，情节严重的行为，这是《刑法》分则中罪名最多的一类犯罪，既包括公共秩序的管理、国（边）境的管理、文物管理，还包括公共卫生管理、环境资源管理等方面。其中有些罪名在我们的日常生活当中经常可以遇到，如妨害公务罪、招摇撞骗罪、寻衅滋事罪；还有相当一部分罪名在实践中比较少见，如偷越国（边）境罪、盗窃尸体罪等。本章选取审判实践中多发且具有一定适法争议的三类典型案件展开分析。

第一节　组织及协助组织卖淫犯罪的审理思路及要点

组织及协助组织卖淫犯罪是司法实践中较为常见的犯罪，也是我国《刑法》规定的处罚较重的色情犯罪类型。该类犯罪呈现较强的组织性、规模性，如何在查清卖淫组织架构的基础上区分不同行为人的行为性质及责任大小，是司法实践的难点。

一、典型案例

典型案例一：

马某乙受马某甲雇佣，在按摩店内招募并安排 4 名卖淫人员提供口交、手淫服务，管理卖淫场所日常事务并负责卖淫人员食宿、收取嫖资、发放工资等。该卖淫场所收取嫖资 60 万余元。公诉机关指控马某甲犯组织卖淫罪、马某乙犯协助组织卖淫罪且属情节严重；马某甲辩解其不知晓按摩店内存在口交服务；马某乙的辩护人提出，指控组织 4 名卖淫女的证据不足，应仅以当场查获的 2 名卖淫女认定卖淫人员数量，并应更改罪名为容留卖淫罪；法院判决认定马某甲和马某乙的行为均构成组织卖淫罪，并认定马某乙为从犯。

典型案例二：

陈某等人在经营会所期间组织多名妇女从事卖淫活动，规定了卖淫项目及收费标准、获利分成、考勤奖惩等制度，并向卖淫人员收取押金、安排食宿。聘任花某为财务人员，负责账目管理及资金结算；聘任范某为卖淫人员领班，负责招聘包括卖淫人员在内的女服务员，对卖淫活动全面管理并直接向老板汇报；聘任金某为大堂经理，负责管理服务员和会所日常运营。争议的焦点是被告人金某的定性，公诉机关以组织卖淫罪起诉，法院判决以协助组织卖淫罪认定。

典型案例三：

雷某利用“三个帮”、微信等聊天软件招募卖淫女6名，并规定纪律、确定淫资金额、收取分成。“客服”李某等人为招嫖人员提供介绍、推荐服务。雷某根据“客服”在“三个帮”软件中发布的嫖娼人员需求，向其推送卖淫女宣传图片。成单后，雷某通过微信向卖淫女发送卖淫时间、地点、淫资金额等信息确保完成卖淫及收费，并规定卖淫女将扣除淫资后的钱款转账至其提供的账户内，每次从中抽取好处费后再将余款转账给“客服”。李某辩解其仅构成介绍卖淫罪，法院判决认定雷某构成组织卖淫罪，李某等人构成协助组织卖淫罪。

二、疑难问题

（一）组织卖淫行为界定难

组织卖淫行为的认定涉及罪与非罪、此罪与彼罪、罪轻与罪重的差别。尽管2017年《最高人民法院、最高人民检察院关于办理组织、强迫、引诱、容留、介绍卖淫刑事案件适用法律若干问题的解释》对组织卖淫行为作出相应规定，但在具体个案中，特别是在网络环境下组织卖淫由线下转移到线上，产生了卖淫规模扩大化、卖淫模式去场所化、卖淫组织松散化等新特点，如何准确界定利用网络组织卖淫犯罪的组织行为，成为审理难点。

（二）组织卖淫罪从犯与协助组织卖淫罪区分难

组织卖淫类犯罪通常系多人分工、共同作案，除了负责出资、策划、指挥的明确的组织者，还有组织者招聘的现场管理人员、从事一般事务性工作的人员，以及为组织者招揽嫖客等其他外围协助人员。鉴于司法实践中协助组织卖淫行为的常态化及相对独立性，立法上已经实现组织卖淫的帮助行为正犯化，并单独设置协助组织卖淫罪，但在实践中如何区分组织卖淫罪的从犯和协助组织卖淫罪，尚存争议。

（三）主观明知认定难

否认主观明知，是该类案件中被告人的常见辩解，主要分为两种情况：一是在组织卖淫案件中，身居幕后的核心老板，或者受命从事一般事务性工作的人员，到案后往往辩解其对相关场所存在卖淫活动不明知；二是在协助组织卖淫案件中，协助者否认明知存在卖淫活动，或者承认明知是卖淫活动，但辩解以为其所协助的是卖淫人员而非组织卖淫者，尤其是在互联网环境下为卖淫组织招揽嫖客的行为人，往往辩解系直接为卖淫人员介绍嫖客，或为嫖客介绍嫖娼，从而引发罪与非罪或者此罪与彼罪的分歧。针对上述情况，如何运用证据规则认定行为人的主观明知，是该类案件事实认定中的难点。

（四）卖淫人数、非法获利认定难

卖淫人数和非法获利是2017年《最高人民法院、最高人民检察院关于办理组织、强迫、引诱、容留、介绍卖淫刑事案件适用法律若干问题的解释》明确规定的定罪量刑的参照标准。关于卖淫人数，被抓现行的卖淫人员往往系少数，如果仅以当场抓获的正在卖淫的人员作为认定依据，无疑会放纵犯罪，也与客观事实不符；但不在场的或在场但未被抓现行的卖淫人员，也通常会极力否认和辩解，同时因为未当场查实，通常也不会对该类人员以实施卖淫违法行为为由施以行政处罚，如果将之直接认定为卖淫人员，又会遭受刑法作为保障法是否保持了谦抑立场的质疑，故如何把握证明标准以准确认定涉案卖淫人员数量，常为控辩双方争议所在。

关于非法获利，实践中有相当部分案件，尤其在具有营业执照的娱乐经营场所组织、协助组织卖淫的案件中，收取的相关营业款除了淫资外，还有其他合法收入，或者提供手淫等服务但不属于卖淫的非法收入，如何将卖淫收入从中剥离，往往需要根据在案证据对相关事实进行抽丝剥茧。同时，对于组织卖淫罪的从犯及协助组织卖淫的被告人，应以卖淫组织的整体获利还是以其个人实际获利认定其非法获利数额，实践中亦有一定分歧。

三、审理思路及要点

审理此类案件，应坚持全局观念，对犯罪事实认定及法律适用应从整体上进行把握。在整体上从严打击的同时，查明各被告人的犯罪情节及所处地位、作用，切实贯彻宽严相济刑事政策，既要区别对待，又要罚当其罪。

（一）组织、协助组织卖淫案件的基本审理思路

1. 审查案发经过

区分主动投案、他人举报、线索摸排、例行检查等情形，审查侦查机关案件破获经过、锁定犯罪嫌疑人的过程、涉案人员是否均已到案等。

2. 审查犯罪模式

区分线下、线上不同模式，审查卖淫活动的具体组织开展方式。针对线下情形，重点审查是否有固定卖淫场所、提供卖淫服务的时间和地点、如何对卖淫人员和卖淫场所进行管理、嫖资的收取及分配、如何招揽嫖客等情况；针对线上情形，还需重点审查平台本身的性质、对卖淫人员的招募及管理方式、招揽嫖客的渠道来源、卖淫嫖娼信息的对接方式、提供协助行为的个人或者组织是否固定等情况。

3. 审查组织架构

多人共同作案是组织、协助组织卖淫犯罪案件的常见形态，故需要查明整个犯罪组织架构以及不同行为人的具体地位、作用等。在固定场所组织、协助组织卖淫案件中，应注意区分卖淫场所老板与现场管理者；在具有营业执照的娱乐经营场所组织、协助组织卖淫案件中，应注意区分娱乐经营场所的经营管理人员和卖淫活动的直接管理人员；在线上组织、协助组织卖淫活动案件中，应注意区分组织卖淫人员与帮助招嫖人员。

4. 审查主观明知

针对卖淫场所幕后老板、娱乐经营场所的一般管理服务人员，应当查明其主观上是否明知存在卖淫活动；针对专为卖淫组织介绍嫖客或者提供其他外围帮助的行为人，应当查明其主观上是否明知系卖淫组织。个案中应注意审查被告人及同案关系人的供述、卖淫人员和嫖娼人员的证言、相关通信记录等。

5. 审查具体情节

查明卖淫人员数量、违法所得数额等定罪量刑情节，重点审查花名册、考勤表、排班记录、账本、转账记录、银行流水等，并结合涉案人员口供、证言综合认定。

（二）行为人行为性质的审查判断

1. 组织行为的审查判断

组织他人卖淫，是指以招聘、雇佣、纠集等手段，管理或者控制他人卖淫。从本质上讲，使分散的卖淫人员或者卖淫活动形成一个系统或整体的行为，都可以认

定为组织的手段行为，常见的手段还包括引诱、容留、介绍。故从手段行为看，组织卖淫罪的手段行为与引诱、容留、介绍卖淫罪的实行行为存在重合，区分的关键在于对管理、控制的审查判断。

组织卖淫罪中的管理、控制，包括对卖淫人员的管理、控制和对卖淫活动的管理、控制，两者具其一即可成立。对卖淫人员的管理、控制，是指安排、统筹和指挥卖淫人员，使其接受、服从组织统一管理和调度，比如通过规定考勤、奖惩制度等管理卖淫人员，通过扣押证件、发放工资等控制卖淫人员；对卖淫活动的管理、控制，是指通过人、财、物的统一调配，掌控、操纵卖淫活动，比如确定卖淫的时间和方式、安排服务保障人员、确定嫖资收取及分成比例等。凡具有上述管理、控制行为的，一般应认定为组织卖淫罪；手段行为同时构成其他犯罪的，应择一重处。

实践中的认定难点主要集中在无固定场所组织卖淫的案件中，尤其是利用互联网平台组织卖淫的案件中，组织构架松散，行为人缺乏对卖淫人员的直接物理接触、控制，此时应紧扣组织行为的内涵及本质特征，从实质上进行综合审查和把握：（1）从双方依附关系看，卖淫人员是否依附于组织者，即由组织者提供市场和交易机会，且卖淫人员可能丧失一定的卖淫选择权和自主权；（2）从业务开展方式看，卖淫人员提供服务是否由组织者安排或者调度，即由组织者对卖淫人员进行安排、发布指令，并协调卖淫活动；（3）从管理模式看，组织者一般会明确相关业务要求、嫖资收取及分成比例、奖惩等制度，使整个卖淫活动在一个既定的模式中有序进行。

如案例三中，雷某与卖淫人员之间没有直接接触，但从依附关系看，卖淫人员依靠雷某提供市场和机会；从业务开展方式看，卖淫人员与嫖客不能直接联系，卖淫活动均由雷某等人统一安排、调度；从管理模式看，雷某为卖淫人员制定纪律规范、确定淫资收取模式及分成比例，显然属于对卖淫人员及卖淫活动的管理。故雷某的行为属于组织卖淫行为。

2. 协助组织卖淫与组织卖淫的区分

协助组织卖淫，是指为他人实施的组织卖淫犯罪活动招募、运送人员或者充当保镖、打手、管账人等的行为。同样，协助行为不限于上述列举的几种类型，凡对组织卖淫犯罪起外部帮助作用的行为，均可认定为协助行为。其与组织卖淫罪从犯的区别主要在于两个方面：（1）行为的对象不同。协助行为协助的是组织人员，不直接作用于卖淫人员，与卖淫人员不存在管理与被管理的关系。（2）行为的内容不同。协助行为仅指在卖淫组织外围起帮助作用的行为，服务于卖淫组织，但不直接实施管理、控制行为。

如案例一中，马某乙受幕后老板马某甲雇佣，直接管理整个卖淫活动，负责卖淫场所的日常管理、卖淫人员招聘和管理、直接安排卖淫活动、收取淫资并发放工资等，系卖淫活动的组织者，只是相对于马某甲而言处于次要、辅助地位，可以认定为组织卖淫罪的从犯；反观案例二，金某虽作为会所大堂经理，管理服务员并负责会所的日常运营，但会所内的卖淫活动系由范某全面管理并直接向老板汇报，金某并不参与对卖淫人员或者卖淫活动的直接管理，其明知会所有组织卖淫活动而在外围提供帮助，其行为属于协助组织卖淫行为。

需要注意的是，针对同一卖淫组织既实施协助行为，又实施管理、控制行为的，应当以组织卖淫罪一罪论处。比如，招募卖淫人员既是协助行为，又可作为组织卖淫的手段行为，区别在于单纯为卖淫组织招募卖淫人员，不参与组织卖淫活动的，属于协助组织卖淫，招募卖淫女后又实施管理、控制行为的，则属于组织卖淫。再如，协助组织卖淫罪中管账人的行为，指的仅是管理账目，如案例二中，花某作为财务人员，对于嫖资如何收取及分成如何确定和发放均无决定权，故其行为性质与案例一中马某乙收取嫖资、发放工资不同，后者属于组织卖淫行为。

3. 招揽嫖客行为的类型及性质判断

为卖淫活动招揽嫖客，是色情犯罪链条中的重要一环，但在实践中表现出多种形态，需要区分情况区别对待。

（1）作为组织者招揽嫖客。此种情况下对招揽行为不再单独评价，直接认定为组织卖淫罪。

（2）与组织者合作或者受组织者雇佣，为组织者招揽嫖客。因为行为人不直接参与组织行为，仅在外围提供帮助，应认定为协助组织卖淫罪，如案例三中的“客服”就属该情形。

（3）直接为卖淫人员招揽嫖客。如果行为人直接为卖淫人员服务的，或者受雇于卖淫人员，为其招揽嫖客，并通常从卖淫人员处获取介绍费的，则成立介绍卖淫罪。

（4）为嫖客介绍卖淫场所或者卖淫人员。如果并非基于与卖淫组织或者卖淫人员的约定，而是根据市场讯息或者自己曾经的经历，偶发性地介绍他人嫖娼，也未从卖淫人员处获取好处费的，不以犯罪论处。

（三）行为人主观明知的审查判断

行为人主观明知的认定属于事实认定范畴。组织、协助组织卖淫犯罪的成立，要求行为人对卖淫活动或者卖淫组织具有主观明知。明知包括知道和应当知道，明知的内容应为“行为人知道或者应当知道行为对象系卖淫活动”。

1. 对组织对象主观明知的审查认定

组织卖淫案件中，应当要求行为人主观上明知其组织或者参与组织的是卖淫活动。当行为人否认犯罪事实，不能依据其供述对主观明知直接作出认定时，应认真审查被告人的供述和辩解、其他在案人员的供述或者证言，以及相关聊天记录、通信记录等客观证据，结合行为人的过往经历、认知能力等进行综合判断。被告人的辩解与在案证据及常理不符的，对其辩解不予采信。具体判断时可考量以下因素：（1）过往经历，包括既往从业经历、学历、是否曾因卖淫类违法犯罪受过处罚等；（2）任职情况，即在被指控的犯罪活动期间担任的具体职务、从事的具体工作及工作时间长短；（3）关系网络，审查同案人员之间是否存在亲戚、同乡、朋友等关系，以往有无合作等；（4）有无规避调查，主要审查有无安排人员放哨、有无销毁账簿、有无订立攻守同盟、有无使用非常规聊天软件、通信中是否使用暗语等；（5）获利是否异常，主要审查被告人获利数额是否符合正常、合法经营行业的标准。

如案例一中，马某甲辩称其仅知店内存在“打飞机”，不知店内存在口交的卖淫服务。但在案证据显示，马某甲和马某乙是同乡，在本次作案前已相识并合作多年；马某乙指证马某甲明知店内存在口交服务；马某甲与其他同案犯的通话记录也证实，其明知店铺涉及卖淫类犯罪，在马某乙到案后，马某甲找人请托关系以逃避公安机关追查；从到案过程看，马某甲虽主动投案，但矢口否认自己知道店内提供口交服务，有明显躲避刑事追究的嫌疑；马某甲在庭审中供称其老乡在一次和其喝酒时告知其店内有“打飞机”，但其不能提供该老乡的姓名或者联系方式，马某甲也不能就此做出其他合理解释。综合上述证据，足以认定马某甲作为幕后老板，对店内卖淫活动具有主观明知。

2. 对协助对象主观明知的审查认定

协助组织卖淫案件中，应当要求行为人主观上明知其所协助的是卖淫组织。通常情况下，明知他人开展了卖淫活动而予以协助，就可以认定其具备了协助组织卖淫罪的主观明知。但是，在为卖淫组织招揽嫖客等部分协助组织卖淫案件中，还应要求被告人明知其所协助的是卖淫组织而非卖淫人员个人。当然，此处包括概括明知的情形，即被告人明知所协助的是卖淫活动，但对于对方系卖淫人员本人还是卖淫组织的头目或者工作人员并不具有明确认知，而客观上对方确系卖淫组织的，则仍可以认定其对卖淫组织具有主观明知，并在主客观一致的范围内认定其行为构成协助组织卖淫罪。

如果被告人辩解其仅系为卖淫人员招揽嫖客，并确信对方系卖淫人员本人的，应审查其辩解是否符合常理、是否有证据支撑。如果确有证据证明被告人受蒙骗，误认为卖淫组织内犯罪人员系卖淫人员本人的，则可以排除协助组织卖淫罪的主观明知（此种情况仍有可能构成介绍卖淫罪等其他犯罪）；但被告人的辩解不符常理亦无证据印证的，则仍应认定其对卖淫组织具有主观明知。如案例三中，涉案人员的口供、证言及相关聊天、转账记录等，足以证实“客服”李某与雷某长期对接，通过雷某为嫖客介绍不同卖淫人员，显然不存在直接为固定的卖淫人员招揽嫖客的情况，故应当认定“客服”李某对雷某组织卖淫活动具有主观明知。

（四）具体犯罪情节的审查

1. 卖淫人数的审查认定

2017 年《最高人民法院、最高人民检察院关于办理组织、强迫、引诱、容留、介绍卖淫刑事案件适用法律若干问题的解释》规定，组织卖淫罪中被组织的卖淫人员应为 3 人以上；卖淫人员达到 10 人以上的，就属于“情节严重”，应升格法定刑。认定卖淫人员数量，既要坚持证据裁判规则严格认定，又不能简单以现场查获人数就低认定，可以综合查获卖淫人员的证言、嫖娼人员的证言、被告人的供述、书证、现场物证等认定某人是否属于卖淫人员。如案例一中，被告人马某乙曾供述店内卖淫人员有 6 人，但其关于 6 人的供述并不稳定，且不能进一步交代 6 人的身份信息，也没有其他证据印证，系孤证，故不能直接采信该供述；除被抓现行的 2 名卖淫人员外，另指控的 2 名人员均否认实施过口交，但相关微信转账记录显示，该二人与马某乙间转账的金额、时间、频次与在案人员供述的淫资收费及分成情况基本吻合，马某乙对该淫资的性质也予以确认，该二人也不能作出合理解释，故应当认定该二人系卖淫人员。综上所述，该案卖淫人员应当认定为 4 名。

还需注意的是，对卖淫人员的认定不以该卖淫人员实际从事过卖淫活动为前提。因为组织卖淫罪的实行行为是组织行为，只要行为人完成了组织行为，不论被组织人是否实际从事卖淫，均构成组织卖淫罪的既遂。而对卖淫人员的行政处罚，通常以实际发生卖淫行为为要件，且行政处罚针对的是卖淫行为，刑事处罚针对的是组织行为，两者的证明目的和证明内容不同，故不能仅以未受行政处罚为由，否定组织卖淫罪中对卖淫人员性质的判断。

2. 非法获利的审查认定

2017 年《最高人民法院、最高人民检察院关于办理组织、强迫、引诱、容留、介绍卖淫刑事案件适用法律若干问题的解释》规定，非法获利 100 万元以上的，应认定为组织卖淫罪规定的情节严重；非法获利 50 万元以上的，应认定为协助组织卖淫罪规定的情节严重。

组织卖淫罪的非法获利，是指通过卖淫活动获取的全部淫资，场地费、水电费等犯罪成本及卖淫人员的分成均不予扣除。但与卖淫活动无关的收入应予剔除，主要体现在以下两个方面。

（1）应剔除合法业务产生的收入。如案例二中，被告人经营会所所得的合法收入，不应计入组织卖淫的非法获利中。

（2）应剔除与卖淫无关的其他非法收入。如案例一中，提供手淫服务虽然违法，但不属于刑法中的卖淫，相关收费不应计入。根据涉案店铺收费标准，手淫一次 100 元，口交一次 220 元，根据转账记录可以对卖淫活动的收入予以区分。但实践中存在客人请客和老客户结账抹零的情况，如转账记录中的 200 元既可能是两个人的手淫费用，也可能是一个人口交抹零后的费用，此时单纯根据转账记录就难以有效区分淫资，故还需根据其他证据进一步辨别；在无法区分的情况下，应作有利于被告人的认定。

协助组织卖淫罪的非法获利，是指协助行为获得的收益，实践中应防止将组织行为的收益认定为协助组织卖淫的非法获利。如案例三中，因卖淫活动所产生的所有嫖资应认定为雷某组织卖淫的非法获利，而“客服”为卖淫组织招揽嫖客所实际获得的嫖资分成则属于“客服”协助组织卖淫的非法获利，实践中应注意区分。

四、其他需要说明的问题

一是有关刑法意义上的“卖淫”行为。虽然《刑法》及相关司法解释未明确卖淫的概念，但通说认为，除了有偿提供性交服务外，肛交、口交等进入式的性行为均属于刑法中的卖淫，且卖淫人员不限于女性，男性为女性以及同性之间都可成立卖淫；提供手淫等非进入式的色情服务，属于行政违法行为，不属于刑法意义上的卖淫。二是有关量刑平衡的把握。协助组织卖淫罪是组织卖淫部分共犯行为正犯化后的独立罪名，其和组织卖淫罪一样，本身也有主从犯之分。但对其量刑，仍需考虑与组织卖淫罪的协调。一般情况下，针对同一卖淫活动，协助组织卖淫行为人所起作用及行为的社会危害性比组织卖淫罪的主犯相对要小，处刑上一般也应轻于组织卖淫罪的主犯。当然，如果协助行为人为多个卖淫组织提供帮助的，则另当别论。

第二节　网络开设赌场犯罪的审理思路及要点

开设赌场犯罪严重妨碍社会管理秩序，严重危害我国经济安全和社会稳定。借助互联网工具，现实中的开设赌场犯罪延伸至网络空间，并在犯罪模式、资金规模、隐蔽程度等方面呈现新的特点和规律。面对实践中不断涌现的开设赌场犯罪新样态，只有通过抽丝剥茧，及时进行总结和提炼，才能在纷繁复杂的表象下准确把握开设赌场犯罪的实质。

一、典型案例

典型案例一：

被告人于某和李某利用某网站，以经营“二元期权”交易为名，组织外汇赌博活动牟利。该网站向注册客户提供MT4软件及自制插件下载。客户下载安装后，可以选择外汇品种、期间下注，赌期间结束时外汇品种的涨跌，赢了获利76%~82%，输了全亏。至案发，该网站共接受3万余人投注。于某辩称其不知涉案网站属于赌博网站。

典型案例二：

被告人钱某甲将其从黄某甲处获取的赌球网站赌博管理平台账号、密码提供给钱某乙。钱某乙将该平台账号拆分子账号后，在供本人赌博的同时，采用提供子账号、密码及接受投注的方式供赌客魏某、李某进行赌博并结算。其间，钱某甲定期与钱某乙、黄某甲进行赌资结算。钱某甲还利用其获取的网络赌球账号，采用提供账号、密码的方式供赌客黄某乙进行赌博，并进行赌资结算。钱某甲辩解其不知提供的是代理账号，其辩护人提出钱某甲系应钱某乙要求而提供代理账号，不具有招募的主动性，不属于招募代理。

典型案例三：

被告人虞某注册即时通信软件“闲聊”账户并绑定本人名下银行信用卡，通过该软件建立聊天群以聚集参赌人员，利用“某麻将”软件由虞某提供“房卡”进行麻将赌博活动，每局结束后，参赌人员在上述群内结算输赢。虞某以收取“台费”的名义抽头渔利，由每局赢钱最多的参赌人员向虞某发送“红包”作为“台费”。案发期间，虞某向400余个“闲聊”账户收取金额为3元、4元、8元或10元的“红包”共9.9万余个，共计39万余元。

二、疑难问题

（一）网络开设赌场行为认定难

2010年《最高人民法院、最高人民检察院、公安部关于办理网络赌博犯罪案件适用法律若干问题的意见》规定，建立赌博网站是网络开设赌场犯罪的主要类型之一。与典型的赌博网站不同，实践中具有赌博性质的网站或者程序通常以经营期货、有奖销售、发行彩票等形式出现。对于创建该类非典型的赌博网站或者程序的行为，能否认定为开设赌场，尚缺统一标准。此外，行为人虽未自行创建赌博网站，但利用网络棋牌游戏平台聚集赌博的，或者直接在即时通信工具中通过建立聊天群、设立规则，以抢红包的方式聚集赌博的，如何区分聚众赌博与开设赌场，亦有分歧。

（二）为赌博网站担任、招募代理的情节认定难

2010年《最高人民法院、最高人民检察院、公安部关于办理网络赌博犯罪案件适用法律若干问题的意见》规定，为赌博网站担任代理并接受投注的，属于开设赌场行为；为赌博网站招募下级代理，由下级代理接受投注的，属于开设赌场“情节严重”。持有赌博网站代理账号的行为人将其下级子账号提供给他人并由他人投注的，认定为开设赌场，实践中没有争议；但是该行为人直接以该账号接受投注的，或者持会员账号的行为人接受他人投注的，能否认定构成代理，或者能否认定为开设赌场，实践中分歧较大。同时，在招募代理的案件中，被告人往往辩解其不知道向他人提供的是代理账号，或者辩解其仅是提供账号供他人赌博，没有招募代理的主观故意，造成招募代理的情节在主观故意的认定上存在一定难度。

（三）赌资数额认定难

依据码量认定赌资数额，是实务中的常见做法。根据2010年《最高人民法院、

最高人民检察院、公安部关于办理网络赌博犯罪案件适用法律若干问题的意见》的规定，赌资数额可以按照在网络上投注或者赢取的点数乘以每一点实际代表的金额认定。实务中有意见认为，上述投注金额是指赌客实际下注的金额，而码量是多局下注金额累计相加的数额，存在同一笔资金重复计算问题，也与以赢取数额或者线下赌博的现场查获数额认定赌资的其他计算方式存在巨大差异，造成量刑不平衡，故认为码量不应作为赌资数额认定的直接依据。但也有观点认为，其中的投注金额指的就是反复投注的金额（码量），且各级代理依据码量抽头渔利是网络赌博的既定规则，依据码量认定赌资数额具有合理性，可以体现参赌的次数、赌场的规模及相应的社会危害性。在根据在案证据有多种赌资计算方式的情况下，如何确定不同计算方式的优先级，也是需要明确的问题。

三、审理思路及要点

审理网络开设赌场案件，需要深刻认识该类犯罪的严重社会危害性，在全面把握犯罪事实和情节的基础上，精准贯彻宽严相济刑事政策，突出打击重点，体现区别对待，充分发挥刑罚的惩治和预防功能。

（一）网络开设赌场案件的基本审理思路

1. 确定案件管辖

应结合网络犯罪特点，着重审查被告人犯罪行为地、居住地、赌博网站服务器所在地、网络接入地、参赌人员实施网络赌博行为地等，明确案件管辖连接点，确保管辖无误。

2. 审查案发经过

通过审查受案登记表、立案决定书、到案经过、首份讯问笔录等，区分主动投案、接他人举报、线索摸排、例行检查等不同类型，确定公安机关获取案件线索的途径及锁定被告人的过程。

3. 查明犯罪模式

实践中，开设赌场的基本类型包括以下三种：（1）设立型，即创建赌博网站或者程序并接受投注；（2）代理型，即为赌博网站担任代理并接受投注；（3）依附型，即创设规则通过合法的游戏、通信平台招揽赌客赌博。在明确案件所属类型的基础上，注意审查查扣的手机、电脑硬盘及提取的电子数据、赌博网站的页面截图、被告人的供述、参赌人员的证言、聊天记录等证据，查明涉案网站、程序或者平台的运转模式、面向对象、持续时间、受众规模及盈利模式等基本事实，以为行为定性确立事实依据。

4. 厘清人员架构

共同犯罪是开设赌场的常态，在设立型、代理型的犯罪中，有网站创建者、参股者、管理者、广告推广者、技术支持者、不同层级的代理、会员等多类型角色；在依附型犯罪中，也有创建者、制定规则者、提供资金者、积极参加者等。应注意审查通信群组人员构成及聊天记录、花名册、网络页面截图、相关人员口供等证据，厘清组织架构，明确被告人所处地位，以为区分主从犯确立事实依据。

5. 核实犯罪情节

赌资数额、违法所得数额、参赌人数均是开设赌场罪定罪量刑的重要标准，实践中应予重点审查核实。关于赌资数额，应注意区分投注金额、实际参赌金额、赢取金额，结合银行流水、网站投注记录、对账记录、被告人供述等予以认定。关于参赌人数，应注重审查赌博网站的会员账号数量及向赌博网站账户转入、转出资金的银行账户数量，并注意辨别是否存在一个账号 / 账户多人使用，或者多个账号 / 账户实际由一人使用的情况。

（二）开设赌场行为的审查

1. 赌博网站、程序的性质审查

以经营期货、有奖销售、发行彩票等名义，创建具有赌博性质的网站、程序并接受投注的，属于开设赌场。涉案网站、程序的赌博性质是认定犯罪的关键，实践中应透过行为表象，通过对经营模式、盈利手段、资金走向等的分析，判断相关交易行为是否具有赌博性质，从而实现对开设赌场行为本质的准确认定。如案例一中，二元期权交易是以标的价格走势的涨跌决定交易者的财产损益，收益损失结果与价格实际涨跌幅度不挂钩，买定离手后，投资者不能根据涨跌情况进行止损止盈等操作，通过点击“买涨”或者“买跌”即完成整个交易，实际就是网络平台与投资者间“押大小”的对赌游戏，交易结果具有明显的偶然性、投机性、射幸性，具有赌博性质，故涉案网站应当认定为赌博网站。

另需注意的是，2020 年《最高人民法院、最高人民检察院、公安部关于办理跨境赌博犯罪案件若干问题的意见》将 2010 年《最高人民法院、最高人民检察院、公安部关于办理网络赌博犯罪案件适用法律若干问题的意见》中“建立赌博网站”的表述修改为“建立赌博网站、应用程序”，表明网络赌场并不限于赌博网站，包括手机 App 在内的应用程序也可以成为网络赌场。实际上，被用来组织赌博活动的网络空间都可认定为赌场，如案例三中，“某麻将”确如辩护人所讲系合法的娱乐 App，本身并不属于赌场，但被行为人利用从事赌博活动的，被利用的相关网络空间就可以认定为赌场。

2. 利用合法游戏平台开设赌场的性质判断

对利用合法游戏平台开设赌场性质的判断难点，主要在于其与聚众赌博型赌博罪的区分。实践中可以从以下三个方面进行审查。

一是组织性方面，审查是否设置赌博规则、是否对赌场进行管理控制。聚众赌博和开设赌场在形式上都具有一定的组织性，但前者主要是组织参赌人员聚集赌博，赌博时间、空间的选择具有临时性、随机性；而后者组织性更加严密，组织者通过明确工作制度、赌博规则对赌博空间进行管理和控制，组织成员相对稳定并有明确分工，赌博时间、空间相对固定。

二是开放性方面，审查参赌人员是否固定，是否对外吸收、招揽赌客。聚众赌博犯罪中的参赌人员相对固定，通常表现为熟人之间临时集合，有较强的封闭性；而开设赌场犯罪具有较强的开放性，相关平台或者群组作为赌场存在，通常被一定范围内的相关人员所知悉，能够自动吸引或者通过口口相传等方式招揽不特定人员参与赌博，参赌人员不固定且流动性较大。

三是经营性方面，审查组织赌博活动持续的时间长短，是否有长期规划。聚众赌博通过临时组织赌客聚集赌博获利，时间上具有短暂性、偶发性；而开设赌场则主要通过经营赌场获利，故经营性是开设赌场区别于聚众赌博的重要特征。开设赌场犯罪中，组织者对持续通过招揽人员参与其组织的赌博活动有一定规划，并通过一定的管理维系赌场的持续运行，组织赌博活动时间较长并具有连续性。

如案例三中，被告人虞某设立麻将赌博群组并招揽、聚集不特定人员进群，具有开放性；其在“某麻将”软件中提供“房卡”供他人进行麻将赌博活动，通过收取“台费”抽头渔利，并对赌博群进行管理，具有组织性；赌博场所固定，犯罪持续近半年，时间上持续且稳定，具有明显的经营性。故虞某的行为应认定为开设赌场罪。

（三）担任、招募代理的认定

1. 担任代理并接受投注的认定

赌博网站、程序的账号一般分为代理账号和会员账号：代理账号既可以用于自己投注，也可以设置下级账号提供给他人投注；会员账号不能发展下线，只能用于投注。持有代理账号的，应当认定为赌博网站、程序的代理。但仅担任代理，不接受投注的，不能认定开设赌场罪；担任代理并设置下级账号提供给他人投注的，对代理认定开设赌场，实践中无争议；但代理直接用代理账号接受他人投注，未发展下线的，认定开设赌场还是聚众赌博，实践中有一定争议。主流观点认为，代理行为的最终目的都是通过赌博网站组织他人赌博以获利，两者没有本质区别。[①] 所以，持有代理账号发展下线投注的和持有代理账号直接接受投注的，都属于“担任赌博网站、应用程序代理并接受投注的”情形，均应认定为开设赌场。

因为会员不具有代理身份，故持有会员账号接受投注的，不能认定为担任代理并接受投注的情形。在对持有会员账号接受投注的行为的定性上，如果行为人既没有建立赌博网站，也没有为赌博网站担任代理，仅以营利为目的，通过利用自己掌握的赌博网站的网址、账号、密码等信息，组织多人进行网络赌博活动，则其行为不属于《刑法》规定的开设赌场，若符合聚众赌博认定标准的，应认定为赌博罪。[②] 但是，持有会员账号接受特定范围内的人员投注，同时从赌博网站获取返水、佣金等的，可以认为被告人参与赌博网站利润分成，认定为开设赌场罪；或者，上述聚众赌博行为如果同时符合组织性、开放性、经营性特征，则可以认定为线下的开设赌场。

2. 招募代理的认定

2010 年《最高人民法院、最高人民检察院、公安部关于办理网络赌博犯罪案件适用法律若干问题的意见》规定，为赌博网站招募下级代理，由下级代理接受投注的，属于开设赌场“情节严重”。招募代理，既包括主动向他人推荐并将其发展成代理，也包括他人毛遂自荐而将其发展成代理，是否主动发展不影响“招募”的认定。向他人提供赌博网站的代理账号的，应当认定为招募代理，且应当审查被告人主观上是否明知系代理账号。如果有证据证明被告人确实不知其向他人提供的是代理账号的，则基于主客观相统一的要求，不能认定其行为为招募代理。

案例二中，通过审查被告人及同案关系人的供述、相关微信聊天记录、转账记

---

① 参见高贵君、张明、吴光侠等：《〈关于办理网络赌博犯罪案件适用法律若干问题的意见〉的理解与适用》，载《人民司法》2010 年第 21 期。

② 参见高贵君、张明、吴光侠等：《〈关于办理网络赌博犯罪案件适用法律若干问题的意见〉的理解与适用》，载《人民司法》2010 年第 21 期。

录等在案证据，可以发现，被告人钱某甲明知平台账号可以拆分子账号，仍从黄某甲处取得平台账号提供给钱某乙，并在较长时间内分别与钱某乙、黄某甲对账和结算，从中渔利。上述行为构成招募代理，应认定为情节严重。

（四）赌资数额的审查认定

码量、实际参赌金额、赢取金额、现场查获金额、涉案账户内的金额等，都是相关规范性文件规定的认定赌资数额的依据。以不同标准认定赌资，往往会造成量刑悬殊。其中，码量系多次投注累计相加的金额，数额认定明显大于其他情形。相较2010年《最高人民法院、最高人民检察院、公安部关于办理网络赌博犯罪案件适用法律若干问题的意见》，2020年《最高人民法院、最高人民检察院、公安部关于办理跨境赌博犯罪案件若干问题的意见》对赌资数额认定的规定更为明确，即通过网络实施开设赌场犯罪的，赌资数额可以依照开设赌场行为人在其实际控制账户内的投注金额，结合其他证据认定；如无法统计，可以按照查证属实的参赌人员实际参赌的资金额认定。上述“投注金额”实际就是码量，是多次投注累计的金额，且优先以码量计算赌资数额。据此，在实践中认定赌资数额，应尽量优先查明码量，只有在码量无法查清的情况下，才可以依照其他标准计算。

同时，不能忽略对抽头渔利数额、违法所得数额、参赌人数等其他定罪量刑依据的审查。如案例三中，司法机关虽未查实赌资数额，但查实了抽头渔利数额、参赌人数，应根据查实的定罪量刑情节就高确定量刑档次。

四、其他需要说明的问题

（一）网络开设赌场主从犯的区分

在开设赌场的共同犯罪中，应区分发挥组织、策划、指挥作用的组织犯，主要的实行犯和次要的实行犯，帮助犯等，其中对组织犯和主要的实行犯应认定为主犯，其余一般认定为从犯。具体而言，赌博网站的建立者、参股者、管理者、层级较高和所起作用较大的代理应认定为主犯，层级较低、所起作用相对较小的代理一般认定为从犯。如案例二中，被告人钱某甲作为赌博网站代理，在其所参与的共同犯罪的纵向支线上，犯罪、获利模式受赌博网站支配，所处层级较低，可认定为从犯。

（二）以码量认定赌资的量刑平衡问题

相较线下赌博，网络赌博对于码量的认定更为容易和便捷，这就导致线上、线下量刑悬殊较大。按照码量认定赌资数额，通常可以轻易达到司法解释规定的30万元的“情节严重”标准，法定刑在有期徒刑五年以上，从而引发对罪责刑相适应以及量刑均衡的质疑。尤其是《刑法修正案（十一）》将开设赌场罪第二档刑罚的最低刑“三年有期徒刑”调整为“五年有期徒刑”后，仍沿用之前的司法解释标准，与当下网络赌博犯罪态势及打击犯罪需要是否吻合，还有待进一步研究、论证。

第三节 涉新类型毒品犯罪的审理思路及要点

除了海洛因、甲基苯丙胺等传统毒品外，合成毒品以及作为第三代毒品的新精神活性物质已经逐渐成为涉毒犯罪中新的突出问题。新类型毒品隐蔽性、迷惑性强，对人体危害大，并极易引发衍生犯罪，且部分毒品兼具药毒两用性质，如何认定毒品性质并准确定罪量刑，存在一定难度。

一、典型案例

典型案例一：

被告人郑某分别于某年8月29日、10月13日、11月6日三次约被害人丁某至饭店吃饭，趁丁某不备在其水杯里滴入“真话水”，丁某三次饮用后均出现头昏、意识模糊等症状并就医。经鉴定，送检的丁某总长5cm的头发中，在距根部0~1cm段头发中检出氯硝西泮、7-氨基氯硝西泮和赛拉嗪成分，1~5cm段检出赛拉嗪，未检出氯硝西泮成分。公诉机关以欺骗他人吸毒罪起诉，并认定情节严重。郑某到案后对三次投毒事实均如实供述，后翻供，辩称仅最后一次投毒。

典型案例二：

谢某因有家属患有胰腺癌，与被告人姚某就止痛用药进行过多次沟通。其间，谢某向姚某求购奥施康定，后想用该药代替美沙酮吸食，姚某表示拒绝，始终称“这只是止疼药”。后谢某又进行求购，称其偷用了患病家属的奥施康定，向姚某购买是为放回患病家人的药盒供病人使用，姚某最终同意，并根据约定，至某地铁站地下站台出口处，将20粒奥施康定药丸以500元的价格卖给谢某。上述20粒药丸净重2.86g，均检出羟考酮成分。公诉机关以贩卖毒品罪起诉，姚某辩称其没有贩卖毒品的故意。

典型案例三：

2021年8月，被告人鲁某、左某在明知合成大麻素类物质于2021年7月1日起被列入《非药用类麻醉药品和精神药品管制品种增补目录》的情况下，仍合伙利用电信网络售卖合成大麻素类电子烟油，二人在与买家商定买卖事宜并达成交易后，委托他人帮助快递邮寄发货。左某辩称其不知涉案电子烟油系毒品。

二、疑难问题

（一）涉毒事实固定难

毒品性质的认定，是毒品犯罪事实认定的前提。近年来不断被滥用的精神活性物质能否以及如何认定是否属于刑法意义上的毒品，是毒品犯罪中出现的新问题，具有较强的专业性，需要更加专业的判断。同时，对新类型毒品的检测手段也不及传统毒品的成熟、丰富，尤其在毒品灭失的情况下，如何认定毒品的种类、数量，如何固定涉毒犯罪事实，以及如何把握证据证明标准，在实践中均有一定难度。

（二）主观故意判断难

一方面，对毒品的主观明知判断难。冰毒、海洛因等传统毒品从外观上一般就可轻易作出判断，而新类型毒品会伪装成糖果、饼干、饮料，或者混入烟草制品当中，或者本身就是具有医疗功能的麻精药品，加之近年来毒品列管公布频繁，如何认定行为人对上述物品属于毒品具有主观明知，往往存在难度。另一方面，对犯罪故意的内容判断难。这主要涉及兼具毒品和药品双重属性的麻精药品案件，是实施毒品犯罪的故意，还是实施药品犯罪的故意，或者仅是实施涉药品的行政违法行为，往往需要结合主客观证据进行综合判断。

（三）行为性质认定难

部分新型毒品本身就是具有医疗功能的药品，走私、贩卖、运输、制造该类药品，不仅可能构成毒品犯罪，也可能触及妨害药品管理罪或者非法经营罪等其他犯罪；贩卖含新型毒品成分的烟草制品，因为非法经营烟草制品本身也可能涉及非法经营罪，此时也可能存在犯罪竞合问题；依法从事生产、运输、管理、使用国家管制的麻精药品的人员，向吸毒人员提供麻精药品的，又该如何区分非法提供麻醉药品、精神药品罪和贩卖毒品罪；涉及未被列入管制，但同样被滥用且具有类似毒品功效的麻精药品的案件，应该如何处理。上述问题都需要进一步厘清。

三、审理思路及要点

对新类型毒品犯罪的审判，应当贯彻从严惩处毒品犯罪的基本刑事政策，充分关注新类型毒品犯罪特点，突出打击重点、注重打击效果。严格证据裁判规则，准确认定犯罪事实并依法定罪量刑，确保“三个效果”统一。

（一）新类型毒品犯罪的基本审理思路

1. 审查案发经过

区分主动投案、例行检查、他人举报、特情介入等不同类型，审查公安机关获取线索的途径及锁定犯罪嫌疑人的过程。针对特情介入的类型，还应重点审查特情侦查合法性的材料、是否存在犯意引诱。

2. 审查毒品性质

审查涉案物质是否由有权部门依法鉴定、相关物质是否属于列管的麻精药品、列管的时间是否在案发之前、有无医疗等合法用途等。

3. 审查客观行为

审查行为人实施了何种毒品犯罪行为，并根据走私、贩卖、运输、制造毒品罪等不同罪名，审查证明客观犯罪行为的证据是否充分，以及查明毒品的来源、种类、数量、含量、毒资的流向、毒品的上下家情况等。

4. 审查主观故意

对新类型毒品犯罪中的主观故意应注意核实两个方面内容：一是核实行为人对毒品属性是否明知；二是核实行为人是否具有实施毒品犯罪的故意。重点审查在案人员口供、相关聊天记录、网站浏览记录等，以及其他可以证明涉案毒品来源、实际用途及毒品交易流通过程的证据。

5. 审查量刑情节

主要审查被告人有无自首、立功、坦白、退缴违法所得、认罪认罚等从宽处罚情节，或者有无前科劣迹，有无毒品再犯、累犯等从重处罚情节。

（二）涉案物质毒品性质的审查

根据《刑法》和《禁毒法》的规定，毒品，是指鸦片、海洛因、甲基苯丙胺（冰毒）、吗啡、大麻、可卡因，以及国家规定管制的其他能够使人形成瘾癖的麻醉药品和精神药品。由此，毒品都是国家列入管制的麻醉药品和精神药品。列管依据如下：（1）《麻醉药品和精神药品管理条例》及《麻醉药品品种目录》《精神药品品种目录》;(2)《非药用类麻醉药品和精神药品列管办法》及《非药用类麻醉药品和精神药品管制品种增补目录》。

毒品具有法定性，认定毒品应以上述目录为唯一依据，只要未被列入麻醉药品和精神药品管制目录，即便涉案物质具有成瘾性、危害人体健康并被滥用或有被滥用的潜在风险，也不能认定为毒品。如案例一中的氯硝西泮已被列入《精神药品品种名录》、案例二中的奥施康定已被列入《麻醉药品品种目录》、案例三中的合成大麻素类物质也于2021年7月1日起被列入《非药用类麻醉药品和精神药品管制品种增补目录》，上述物质均属于刑法意义上的毒品。而案例一中的赛拉嗪作为一种镇静类精神药物，在我国尚未被列管，故不能认定为毒品。

需要注意的是，上述被列管的麻醉药品和精神药品通常不包括复方制剂。司法实践中，不能以复方制剂中所含麻醉药品和精神药品成分被列管而将该复方制剂认定为毒品，除非该复方制剂本身被明确列管。截至目前，被明确列管的复方制剂包括2015年被列管的含可待因复方口服液体制剂、2019年被列管的含羟考酮口服固体复方制剂和2023年被列管的曲马多复方制剂，上述复方制剂属于毒品。但未被列管的其他复方制剂，即便其中含有被管制的麻醉药品和精神药品成分，也不能被认定为毒品。

（三）涉毒事实的审查认定

毒品是涉毒案件中的重要证据，新类型毒品犯罪尤其如此。而相比传统毒品犯罪，新类型毒品犯罪具有更强的隐蔽性，尤其在涉案毒品灭失的情况下，往往需要借助生物鉴定意见，并结合通信记录、在案人员口供、证言以及能证明涉案毒品存在及毒品成分的其他证据，充分运用证据规则认定犯罪事实，查清何人何时在何地实施了何种毒品犯罪。同时重视被告人的辩解，确保排除合理怀疑和证据链条稳固，必要时通知鉴定人或者有专门知识的人出庭对专业问题进行说明，增强法官内心确信。

如案例一中，被告人郑某对被指控的三次欺骗他人吸毒的行为仅认可最后一次。但从全案证据分析：第一，从本案案发过程看，本案系被害人丁某先报案，但丁某仅向公安机关陈述了最后一节事实，在被告人到案后，先如实供述了全部三节事实，后公安机关再向被害人取证并得到被害人陈述的印证，故本案属于先供后证；第二，从被害人被骗吸毒后的症状看，相关就医记录、聊天记录可以证实，三次作案的时间段里，被害人均出现类似症状，而一同吃饭的被告人却未有任何不适症状；第三，从被告人辩解的角度看，其对先供后翻未能作出合理解释，其后翻供称前两次系药水带在身上而没有实际投放，但始终确认其只买过一次“真话水”，且三次携带的都是同一瓶；第四，根据鉴定意见，在第三次作案时间段内检出了氯硝西泮，前两次作案时间对应的头发段未直接检出氯硝西泮，但根据鉴定人反馈及专家证人的出庭意见，未检出不能推导出未摄入，其中存在多种可能性，且从中检出的赛拉嗪作为新型毒品的常用混合物，本身就具有很高的异常性。综上所述，被告人作出有罪供述后又翻供，但对翻供不能作出合理解释，而其先前有罪供述又与在案其他证据能够相互印证的，其有罪供述可以作为认定被告人有罪的依据。

（四）主观故意内容的审查判断

1. 主观明知的审查认定

新类型毒品犯罪中的明知包括明知内容和明知程度两个方面：在内容方面，要求行为人知道或者应当知道涉案的麻精药品属于毒品，但对毒品的具体种类、成分、特性等是否有明确认知不作要求；在程度方面，只要行为人认识到涉案的麻精药品可能是毒品即可，而无须认识到涉案物质肯定是毒品。一般来讲，行为人认识到涉案物质系违禁物品，或者认识到涉案物质被人体吸食后会产生致幻致瘾效果的，就可以认定行为人对毒品具有主观明知，除非有反证推翻。

对主观明知的认定，应坚持证据证明优先原则。除被告人供述外，还需重点审查相关聊天记录是否涉及对毒品违禁性质的讨论、被告人有无通过网络查询涉案物质效用的浏览记录等客观证据。被告人否认明知，又无客观证据直接证实的，才可以通过推定认定明知，一般可以结合被告人的学历、从业背景、知识结构、是否曾有同类药物服用史、交易过程以及抓捕过程是否存在异常等进行综合判断。同时，需要认真审查被告人的辩解是否有事实依据、对异常行为的解释是否合理、是否存在被蒙骗的可能等，以防认定错误。

如案例三中，被告人左某否认明知涉案电子烟油系毒品。但从在案证据分析：第一，左某的供述及其与鲁某的微信聊天记录可以证实，左某吸食过案涉的电子烟油，吸食后出现头晕等不良反应，可见其对涉案物质吸食后的生理反应有明确认知；第二，左某所在的“微商交流群”中发布过一期关于电子烟油属于毒品的焦点访谈节目，鲁某也给左某发过一期禁毒节目的视频，内容是“2021 年 7 月 1 日起电子烟被列为毒品”，可见左某对涉案物质的毒品属性亦有明确认知。综上所述，可以认定左某主观上明知是毒品。

2. 故意内容的审查判断

认定新型毒品犯罪，不仅要求行为人明知是毒品，还要有毒品犯罪的故意。以贩卖毒品罪为例，在认识因素上，行为人应当认识到自己所贩卖的系毒品；同时，在意志因素上，行为人对毒品滥用导致危害公众健康的结果持希望或者放任态度。在贩卖海洛因、冰毒等典型毒品案件中，鉴于该类毒品在用途上具有被滥用的高度可能性，行为人明知系上述毒品仍予以贩卖，一般可以直接认定其具有希望或者放任态度。但在贩卖对象为具有医疗等合法用途的麻精药品案件中，由于该类药品兼具毒品和药品的双重属性，如果有证据表明行为人仅将之作为药品予以贩卖并对毒品危害结果的发生持否定态度的，则可以排除行为人主观上具有毒品犯罪故意的可能性。实践中，一般从以下两个方面来审查行为人的主观故意内容：（1）从贩卖的对象看，如果是向毒品犯罪分子、吸毒人员贩卖的，一般可以认定贩卖毒品的故意；如果是向患有特定疾病的病人或者病友圈贩卖的，一般不宜认定其具有毒品犯罪的故意。（2）从贩卖的方式看，如果是通过互联网渠道等无法控制的方式贩卖，则可以认定行为人对毒品犯罪至少具有放任的故意；在单线交易情况下，如果对购买者购买用途尽到了核实义务，可排除吸、贩可能的，不宜直接认定具有毒品犯罪的故意。

如案例二中，毒品求购者谢某既是吸毒人员又是病患家属，当谢某表示要将奥施康定替代毒品用于吸食时，被告人姚某明确予以拒绝；当谢某表示要用于患病家属治疗时，姚某在反复确认后方同意出售。可见，姚某已经预见到涉案药品被代替为毒品滥用的可能性，在认识因素上符合间接故意的认定要件。但上述求购过程亦足以表明，在意志因素上，其对该麻醉药品被代替为毒品用于吸食持明确的否定态度，而不是放任态度。姚某出售涉案药品的目的在于使药品为病患发挥医疗作用，其对药品被滥用的否定态度具有客观事实依据，且符合情理，不能因为交易对方系吸毒人员就当然认定其具有贩卖毒品的故意，故姚某的行为不宜认定为贩卖毒品罪。

（五）相关涉毒行为的性质认定

1. 涉无合法用途麻精药品的犯罪认定

没有医疗等合法用途的麻精药品，既指涉案物质本身系无合法用途的麻精药品，如海洛因、甲基苯丙胺或者其他非药用类麻精药品，也包括涉案物质中包含有合法用途的麻精药品成分但其本身不具有合法用途的麻精药品。如案例一中的“听话水”，其中含有的氯硝西泮成分具有医疗用途，但“听话水”本身没有合法用途。走私、贩卖、运输、制造上述没有合法用途的麻精药品的，一般直接以毒品犯罪认定。

2. 涉有合法用途麻精药品的犯罪认定

对于有合法用途的麻精药品，应当区分其毒品用途和医疗用途，在主客观相统一的范围内予以认定。如果将麻精药品作为毒品有偿提供给他人吸食的，则应认定为贩卖毒品罪；如果以医疗目的向他人有偿提供麻精药品用于治疗疾病的，则不宜认定为毒品犯罪，但被列管的麻精药品按照相关规定，也属于国家限制买卖的物品，如果相关行为情节严重的，可以非法经营罪等其他犯罪处理。若上述行为具有自救、互助性质，一般可不作为犯罪处理；确需追究刑事责任的，应依法充分体现从宽。

针对依法从事生产、运输、管理、使用国家管制的麻精药品的人员，违反国家规定，向吸毒人员提供麻精药品的，区分是否牟利，分别以非法提供麻醉药品、精神药品罪和贩卖毒品罪定罪处罚。

出于治疗疾病等相关目的，违反药品管理法规，未取得药品相关批准证明文件，生产国家规定管制的麻精药品，进口在境外也未合法上市的国家规定管制的麻精药品，或者明知是上述未经批准生产、进口的国家规定管制的麻精药品而予以销售，构成妨害药品管理罪的，依法定罪处罚。

3. 涉含麻精药品的烟草制品的犯罪认定

应注意审查所含麻精药品被列管的时间，在被列管之前贩卖上述烟草制品的，不认定为毒品犯罪，但烟草制品属于专营专卖物品，上述行为情节严重的，可以认定为非法经营罪；在被列管之后实施上述行为，且主观上对毒品性质明知的，构成贩卖毒品罪，同时构成非法经营罪的，应择一重处理。

4. 涉未列管麻精药品的行为定性

未列管的麻精药品不属于毒品，不能以毒品犯罪予以打击，如构成其他犯罪的，以其他犯罪定罪处罚。实践中常见的“笑气”，其品名为一氧化二氮，长期吸食“笑气”，和毒品一样具有成瘾性，并损害人体的认知功能、记忆力，甚至脑神经，因尚未被列入麻精药品管制目录，故贩卖“笑气”不构成贩卖毒品罪。但一氧化二氮于 2015 年被列入《危险化学品目录》，如果违反国家规定，未经许可买卖“笑气”，情节严重的，可以非法经营罪定罪处罚。

四、其他需要说明的问题

关于新类型毒品犯罪定罪量刑的数量标准，《刑法》及司法解释往往没有直接规定，2023 年《全国法院毒品案件审判工作会议纪要》明确，对该类毒品应当“参考”而非“依照”相关部门公布的折算标准，综合考虑其毒害性、滥用情况、受管制程度、纯度及犯罪形势、交易价格等因素，依法定罪量刑。据此，对新类型毒品的数量认定，不能唯折算标准论。比如，将极少量毒品与酒水饮料混装形成的新奇酒水饮料，以及“犀牛 G 点液”等实践中查获的毒品成分含量极低的新类型毒品，实践中应全面把握相关毒品的社会危害性，避免直接按照查获数量机械处理，造成罪责刑明显不相适应。

第十三章　职务犯罪疑难问题的司法认定

在反腐败的高压态势之下，腐败分子为掩盖贪腐渎职犯罪、逃避惩罚，作案的方式、手段不断变化和翻新，侵吞公款、收受贿赂更趋于隐蔽，时常为犯罪行为披上市场交易等合法行为的外衣。新型贪腐行为利用市场交易特点，用合法形式掩盖非法行为，呈现由直接向间接转化、由公开向隐蔽转化、由现货向期权转化的特征，更具欺骗性与危害性。本章结合房屋交易型受贿、收受干股类受贿、滥用职权等犯罪的审查难点展开分析。

第一节　房屋交易型受贿犯罪的审理思路及要点

《刑法》第385条规定，受贿罪是指国家工作人员利用职务上的便利，索取他人财物，或者非法收受他人财物，为他人谋取利益的行为。国家工作人员在经济往来中，违反国家规定，收受各种名义的回扣、手续费，归个人所有的，以受贿论处。实践中，以交易形式实施的行受贿行为时有发生，且主要集中在房产交易上。交易型受贿系行受贿双方假借交易名义，实质上实施权钱交易的行为。

一、“市场价格”的认定

对于以低价进行房屋交易形式的贿赂犯罪，2007年《最高人民法院、最高人民检察院关于办理受贿刑事案件适用法律若干问题的意见》指出，国家工作人员利用职务上的便利为请托人谋取利益，以明显低于市场的价格向请托人购买房屋、汽车等物品的，以受贿论处；受贿数额按照交易时当地市场价格与实际支付价格的差额计算。上述市场价格包括商品经营者事先设定的不针对特定人的最低优惠价格。根据商品经营者事先设定的各种优惠交易条件，以优惠价格购买商品的，不属于受贿。但是对于甄别正常购房优惠和低价购房受贿具有决定作用的关键问题，即如何具体认定市场价格，该意见没有进一步展开叙述。司法实践中，对于房产市场存在的多种价格，哪一种价格为市场价格，以哪个时间点作为认定市场价的基准点，以及认定明显低于市场价的标准等关键问题，存在较大分歧。

（一）典型案例

典型案例一：

1997 年，房地产开发商姚某某与时任某区委书记的姜某某相识。2003 年，姜某某向姚某某提出以优惠价购买姚某某担任法定代表人的某置业有限公司投资建造的某别墅，姚某某同意以 7 折价格销售。2003 年 9 月，姜某某授意其子姜某甲办理了购房手续，并以姜某某儿媳、姜某某孙子作为产权人，以 156.1275 万元的价格购得上述别墅。经鉴定，2003 年 9 月该房产的价格为 233.39 万元，姜某某以交易形式收受差价 77.2625 万元。2009 年 10 月，姜某某的儿子与儿媳以 765 万元出售该别墅，获利 608.8725 万元。

典型案例二：

2005 年 5 月左右，被告人陶某某利用担任某市公安局某分局政委的职务便利，为某市 Y 公司及其关联公司在企业经营发展方面提供帮助，要求该公司董事长谢某某以明显低于市场的价格 200 万元将某小区 82 号别墅出售给自己。经价格认定，上述房产交易时的市场价格为 335.121 万元，陶某某从中索取 135.121 万元。同时，陶某某在任职期间，利用职务上的便利，在工程承接、企业经营发展等方面为顾某某提供帮助。2013 年 2 月，陶某某以明显高于市场的价格 800 万元将上述 82 号别墅出售给顾某某。经价格认定，上述房产交易时的市场价格为 653.465 万元，陶某某从中索取 146.535 万元。

（二）房屋市场价格的认定

在低价购房类受贿案件中，国家工作人员非法获得的利益并非房屋本身，而是其进行交易的价差，因此得出该差价的基准将对定罪与量刑产生重大影响。低价购房类受贿犯罪中，以下几种价格基准选择对受贿数额的认定存在影响：成本价格、销售备案价格、实际销售价格、评估价格。

市场价格受到市场供求关系的影响，虽然具有一定程度的不确定性，但是对于房屋等商品，成本价和市场价相差悬殊，若以成本价或者象征性价格为标准，很大一部分受贿罪将不能依法受到追究。相比之下，市场价格更具有合理性，也更具有包容性，市场价格波动较大的，可以通过专业机构对一个特定时点（交易时当地）的物品价格进行评估，得出一个相对确定、合理的价格。从审判实务情况看，低价购房类受贿大致存在两种情形。

1. “新房”买卖

新房买卖中的行贿、受贿关系一般发生在房地产开发商、经销商与国家工作人员之间。由于房地产开发、经销中存在较大利润空间，因此房地产开发商或者经销商所设定的房屋市场标价往往仅具有参考价值，而不能作为“市场价格”予以认定，真正反映新房买卖中市场价格的应当是普遍存在的“优惠价格”。

但新房交易折扣幅度不定，开发商或者经销商根据内部经办人员的职务高低，往往会同时设定多个不同力度的优惠权限，且通常只在公司内部人员中知晓，此时应当以新房销售方的“最低优惠价格”作为市场价格，并保证优惠价格认定中的客观性、公正性，有效防止、避免公司内部人员随心所欲地提供优惠价格，或者涉嫌行贿者为逃避罪责而信口开河地降低优惠价格。

（1）审查优惠价格的真实性。首先，可以查找交易时销售方有无关于优惠价格的内部文件、活动通知、优惠广告等明文规定。其次，当销售方没有内部明文规定时，可以公司经办人员口头陈述的最低优惠价格作为参考，同时寻找同期、同品质、同地段房屋的销售价格对其证言进行补强，[①] 以尽量排除优惠价格认定上的主观随意性。

（2）审查优惠对象的不特定性。商家设定的优惠购房条件应当是针对所有购房者普遍适用的，不能是仅仅适用于公司内部职工或者特定关系人的福利待遇或特殊优惠。也就是说，具有特定身份者享受的购房优惠价格，不能作为此处的“市场价格”来认定。如果国家工作人员因为利用职务便利为请托人谋取利益的关系，被请托人纳入内部高管、重要客户等特定人优惠范围而给予购房优惠，当优惠幅度很大时，也应当认定为受贿，此时的受贿数额应当是国家工作人员支付的针对特定人的优惠价格和销售方针对不特定人的最低优惠价格之间的差额。

（3）审查优惠条件的符合性。在查明交易时确实存在优惠价格，且针对不特定优惠对象的基础上，还应查证国家工作人员是否符合享受优惠价格的客观条件。从本质上考察，优惠是经营者所采取的一种价格营销策略，即通过让利达到促销，存在符合市场价值规律的价格优惠原因。[②] 也即，优惠价格总是附条件的，相同品质

① 参见马传林、王秀娟：《房产交易型受贿犯罪刑法适用探讨》，载《法学杂志》2009 年第 11 期。

② 参见刘宪权：《交易型受贿犯罪的刑法界定》，载《法学杂志》2008 年第 6 期。

的房屋往往会因为不同时段、付款方式、购买数量等因素而形成不同的销售价格，进而产生一般售价与优惠价格的差异。如果国家工作人员不符合商家设定的优惠条件或者不具有优惠身份时，则只能认定同期、同品质房屋的一般售价是“市场价格”；如果国家工作人员只符合多种优惠价格中的其中一种优惠条件，则不宜认定“最低优惠价格”是“市场价格”。

如案例一中，某置业公司并未存有2003年9月涉案房产的市场价格，办案机关委托某市价格认证中心对涉案房产进行价格鉴定。价格鉴定人员对鉴定标的进行了现场实地勘验，并查阅了基准日期间相关房地产交易案例和资料，开展了市场调查，采用市场比较法进行价格鉴定，认定涉案房产2003年9月的市场价格为233.9万元。并且根据该价格与姜某某实际支付的156.1275万元，计算得出姜某某优惠购房的折扣约为6.7折，与姚某某所称的7折左右能够互相印证。

2.“二手房”买卖

实践中，部分请托者在摸清国家工作人员的购房意向后，将其本人已经购买的房屋低价卖给国家工作人员，或者专门购买房屋后再低价转售给国家工作人员，该种房屋的品质可能完全不输新房，只是因其经历了转售环节，习惯上称之为二手房。区别于新房，二手房的销售主体一般是房产开发商或者房产经销商以外的房产拥有者。

根据2007年《最高人民法院、最高人民检察院关于办理受贿刑事案件适用法律若干问题的意见》的规定，受贿数额按照交易时当地市场价格与实际支付价格的差额计算。但是，低价购买二手房受贿的过程中存在两个“交易时”，即前有请托者购进房屋时的第一次市场交易价格，后有请托者与国家工作人员交易时的第二次市场交易价格。由于两次交易存在时间差，房屋的市场价格便会有所波动，同时，前次价格为客观存在的合同价格，但是后次价格往往是在案发后由办案机关交由评估机构评估，从这个意义上来说也可以称之为“评估价”。那么这种情况下在认定受贿数额时，“交易时”的市场价格应当是请托者购进房屋时的合同价格，还是请托者与国家工作人员交易时的市场价格？

本书认为，应当借鉴1998年《最高人民法院关于审理盗窃案件具体应用法律若干问题的解释》（现已失效）第5条对被盗物品的价格认定规则，首先考虑按照购进价格认定市场价格，只有在购进价格证据不实或者市场行情发生明显变化时，再对房屋第二次交易时的市场价格进行重新评估。[①]

首先，购进价格与2007年《最高人民法院、最高人民检察院关于办理受贿刑事案件适用法律若干问题的意见》所要求的"交易时当地市场价格"具有内在符合性。价格的本质在于反映物品的真实价值，房屋购进价格本身就是被交易行为验证过的当地市场价格，当购进价格临近请托人与国家工作人员之间的房产交易行为而产生，或者虽然并不临近但在房产市场价格并未发生较大波动的情况下，购进价格反映特定房屋市场价值的本质并未改变。

其次，优先考虑购进价格计算，更能体现认定行贿、受贿犯罪的主客观一致性和行为的对合性。因为对于请托、行贿人而言，行贿数额就是其明知的购进价格，购进价格最能反映其行贿时的主观恶性程度。

最后，优先考虑购进价格计算是司法便捷原则的体现。如果不加区别地排斥购进价格的认定，机械按照2007年《最高人民法院、最高人民检察院关于办理受贿刑事案件适用法律若干问题的意见》的规定评估"交易时当地市场价格"，势必造成所有低价购房类受贿案件都要进行市场价格评估，徒增司法成本，在操作层面值得斟酌。

而在判断市场行情有无变化时，可以从以下两个方面着手：一是收集最近似品质的"二手房"交易价格进行比较；二是按照规定委托评估机构估价。当评估机构的评估价与收集的交易价格趋势一致时，评估意见可以被采纳为证据；当评估价与购进价相差不大时，如上文所述，以购进价格作为该套房屋转让时的市场价比较稳妥；当评估价与购进价格相差较大（通常是评估价远高于购进价格），又与收集的其他证据表明的市场行情一致，如果有证据证明国家工作人员明知市场行情大体走势的，则将评估价认定为转让时的市场价，以评估价与转让价之间的差价作为受贿数额加以认定，是合适的。

如案例二中，案涉82号别墅的两次交易均为二手房交易，鉴于二次交易时别墅市场价格与别墅买入价格已存在较大差异，因此公诉机关未选取买入价格认定别墅价格，而是委托价格认定机构对别墅交易时的市场价格进行价格认定。

---

① 参见黄祥青:《低价购房类受贿犯罪司法认定若干问题探讨》，载《法律适用》2007年第12期。

二、收受按揭房屋数额认定标准

近年来，利用房产行贿的案件数量居高不下。一般情况下，收受房产型受贿犯罪中，在受贿人控制、使用房产后，即使未办理过户手续，仍应当认定为受贿犯罪既遂。但实践中，因房产价值较高，不免出现“贷款行贿”现象，即行贿人使用按揭方式贷款购房并将房产送给国家工作人员使用。如果案发时按揭贷款已经还清，当然应以涉案房屋全部价值认定为受贿既遂；但实践中常见的是行贿人不仅支付首付款，还明确承担按揭还贷的义务，若截至案发时，涉案房屋的按揭贷款尚未还清，对于未还清的贷款部分，如何认定既未遂标准，长期以来存在着一定争议。

（一）典型案例

典型案例一：

被告人于某岩系某省退役军人事务厅原副厅长，其任职期间利用职务便利以及职权、地位形成的便利条件，直接或通过其他国家工作人员职务上的行为，为某公司在工程承揽、人员工作流动等方面提供帮助，先后两次索取或者收受该公司董事长王某某给予的现金 90 万元、别墅 1 套，共计折合 1622 万余元，该别墅一直登记在行贿人王某某名下。购买别墅时，王某某支付首付款 649.9 万元，用该别墅向银行抵押贷款 883 万元，与于某岩约定贷款由王某某自行偿还，至案发时尚有 831 万余元贷款本金未还清。

典型案例二：

被告人朱某某利用担任某区委书记的职务便利，接受某房地产有限公司总经理吴某某的请托，为吴某某收购某酒店式公寓项目提供帮助。吴某某在该项目成功收购后，将该项目中一套价值 1400 余万元的房产过户至朱某某实际控制的公司名下并代缴了买方应缴税费。因该公司办理年检等手续均由吴某某代办，后吴某某在经营资金周转困难时，将该房产抵押以获取贷款供自己经营使用，案发后吴某某还清上述贷款并解除该房产的抵押。

（二）收受按揭房屋时受贿数额的认定

一种观点认为，行受贿双方既然已经达成收受行贿人名下房产的合意，则双方交付房产时犯罪既遂，房屋有贷款既不影响对受贿犯罪形态的认定，也不影响对受贿数额的认定，受贿数额即为受贿人收受该房屋时的市场价值，也即行贿人实际购买房屋的合同价格。虽然行贿人承担了支付购房资金的压力与责任以及后续的还贷义务，但是鉴于受贿犯罪已经既遂，无论受贿人对行贿人还贷行为是否知情，一般都不影响受贿数额的认定，并将行贿人支付的贷款利息认定为行贿犯罪成本。但是，考虑到受贿人收受的房屋在产权上存在不完整性，房屋的未来处置在理论上存在一定的市场风险，因此在具体裁量刑罚时，可将房屋附带有未偿还贷款的情况予以酌情考虑，但不能以此为理由扣除未偿还的贷款金额而影响到对受贿犯罪行为及受贿数额的完整认定。[①]

另一种观点认为，行贿人购买房产，在支付完首付款并办理按揭贷款后，由行贿人逐月代为还款，行受贿双方约定由行贿人承担全部还贷义务的，应当认定受贿数额为受贿人收受该房屋时的市场价值，但是鉴于房屋尚未支付的利息具有不确定性，因此，对案发时尚未支付的贷款本金部分，应当按未遂处理，对首付款及已经归还的贷款本金部分应认定为既遂，已偿还利息应为行贿犯罪成本，不计入受贿数额。

本书认为，第二种观点更为正确。

1. 应以房产总体价值为基础确定受贿数额

在认定受贿犯罪时，应当按照行受贿双方达成的合意，结合涉案房产的价值确定具体受贿数额。无论是行贿人未将贷款买房的情形告诉受贿人，只是自行实际按期还款的情形，还是行贿人告知受贿人涉案房产系贷款购买且其上设立了抵押，并与受贿人约定贷款由行贿人清偿的情形，只要行受贿双方达成的是收受具有完整所有权、无他人权利主张的房产的合意，同时受贿人也实际收受了该房产，即应以房产总体价值为受贿数额，再结合受贿人实际获取的经济利益，按照主客观相一致的原则，认定受贿人受贿犯罪的既未遂形态。

如案例一中，涉案别墅虽系行贿人王某某使用按揭贷款方式购买，但被告人于某岩与王某某已就于某岩不对贷款承担任何责任、该部分贷款由王某某自行偿还达成约定，双方系就总体价值为1532万余元的涉案别墅达成行受贿的合意。因此，对该起犯罪事实，应当认定于某岩的受贿金额为1532万余元，并在此基础之上讨论其中的受贿既未遂形态问题。

---

① 参见曹坚、徐玲菱：《以实质化标准认定收受房屋型受贿犯罪》，载《检察日报》2017年5月7日，第3版。

2. 房产抵押对应的未偿还贷款本金部分应认定为受贿未遂

在按揭贷款的情况下，受贿人在收受房产时，实际获得的是有抵押房产的经济价值，无论受贿人是否明知房产的抵押贷款情形，其在客观上对于抵押贷款对应的价值部分均尚未获取，对此部分价值应当评价为受贿未遂。而随着行贿人按期还款，未偿还的贷款本金逐渐减少，受贿人能够控制的房产价值也在发生变化，直到贷款还清、抵押解除后，受贿人取得了具有完全产权、无他人权利主张的房产的全部价值。

因此在案发前，行贿人的持续还款行为会使部分未遂金额持续转化为既遂，直至案发后受贿人丧失对房产的控制。至于行贿人已经向银行支付的贷款利息，因其只涉及行贿人的融资成本，对房产上的抵押权、仍须偿还的本金都没有影响，故对受贿数额的认定也没有影响，应当评价为行贿人的行贿成本。

如案例一中，被告人于某岩收受的总价值 1532 万余元的房产系行贿人支付首付款 649.9 万元、按揭贷款 831 万余元购买，设立的抵押使该房产只有在还清房贷并解除抵押后才能在市场上实际卖出 1532 万余元的价格，因此，在收受时应认为受贿人已经取得了首付款 649.9 万元对应的经济利益，系既遂；而尚未取得按揭贷款部分对应的经济利益，系未遂。随着行贿人按期偿还贷款，部分未遂数额变成既遂，至案发时，该抵押权对应的贷款本金，即于某岩尚未取得的经济价值最终确定为 831 万余元，对该 831 万余元应认定为未遂。

3. 将尚未还清贷款本金部分认定为未遂，有利于追赃工作的顺利进行

将案发前尚未还清的贷款本金认定为受贿未遂，既贯彻了实事求是的原则，有利于确保量刑均衡，也是追赃数额与受贿数额一致的要求。对未还清贷款部分既未遂的认定还可能对追赃带来影响。如果按照房产的整体价值全额认定为受贿既遂，则按照《刑法》第 64 条之规定，在追赃时需要向受贿人追缴房产的全部价值及对应升值收益，但当受贿房产上设有抵押时，将涉案房产依法拍卖后，须以拍卖所得先偿还银行贷款，剩余部分方可予以追缴，从而出现受贿人未全部退赃、需要向受贿人继续追缴的情形。实际上，受贿人没有取得剩余贷款部分对应的经济利益，向受贿人继续追缴其没有获得的利益并不公平，而将未还贷款部分认定为未遂可以很好地解决这一矛盾。

如案例一中，虽然认定被告人于某岩在本起事实中受贿 1532 万余元，但因其没有取得未还贷款本金对应的 831 万余元经济利益，该部分被认定为未遂，在追赃

时应当予以考虑，即涉案房产被依法拍卖后，先以拍卖所得清偿银行贷款 831 万余元，剩余部分上缴国库，可以不再向于某岩追缴清偿银行的该 831 万余元。

（三）收受房屋后被抵押的受贿数额认定

案例二中，在被告人朱某某收受吴某某所送房产之后，吴某某由于资金周转困难，又将该房产用于抵押贷款以解决资金周转问题，那么朱某某的行为究竟是构成受贿罪的既遂还是未遂，在认定时引发争议。有观点认为，吴某某用该房产抵押贷款至案发时尚未还清，朱某某对该房产所拥有的权能受限，应当认定为受贿未遂。该观点值得进一步商榷。

首先，朱某某利用职务上的便利为吴某某收购房地产项目提供融资帮助，后其为掩人耳目，与吴某某商定，将欲收受的房产过户至其实际控制的公司名下，其行为已构成受贿罪。

其次，自该房产完成交易过户至朱某某实际控制的公司名下之日起，受贿已经既遂，即便朱某某并不实际居住，甚至钥匙亦在吴某某手中，也不影响对其受贿行为既遂的认定。因为朱某某与吴某某商定的上述方式正是为了掩人耳目、逃避打击，自房产过户至其实际控制的公司之日起，其权钱交易行为的实质危害性已经实现。

最后，吴某某利用代办朱某某实际控制的公司年检等事项的便利，将该房产用于抵押，获取贷款以解决自己资金周转困难的行为，并不影响朱某某受贿犯罪的形态。表面上看，吴某某用该房产抵押贷款的行为似乎表明房产尚未实际交付给朱某某，因为权利人尚能行使该房产的抵押权，但上述行为是受贿事实完成后吴某某利用其代管公司公章等便利条件行使部分物权的行为，其本质上属于受贿完成后的事后行为，不能据此否定朱某某的受贿故意、吴某某的行贿心态和客观上已经完成的变更产权所有人的行为。

司法实务中，针对行受贿双方为逃避打击而采取不断变化的方式、手段、方法所进行的特殊形式的权钱交易行为，要根据上述意见中的精神，结合行受贿双方主观心态和客观行为的隐蔽性、实质性进行综合判定。因此，案例四中，朱某某收受吴某某所送房产的事实应当认定为犯罪既遂。

三、房屋孳息的认定与处理

交易型受贿中的行贿物品往往为房屋、汽车等大宗贵重商品，这就无可避免地涉及交易完成后商品增值、贬值的问题。以房屋交易为例，对于受贿人以“明显低于市场价格”购入的房屋增值部分性质如何认定？是作为受贿数额在量刑中予以考虑，还是作为犯罪孳息予以追缴，抑或是对该部分不作定性处理？

（一）典型案例

2007年，被告人廖某利用其担任某市市场开发有限公司总经理职务上的便利，为某房地产开发公司总经理李某在项目资金拨付、项目协调等事项上谋取利益。2007年5月，廖某以亲戚梁某名义购买两套房产，并支付7.65万元首付款，后李某为感谢廖某的帮助，主动为其支付余下的16.9万元购房款。2013年10月，廖某将上述两套房产以85.7万元的价格转卖给他人。

（二）受贿房产孳息的认定与处理

有学者认为，受贿人在交易型受贿中的犯罪行为直接指向的是房屋交易价格与市场价格的差额，对增值部分仅具有模糊预期，更困难的是实践中无法认定受贿人对不确定的增值利益具有犯罪故意。因而，在交易型受贿中不能将房屋增值所得视为“违法所得的财物”。[①] 但也有学者认为，刑法所规定的违法所得，不能仅局限于犯罪行为直接指向的财物，还应涵盖由犯罪行为所导致的增值收益。[②] 还有学者认为，应根据“资金控制力”与“运作控制力”规则分情况认定，“资金控制力”是指受贿人购房支付的对价对增值也有其控制力，在追缴违法所得时应按比例扣除该部分；“运作控制力”则是指增值是由于受贿人商业运作能力较强而产生，便会切断受贿的因果关系，该部分增值同样不予追缴。[③]

本书认为，低价购房类受贿犯罪的基本特点之一，就是受贿人的合法支出与犯罪数额并行发生，在房产市场行情上涨之时，应当承认受贿人的合法支出也有相应收益。因此，应当对于受贿犯罪产生的孳息明确予以追缴，对受贿人的合法财产收益部分依法适当处置，而不能笼统作为财产刑的对象悉数上缴国库。

从刑事制裁措施的性质看，孳息属于《刑法》第64条规定的“违法所得”的内容之一，具有非法财产性质，依法应当予以追缴；没收财产和罚金刑是依法剥夺犯罪人合法财产的刑罚措施。因此，追缴与财产刑的对象在性质上是截然不同的，不宜把孳息不加区分地笼统作为财产刑的对象来处理。而从刑罚适用角度看，没收

---

① 参见陈新民：《商业机会可否认定为受贿罪中的财物》，载《中国检察官》2010年第14期。

② 参见王晓芳：《交易型受贿相关问题研究》，载《公民与法》2012年第7期。

③ 参见谢杰、陆裕：《贪污贿赂犯罪十六讲》，法律出版社2019年版，第268页。

财产和罚金刑是我国刑罚的重要组成部分，其轻重程度直接关系到具体犯罪人所受刑罚处罚的整体轻重程度。如果对犯罪孳息部分不作区分，一并纳入财产刑来判决，则必然造成具体犯罪人受到较重的财产刑处罚，与其他同类案件的量刑不平衡。

如上述案例中，廖某的购房款中存在7.65万元合法资金与16.9万元受贿所得混同的情况，受贿部分16.9万元占购房款的比例为68.84%。在认定受贿数额时，应当确定合法资金、受贿所得各自占购房款的比例，据此计算并追缴受贿数额产生的孳息。经价格认定，2013年10月，廖某将上述两套房产以85.7万元的价格转让给他人符合市场行情。相较于购房款24.55万元，该两套房产的自然增值部分为61.15万元。由于廖某收受李某为其支付的16.9万元购房款时即已构成受贿罪既遂，而房产增值部分依附于受贿款，不具有独立性，其法律属性为受贿孳息，不应列入受贿数额。因此，受贿部分的增值部分应为自然增值部分61.15万元乘以受贿数额所占比例68.84%，算得42万余元即为受贿孳息。

第二节　收受干股类受贿犯罪的审理思路及要点

收受干股型受贿是近年来新型受贿犯罪的一种，也即受贿犯罪的一种特殊形式，可以定义为国家工作人员利用职务之便以收受请托人干股为对价，为请托人谋取利益的特殊受贿行为。除去一般受贿的行为方式，收受干股型受贿主要的手段特征就是未出资收受请托人提供的股份。

一、干股受贿行为定性

（一）典型案例

典型案例一：

2006年年初，A投资公司董事长张某与时任某省开发投资有限公司总经理的被告人赵某某商定，由双方注资成立B公司，注册资本为5000万元。2006年3月，张某向省开发投资有限公司借款，经赵某某决定，省开发投资有限公司将自有资金6000万元委托银行用于A投资公司贷款，实际到位5000万元。在商谈合作过程中，张某提出将自己拥有处置权的A投资公司10%的股份送给赵某某，该股份将入股即将成立的B公司，对应资本金为250万元，赵某某表示同意。2006年6月，赵某某将接受股份之事告知其子赵某。赵某安排黔某公司法定代表人黄某具体协商、办理了收受上述股份的具体事宜，并同意将该股份收益的30%分给黄某。2006年7月，A投资公司经过增资扩股后变更为B公司，黔某公司作为B公司持股5%的原始股东进行了工商登记。

典型案例二：

被告人高某某，系某县矿厂的矿长，罗某某系其妻子。2001年12月，矿厂将该矿两个工区的采矿权向内部职工发包。经过投标，职工刘某中标取得工区三年的承包权。此时，罗某某主动要求入股，矿长高某某便让其妻罗某某出具一张10万元的借条给职工刘某，顺利入了10万元的“空股”在职工刘某的名下。凭借10万元干股，高某某在2003年至2006年收受分红114万余元。

典型案例三：

郭某某系某市科技工贸和信息化委员会工贸运行监测处处长，负责向工业和信息化部推荐电子信息产业发展基金资助项目。2010年，某公司申报该项目，经被告人郭某某帮助，该公司申报的项目因为排名靠前被市科工贸信委推荐给工业和信息化部，最终获得了项目资助资金300万元。2014年，为感谢郭某某的帮助，该公司董事长景某某将其所持有的5万股公司上市股票（股票性质为限售股）以每股5元的明显低价转让给郭某某。郭某某以其弟弟的名义与景某某签订了《公司股份转让及代持协议》，同时于2014年1月通过其弟弟的银行账户转款25万元至景某某的招商银行账户。2014年1月，该公司股票的收盘价为36.58元，与郭某某支付的股票转让款差额共计157.9万元。

（二）干股受贿的行为认定

1. 完全未出资型干股受贿

完全未出资型干股受贿，是指国家工作人员没有任何出资而取得股份，并且能够参与干股分红。干股受贿中最为常见的就是国家工作人员利用职务上的便利为请托人谋取利益，接受自己没有任何出资的公司股份，大多数都能够以占有的股份份额参与分红。该种形式的干股受贿最为典型，其客观行为方式也最为简单，与传统受贿行为并无多大差别，因此，理论和实务上对完全未出资型收受干股行为的性质并无分歧，一致认定为受贿罪。

“未出资”体现了权钱交易的前提，即贿赂的内容。对于“出资”的理解，可以参照《公司法》第48条规定的“股东可以用货币出资，也可以用实物、知识产权、土地使用权、股权、债权等可以用货币估价并可以依法转让的非货币财产作价出资”，同时，《合伙企业法》还特别规定了劳务也可用于出资。因此，此处的“未出资”可以理解为不符合《公司法》等法律法规规定的出资情况。

如案例一中，张某直接将自己拥有处置权的公司 10% 的股份送给国家工作人员赵某某，而赵某某并未支付货币、实物等相应对价即可获得该股份。事实上，此种免于出资入股的情况和直接收受股份 / 股票对应的钱物并无本质区别，股份 / 股票也是可以用财产价值衡量的财产性利益，作为受贿的直接对象并不存在学理上的问题。至于入股之后的分红，可作为受贿孳息在量刑时予以考虑。

2. 借条掩护型干股受贿

借条掩护型干股受贿，是指国家工作人员以借款名义投资入股，取得股份并参与分红。国家工作人员利用职务上的便利，收受请托人提供的干股，为了掩人耳目，逃避日后的法律追究，往往采取借款名义出资入股，由国家工作人员出具投资款“借据”，表面上双方之间形成普通的借贷关系，但事实上该部分资金系行贿人所出，并且双方达成共识——国家工作人员没有要归还的意思。借条掩护型干股受贿的象征性标志——伪装借款借据，东窗事发之后辩解双方是借贷关系。

如案例二中，高某某和罗某某构成借条掩护型干股受贿犯罪，且是共同犯罪。罗某某与刘某之间虽然存在借条，但根据职工刘某的证言等证据能够证实该合同并非双方真实的意思表示，故该合同只是掩盖干股型受贿的幌子。

司法实践中，披着“借贷”的合法外衣的受贿行为往往与真正的借贷相混淆，难以区分，致使罪犯侥幸逃脱罪责，也有可能造成冤错案件。为此，正确区分受贿与借贷的界限是司法实践中不容回避的现实问题。借条掩护型干股受贿与借贷的区分，主要可以从借款入股时是否带有职务因素和借款入股之后是否具有据为己有的主观故意两个方面因素来判定。换言之，如果受贿人取得干股是利用职务上的便利为他人谋取利益的结果，并且受贿人并没有归还干股所代表的出资借款的意思，便可以认定为受贿。同时，二者的具体区分标准还可以参见 2003 年《全国法院审理经济犯罪案件工作座谈会纪要》的规定，[①] 以综合判断国家工作人员是实际出资入股，还是以假投资的形式收受干股。

3. 低价受让型干股受贿

低价受让型干股受贿，是指国家工作人员实际出资或者部分出资，低价受让取得请托人的股份。国家工作人员利用职务上的便利为请托人谋取利益，自己少量出资却从请托人处取得明显高于出资额所对应的股份，从中可以谋取差价获利的行为，不管其形式如何变化，仍然符合受贿罪权钱交易的本质特征，自然以受贿罪论处。

有学者认为，根据2007年《最高人民法院、最高人民检察院关于办理受贿刑事案件适用法律若干问题的意见》的规定，“未出资”是干股的本质特征，按照这一理解，如果行为人利用国家工作人员的身份，为他人谋取利益，且提供了部分出资，就符合受贿罪权钱交易的本质，不能认定为严格意义上的“干股”，而应认定为交易型受贿。[②]

本书认为，低价受让型干股受贿区别于2007年《最高人民法院、最高人民检察院关于办理受贿刑事案件适用法律若干问题的意见》第1条规定的交易型受贿。从干股型受贿的本质及行为方式上看，交易型受贿的规定体现了只有明显偏离市场轨道的交易才具有贿赂性质，低价购买也好，高价售出也罢，都是借着交易的幌子进行实质的权钱交易。而干股型受贿有自己的适用条件及认定标准，并不主要体现“交易”二字。即使行为人购买了小部分股份，这小部分是合法的应被排除在犯罪之外，剩余的股份差价才是受贿的数额，这就体现不出交易的性质。“未出资”仅是指可以被认定为受贿数额的那部分对应的股份未出资，而不能理解成自始至终未出资，否则，会让违法犯罪分子有了可乘之机继而规避法律。同时，从刑事政策的角度考虑，认定为干股型受贿更有利于惩治犯罪。2007年《最高人民法院、最高人民检察院关于办理受贿刑事案件适用法律若干问题的意见》第1条关于交易型受

---

① 国家工作人员利用职务上的便利，以借为名向他人索取财物，或者非法收受财物为他人谋取利益的，应当认定为受贿。具体认定时，不能仅仅看是否有书面借款手续，应当根据以下因素综合判定：（1）有无正当、合理的借款事由；（2）款项的去向；（3）双方平时关系如何、有无经济往来；（4）出借方是否要求国家工作人员利用职务上的便利为其谋取利益；（5）借款后是否有归还的意思表示及行为；（6）是否有归还的能力；（7）未归还的原因。

② 参见刘志远：《新型受贿犯罪司法指南与案例评析》，中国方正出版社2007年版，第54~70页。

贿的表述中，多采用“明显低于”“明显高于”“差额”等字眼，说明交易型受贿更侧重市场交易的差额，而干股型受贿没有上述限制。相比之下，干股型受贿的打击范围更广，更符合严厉打击贪腐的刑事政策。

二、股份转让的认定

（一）典型案例

典型案例一：

被告人冯某某系某市某建设投资有限责任公司的董事长，其在任期间利用职务上的便利，帮助乐某某的公司先后从某建设投资有限责任公司承揽多个工程项目的建设管理服务业务。2005 年 4 月，乐某某将其名下公司 30% 的股权变更到冯某某提供的“孙某某”名下，该公司注册资本 300 万元，冯某某并未真实出资。

典型案例二：

被告人毛某某系某银行董事长，S 公司于 2008 年增购了 3000 万股某银行股份。为感谢毛某某在购买某银行扩股股份上提供的帮助，S 公司董事长封某与毛某某口头约定，将 S 公司所购某银行股份中的 100 万股送与毛某某，并由该公司代持。之后，封某以支付股权收益的名义，于 2008 年、2011 年春节分别送给毛某某 10 万元港币，共计 20 万元港币。

（二）股份转让的认定规则

刑法意义上的“收受”，是指行为人对他人送来的自己职务行为的不正当报酬——财物予以接收，并将接收到的财物接受下来，由自己享用或者支配。[①] 在干股型受贿犯罪中，收受干股的形式有以下三种：一是进行股权转让登记；二是有证据证明股份发生实际转让；三是股份未实际转让。登记转让与实际转让这两种形式可以归为干股已经完成转让，此时的受贿数额应当按照转让时的股份价值计算，所分红利按照受贿孳息处理。

1. 登记转让

在该形式中，股权已经转让登记到新的“受让人”名下。但是，应当对此处的“受让人”作扩大解释，其不仅包括一般意义上的受贿人本人，还包括受贿人的家

---

① 参见廖福田：《受贿罪纵览与探究——从理论积淀到实务前沿》，中国方正出版社 2007 年版，第 256 页。

人、朋友以及特定关系人等股份代持人。

这是因为在涉及股份的受贿案件中，大多数受贿人都是不见踪迹的“影子股东”，其碍于自身身份问题而将股份登记在家人、朋友或者特定关系人名下，以隐匿自己的罪行。该种情况下，代持股份不影响对股份转让的认定，只要受让人是受贿人指定或者默许的，都可以视作已经完成转让登记。因为此时受贿人对于收受干股股份是明知的，且代持人实际上是在受贿人的支配控制下，受贿人对这部分股份具有“事实上的控制权”，能够自由决定对利益进行处置，[①] 除名义上的区别，在其他对股份的权益方面与其自己持股是基本一致的。

如案例一中，乐某某将其公司的股权变更到冯某某的特定关系人“孙某某”名下，冯某某并未现身于公司的股东名册之中。但是，出于冯某某与孙某某的特定关系，冯某某对该笔股份已经产生了实际控制、占有的事实，因此股份转让登记到孙某某名下也即视为已经转让到冯某某名下。

2. 实际转让

根据 2007 年《最高人民法院、最高人民检察院关于办理受贿刑事案件适用法律若干问题的意见》第 2 条的规定，认定受贿人收受干股不需要以登记为成立条件，这与民商事案件中对股权转让的规定有所区别，同时也是实践中最为常见的情形。

《公司法》第 56 条、第 159 条等规定，有限责任公司股东发生变更后，新老股东应当在市场监管部门进行相应的变更登记，否则不得对抗相关第三人。而股份有限公司股权转让时，会区分记名股票与不记名股票，记名股票采取背书转让的方式，移交股票后办理股票过户登记，即视为股票转让；不记名股票只凭股票所附息票领取股息，可以自由转让，不需要办理过户手续。

但是，刑事犯罪行为与民商事法律行为在股权转让问题的认定上应当有所区分。刑法侧重客观事实的认定，公司法侧重商事技术的规定，故在干股型受贿中，只要在案证据能够证实未经登记但达成合意的干股在事实上发生了转让，虽然转让行为在公司法上没有生效，但刑法并不严格要求股权转让具备理想的登记外观状态，只要股份发生了事实转让就可以认定为受贿。另外，实践中多数收受干股的行为均未履行相关的登记手续，如果强调登记要件，将势必导致大量的受贿犯罪逃脱

---

① 参见米卿、师法起:《干股型受贿中实际获取利益的认定》，载《中国检察官》2017 年第 2 期。

法网。为避免冤及无辜，在事实转让的认定中，必须有相关的证据证明“股份发生实际转让”，此时除了行受贿双方的口供之外，还应审查双方是否签订了书面的股权转让协议、是否有分红记录的书证、其他股东的证人证言是否能够证明其知情，进而达到法官内心确认，排除合理怀疑即可。

如案例二中，封某与受贿人毛某某采取口头约定的方式，由行贿人封某所在公司代持受贿股份，股份未进行转让登记，但根据受贿人毛某某的供述、行贿人封某的证人证言和相关书证，能够证实毛某某为S公司购买某银行股份提供帮助，负责人封某与毛某某口头约定送给毛某某某银行干股，并由其公司代持，之后又送给毛某某股权红利20万元港币的事实。以上股权虽实际登记在行贿人所在公司名下，但毛某某与封某对公司代持干股已达成合意，毛某某多次收受该干股的股权红利，应当认定为股份已实际转让，且属于犯罪既遂，收受的股权红利应按受贿孳息处理。

进而产生的问题是，在行受贿双方仅有口头约定，但事后确实依据约定干股股份收取了分红时，股份转让时间是以口头约定的时间为准，还是以实际收取分红的时间为准？本书认为，应当以实际收取分红的时间作为股份转让的时间。在口头约定收受干股后到收到分红前这段时间内，因仅有口头约定，无法确定股份是否发生了实际转让，也就不能确定是否属于干股型受贿，等到受贿人实际收取了分红，才可以认定受贿行为的存在。因此，应当以实际收取分红的时间作为股份转让的时间。

而在登记转让和实际转让同时存在的情形中，或者是先登记转让给了代持人，等到合适的时间再登记转让给受贿人的情况下，均应当以最先转让的时间为准，而不能简单地以民法思维认为登记转让是优先于实际转让的。

三、受贿数额的认定

与传统型贿赂中的现金相比，由于干股的价格会随市场的波动而变化，因此究竟以何种价格来准确计算干股型受贿中的受贿数额，是当前司法认定干股型受贿的难题之一。

（一）典型案例

典型案例一：

2011年11月，某区招标中心主任被告人王某某与Z公司法定代表人陈某商定，王某某将原招标中心成立的中某公司招聘的员工和已承揽未办理的招标代理业务交由Z公司承接，并承诺继续帮助Z公司承揽招标代理业务。同年12月27日，陈某将Z公司注册资本800万元的股份赠送给王某某35%。

典型案例二：

被告人邓某系某县县长，谭某与邓某于2011年9月1日签订《股权认购协议书》，约定“邓某以750万元的价格认购谭某公司30%股权，邓某不参与公司的日常经营，不参与风险投资，谭某承诺邓某每年享有其投资总额40%的回报”。2011年9月13日，谭某出具收条载明收到邓某支付的750万元。2012年11月，邓某退股，在其入股公司的15个月期间，共获取利润分红367万元（年收益约为295.92万元）。2011年12月21日，谭某与陈某签订《股权转让合同》，约定：谭某以900万元将其在公司的20%股权转让给陈某，每年收益为199.92万元。

（二）对干股受贿数额的认定

首先，股权是否转让是干股受贿数额认定的前提。根据前文所述，2007年《最高人民法院、最高人民检察院关于办理受贿刑事案件适用法律若干问题的意见》第2条将干股受贿分为股权转让与股权未转让两种情况。对不同类型的干股分红型受贿的认定规则进行区分，是因为经转让登记后的干股有资本依托，可以视为有价值的财物，国家工作人员收受此类型的干股和收受其他财物相比，没有本质区别。但分红必须依附于干股股份存在，就像股票的升值或者分红必须依附于股票一样，如果将收受股份和收受红利割裂开来作独立理解，则有违刑法的禁止重复评价原则。因此，国家工作人员收受已经进行股权转让登记的干股，受贿数额按转让时干股股份价值计算，所分红利按受贿孳息处理。而对于没有实际转让的干股，其本身不具有财产价值，国家工作人员收受此类干股并获取分红的，实际上是以收受干股为名收受分红，应将分红认定为受贿数额。

其次，干股受贿数额计算的基准时间为转让时。但是，由于股份转让涉及登记转让与事实转让两种情形，此时的“转让时”应以登记时间为基准，这是由登记具有优先效力决定的。司法机关在收集证据时可以参考产权交易中心办理股权过户手续的时间记录，或者股东名册变动的具体登记时间，也可以按照市场监管部门的登记变更时间。若行为人没有进行转让登记的，应根据实际转让的时间来认定，此时可以参照双方在股权转让合同中约定的生效时间、双方关于股权转让时间的供述等记录。若行为人实际转让后又进行了股权转让登记，此时应该以受贿人实际控制股权的时间点为准，因此时受贿人已经对干股具有事实上的控制权，鉴于刑法侧重客观事实的认定，可以视为已经完成了干股的转让。

最后，干股受贿数额的价值计算标准应当结合具体的公司性质来确定。

1. 上市公司股份价值的认定

上市公司股份的价值主要是通过股市中相应股票的交换价值来体现的，与上市公司的实际资产量并不直接发生关联。受贿人通过股票交易，能够随即兑现股票所代表的财产利益，而不需要与相应的上市公司及其资产状况发生关系。所以对于非法收受上市公司股份的受贿犯罪来说，无须评估公司的实际资产状况，只需核实相应股票在特定日期的收盘价，即可计算出所收受股份的具体价值。

但是有观点认为，受贿案件中涉及的股票，通常都是盈利状态很好的上市公司发行的股票，受贿人一般都能在获得该种股票后，在其后的交易中获取丰厚的股票收益。因此较之受贿日而言，以案发时的股票市值计算受贿数额，更能体现绝大多数受贿人非法获利的实际状况。但是，本书认为，在该种情况下仍然应当坚持以“受贿日”为基准认定所收受股票的犯罪数额，但可以将“案发时”受贿人实际非法获利的事实作为量刑情节考虑。因为对于刑法上财物价值的计算，实践中大多以“犯罪日”为基准计算有关犯罪数额，这能够相对准确地揭示具体危害行为的社会危害程度。只有在某些犯罪日期难以准确认定或者以危害行为造成的实际损害后果作为犯罪构成要件的犯罪，才以“案发日”为基准计算相应的犯罪数额或者损害后果。

2. 非上市公司股份价值的认定

非上市的股份有限公司、有限责任公司等的股份，与上市公司的股份相比，具有明显不同的特点：一是非上市的股份有限公司、有限责任公司的股份价值大小，直接由所持股份占公司资产量的比例来体现；二是股份价值的实现方式有限，大多只能通过个别转让方式来即时兑现股份价值。

实践中较为常见的情形是以出资证明书上标明的出资金额来认定股份价值。虽然行为人并未实际出资，但该笔股份确有实际对应出资额的，应当以出资证明书、股票标明的金额和实际所分红利定罪处罚。这种方法计算简单，操作方便，适用于在公司刚进行初始登记、刚签发出资证明书就行贿受贿的情况。①

需要注意的是，非上市公司的股份价值伴随公司经营业绩的好坏及资产量的升

① 参见张羽：《新兴受贿犯罪的司法适用》，中国检察出版社 2011 年版，第 116 页。

降，实际上也存在一定程度的波动或者增减，原始的出资金额和转让时的价格往往差别较大，不能体现以后的资产情况。此时，有两种方法用于计算股份价值：第一种计算方法认为，认定股权价格的标准是出资额，即用行为人收受的股份所占总份额的比例乘以公司的股本总额；第二种计算方法是，以公司净资产（公司资产总额减去公司负债总额）作为计算标准，即用公司净资产乘以转让股份所占比例从而计算出股权价格。

本书认为，第二种方法更为科学合理。因为公司在成立后的实际运营中，往往容易出现资金增值或者缩水的情形，当公司股本出现缩水时，行为人所收受的干股对其是一种负担，不仅不能带来收益，反而为其带来负利益，此时便不符合受贿罪的实质。因此，尽管司法机关比较容易查核注册资金额的大小与真伪，而较难查证公司的实际资产量，但是为了准确计算股份价值及相应的受贿数额，仍然需要准确认定受贿之日特定公司的资产量，而不能径直将公司的注册资金额视为资产量。

如案例一中，虽然Z公司的注册资本为800万元，但是经司法鉴定，Z公司2012年12月31日的净资产合计为7 446 847.91元。12月27日至12月31日期间该公司并未发生会计业务，2012年12月27日股权转让时公司净资产数额与鉴定意见一致。因此，按照股份比例计算，王某某个人所得的35%股份的价值为2 606 396.77元。

3. 特殊干股价值的认定

特殊干股，是指部分公司、企业为了激发、调动员工的工作积极性和责任感，采取在公司、企业内部配送干股的方式，让员工持有的部分股份。特殊干股的股权范围由公司、企业与员工作出约定，一般包括以下三种情形：一是约定“同股同权”，即干股持有者和其他股东一样，同样享有公司资产收益权、参与经营管理权、剩余资产分配权。对于“同股同权”的干股，因该种干股被赋予公司、企业的“剩余资产分配权”，因此其价值应当以受贿之时所占公司、企业的净资产量的比例予以计算。二是约定只享有“资产收益权”，即可以定期分得红利。对于只享有“资产收益权”的干股，由于股份本身没有被赋予财产价值，只是作为参与分配红利的依据来使用，因此当然只能把所获红利直接计算为受贿数额。三是约定“定期定价回收干股”等情形，如约定两年内以某一价格由公司回收干股等。对于这种干股，由于其价值依据预先约定，届时只是存在一个兑现与否的问题，因此干股的价值及受贿数额可以直接认定。但同时，受贿人收受该种干股所获得的只是一种可期待的利益，并无受贿时的现实价值与实际利益，因此该种收受干股类受贿犯罪的数额，应当以受贿人实际获取财物的多少来认定。对于没有获得约定财物就案发的，可以受贿犯罪未遂或者违反党纪、政纪行为论处。

（三）对于红利的特殊认定

原物作为特定犯罪的犯罪对象，其价值或者数量大小能够从罪量方面揭示具体犯罪行为的社会危害性程度，因此大多被认定为相应犯罪的犯罪数额，作为定罪量刑的基础要素。而犯罪孳息均产生于犯罪行为既遂后，出于主客观相一致的定罪量刑原则立场，犯罪孳息的价值一般不能计入犯罪数额，不作为追究行为人刑事责任的基础要素，而是纳入当事人的量刑情节来评价。从逻辑层面讲，股份与红利确实如同原物与孳息，二者具有依附性和偶然性的特征。因此，在公司、企业正常的生产、经营与分配关系中，红利确实可以被看成股份的孳息。

但是，从司法实践情况看，受贿犯罪中涉及的红利，可能也宜作为例外来评价。首先，从产生途径看，犯罪孳息一般是由犯罪人的积极作为而形成的；而受贿犯罪中所涉及的红利，系由特定公司、企业自身的生产、经营活动所创造。其次，从获取方式看，犯罪孳息通常是犯罪人在实施非法经营、倒卖等行为中直接取得的；而受贿犯罪中涉及的红利，受贿人必须经由特定公司、企业的非法划拨、给付行为才能获取。最后，从二者的作用或者功效看，犯罪孳息的产生和获取过程一般没有牟利之外的其他非法目的；而特定公司、企业在“分配红利”时，明显以收买国家工作人员为指向。在红利由特定公司、企业非法划拨、给付受贿人的过程中，往往隐藏着继续收买国家工作人员的真实目的。正是依靠不断地非法给付红利，才能达到长期收买国家工作人员的非法目的。红利对国家工作人员的连续收买、腐蚀作用，显示出独特的非法效用。因此有观点指出，国家工作人员非法收受红利的行为，本质上是非法收受公司、企业股份或者干股行为的继续，二者应当作一致的否定评价，均作为受贿犯罪数额来认定，而不宜把红利与犯罪孳息混为一谈。

以前文所述特殊干股为例，只享有“资产收益权”和“定期定价回收干股”的两种情形，都是不完全享有股权的典型。这就意味着，单纯以是否进行了形式上的“登记转让”或者“实际转让”为标准，决定将红利作为受贿犯罪数额还是受贿孳息可能并不周延。

本书认为，从实质层面看，在认定收受干股类受贿犯罪中，真正影响股份价值大小的因素为受贿股份是否被赋予了“剩余资产分配权”，以及受贿人是否有权支配、处分有价值的股份。一方面，只有被赋予了剩余资产分配权的股份，其本身才有价值，应当计入受贿数额。如果受贿人所收受的股份是已经约定只享有经营利润的分红权的股份，那么哪怕办理了转让登记，也应当认为不存在股份本身的价值计算问题，只需要按照实际获取的红利计算受贿数额即可。另一方面，判断受贿人是否有权支配、处分有价值的股份。如果所收受的股份已经约定若干年内不得转让，则在此期限内，受贿人不能随即兑现股份的价值，其价值实际上处于待定状态，需要由约定期限之后的公司、企业的资产量来相应确定。但是，未来的公司、企业的资产量及股份的价值无疑处于变化之中，现在难以确定，在此情形下，虽然存在股权转让登记的事实，但也不能计算受贿之时股份本身的价值及受贿数额。如果因此分得红利，应当将实际获取的红利认定为受贿数额，而不能简单套用2007年《最高人民法院、最高人民检察院关于办理受贿刑事案件适用法律若干问题的意见》的规定，以办理了股权转让登记为由，仅将红利作为孳息看待。

需要注意的是，在股权已经转让的情形中，将实际获取的红利认定为受贿孳息的前提是行为人所得分红必须是正常分红。众所周知，在干股未实际转让的情况下，行为人收受干股实质上就是以此名义收受红利，此时自然不存在行为人所得分红是否为正常分红的问题。但是在股份实际发生转让的情况下，干股与分红必须是相对应的关系，即行为人获得的分红款属于干股所对应的正常分红，才能将分红按犯罪孳息处理。如果高于正常分红的，则不能一概认定为犯罪孳息。

如案例二中，从公司其他股东的入股及分红情况分析可知邓某入股谭某的公司所分利润明显超过正常收益的情况。谭某的证言、被告人邓某的供述、《股权认购协议书》、银行流水等证据可以证实，在邓某入股公司的15个月内其年收益约为295.92万元。而谭某、陈某的证言及相关《股权转让合同》、银行流水可以证实，陈某每年的分红为199.92万元。二人入股公司的时间最为相近，参照陈某的投资收益比例，邓某入股公司期间的正常收益应为208.34万元，而在此期间，谭某以分红的形式共给付邓某367万元，即邓某获取的红利与出资应得收益额的差额为158.66万元。根据2007年《最高人民法院、最高人民检察院关于办理受贿刑事案件适用法律若干问题的意见》的规定，国家工作人员利用职务上的便利为请托人谋取利益，虽然实际出资，但获取“收益”明显高于出资应得利益的，以受贿论处，受贿数额以“收益”额与出资应得收益额的差额计算。因此，邓某入股公司期间所获取的367万元利润中的158.66万元，应认定为邓某收受谭某干股的受贿数额，而非红利。

第三节　常见渎职犯罪的审理思路及要点

渎职犯罪不仅直接损害人民群众切身利益、党和政府的形象和威信，同时还是各种贪污贿赂犯罪、经济犯罪的重要诱因，具有严重的社会危害性。依法惩治渎职犯罪，是深入贯彻习近平法治思想、推进党风廉政建设和反腐败工作、密切党同人民群众血肉联系的重要举措。本章选取司法实践中常见的玩忽职守罪和滥用职权罪两类渎职犯罪作为样本，结合典型案例，对相关审理要点展开分析。

一、玩忽职守罪的审查认定

（一）典型案例及问题

典型案例一：

某县信用联社综合楼于2009年6月开工建设，被告人王某作为县建设工程质量安全监督站负责人，负责此项工程的质量和安全生产监督管理。2010年6月7日，王某在对信用联社综合楼工程建设工地进行安全检查时，发现施工现场存在严重安全隐患，遂向施工单位发出了建设工程质量安全整改通知书，指出施工层、硬防护不到位，部分临边防护不到位，施工首层外架、硬防护不到位，限期于2010年6月9日之前整改完成。2010年6月20日10时20分，施工人员黄某在对外墙砖进行勾缝抹灰时，踩破跳板坠入楼下当场死亡。在2010年6月9日至6月20日事故发生时，王某没有对施工单位的整改情况进行复查验收，施工单位也未就整改情况作出回复报告。

典型案例二：

1996年9月，被告人龚某在某交警支队从事驾驶员体检工作。1998年，驾驶员蒋某在持有的驾驶证有效期届满后向交警大队申请换证。龚某收到蒋某的《机动车驾驶证申请表》后，在既未对蒋某进行体检，也未要求蒋某到指定医院体检的情况下，违反规定自行在《机动车驾驶证申请表》上的“视力”栏中填写上“5.2”，在“有无妨碍驾驶疾病及生理缺陷”栏中填上“无”，致使自1995年左眼即已失明的蒋某换领了准驾B型车辆的驾驶证。此后，在2000年、2001年及2002年，蒋某通过了交警大队的年度审验。2002年，蒋某驾驶中型客车违章超载30人（核载

19座）的途中，客车翻覆，造成乘客26人死亡、4人受伤和车辆报废的特大交通事故，蒋某本人也在此次事故中死亡。

上述案例涉及玩忽职守罪的具体认定，主要包括三个关键问题：第一，被告人是否符合玩忽职守罪的主体要求；第二，被告人的行为是否属于玩忽职守行为；第三，被告人的行为与危害结果之间是否具有因果关系。

（二）玩忽职守罪主体的认定

玩忽职守罪的行为主体要求是国家机关工作人员，目前学界主要存在身份论、公务论（或称为职能论）、综合论等多种界定标准。身份论过于注重形式标准，强调国家干部的资格身份，在复杂的现实生活中显得过于僵化，且国家干部并不是严格意义上的法学概念，在《公务员法》实行后，再以国家干部身份作为认定国家工作人员的标准确实也不合时宜。为此，公务论取代了身份论占据主流学说地位，公务论更注重实质标准，强调行为主体是否执行国家任务，实质承担着国家行政管理的职权，不论行为主体是否具有国家干部身份，也不论其是否在国家机关具有正式编制，只要行为人在广义的国家机关中从事公务活动，就可以被评价为国家机关工作人员。综合论认为应综合考虑“身份”与“公务”，然而，在判断时起决定性作用的仍是“公务”标准。从这个角度而言，综合论不过是对公务论的修正，是公务论的“延长线”上的观点。

如案例一中，被告人王某是否属于国家机关工作人员，判断的重点在于其是否从事公务。由于某县建设工程质量安全监督站负责涉案工程的质量和安全生产监督管理，被告人作为监督站的负责人，具有相应的监督管理职责，其处理相应事务的权限根源于国家权力，被告人实际上是代表国家行使权力。被告人虽不具有公务员身份，也未得到相关文件的任命，但已经在所从事的事务中发挥实质的管理性作用。基于上述理由，被告人王某的行为属于从事公务，其能够被评价为国家机关工作人员。

（三）玩忽职守行为的判断

玩忽职守罪的成立要求行为人存在玩忽职守行为，学界通说认为，玩忽职守行为是指严重不负责任，不履行职责或者不正确履行职责的行为。不履行职责，是指行为人应当履行且有条件、有能力履行职责，但违背职责没有履行，其中包括擅离职守的行为。不正确履行职责，是指在履行职责过程中，虽然实施了一定的行为，但从总体上看，行为违反职责规定，草率从事、敷衍塞责，或者任意蛮干、独断专行，导致职责没有得到正确履行。关于对“严重不负责任”的判断，本书认为，“严重不负责任”应当同时具备客观不法和主观责任的含义，换言之，国家机关工作人员因没有实施与其法定义务范围内相符合的行为，该行为样态达到了值得动用刑事手段对行为人进行谴责的程度。据此，对“严重不负责任”的判断，应当按照以下三个步骤顺次进行：第一，主体的选定，也就是说具体应当由谁来履行相应的责任，虽然在相应的构成要件上明确规定了诸如国家机关工作人员或者司法机关工作人员，但这依然是一个很模糊的主体概念，刑事责任归根结底是要落实在有血有肉的某个行为人身上。第二，寻找基准行为，通俗来说就是明确“负责任”的态度应该是什么样的。第三，考察行为人的行为与基准行为的偏离程度。

如案例一中，被告人王某在工作中已按照职责下发整改通知书，但施工单位一直未按要求进行整改，也未作出回复报告，发生事故是因为施工单位未及时纠正安全问题。对此，能否认定被告人履职“严重不负责任”？王某具有监管职责，其在对信用联社综合楼工程建设工地进行安全检查时，发现施工现场存在防护不到位的严重安全隐患，于是向施工单位发出了安全整改通知书，这说明王某其实履行了职责。不过，王某身为县建设工程质量安全监督站负责人，其职责并不仅是发现安全隐患并通知整改，还包括在发现安全隐患后督促被监管单位及时完成整改，如果被监管单位未按要求整改，其应采取进一步措施，如要求工程停工整顿等，确保安全隐患能够控制在允许的范围内。甚至可以说，发现安全隐患后及时跟进整改、复查验收才是更重要的工作职责，王某虽然通过作为方式下达了安全整改通知书，但并未对整改进行及时跟进、复查验收，导致限期整改的指令形同虚设。施工现场防护不到位的严重安全隐患一直持续存在，而施工人员的死亡结果也是防护设施不合格所致，王某没有全面、充分地履行工作职责，所谓的部分履行职责其实就是不正确履行职责。综上所述，王某的行为属于严重不负责任，不正确履行职责的行为，应评价为玩忽职守行为。

（四）玩忽职守罪中的因果关系判断

玩忽职守罪的成立要求玩忽职守行为与危害结果之间具有因果关系。实践中，很多玩忽职守案件由于介入了第三方行为、被害人自身行为或者自然事件等因素，因果关系的认定具有复杂性。

本书认为，在判断行为与结果之间是否存在刑法上的因果关系时，应以行为时客观存在的一切事实为基础，依据一般人的经验进行判断。在存在介入因素的场合下，判断介入因素是否对因果关系的成立产生阻却影响时，一般通过是否具有“相当性”的判断来加以确定。在“相当性”的具体判断中，一般可从以下三个方面来进行：第一，最早出现的实行行为导致最后结果发生的概率的高低。概率高者，因果关系存在；反之，不存在。第二，介入因素异常性的大小。介入因素过于异常的，实行行为和最后结果之间的因果关系不存在；反之，因果关系存在。第三，介入因素对结果发生的影响力。影响力大者，因果关系不存在；反之，因果关系存在。当然，如果介入行为与此前行为对于结果的发生作用相当或者互为条件时，均应视为原因行为，同时成立因果关系。

如案例一中，被害人黄某在对外墙砖进行勾缝抹灰时，如果因自身操作不规范或者在高空作业时不愿意系安全带而坠楼，将被害人的死亡结果归责于王某的玩忽职守行为存在一定争议。但实际情况是被害人黄某在施工过程中因踩破跳板坠楼身亡，而这正是之前安全检查时所发现的严重安全隐患所酿成的事故。王某在建设工程质量安全整改通知书中明确指出，施工层、硬防护不到位，部分临边防护不到位，施工首层外架、硬防护不到位，但其未认真履行职责，在发现安全隐患后，未督促被监管单位及时完成整改，导致危险现实化。可以说，王某的玩忽职守行为所具有的造成重大损失发生的危险持续地作用到危害结果现实的发生。无论是根据相当因果关系说、客观归责理论，还是危险现实化理论，都能够肯定被告人的玩忽职守行为与危害结果之间具有刑法上的因果关系。又由于被告人十分清楚涉案工程所存在的安全隐患，对危害结果具有预见可能性，所以其主观上存在过失。综上所述，王某的行为成立玩忽职守罪。

又如案例二中，从行为与结果之间的联系来看，与该特大交通事故有联系的因素有三个：一是被告人龚某在蒋某换证时的体检失职行为；二是换证以后各年度审验中的他人审验失职行为；三是驾驶员蒋某的违章驾驶行为。从行为与结果联系的紧密程度来看，在上述三个因素中，最后一个因素是导致事故发生的直接原因，前两个因素不可能单独导致交通事故的发生，其只有依附于最后一个因素，才能产生本案的结果。在不存在第二个因素的情况下，判断被告人的行为与交通事故之间是否存在因果关系并不困难。正是由于第二个因素的介入，使判断龚某的失职行为与损害结果之间是否存在因果关系的问题变得较为困难和复杂。由于龚某为蒋某出具的虚假体检结论的效力只有一年，如果蒋某驾驶的汽车在其换证的当年度由于其本人的原因而发生了交通事故，毫无疑问，该损害结果与龚某的玩忽职守行为之间存在刑法上的因果关系，龚某应对损害结果负责。在龚某出具虚假体检结论之后的年度审验中，蒋某能够通过审验，完全是他人的体检失职行为所致，而非龚某的失职行为所致，因为龚某的体检行为在一年之后已经归于无效。在其后的年度审验中，相关人员如果认真履行了职责，则蒋某不可能通过审验，其当然也就不可能合法地从事驾驶工作，特大交通事故也可能就不会发生。就龚某的失职行为和其后的失职行为对交通事故发生的影响力而言，前者对结果的发生在法律上已经不具有影响力。故此，龚某的失职行为与交通事故之间不存在刑法上的因果关系。尽管龚某客观上存在失职行为，但其行为不构成玩忽职守罪，可依照其他有关规定予以行政处分。

二、滥用职权罪的审查认定

（一）典型案例及问题

2000 年至 2005 年，被告人黄某作为民政局福利中心主任，每年都率县福利企业年检年审检查小组到某企业检查。该企业的董事长郑某明确告诉黄某其在正常员工人数上弄虚作假，使残疾员工数占全部员工数的比例符合福利企业全额退税的标准，并伪造虚假的福利企业材料应付检查。黄某发现该问题后，不对企业正常员工人数进行检查，不将该问题在年审表中如实反映，仍以企业虚报的材料为准进行年检年审，致使该企业顺利通过福利企业的年检年审，在 1999 年至 2004 年期间享受了本不应享受的退税优惠政策，造成国家税收损失共计 751 万余元。1999 年年底至 2006 年，黄某利用其职务便利，为郑某福利企业的设立和骗取退税优惠提供帮助，先后 6 次收受郑某的贿赂共计 10 万元。

上述案例涉及滥用职权罪的具体认定，主要包括两个关键问题：一方面，被告人的行为是否构成滥用职权罪？另一方面，被告人在实施滥用职权等渎职犯罪行为的同时又收受贿赂，是否应当实行数罪并罚？

（二）滥用职权行为的认定

滥用职权罪，是指国家机关工作人员超越职权，违法决定、处理其无权决定、处理的事项，或者违反规定处理公务，致使公共财产、国家和人民利益遭受重大损失的行为。

就客观行为而言，滥用职权行为与玩忽职守行为有时候未必能够做到很好地区分，原因是二者的本质都是违背职责，都可能包含不履行职责或者不正确履行职责的情形。理论界一般认为，滥用职权行为主要表现为以下四种情形：（1）超越职权，擅自决定或者处理无权决定、处理的事项；（2）玩弄职权，违反程序规定，随心所欲地对事项作出决定或者处理；（3）以权谋私、假公济私，不正确地履行职责；（4）放弃职责，故意不履行职责。[①] 如果认可上述情形，就会发现“不履行职责或者不正确履行职责”并非玩忽职守行为所特有的情形。

此外，如学者所指出的，按照相关司法解释的规定，滥用职权或者玩忽职守行为造成经济损失 30 万元以上的，应当认定为“致使公共财产、国家和人民利益遭受重大损失”。如果行为人甲属于国家机关工作人员，一次滥用职权行为，造成经济损失 15 万元，一次玩忽职守行为，造成经济损失 18 万元，将滥用职权行为与玩忽职守行为对立的话，行为人的行为就不可能构成犯罪，这明显会造成处罚漏洞。[②] 事实上，滥用职权罪与玩忽职守罪区分的关键在于行为人的主观意思，前者是故意实施的违背职责的行为，后者是过失实施的违背职责的行为。如果赞同故意与过失是位阶关系，滥用职权也是一种玩忽职守的行为，而且是更严重的玩忽职守行为。[③] 此时，就可以将上述行为人甲的行为认定为玩忽职守罪。

认定滥用职权罪时应遵循以下判断逻辑：首先，行为人必须是滥用职权罪的适格主体，享有相应的职务权限。其次，行为人必须客观上实施了滥用职权行为。由于滥用职权行为与玩忽职守行为有时难以界分，按照由重到轻的审查顺序，可先行预判为滥用职权行为。再次，滥用职权行为造成了公共财产、国家和人民利益的重大损失，该行为与重大损失之间具有因果关系。最后，行为人在主观上具有故意，即明知自己在不法地行使职务上的权限。

上述案例中，被告人黄某作为民政局福利中心主任，对福利企业的设立开办以及年检年审具有监督管理职责，属于滥用职权罪的适格主体。黄某客观上也实施了滥用职权行为，即不对企业正常员工人数进行检查，以企业虚报的材料为准进行年检年审，而这一行为直接导致了原本不符合年检年审要求的企业被认定为福利企业，进而享受国家的退税优惠政策。黄某的行为直接导致了 751 万余元的国家税收损失，其滥用职权行为与重大损失之间具有因果关系。且黄某事先已明知企业存在虚报情况，具有滥用职权的主观故意。因此，黄某的行为构成滥用职权罪。

---

① 参见周光权：《刑法各论》（第四版），中国人民大学出版社 2021 年版，第 574 页。

② 参见张明楷：《刑法学》（第六版），法律出版社 2021 年版，第 1644 页。

③ 参见陈兴良：《刑法各论精释》，人民法院出版社 2015 年版，第 1263~1264 页。

（三）滥用职权渎职中收受贿赂的处理

渎职罪特别是徇私类渎职犯罪，往往与受贿行为相互交织。实施渎职行为并收受贿赂，同时构成渎职犯罪和受贿罪的，是择一重罪处罚还是实行数罪并罚，理论上长期存在争论，实践中各地做法不一。持择一重罪处罚意见的主要理由如下：（1）渎职和受贿之间存在牵连关系，按照牵连犯的一般处理原则应择一重罪处罚；（2）《刑法》第399条第4款规定，司法工作人员实施徇私枉法，民事、行政枉法裁判，执行判决、裁定失职、滥用职权等行为构成相应渎职犯罪，同时收受贿赂构成受贿罪的，依照处罚较重的规定定罪处罚，该针对司法工作人员的处理规定理当一体适用于其他渎职犯罪；（3）渎职罪通常是轻罪，数罪并罚与一罪处理的判罚结果实际差别不大，一些情况下将渎职后果作为受贿罪的重要量刑情节，反而可以判处更重的刑罚，更易达到严惩目的；（4）对于司法工作人员之外的其他渎职犯罪主体规定不同的处罚原则，将导致司法机关工作人员与其他国家机关工作人员渎职犯罪在处罚上的不平衡，进而影响到案件处理的法律效果和社会效果。

本书认为，对此类案件仅以一罪论处，会造成轻纵犯罪、削弱此类犯罪打击力度的不好效果，应当进行数罪并罚。主要理由如下。

第一，判断罪数应以犯罪构成为基准。行为具备一个犯罪构成要件的，认定为一罪；行为之间相互独立，具备数个犯罪构成要件的，原则上应认定为数罪。这一法则是在司法实践中贯彻罪刑法定原则的基本要求，又是实现罪责刑相适应原则的必然要求。上述案例中，被告人黄某主观上具有滥用职权和受贿两个故意，客观上既实施了受贿行为又实施了滥用职权行为，是两个独立的犯罪行为。从客体上讲，由于黄某不正确履行职责、滥用职权使国家税收等利益遭受重大损失，侵犯的客体是国家机关的正常活动；而黄某受贿犯罪侵犯的主要客体是国家工作人员职务行为的廉洁性。由此可见，黄某的行为符合两个独立的犯罪构成特征。

第二，认定罪数应当遵循罪责刑相适应的基本原则。在罪数的把握上应当遵循罪责刑相适应的刑法基本原则。根据罪责刑相适应原则，刑罚的轻重，应当与犯罪分子所犯罪行和承担的刑事责任相适应。唯有如此，才能真正实现刑法适用的公平与正义。实践中，因受贿而为行贿人谋取利益又触犯其他罪名的情况较为普遍，如掌握国家秘密的国家机关工作人员因受贿向外商泄露国家对外贸易秘密；司法工作人员因受贿而故意枉法追诉、枉法裁判、私放在押的罪犯或违法减刑、假释、暂予监外执行；林业主管部门的工作人员因受贿而滥发林木采伐许可证；银行工作人员因受贿违法发放贷款造成重大损失等。从司法实践看，受贿型渎职犯罪高发、频发，故对此类案件除《刑法》有特别规定的以外，原则上实行数罪并罚，有利于实现量刑上的均衡。

第三，牵连犯理论难以有效解决受贿型渎职案件的罪数认定问题。根据当前牵连犯的理论研究成果，构成牵连犯必须具备以下条件：行为人必须基于一个犯罪目的，这是构成牵连犯的主观要件，是认定各行为之间具有牵连关系的主要标准；行为人必须实施了两个以上的相对独立的犯罪行为；数行为之间必须具有牵连关系，具体表现为手段行为与目的行为的牵连关系或原因行为与结果行为的牵连关系；数个行为必须触犯不同罪名，如果数个行为只触犯一个罪名则不能成立牵连犯。必须注意的是，牵连犯的处断原则，根据通说的观点，并非一律适用从一重处断原则。究竟是适用从一重处断原则，还是实行数罪并罚，应进一步考量罪刑是否均衡。对于受贿型滥用职权案件，主张以一罪论处的观点认为，滥用职权的目的是为他人谋取利益，而受贿的目的也是谋取利益，因此两行为的目的同一，应按照牵连犯从一重处断原则，以受贿罪论处。但是，“为他人谋取利益”仅作为主观要件，并不能涵盖所有受贿犯罪，受贿与滥用职权之间并不必然存在牵连关系。受贿罪可分为索取型受贿和收受型受贿，索贿型犯罪并不要求“为他人谋取利益”，只要行为人利用职权索贿，即构成受贿既遂。滥用职权罪也不以为他人谋取利益为要件，这使受贿型滥用职权案件与受贿型挪用公款案件有本质的区别。在受贿型滥用职权案件中，为他人谋取利益并非滥用职权罪的主观构成要件，因此，不必然涉及重复评价的问题。上述案例中，通过进一步审查事实，可以看出被告人黄某与某企业董事长郑某本来就私交密切，黄某滥用职权的行为不以收受贿赂为条件或者目的，因此该两罪不必然存在牵连关系，以滥用职权罪和受贿罪并罚，也不存在重复评价的问题。

第三部分

程序编

第十四章　以审判为中心的刑事诉讼制度改革

推进以审判为中心的诉讼制度改革，是党中央在坚持全面依法治国、推进法治中国建设背景下作出的重大改革部署，是坚持严格司法、确保司法公正、提高司法公信力的现实需要。2016 年 6 月，中央全面深化改革领导小组审议通过《关于推进以审判为中心的刑事诉讼制度改革的意见》后，人民法院积极推进以审判为中心的诉讼制度改革，相继推出了《人民法院办理刑事案件庭前会议规程（试行）》《人民法院办理刑事案件排除非法证据规程（试行）》《人民法院办理刑事案件第一审普通程序法庭调查规程（试行）》（“三项规程”），取得了显著成效。本章围绕以审判为中心的刑事诉讼制度改革，结合非法证据排除、法庭调查等关键环节、关键事项，对司法实践的相关问题展开论述。

第一节　以审判为中心的实质内涵

推进以审判为中心的刑事诉讼制度改革，是党的十八届四中全会作出的重大改革部署，在司法体制改革中具有“四梁八柱”性的基础支撑作用。充分发挥审判特别是庭审在刑事诉讼中的决定性作用，是改革的核心要求和重中之重。为完善审判特别是庭审程序，妥善解决司法实践中影响和制约公正审判的突出问题，全国各级法院也以强化庭审实质化、扩大司法民主为目标进行深入探索。在新形势下，如何理解以审判为中心的实质内涵，如何落实以审判为中心的诉讼制度改革基本原则，如何确立改革的推进方向，需要理论思考和实践探索。

一、“以审判为中心”的实质内涵

（一）突出审判在诉讼中的中心地位

以审判为中心是相较我国传统刑事诉讼中以侦查为中心而言的。在传统刑事诉讼中，侦查活动以及侦查阶段形成卷宗在诉讼中处于中心地位，法官通过庭前审查卷宗“未审先判”，往往会让庭审流于形式。以审判为中心，就要突出审判对侦查、审查起诉等诉讼活动的引导和制约功能，其他诉讼活动要按照审判的标准和要求进行。对于案件结果来说，强调审判对案件的终局裁判功能，只有经过审判才能对被告人定罪量刑，确保审判对案件事实认定、证据采信、法律适用、作出裁决起到决定性和最终性作用。

（二）突出庭审在审判中的关键地位

以审判为中心要确保诉讼证据出示在法庭、案件事实查明在法庭、诉辩意见发表在法庭、裁判结果形成在法庭，即要求所有用作定案根据的证据都要在审判中提交和质证，所有与定罪量刑有关的事项都要经过法庭辩论，法官的判决必须完全建立在法庭审理的基础之上，被告人的辩护权及其他诉讼权利必须得到充分保障。通过建立公开、理性、对抗的平台，对证据进行审查，对指控进行判定，实现追究犯罪的正当性和合法性。

（三）突出一审在审级中的重心地位

从审级设置看，一审程序距离案发时间最近，相对更容易查明案件事实。同时，一审程序全面解决案件的事实证据认定和法律适用问题，是最完整的诉讼程序，也是整个审判程序的基础，发挥庭审的决定性作用主要体现在一审程序上，所以应将一审作为审判程序的重心。[①] 相对于二审和再审程序，在一审程序中获取的信息往往更为可靠和全面，对于在一审中曾经出庭的当事人、证人、鉴定人来说，其一审亲历庭审的过程也间接会对后续诉讼程序带来干扰，因此，应当突出一审的重心地位。

二、“以审判为中心”的基本原则

司法人员的司法理念是影响司法公正、司法公信和司法权威的决定性要素。为贯彻落实《关于推进以审判为中心的刑事诉讼制度改革的意见》，全面推进改革工作，2017 年 2 月，最高人民法院发布《关于全面推进以审判为中心的刑事诉讼制度改革的实施意见》，要求坚持严格司法原则，树立依法裁判理念，并提出了原则要求。

---

① 参见于同志：《深化以审判为中心的刑事诉讼制度改革》，载《中国应用法学》2023 年第 3 期。

（一）坚持证据裁判原则

证据裁判原则，也被称为证据裁判主义，是现代刑事诉讼普遍奉行的基本原则，可以称之为证据法之纲，对于强化司法人员的证据意识具有重要意义。[①]《最高人民法院关于全面推进以审判为中心的刑事诉讼制度改革的实施意见》规定，应当坚持证据裁判原则，认定案件事实，必须以证据为根据。重证据，重调查研究，不轻信口供，没有证据不得认定案件事实。《刑事诉讼法司法解释》规定，认定案件事实，必须以证据为根据。法律事实要通过严格的法庭审理程序认定，法律事实建立在原始客观事实的基础之上，是根据案件所收集和审查认定的证据，对原始客观事实的还原和重构，是由定案根据最终所拼接成的“模型”。[②]首先，严格执行法定的证据采纳标准，把好证据审查判断关。其次，严格执行法定的证明标准，依法准确认定案件事实。最后，严格落实疑罪从无原则，切实防范冤错案件发生。人民法院应当坚持严格依法裁判，杜绝疑罪从有、从轻等错误做法，真正做到有罪则判，无罪放人，不得违心下判或作出留有余地的判决。

（二）坚持疑罪从无原则

《最高人民法院关于全面推进以审判为中心的刑事诉讼制度改革的实施意见》要求，认定被告人有罪，必须达到犯罪事实清楚，证据确实、充分的证明标准。不得因舆论炒作、上访闹访等压力作出违反法律的裁判。《刑事诉讼法》第 200 条规定，证据不足，不能认定被告人有罪的，应当作出证据不足、指控的犯罪不能成立的无罪判决。2013 年《最高人民法院关于建立健全防范刑事冤假错案工作机制的意见》进一步强调，定罪证据不足的案件，应当坚持疑罪从无原则，依法宣告被告人无罪，不得降格作出“留有余地”的判决。未经人民法院依法判决，对任何人都不得确定有罪，不得强迫任何人证实自己有罪。这既是原则，更是要求。既要求侦查机关要全面客观及时收集证据，规范取证行为，保证取证合法性，又要求法庭在审判阶段严格贯彻证据裁判原则，坚持疑罪从无；既要求在案件侦查阶段保障当事人、辩护人的诉讼权利，依法核实其辩解意见，又要求在审判阶段保障律师的诉讼权利，完善律师值班制度和法律援助制度。

---

① 参见李少平主编：《最高人民法院关于适用〈中华人民共和国刑事诉讼法〉的解释理解与适用》，人民法院出版社 2021 年版，第 193 页。

② 参见杨万明主编：《最高人民法院新刑事诉讼法司法适用解答》，人民法院出版社 2018 年版，第 23~24 页。

（三）坚持程序公正原则

程序公正是刑事诉讼的基本原则，公正的诉讼程序有助于查明真相，让当事人即使可能并不认同具体的裁判结果，其也会由于切身感受到审判的公正性而服从裁判，从而有效地解决争执。[①] 习近平总书记在《关于〈中共中央关于全面推进依法治国若干重大问题的决定〉的说明》中强调："推进以审判为中心的诉讼制度改革，目的是促使办案人员树立办案必须经得起法律检验的理念……保证庭审在查明事实、认定证据、保护诉权、公正裁判中发挥决定性作用。这项改革有利于促使办案人员增强责任意识，通过法庭审判的程序公正实现案件裁判的实体公正，有效防范冤假错案产生。"[②] 推进以审判为中心的诉讼制度改革，有利于解决实践中存在的"重实体、轻程序"问题，防范超期羁押、违法搜查等危害犯罪嫌疑人、被告人人身、财产及其他程序性权利的问题，将正当程序理念贯彻到刑事诉讼全过程中。

三、以审判为中心的刑事诉讼制度改革的推进方向

（一）进一步发挥刑事审判对侦查活动的规范和制约作用

积极推进以审判为中心的诉讼制度改革，要通过法院审判职能的充分发挥和不断强化，确保证据裁判原则在刑事诉讼全过程中的贯彻落实，使侦查、审查起诉的案件事实、证据都经得起审判的检验，从源头上确保案件质量。侦查活动是刑事诉讼的重要环节，主要承担证据收集、固定、保存、鉴别、审查等重要功能，对整个刑事诉讼活动起到重要的基础性作用，是确保刑事案件审判质量的基础和前提。为此，我们既要建立在审判活动中对侦查机关证据收集合法性进行审查的事后制约制度，又要着眼于审判职能的充分发挥，为侦查活动的规范提供必要的标准和指引，起到事前规范的作用。

一是要全面总结审判经验，建立各类犯罪的证据指引，指导侦查机关按照审判的标准严格依法全面收集证据。证据指引是以证据链条为基本支撑，与犯罪事实紧密关联，以证据规则为基本遵循而构建的分层次、立体化、开放式的规范体系。证据指引解决的是在办理不同类型刑事案件过程中应当收集哪些证据及如何收集证据的问题，是"犯罪事实清楚、证据确实充分"法定证明标准的具体化与规范化。侦

---

① 参见南英、高憬宏主编：《刑事审判方法》（第二版），法律出版社 2015 年版，第 19 页。

② 习近平：《关于〈中共中央关于全面推进依法治国若干重大问题的决定〉的说明》，载《人民日报》2014 年 10 月 29 日，第 2 版。

查机关根据分层、分段、分类的证据指引的要求，结合案件的实际情况，规范证据的收集、固定和判断过程，就能最大程度提升办案质量和效率，防范冤错案件。

二是要严格落实技侦材料证据化的要求，通过各种方式，将技术侦查形成的证据材料转化为审判中能够进行庭审质证的证据，全面贯彻证据裁判原则。证据裁判原则是证据法和诉讼法制度的核心原则，它不仅要求裁判建立在证据基础上，而且强调必须建立在经过庭审调查并确认属实的证据基础上。对于作为证据使用的技侦材料，必须采用规范的方式在庭审中进行质证，并在裁判文书中予以表述，而不宜采用庭外核实的方式，更不能由司法人员进行单方的复听后，即作为认定事实或者增强证据真实性内心确认的依据。实际上，对于起到关键证明作用的以技术侦查方式取得的证据，在庭审中完全可以采用不暴露技术方法和不泄露相关人员身份的方式进行依法有效的质证，关键还是要牢固树立以庭审为中心的程序公正意识，确保裁判确认的事实能接受诉讼当事人各方的检验，让诉讼参与人和社会公众真正信服。

三是要逐步探索侦查机关以法院裁判生效作为刑事案件结案标准的制度。长期以来，侦查机关以移送检察机关审查起诉作为案件侦查结案的标准。这就造成实践中有的侦查机关和侦查人员只关注破案、抓获犯罪嫌疑人，忽视证据的收集、固定、检验以及审判过程中事实的补充查证、存疑证据的调查核实等工作。审判人员和检察人员在需要侦查人员进行补充调查工作时，原来负责案件的侦查人员往往已经在负责侦查其他案件，或者已经调离了原侦查部门。即使原负责案件的侦查人员愿意配合开展工作，但由于案件已经侦查终结，这些工作都很难计入侦查人员的工作量考核之中，既影响其工作的积极性和主动性，也会影响调查工作的质量。基于目前基层侦查部门普遍存在的办案任务重、力量不足的实际情况，可以考虑在死刑案件和重大刑事案件中先行探索，确立以裁判生效作为刑事案件侦查工作结案标准的制度。原案件侦查办案组在裁判生效前不撤销，并在案件审判过程中负责确保证人出庭、保护证人、事实的补充查证、证据的调查核实以及追赃挽损等工作。

（二）进一步推动刑事审判方式的改革和完善

《刑事诉讼法》经过 2012 年和 2018 年两次修改，使我国的刑事审判制度更趋完善。但从当前司法实践看，仍有必要因时因势，不断改革和完善刑事审判方式，进一步推进庭审实质化，真正发挥庭审在查明事实、认定证据、保护诉权、公正裁判中的决定性作用。

一是要区分繁简案件采用不同的审判方式，真正实现繁案精审、简案快审。近年来，《刑事诉讼法》两次修改围绕着刑事案件简案简审进行了积极的探索。尤其是认罪认罚从宽制度的确立，对于审判效率的提升、司法资源的合理配置，起到了重要的促进作用。然而，从实践来看，刑事审判方式仍然存在“简案还不够简，而繁案却没有繁起来”的问题，改革目标的实现亟待进一步的实践探索和制度创新。实际上，庭审的功能主要就在于通过控辩充分对抗，解决控辩双方争议的事实和法律问题，使法官兼听则明，作出公正裁决。对抗是庭审功能发挥的基础，控辩双方争议的点越多，庭审就越应当充分展开；争议的点越少，庭审就应当更为聚焦。对于没有争议的案件，就完全可以采用卷宗审查的方式解决事实证据是否清楚、法律适用是否准确的问题，只要当庭确认被告人承认指控内容的真实性和自愿性即可。因此，对于基层法院审理的认罪认罚案件，完全可以采用庭前审查事实证据，庭中审查认罪认罚自愿性，庭中或庭后择期宣告判决结果的方式进行审理。对于繁案，包括基层法院审理的被告人不认罪案件，以及中高级法院审理的重大刑事案件，则应当以充分保障控辩对抗为目标，积极探索关键证人、鉴定人、侦查人员、有专门知识的人出庭作证机制，在法庭调查中充分贯彻直接言词原则的要求，在法庭辩论中引导控辩双方围绕争议问题充分展开辩论，把案件事实的矛盾点、法律适用的争议点通过庭审充分厘清，确保案件的公正裁决。

二是要构建完善的庭前准备程序，健全程序争议问题的庭前裁决机制。相对完善的庭前准备程序对于实现庭审实质化的改革目标具有重要的保障功能。2012 年《刑事诉讼法》修改设立了庭前会议的制度，规定对于一些复杂疑难案件，可以在庭前召开由控辩双方参加的会议，就程序性争议问题集中听取意见。这对于准确把握庭审重点、保障庭审顺利进行和提升庭审效率具有重要意义。然而，庭前会议的制度设计中并未相应建立完善的程序性争议裁决机制。除对回避申请和非法证据排除的申请的决定有一定的程序性规定外，对其他程序性争议和申请事项的处理，大多没有具体的程序性规定。这就可能导致辩方的程序性异议和申请在庭前得不到充分重视和解决。要解决上述问题，就有必要构建完善的程序性争议裁决机制，使程序性裁决的作出符合正当程序原则的要求。对于辩方提出的程序性异议或程序性要求，法庭均应当及时作出程序性裁决，对是否支持辩方的异议和要求进行明确回应。程序性裁决应当建立在充分听取控辩双方意见的基础上，以适当的形式作出，向控辩双方公布并说明理由。控辩双方对合议庭的程序性裁决存在异议的，除法律有明确规定的以外，一般不能单独提出上诉，但可以将对程序性裁决的异议在上诉中一并提出，由二审法院审查一审程序性裁决的合法性和合理性，确保程序公正。

三是要充分利用信息技术手段保障庭审控辩的充分对抗，推动信息技术与诉讼制度、诉讼规律的深度融合。随着信息科技的快速发展及人民法院加快推进审判体系和审判能力现代化的迫切要求，信息技术手段在司法场景中的应用已成为大势所趋。从推进以审判为中心的刑事诉讼制度改革维度出发，我们应当积极探索运用现代信息技术手段强化刑事庭审的控辩对抗性，大力推进庭审实质化进程。近年来，在线庭审在刑事审判中得到广泛应用。在线庭审不仅能够解决特殊时期被告人不便于从羁押场所提押到法院的安全保障问题，还能有效提升诉讼效率和诉讼便捷性。实践表明，在具备“高清大屏、足够带宽”的技术保障条件下，在线庭审方式并不会减损质证权的保障，反而能够通过多媒体示证系统、远程作证、证人屏蔽作证等信息技术的运用，起到推动庭审实质化的作用。此外，现代信息技术还可以应用于刑事证据鉴真场域，辅助法官通过庭审准确判断和采信证据。对于被告人供述和证人证言等言词证据，可以在侦查阶段收集证据时即提倡全程录音录像，录音录像与书面笔录同步生成并移送法院。在庭审中，如果控辩双方对被告人供述和证人证言的真实性提出异议时，即可快速切换至争议点进行实时播放并接受质证，并充分运用提升视频帧率、优化视频回放等技术手段，有效捕捉情态信息，切实提升庭审的亲历性和对抗性。此种言词证据鉴真方式更为直观准确，能够真实还原言词证据形成过程，避免证人在诉讼过程中受到人为干扰做虚假陈述或由于距案发时间久远出现证言细节错漏等情形，更利于法庭对言词证据的真实性和合法性作出准确判断。对于物证、书证，则可以充分运用多维技术、区块链技术存证等技术手段，确保证据的真实性和客观性，并辅之以庭审中的多媒体示证技术，使证据的外观、形状、内容更为清晰可见，为庭审中准确校验证据提供充分保障。

（三）进一步加强刑事审判中对被告人辩护权利的保障

依法获得辩护是被告人的基本诉讼权利。被告人、辩护人对辩护权利的有效行使是确保庭审控辩双方充分对抗，实现庭审实质化的基础前提。积极推进以审判为中心的诉讼制度改革，就是要在刑事诉讼中充分体现尊重和保障人权的要求，充分保障、落实被告人的辩护权利，尽最大可能为辩护律师依法履职提供制度保障和便利条件。从刑事诉讼结构来看，辩方面对以国家强制力为保障的控方，其诉讼能力无疑具有天然的劣势，只有在审判阶段采取有力措施保障和落实被告人及其辩护律师依法享有的各项诉讼权利，才能使辩方能够有机会与控方平等对抗，使“真相越辩越明”，确保法庭能够居中裁决，明断是非。

一是要重视辩护人在庭前程序中的有效参与，充分保障辩护人收集、调取证据和申请证人出庭等诉讼权利。对辩护权的保障不仅应当在庭审中予以体现，更应当落实于庭前、庭后各个环节，尤其是在庭前准备程序中。只有在庭前准备阶段，通过一定的程序和制度设计，保障辩护律师收集、调取证据的权利，对其提出的排除非法证据，申请证人、侦查人员、鉴定人、有专门知识的人出庭作证的要求予以充分重视和及时回应，才能使辩护律师真正能在庭审中与控方进行平等对抗。从以审判为中心的诉讼制度改革目标出发，法庭不仅要重视辩护人在庭前的有效参与，更应当为辩护人强化辩护能力提供积极的帮助。对于辩护律师提出的收集、调取证据的申请，法庭在审查后认为有必要的，应及时向相关单位和个人发出调查令，要求其配合辩护律师的调查，否则将追究法律责任。对于辩护律师确实难以直接收集、调取的证据，则应要求侦查机关、检察机关进行收集、调取，必要时可以由法庭直接调取。对于辩护人在庭前提出的程序性申请和异议，应当及时通过听证和裁决方式予以解决和回应。只有确保辩护律师在庭前有效参与，才能使其在庭审中实现平等、充分对抗，有效发挥庭审的功能作用。

二是要充分重视辩护人的辩护意见，建立保障在庭审和裁判文书中对辩护意见进行有效回应的机制。庭审中，审判长要善于引导控辩双方在遵循法庭规则的前提下充分抗辩，以辞听两造、居中裁决。对辩方有理有据的辩护意见，要求控方必须当庭作出回应。实践中，有时存在公诉方对辩护意见选择性回应的情况，审判长应当及时归纳提示，确保法庭辩论效果。裁判文书中应当严格要求对辩方意见进行完整反映和归纳，改变实践中有的文书对辩方意见作选择性表述或过于简略的表述的不当做法。对控辩双方争议点进行归纳提炼后，应当在裁判文书中充分有效地回应，并强化说理性要求，做到有理有据，以理服人。

三是要进一步提高二审开庭率，确保辩护律师在刑事二审程序中充分行使辩护职能。以审判为中心的诉讼制度改革要求，律师辩护职能不仅应在一审程序中充分体现，在二审、复核、审判监督等刑事审判程序中也应当得到全过程的贯彻落实。刑事二审程序承担着重要的全面审查、依法纠错功能。但当前，刑事二审开庭率偏低，如果大量的二审案件都采用书面审理的方式进行审查，可能会导致二审功能的虚化和刑事申诉、信访案件的激增，与审判定分止争的目标要求相悖。因此，有必要从制度和实践层面，积极探索进一步提高二审开庭率的问题。除死刑案件、重大疑难复杂案件等法律规定必须开庭的情形外，对于上诉人及其辩护人对事实、证据提出有理有据的异议的二审案件，原则上也应当开庭审理，以充分听取和回应上诉人的诉求和辩护律师的辩护意见，及时纠正一审在认定事实和适用法律上的错误。这样既能依法充分保障辩护律师在刑事二审中辩护职能的有效发挥，也能提升审判质量，确保公正裁判，充分贯彻落实以审判为中心的诉讼制度改革的目标要求。

第二节 关键证人出庭作证及配套机制的完善

提高证人出庭作证率是推进以审判为中心的刑事诉讼制度改革的关键举措。然而当前，我国刑事诉讼中证人出庭作证率普遍较低的问题并未得到根本解决。造成这一问题的原因很多，既有诉讼资源和诉讼效率等客观原因，也有民众法律意识和心理等主观原因，同时也受相关机制不完备所影响。因此，有必要对如何建立符合我国实际，具有现实可行性的证人出庭作证制度，尤其是关键证人出庭作证制度进行深入的探讨，改变证人不出庭的现状，促进刑事审判方式改革的深化和发展。

一、证人出庭作证的必要性

在诉讼活动中，事实确证的主体并非事实的亲身经历者，但最终需要这些确证者对案件事实进行认定。这一确证过程通常也需要分为两个阶段进行：首先由事实的亲身经历者或者目击者对案件进行陈述；其次由事实确证者根据上述人员的陈述对案件事实进行认证。第一个阶段的陈述主体往往是广义上的证人（也包含鉴定人、有专门知识的人等），第二个阶段的判断主体往往是诉讼活动中的法官、检察官、侦查人员等。

从事实确证过程可知，诉讼事实的认定本质上是一种间接认证过程，法官等判断主体既需要以相关证人的陈述为素材，也需要以一般认知规律为依据，对案件事实进行认定。在这一认证过程中，事实确证的内在要素尤为重要。因为作为事实确证外在要素的认识规律可以通过专业培训和日常学习获取，但作为事实确证内在要素的对事实的直接感受则无法通过学习获得，因为这种要素是亲身经历者通过自身感官因素直接获取的内容。法官等事实确证者若想充分查证事实，则需要基于对证人的观察能力、记忆能力、表达能力和诚实度等因素的观察和判断，而法官对证人上述因素的经验性把握，只能建立在对证人的直接观察之上。①

实践证明，法官等事实确证者不可能离开法庭去查证这些确证所需要的因素，因此要掌握个案的事实，证人出庭作证是最有效的途径。而且，以文字形式呈现的证人证言，并不能替代证人出庭作证，这是因为，相对于口述，笔录难免会有语言转换问题，如口语体变为书面语，很容易发生语义变化；笔录还会有内容取舍，在不经意间因语言环境改变也容易产生原词原句的语义微变。加之取证人很容易带有特定的倾向性，侦查人员和辩护律师皆无例外，以致笔录的结果经常略带微倾。以前法官多靠检验证人的签名和捺印进行鉴真（表示经过证人阅读、完全符合本意），但很难确定笔录内容是对口述内容的完全还原。因此，证人出庭作证对于刑事案件事实的确证具有十分重要的作用，而相关笔录并不能完全替代证人出庭作证。

二、关键证人出庭作证的合理性

从目前对证人出庭作证问题的研究来看，理论界在对于我国建立证人出庭作证制度的必要性认识上是一致的，但对如何构建证人出庭作证制度却存在不同观点。一种观点认为，应当建立刑事诉讼全部证人当庭作证制度，并且要确立传闻证据排除规则，确保证人出庭作证。②另一种观点认为，全部证人出庭较为困难，主张通过传闻证据排除规则及其例外规则，确立部分证人出庭作证的制度。③这些观点无疑都具有一定的合理性，但从我国目前法院的实际情况和刑事诉讼制度的特点来看，本书认为我国应当建立关键证人出庭作证制度，即不采用传闻证据排除规则，而是直接规定要求在有争议的案件中对证明案件事实有重要作用的证人出庭作证的制度。

（一）全部证人出庭作证不具有必要性和可行性

现阶段，我国刑事诉讼证人出庭作证面临着客观方面的制约因素，从而使得要求全部证人出庭作证不具有现实可行性。

一是法院诉讼效率需要的制约。现阶段，我国刑事案件数量逐年上升，如何提高诉讼效率已成为法院所面临的一个重要课题。如果每个案件均要求证人出庭，则现阶段刑事诉讼效率无疑会受到较大影响，难以保证刑事审判任务的完成，尤其是

---

① 参见郑好：《我国刑事证人出庭作证制度研究》，中国政法大学 2008 年博士学位论文。

② 参见郑旭等：《诉讼证据规则研究》，中国法制出版社 2000 年版，第 1~20 页。

③ 参见樊崇义：《刑事证据法原理与适用》，中国人民公安大学出版社 2001 年版，第 12~30 页。

被告人对指控的犯罪事实无异议的案件，当前许多法院都在探索简化审理，要求这些案件的证人必须出庭，显然与效率价值目标背道而驰。

二是法院司法资源有限的制约。现阶段，法院司法资源极其有限，而刑事诉讼证人出庭作证，除应当对证人给予费用补偿外，还要对某些证人进行特殊保护，或强制某些证人出庭，均需耗费一定的人力、物力和财力。要求刑事诉讼证人全部出庭作证，显然力所难及。

三是相关制度不完善的制约。要保证刑事诉讼证人出庭作证，需要证人保护、证人补偿及其他相关制度的协调运作。即使立法规定了这些制度，其在实践中还需进一步完善、落实。应当看到，在某些情况下立法对实践确有一定的拉动作用，但如果在条件不具备的情况下强行作出立法硬性规定，则不仅不会拉动实践，反而会使实践中的秩序被破坏而无法适应现实需要。一旦全部证人必须出庭成为立法硬性规定，而法院基于各个方面条件制约不能依法操作，就会使法院成为矛盾的焦点，给刑事审判工作造成十分被动的局面，也会极大地影响法院的社会公信度。

（二）关键证人出庭作证制度的可行性考察

我国确立关键证人出庭作证制度是实践的迫切需要，同时也具有现实可行性，主要表现在以下几个方面。

一是与相关法律和司法解释相一致，具有制度上的连贯性。1998 年《最高人民法院关于执行〈中华人民共和国刑事诉讼法〉若干问题的解释》（现已失效）第 141 条规定：“证人应当出庭作证。符合下列情形，经人民法院准许的，证人可以不出庭作证：（一）未成年人；（二）庭审期间身患严重疾病或者行动极为不便的；（三）其证言对案件的审判不起直接决定作用的；（四）有其他原因的。”这一规定实际上也是确立了一种部分关键证人出庭的制度。但这一司法解释对证人可以不出庭作证的规定较为宽泛，且未规定相应保障及操作措施，因此在实践中无法贯彻执行。这些规定的精神与关键证人出庭作证制度无疑是一致的，这就为确立关键证人出庭作证制度作好了立法上的准备，使制度保持了一定的连贯性。2012 年《刑事诉讼法》在修改时注意到这些问题，并从正面规定了证人出庭作证的条件，同时也新增了强制出庭作证的内容。这些规定在 2018 年《刑事诉讼法》的修改中也被延续。但是，在实践中，强制出庭作证的情况极少，并没有达到立法所期待的效果，因此关键证人出庭作证制度也需结合司法实践进一步完善。

二是符合我国刑事诉讼的特点，能为刑事诉讼各方人员接受。关键证人出庭作证，是将证人出庭作证建立在切合我国实际、保障案件实体真实和实质保障被告人诉讼权利的基础之上，从而更能为从事实践工作的刑事审判人员接受。由于该制度是要求有争议的证人出庭，并非一律排除公安、检察人员询问证人的书面笔录，使侦查和公诉机关能够接受。关键证人出庭作证，往往更有利于揭露犯罪事实，促使被告人认罪服法，从这一点看，是有利于公诉工作顺利进行的。而辩护人无疑也有机会对关键证人进行当面质证，从而保证了辩护工作能取得一定的实效。

三是更切合我国法院司法资源现状，能够得到有效的物质保障。我国尚无法满足刑事诉讼全部证人出庭的司法资源需要，但对于关键证人出庭，经过努力，现阶段法院的人力、物力和财力还是可以保证的。而且我国虽然各地发展程度不一，但关键证人出庭的数量与地区的发展程度往往是成正比的，因此，这一制度是符合我国国情，现实可行的。

四是部分法院进行了试点和探索，有一定的实践基础。近年来，各地法院均意识到证人不出庭的问题，并不同程度地采取了相应解决措施。从各地法院的探索来看，基本上没有要求全部证人出庭的情况，而相当一部分法院是要求关键证人出庭。在这些试点和探索的基础上，规范并推行关键证人出庭作证制度，不会在实践中产生实施上的困难，不会影响到刑事审判任务的完成。

三、关键证人出庭作证的制度设计

理论是灰色的，而实践之树常青。程序法的生命力应当来自实践的探索，设计关键证人出庭作证制度必须对此有清醒的认识。

（一）制度确立的形式

通过司法解释确立刑事诉讼关键证人出庭作证制度是较为可行、便捷的方式。一方面，司法解释比较灵活，制定的程序比较简单，能以较快时间出台，满足实践的迫切需要；另一方面，在司法解释实施过程中可以不断总结经验，为今后通过立法确立更为成熟的证人出庭作证制度创造立法和实践上的条件。我国《刑事诉讼法》对证人出庭作证、证人义务、证人保护等问题已经作出原则性规定，通过对这些规定的执行问题作出详细的操作性解释和补充，从而确立关键证人出庭作证制度，是具有可行性的。

（二）制度确立的具体内容

结合实践情况，可以从关键证人的范围，出庭准备程序、操作规程及质证规则，强制措施及拒证的法律责任，关键证人未出庭的法律效果等方面对关键证人出庭作证制度的完善进行讨论。

1. 关键证人的范围

建立关键证人出庭作证制度，最重要的就是明确关键证人的范围。具体应当考虑两个方面的因素：一是该证人出庭确实有利于查清案件事实真相；二是该证人出庭系保障被告人的当面质证权所必需。这就要求证人出庭的案件是有争议的案件，也就是说被告人对公诉机关的指控有实质上的异议，如果被告人对指控的犯罪事实无异议，则没必要让证人出庭。此外，要求出庭的证人是对证明案件事实有重要作用的证人。如果该证人的证言对案件事实的证明作用不大，或者所证明的不是案件中影响定罪量刑的主要事实，则无出庭必要。因此，关键证人的范围应当规定为，在被告人及其辩护人对公诉机关指控的犯罪事实有实质性异议的案件中，对影响定罪量刑的主要事实可能有重要证明作用的证人。界定关键证人的范围，还必须规定关键证人可以不出庭的特殊情形。从实际情况出发，可以规定以下情形关键证人可以不出庭：（1）证人在庭审期间患有严重疾病、行动极为不便或者经查找确实下落不明的；（2）由于路途遥远、交通极不便利、身处国外短期无法回国或由于自然灾害、意外事件等不可抗力无法到庭的；（3）关键证人系被告人的配偶及直系近亲属的；（4）其他确属特殊情况，且开庭前报上级法院审查，经上级法院批准的，关键证人可以不出庭。上述四种情形中，第一种和第二种情形是指由于客观原因证人不可能到庭的；第三种情形是一种基于亲属关系的证言特免权；第四种情形是考虑到实践中确实会出现一些特殊情形，如果不作此规定有可能影响某些案件刑事审判任务的完成，但适用这种例外情形时必须严格控制，需在程序上经上级法院审查并作出决定。

2. 出庭准备程序、操作规程及质证规则

（1）关键证人出庭作证的准备程序。包括证人出庭的申请、决定和通知。关键证人出庭可以由控辩双方申请，也可以由承办案件的法官自行决定。控辩双方申请的，应当在开庭十日以前书面提交申请出庭证人的名单及申请理由。由承办法官进行审查，决定是否准许。对于属于关键证人范围，并无可以不出庭的法定原因的，应当决定其作为证人出庭。决定应书面告知申请人。不准许出庭的，应在书面告知中说明理由。该决定不得上诉和申请复议。申请人可在开庭时提交该证人的书面证言。决定证人出庭后，应当由法院在开庭七日以前将传票送达该证人。必要时，法院可以用强制措施保证该证人出庭。证人不出庭导致无法开庭的，应当延期审理。

（2）关键证人出庭作证的操作规程。关键证人到庭后，首先应对证人身份进行核实，审判长应当核实证人身份，并对证人是否具有作证能力作出判断。核实无误后，审判长应当向证人告知有关权利义务，再由证人宣读保证书。证人可以先陈述所了解的案件事实，再由控辩双方质证，也可以经控辩双方申请直接开始质证。质证应当先由有利方主询问，再由另一方反询问，如有必要可以进行再询问。质证后，法官可向证人发问。证人作证完毕，由审判长宣布证人退庭并告知其应当在庭外等候至当日庭审结束后阅看笔录并签名。

（3）关键证人出庭作证的质证规则。质证规则是指控辩双方对证人的询问方式和证人是否应回答询问的相关规则。质证规则应由审判长本着有利于查明案件事实真相、有利于保护证人、有利于提高诉讼效率的精神予以掌握。控辩双方询问的内容应当与案件相关，不得进行诱导性提问；不得对证人进行威胁、恐吓；不得侮辱证人、损害证人的人格尊严。证人对与案件无关的问题、涉及国家秘密及可能导致证人自我归罪的问题，有权拒绝回答。质证中，控辩双方均可对对方的询问提出反对，由审判长决定是否制止，审判长也可以主动制止。证人拒绝回答问题时，也应当由审判长决定是否准许。审判长也可主动提出某个问题，证人可以不必回答。对审判长在作证程序中的决定，控辩双方及证人必须遵守，以充分维护法庭的权威，确保庭审的顺利进行。需要补充说明的是，关键证人的证言发生前后矛盾时如何取舍，一般来说存在两种情形：一是证人当庭证言与庭前证言笔录发生矛盾；二是未出庭证人提供了与证人当庭证言相互冲突的庭前证言笔录。对此，有观点主张“当庭证言应当优先采纳”，以鼓励证人出庭作证。依据审判实践经验，对于同一事实出现前后矛盾的两份以上证言，只可能其一为真，抑或均为虚假，并不存在当庭证言一定为真。证据印证规则是检验证据真实性的常规方法。无论是当庭证言还是庭前证言笔录，原则上讲都只有在得到其他证据的相互佐证时，方可予以采信。

3. 强制措施及拒证的法律责任

建立关键证人出庭作证制度，必须同时规定强制关键证人到庭的措施和对证人拒证的处罚。这里首先要明确的是，关键证人出庭在现阶段只能由法院承担确保其到庭的责任。因此，必须赋予法院对已收到法院出庭通知而无正当理由不到庭的证人采取强制措施的权力。强制措施可以包括拘传、拘留以及罚款。此外，对于证人有不出庭倾向，可能会不出庭的，法院应当有权预先采取强制措施，确保其如期到庭作证。对于逃避出庭作证义务或者被强制到庭后拒不提供证言的关键证人，还应当给予一定的处罚。可以对其实施拘留或者训诫等措施，并可通知其所在单位或基层组织，对其进行一定处分等。

4. 关键证人未出庭的法律效果

为确保关键证人出庭作证，必须明确关键证人无法定原因未出庭作证的程序性后果。所谓程序性法律后果，是指违反诉讼程序的行为及其结果，在诉讼程序上不予认可，或者应予否定或予以补正的法律规定。由于确保关键证人出庭作证的责任是由刑事案件的一审法院承担，因此，程序性后果也应当针对一审法院。如前所述，我国不宜采用传闻证据排除规则，因此不能以关键证人不出庭，其书面证言不能作为定案依据为后果，而应当规定以程序违法为其后果。也就是说，一审如果无正当理由而关键证人未出庭作证，则应当视为一审违反了法定的诉讼程序，有可能影响案件的公正处理，当事人提出上诉的，二审法院应当依照《刑事诉讼法》的规定，撤销一审判决，发回重审。一审法院应当组成新的合议庭，在通知关键证人出庭作证的条件下对案件进行重新审理。这样才能确保一审法院尽最大可能确保关键证人出庭作证。值得注意的是，一审、二审可能会对该证人是不是关键证人产生不一致的意见，这里应当明确，二审裁量权在二审法院，但二审法院必须依据该未出庭证人的证言对一审认定案件事实的重要程度及一审中被告人是否对案件指控事实有异议、是否提出过该证人出庭要求来综合认定。

第三节　证据收集合法性调查程序的优化

我国刑事审判实践在一定程度上存在“重实体、轻程序”的价值取向，在事实认定及证据采信上或多或少地存在依赖口供的情况，这就为非法取证的滋生提供了土壤。随着个别影响性案件的出现，非法取证的危害性逐渐被社会公众认知。在此背景下，最高人民法院、最高人民检察院、公安部等先后于 2010 年、2017 年联合制定发布《关于办理刑事案件排除非法证据若干问题的规定》《关于办理刑事案件严格排除非法证据若干问题的规定》，后又对《刑事诉讼法》及司法解释作出修改，在立法层面确立和细化了非法证据排除规则。非法证据排除规则对于实体上保证办案质量，程序上遏制非法取证活动，维护诉讼参与人的合法权益均具有重要价值。随着依法治国的全面推进和司法改革的不断深入，非法证据排除规则持续受到关注，不断丰富发展，但在制度设计和实务运作方面仍存在一些问题和困惑，影响非法证据排除规则的实施和完善。

一、证据收集合法性调查程序的相关规定

2010年《最高人民法院、最高人民检察院、公安部、国家安全部、司法部关于办理刑事案件排除非法证据若干问题的规定》首次确立了“先行当庭调查”的原则。根据该原则，对被告人及其辩护人提出的排除非法证据申请，不仅应当在庭审中进行调查，而且应当在对起诉指控的犯罪构成事实调查前，采用专门的程序予以调查。2012年《刑事诉讼法》修改，在立法上正式确立了非法证据排除规则，分别就非法证据排除、检察机关对非法收集证据的法律监督、非法证据排除申请、对证据收集合法性的法律调查和证明、庭审排除非法证据等作出具体规定。2012年《刑事诉讼法司法解释》规定的证据收集合法性调查程序对2010年《最高人民法院、最高人民检察院、公安部、国家安全部、司法部关于办理刑事案件排除非法证据若干问题的规定》中确立的证据收集合法性调查程序进行了修改和完善，进一步强化了调查程序的可操作性。2017年《最高人民法院、最高人民检察院、公安部、国家安全部、司法部关于办理刑事案件严格排除非法证据若干问题的规定》将重复性供述和非法拘禁型供述纳入排除非法证据的适用范围。2021年《刑事诉讼法司法解释》在吸收了之前有关非法证据排除相关文件内容的基础上，作出进一步修订和完善，但实践中仍存在一定适用问题，证据收集合法性调查程序尚未完全达到制度设计的效果。

在推进以审判为中心的诉讼制度改革的背景下，基于对我国目前证据收集合法性调查程序的制度渊源的审视和实践效果的考察，有必要对我国证据收集合法性调查程序进行改革和完善，构建针对证据收集合法性问题更为完备有效的程序性争议裁决机制。

二、证据收集合法性调查程序宜相对独立于庭审程序

证据收集合法性调查不宜在庭审程序中进行。这是因为，庭审的主要功能是解决被告人的定罪量刑问题，而证据收集合法性调查程序，要解决的是特定证据的收集程序和方式是否合法，从而确定该证据是否能被允许在庭审中进行宣读和出示的问题。只要认定或不能排除该证据系以非法方法收集，则不论其是否真实、是否能

够证明案件事实，均应当予以排除，即否定其证据资格。如果认定该证据系以合法方法收集，则应当在庭审中予以宣读和出示，并结合其他证据情况，综合判断是否采纳为定案依据。证据收集合法性调查应当有专门的调查程序，且应当前置于庭审调查程序。

从审判实践来看，证据收集合法性调查在庭审中进行，不论是在法庭调查前先行调查，还是在法庭调查结束前一并调查，均无法解决庭审重心偏离、庭审效率受影响的问题。尤其是在重大案件的审理中，启动证据收集合法性调查程序，控方无论是采用播放讯问录像的方式，还是传唤侦查人员出庭作证的方式举证，均会导致庭审时间冗长，影响到庭审的效率和效果。在法庭调查结束前一并调查的做法，不仅起不到提高庭审效率的作用，往往还会导致在其他相关证据的举证、质证中辩方反复提出证据收集合法性争议的情况，影响对其他证据的质证和案件事实调查的效果。

在现行《刑事诉讼法》的立法框架下，应当确立在庭前会议中进行证据收集合法性调查的程序规则。庭前会议制度的主要诉讼功能，就是通过庭前对程序性争议问题的及时处理和对辩护方提出的程序性申请的及时回应，充分保障辩护方的诉讼权利，实现控辩平衡，保障程序公正。《刑事诉讼法司法解释》已经确立了辩护方在庭审前提出排除非法证据申请的原则性要求，为通过庭前会议进行证据收集合法性调查提供了制度条件。在庭前会议中展开证据收集合法性调查程序，也没有制度上的障碍。当前在制度设计上存在的问题是，立法没有赋予庭前会议对程序性争议问题作出裁决的功能。庭前会议不能作出裁决的立法规定与程序性争议问题在庭前解决的现实需要之间，并不存在矛盾。庭前会议不能作出裁决，并不等于庭前不能作出裁决。在庭前会议中对证据收集合法性进行调查后，应当在庭前及时作出裁决，以保障庭审的顺利进行。

对于庭审中辩护方提出排除非法证据申请的，也不宜在庭审中启动证据收集合法性调查。由于司法解释确立了庭前提出申请的原则要求，庭审中提出申请的，一般均属于特殊情形。对于庭审中提出的排除非法证据的申请，如果辩护方未提出相应的线索和证据，使法庭对证据收集合法性产生疑问的，应当当庭驳回其申请。如果需要启动证据收集合法性调查程序的，可以宣布休庭，根据《刑事诉讼法司法解释》关于庭外调查核实证据的程序规定，启动独立的证据收集合法性调查程序，在解决证据收集合法性问题后，再恢复进行庭审。

三、证据收集合法性调查应当采用听证程序模式

审判实践中，证据收集合法性调查程序一般均沿用对犯罪构成事实进行法庭调查的控辩对抗程序模式，即由控辩双方分别举证、互相质证和辩论，其控辩对抗的激烈程度往往不亚于对起诉指控犯罪事实的调查程序。

证据收集合法性调查应当按照何种程序模式进行构建，应基于对其程序构造特征的科学的、规律性的认识。证据收集合法性调查程序的程序构造具有区别于犯罪构成事实调查程序的特征，其主要目的是对侦查人员收集证据的侦查行为的合法性进行审查，以决定争议证据是否具有证据资格，而并非查明特定侦查人员收集特定证据的侦查行为的客观事实过程。法官在调查程序中应依职权积极主动对证据收集的合法性进行审查并作出裁断。控辩双方在调查程序中虽有对抗，但主要是通过共同参与，使法庭对证据收集的合法性问题形成准确的判断。由此可见，证据收集合法性调查程序不应按照控辩对抗程序模式展开，而应当按照听证程序模式予以设计。

具体来说，在庭前会议或庭外核实证据中启动证据收集合法性调查程序的，应当首先由排除非法证据的申请方向法庭陈述其申请，并宣读或出示相关的线索和材料，然后由公诉方宣读或出示其就证据收集合法性问题进行调查后所取得的证明证据收集合法性的证据。辩护方可以对公诉方宣读或出示的证据进行逐项质证，也可以一并质证。公诉方传唤侦查人员及其他人员出庭作证的，不应由控辩双方进行交叉询问，而应当由出庭的侦查人员及其他人员先就证据收集情况进行说明，再由控辩双方及法庭针对其说明的相关情况进行发问。公诉方和辩护方在举证、质证完毕后，应当分别就公诉方提供的证据是否能够证明证据收集的合法性陈述意见。如果双方意见能够达成一致的，则由公诉方撤回相应的证据或由辩护方撤回排除申请；如果双方意见不能达成一致的，则由法庭作出裁断。由于在庭前会议和庭外核实证据中启动的证据收集合法性调查程序只涉及排除非法证据的申请方、承担证据收集合法性证明责任的公诉方及出庭说明情况的与侦查行为相关的侦查人员或其他人员，因此，一般没有必要允许其他人参与或旁听。

四、证据收集合法性调查应当建立完善的裁决机制

如上所述，我国刑事诉讼尚未确立完善的程序性争议裁决机制。基于正当程序

的要求，对程序性争议建立完备的裁决机制，应当包括独立、公正的裁决主体，争议相关方参与下的听证程序，对争议问题的及时裁决并充分说明理由，对裁决不服的有效救济渠道。按照上述要求审视我国目前的证据收集合法性调查程序，不难发现在及时有效的裁决、裁决的理由展示以及对裁决不服的有效救济渠道等方面，还存在制度设计不够完善的情况。《刑事诉讼法司法解释》规定，法庭在启动证据收集合法性调查程序后，对调查结果应当给出确定的意见，并将调查结论告知控辩双方，但对调查结论作出的方式、作出结论的时限、裁断的具体理由的说明均未作出明确的规定。控辩双方对法庭的调查结论存在异议的，也没有设计独立的救济渠道。

针对证据收集合法性调查程序中的程序性争议，应当构建完备的程序性裁决机制。具体来说，在证据收集合法性调查程序中，对于需要法庭行使裁量权作出的裁决，包括不启动证据收集合法性调查程序的裁决、确认或不能排除以非法方法收集证据的裁决、确认证据收集方式合法的裁决，均应当以书面方式作出决定或裁定，并在书面决定或裁定中阐明作出裁决的理由和依据。对于法庭作出的裁决，应当赋予当事人必要的司法救济手段。鉴于不启动调查程序的决定针对的是法庭对证据收集的合法性没有疑问的情形，即辩护方没有提出相关的线索或材料，或者提出的线索和材料不能使法庭对证据收集的合法性产生疑问的情形，故出于诉讼效率及防止辩护方滥用诉权方面的考虑，不宜允许辩护方针对该决定提出独立的上诉。当然，辩护方对一审法院不启动调查程序的决定存在异议的，可以在案件上诉中一并提出，二审法院认为确有必要启动的，可以将案件发回重审或者直接在二审中启动调查程序。对于确认或不能排除以非法方法收集证据，或确认证据收集方式合法的裁决，则因该裁决结果对于案件实体处理及对于保障被告人权利具有相当的重要性，应当允许对裁决不服的当事人提出独立的上诉，使二审法院能够及时对该裁决的合法性和合理性作出审查和决定，以确保裁决的有效性，保障非法证据排除规则防止非法证据进入庭审调查功能的有效实现。当然，我国现行《刑事诉讼法》并未设计就程序性争议裁决的独立上诉机制，在现行规定的框架内，对于上述裁决，仍然可以采用在上诉、抗诉程序中一并提出，由二审法院审查一审程序性裁决合法性和合理性的做法。

第十五章　刑事案件证据标准的构建与规则适用

刑事案件中证据的审查与运用是贯穿整个刑事诉讼活动的关键性问题，直接关系案件事实的认定、罪与非罪的评价以及被告人是否应受刑罚处罚的问题，涉及人的财产权、自由权乃至生命权，对于刑事司法实践乃至国家法治建设具有极其重要的意义。本章以刑事案件证据标准的构建与规则适用为题，从证据标准与证明标准的内涵与关系、证据链条的完整构建、主要证据规则的理解与适用、常见犯罪案件的证据审查与运用四个部分展开分析。

第一节　从“证据标准”到“证明标准”

一、证据标准与证明标准的内涵

证据标准也称证据的采用标准，指反映证据的基本特征，能够证明案件事实，并可以作为定案依据的基本原则，即证据的关联性、真实性、合法性。证据的真实性，是指证据所表达的内容或证据事实是客观存在的，不以办案人员的意志为转移，不是主观想象、臆断或虚构的。我国《刑事诉讼法》第50条第3款规定：“证据必须经过查证属实，才能作为定案的根据。”即证据最终是要讲客观真实性的。证据的关联性，是指证据事实与案件事实存在着客观上的内在联系性，从而能起到证明作用。证据的关联性是由案件本源事实所决定、派生的。证据的合法性，是指证据的形式以及证据收集的主体、方法和程序应当符合法律的规定，并且证据必须经过法定的审查程序，其中重点强调证据收集手段、方法的合法性。证据的合法性是证据真实性与关联性的法律保障，对确保办案质量、体现诉讼正义价值意义重大。[①]

刑事证明标准，是指刑事诉讼过程中认定犯罪嫌疑人、被告人构成犯罪所要达到的程度。刑事证明标准是贯穿整个刑事诉讼活动始终的关键性问题，直接关系犯

① 参见陈光中主编：《刑事诉讼法》，北京大学出版社2021年版，第174~175页。

罪嫌疑人、被告人的罪与非罪以及是否应受到刑罚处罚的问题，涉及人的财产权、自由权乃至生命权，因此，对于刑事司法实践乃至国家的长治久安都具有极其重大的意义。我国《刑事诉讼法》将刑事案件的证明标准表述为“案件事实清楚，证据确实、充分”，并对何谓“证据确实、充分”作出了明确规定，对定罪量刑应当具备哪些证据、证据经何种方式查证属实、证据需要证明到何种程度均作出明确规定，对证明对象、查证方式、证明标准予以了明确规定。首先，要求定罪量刑的事实都有证据证明，这是对证据量的要求。其次，要求据以定案的证据均经过法定的程序查证属实，这是对证据质的要求。该要求既包括对证据真实性之要求，即必须查证属实，又包括程序正义要素，即必须通过法定程序加以查证属实。最后，综合全案证据，对所认定的事实已排除合理怀疑。

上述证明标准是在深厚的历史背景下形成的，也是一个主客观相结合的证明标准。经过长时间的探索和运用，这一证明标准已被广泛应用于我国的刑事司法实践，为司法人员认定案件事实提供了较为明确的要求。

二、证据标准在公检法三机关的统一适用

在侦、诉、审三个不同的诉讼阶段，从目前的司法实践上看，有着不同的证据要求和阶段任务，在侦查阶段，收集一切与案件有关的信息和材料，据以破案、抓获犯罪嫌疑人；在审查起诉阶段，检察官的职责是整理证据、确定指控的罪名，在使犯罪嫌疑人能够被定罪的同时保持客观公正；在审判阶段，则需要法官不偏不倚、根据证据认定事实、根据法律作出居中裁判。从这三个表面上指向不一的诉讼阶段来说，貌似也不适宜使用统一的证据标准来作出规范，否则，公、检、法三机关的职能有可能趋向同一化。这样是否将原本中立的审判机关拉入了自我否定的漩涡？由此推导，统一的证据标准在侦、诉、审这三个相对独立、互相制约的诉讼阶段也存在统一的逻辑悖论。

那么这样的逻辑悖论是真实存在的吗？表面上看，侦、诉、审三个阶段存在不同的任务分工，存在不同的目标，呈现“分段式”的工作特征，但实际上，侦、诉、审三个阶段都在一个根本的刑事诉讼基本原则的统摄之下，即“惩罚犯罪、保障人权”，我们不能说只有最后的审判阶段才是这一原则的最终实现者。这一原则从刑事追诉开始就应一以贯之。这也是现行《刑事诉讼法》所体现的基本立法精神。所以，详究之，不难发现，侦、诉、审三个阶段固然有微观的不同刑事诉讼分

工、不同诉讼阶段目标，但在宏观和根本意义上，在实现《刑事诉讼法》立法目的上是趋同的。这就找到了在侦、诉、审三个阶段统一适用证据标准的根基。因为证据是诉讼的核心，惩罚犯罪要靠证据、保障人权更要讲证据，要让刑事诉讼“惩罚犯罪、保障人权”的精神种子落地生根，就必然要将抽象的证据规则和证明法则予以具体化，制定灵活统一的证据标准，交由侦、诉、审三阶段共同适用。而实际上，从认识规律上说，端坐法庭之上的法官远离案件第一手材料，缺乏对案件的感性认识，如果不按照统一的证据标准来要求侦查机关收集基本证据，就会沦为经过多道可能失真的工序加工材料的被动接受者，在感性认识缺乏的情形之下，作出错误判断的风险显然增加。

故而，无论是从刑事诉讼的立法精神还是从哲学认识规律看，在侦、诉、审三个阶段实行统一的证据标准是刑事诉讼的内在要求，也是当下以审判为中心诉讼制度改革的大势所趋。

（一）适用统一的证据标准是“以审判为中心”的诉讼制度改革的必然要求

长期以来，由于侦查阶段、起诉阶段适用不统一的证据标准，一个刑事案件，侦查、公诉机关认为证据确实、充分了，但在庭审过程中却暴露出众多证据不足、证明力弱的问题，在取消法院退回补充侦查权的立法背景下，往往让审判机关陷入“定放两难”境地。究其根源，就是侦查、公诉机关所依据的证据标准与审判机关所掌握的证据标准之间存在出入，如果将法庭上据以定罪量刑的证据标准在侦查伊始就予以落实，则可以从源头上消减冤错案件发生的可能性，也可以进一步理顺公、检、法三机关的刑事诉讼格局。

由此，以审判为中心的刑事诉讼制度改革作为中央关于刑事诉讼制度的重大决策，从根本上破解了困扰刑事诉讼领域多年的冤错案件问题，而落实这一重大决策的重要路径就是将审判机关据以定罪量刑的证据标准统一、强制适用于侦查、起诉阶段。对于不符合证据标准要求的刑事案件，在侦查、起诉阶段即予以剔除，从源头上治理冤错案件。

（二）适用统一证据标准更符合刑事诉讼认识规律

一个刑事案件从案发至审判，一般间隔数月之久，对于法官而言，与作案现场、作案经过等重要案件实体因素存在时空隔离，仅能依据控辩双方提供的证据材料作出准确判断。从哲学认识规律上讲，法官占有的都不是第一手感性认识材料，如果这样的感性认识材料即一审中的证据再不是按照严格的标准进行收集的，会徒增法官的认识和判断困境，徒增冤错案件的证据风险。那么，通过统一适用证据标准，将法庭定罪量刑的证据要求前置于侦查源头，实际上是将“法官之眼”提前至案件侦查伊始，无疑有利于克服刑事诉讼阶段式诉讼流程所带来的时空隔绝障碍，更契合刑事诉讼的认识规律。

（三）适用统一证据标准具备现实可行性

一段时间以来，有观点认为侦查、起诉、审判三机关存在分工负责、分段负责的关系，在不同的诉讼阶段应坚持不同的证据标准。只要侦查、起诉机关“认为”证据确实、充分，即可以移送起诉、正式提起公诉，至于案件证据是否“真的”确实、充分，则由审判机关统一掌握，达不到确实、充分程度的，应作出证据不足的无罪判决。但是基于目前无罪判决低适用率的现状，仅依靠这一制度在审判阶段防范冤错案件显然过于单薄，近年来纠正的一批在全国有影响力的冤错案件很能证实这个判断。与其事后在审判阶段排除冤错案件，还不如在侦查、起诉阶段就提高证据标准，提升侦查办案质量。与其继续倒逼路径，不如直面问题、径行加以规范。而结合侦查活动实际制定统一的证据标准交予侦查机关执行，一方面并不妨碍侦查活动的顺利进行，另一方面相当于给侦查机关提供了证据收集指引，只会有益于侦查活动开展。实际上，在制定证据标准、研发办案软件的过程中，通过对侦查机关的走访、座谈，证据标准的制定也吸收了大量侦查机关的建议、意见，本身就是多方意见融合的成果和共识，这样的统一证据标准交予侦查、公诉机关执行并不存在障碍，具备现实可行性。

综上所述，制定统一的基本证据标准是切实可行的。在具体实施之前，还要明确以下制定和构建的原则：第一，制定的刑事案件基本证据标准应当是涵盖了证据收集指向、证据收集规则的最低标准。第二，通过对司法实践案件的梳理，科学确定同一罪名下的不同案件类型，制定与之精确匹配的不同证据标准。有的案件类型丰富多样，作案手法、侦破案件方式不尽相同，制定面面俱到、全面翔实、包罗万象、足以应对实践中一切刑事案件的“大一统”证据标准的确不太可行，从防范冤错案件的立足点出发，应遵从刑事诉讼认识规律，首先将实务中手法丰富的同一类案件科学划分为不同类型，之后再行尝试制定基本证据标准，也就是最低的证据标准，以“化整为零”的方式将类型化的同一类案件的证据标准在各个案件类型内部实现统一。这些证据标准还应和《刑事诉讼法》及其司法解释确定的刑事证据审查和运用规则相结合，共同构建出证据模型的“四梁八柱”。

第二节　证据链条的完整构建

刑事案件证据标准的基本结构以证据链条的构建作为支撑。在明确构建证据链条的各个要素与环节的基础上，构建完整、一致、客观、全面的证据链条，才能得出准确、排他的案件结论。

一、构建证据链条的必要性

有学者提出，统一的证据标准无法应对不断变化的案件。本书认为这种观点也是失之偏颇的。统一证据标准，应当区分事实认定所需的证据形式要求和实质要求，其重点在于提炼总结收集证据过程中具有规律性的内容。换言之，通过证据链条的方式将证据标准具象化为规范化的证据规格具有必要性。

需要说明的是，犯罪现象林林总总，但各种犯罪必有共同的犯罪本质，各类犯罪也有相同的主客观事实特征。这些具有规律性的内容在刑事证据上的体现是，虽然证据形式多种多样，但仍有以下共同的要求：一是规制每一个犯罪行为，必以形成一条完整闭合的证据链条为依据；二是由此证据链条串联起来的犯罪构成与量刑事实及其相应证据，共同构筑起制定统一证据标准的基本框架和主干内容。至于个案间不可避免的一些细微差异或者我们归纳、预见的不及之处，适当留下一定的开放空间予以兜底收容即可；除此之外还可对其他常见的问题进行提示。因此，在制定统一的证据标准时，不应采用证据清单的方式，可以根据上述规律性内容，按照“证据链条—应查证事实—印证证据—开放结构—问题提示”的方式制定证据模型，并根据案件类型设置各部分的具体要素和证据要求。

构建规范一致的证据链条要求，也是公开内心确信的内在要求。众所周知，事实是由证据写就的，证据会随时间流逝而改变。把孤立、零散的证据串联成为完整闭合的证据链条，往往是法官的心证过程，包括法律逻辑、生活常识与办案经验等。心证内容具有较强的主观性，但却是串珠成链的中枢神经。时间不会自动记录心证过程，只会悄然抹平曾经的记忆。所以，及时充分、直观有效地呈现心证过程，才是赋予证据链条完整性和稳定性的不二法门。反之，临时拼凑有序的证据链条，随时都会面临证据被个别剥离、再任性发挥的变异危险。因为任何单一证据被置于不同时空，很可能会使人产生不同的看法，只有串连成体、相互印证，才有望保持其历史的特征或原貌。公开心证，虽难必行，规范化的证据链条和统一的证据规格是落实心证公开的重要一环。

二、构建证据链条的要素与环节

不同罪名和类型的刑事案件，具备不同的犯罪构成要件事实，具备不同的待证事实，涉及不同的关联犯罪，必然要求构建出不同环节的证据链条，或者不同排列顺序的证据链条各个环节。在构建证据链条的过程中，主要基本指导原则是根据案件侦破的一般规律和流程，结合各类案件的不同证据要求，是否分类、分为几类，以及设定何种环节、确定何种排列顺序来进行构建。换言之，在合理分类的基础上，根据某类案件侦破需要哪些环节、各个环节对应何种事实、该事实常见的证据种类有哪些等，明确从案发到定罪量刑的各个环节对应事实的证据规格和种类，以此构建具有闭合性的证据链条。下文以命案为例，阐述证据链条构建的一般思路。

（一）以侦查为视角，描述各类案件证据链条的构成环节

以契合侦查的规律和过程为指引，结合司法审判的经验，合理设定并梳理出案件侦破的重要环节，以重要环节为依据为证据模型的构建提供基础框架。比如，对命案来讲，其证据链条的七环可以侦查机关对刑事案件从立案开始（人口失踪或死亡结果的发生）到案件的侦破，证据的收集、固定，直至最后对案件的处理这一实践侦办规律为方向指引进行构建，需要做到环环相扣、层层递进，七环之间形成一个完整的闭合链条。根据审判实践，命案侦破的七环分别是人口失踪报案——查找被害人，确认死者身份——锁定嫌疑人及到案经过——查证犯罪事实——证据充实性及排他性说明——罪前罪后表现及其他量刑情节——涉嫌罪名。

（二）以证据链条为线索，厘清各个环节下应当查证的案件事实

对命案的证据链条，可以结合一线审判人员对命案的审理经验，梳理出命案具体需要查证的事项。证据模型中的查证事项是以命案的证据链条为基础导向，依据命案刑事审判在实践中一般需要查明的事实设置，一共包含十四节：人口失踪情况——死者身份信息及主要社会关系——死亡时间——锁定嫌疑人及到案经过——查证犯罪事实（作案时间——作案地点——作案人员——作案手段及经过——加害程度及死因——财物损失——作案起因、动机及预谋情况）——证据充实性及排他性说明——罪前罪后表现及其他量刑情节——涉嫌罪名（故意杀人、故意伤害、抢劫、强奸、绑架）。

需要注意的是，证据的充实性、排他性说明环节是一个排除合理性怀疑的补充

性说明环节，当案件的犯罪事实、证据在查证、比对过程中存在如下的几种情形，应作进一步说明：证明事项及相关证据缺失；证据内容之间存在冲突；需明确是否存在遗漏共犯或者替人顶罪的情形；存在其他关系证据链条需要说明的问题。因此，侦查人员要将案件中存在的上述情形在此阶段予以说明或者解决，一旦该环节的补充说明完成，全案的证据锁链可以相互印证，不存在矛盾冲突，则案件可以进入下一环节直至罪名的最终确立。

（三）以案件样本分析为方法，梳理各查证事实下的印证证据

以命案为例，本书通过对近年来常见命案中的所有具体证据予以总结、归纳、分门别类对应于可印证的查证事项下，并按照出现频率由高到低或者证明力由强到弱的排列顺序，另对审判过程中反复出现的常见证据问题予以梳理，进而形成构建证据模型的基本框架。在查证犯罪事实这一环中包含着七段待证事项：作案时间；作案地点；作案人员；作案手段及经过；加害程度及死因；财物损失；作案起因、动机及预谋情况。每个环节之下的待证事项均不能缺少，而且每个查证事项均需要相应的证据予以一一的证实。其中，印证查证事项的证据至少要有 2 个予以证实，方能达到相互印证的程度。

（四）以认识规律和法律逻辑为考量，设置开放结构

在完成命案证据标准模型的七环、十四节查证事项的印证后，如果还出现其他新的需要查证的事项、情况以及能够证明相关事实的新类型证据，或者在侦查过程中因案件客观情况无法查证和收集到相关证据，为保证命案证据模型的灵活性和生命力，可以考虑在第四个层次，即在开放结构中由侦查人员以人工录入的方式予以说明原因或者作出补充修正。

（五）以经验法则为依凭，提示证据链条构建中常见多发的问题

根据所审理的命案并且依照类型分别梳理出该类案件证据收集、提取、固定所存在的薄弱、容易忽视且较易出错的环节予以总结，在命案模型系统中根据相应的环节、阶段进行提醒，规避此类办案风险，以进一步地指引侦查活动，确保侦查活动高效地开展。

三、证据链条的闭合性认定

证据的综合审查与判断，是指在确认单一证据合法、真实有效的基础上，从证据之间是否相互印证、关联证据之间是否符合逻辑、嫌疑人供述与辩解中的矛盾能

否合理排除三大方面进行综合分析判断。

首先，证据之间的印证性分析是指每个查证事项下一般要有两个以上的证据互相印证。一般情况下，要求证据之间针对同一待证事实能够形成准确、具体的印证。例如，在命案证据标准中，犯罪现场所留足印、指纹、DNA 信息与嫌疑人生物信息是否形成印证；作案工具；致命伤势位置；现场勘验；检查笔录；照片与尸体检验报告；嫌疑人供述之间能否形成印证；等等。又如，在电信网络诈骗案件中，被害人陈述的被骗金额与嫌疑人供述的获利金额、实际转账凭证记载的金额之间能否精确印证，被害人陈述的诈骗名义、所收到的诈骗道具与从作案窝点内提取的作案道具能否印证，被害人提供的传来诈骗电信痕迹与锁定的作案窝点内的电信设备号码能否印证等。

其次，关联证据之间的逻辑性分析是指分析在不能达成相互印证关系的证据之间是否存在逻辑联系。如在命案证据标准中，嫌疑人供述的图财作案动机与现场勘验、检查所见之间，财物损失、财物翻动等痕迹之间是否存在逻辑联系；嫌疑人供述所使用的作案工具（如锐器）与尸体检验报告所示具体伤口之间是否存在锐器伤逻辑验证；查明的嫌疑人行踪与案发时间段、地点之间能否形成合乎常理的逻辑关系等。

如果说证据之间互相印证是纵向的互相咬合成链的关系，那么关联证据之间的逻辑性分析则是将未互相印证的证据进行逻辑横向连接，从而将证据标准中所列证据纵横相连互通，为证据链条形成唯一性、排他性结论打下良好基础。

最后，嫌疑人如果提出合理性辩解，或者提出案件存在的矛盾，则需要重点审查其多次供述和辩解的稳定性，并结合全案证据予以分析、排除，对于明显存在合理怀疑的，应进一步补强证据。如在命案中，嫌疑人提出不存在故意杀人动机，或者提出不在现场的证明线索，则应进一步核查，根据核查获取的证据或者信息，结合全案在案的其他证据之间的印证和逻辑关系，确定排除合理怀疑，方能最终得出唯一、排他性结论。

四、常见犯罪证据链条的构建示例

（一）命案的证据链条

命案证据标准的基本证据结构为以下三个层次：证据链条、查证事实、基本证据。

1. 证据链条

命案的证据链条可以分为以下七个环节：（1）案件线索来源；（2）查找被害人，确认死者身份；（3）锁定犯罪嫌疑人及到案经过；（4）查证犯罪事实；（5）证据充实性及排他性说明；（6）罪前罪后表现及其他量刑情节；（7）涉嫌罪名。

2. 查证事实

证据链条每一环节下需要查证相关事实。第一环"案件线索来源"需查明案件是如何被侦查机关知晓的；第二环"查找被害人，确认死者身份"需查明死者身份信息及主要社会关系；第三环"锁定犯罪嫌疑人及到案经过"需查明犯罪嫌疑人是如何被锁定与到案的；第四环"查证犯罪事实"需查明作案时间，作案地点，作案人员，作案手段及经过，加害程度及死因，财物损失情况，被害人死亡时间，作案起因、动机及预谋等；第五环"证据充实性及排他性说明"需查明相关待查证事实是否存在缺失、证据之间的矛盾是否得以合理排除、证据的瑕疵是否都已补正、犯罪嫌疑人的辩解是否都已查证并合理排除、是否遗漏共犯、能否排除其他人作案等；第六环"罪前罪后表现及其他量刑情节"需查明犯罪嫌疑人的前科、累犯、自首、坦白、立功情况及是否与被害方达成谅解等；第七环"涉嫌罪名"要根据不同罪名的犯罪构成要件确认案件证据是否确实、充分。

3. 基本证据

每一查证事实需要收集相互印证的证据。例如，案件线索来源，涉及案件如何被发现，可根据报案人陈述等证人证言、受案登记表等书证来认定；查明死者身份信息及主要社会关系，应当收集的基本证据是被害人户籍资料、死者亲友的证言及辨认笔录、被害人陈述、目击证人证言、尸体DNA鉴定等；锁定犯罪嫌疑人及到案经过需要收集抓获经过、工作情况、监控录像、目击证人证言等相关证据；查证犯罪事实需要尸检报告、勘验笔录、鉴定报告等书证，被告人供述、其他证人证言等言词证据，以及作案工具等物证；证据充实性及排他性说明，要看关键事实有无证据缺失情况、证据间有无矛盾及矛盾能否合理说明、是否存在遗漏共犯或顶替作案的可能等；罪前罪后表现及其他量刑情节需要收集有无法定及酌定减轻、从轻、从重等处罚情节的证据材料；涉嫌罪名需结合法律规定论证犯罪事实与构成要件符合性之间的关系。

（二）盗窃案件的证据链条

盗窃案件的基本证据结构为以下三个层次：证据链条、查证事实、基本证据。

1. 证据链条

盗窃案件的证据链条可以分为以下六个环节：（1）案件线索来源；（2）锁定嫌疑人及到案经过；（3）查证犯罪事实；（4）证据充实性及排他性说明；（5）罪前罪后表现及其他量刑情节；（6）涉嫌罪名。

2. 查证事实

证据链条每一环节下需要查证相关事实。第一环“案件线索来源”要查明案件是如何被侦查机关知晓的；第二环“锁定犯罪嫌疑人及到案经过”要查明犯罪嫌疑人是如何被锁定与到案的；第三环“查证犯罪事实”要查明作案时间、作案地点、作案人员、作案手段及经过、犯罪金额及其他定罪情节、赃物去向及分赃情况、作案动机及预谋情况等；第四环“证据充实性及排他性说明”要查明相关待查证事实是否存在缺失、证据之间的矛盾是否得以合理排除、证据的瑕疵是否都已补正、犯罪嫌疑人的辩解是否都已查证并合理排除、是否遗漏共犯、能否排除其他人作案等；第五环“罪前罪后表现及其他量刑情节”要查明犯罪嫌疑人的前科、累犯、自首、坦白、立功情况及是否与被害方达成谅解等；第六环“涉嫌罪名”要根据不同罪名的犯罪构成要件确认案件证据是否确实、充分。

3. 基本证据

每一查证事实需要收集相互印证的证据。除了与命案相似的证据种类外，对于当场抓获型盗窃案件，收集重点在于应当及时、完整地收集证人证言、被害人陈述，防止证据随着时间推移受到外部因素的不当影响。此外，从犯罪嫌疑人身上或案发现场查获的赃物，对案件认定具有至关重要的作用，应当及时收集、固定，并组织犯罪嫌疑人进行辨认。对于重要行踪记录型盗窃案件，通过监控录像锁定犯罪嫌疑人的，应当注意审查监控录像来源的可靠性、提取过程的规范性和保存的完善性，以确保监控录像取得程序的合法性和记录内容的真实性。通过手机、GPS 轨迹锁定犯罪嫌疑人的，应当注意犯罪嫌疑人行踪轨迹的连贯性、完整性及与案发现场的符合性。对于现场遗留痕迹型盗窃案件，证据收集的重点在于应当及时、完整、合法地提取与固定现场遗留痕迹并及时送检。对于关系人检举及主动供述型盗窃案件，收集证据的重点在于，对于同案犯、其他知情人检举揭发的，应当及时、完整地固定其证言，并立即制作讯问笔录，完整记录作案过程，及时固定作案手段、方式、现场情况以及其他非亲历无法知晓的细节。对于网络盗窃型案件，证据收集重点在于应当注意电子数据来源的可靠性、提取过程的规范性和保存的完善性，以确保电子数据收集程序的合法性和记录内容的真实性。

（三）非法集资案件的证据链条

非法集资案件的基本证据结构为以下三个层次：证据链条、查证事实、基本证据。

1. 证据链条

非法集资案件的证据链条可以分为以下七个环节：（1）案发，即被害人、出资人报案；（2）行政违法性初步筛查；（3）查证犯罪事实；（4）锁定嫌疑人；（5）证据充实性及排他性分析；（6）罪前罪后表现及其他量刑情节；（7）涉嫌罪名。

2. 查证事实

证据链条每一环节下设定相关待证事实。第一环“案发，即被害人、出资人报案”要查明案件是如何案发的，被害人报案的损失金额和身份信息以及涉及的集资项目；第二环“行政违法性初步筛查”要查明非法集资类案件作为行政犯涉及的是否获取相关金融行政许可、是否取得相关金融从业资格等行政违法性事项，对于案情复杂、性质认定疑难或新类型的案件，一般要求查证行政主管部门出具的涉案行为行政违法性的认定意见；第三环“查证犯罪事实”要查明查清是否为单位犯罪、作案时间、作案地点、作案人员、作案手段及经过、集资的规模、资金流向及损失情况、作案动机及目的等；第四环“锁定嫌疑人”要查明以单位名义实施的非法集资活动中具体参与人员众多、层级复杂的，综合行为人参与集资数额、作案动机及目的等方面的证据，判断行为人的犯罪参与程度、在犯罪中所起作用、主观恶性等，根据主客观相一致的原则确定刑事追责人员范围；第五环“证据充实性及排他性分析”要查明相关待查事实是否存在缺失、证据之间的矛盾是否得以合理排除、证据之间的瑕疵是否都已补正、是否遗漏共犯、犯罪嫌疑人的辩解是否都已查证并合理排除等；第六环“罪前罪后表现及其他量刑情节”要查证犯罪嫌疑人的前科劣迹、累犯、自首、坦白、立功、退赃等情况；第七环“涉嫌罪名”要根据不同罪名的犯罪构成要件确认案件证据是否确实、充分。有证据证实犯罪嫌疑人（单位）违反国家金融管理法律法规，进行非法吸收公众存款活动或者变相吸收公众存款活动，扰乱金融秩序的，可以认定为非法吸收公众存款罪。有证据证实犯罪嫌疑人（单位）以非法占有为目的，使用诈骗方法，实施符合非法吸收公众存款行为，数额较大的，可以认定为集资诈骗罪。

3. 基本证据

每一查证事实需要收集相互印证的证据以及对该基本证据内容的基本要求。该类案件的收证重点在于，查证作案人员的作用及地位，应收集劳动合同，任职证明，犯罪嫌疑人关于单位架构、人员层级、任职情况、本人参与非法集资活动、违法所得情况、同案关系人参与非法集资活动的供述及辩解，证人（同案关系人、单位员工）关于单位架构、人员层级、涉案嫌疑人参与集资活动情况的证言及工资、提成、佣金、代理费、好处费、返点费等的发放记录等。查证集资的规模、资金流向及损失情况，应当收集相关协议书、合同、资金收付凭证、银行账户交易明细、涉案单位或犯罪嫌疑人对外投资项目的合同、资金往来明细、归还本金和支付回报等的凭证和记录及涉案单位、犯罪嫌疑人财产查封、冻结、扣押、登记等凭证与司法鉴定意见书等。该类案件的办理涉及司法审计及鉴定，对司法鉴定意见应当注意审查以下内容：（1）鉴定集资活动持续的时间段、实收资金总额、来源、集资参与人人数、资金去向情况、立案时的资金余额、资金损失情况；（2）鉴定每名集资参与人资金投入的时间、次数、金额、本金收回、回报返利、本金损失的情况；（3）鉴定各名犯罪嫌疑人参与非法集资的起止时间、实收金额、集资参与人数、资金去向、损失情况及工资、佣金、提成等情况；（4）按照资金的实际流向实行分类分项鉴定，如支付出资者回报，归还出资者本金，投资，支付经营费用及员工工资、佣金、提成、代理费、好处费、返点费，消费费用，还贷，还债，进行违法犯罪活动等，其中，如有投资项目财会凭证的，还应审计投资项目的盈亏情况；（5）应全面鉴定有涉案资金进出的关联单位或个人的相关账户及涉案资金的数额、流向。

（四）贪污、受贿案件的证据链条

贪污及受贿案件的基本证据结构为以下三个层次：证据链条、查证事实、基本证据。

1. 证据链条

贪污及受贿案件的证据链条可以分为以下六个环节：（1）案件线索来源；（2）锁定被调查人及到案经过；（3）查证犯罪事实；（4）证据充实性及排他性说明；（5）罪前罪后表现及其他量刑情节；（6）涉嫌罪名。

2. 查证事实

证据链条每一环节下需要查证相关事实。第一环“案件线索来源”要查明案件是如何被监察机关知晓的；第二环“锁定被调查人及到案经过”要查明被调查人是如何被锁定与到案的；第三环“查证犯罪事实”要查明作案时间、作案地点、作案人员、作案手段及经过、犯罪金额及其他定罪情节、赃物去向及分赃情况、作案动机及预谋情况等；第四环“证据充分性及排他性说明”要查明相关待查证事实是否存在缺失、证据之间的矛盾是否得以合理排除、证据的瑕疵是否都已补正、犯罪嫌疑人的辩解是否都已查证并合理排除、是否遗漏共犯、能否排除其他人作案等；第五环“罪前罪后表现及其他量刑情节”要查明犯罪嫌疑人的前科、累犯、自首、坦白、立功、索贿、退赃等情况；第六环“涉嫌罪名”要根据不同罪名的犯罪构成要件确认案件证据是否确实、充分。

3. 基本证据

每一查证事实需要收集相互印证的证据。着重查明赃物去向及分赃情况，应当收集的基本证据是犯罪嫌疑人供述，收赃人证言，搜查、扣押笔录、清单，赃证物品照片及辨认笔录等。在贪污、受贿案件中，虽然个案基础事实各有不同，但各案件在证据结构上并未表现出较大差异，证据的主要区别体现在查证具体犯罪构成事实中，例如，被调查人作为国家机关工作人员和国有企业工作人员实施受贿行为，都遵循着犯罪主体利用职务便利，索取或收受财物，为请托人谋取利益的犯罪构成。与此同时，贪污、受贿案件多案件重大、案情复杂，即使存在被调查人认罪的情况，也应当充分收集全案证据，因此，查证事实的繁简程度也未对证据标准的制定带来影响。在贪污行为客观方面的证据收集方面，贪污行为的客观方面主要表现在被调查人利用职务便利，侵吞、窃取或者骗取公共财物，应当收集证明单位账目往来、被调查人签字审批、认定犯罪数额等情况的书证，以及鉴定意见、扣押笔录、证人证言、被调查人供述等。对于被调查人采用虚报冒领手段非法占有财物的，要求证明被调查人或相关第三人领取财物所依据的凭证系虚假的，应当收集被调查人伪造变造的单据凭证、开票人证言、财物领取人证言、收条、合同、协议等证据，并对单据、凭证上的签字、印文进行真伪鉴定。对于被调查人设立中间环节贪污、保险公司工作人员贪污及国家出资企业工作人员在公司、企业改制中贪污等行为应当收集的证据及需要注意的事项也进行了规定。在受贿案件基本证据标准中，将受贿客观方面的证据收集分别进行一般规定和特殊规定，对于一般受贿案件，要求收集证明行贿人基本情况、行受贿双方往来情况、被调查人为行贿人谋取利益情况、被调查人收受财物情况的书证、视听资料、鉴定意见、证人证言等。对于斡旋受贿和利用影响力受贿案件，还应当分别收集被调查人要求其他国家工作人员为行贿人谋取利益的证据等。受贿案件中，被调查人为了规避法律、逃避检查，采取了各种新型犯罪手段，试图以合法手段掩盖犯罪行为，因此，证据标准也对被调查人以借款、收受干股、开办公司合作投资、交易、赌博、委托理财、挂名领取薪酬等名义实施的受贿行为所需收集的特殊证据进行规定，并对证据收集中需要注意的问题加以提示。

第三节 主要证据规则的理解与适用

证据规则，是指公检法三机关在办理刑事案件中收集、固定、保存、运用证据应当遵循的规范，主要解决证据的合法性、真实性与关联性问题，以及运用证据中证据鉴真、证据印证、传闻证据使用和非法证据排除等问题。在讨论证据规则之前，首先需要明确证据的合法性、真实性与关联性之间的逻辑关系。合法性和真实性解决的是证据的资格和能力问题。当证据不是合法收集的或者欠缺真实性时，就丧失了作为证据的资格和能力。关联性解决的是证据的证明力大小问题，具有合法性和真实性的证据，在证明力大小程度上是有区别的，证据的关联度越高，其证明力越大。

一、证据鉴真规则

鉴真规则重在解决证据的真实性问题。刑事证据大致可以分为两类：一类是实物证据，包括物证、书证、视听资料、电子证据等；另一类是言词证据，包括证人证言、被告人供述、被害人陈述、鉴定意见等。英美证据法主要针对实物证据适用鉴真规则，言词证据侧重于通过交叉询问的方式求证其真实性。我国的情况有所不同，不少言词笔录证据进入法庭，强化全面适用鉴真规则尤显必要。根据审判实践情况，证据鉴真应当注意以下四个问题。

（一）对未出庭证人证言的鉴真方法

对于未出庭证人证言笔录来说，当庭播放录音录像资料是当下无可替代的较好的鉴真方法之一。原因在于，相对于口述视频来说，相应的笔录可能存在三个方面的不足：一是笔录通常存在取舍，其间可能改变原来的语言环境而带来语义变化，甚至省略有用的口述信息；二是笔录经常将一些口头表达转换为书面语言，其间也可能发生语义微变；三是笔录中时常运用归纳方法，取证主体的倾向性可能导致笔录内容出现偏差。在审判实践中，法官大多依靠检验证人的签名和捺印进行言词证据的鉴真（表示经过证人阅读、完全符合本意），但经验告诉我们，证人在签名或捺印时一目十行、草率签章的现象并不鲜见。因此，播放全程录音录像，可以克服上述语义微恙起伏的问题，且证人说话时的表情及肢体语言也有利于增强鉴真的效果。随着人工智能中的“音字转换技术”日臻成熟与推广应用，录音录像内容可以迅速转换成相应的文字内容，根据文字内容又可秒切到对应的音像片段，这为证人证言笔录的当庭鉴真提供了便捷通道，值得引起高度重视。

（二）对被告人供述的鉴真方法

当被告人供述出现反复或翻供时，有针对性地连续发问是有效鉴真的常规方法。因为反复、翻供中必有谎言，针对谎言的特点进行连续发问，通常可以使谎言暴露破绽，难以自圆其说。一般说来，谎言通常具有三个特点：一是缺少事实细节，很难编得天衣无缝；二是说辞容易发生变化，一旦底气不足或出现矛盾就会改换说法；三是欠缺逻辑连贯性，前后事实以及不同说法之间往往没有逻辑连接可言。

实践中较为常见的问题是，公诉人的追问缺少发掘细节的连续性；法官也不能及时、机敏地切入问题的断裂点，跟踪补充发问。如果充分准备，有针对性地循序追问所谓的“事情进展”与“变化原因”，瞬间思维的逻辑缝隙乃至冲突，就难免显现。另外，对于被告人的翻供问题，及时播放最初供述的录音录像也是必要的鉴真方法，既可起到让被告人与自己“对质”的效果，也有利于法庭全面了解被告人的供述情况。

（三）对实物证据的鉴真方法

对于实物证据（含物证、书证、视听资料及电子证据）的鉴真，一般可从三个方面切入，即检材来源的可靠性、取证行为的规范性和证据保管的完善性。目的是说明法庭上出示的证据，与案发时提取、扣押的证据既具有形体外观上的视觉同一性，也具有实质内容上不曾改变的客观真实性。实践中，法官大多通过出示证据让被告人辨认，或者审查勘验、检查笔录，搜查、提取笔录，扣押清单等方法予以鉴真。必要时也可传召侦查人员、鉴定人到庭作证说明。

在经济犯罪案件中，经常出现银行、证券、税务、海关等国家行政管理单位出具的一些涉案证明文件，如逃税案件中的税务稽查认定书、走私案件中的偷逃海关关税认定书，以及证券、期货犯罪中的相关违法行为认定书等皆是适例。对于这些书面材料的证据类别，有的认为是鉴定意见，有的主张属于书证，对此如何鉴真？这些问题现行法律尚无明确规范，实践中也做法不一，确实亟待规范。本书认为，从现实情况出发，将其视为一种特殊书证，应当具有更多合理性：其一，此类证明文件确属公文书，体现的是相关国家行政机关的管理意志，并非个人的专业见解。其二，根据现行《刑事诉讼法》的规定，国家行政机关工作人员没有像鉴定人一样的出庭作证义务，所以不能将国家行政机关工作人员当作鉴定人，要求其出庭接受质询。其三，遵循已有规定，案件当事人对于公文书内容存有疑问的，可以请求人民法院依职权就相关问题进行核实，相关公职人员应当进行必要的解释或说明。

（四）对电子数据的鉴真方法

2016 年《最高人民法院、最高人民检察院、公安部关于办理刑事案件收集提取和审查判断电子数据若干问题的规定》以及《上海刑事案件证据收集、固定、审查、判断规则》对电子证据的提取、审查、判断作了全方位的鉴真规定。在电子数据的收集固定程序上，明确规定：其一，收集、提取电子数据，应当由两名以上侦查人员进行。取证方法应当符合相关技术标准。其二，收集、提取电子数据，能够扣押电子数据原始存储介质的，应当扣押、封存原始存储介质，并制作笔录，记录原始存储介质的封存状态。其三，符合法定条件无法扣押原始存储介质的，可以提取电子数据，但应当在笔录中注明不能扣押原始存储介质的原因、原始存储介质的存放地点或者电子数据的来源等情况，并计算电子数据的完整性校验值。其四，由于客观原因无法或者不宜按上述方法收集、提取电子数据的，可以采取打印、拍照或者录像等方式固定相关证据，并在笔录中说明原因。其五，收集、提取电子数据，应当制作笔录，记录案由、对象、内容及收集、提取电子数据的时间、地点、方法、过程，并附电子数据清单，注明类别、文件格式、完整性校验值等，由侦查人员、电子数据持有人（提供人）签名或者盖章；电子数据持有人（提供人）无法签名或者拒绝签名的，应当在笔录中注明，由见证人签名或者盖章。有条件的，应当对相关活动进行录像。其六，收集、提取电子数据，应当根据《刑事诉讼法》的规定，由符合条件的人员担任见证人。由于客观原因无法由符合条件的人员担任见证人的，应当在笔录中注明情况，并对相关活动进行录像。上述规定的实质就是将证据鉴真规则予以具体化，确保一些容易被修改、破坏的电子数据证据的完整性，并有机融入各刑事案件基本证据标准之中。在庭审活动中，法官可以按照前述规则审查电子证据的提取、固定、勘验情况，从而进行鉴真。

二、证据印证规则

证据印证规则，是指两个以上的证据所包含的事实信息发生完全重合或者部分交叉，使一个证据的真实性得到了其他证据的验证。关于证据印证规则的具体运用，需要注意以下问题。

（一）作为证明标准的证据印证规则

证据印证规则主要适用于证人证言等言词证据，是检验证人证言真实性的常规方法。当相关证据得到其他证据的佐证时，则说明该证据具有了证据能力。但对于是否达到了认定相关事实的证明标准，则需要分别掌握。

对于直接证据来说，只要相互印证，一般可以采信。例如，行贿人的证言与受贿人的供述均属案件当事人对于案件事实的陈述，当此类直接证据相互印证时，可以认为达到了认定受贿事实的证明标准。

对于间接证据来说，相互印证时，还需要以形成完整的证据链条为必要，方可认为达到认定相关事实的证明标准。这是由间接证据的特点所决定的。因为间接证据通常只能证明一个事实片段，得到印证的片段事实真实，并不足以说明案件事实全貌。

在审判实践中，有人主张当庭证言应当优先采纳，以鼓励证人出庭作证。本书认为，对于同一事实出现前后矛盾的两份以上证言，只可能其一为真，抑或均为虚假；并不存在当庭证言一定为真的逻辑。在具体判断中，还是应当运用证据印证规则进行检验，无论是当庭证言还是庭前证言笔录，原则上只有与其他证据相互佐证时，方可予以采信。

（二）“孤证”的逆向印证方法

在司法实践中，一般认为孤证不能定案，这一立场是正确的。但在现代科技高度发达的条件下，对于有些排他性极高的科技证据，在运用证据印证规则时，仍有进一步研讨的空间。

例如，在一起入户盗窃笔记本电脑的案件中，公安机关经现场勘验，在案发卧室床头柜上的电脑连接线端口提取到一点生物性物质，经鉴定，与有盗窃前科的马某比对同一，由此锁定犯罪嫌疑人。但是除此以外，本案既未查获被盗的电脑，也未查获其他有力的证据，犯罪嫌疑人矢口否认盗窃。因此，上述生物性物质成为本案查获的唯一关键性证据。

在本案审查中，通过鉴定人出庭作证，清晰了解到经过概率比对，能够证实该生物性物质确系犯罪嫌疑人所留。因为，这是一种单一且清晰（不是复合性）的生物性物质，由此可以排除通过交互传递方式遗留的可能性。另外，提取位置是封闭的卧室床头柜上，借此也可排除风吹飘移方式遗留生物性物质的可能性。在确认该客观物证可靠性的基础上，再审查被害人与犯罪嫌疑人进行相互辨认的证据，即在多人参与的规范辨认中，双方证实两人互不相识且不曾交往。犯罪嫌疑人也不能说明前往案发现场的正当事由。而且，在案发时段内，嫌疑人声称自己独自一人在附近的出租屋内睡觉，没有旁人能够证明。

本书认为，本案中犯罪嫌疑人在犯罪现场遗留生物性物质是确凿无疑的事实。被害人陈述证明嫌疑人没有正常遗留的可能性；嫌疑人辩解也不能说明自己正常遗留的任何依据。加之嫌疑人在案发时就在作案现场附近，有作案的时空条件，且有盗窃前科的品格证据可供参酌。综合来看，这些证据均逆向印证犯罪嫌疑人系非正常遗留犯罪痕迹，据此可以得出排除其他合理怀疑的认定结论，故本案作出有罪认定。

三、传闻证据规则

传闻证据规则，也称传闻证据排除规则，指审判中一般不能采纳传闻证据。该规则意在强调证人应当到庭作证，以保障当事人的对质权。但是，这项规则的适用已呈现逐步放宽趋势。相关立法通过确定各种例外情形，有条件地允许部分书面证言或证人证言笔录作为证据使用。我国的刑事证据理论与实务界通常主张“关键证人”出庭作证，允许依法收集的书面证言和证人证言笔录作为法院的定案依据。在我国证人到庭作证率普遍较低的司法实践现状下，如何在现行刑事诉讼法律框架内，通过证据规则和证据标准的完善，有条件地在证据标准中实现传闻证据规则的部分功能是制定证据标准的重点考虑内容。通过对证人证言的证人作证资格、收集程序、证人证言笔录应具备的形式要件和内容要件、不可采等情形的细化，实现对证人证言收集、审查的实质传闻证据规则审查。

第一，严格掌握证人的作证资格。对于生理上、精神上有缺陷，或者年幼，不能辨别是非、不能正确表达，或者处于明显醉酒、中毒或者麻醉等状态，不能正常感知或正确表达的证人所提供的证言，不得作为证据使用。

第二，严格审查证人证言的收集程序。对询问证人是否有两名以上侦查人员、是否在规定的地点、是否单独询问、是否提供合适翻译、是否有未成年证人的法定代理人或者合适成年人在场、笔录涂改处是否存在签字捺印、询问笔录是否由证人和侦查员签字确认等进行严格审查。

第三，严格审查证人证言的询问笔录应具备的形式要件。对询问笔录是否记载询问起止时间、地点，证人身份信息、联系方式、地址，侦查人员工作单位、姓名，参与的翻译人、法定代理人、合适成年人等的签名等形式要件进行审查，存在文盲证人的，还要审查是否注明已经向证人宣读并签字确认。

第四，严格审查证人证言询问笔录应具备的内容要件。审查证人与被害人、犯罪嫌疑人、被告人的关系，证人知晓案件事实的途径、方式，证人所知悉的案件事实，如目睹案发的时间、地点，证人所处位置，被害人与作案人的体貌特征及衣着情况，作案人的作案手段、作案工具、作案方式，作案人作案后的去向，被害人、受损物品情况，证人作证时的身体状态与精神状态等内容要件。

第五，对证人证言的全面审查判断。对证人证言的收集过程是否符合法律规定、证人证言是否符合案情或者逻辑、证人证言与其他证据能否相互印证、证人证言前后或者相互之间是否存在矛盾及产生矛盾的原因进行充分审查。对于证人当庭作出的证言与其庭前证言矛盾，证人能够作出合理解释，并有相关证据印证的，应当采信其庭审证言；不能作出合理解释，而其庭前证言有相关证据印证的，可以采信其庭前证言。对于经人民法院通知，证人没有正当理由拒绝出庭或者出庭后拒绝作证，法庭对其证言的真实性无法确认的，该证人证言不得作为定案的根据。证人证言的收集程序存在询问笔录没有填写询问人、记录人、法定代理人姓名以及询问的起止时间、地点的；询问地点不符合规定的；询问笔录没有记录告知证人有关作证的权利义务和法律责任的；询问笔录反映出在同一时段、同一询问人员询问不同证人等瑕疵，应当予以补正或者作出合理解释，不能补正或者作出合理解释的，不得作为认定相关事实的依据。

第六，必要时对证人证言进行排除。对于不具有作证资格的人提供的证言；询问证人没有个别进行；书面证言没有经证人核对确认；询问聋哑人，未提供通晓手语的人员；询问不通晓当地通用语言、文字的证人，未提供翻译人员；不能排除存在暴力、威胁、引诱、欺骗等非法取证情形的证言等进行排除。

四、非法证据排除规则

非法证据排除规则，主要是指侦查人员以违反法律程序的方式收集的证据应当予以排除。该规则的确立对于防范刑讯逼供、排除冤错案件具有重大价值。我国《刑事诉讼法》确立了非法取得的言词证据强制排除，非法取得的物证、书证裁量排除的非法证据排除规则。

第一，采用非法方法获取的言词证据，应当遵循“强制排除规则”予以排除。对采用刑讯逼供，或者采用以许诺法律不准许的利益等引诱或者指供，或者采用伪造物证、书证、鉴定意见等欺骗方法收集的犯罪嫌疑人、被告人供述；采用暴力或者严重损害本人及其近亲属合法权益等威胁方法收集的犯罪嫌疑人、被告人供述，证人证言和被害人陈述；采用其他在违法程度、强迫程度上与刑讯逼供或者暴力取证方法相当的非法方法收集的犯罪嫌疑人、被告人供述，证人证言和被害人陈述等，依法强制予以排除。就强制排除规则而言，其锋芒主要指向刑讯逼供或采用暴力、威胁手段等的取证现象。实务上应当注意的问题是，既要认真审查暴力、威胁等非法手段行为的真实性，也要仔细甄别其严重程度与嫌疑人“非自愿供述”的因果性。如有的被告人及其辩护人与审讯公安人员在法庭上争论不休，争点仅在于是否拍过嫌疑人后脖颈一掌或在嫌疑人腿上踢了一脚，不过是一阵子肌肤之痛，显然与“非自愿供述”不具有因果性。

第二，对收集物证、书证、视听资料、电子数据等不符合法定程序，可能严重影响司法公正的，应当予以补正或者作出合理解释；不能补正或者作出合理解释的，对该证据应当予以排除。司法实践中，应当综合考虑采纳该实物证据是否影响案件的真实性、非法收集实物证据行为侵犯的权利及造成的损害程度、非法收集实物证据的行为是否严重损害司法公信力、是否存在其他可能严重影响司法公正的行为等因素，在进行综合考量后予以排除。非法实物证据能够重新收集的，对该证据直接予以排除，并重新收集。司法实践中，可借鉴国外立法例所确立的两条具体原则予以把握：一是合适比例原则，即考查违法取证行为的严重程度对于证据真实性的影响，凡是可能导致证据失真的，一律予以排除。如果并不影响证据的真实性，则适用下一原则再作考量。二是法益权衡原则，即就算是真实可靠的证据，也得将取证行为的违法程度（嫌疑人权益的受损程度）与犯罪行为所侵害法益的大小进行比较。只有当被害人权益更为重大时，该证据才具有可采性。

第三，被告人、辩护人申请启动证据收集合法性调查程序，且有初步证明材料的，除涉及公安机关收集证据所采取的技术侦查措施外，人民法院应当启动证据收集合法性调查程序。对于能提供反映被告人因刑讯或者变相刑讯致伤、病、残的医院证明和病历、羁押场所体检证明以及工作人员或者同监羁押人员证言；反映无间断连续疲劳讯问且未给予必要休息和饮食时间的笔录；反映被告人被连续传唤、拘传等变相拘禁情况的法律文书、讯问笔录；反映讯问人员提示案件关键事实和重要情节，引导供述、陈述逐步贴近或者最终与案件关键事实和重要情节重合等诱供、指供情况的笔录、录音录像；反映讯问人员采用暴力、威胁、冻、饿、晒、烤、不给必要的医治用药、不让休息睡眠等刑讯、变相刑讯等方法收集的笔录；其他有关涉嫌非法取证时间、地点、方式、内容等线索或者材料等的，应启动证据收集合法性调查程序。

第四节　常见犯罪案件的证据审查与运用

本节主要选取了实践中相对多发且在证据审查上具有一定特点的两类典型案件，包括认罪供述得到印证型命案、暴力特征不明显的性侵犯罪案件作为类案分析样本，结合实践中的典型案例，对案件证明标准、证据链条的构建以及主要证据规则的适用展开分析。

一、认罪供述得到印证型命案的证据审查与运用

认罪供述得到印证型命案，是指既无现场目击证人，又未发现重要留痕，而是依据个别侦破线索找到犯罪嫌疑人，犯罪嫌疑人随后供述犯罪事实，并相继取得现场情景证据等印证，从而告破的故意杀人、故意伤害致人死亡、抢劫致人死亡等类型案件。实践中，认罪供述得到印证型命案中较为常见的破案线索有被害人死于嫌疑人住处、嫌疑人与被害人同住后去向不明、证人证明嫌疑人与被害人在失踪前同行、监控录像证明嫌疑人接近犯罪现场、嫌疑人自首五种情形。准确把握该类型命案证据的特点、明确其审查步骤和方法，厘清证据，综合分析认定思路，对于查明案件事实、防止事实误认、准确定罪量刑，具有重要意义。

（一）典型案例

典型案例一：涉及对先供后证情形的审查

2011 年 3 月 1 日，邱某向公安机关投案并供述称，2011 年 2 月 23 日，其与女友王某在租住房发生争执，邱某用双手掐住王某脖子致其死亡后将其平放在床上，把被子盖到头部以下呈现睡眠状，整理房间并锁上门窗后离开。侦查人员前往其供述地点，砸开门锁后进行勘验，发现案发地床上躺有一具女尸，面向上、身盖一条棉被，尸体脸部露出且呈现青黑色。经辨认，死者系王某。经尸检，死者系生前被他人扼压颈部致机械性窒息死亡。

典型案例二：涉及对先证后供情形的审查

徐某报案称邻居女儿汪某死在家中。经尸检，死者头部、面部有多处钝器伤，系生前被他人扼压颈部、用钝器打击头面部等致机械性窒息合并颅脑损伤死亡。侦查人员通过走访发现徐某手背、手腕处有多处新鲜抓痕，有作案嫌疑。首次讯问中，徐某否认作案，讯问期间发现徐某皮带、钥匙均有血迹。经鉴定，该血迹均系被害人所留。之后徐某逐步承认其为强奸而用磨刀石将汪某砸晕后拖入汪某家中，后汪某苏醒，徐某因怕事情败露又用磨刀石多次击打汪某头、面部致汪某死亡的事实，并指认了抛弃作案工具及所穿衣服的地点。后在其供述地点打捞到所称衣服和工具。

典型案例三：涉及被告人先供认后翻供情形的审查

侦查人员接报警称在地铁站附近发现一具男尸，附近居民和亲属辨认死者为李某。经尸检，死者系生前被他人用钝器打击头面部等处致颅脑损伤死亡。侦查人员通过排查死者社会关系，发现赵某与死者之妻罗某有不正当关系，遂传唤赵某。赵某到案后否认作案，后又改称为与罗某长期姘居，遂与罗某密谋后用铁管击打李某头面部致其死亡。罗某到案后供认其多次与赵某商量让赵某将李某杀害的事实。后赵某又翻供称在案发时间段其回宿舍睡觉，同事白某为其开的门，但白某对此予以否认。庭审中，赵某重新作认罪供述。

典型案例四：涉及被告人主观内容供述的审查

刘甲报案称其母刘乙驾驶私家车跑出租，彻夜未归且失联。刘甲报案当日另有人报警称在某地发现一辆可疑车辆停在路边。经勘验，侦查人员发现该车与刘甲所报失踪车辆相符，副驾驶躺一女子，已死亡，随身财物被劫。经亲属辨认，死者系刘乙。经尸检，死者系生前被他人用锐器切割颈部伤及左侧颈动脉等处致使失血性休克死亡。经侦查，发现黄某活动轨迹与刘乙一致，据此判断黄某具有作案嫌疑。后侦查人员将黄某抓获归案，并在其住处查获被害人的首饰等财物。黄某到案后供述称因在打车过程中与刘乙发生争执，遂用美工刀捅刺刘乙颈部等处。

（二）证据审查难点

一是证明标准把握难。刑事案件中长期适用的“案件事实清楚，证据确实、充分”的法定证明标准比较原则和抽象，具体适用中的理解会存在差异。在认罪供述得到印证型命案中，被告人供述是串起整个证据链的关键，但对其供述的印证方法并不统一。在“重证据、重调查研究、不轻信口供”的要求下，如何判断该类案件中以言词证据为主的证据链条已达到确实、充分的标准存在一定难度。

二是翻供审查判断难。被告人供述具有较强的主观性，被告人在诉讼中的地位决定其供述易趋利避害。随着诉讼进程的推进，容易出现供述前后不一致或翻供的现象。被告人供述一般表现为讯问笔录和当庭供述。笔录证据会存在口语转化、内容取舍、归纳总结等情形，容易造成口述信息的缺失或失真，出现笔录前后不一致情形时需认真核实。被告人的当庭供述也容易出现反复或翻供等现象。在物证不充足时，如何有效甄别被告人的谎言和正确判断事实是审理此类命案的难点之一。

三是证据综合分析难。在认罪供述得到印证型命案中，排除第三人作案、排除第三人配合作案和冒名顶替等情形是构建完整证据链条不可或缺的环节，需要法官对被告人的供述与查证的其他证据进行比对分析和综合判断。既要确保各个证据所印证的事实不存在矛盾之处，也要确保诸项证据印证事实串联之后指向的结论事实具有唯一性，还要确保完全排除嫌疑人通过其他途径获知相关作案细节后予以供述的可能。因此，有必要针对本类命案构建包含单一证据审查和关联证据分析在内的综合分析方法。

（三）证据审查与运用

认罪供述得到印证型命案的特点是，案发现场没有目击证人，没有提取到重要痕迹，通常需通过梳理被害人社会关系、排摸多种犯罪线索锁定嫌疑人。取证的重点在于及时获取嫌疑人的完整供述，并着重查明先供后证的事实，再与犯罪现场进行细节比对，形成被告人非亲历作案无法说明与现场细节高度吻合事实的判断后，再依据查证的事实进行定罪量刑。对该类命案证据的审查要准确把握司法真实与客观真实的辩证关系，坚持证据裁判原则，遵循重证据、重调查研究、不轻信口供的基本要求，在确认单项证据合法、真实、有效的基础上，注重审查口供与关联证据的印证性、逻辑性、全面性。具体可分六步进行审查。

1. 审查案发经过的完整性

案发经过是案件发现及侦破的完整过程，是侦查阶段运用证据查明嫌疑人及案件事实的证明过程。通过审查案发经过可以全面知晓侦查机关的侦查思路、直观了解案件与嫌疑人的关联，大体掌握案件的由来过程、证据情况。司法实践中的案发经过通常表现为《案发经过》《破案经过》等材料以及与此相关的证据材料。审查时要注意相关书面材料是否完整，是否涵盖侦查机关如何获知案发、如何锁定被害人、如何抓获嫌疑人及嫌疑人到案后的供述情况等，重点关注供述内容是否与其他证据相互印证、是否符合情理逻辑。具体可以审查以下内容。

一是案件来源及被害人身份的查明过程。案件来源主要有报案、投案两种方式，报案案件主要审查报警记录、案件接报回执单等材料与案发说明材料在报警时间、出警地点等方面是否一致。投案案件主要审查报警手机号与投案人手机号是否一致、投案人的首次供述情况等。对报案人或投案人与被害人熟识的案件，可根据报案人陈述或投案人供述确定被害人身份，如案例一、案例二即属此种情况。对被害人身份无法直接确定的案件，要审查侦查机关查明被害人身份的过程，并审核DNA鉴定书、相关工作情况等材料。如案例三中，被害人的身份系通过附近居民和亲属辨认得以确认，侦查机关也提供了相关材料予以说明。

二是锁定嫌疑人的过程。除嫌疑人自首外，侦查机关会通过各种侦查活动锁定嫌疑人。锁定过程大体可分为三类：侦查机关通过排摸案发现场附近监控等客观证据锁定嫌疑人，对此可审核监控视频等证据与案发经过表述是否一致；侦查机关通过走访知情人员查清被害人人际关系，并加以分析锁定嫌疑人，对此可审查侦查人员的推理是否符合逻辑、嫌疑人供述的起因是否与案发经过表述一致；侦查机关运用技术手段锁定嫌疑人，对此可以审查相关报告等，如果技侦证据因保密需要无法出示时，要询问技侦材料在锁定嫌疑人中发挥了何种作用等，确保锁定嫌疑人的过程完整。

三是抓获嫌疑人的过程。审查该部分内容时，要注意查看案发经过是否写明嫌疑人被抓获时的状态，如是否在投案途中、是否准备投案等。因为这些因素与嫌疑人到案后的供述情况会共同决定其是否具有自首、坦白等法定量刑情节。同时，还需审查案发经过是否遗漏锁定嫌疑人所在位置的途径方法等，如有遗漏可通过询问侦查人员补充完善。

2. 审查被告人认罪供述取得的合法性

对供述合法性的审查，需重点关注供述是否有全程录音录像、供述的取得过程、被告人及其辩护人是否提出非法证据排除等。

一是审查有无全程录音录像。对可能判处无期徒刑、死刑的案件或者其他重大犯罪案件，应当对讯问过程进行全程录音录像。重点审查以下内容：（1）录音录像反映的时间、地点、内容是否有与供述活动相应的、不间断的时间、地点信息；（2）是否全程录音录像；（3）清晰度是否达到可当庭播放予以质证的标准，无法达标的应有相关说明；（4）是否系原始内容；（5）是否附制作人或者持有人的身份说明，制作的时间、地点和条件以及制作方法的说明；（6）是否能排除刑讯逼供等。

二是审查历次认罪供述的过程。被告人认罪供述的取得过程决定了该供述的可采信程度。（1）如果被告人到案后即作完整认罪供述，历次供述对犯罪事实的交代前后一致、较为稳定时，其认罪供述的可采性相对较高。（2）如果被告人到案后不供述或仅作部分供述，后逐步作完整认罪供述的，需对其供述进行重点审查，查明被告人态度变化的原因。（3）如果被告人作认罪供述后翻供、变供，在庭审中又供认的，需查明口供变化的时间、分析变化原因，结合最初的认罪供述和其他证据综合判断该认罪供述能否采信。

如案例三中，赵某到案后先拒绝认罪，后改作认罪供述是因侦查活动取得突破（在其房间查获带有被害人李某血迹的皮靴）。之后赵某又翻供称案发时自己回宿舍睡觉，室友白某能够证明，但白某对此予以否认，赵某的辩解不存在事实依据。赵某描述的作案工具为事先准备的铁管，作案方式为多次砸击死者头面部，被害人被砸后仰面倒在草丛，该类细节与法医所说“作案工具为中空有质量的钝器”、勘验报告中“男尸仰面躺卧，头面部有多处击打痕迹和血迹”、尸检报告中“死者系生前被他人用钝器打击头面部等处致颅脑损伤死亡”等细节高度吻合，其认罪供述可以被采信。

三是审查被告人及其辩护人是否提出非法证据排除。被告人或辩护人提供线索、提出排除非法证据申请的，应召开庭前会议进行审查。审查时可要求检察机关出示讯问笔录、提讯登记、体检记录、采取强制措施或者侦查措施的法律文书、侦查终结前对讯问合法性的核查材料等，对证据收集的合法性作出说明。如果发现违法取证行为足以导致证据失真的，相关证据一律予以排除；如果违法取证行为不足以影响证据真实性的，应进行法益衡量，在被害人权益更为重大时，相关证据也可采信；如果证据存在笔误等瑕疵，可要求侦查机关进行补正或合理解释，经审查符合证据真实性、关联性、合法性要求的，可以作为证据使用。

3. 审查被告人认罪供述与其他证据的印证性

认罪供述得到印证型命案需比对被告人供述与现场客观事实及其他在案证据之间是否高度符合，对其中存在矛盾或不一致的内容，须逐一研判、说明，确保排除合理怀疑。

一是对先供后证的证据重视细节比对。该种情形中侦查机关事先不掌握证据或掌握不充分，相关证据能否与被告人建立可靠的印证关系，关键在于是否基于该口供查证了非亲历无法知晓的细节事实，是否根据口供查到了作案工具、找到较为隐蔽的作案现场、提取到关键物证等。

如案例一中，案发现场虽然没有提取到邱某指纹、生物性物质等，但邱某自首后先供述“用双手掐王某的脖子致其死亡”“将其平放在床上，把被子盖到头部以下”“一周前作案”等细节，后来的尸检报告说明“死者系生前被他人扼压颈部致机械性窒息死亡”、勘验笔录记载“床上躺一具女尸，面向上、身盖一条棉被，尸体脸部露出且呈现青黑色”，该内容与邱某的供述高度吻合，其供述可以被采信。

二是对先证后供的证据重视合法性审查。该种情形中侦查机关事先查获相关证据，被告人事后供述犯罪事实。对此要避免诱供等情形，注重对口供自愿性和真实性的审查。

如案例二中，锁定被告人的线索是其身上出现多处新鲜抓痕、有证人证实其案发前后曾有换衣服等可疑行为，这些线索多在徐某供述前查证。徐某被列为嫌疑人后，在首次讯问中拒不认罪，在次日改作认罪供述。经审查发现，首次审讯当日从徐某身上查获了带有可疑血迹的钥匙和皮带，经鉴定系被害人血迹；当晚也排除了徐某辩解的事实基础，徐某曾辩称其身上的伤痕系交通事故所致，经排查，在其供述的时间、地点并无交通事故发生，之后徐某对伤痕的形成未再作出合理解释。在侦查活动取得突破后，徐某供述发生变化符合常理，查阅审讯录像也未发现违法取证情形，足以形成徐某系自愿、真实作出认罪供述的判断。

三是审查供述与其他证据是否一致。具体证据分析应以被告人供述为基础，区分犯罪事实要素，组织证据比对，判断口供与特定证据是否在交叉事实上相互印证：（1）作案时间和地点。可将口供与讯问笔录、查获的手机数据、监控视频、现场勘验笔录等比对。（2）作案人员情况。可将口供与讯问笔录、户籍证明、监控视频、身份证件、DNA 及指纹鉴定书等比对。（3）作案手段和经过。可将口供与尸检报告、现场勘验笔录、提取痕迹物证登记表、物证检验报告、辨认笔录等比对。（4）加害程度和死因。可将口供与尸检报告、物证照片、现场勘验笔录等比对。只有当供述与其他证据之间不存在矛盾，或者对矛盾能够进行合理解释或排除合理怀疑时，才能认定相关事实。

如案例三中，被告人赵某供述的作案时间、地点得到报警人及证人的印证，与根据监控录像查到李某出门时间后推测李某到达案发现场的时间大体吻合。赵某供述的具体作案方式和尸体的肢体形态，与现场勘查中发现的尸体样态及尸检报告中的被害人死因等相互印证。赵某供述的作案工具虽未找到，但其供述的用铁管作案及击打部位与法医说明的“中空类的钝器”相符，也与尸检报告中被害人头部被击打造成的伤势情况相吻合。综上所述，足以判断赵某故意杀人事实的证据确实、充分。

四是对能够印证被告人认罪供述的其他证据补充查证。本类命案中，也需查证除在案证据之外是否有其他可以印证认罪供述的证据。尤其是当被告人供述中提到了某一具有重要价值的实物证据，但卷宗材料中没有出现时，需进行及时补充查证，以避免直接承载或附着特定犯罪痕迹或信息的证据灭失。

如案例二中，徐某供述自家车库的磨刀石系作案工具，且该工具与尸检报告确定的钝器相符，但卷宗材料中并未出现磨刀石。庭审后，经法官与相关部门沟通，最终在被告人供述的区域通过筑坝抽水的方式发现了作案用的磨刀石。徐某的认罪供述可予采信。

4. 审查排除第三人参与作案的可能性

认罪供述得到印证型命案得以定案的关键，是以言词证据为主的证据要形成完整的链条，要排除其他人作案的可能。因此，对在案证据进行综合审查后，还需查证是否有第三人作案可能，判断全案证据在指向犯罪人时是否具有内在联系、是否指向一致的作案人。

一是审查案发现场是否有第三人的痕迹以查证是否系第三人作案。通过审查案发现场的监控视频、现场勘验笔录、现场照片、现场提取痕迹物证登记表、DNA 鉴定书及物证检验报告等材料，梳理案发现场是否存在第三人痕迹。若没有发现第三人痕迹，或虽在案发现场发现第三人痕迹，但能够对此进行合理解释的，一般可初步排除第三人作案的可能。

如案例二中，被害人死于浴室，但在被害人卧室和客厅提取到两枚H牌烟蒂，无法检出生物性物质。经查，被告人平时不抽烟，被害人父亲虽抽烟但并非H牌。该两枚烟蒂属第三人留在现场的痕迹。为排除第三人作案，法官对全案进行梳理发现，被害人母亲曾在证言中说明，案发后其叫邻居、亲戚等多人来现场帮忙送医。侦查机关随后提供《补充说明》，案发后有多名邻居进入客厅，协助家属将被害人送医。据此，可以判断该两枚烟蒂很有可能系救助群众所留。

二是审查供述是否存在非亲历无法供述的细节以查证被告人是否系替人顶罪。查证被告人供述的犯罪过程是否完整、犯罪细节是否充分且属于非亲历作案无法供述的内容、是否依据其供述查证了隐蔽性较强的书证或物证等，以此排除未参与者替人顶罪的情形。

如案例二中，徐某到案后供称，其为了实施强奸，使用磨刀石将被害人砸晕后拖入被害人家中，后在强奸过程中被害人苏醒，就用手掐住被害人脖子，再用磨刀石砸被害人的头面部。该供述与尸检报告记载的死者系生前被他人扼压颈部、用钝器打击头面部等致机械性窒息合并颅脑损伤死亡的死因相符。之后，侦查人员也在被告人供述的地点查获其作案时所穿血衣及作案工具磨刀石。据此，足以认定本案系徐某所为。

三是审查犯罪是否可由在案的被告人独自实施以查证是否系共同犯罪。当被告人为一人时，需审查犯罪行为能否由其单独实施；当被告人为数人时，需审查相关犯罪是否还需有其他人辅助方能完成。如果综合全案证据审查后发现，当前查清的犯罪事实需要由其他案外人配合方能实施的，应要求检察机关或侦查机关进行补充侦查或作出合理说明，以完全排除遗漏同案犯的可能。

如案例三中，赵某对被害人并不熟悉，不能完全掌握被害人的行踪。赵某供称在被害人妻子罗某的帮助下，方才获知被害人的活动轨迹及其电动车特征等情况。该供述具有较高的可采性，罗某参与作案的可能性也较大。经后续审查，罗某亦供称因欲与赵某共同生活，在多次与赵某商量后将李某杀害的作案事实。本案最终确定系赵某与罗某共同作案。

5. 审查被告人关于犯罪起因供述的合理性

在认罪供述得到印证型命案中，被告人的犯罪起因对案件定罪、量刑具有关键影响，有必要对被告人供述的犯罪起因进行重点审查。对犯罪主观方面的证明，需要根据客观证据进行推断和认定，不能轻信口供，要审查供述中说明的作案起因是否与客观证据相符、是否与常理相符，供述的作案起因与案件查实的作案工具选择、犯罪暴力程度、具体作案方式等事实是否匹配等。如果其供述的作案起因与客观证据存在矛盾或明显与常理不符，不能适用存疑有利于被告人规则，而应以查证的证据为基础，根据常理合理推断真实的作案起因；对于真实作案起因确实无法查明的，可对作案起因不作明确表述，但需在判决中对作案过程进行客观表述，并根据证据的证明程度认定行为性质和判处刑罚。

如案例四中，黄某到案后供称，其因被害人索要车费较多，故与被害人发生争执，后临时起意对被害人行凶。然而黄某供述的作案起因存在诸多疑点，如其供述案发当晚随身仅携带 80 多元，与其供述欲前往较远的目的地存在矛盾；其供述因被害人不识路故由其代为驾驶，但被害人系有经验的客运驾驶员，通常不会让陌生乘客代为驾驶；其供述行凶的美工刀系在车内拿取，但多名证人均证实车内没有刀具。因此，黄某供述的作案起因与其供述的其他内容存在矛盾，且明显违背常理不足采信。黄某的暴力程度、作案方式等与抢劫杀人行为较为类似，但在无充分证据证明黄某系为图财而抢劫杀人的情况下，认定其构成故意杀人罪较为妥当。在其真实作案起因无法查明时，可在判决中客观表述作案过程，并作出罪责刑相适应的判决。

6. 审查其他影响定罪量刑的证据的可采性

认罪供述得到印证型命案在查清上述事项之后，还需审查被告人的供述和辩解及全案证据，判断是否存在其他足以影响定罪量刑的情节，以实现对被告人所实施的行为进行充分完整评价的目的：（1）有关被害人有无过错及过错程度、是否对矛盾激化负有责任及责任大小的证据；（2）有关被告人的近亲属是否协助抓获被告人的证据；（3）有关被告人平时表现及有无悔罪态度的证据；（4）有关被害人附带民事诉讼赔偿情况、被告人是否取得被害人近亲属谅解的证据；（5）其他影响量刑的证据。发现既有证明从轻、减轻处罚等情节的证据，又有证明从重处罚等情节的证据的，应当依法对全部证据进行综合考虑。此外，在不能排除被告人具有从轻、减轻处罚等量刑情节时，判处死刑应当特别慎重。

在被告人认罪供述得到印证型命案的审理中，严格依照上述步骤对全案证据进行审查核实、补充调查和分析论证，就能确保此类案件事实认定达到证据确实充分、排除合理怀疑的证明标准，使命案审判质量经得起法律和历史的检验。

二、暴力特征不明显的性侵犯罪案件的证据审查与运用

暴力特征不明显的性侵犯罪案件，是指被害人报案后并未在其身上发现明显伤势，或者现有证据无法有效证明被告人实施了暴力或胁迫行为的性侵犯罪案件。该类案件的案发现场一般比较隐蔽，仅有被告人和被害人两人，且多数情况下互相认识，因此在案关键证据多为被告人供述和被害人陈述，呈现“一对一”的特点，其他证据则仅能印证案发前后被告人与被害人的情绪变化、被害人报案经过、两人关系。

（一）典型案例

典型案例一：涉及被害人陈述前后不一致的审查

项某（女）和朱某（男）原系恋爱关系，分手后朱某一直纠缠项某。某日下午，朱某请求项某“去吃最后一次晚饭”并去酒店彻底说清楚两人的关系。项某同意后陪同朱某办理酒店入住手续，朱某将装有刀具、镇静药物等物品的行李箱放置于酒店，两人晚饭后一起在酒店过夜。次日，朱某在房间内喂项某服下镇静药物后双方发生性关系，朱某先后持刀自伤手臂及胸口并在与项某争执的过程中将项某划伤。项某将屋内情况通过微信告知亲友并让其报警。朱某到案后称两人系自愿发生性关系，对项某下药是为了窥视其手机内容。项某则称案发当日其喝下朱某准备的豆浆后昏睡，醒后发现朱某持刀自伤不让其走，之后被迫发生性关系，但项某对发生性关系的时间前后陈述不一致，前两次陈述为下午2时许，第三次陈述为上午11时许。

典型案例二：涉及被告人供述的采纳标准

王某（女）和黄某（男）系同事，两人曾保持两年情人关系，后中断分手。某日下午2时许，王某约黄某到一宾馆房间并发生性关系。下午3时许，王某离开宾馆后报警。王某称案发当日遭黄某威胁公开两人关系被迫前往宾馆，后黄某强行与其发生性关系，王某在反抗时用双手抓伤黄某背部。黄某到案后称双方系情人关系，其妻子、单位同事均对此知晓，案发当日王某主动要求黄某去宾馆并发生性关系，其间王某将其背部抓伤。

典型案例三：涉及是否发生性关系的审查

侯某（女）约李某（男）外出喝酒，后李某将醉酒的侯某带至某小区房屋内，欲与侯某发生性关系，侯某以上厕所为由逃离并报警。侯某称李某趁其醉酒，脱去其衣物强行发生了性关系，过程中侯某扇了李某一个耳光，但发现没用就不敢再反

抗，后借口想上厕所方才逃离房屋后报警。李某到案后辩称，虽然自己脱光衣服意图与侯某发生性关系，但在脱光侯某的衣服进行猥亵后侯某就醒来并以上厕所为由离开，双方并未发生性关系，且侯某并未打李某耳光。经鉴定，侯某体内未发现李某的生物性物质。

（二）证据审查难点

一是被告人供述与被害人陈述存在较大差异时甄别采信难。由于该类案件的案发现场往往较为隐蔽，没有其他目击证人或者知情人的证言予以佐证，能够证明被告人实施暴力、胁迫或者被害人实施反抗的证据亦不明显，因此该类案件中的关键证据通常只有被告人供述与被害人陈述，且两者所描述的事发经过往往并不一致。在两项关键证据“一对一”矛盾较大的情况下，法院如何采信证据存在难度。

二是被害人主观意志认定难。在性侵犯罪案件中，被害人陈述通常是认定“违背被害人主观意志”的主要证据形式，但被害人在案发时因自身直接遭受侵害，往往处于精神高度紧张状态，正常的观察思辨能力可能受到影响，无法完整回忆案发详细情况。同时，被害人也可能出于对被告人的强烈憎恨或者希望追究被告人刑事责任而作出与事实不符的陈述。因此，如何准确认定被害人的主观意志亦是审理难点。

三是全案证据综合分析难。该类案件的关键证据常出现“一对一”相矛盾的情况，此时仅靠被告人供述或被害人陈述无法形成完整的证据链条，需要通过间接证据印证以完善证据锁链，进而认定犯罪事实。实践中如何结合具体证据进行综合分析存在难点。

（三）证据审查与运用

审理暴力特征不明显的性侵犯罪案件应重点查明案件事实和情节，以被害人陈述为主，依次审查被害人陈述是否可信、被告人供述是否矛盾、相关矛盾点是否得到在案证据印证等，进而判断被告人是否构成犯罪。

1. 审查被害人陈述的可信度

根据被害人对案件的回忆性陈述，可还原案件发生过程、被告人犯罪行为等。如何判断被害人陈述真实可信非常重要，可从以下几个方面衡量。

（1）报案经过是否正常。性侵犯罪案件发生后，被害人的正常反应一般是寻求外力救济，尤其在恢复行动自由后即可报案或者向他人寻求帮助，故可以根据报案时间及被害人报案时的表现等判断报案经过以及被害人的主观意志是否正常。若报案及时，则被害人陈述的可信度较高；若发现被害人恢复行动自由后并未及时报案，则应仔细审查拖延报案的理由及依据，并结合被害人与被告人的关系，确认双方是否存在利益冲突，排除被害人因利益诉求未得到满足而报假案的可能性。具体而言，可通过监控视频、证人证言等观察被害人报警时的神情及精神状态，并通过受案登记表、接报回执单、通话记录等认定被害人的报案时间。若并非立即报警，则应根据被害人陈述的理由，结合相关聊天记录或者其他证明材料核实其理由是否合理。

如案例三中，被害人侯某称其以上厕所为由，披上外衣拿手机逃离后报警，再躲进小区保安室内的事实，能够得到监控视频、报警记录、证人证言的印证，且小区门卫的证言证实侯某仅穿一件外衣进入保安室时神情紧张，边哭边说被非礼了要报警。侯某的报案时间和表现符合性侵犯罪案件被害人的正常反应。

（2）陈述细节是否详细、完整、符合逻辑。被害人陈述包括对性侵行为过程的整体描述，其中的细节部分则需通过在案间接证据予以印证，特别应该重点审查侵害行为发生的地点、时间、环境、行为细节及被害人是否呼救等，具体可以将被害人陈述与现场勘验笔录中记载的现场物品摆设、双方衣着情况、是否有特殊物品、是否有证人听到呼救声等进行比对，以此判断被害人陈述的真实性。

如案例一中，项某对其为何进入酒店、被朱某下药、朱某持刀自伤、被迫与朱某发生性关系等细节均能详细说明，且拍摄了相关药物、刀具等照片发送给同事，结合相关聊天记录、照片以及现场查获的刀具等可以认为项某陈述的案件经过具有较高的证明力。

（3）陈述是否前后稳定。如果被害人的陈述保持稳定，则该陈述的真实性较高；被害人陈述的具体细节前后不一致时，应当允许被害人解释，如果解释具有合理性且符合逻辑，则予以采信；若被害人陈述出现前后截然不同的情况，则应仔细审核被害人关于更改说法的理由，并详细审查其他介入因素以排除被害人出于利益考量等原因作出虚假陈述，具体包括以下两个方面。

其一，被害人陈述缺乏稳定性时，不应直接适用存疑有利于被告人原则排除被害人陈述，而应允许被害人对不稳定之处作出解释。性侵犯罪案件的证据常具有“一对一”特征，如果一味采取存疑有利于被告人原则，会造成多数性侵犯罪案件的行为人无法被正确定罪。性侵犯罪多数发生在夜间，且地点多为室内或其他封闭场所，可能限制和影响被害人的感知能力和识别能力，致使被害人描述的现场环境与事实有所出入。有些被害人陷入孤立无援的环境后情绪高度紧张且波动剧烈，会对案发时的部分情况产生记忆混乱，此时不能因为出现某些前后矛盾的细节就排除被害人供述，而应当允许被害人作出解释，并结合相应证据予以佐证。

如案例一中，被害人项某的前后陈述均提及被朱某性侵后将现场照片发给同事，但对发生性关系的时间前后表述不一：前两次陈述中项某称发生性关系的时间为下午 2 时许，第三次陈述中项某称发生时间为上午 11 时许。对此项某解释称，其改变说法是因为看了自己发给同事的微信内容及时间，推算发生性关系的时间为 11 时许。该解释符合逻辑且有在案微信聊天记录佐证，可予采信。

其二，若被害人陈述出现前后截然不同的情况，则应当仔细审核其更改说法的理由。在一些“熟人犯罪”中，不排除被害人因强烈憎恨或者希望追究行为人的刑事责任而作出虚假陈述，之后更改为真实陈述。部分案件中还存在被害人报案陈述遭性侵，后又改变陈述称自己系自愿与行为人发生性关系等情况。此时应当仔细审查是否存在介入因素，并就两份不同的陈述寻求在案证据的印证，判断哪一份陈述合理且符合逻辑，然后予以采纳。

2. 梳理被告人供述与被害人陈述的矛盾点

被告人与被害人对同一案件事实的描述出现矛盾时需重点核实。性侵犯罪案件的被害人因为对被告人的罪行深恶痛绝，其陈述可能带有强烈的主观色彩；被告人出于趋利避害的想法，大多会为自己辩解，双方描述经常存在冲突之处，可从以下几个方面审查。

（1）寻找并固定双方说法的共同点。双方对同一案件事实的说法如果有一致之处，可对此予以认定。尤其关于双方关系亲密程度、是否发生性关系、案发时的具体情境、现场物品摆设等细节，双方说法一致时应予以确定，并以此为基础审查双方说法的矛盾之处。

如案例一中，被告人朱某对于与被害人项某发生性关系、双方曾系男女朋友关系、朱某曾持刀自伤等事实均予以承认，与被害人项某的陈述相一致。朱某仅针对项某的主观意愿进行辩解，因此可在确认一致事实的基础上结合在案证据重点分析审查朱某是否违背项某意志与其发生性关系。

（2）重点审查双方说法的不同之处。应当重视被告人辩解，不能认为辩解就是“不老实”，不能未经查证就轻易否定辩解，要保持中立的态度，特别是要高度重视无罪辩解，防止冤错案件的发生。

首先，应查证被告人供述有无明显逻辑矛盾，且供述的事实是否符合生活常识。其次，审查比对被告人供述与被害人陈述，找出不同点并判断是否足以割裂被害人所述事实的完整性。所谓被害人所述事实的完整性，是指被害人对案件发生全过程的陈述脉络，且该脉络需要具备逻辑性。通常而言，可能割裂被害人所述事实完整性的矛盾事实一般表现为，案发前被告人与被害人的关系、双方是否发生性关系、是否存在暴力行为等。

3. 运用在案间接证据查证判断矛盾点

需要注意的是，间接证据不能单独证明刑事案件主要事实。一项间接证据只能反映事实的某一个片段，需要结合直接证据和其他间接证据的连锁关系，运用逻辑和经验进行推理，才能真实、完整地反映犯罪事实。运用间接证据审查需要达到“两个印证”，即间接证据与直接证据相互印证、间接证据之间相互印证。具体审查思路提示如下。

（1）针对案发前被害人与被告人的关系。案发前两人的关系是判断被害人真实意愿的重要参考，通常情况下若两人素不相识或者感情确已破裂，则自愿发生性关系的可能性不大。被害人对两人的关系性质、案发时的亲密程度的陈述应当有相关证据予以证明，尤其是两人曾系亲密关系后关系破裂的情况，应当针对两人关系的变化节点以及当前关系的状态寻求间接证据予以佐证。通常可审查两人之间的聊天记录、合影照片、相关证人证言等，也可借助案发前两人的肢体表现、神情状态等予以辅助判断。

如案例一中，项某陈述其与朱某曾经系恋人，后感情破裂分手，但分手后朱某不断采取激烈方式纠缠，项某也曾要求派出所居中调解。案发前在朱某的纠缠下，项某无奈答应与朱某吃饭以及去酒店说清楚两人关系。以上事实均有照片、调解协议、聊天记录截图等证据予以证明。根据双方入住酒店的视频监控，能明显看出项某刻意与朱某保持距离且全程并不理睬朱某，因此可以确认项某所述案发前两人的关系确已破裂。

（2）根据鉴定意见或在案物证判断是否发生性关系。如果鉴定意见证实被害人体内含有被告人的生物性物质，一般能够据此认定双方已经发生性关系。如果现场遗留下的避孕套或者衣物上留有被告人的精液，相关物证一般亦能证实双方的确发生性关系。在没有鉴定意见或在案物证的情况下，需要通过双方针对该行为的描述，结合其他在案证据予以判断。如果被害人就双方发生性关系的时间、地点、环境等均有详细描述，在案证据亦能佐证，被告人供述中对未发生性关系的解释简略且没有合理性，则应当认定双方发生过性关系。若双方均无合理解释，或者并无在案证据予以佐证，则应当认定双方未发生性关系。

如案例三中，侯某称李某趁其酒醉脱去其衣物并发生性关系，但李某对此予以否认，且未在侯某体内发现李某的生物性物质。从被害人侯某的角度来看，其当时处于醉酒状态，明确陈述李某与其发生了性关系，并在反抗时打了李某耳光，后又清洗过身体；从被告人李某的角度来看，其明确自己有性侵意图，在脱光两人衣物并实施猥亵的情况下，在房间内相处 1 个多小时却未发生性关系不符合生活常理。李某亦不能提出足以排除发生性关系的合理解释，故被害人侯某的陈述可信度更高。

（3）针对是否存在暴力胁迫行为。由于该类案件的暴力特征不够明显，无法从现场发现衣服被撕破、身上有伤痕等痕迹判断是否发生违背妇女意志的性侵行为，故应当结合双方关系、双方生理力量对比、是否存在意志强迫或其他因素导致被害人不能反抗等综合判断。

如案例二中，两人说法的矛盾之处在于被告人黄某是否威胁被害人王某以及双方发生性关系是否存在暴力行为。经过进一步核实，黄某的妻子、同事均表示知晓二人的情人关系；酒店服务员证实案发现场床铺整齐，且案发时并未听见房间里传来异响，均能印证黄某的辩解，且除王某的陈述外并无其他证据印证王某的说法。因此，该案中黄某的辩解足以割裂王某所述事实的完整性，且具有一定的合理性和可印证性。

4. 构建证据链条

在暴力特征不明显的性侵犯罪案件的审理过程中，应全面、严格地审核在案证据，并在“直接证据需得到间接证据相印证”的原则基础上，以被害人陈述为主，依次采用审查被害人陈述是否可信、被告人供述是否矛盾、相关矛盾点是否得到在案证据印证、准确适用罪名的方式构建证据链条，最大限度地排除案件疑点，实现完整证据链条支持下的内心确信。

法院应根据受案登记表、通话记录等审查报案时间是否及时，并通过监控录像、证人证言等确认被害人的精神状态，以此判断被害人的报案经过是否正常；之后进一步结合现场勘验笔录、相关鉴定意见等判断被害人陈述的细节是否完整；在被害人陈述出现不稳定时应审慎核实是否存在介入因素；在对双方说法的共同点予以固定后，对矛盾点进行印证性审查，结合聊天记录、鉴定意见、证人证言等进行辅助判断，最终形成证据闭环，准确定罪量刑。

第十六章　认罪认罚从宽制度的司法适用

2018年《刑事诉讼法》正式确立了认罪认罚从宽制度，明确规定犯罪嫌疑人、被告人自愿如实供述自己的罪行，承认指控的犯罪事实，愿意接受处罚的，可以依法从宽处理。认罪认罚从宽制度的确立是一次重大诉讼制度改革，其影响意义深远，充分体现了现代刑事司法的发展趋势，并能有效助推国家治理体系和治理能力现代化。2019年10月，最高人民法院、最高人民检察院、公安部、国家安全部、司法部共同发布《关于适用认罪认罚从宽制度的指导意见》(以下简称《指导意见》)，对认罪认罚从宽制度的原则、范围、条件、程序、权利保障等问题作出了具体规定，为贯彻落实认罪认罚从宽制度提供了更为细致的规范依据。在追求量刑精准化的背景下，认罪认罚从宽制度不仅承载着控辩双方对案件的博弈协商及量刑公正，还关系到法、检等机关行权方式的重塑，如何全面落实认罪认罚从宽制度，准确把握不同司法机关在该项制度中的地位作用，继而持续优化刑事审判格局，都将是今后一段时期司法机关面临的重大课题。

第一节　认罪认罚从宽制度的价值目的性

近些年来，我国社会大局保持长期稳定，但国家安全和社会治安形势依然严峻复杂，涉暴恐、网络金融诈骗、新型毒品、“套路贷”等涉众广、危害大的类型犯罪案件不断增多，司法办案难度加剧。同时，案件整体数量、涉案人数均呈现大幅增长，案多人少矛盾较为突出。司法超负荷运转，容易出现“公平打折”的情况。同时，久拖不决的案件抑或是“简单粗暴”的办理方式都会激发案件内外矛盾，增加社会风险。尤其是，传统的诉讼制度以不认罪案件为基础构建，其以控辩双方的对抗为基础，需要投入充分的司法资源，但是随着社会发展，有限的司法资源与激增的案件数量的矛盾日益凸显，为了应对过度犯罪化趋势，党的十八届四中全会提出“完善刑事诉讼中认罪认罚从宽制度”。认罪认罚从宽制度改革是将被告人认罪及控辩协商作为从宽的前提，把诉讼重心适度前移，这一改革意味着，认罪认罚案件中法院的职责从“在控辩对抗中进行居中裁判”转变为“在控辩合作中寻求公正裁判”。这一改革，对于进一步优化司法资源配置、推动矛盾实质化解、提升司法效率等均有着积极意义。

一、认罪认罚从宽制度与辩诉交易的区别

从域外视野看，美国的辩诉交易制度可以作为认罪认罚从宽制度适格的参考之一。两种制度都肯定认罪与宽宥处罚的直观因果性，以此降低被告人的人身危险性，获得侦查取证的便利性。从试点到立法确立，始终有观点认为，我国认罪认罚从宽制度本质上是美国“辩诉交易”的“翻版”，这种观点是不符合实际的。美国的辩诉交易制度是指检察官与被告方进行谈判，以撤销指控、降格控诉或要求法官从轻判处刑罚等为条件，换取被告人作认罪答辩或满足控诉方其他要求。如果达成协议，且经法官审查协议内容自愿、合法，则不再进行开庭审理，直接对被告人定罪判刑。我国的认罪认罚从宽制度一定程度上借鉴了域外如美国“辩诉交易制度”、英国“有罪答辩制度”等诉讼制度的有益经验，但并不是单纯的“拿来主义”，而是在此基础之上，内化融入我国刑事诉讼体系，是符合我国国情的一项特殊制度创新。其中，既能反映出对中华传统“和合”文化的继承，也可体现对红色法律文化如陕甘宁边区刑事调解制度、本土社会基层治理经验如“枫桥经验”等的发扬。较之相同点，两者之间的不同点对于认识认罪认罚从宽制度的价值目的有更大的作用。实用主义哲学观是美国辩诉交易的思想基础，在实用主义思想的影响下，辩诉交易制度在规则设计上更加注重效率以使案件快速解决。但认罪认罚从宽制度的着眼点并非单纯的提升诉讼效率，而是同时强调司法公正与司法效率，既追求司法的经济性、降低被告人的人身危险性，亦高度重视修复受损的社会关系以确保司法公正。具体而言，两项制度存在如下区别：一是证据裁判标准。认罪认罚从宽制度坚持证据裁判原则，不以降低案件证明标准为代价，即审查与裁判仍应达到“犯罪事实清楚，证据确实、充分”的认定标准；案件事实不清、证据不足的，即便被追诉人认罪认罚也不能定罪处理。而辩诉交易制度中，控辩双方在案件事实有争议或者证据有疑问的情况下仍可进行协商“交易”。二是控辩协商内容。认罪认罚从宽制度坚持罪刑法定原则，控辩双方仅能就具体量刑进行协商，罪名和罪数均不在协商范畴之内。而辩诉交易的内容不仅包括量刑，还包括罪名和罪数，即美国检察官可

将降格指控作为条件，与被告方进行协商“交易”。三是法定诉讼程序。适用认罪认罚从宽制度的案件除作不起诉处理以外，对被追诉人的定罪量刑依然要坚持庭审实质化原则，必须经过法庭开庭调查核实。而辩诉交易制度下，只要被告人认罪服法，法官就可以不经审理直接作出判决。

二、认罪认罚从宽制度的规范要义

“认罪”“认罚”“从宽”系认罪认罚从宽制度的核心要素，《指导意见》也在如何把握上述“三要素”方面作出专门规定。其中，“认罪”“认罚”是适用条件，“从宽”是处置结果。

（一）“认罪”的认识与把握

“认罪”体现了犯罪嫌疑人、被告人对行为犯罪性质的认识，是悔过态度的外在表现。其定义实际上融合了《刑法》中自首、坦白条款有关“如实供述自己的罪行”的解释规定，要求“认罪”必须是实质性的承认。实践中，需要注意三个问题：一是认罪的真实性。要求被追诉人自愿如实地作出，特别注意审查排除有些被追诉人在存有不利证据指向或无法忍受被羁押、等待审判煎熬的情况下，“退而求其次”，以有违事实真相的“有罪供述”博取从快、从宽处理的“好处”。二是认罪的完整性。供述的内容能够反映主要犯罪事实，或仅对个别事实情节及行为性质有一定辩解但最终接受司法机关的认定意见，不影响定罪量刑基本事实的，可被认定为“认罪”。但对于隐瞒自身身份、认为部分或全部犯罪事实不是犯罪的，则无法对整个案件适用认罪认罚从宽制度。三是认罪的时间点。认罪认罚从宽制度有着激励、引导被追诉人主动供述犯罪事实、积极配合司法活动等设计初衷，“认罪”时间越早，内容越全面、准确，就越有助于司法机关及时获取证据、侦破案件、减少损失。因此，需要关注“认罪”的具体时间点，并根据不同诉讼阶段，在后续的处置环节作区别化“从宽”对待。

（二）“认罚”的认识与把握

“认罚”是犯罪嫌疑人、被告人悔罪态度的直接表现。即在认罪基础上，自愿接受所认之罪在实体法上带来的刑罚后果，同意检察机关量刑建议，签署具结书。在这份具结书中，包含个人身份情况、认定的犯罪事实及罪名、量刑建议、适用诉讼程序等相关内容。由于“认罚”与“认罪”同为适用认罪认罚从宽制度的前提条件，故而其要求也必须是实质性的。被追诉人只“认罪”不“认罚”，或者表面上

“认罚”，背地里却有串供、毁灭证据或者故意隐匿、转移财产，不赔偿被害人损失等类似行为的，均不能适用该项制度。“认罚”仅限实体处罚，与司法程序选择适用并无关联，即在没有新的犯罪事实的情况下，被追诉人不同意案件适用速裁程序、简易程序的，不影响“认罚”的认定。

（三）“从宽”的认识与把握

“从宽”是在同时具备上述两要素条件下的最终司法处理结果，也是该项制度的“魅力”所在。具体而言，在侦查阶段更早地达到采取非羁押性强制措施的条件；在审查起诉阶段检察机关作出不起诉决定、从宽的量刑建议、适用或变更宽缓强制措施等；在审判阶段法院采纳检察机关的“从宽量刑建议”，或根据查明的犯罪事实及被追诉人认罪认罚具体情况等依法作出“从宽”判决。其中，也有三点需要明确：一是依法“从宽”。“从宽”的司法处置均应当遵循《刑法》《刑事诉讼法》的基本原则和具体规定，必须于法有据，不具备法定减轻处罚情节的，应当在法定刑幅度以内提出从轻处罚的量刑建议；对其中犯罪情节轻微不需要判处刑罚的，可依法作出不起诉决定。二是一般应当从宽。树立认罪认罚案件从宽处置的基本导向，即符合制度适用条件的案件一般应当“从宽处置”。三是从宽有度。严格贯彻宽严相济刑事政策，根据犯罪行为的具体事实、性质、情节和对社会的危害程度，决定是否予以“从宽”，并确定“从宽”的幅度，确保宽严有别、罚当其罪。特别是对于犯罪性质恶劣、犯罪手段残忍、危害后果严重以及累犯、再犯的犯罪分子，应当严格限制“从宽”幅度，或依法予以严惩。需要明确，从刑法理论与司法实践经验来看，犯罪行为的社会危害性是决定刑罚的基础，犯罪人的人身危险性等因素只能作为调节刑罚轻重的依据，二者的主辅关系不可颠倒。因此，认罪认罚从宽处罚的总限度原则上不能超过基础刑罚的二分之一，否则刑法所坚持的行为刑法的基础立场就可能被动摇；报应刑罚所彰显的刑法公正性就可能被削弱。

三、认罪认罚从宽制度要求量刑公正

我国《刑事诉讼法》及相关司法解释明确规定，认罪认罚案件中检察院应当就主刑、附加刑、是否适用缓刑等提出量刑建议，除非存在法定情形，法院一般应当采纳检察院指控的罪名和量刑建议。法院经审理认为量刑建议明显不当，或者被告人、辩护人对量刑建议提出异议的，检察院可以调整量刑建议。检察院不调整量刑建议或者调整量刑建议后仍然明显不当的，法院应当依法作出判决。对于犯罪嫌疑人、被告人来说，整个诉讼过程中最为紧要的事项就是最终的量刑。认罪认罚从宽制度实施的初衷，不是简单的权利转移或者程序简化，而是化“对抗性司法”为“恢复性司法”，是一项参与型的司法制度。认罪认罚案件中检察院的量刑建议不再是检察机关的单方意见，而是控辩双方达成的合意，甚至一定程度上也反映了被害方的意见。对于犯罪嫌疑人而言，量刑建议是检察机关作出的“带有司法公信力的承诺”，对审判机关而言，它是控辩双方协商达成共识的结果。[①] 从根本上看，量刑建议关系到认罪认罚从宽能否真正落实。认罪认罚从宽制度追求公正的价值目标，在制度中举足轻重的量刑建议也必然要贯彻司法公正。对于检察机关所提的量刑建议是否做到量刑公正要注重从实体、程序两个方面把握。

（一）量刑的实体公正

一是量刑尺度的均衡把握。适法统一是实现司法公正的重要支点，其要求同类案件在裁判结论上具有大体一致性、不同类案件在裁判结论上具有协调性。就刑事案件而言，在量刑上对同类案件采用相对一致的判罚标准是裁判最基本的要求。在认罪认罚案件中，这种判罚标准的统一性也体现在法检对量刑标准把握的均衡性上。实践中，法院在量刑上已经积累了相当成熟的经验，检察机关在提出量刑建议时可以借鉴和吸纳法院在实践中积累的量刑规则和方法，应当与法院对同一类型、情节相当案件的判罚尺度保持基本均衡；尤其是，量刑建议的提出应当确保罚当其罪，避免同案处理的共犯及分案处理的共犯或关联犯罪人之间量刑失衡，更要防止因量刑失当严重偏离一般的司法认知。法检两机关也应强化沟通，进一步统一量刑标准和量刑规范。

二是证据标准的严格把握。在认罪认罚从宽制度改革中，有观点指出，对该类案件可以适度放宽证据标准以提升裁判效率。但是，从制度价值看，我国的认罪认罚从宽制度主要着眼于通过简化诉讼环节提高诉讼效率，相关改革是将控辩双方的合意与具结行为作为案件繁简分流的基准，而非区分证明标准的依据。从立法进程看，无论是改革试点阶段，还是立法完善阶段，都没有降低认罪认罚案件的证明标准。2016 年，最高人民法院、最高人民检察院、公安部、国家安全部、司法部印发《关于在部分地区开展刑事案件认罪认罚从宽制度试点工作的办法》（以下简称

---

① 参见杨立新：《对认罪认罚从宽制度中量刑建议问题的理解与把握》，载最高人民法院刑事审判第一、二、三、四、五庭编：《刑事审判参考》（总第 127 辑），人民法院出版社 2021 年版，第 130~135 页。

《试点办法》）规定，认罪认罚案件要坚持证据裁判原则，2018年《刑事诉讼法》要求案件办理均要达到事实清楚、证据确实充分的法定标准，2019年《指导意见》进一步明确办理认罪认罚案件要坚持法定证明标准。因此，认罪认罚案件的量刑，也应严格按照证据裁判要求，全面收集、固定、审查和认定证据，坚持法定证明标准，不能因认罪认罚降低证据要求和证明标准。

（二）量刑的程序公正

一是量刑主体的充分参与。量刑建议制度的价值体现在缓和认罪案件中的控辩对抗和量刑抗辩，通过合作式诉讼提升该类案件的审判效率，因此，量刑建议的作出需要各量刑主体广泛参与和充分协商。在程序设计中，应当为包括被告人、辩护人、被害人以及其他相关社会团体和社会组织在内的各个量刑主体提供参与量刑协商的通道。应进一步明确，检察机关在确定和提出量刑建议前，应当充分听取犯罪嫌疑人、被告人、辩护人或者值班律师的意见，切实开展量刑协商工作，保证量刑建议依法体现从宽、适当。必要时，可以召开量刑建议听证会，听取辩方和被害人方的量刑意见。

二是量刑事实的充分查明。检察机关在认罪认罚案件中已不再是“单纯的指控者”，这种角色转变决定了其对量刑的建议建立在量刑证据的充分收集、量刑事实的充分查明的基础上。从认识论层面看，侦查、起诉、审判三阶段是查明案件事实的完整认识过程，后一阶段通常是对前一阶段认识结果的深化和补遗。在认罪认罚案件中，检察机关作出的量刑建议具有实体处分性质，其应承担起比在普通案件中更重的事实查证责任。只有尽可能地查明案件的定罪事实和量刑事实，才能提升认罪认罚结果的可预测性，如果前期未对案件事实进行充分查证，在裁判阶段可能会由于发现遗漏事实引发对量刑建议的大幅度调整，影响量刑建议的制度信用。

三是量刑理由的充分阐释。量刑决定的作出者，无论是检察机关，还是审判机关，都应当明确阐释量刑理由。在实践中，有必要明确检察机关提起公诉时提出量刑建议的，应制作量刑建议书，向法院充分叙明量刑建议的理由和依据。为了实现繁简分流、节约司法资源，对于适用速裁程序和简易程序的案件，也可以仅制作表格式的量刑建议说明，载明量刑基准、法定和酌定量刑情节、量刑调节比例等基本要素，随案移送法院，为庭审审查提供依据。

四是量刑不满的充分救济。任何量刑决定的作出，均不应是终局性的。在细化量刑建议制度时，应注重完善当事人对量刑决定不满的救济机制。检察机关在认罪认罚案件中，不应受西方国家辩诉交易的影响，仅将量刑建议的提出单纯地作为与被告人交易的结果，甚至将量刑建议的形成过程神秘化或认为认罪认罚案件的量刑建议无须说明理由，而应当针对量刑不满建立相应的保障机制。当被告人、辩护人对量刑建议提出有理有据的异议时，法院应当告知检察机关调整量刑建议，检察机关不调整或调整后仍然明显不当的，法院应当依法作出裁判。在程序设计上，可进一步明确，被告人不因提出正当的量刑异议而承受不利的量刑后果。

第二节 对精准化量刑建议的审查

《刑事诉讼法》第 201 条第 1 款规定，“对于认罪认罚案件，人民法院依法作出判决时，一般应当采纳人民检察院指控的罪名和量刑建议”。《指导意见》明确，办理认罪认罚案件，检察机关一般应当提出确定刑量刑建议，对新类型、不常见犯罪案件，量刑情节复杂的重罪案件等，也可以提出幅度刑量刑建议。对此，有观点认为，在“法院一般应当采纳”的立法范式下，精准化量刑建议已从求刑权转化为带有预决性质的量刑权，法院可以只对量刑建议进行形式审查，只要不存在法定例外情形均应予以采纳。也有观点认为，过于精准的量刑建议事实上侵蚀和削弱了法官的量刑裁量权，检察机关应以提出幅度刑量刑建议为主，为法官的量刑留下足够的裁量空间。

上述争议的实质在于，如何正确认识认罪认罚案件中量刑建议的法律性质，前者立足于“认罪认罚案件的量刑建议是具有预决效力的实体性权力”，认为精准化量刑建议对法院具有强制性的约束力。后者则立足于量刑建议本质是求刑权，量刑只能由法官实施。在以“恢复性司法”与“合作式司法”为目标的改革背景下，上述两种认识均具有片面性。本书认为，精准化量刑建议改革并未改变量刑建议属于求刑权的法律属性，其影响的是认罪认罚案件中法官行使量刑权的方式。

一、精准化量刑建议的性质

基于控审分离原则，检察机关的精准化量刑建议属于求刑权，而非具有终局性质的量刑权。认罪认罚从宽制度改革影响的是法院对量刑权的行使方式，法院量刑方法从相对封闭的单独量刑向多主体参与的合作量刑转变，并侧重对量刑建议是否明显不当进行审查。这意味着，精准化量刑建议改革影响的是认罪认罚案件中法官行使量刑权的具体方式。

首先，从诉讼原理看，控审分离原则是现代刑事诉讼法的基本原则，控诉权和审判权必须分别由检察机关和审判机关行使。量刑建议权是检察机关行使定罪请求权的延伸，其本质是公诉权之下位权能——关于量刑的请求权，而非具有终局性质的裁判权，若认为量刑建议具有终局性质，则有违控审分离原则。另外，量刑事实纷繁复杂，量刑裁决需要根据所有量刑事实并结合量刑技术进行裁量。公诉阶段，许多量刑事实尚未发生，诸多量刑信息也来自公诉机关之外的人员和机构，如果不通过公开的庭审进行充分查明，则难以直接作出量刑裁决，要求公诉阶段的检察机关直接作出具有终局性质的量刑裁决并不符合司法裁判的基本规律。既然量刑建议属于求刑权的范畴，那么它再精准、再确定，也还是建议，而非结论，都需要经过法庭审理和法官审查并确认后，才能形成具有法律效力的刑罚裁决。

其次，从法律规定看，无论是精准化量刑建议，还是幅度相对较宽的量刑建议，法律所要求的审查方式都是确定的，即法官都要进行全面实质审查，不存在检察机关提出确定刑量刑建议，法官就没有审查和变更空间的问题。从既有规定看，无论何种量刑建议，法院审查后采纳与否，适用同样的要求和标准，对于案件事实清楚、证据确实充分、指控罪名准确、量刑建议适当的，应当采纳；对于量刑建议明显不当的，法院有权要求检察机关调整，不调整或者调整后仍然明显不当的，应依法作出公正适当的量刑结论。不存在确定刑量刑建议必须被法院采纳或者采纳标准降低的要求，在正确依法适用认罪认罚从宽制度时，不会存在量刑权被侵蚀的情况。

最后，从职能分工看，认罪认罚案件中的审判“中心”与检察“主导”之间是辩证统一的关系。以“审判”为中心，实质上是以审判职能为中心，即侦查、起诉服务于审判，均要为刑事诉讼目的实现、诉讼程序终结提供一切便利的条件。认罪认罚案件中，法院和检察院是依据各自的职能而履职，也是依据各自的职能分别发挥作用，精准化量刑建议改革的实质是将审判的标准和要求传导至审前公诉阶段，检察机关通过提出精准化量刑建议实现对认罪案件的审查、过滤、分流，法院则需要通过审判活动对量刑建议进行实质审查。法、检两机关通过相互分工、相互配合，共同推进司法公正与司法效率的统一。

二、认罪认罚案件量刑建议的具体提出方式

《指导意见》在总结各地试点经验的基础上，规定检察机关“一般应当提出确定刑量刑建议。对新类型、不常见犯罪案件，量刑情节复杂的重罪案件等，也可以提出幅度刑量刑建议”。新规定的出台未完全平息人们对量刑建议提出方式的争议，主要争议集中在应否以确定刑量刑建议为主以及如何划分不同类型量刑建议的适用范围，在讨论量刑建议提出方式时，需要从量刑公正的实体要求和程序要求两个维度进行考量。

（一）以确定刑为主、幅度刑为辅符合量刑规律

关于量刑建议的提出方式，有观点认为，检察机关提出量刑建议应当以幅度刑为主，主要原因在于幅度刑量刑建议是达到备选标准的基本方式，能够为司法建议权与司法裁定权的恰当协调提供空间，也能兼顾量刑建议权的约束力与量刑建议采纳权的权威性。也有观点认为，量刑建议应当以确定刑为主，主要原因在于确定刑量刑建议可以为控辩双方提供相对精确的协商对象，有助于实现控辩平等，提升当事人参与的积极性，促进制度的有效推广。双方的探讨均立足于认罪认罚从宽制度的效果，前者偏重于法检权力的分配平衡，后者侧重于量刑建议制度的实践效果。

本书认为，对量刑建议制度的讨论不应局限于单一制度的完善，而应在刑事司法一体化的背景下进行考量，量刑建议制度的完善既要考量其实践效果，也要尊重裁判权运行的一般规律。总体而言，当前检察机关确定的“以确定刑量刑建议为主、幅度刑量刑建议为辅”的方式具有一定的合理性。

第一，复合量刑建议类型遵循量刑权的运行规律。刑罚是刑事责任的直接载体，量刑的过程应当满足责任个别化的要求，刑罚的估量结果应当与行为人的个别性相适应。犯罪中的量刑事实或情节通常具有复杂性，这就决定了量刑的个别化应当是动态调整的过程而非静止不变的过程，具体可以根据案件个别化因素的强弱、案件的复杂程度等来选用不同的量刑方式，个别化需求不高的简单案件可以选定确定刑量刑建议、个别化需求较高的复杂案件则可适用幅度刑量刑建议。

第二，确定刑为主更有利于认罪认罚从宽制度的推行。在现实中，当检察机关在控辩协商中提出幅度刑量刑建议时，控辩双方对幅度的期待点并不相同，辩方的心理预期往往低于控方的预期，即被告人通常对幅度的最低点抱有期待，如果法院选择在幅度中点以上判处刑罚，被告人会以量刑过重为由提出上诉。以确定刑为原

则可以增强量刑协商的稳定性和权威性，辩护方对裁判结果也会形成确定的诉讼预期，会有更大的动力参与控辩协商，同时也可避免无谓的上诉，提升认罪认罚的制度实效。

第三，幅度刑为辅可以充分适应量刑活动的复杂性。量刑是一种软科学，它不仅依赖规范，也依赖经验，不能将其视为对量刑情节的加减运算，尤其是对于复杂案件而言，需要通过经验确定合理的处罚范围。比如，有些案件的证据和事实会随着诉讼进程发生变化（如新证据出现、发现遗漏事实等），有些新类型案件尚未形成完善的量刑规则，对于这类案件如果强行适用确定刑量刑建议可能会导致量刑失衡，采用幅度刑量刑建议既符合人们对案件的认识规律，也可以为应对复杂情况留下刑罚调整的空间。

（二）不同类型量刑建议适用的具体案件范围

在划分不同类型量刑建议适用的案件范围时，应充分考虑案件审理中影响量刑的各种主客观因素。通常情形下，量刑结论会受到以下因素制约：（1）量刑事实的查证程度。量刑建议具有处分实体问题的属性，理应保证实体公正。各种量刑事实是量刑建议的实体根据，量刑事实是否充分查明直接影响量刑建议是否适当、公正，因此在选择量刑建议类型时，应当考虑量刑事实的查证程度。（2）案件的复杂程度。就实践经验看，案件只有通过控辩双方的充分对抗才能完整查清各类量刑事实。侦查起诉阶段，控辩双方在事实、证据展示方面相较于庭审会有所欠缺，该阶段对案件事实的认识程度也会受限，因此对复杂案件也不宜苛求量刑的绝对精准。（3）罪刑的轻重程度。在通常情况下，重罪案件对抗性强、争议性大，在量刑时应坚持审慎的原则，不宜盲目追求量刑的精准化。（4）量刑经验的积累程度。常见多发案件往往形成相对成熟的量刑规则，可提出确定刑量刑建议。新类型案件往往是非典型的犯罪行为，对该类犯罪的处罚首要目的是通过个案裁判明确行为规则，其量刑规则还要在实践中不断积累经验才能形成，因此也不宜过度追求精准化。

综合上述因素，检察机关在提出量刑建议时可因案施策、区分处理：其一，对于已充分听取辩方意见、量刑事实已充分查明的，一般应当提出确定刑量刑建议。其二，对于全国或省（自治区、直辖市）内新类型、不常见的犯罪案件，量刑情节复杂的重罪案件以及量刑事实未能充分查明的案件，可以提出幅度刑量刑建议。为了增强量刑协商过程及量刑协议的稳定性，提出的量刑幅度不应过大。幅度大小可根据建议判处刑罚的高低来具体把握，建议刑期较低的，幅度也应较小，建议刑期较高的，幅度可适度放宽。在具体操作中，不妨根据轻罪、重罪分别设定不同的幅度标准。

三、量刑建议的审查与采纳规则

《刑事诉讼法》第 201 条和《指导意见》第 40 条、第 41 条共同规定了法院对检察机关提出的量刑建议的审查方法、采纳标准和调整程序等内容，基本确立了法院对量刑建议的审查接受型采纳模式，即法院应当依法对量刑建议进行审查，并根据量刑建议是否适当、是否存在不予采纳的法定情形、是否存在有理有据的异议等情形决定是否采纳或要求调整量刑建议。在具体审查时，还需要根据改革要求优化审查方式、突出审查重点、细化审查标准。

（一）“一般应当采纳”的规范释义

《刑事诉讼法》第 201 条规定，人民法院一般应当采纳人民检察院量刑建议。《指导意见》则明确，量刑建议适当的，人民法院应当采纳。本书认为，《指导意见》是对《刑事诉讼法》相关条文进行的细化规定，其关于量刑建议效力规则的用语变化并不意味着法院量刑权的强化或弱化，只是对采纳、不予采纳、要求调整量刑建议的具体标准进行细化，并未改变量刑建议的效力规定架构。对“一般应当采纳”的理解，也应当将其放在量刑建议的整个效力规则（采纳、不予采纳、调整机制）中进行整体解读，不应单独地、割裂地理解其含义。从立法过程看，“一般应当采纳”的用语始于 2016 年的《试点办法》，该条文与不予采纳规定、建议调整规定共同组成量刑建议的效力规定。2018 年《刑事诉讼法》第 201 条吸纳了改革经验，将上述规定上升为法律。从《试点办法》到《刑事诉讼法》的修改，“一般应当采纳”规定并不是孤立地出现，而是与不予采纳、调整规定同时出现，这三类规定共同表明量刑建议采纳的标准是量刑建议适当，不采纳或调整的标准是量刑建议明显不当，量刑建议适当一直是量刑建议明显不当的对应概念。2019 年《指导意见》并未修改上述标准，而是进一步明确适当的内涵和调整量刑建议的具体标准，可以说《指导意见》关于量刑建议的采纳标准、不采纳或调整的标准和《刑事诉讼法》并无实质差别，即量刑建议“适当”的，法院应当予以采纳，“明显不当”的，法院应启动调整程序。上述采纳、不予采纳或调整的标准共同构成量刑建议的效力规定，作为一个整体同时反映认罪认罚从宽制度所追求的实体价值和程序价值。

如上所述，认罪认罚从宽制度的实体价值是追求罚当其罪和量刑平衡，这意味着法院是否采纳量刑建议应看量刑建议在实体上是否适当，这决定了法院应当对量刑建议进行实质、全面审查；认罪认罚从宽制度的程序价值意味着，要确保认罪认罚案件的处置效率，体现对司法合意的尊重，量刑建议没有明显不当时，就应当予以采纳。如果在量刑建议的实体价值和程序价值上理解“一般应当采纳”，那么它就具有两层含义：（1）“一般应当采纳”并未否定法院对量刑建议的实质的、全面的审查权。对于认罪认罚案件，法院应当对案件事实、证据和定罪、量刑进行全面审查，重点审查量刑事实是否确实充分、量刑依据是否适当、量刑过程是否合法。（2）“一般应当采纳”意味着法院对量刑合意保持尊重。即在认罪认罚案件中，检察机关一般已对影响量刑的法定和酌定情节充分查明，并充分听取了各方诉讼主体的量刑意见，按照量刑规范化的要求形成了明确具体的量刑建议。此时，法院应侧重于以检察机关作出量刑建议的依据和过程为基础，对精准化量刑建议的适当性进行审查。

（二）“明显不当”的具体审查标准

通常来讲，量刑过程分为六步：（1）确定法定刑幅度；（2）确定量刑起点；（3）确定基准刑；（4）适用与犯罪事实有关的量刑情节（罪中情节）调节量刑；（5）适用犯罪事实之外的量刑情节（罪前、罪后表现等）调节量刑；（6）确定宣告刑。从量刑过程看，对量刑适当性有显著影响的有三类基本要素：一是与量刑基础相关的要素，涉及量刑幅度和基准的选定；二是与量刑调节相关的要素，涉及各类法定、酌定量刑情节认定及其对刑罚调节幅度的认定；三是与量刑规则相关的经验要素，涉及量刑经验积累与类案平衡等。根据实践经验，可以从影响量刑适当性的三大基本要素入手，将其细化为量刑建议明显不当的具体认定规则。

其一，量刑幅度和基准的确立不当。量刑幅度和基准是某类犯罪构成事实对应的量刑刻度，是类案的判罚标准。量刑幅度和基准的确立即使出现一般性不当，也说明个案裁判偏离了类案的基本裁判尺度，可能会导致类案不同判，故对量刑幅度和基准确立不当时，应视为明显不当。比如，应当认定为情节特别严重，在十年以上量刑幅度内处罚的，检察机关在提出量刑建议时认定为情节严重，在十年以下量刑幅度内提出量刑建议的，则当然属于明显不当。

其二，法定量刑情节认定不当或出现新的法定量刑情节。由于法定量刑情节直接影响量刑结果，各情节均会在量刑过程中发挥作用，调节力度通常在20%以上，即使存在一般性的认定不当或出现新情节等，大概率会影响量刑结果，故也应视为量刑建议明显不当。比如，检察机关在提出量刑建议时认定被告人自首，经法院审查认为自首不能成立的，或者在审判阶段查实被告人具有立功或退赔全部损失等情节的，原有的量刑建议当然属于明显不当。

其三，酌定量刑情节的认定明显不当。酌定量刑情节对量刑结果的影响相对较小，在量刑过程中其调节作用通常会被法定量刑情节吸收或削弱，酌定量刑情节的认定只有在明显不当时才属于量刑建议明显不当。比如，命案中在被害人是否具有过错的认定上，检察机关在提出量刑建议时认为被害人没有过错，而经过法庭审理后认为被害人具有明显过错，由于该情节涉及死刑的适用，因此在对被告人量刑时应当酌情予以考量，此时量刑建议就属于明显不当。

其四，量刑情节对量刑的调节比例确定明显不当。犯罪事实和罪责是决定刑罚的基础，量刑情节仅具有调节作用，调节幅度应受犯罪事实和罪责的限制，如即使同时存在多个从宽情节，其对刑罚的综合从宽调节幅度一般不能超过应判刑罚的二分之一，如此才能确保罪责刑相适应。如果量刑情节对量刑的调节幅度明显过大或过小时，应当视为量刑建议明显不当。比如，检察机关起诉指控的罪名量刑幅度在十年以上，仅依据被告人具有自首和赔偿被害人损失情节，就提出建议对被告人判处有期徒刑三年，缓刑三年，这一量刑建议中量刑情节对量刑的调节幅度超过了犯罪事实和罪责因素，应属于明显不当。

其五，量刑建议的附加刑和刑罚执行方式明显不当。附加刑从属于主刑，刑罚执行方式是刑罚的具体实现形式，如果属于一般性不当（如判处罚金虽在法定比例但较同类案件数额略高或略低，缓刑考验期较同类案件略长或略短），尚不足以否定犯罪与主刑间的协调，可不视为量刑建议明显不当；如果存在明显失调（如判处罚金与非法所得明显失衡、不应适用缓刑而适用缓刑），则会导致罪刑失衡，应视为量刑建议明显不当。

其六，量刑建议与同类案件处理明显不协调。比如，对于同样具有认罪认罚情形的分案处理的共同犯罪人，在犯罪中的地位、作用和其他量刑情节均相当，可能因为案件由不同检察官办理，提出的量刑建议具有明显差别，应属于量刑建议明显不当。

其七，量刑建议明显偏离一般的司法认知。实践中对常见案件已形成相对明确和规范的量刑规则和方法，如果量刑建议严重偏离一般的司法认知或共识，可能导致类案不同判，也应视为量刑建议明显不当。比如，如果因认罪认罚而对共同犯罪中主犯提出的量刑建议大幅度轻于没有认罪认罚但起次要作用的从犯，这样的量刑建议就很可能偏离了一般的司法认知，应属明显不当的情形。

其八，其他量刑建议明显不当的情形。比如，在一些针对儿童的性侵等特殊案件中，检察机关提出的量刑建议虽从形式上看在法定量刑幅度内，但其裁量结果未能充分体现立法目的，甚至严重背离社会公众朴素正义感的，也应认定为明显不当，依法予以调整。

法院认定量刑建议明显不当时，应启动量刑建议调整程序。结合实践经验，为了确保调整程序规范有序，法院在告知检察机关对量刑建议进行调整时，应当说明理由和依据，以便检察机关合理调整量刑建议。在通知方式上，可以根据案件情况采用书面告知或当庭口头告知等方式。对于普通程序审理的案件，法院发现量刑建议明显不当的，可以在庭前或庭后书面发函告知检察机关，也可当庭告知检察机关，并记录在案。检察机关调整量刑建议的，可以制作《量刑建议调整书》，也可以视情当庭调整，均不需要重新签署认罪认罚具结书。适用速裁程序和简易程序审理的，法院应当在庭前或者当庭告知检察机关，检察机关调整量刑建议应当在庭前或者当庭提出。调整量刑建议后，被告人同意继续适用速裁程序和简易程序的，不需要转换程序。无论适用何种程序，调整量刑建议均需重新征求各方意见，被告人提出明确反对意见的，法院应当根据查明的量刑事实依法作出判决。

第三节　认罪认罚从宽制度的争议问题

一、上诉、抗诉案件的裁判规则

在处理认罪认罚上诉、抗诉案件时，应当在确保案件质量、保障被告人诉讼权利和保证认罪认罚从宽制度实施效果之间实现平衡。

（一）认罪认罚案件中，既要保障被告人上诉权的充分行使，又要确保检察机关抗诉权的依法履行

保留认罪认罚被告人对定罪量刑的异议权和救济权，促进二审法院对案件事实与法律适用的全面审查，发挥二审程序的实质纠错功能，是对程序公正的坚守。从认罪认罚的内涵来看，认罪认罚的自愿性本身既包含“认”与“不认”的自愿，也包含“何时认”与“何时不认”的自愿。在此意义上，充分保障被告人的上诉权属

于认罪认罚的当然内涵。如前所述，上诉权重在救济被告人的一审不利益，本质上属于一项救济权，且由于我国实行的是无因上诉制度，被告人行使上诉权不受上诉理由的任何限制。

此外，抗诉权亦是《刑事诉讼法》赋予检察机关的一项重要职权，是检察机关履行法律监督职责的重要体现。抗诉权重在纠正一审裁判在程序与实体方面的错误，本质上是一项监督权，其行使受到法律的限制，即抗诉必须符合《刑事诉讼法》第 228 条规定的“判决、裁定确有错误”。由此可见，上诉权与抗诉权的启动条件并不相同，在价值功用及权能属性方面也具有明显的差异性和互补性特征。即便是认罪认罚案件，检察机关启动抗诉的唯一依据也是原判确有错误，并非仅因被告人上诉。司法实践中，认罪认罚被告人上诉、检察机关抗诉的案件数量占比较低，进一步佐证了上诉既不是抗诉的必要条件，也非充分条件。在认罪认罚从宽制度之下，上诉权与抗诉权的关系并未发生根本性改变。

因此，认罪认罚案件中，不仅要充分保障被告人的上诉权，也要确保检察机关依法履行抗诉职权。其一，要确保认罪认罚被告人上诉产生的法律效果与其他案件的被告人并无二致。具体而言，当被告人上诉符合法律规定的期限、方式时，应启动二审程序，且原则上开庭审理。当只有被告人上诉，检察机关未抗诉时，二审应严格遵循上诉不加刑原则。当被告人上诉，检察机关抗诉时，二审也并不必然会加重刑罚。其二，人民法院要审查认定抗诉理由是否成立。检察机关依照法律规定提起抗诉的，仍需由人民法院通过对案件的审理，即原判认定事实和适用法律是否正确、量刑是否适当、诉讼程序是否合法，从而作出最终评判，决定支持还是驳回抗诉。其三，就部分争议焦点明确、适用速裁程序的轻罪认罪认罚上诉案件，可以探索有别于其他二审案件的重点审查原则，将一审认罪认罚的自愿性，具结书内容的真实性、合法性，以及上诉、抗诉理由所指向的事项作为审查重点，充分回应上诉人、辩护人、被害人的关切，实现在保障权利的同时提升诉讼效率，推进认罪认罚从宽制度的有效实施。

（二）被告人否认犯罪事实，原判适用认罪认罚从宽制度的基础灭失，二审法院原则上可支持抗诉

二审法院应审查认定上诉、抗诉理由是否成立，并区分不同情形依法作出裁判。可按照以下步骤审查认定抗诉理由是否成立：审查一审认罪认罚程序是否正当，尤其是认罪认罚自愿性保障程序的正当性；审查原判决认定事实是否清楚、证据是否确实充分；前两步确认后，着重审查上诉理由所对应的事项；在上诉理由不能成立的情况下，依据上诉理由的类型推定上诉人在一审期间的悔罪态度，若上诉人在一审期间并非真诚悔罪，则一审适用认罪认罚从宽制度的事实基础灭失，二审法院原则上可支持抗诉；最后，还需综合评判一审量刑是否适当，决定是否改判。

根据上诉理由的类型，以及其与上诉人在一审期间认罪悔罪态度的关联程度，可以将上诉理由分为三大类。（1）与认罪认罚意愿无关的理由。如拖延执行期限、留所服刑等，与案件事实、法律适用均无关，自然无法推定一审期间的悔罪态度。（2）基于量刑的上诉理由。虽然上诉确是对认罪认罚意愿的反悔或撤回，但仍不足以推定被告人在一审期间并非真诚悔罪。这是因为，根据《指导意见》的规定，一审法院依法可以作出与量刑建议不一致的量刑结论。即便量刑建议是确定刑，被告人在认罪认罚的前提下，也完全可能对更轻的量刑结果抱有期待而提出上诉，其上诉认为量刑过重，仅能说明其悔罪程度不如愿意接受任何刑罚结果的被告人，通常不能直接推定其在一审期间非真诚悔罪。（3）基于定罪的上诉理由。若上诉人对事实、证据无异议，仅对行为性质提出辩解的，鉴于上诉人对法律条文的认知和理解可能随着诉讼进程的推进而发生变化，不宜据此直接作出推定结论。若上诉人在程序上提出认罪认罚自愿性保障程序缺乏正当性，进而在实体上否认自己的犯罪事实，鉴于该理由与其在一审期间的悔罪态度密切相关，可以推定其在一审期间并非真诚悔罪，即并不愿意接受处罚，原判决就不再具备适用认罪、认罚进而从宽的事实基础。

（三）二审是否加重刑罚，还需综合考量一审量刑是否适当

认罪认罚上诉、抗诉案件中，即便原判决不具备认罪认罚从宽的事实基础，原判量刑也不一定达到了《刑事诉讼法》第 236 条第 1 款第 2 项规定的“不当”程度，二审法院仍应根据犯罪的事实、性质、情节和对于社会的危害程度，结合除认罪认罚外的法定、酌定量刑情节，综合评判一审量刑是否适当，有无改判的必要。若一审法院考量确定的认罪认罚从宽幅度较高，意味着认罪认罚情节在刑罚评价中发挥着重要作用，或确定的基准刑本身较低，若不减除因认罪认罚给予被告人的量刑优惠，会导致原判量刑畸轻、罪刑失衡，有类案不同判之嫌，此时，检察机关若提出抗诉的，二审法院可依法改判，对上诉人加重刑罚。需要特别注意的是，若原判并无其他量刑不当的情形，二审加重的刑罚量不得超过原判基于认罪认罚从宽的刑罚量。反之，若一审法院考量确定的认罪认罚从宽幅度较低，认罪认罚情节

并未对刑罚评价产生较大影响，或确定的基准刑本身位于相应法定刑范围内的较高水平，即便不减除认罪认罚带来的量刑优惠，原判量刑仍能实现罪责刑相适应原则的，从司法公正的角度以及基于对宽严相济刑事政策的把握，二审通过改判进行量刑的调整则没有必要。

二、被告人与辩护人分道辩护问题

所谓犯罪嫌疑人或被告人与辩护人的分道辩护问题，就是指犯罪嫌疑人或被告人认罪认罚以获取制度福利，辩护人独立行使辩护权，为其作无罪或者罪轻等辩护。对于分道辩护情形下是否还认定犯罪嫌疑人、被告人认罪认罚，继续对其从宽处理，存在不同观点。

第一种观点认为，根据全国律协《律师办理刑事案件规范》第5条第1款的规定，律师担任辩护人，应当依法独立履行辩护职责。据此，辩护人有独立的辩护权，其根据事实和法律，维护犯罪嫌疑人、被告人的合法权益，不受犯罪嫌疑人、被告人认罪认罚的限制，可以作无罪或者罪轻等辩护。辩护人的独立辩护不影响犯罪嫌疑人、被告人认罪认罚从宽。

第二种观点认为，认罪认罚从宽制度的设立有实现案件繁简分流、节约司法资源的目的。而分道辩护使得程序几乎没有得到简化，妨害了认罪认罚从宽制度设立目的的实现，不符合认罪认罚从宽制度的精神，故不应再适用认罪认罚从宽。而且，如果分道辩护同样适用认罪认罚从宽，就很可能成为并非真心认罪悔罪的犯罪嫌疑人、被告人投机的一种诉讼策略。

本书认为，应当支持分道辩护。认罪认罚从宽本质上是一项对犯罪嫌疑人、被告人认罪悔罪态度予以肯定的制度福利，那么只要犯罪嫌疑人、被告人认罪认罚就符合了认罪认罚从宽制度的适用条件。至于辩护人作无罪或者罪轻辩护，都不影响犯罪嫌疑人、被告人的认罪悔罪态度。对于当前司法实践中，认罪认罚具结的达成，不排除有的犯罪嫌疑人、被告人对释明不甚清楚，尤其多数案件系在值班律师见证下达成认罪认罚协议，辩方在控辩协商时的地位尚不能达到完全对等。这种情形蕴藏着公诉指控可能失误，而被告人囿于自身局限又放弃辩护权的误判隐忧。对此，单纯指望后续的检察官或法官及时发现、适时纠正，并不符合该项制度设立的初衷。鉴于此，辩护人独立行使辩护权，即允许分道辩护，对于犯罪嫌疑人、被告人合法权利的保障无疑具有十分重要的意义。当然，在后续的改革中，还需要完善相关配套机制，如分道辩护过程须以值班律师等有权查阅案卷、完整了解案情为前提，获取必要履职经费报酬为保障，并以强化履职监督为后盾等，该类相关配套措施，也应当一并跟进。

三、被害人权利保障问题

认罪认罚从宽制度还强调将刑事责任与民事责任一体解决，将被告人是否与被害方达成和解、调解协议或者赔偿被害方损失、取得被害方谅解作为从宽处罚的重要考虑因素，相关规定旨在保障被害人合法权益，发挥认罪认罚从宽制度有效、及时化解矛盾的功能。对认罪认罚从宽制度的落实，还需要考虑被害人权利的保障问题。

一是充分听取被害方意见。办理认罪认罚案件，应当听取被害人及其诉讼代理人的意见，并将犯罪嫌疑人、被告人是否与被害方达成和解协议、调解协议或者赔偿被害方损失，取得被害方谅解，作为从宽处罚的重要考虑因素。检察院、公安机关听取意见情况应当记录在案并随案移送。

二是促成和解谅解。对符合当事人和解程序适用条件的公诉案件，犯罪嫌疑人、被告人认罪认罚的，法院、检察院、公安机关应当积极促成当事人自愿达成和解。对其他认罪认罚案件，法院、检察院、公安机关可以促成犯罪嫌疑人、被告人通过向被害方赔偿损失、赔礼道歉等方式获得谅解，被害方出具的谅解意见应当随案移送。司法机关在促成当事人和解谅解的过程中，应当向被害方释明认罪认罚从宽、公诉案件当事人和解适用程序等具体法律规定，充分听取被害方意见，符合司法救助条件的，应当积极协调办理。

三是审慎处理被害方的异议。应当明确，认罪认罚从宽制度的适用前提是被告人自愿认罪认罚。通常来看，被害人及其诉讼代理人不同意对认罪认罚的犯罪嫌疑人、被告人从宽处理的，一般不影响认罪认罚从宽制度的具体适用。犯罪嫌疑人、被告人认罪认罚，但没有退赃退赔、赔偿损失，未能与被害方达成调解或者和解协议的，从宽时应当予以酌减，对于从宽的幅度应当从严把握。犯罪嫌疑人、被告人自愿认罪并且愿意积极赔偿损失，但由于被害方赔偿请求明显不合理，未能达成调解或者和解协议的，一般不影响对犯罪嫌疑人、被告人从宽处理。

第四部分

实操编

第十七章　法律适用方法

在刑事司法裁判中，法律适用是一个关键环节，它涉及对案件事实的认定以及对法律条文的正确解释和应用。法律适用方法就是如何准确认定案件事实、正确理解和运用法律条文，以解决具体案件问题的方式和技巧。办案过程中，熟练掌握法律适用方法，对于确保法律正确实施、促进适法统一、维护法律权威、促进社会公正具有重要作用。本章结合刑事审判的特点，就刑事解释的基本立场、充分完整评价的概念厘清与具体适用、禁止重复评价原则的内涵澄清与实践展开等进行梳理总结。

第一节　刑法解释的基本立场

我国具有成文法的传统，从裁判方法的角度考量，寻找可资适用于具体案件的法律条文，也是形成法律判断进而依法裁判的基本前提。然而，法律条文所固有的抽象性、不周延性和滞后性，决定了其在适用于具体案件的过程中，不可避免地会出现一定“模糊地带”，从而产生了解释法律的需要。从某种意义上说，法律不经解释便无法适用于具体案件。

1981 年，全国人大常委会曾发布《关于加强法律解释工作的决议》，其中规定：“一、凡关于法律、法令条文本身需要进一步明确界限或作补充规定的，由全国人民代表大会常务委员会进行解释或用法令加以规定。二、凡属于法院审判工作中具体应用法律、法令的问题，由最高人民法院进行解释。凡属于检察院检察工作中具体应用法律、法令的问题，由最高人民检察院进行解释。最高人民法院和最高人民检察院的解释如果有原则性的分歧，报请全国人民代表大会常务委员会解释或决定。三、不属于审判和检察工作中的其他法律、法令如何具体应用的问题，由国务院及主管部门进行解释。四、凡属于地方性法规条文本身需要进一步明确界限或作补充规定的，由制定法规的省、自治区、直辖市人民代表大会常务委员会进行解释或作出规定。凡属于地方性法规如何具体应用的问题，由省、自治区、直辖市人民政府主管部门进行解释。”据此，在刑事审判中，如果相关法律条文的含义已经有专门的立法、司法或者行政机关进行过专门解释，在裁判活动中理应遵从。

然而，“有权解释”不可能涵盖所有对含义存在分歧性理解的刑法条文。一些案件裁判结论的形成，仍有赖于审判人员对刑法条文含义加以阐释。人们通常所称的刑法解释，主要便是针对这种对刑法规范含义进行阐释的活动。

一、刑法解释的基本思路

审判人员对刑法条文含义的阐释不能随心所欲，而是有诸多考量和限制。首先，无论采取何种解释方法，都应当符合刑法基本原则。例如，根据罪刑法定原则，对刑法条文含义的阐释不能溢出条文用语所可能具有的文义，否则可能侵害人民群众对刑法的预测可能性。具体而言，阐释刑法条文含义应当以《刑法》的明文规定为基础，既不能根据其他法律规定扩大犯罪成立的范围，也不能对刑法条文无端添加限制条件，不当缩小犯罪的成立范围。其次，刑法解释必须遵从一定方法。除了文义解释之外，体系解释、立法解释、目的解释乃至学说解释等方法均可根据案情需要予以采用。在运用这些解释方法时，应当根据司法实践的需求，从兼顾依法裁判与个案正义的角度，力求获得妥适的裁判结论，实现刑事裁判的罪刑相当。具体而言，以下三个方面值得留意。

第一，文理解释和实质解释的综合运用。根据形式主义和非形式主义的表征，对刑法条文含义的阐释可以分为文理解释和论理阐释。前者指向形式合理性，主要根据法律文本所提供的最大范围的信息来阐释法律含义；后者指向实质合理性，主要关注法律文本背后立法者的意图、社会公共利益、相关的公共政策、社会正义标准以及法律或者判决所可能导致的社会后果。从表现形式看，形式主义阐释包括文义解释和体系解释等，实质主义阐释则包括目的解释、立法原意解释等。[①] 审判人员在通过法律解释进行发现、论证和判断时，可综合运用各种方法为判决中的价值评判或者利益衡量寻求充分理由。

第二，关于各种刑法解释方法的序阶考量。在理论界，一部分学者认为，各种

---

① 参见郭琳佳:《疑难案件中法官法律解释的功能和标准探讨——从结论决定解释的法官逆向裁判思维展开》，载《法律适用》2013 年第 4 期。

阐释方法之间存在一定位序，其中，多数观点都赞同将文义解释作为起点，其后的排序大致是体系解释、历史解释、目的阐释等；[①] 另一部分学者则持相反意见，认为没有必要为阐释方法设置固定的位阶。[②] 实际上，各种阐释方法的位序问题其实是一个法律价值位序认定的问题。就刑事审判而言，如果强调刑法的安定性，必然赋予诸如文义阐释、体系阐释等以安定性为取向的阐释方法优势地位；如果赋予刑法正义性的优势地位，则会凸显目的阐释的作用，甚至认为目的阐释的结论可以"溢出"用语文义。[③] 在刑法解释方法的位序之争中，争论各方之所以大多认同文义解释应冠于各方法之首，是因为人们认识到明确性是刑法最重要的价值，它直接与罪刑法定这一刑法上的"帝王条款"相连。不过，在法学方法论领域，当前在解释方法的位序上似乎已经形成了一种"习惯或惯例"，即"字义解释→逻辑（体系）解释→原意解释→目的解释"的位序。这一解释惯例在很大程度上反映了法律职业共同体在上述解释方法背后的价值问题上达成了大致的共识，值得借鉴。

第三，关于对学说的借鉴。学说本身虽不具有任何法律效力，但在破解实践难题方面确实起着相当重要的作用。在借鉴学说阐释法律条文含义时，应当注意把握以下两个方面：一是应当尽量保证借鉴学说的权威性与主流性，唯此方可保证观点的正确与妥适；二是借鉴时应仔细研磨，将其内化于具体案件的裁判理由，而不可直接作为判案依据。

二、刑法解释的具体内容

（一）文理解释

承前所述，刑法解释总体上可以划分为文理解释与论理解释两大类。其中，文理解释主要包括文义解释和体系解释。

刑法规范条文的含义需要借助语言文字确定和表达，但正是由于人们对于字义、语法乃至逻辑层次关系会存在不同理解，所以对于刑法含义的争议也往往由文义争执而引起。法律是针对所有人的规定，与所有人有关，立法者应当尽量让全

---

① 参见梁根林：《罪刑法定视域中的刑法适用解释》，载《中国法学》2004 年第 3 期；郑永流：《法律方法阶梯》，北京大学出版社 2012 年版，第 128 页。

② 参见桑本谦：《法律解释的困境》，载《法学研究》2004 年第 5 期；梁迎修：《超越解释——对疑难案件法律解释方法功能之反思》，载《学习与探索》2007 年第 2 期。

③ 参见苏彩霞：《刑法解释方法的位阶与运用》，载《中国法学》2008 年第 5 期。

体国民了解法律。故而，立法者通常会运用一般的语言，或是以一般语言为基础的法学术语去制定法律。由是，文义是公众理解、感知法律的基础，通过法条字词、语法、结构及惯常使用习惯来解释法律的含义，成为人们获悉法律含义的一条途径。一旦脱离了法条的文义范围，就会使法律变得无法预测，从而背弃法的安定性价值，由此作出的司法判决也不具有合法性与正当性。[①] 刑法的适用关系人民群众的人身自由，因此在解释时更应当考虑国民的可预测性。从这一角度说，文义解释似乎应当按照民众所普遍理解和认可的“通常意义”进行。人们也几乎没有争议地认为，文义是法律解释的出发点，同时构成解释的界限。可见，如果没有特殊的理由，对刑法条文也应当根据惯常的语法和字义加以解释。

同时，对于字义的理解又不能脱离具体法律条文所规定的上下结构和前后文情境。因此，体系解释和文义解释一道，同属文理解释的范畴。体系解释源于对统一法秩序的追求，其将法律作为一个具有协调自洽性的统一系统来看待。体系解释比较重视考察法律规范之间的相互关系，因而具有一定程度上的客观性，这一点与文义解释存在一定程度上的同质性。体系解释的基本要求在于，对于某一刑法条文的解释应当和其他刑法条文联系起来进行，从上下文的规定中去理解法条文字的含义，从而实现刑法体系的内部协调。例如，我国《刑法》第 236 条强奸罪中规定的“妇女”，按照其文义表述就包括一切女性，既包括中国妇女，也包括他国妇女，既包括已成年妇女，也包括未成年的幼女。又如，《刑法》第 237 条最初曾分别规定了强制猥亵、侮辱妇女罪和猥亵儿童罪［2015 年《刑法修正案（九）》将“妇女”修改为“他人”］，这里的“妇女”结合上下文语境，就不再包括 14 周岁以下的幼女。可见，如果通过文理解释可以获得对于刑法条文的正确理解的，就没有必要再采取其他论理解释的方法。

不过，现实与人们的设想似乎并不一致，即使在以罪刑法定为“帝王原则”的刑法领域，法条的通常意义有时也难以按照日常生活意义加以理解。最高人民法院早在 2004 年发布的一起公报案例中清晰说明了这一点。被告人朱某某为泄私愤，窃取被害人资金账号和股票账户密码并对密码予以篡改，通过采用高买低卖的方法进行恶意交易，造成被害人股票和资金损失 19.7 万余元。法院认为，这一行为构

① 参见［德］卡尔·拉伦茨：《法学方法论》，陈爱娥译，商务印书馆 2005 年版，第 201 页。

成了故意毁坏财物罪。[①]要得出这一结论，需要对两处词汇作出有别于人们通常理解的法律解释：第一，毁坏不仅指通常意义上的有形、物质上的毁坏，也包括无形、效用上的侵害；第二，财物不仅指通常意义上的有体物，也包括无体物和财产性利益。但是，对法律概念进行实质解释得出的结论可能会与人们的通常理解存在偏差。类似案例在国外也不鲜见。例如，将他人饲养的名鸟放飞，是否可以构成故意毁坏财物罪？如果认为，应当避免将破坏他人占有但并未对财物本身造成物理性或者功能性毁损的行为都理解为损坏财物的行为，那么应当给出否定的答案。[②]但如果对毁坏一词的含义采取较为宽泛的效用侵害说，就可能得出肯定的答案。[③]又如，美国最高法院曾经审理过这样一个案例：被告人希望购买可卡因，作为交换，他将一把卸下弹药的枪支交给了贩卖者。争议在于，是否因被告人在非法毒品交易中“使用枪支”（uses a gun）而对其加重刑期？文义解释理论的集大成者，已故的斯卡利亚大法官持反对意见。他认为，从文义解释的角度，所谓“使用枪支”应当从枪支被通常使用的情形来理解，毫无疑问，这一情形就是枪支未被当作武器而使用。然而，美国最高法院最终仍然以 6:3 的多数意见，加重了该被告人刑期。[④]

但必须指出的是，文理解释的地位并不因此而被刻意弱化。这是因为，对文理解释的重视体现了刑法安定性的基本立场，即尽量要让解释结论更符合常识与人们的预期，从而使司法安定性在与其他重要价值的紧张关系中得到最基本的坚守。例如，即便非法倒卖飞机票的危害性不亚于非法倒卖车票、船票罪，从目的上看完全具有刑事规制的必要性，但从文理解释上看，不适宜将前者入后罪，因为车票、船票的可能含义中无论如何也无法涵盖飞机票；又如，即便真正的军警人员显示其真实身份抢劫更具有提升法定刑的理由，[⑤]但除非刑法条文进行修改，否则也不适宜将这种情况认定为“冒充军警抢劫”而升格刑罚，毕竟这终究不是“冒充”。从这一角度看，除了前文所述的“没有特殊理由，对刑法条文应当根据惯常语法和字义加以解释”之外，即使在有特殊理由的情形下，对刑法解释也不能脱离用语的可能含义。否则，就会彻底背弃刑法条文的明确性要求和可预测性价值。除此之外，文

---

① 参见沈志先主编：《公报案例精析》，法律出版社 2010 年版，第 89 页。

② 参见陈兴良：《形式解释论的再宣示》，载《中国法学》2010 年第 4 期。

③ 参见张明楷：《实质解释论的再提倡》，载《中国法学》2010 年第 4 期。

④ See Antonin Scalia, *A Matter of Interpretation*, Princeton University Press, 2018, p.23–24.

⑤ 参见张明楷：《刑法分则的解释原理》，法律出版社 2014 年版，第 67 页。

理解释中的体系解释还提示我们，裁判思维离不开“诠释学上的循环”，其本质要求在于，欲晓个别，先知整体，反之亦然。

（二）论理解释

承前所述，即便获得法律用语的通常意义并不困难，但在司法实践中用以解释刑法文意可能仍是力有未逮，由此，解释的其他实质性理由即论理解释也就应运而生了。理论界一方面认可文理解释的“黄金规则”地位，另一方面却又认为，为了实现法条法律价值的属性，必须在全面考虑保护法益以及保障人权等内容之后，进行有目的、有意识的目的论解释，从而存在扩张其意义进行解释的场合。[①]张明楷教授认为，“当某种行为并不处于刑法用语的核心含义之内，但具有处罚的必要性与合理性时，应当在符合罪刑法定原则的前提下，对刑法用语做扩大解释……从而实现处罚的妥当性”。[②]值得指出的是，论理解释是对法官裁判技艺乃至思维能力的一种考验和检视，在运用过程中应当特别审慎，注重科学性。

1. 有必要区别解释理由与解释技巧

在解释方法中，被认为有力的解释理由除了文义解释、体系解释之外，还有立法原意解释（历史解释）、目的解释。在具体案件的裁判过程中，有时法官还会参考学说见解等对法条加以解释，因此学说解释、比较法解释也是常见的解释理由。刑法解释应当注重解释理由的阐释。至于所谓的平义解释、扩大解释、缩小解释、反对解释、补正解释等，可以认为是刑法解释的技巧。对刑法条文进行解释，从结果上看只能是一种解释技巧，但采用哪一种解释技巧，取决于解释理由。换言之，解释者采取其中哪一种解释技巧是需要解释理由来支撑的。[③]

2. 对于立法原意的探寻应当与时俱进

人们将基于立法者规定意向或者规范想法及其为此所作之价值决定的解释称作历史解释，可见，历史解释关注的是立法者的意志。[④]有的法学家认为，只有通过历史解释，才能在有疑问的情况下确保达到安定性。研究产生历史（“历史”解释）是法律适用的第一步，连文义解释也是为它服务的。“要想恰当地理解文本，首先

① 参见黎宏：《刑法学总论》，法律出版社 2016 年版，第 14~15 页。
② 张明楷：《实质解释论的再提倡》，载《中国法学》2010 年第 4 期。
③ 参见张明楷：《刑法学》（第五版），法律出版社 2016 年版，第 38 页。
④ 参见［德］卡尔·拉伦茨：《法学方法论》，陈爱娥译，商务印书馆 2005 年版，第 208~209 页。

必须力图理解文本的产生，也就是弄清楚促使文本作者表达其信息的原因。”[①] 但是，司法实践中的现实情况是，“尽管时常有相反的论述，但证据表明，我们根本无法真实地找到立法者的主观意图。我们寻找的是一种经‘客观化’的意图——这种意图乃是一个理性人从法律文本及与之相关的法典的其他部分推断出来的”[②]。立法者意图即使存在，也很难在立法档案等资料中找到。因此，如何探知立法原意本身就是值得探讨的问题。

更为重要的是，即使能够确定立法者本意，但现代社会生活发展迅猛，时代变迁、观念迭代，立法原意很可能会出现不适应社会发展需要的情况，因此客观上也难以将立法者制定法律时的意图原封不动地贯彻到所有之后发生的案件中去。从刑事审判的角度看，刑法解释的最终目标实际上还是定位于系统而稳妥地解决法律适用争议。具体而言，就是要在刑法的正义诉求与安定性甚至刑法之外的一些社会价值之间寻求一种平衡，即在解释中必须考虑所有因素并注重系统后果，做好价值衡量和利益平衡。[③]

3. 目的解释应当注重把握事物本质

所谓目的解释，是指以刑法的客观目的、意旨以及法益的概念为指导，阐明刑法用语真实含义的解释方法。[④] 目的是全部法律的创造者。每条法律规则的产生都源于一种目的，即一种实际的动机。[⑤] 司法裁判之疑难，主要源于事实与规范之间难以实现圆满对接。其中的具体原因，有学者将之归纳为法律的模糊性、指引的有限性以及法律内在的可争辩性，它们分别导致了法律适用的不确定性、规范漏洞以及规则之间的竞合与冲突。[⑥] 三者之间的共性在于均为立法者所始料未及。但是，司法不得以立法者未曾遇见或是法律规定不明确为由拒绝裁判，这又是至为显见的道理。那么，法官基于某种客观立场去获取适合于个案的裁判规范便是十分自然的事情了。持这一立场的人可以把立法者看成一个代表，这一代表追求在法律共同体中具有多数公认力的正义观念。这样，解释者实际上寻求的将是立法者在其制定规

---

① ［德］伯恩·魏德士:《法理学》，丁晓春、吴越译，法律出版社 2017 年版，第 329~ 332 页。

② Antonin Scalia, *A Matter of Interpretation*, Princeton University Press, 2018, p.17.

③ 参见沈志先主编:《法律适用精要》，法律出版社 2010 年版，第 50 页。

④ 参见南英、高憬宏主编:《刑事审判方法》，法律出版社 2013 年版，第 315 页。

⑤ 参见［美］E·博登海默:《法理学：法律哲学与法律方法》，邓正来译，中国政法大学出版社 2001 年版，第 109 页。

⑥ 参见孙海波:《不存在疑难案件?》，载《法制与社会发展》2017 年第 4 期。

范时必须持有或至少可以持有的观念。在这个意义上，法律适用者也是为这种合法代表服务的。[①] 可以说，法律解释最后的但是通常具有决定性的原则是寻求法律的客观目的。任何解释方法或多或少都包含了目的解释；当不同的解释方法得出多种结论或者不能得出妥当结论时，就要以目的解释作为最高准则。[②]

在某种意义上，《刑法》一经公布，它就独立于起草者头脑中的意象了，它所对应、反映的应当是我们周遭生活事实的本质。如果否认这一点，无论采取何种方法，都难以真正探求刑法规范的法律意义。因此，法律所使用的概念不应被固定和局限于仅在制定时所具有的特定含义上。从某种意义上说，构成要件是基于生活事实的规范类型，构成普遍与特殊之中点。"它虽然有一个固定的核心，但没有固定的界限，以至于用以描述某一类型的特征得以或此或彼缺少其一，特定事实的类型性不会因此而产生疑问。"[③] 从这一视角出发，在面对疑难案件时，法律往往可以表现得比制定者更加"聪明"，而这也应当是制定者所希望的。借助事物本质，裁判者可以作出使裁判结论符合事物本质的判断，并进一步推动法律的成长。例如，在德国法历史上，曾经围绕使用硫酸抢劫是否构成使用武器抢劫而须加重处罚这一问题产生过激烈争论。正是基于硫酸在具有造成严重人身伤害危险性这一本质问题上与武器具有可等置性，德国最高法院作出了肯定性回答。由于该案的巨大影响，德国立法机关最终修改了该国刑法的相关条文，将"武器"扩展为"武器或其他危险工具"。其实，我国的刑法条文也有类似规定。例如，我国《刑法》第 297 条规定了非法携带武器、管制刀具、爆炸物参加集会、游行、示威罪，这里的武器是否包括硫酸，就应当从行为人携带硫酸的浓度、容量，集会现场的位置、人群数量、周边环境等具体事实中，聚焦人身危险性这一本质性问题，将其与武器的危险性进行等置考量，从而形成妥适的判断结论。总之，要实现刑法规范与生活事实的有效对接，就必须在法律规范的解释过程中准确把握事物本质，也唯有如此，方能保证对法条的解释不会偏离《刑法》设置该条文的目的。

---

① 参见［德］齐佩利乌斯：《法学方法论》，金振豹译，法律出版社 2009 年版，第 71 页。

② 参见张明楷：《刑法格言的展开》(第三版)，法律出版社 2013 年版，第 15 页。

③ ［德］阿图尔·考夫曼：《类推与事物本质》，颜厥安译，我国台湾地区新学林出版股份有限公司 2016 年版，第 109 页。

第二节 充分完整评价的概念厘清与具体适用

正确的定罪活动，往往是在具体的案件环境下，以充分评价与禁止重复评价原则之协调适用为目标，针对现行法律规范与客观案件事实所作出的权衡、取舍及裁断。定罪过程中的事实裁判与罪名取舍，既要考虑形式层面的构成要件的该当性，也要兼顾实质层面的具体罪刑关系的均衡性；既要关注对犯罪事实充分评价的必要性，也要避免因复杂危害行为交错而陷入重复评价泥淖的危险性。[①] 所谓充分完整评价，是指在评价作为整体的危害行为时，应当从案件事实与构成要件的符合性视角，针对行为侵害法益的类型和内容，作出罪责刑相适应的刑法评价。进一步说，对危害行为既不能进行人为取舍，也不能进行人为分割，否则可能会导致定性的不准确，或者出现对一个整体行为作出数罪并罚的不当认定。

一、典型案例及问题

典型案例一：

被告人李某欺骗被害人詹某以26万元的价格交易一套公司营业资料，并约定交易时间及地点。交易当日，李某指使被告人罗某等人在李某与詹某交易完成后将公司营业资料抢回。后李某一人先至约定地点将公司营业资料交予詹某，待詹某查验确认后，李某收取现金26万元并先行离开，同时通知事先在外等候的罗某等人实施抢劫，随即罗某等人窜至交易地点，采用拉扯、踢踹、喷辣椒水、堵门等方式劫走詹某手中上述资料，后逃离现场。

典型案例二：

被告人唐某伙同杨某，于2020年4月至2022年7月利用职务便利为他人谋取利益，收取行贿人钱款34.7万元。其中，2022年7月29日，唐某利用其亲属鲁某的账户收取行贿人一笔16.5万元贿赂款，该笔款项于同日从鲁某账户转入唐某账户。

典型案例三：

被告人高某某无证驾驶车辆时被交警拦停。为逃避查处，高某突然加速撞击警

① 参见黄祥青：《禁止重复评价原则在复杂犯罪行为认定中的适用》，载《人民司法》2011年第1期。

车，并在交警欲对其实施抓捕时，再次撞击警车后逃逸。经鉴定，警车物损价值6451元。

上述三个案例案情并不复杂，但在定罪过程中却都产生了较大争议。具体而言，在案例一中，被告人的行为究竟应当定一罪还是两罪？如果是一罪，是定诈骗罪还是抢劫罪？在案例二中，唐某利用其亲属鲁某的账户收取行贿人一笔16.5万元贿赂款，再将该笔款项从鲁某账户转入自己账户的行为是仅构成受贿罪，还是同时也构成了洗钱罪（自洗钱）？在案例三中，公诉机关指控高某构成故意毁坏财物罪，这一罪名的选择是否实现了对其行为性质的全面充分评价？这些问题从表面上看，涉及的是一罪与数罪、此罪与彼罪等方面，但从深层次考察，其实都是在如何对行为进行全面整体评价的过程中产生了争议，导致案件定性产生了分歧。借助这三个案例可以发现，实现定罪的充分、完整评价可进一步划分为三种类型：一是从行为过程视角，实现评价的充分完整；二是针对行为与其他行为的界分，实现评价的充分完整；三是针对行为主要特征，实现评价的充分完整。

二、针对行为过程的充分完整评价

在定罪活动中，应当从法益侵害的实质性视角出发，根据刑法规定的构成要件就犯罪的全过程进行整体、连贯的考察，而不是将彼此存在紧密关联的不同阶段进行人为切割，导致案件定性上的偏颇与片面。例如，对于案例一而言，从犯罪过程看，被告人既有骗的行为，又有抢的行为；骗直接针对的是26万元，抢直接作用的是资料，应当如何定性？

首先，判断这个案件是定一罪还是两罪。该案中，李某的实行行为虽然分为两个阶段即“先骗后抢”，但实质上是在同一犯罪预谋及主观故意支配下实施的一个整体行为，这个主观故意就是通过虚假交易的方式非法占有他人的对价，应当整体评价。而且对被害人来说，没有获得资料与遭受26万元损失实际上是具有同一性的，不能重复评判。因此，应当在诈骗罪与抢劫罪之中择一认定罪名。

其次，再看该行为是构成诈骗罪还是抢劫罪。在诈骗钱款与夺回资料两个阶段中，夺回资料的行为才是直接侵害法益的环节，应当将之作为定罪的主要事实依据。尽管李某前半段的行为具有诈骗成分，但与实践中的诈骗犯罪还是存在区别的。在一般的交易型诈骗中，行为人要么通过不交付标的物，要么通过交付假的标的物，来诱骗对方支付钱款，因果关系非常直接、明确。而本案中，李某主观上虽然不具备真实交易的意图，但客观上还是先向对方交付了约定的标的物，存在正常交易的表象。所以很难说前一阶段的行为已经产生了法益侵害的紧迫危险。而反观第二阶段，李某抢回标的物的行为才是真正侵害法益的环节，不仅直接给被害人造成了财产损失，同时还侵害了被害人的人身权利，具有双重危害性，所以以抢劫罪定罪更能保证刑法评价的完整性。

最后，犯罪数额的认定也涉及完整评价的问题。本案中，抢劫行为直接作用的是营业资料，有观点或许认为，犯罪数额就是营业资料的价值，按照双方约定的26万元认定。该观点的论证理由并不正确。因为营业资料是禁止流通买卖的，不属于财产犯罪的对象，交易双方私自约定的价格也不具有合法性。通常情况下，抢劫数额就是抢劫对象的价值，但是也可能存在二者分离的情形。正如本案中，虽然抢劫行为直接作用的对象是资料，但是被告人真正想要抢的是资料的对价26万元钱款，同时也确实给被害人造成了等额的损失，因此，在犯罪预谋、获利数额及被害人损失数额一致的范围内认定抢劫数额，能完整、充分地评价整个犯罪行为的危害性。①

三、对于犯罪行为的充分完整评价

对犯罪行为的充分完整评价，特别需要注重将事后不可罚行为与新的犯罪行为进行正确区分。其中，法益分析方法是评价基础，犯罪行为与构成要件该当性是评价标准，实现罪刑相当是评价目标。所谓事后不可罚行为，是指在某一上游犯罪实施终了之后，针对本罪被侵害法益又实施了貌似符合刑法构成要件的行为，但因该后续行为的实施是为了保有、利用本罪所获得的不法收益，在本质上是对上游犯罪所侵害之法益的延续，因而毋庸对该事后行为再予以刑事处罚。事后行为之所以不可罚，根本原因在于其既没有侵犯新的法益，也没有加重或者扩大本罪对原法益侵害的程度，因而只需在本罪构成要件的范围就可以对该行为的全部不法性作出完整评价。

“在实定法中，法益分析具有司法功能，通常会涉及罪与非罪的争辩以及罪名的选择。”② 以案例二为例，《刑法修正案（十一）》将自洗钱独立成罪意味着，本

① 参见张亚男：《定罪的一般规则与方法》，载澎湃新闻网2021年8月10日，https://m.thepaper.cn/baijiahao_13977863。

② 孙国祥：《金融犯罪的保护法益》，载《国家检察官学院学报》2022年第6期。

犯后续实施的掩饰、隐瞒犯罪所得及其收益性质、来源这一行为，已非上游犯罪构成要件所能完全涵盖，由此产生了对之另行加以专门规制和评价的必要。但换个角度考察，如果本犯的后续行为没有侵犯新的法益，也没有对上游犯罪所侵害的法益存在加重或者扩大情形，原则上就属于不可罚的事后行为处理，无须再以洗钱罪论处。

第一，基于法益侵害视角，如果本犯在获取上游犯罪所得及收益的过程中，又实施了《刑法》第 191 条所列举的行为方式，破坏了金融市场管理秩序从而具有独立的法益侵害内容，应当认为可以与本罪成立想象竞合关系。质言之，不能以某一行为属于上游犯罪的一环，就轻易否定该行为成立洗钱罪的可能性。但是，如果本犯的后续行为在上游犯罪的构成要件范围内即可予以充分评价，则无须再以自洗钱犯罪论处。在该案中，唐某让行贿人将贿赂款转入鲁某账户之后，随即又让鲁某将该款转入自己的账户，这种一次性借用他人账户收受单笔贿赂款又随即转入自己账户的行为，在实质上尚不足以认定为严重扰乱了洗钱罪所涵盖的金融市场管理秩序，以受贿罪一罪酌情从重处罚即可实现充分的刑法评价。

第二，基于行为该当性视角，对于犯罪行为的定性应当结合法律规定的主客观要件予以全面充分评价。在案例二中，从客观方面看，由于唐某和鲁某在指控的洗钱时间段以及前后相当一段时期内并无其他经济往来，鲁某在收到 16.5 万元款项后，在并不知晓该款为受贿款的情况下随即将该款转入唐某账户，涉案赃款不仅未经历洗钱罪通常会经历的分层、融合阶段，甚至连放置阶段的时间也较为短暂，因此不可能达到转换犯罪所得来源和性质、使其披上“合法外衣”、切断和上游犯罪之间联系的效果。从主观方面看，本案案发后，唐某对收受该笔 16.5 万元贿赂款的具体经过供认不讳，结合其客观行为可以看出，其犯罪故意更多还是为了使收赃过程更为隐蔽，“洗钱”意图并不明显，否则其还可以采取其他拆分组合、化整为零的方式，对涉案款项加以“漂白”后再转入其本人账户。因此，从行为与构成要件事实的符合性角度，也不宜认定唐某的行为构成洗钱罪。

第三，基于罪刑相当视角，对关联行为的刑罚评价应当从整体上保持系统协调性。对于自洗钱的量刑而言，应当避免使其与上游犯罪的量刑频繁发生量刑倒挂，导致刑法评价的不协调。因此对自洗钱的认定，也要始终坚持以事实为根据，以法律为准绳，严格依照《刑法》和司法解释认定洗钱犯罪，准确定罪处罚，确保罪责刑相适应。

在案例二中，唐某受贿 34.7 万元的行为已从整体上在三年至十年有期徒刑幅度内量刑，如果再以洗钱罪对之处罚，结合 2024 年发布的《最高人民法院、最高人民检察院关于办理洗钱刑事案件适用法律若干问题的解释》，意味着其借用他人账户收取最后一笔 16.5 万元贿赂款的行为，也要被单独处以五年以下有期徒刑（暂不考虑其自首、退赃等情节），且还要与受贿罪数罪并罚。若如此处理，则有违背罪责刑相适应原则之嫌。涉案争议行为是受贿罪构成的关键一环，同时行为人的行为导致贿赂款物理性转移，不具备“漂白”非法所得及其收益的实质特点，不单独处罚更能实现量刑平衡。因此，对于唐某的行为在以受贿罪一罪论处的基础上酌情适当从重处罚，就可以实现对其行为的充分完整评价，无须对其数罪并罚。

四、对于罪质特征的充分完整评价

案例三中，被告人高某某的行为系想象竞合犯，且两种犯罪属中立关系，[①] 即两个犯罪类型原本不同且相互独立，由于案件事实发生了联系，产生了观念上的竞合。本案的核心问题在于，如何充分完整把握高某某行为的罪质特征，即在行为同时触犯妨害公务罪和故意毁坏财物罪的情况下，以何罪论处较为合适。

充分完整把握犯罪的罪质特征，一般可以具体解构为罪质与罪量两个基本要素来把握。其中，罪质要素重在揭示危害行为的社会危害性质，主要由犯罪客体来显示；罪量要素主要反映危害行为的社会危害性程度，通常可由法定刑的轻重来说明。[②]

从罪质分析的角度看，如果认为高某某犯故意毁坏财物罪，会存在罪名与犯罪行为侵害的主要法益明显不符的问题。高某某撞击警车造成警车物损的行为从外观上看虽然也符合故意毁坏财物罪的犯罪构成，侵害了该罪所保护的财物占有人对于财物的法益；但更应看到的是，高某某抗拒警察执法、逃避检查，妨害了正常的社会管理秩序，其行为亦满足妨害公务罪的构成要件该当性。上述两种犯罪客体，抑或受害法益有主从之分，罪名的最终确定应与主要受害法益相符，方能实现对行为的充分完整评价。本案中，一方面，从构成要件的主观方面来看，高某某系以逃避民警查处为目的，而并非以撞击达到毁坏警车之目的，其撞击警车后逃逸也说明了其动机。由于主观目的的缺失，高某某的行为无法符合故意毁坏财物罪的构成要件

---

① 参见张明楷：《犯罪之间的界限与竞合》，载《中国法学》2008 年第 4 期。

② 参见黄祥青：《罪质分析法与转换定罪规则的适用》，载《人民司法》2010 年第 17 期。

整体该当性。另一方面，从犯罪对象上看，高某某毁坏的警车并非静止停于路边的车辆，而是正在被警察用于执行公务的车辆。被高某某的行为同时侵害的两种法益中，正常的社会管理秩序较合法的财产权益而言，显然是主要法益，故其行为与妨害公务罪的罪质特征更为契合。

从罪量分析的角度看，将高某某的行为以妨害公务罪论亦能做到罪责刑相适应。根据《刑法》第275条和第277条的规定，犯妨害公务罪的，应处三年以下有期徒刑、拘役、管制或者罚金；故意毁坏财物数额较大的，应处三年以下有期徒刑、拘役或者罚金。可见，高某某的行为在两个罪名上所对应的法定刑基本一致。而根据《最高人民法院、最高人民检察院关于常见犯罪的量刑指导意见（试行）》的规定，毁坏财物的数额可作为妨害公务罪增加刑罚量的根据。故在本案中，一方面应将高某某的行为定性为妨害公务罪；另一方面可将其撞击警车造成6000余元物损的情节作为酌情从重处罚的考量因素。由此可见，对高某某的行为应当以妨害公务罪论处，更能实现对犯罪行为的准确、全面评价。

第三节　禁止重复评价原则的内涵澄清与实践展开

禁止重复评价原则最早可追溯至古罗马法，强调对同一行为不能重复评价，该精神得到现代法治的传承，并发展成当代司法裁判过程中对法律事实进行价值判断的一项重要原则。但在实践中，对该原则的理解与适用普遍存在一定程度“似是而非”的模糊状态，因而有必要对其内涵予以进一步澄清。

一、禁止重复评价原则的内涵澄清

（一）典型案例及问题

2021年1月，被告人王某因犯盗窃罪被判处有期徒刑七个月。2024年1月，被告人王某在上海某地区盗窃他人财物价值1900元，后被抓获。另，上海地区普通盗窃入罪数额标准为2000元。

按照《最高人民法院、最高人民检察院关于办理盗窃刑事案件适用法律若干问题的解释》的规定，曾因盗窃受过刑事处罚的，“数额较大”标准按照一般标准的50%确定，故本案符合该定罪要求。同时，王某的行为因该盗窃前科还符合累犯的认定标准，但是否应当认定累犯并从重处罚，实践中存在两种意见：一种意见认为，该盗窃前科已经作为入罪依据使用，如果再将之作为累犯认定依据，存在重复评价，故不应再认定累犯；另一种意见认为，相较盗窃前科，累犯还对前科的处罚情况及与本罪的间隔时间有严格要求，并由此反映行为人的主观恶性程度，故认定累犯不会导致重复评价。

这里涉及对禁止重复评价的理解问题，即禁止重复评价是禁止对同一事实评价超过两次，还是禁止对同一事实的同一不法内涵和罪责内涵进行两次以上的评价？

（二）内涵澄清

就上述案件争议，本书同意第二种意见。据以入罪的盗窃前科与据以从重处罚的累犯，在基础事实上是一致的，但二者所代表的不法内涵和罪责内涵却有着显著区别：一是前次犯罪的处罚情况不同，“曾因盗窃受过刑事处罚”包括因盗窃被判有期徒刑，也包括被判拘役、单处罚金、适用缓刑等情况，而累犯中的前次犯罪必须是因犯罪被判处有期徒刑以上刑罚；二是前后两次犯罪间隔的时间要求不同，盗窃前科情节对前次盗窃犯罪发生的时间没有要求，而累犯要求本罪发生在前罪刑罚执行完毕后五年内。因此，累犯从重处罚的依据在于对行为人人身危险性的考量，前次犯罪的轻重程度及距本次犯罪的间隔时间是表征行为人罪责内涵的重要事实要素，而该内涵并不能为“曾因盗窃受过刑事处罚”所包容。如果仅以同一基础事实在定罪中已经被评价为由，而否认其在量刑上所表征的其他不法、罪责内涵，则会造成评价不足。所以，应认定被告人王某构成累犯，只是因为盗窃前科的部分不法内涵已经在定罪过程中进行了评价，在确定累犯从重处罚的幅度上应酌情予以扣减。

综上所述，所谓禁止重复评价，并不是禁止对同一事实进行两次以上的法律评价，而是在定罪量刑时，针对同一事实的同一不法内涵和罪责内涵，不得进行两次以上的法律评价。同一事实从不同角度、不同层面考量，可能存在不同的不法内涵和罪责内涵，因而针对同一事实可以多次评价。正如有学者所言，“是否重复评价不能根据对同一事实的评价次数进行判断，而应当以该事实所反映的不法内涵和罪责内涵的评价是否重复为标准”[①]。

二、禁止重复评价原则的实践展开

刑事司法中的重复评价，既可能发生在定罪环节，也可能发生在量刑环节，还

---

① 聂慧苹：《禁止重复评价之刑法展开与贯彻》，载《中国刑事法杂志》2015 年第 3 期。

可能发生在定罪、量刑相交叉的环节。

（一）定罪情节的重复评价问题

定罪中的重复评价，主要是指基于某一事实所表征的不法内涵和罪责内涵，而将该事实认定为一罪名的构成要件，后又将该事实作为另一罪名的构成要件予以重复评价的情形。另外，已被党纪处分或者行政处罚的行为，在犯罪认定中再次予以评价，是否涉嫌重复评价，也需进一步明确。

1. 复数行为犯罪中的重复评价

比如，被告人刘某为泄欲，欲强行与被害人何某发生性关系，遭何某激烈反抗。刘某恼怒，随即对何某持续实施殴打，使何某不敢反抗，逼迫其为自己口交，过程中还逼迫何某喝尿，后又强行与何某发生了性关系。

本案的争议焦点在于，对被告人刘某的行为以强制猥亵、侮辱罪与强奸罪数罪并罚，还是只定强奸罪一罪。有观点认为，“强奸过程中实施的猥亵行为，不另认定为强制猥亵罪，作为包括的一罪以强奸罪论处”。[①] 也有观点认为，可以考察相关案件是否具备对猥亵、侮辱行为进行独立评价的基础，也即本案可对猥亵、侮辱行为单独评价，再与强奸罪并罚。

本书认为，针对同一被害人连续实施猥亵、奸淫行为的，因为通常情况下强奸行为必然伴随猥亵行为，其中，猥亵行为要么作为强奸的预备行为，要么作为强奸实行行为的附随行为，可以说，猥亵行为就是整个强奸犯罪中的一部分，故以强奸罪一罪定罪即可，对发生在强奸过程中的猥亵行为可以作为量刑的从重情节予以认定。可见，当猥亵、侮辱行为可以被评价为强奸行为的一部分时，应当以强奸罪一罪论处，否则就涉嫌重复评价。

2. 单次违法行为累积构成多次型犯罪中的重复评价

比如，被告人严某两年内盗窃三次，其中两次已经分别被处行政拘留 15 日。涉及的问题主要是，多次盗窃中的部分盗窃行为已经被行政处罚，再将其作为犯罪中的一部分予以评价，是否属于重复评价？行政拘留的时间是否应在刑期计算中予以折抵？对此，实践中的认识相对比较统一。基于充分、完整评价原则的要求，同一行为在受到行政处罚后，仍然可以将其作为犯罪的一部分予以评价，否则会出现以行政处罚代替刑事处罚，从而放纵犯罪的现象。刑法中的禁止重复评价，是禁止

---

① 张明楷：《刑法学》（第六版），法律出版社 2021 年版，第 1137~1145 页。

性质相同的刑法评价，而不排斥对同一事实进行不同性质的评价。但在计算刑期时，因为行政拘留与拘役、徒刑等都是剥夺人身自由的惩罚措施，性质相同，故应当予以折抵；同理，因同一事由被处罚款的，罚款的金额也应从罚金金额中抵扣。

3. 因曾受党纪、行政处分降低入罪标准犯罪中的重复评价

比如，被告人罗某作为国家工作人员，利用职务便利收受贿赂 2 万元，且经查，其曾因受贿受过党纪处分。根据相关司法解释的规定，贪污受贿数额 1 万元以上不满 3 万元，并曾因贪污、受贿受过党纪、行政处分的，应当认定为贪污贿赂犯罪的其他较重情节。据此，罗某的行为构成受贿罪，其中，其前次因受贿受过党纪处分的事实是相较一般受贿入罪门槛降低的主要依据。需要明确的是，前次受贿的数额是否应当纳入此次受贿犯罪中累加计算？答案是否定的。前次因受贿受过党纪处分的事实反映了被告人的主观恶性程度，相应降低定罪量刑标准有利于罪责刑相适应。该情形与上述单次违法行为累积构成多次型犯罪的情形不同，受过党纪处分的前次受贿事实并未被纳入本次犯罪中一并处理，如果既将前次受贿事实作为降低定罪量刑标准门槛的依据，又考虑前次受贿行为尚未被刑事处罚而将之纳入一并处理，则是对同一事实进行了两次刑法评价，违反了禁止重复评价原则。

（二）量刑情节的重复评价问题

量刑中的重复评价，主要是指将同一事实所表征的同一不法内涵和罪责内涵在量刑过程中进行了两次以上的评价。

1. 不同量刑情节的不法内涵存在交叉情形下的重复评价

比如，被告人赵某有自首、认罪认罚两个情节，如何确定从宽的幅度？认罪认罚是我国《刑事诉讼法》明确规定的独立的从宽量刑情节，其内涵为“认罪”+“认罚”。其中，“认罪”与自首、坦白等《刑法》规定的法定从轻、减轻情节具有明显的重合部分，而“认罚”则是认罪认罚情节特有的罪责内涵。针对赵某的量刑，因为认罪认罚与自首是一种交叉关系，两者之间存在部分重合，在量刑评价中，如果遗漏任一方面，都会造成评价不充分，故应对两个情节同时适用，但对重合的部分不得重复评价。

实践中争议较大的还有毒品再犯与累犯的竞合问题。2023 年《全国法院毒品案件审判工作会议纪要》明确，对于同时构成累犯和毒品再犯的被告人，在裁判文书中应当同时引用《刑法》关于累犯和毒品再犯的条款。对于因同一毒品犯罪前科同时构成累犯和毒品再犯的，量刑时不得重复从重处罚。实际上，该种情形下构

成累犯和毒品再犯的基础事实是一致的，但两者的内涵仍然存在差异，故同时认定累犯和毒品再犯并不存在重复评价。但两者之间确实有较大的重合部分，所谓“不得重复从重处罚”，实际是指在具体进行量刑评价时，对重合的部分不得重复考量。所以，纪要的上述规定并非对法律的突破，而仅是一种注意规定。

2. 前科加重与累犯从重的重复评价

比如，2021 年 2 月，被告人钱某因犯诈骗罪被判处有期徒刑七个月。2024 年 2 月，钱某在上海某地区诈骗他人钱款共计 8 万元。根据上海地区标准，诈骗公私财物数额达到 8 万元不满 10 万元，并具有“曾因诈骗受过刑事处罚”情节的，应当认定为“其他严重情节”，在三年以上有期徒刑予以量刑。该案中，钱某的行为也符合累犯的构成要件，那么在诈骗前科已作为提升法定刑幅度依据的情况下，再依据该前科认定累犯，是否存在重复评价？答案显然也是否定的。诈骗前科与累犯所表征的不法内涵与罪责并不吻合，前科被处罚的情况及发生的时间是累犯的重要考量因素，只有同时认定累犯，才能实现充分、完整评价。只是对于据以评价为累犯的诈骗前科在确定法定刑幅度中已被评价的事实，在根据累犯情节确定从重处罚幅度时应当予以考虑，避免处罚过重。

3. 酌定量刑情节已被单独处理情形下的重复评价

比如，被告人阮某酒后无证驾驶机动车，其血液内酒精含量为 180mg/100ml。另查明，阮某因此次无证驾驶，已被行政拘留 15 日。本案中，阮某构成危险驾驶罪的主要依据是其醉酒驾驶行为而非无证驾驶行为，虽然醉酒驾驶和无证驾驶在客观上表现为一次驾驶行为，但却表征两种不法内涵。同时，根据相关司法解释的规定，无证驾驶是危险驾驶罪从重处罚的依据之一。

（三）定罪量刑情节交叉的重复评价问题

如果同一事实的不法内涵和罪责内涵在定罪中被评价后，在随后确定法定刑幅度过程中再次被评价，也可能涉及重复评价问题。

比如，被告人周某驾驶货车与被害人郑某驾驶的二轮摩托车相撞，造成郑某当场死亡，周某逃逸。经认定，周某发生交通事故后逃逸，负主要责任；郑某未按照驾驶证载明的准驾车型驾驶机动车，负次要责任。

根据相关司法解释的规定，死亡 1 人或者重伤 3 人以上，负事故全部或者主要责任的，以交通肇事罪处三年以下有期徒刑或者拘役。同时，《刑法》第 133 条还规定，“交通运输肇事后逃逸或者有其他特别恶劣情节的，处三年以上七年以下有期徒刑”。所以，肇事后逃逸是交通肇事罪升格法定刑的充分条件。但需注意的是，本案中认定周某负事故主要责任的依据就是其逃逸行为，也即该逃逸行为已经作为定罪要件进行了评价，如果再以该逃逸行为升格法定刑，实际上就是对同一逃逸行为进行了两次刑法评价，属于重复评价，应予禁止。故本案中，对于周某只能以交通肇事罪在三年以下有期徒刑或者拘役的刑罚幅度内予以量刑。但如果逃逸行为只是认定行为人负主要责任的依据之一，在剔除逃逸的因素后，行为人仍负事故主要责任的，则应将该逃逸行为作为升格法定刑的依据，此时就不涉及重复评价问题。

所以，如果同一事实在定罪环节已经就其不法内涵和罪责内涵进行了充分评价，则不得再在后续量刑环节予以评价；但如果该事实并非定罪的关键事实，或者说，该事实抽离后仍不影响犯罪成立的，则应当将该事实在后续法定刑幅度确定环节中予以体现。如在公共交通工具上盗窃，为抗拒抓捕而当场使用暴力的，构成转化型抢劫罪。在公共交通工具上盗窃对于认定扒窃具有关键意义，但转化型抢劫罪的成立并不以前行为构成犯罪为前提，在将“公共交通工具”的因素抽离后，前行为仍是盗窃行为，不影响抢劫罪的转化，此时就可以将“公共交通工具”纳入抢劫罪的法定刑幅度确定环节，从而认定相关行为系“在公共交通工具上抢劫”的情形，并以抢劫罪在十年以上有期徒刑的量刑幅度内予以量刑。

第十八章　庭审驾驭方法

庭审是审判的核心和基石。刑事诉讼庭审是控、辩、审三方以及其他诉讼参与人共同协作，发现案件真相、保障人权、实现程序和实体双重正义的重要诉讼过程。庭审的本质是通过法定程序实现刑事诉讼立法所蕴含的正当程序，即公诉机关履行其客观公正义务，客观正当地指控犯罪；被告人及其辩护人行使其诉讼权利；控辩双方从正反两面将案件的事实呈现于法庭，由法庭居中作出裁判。庭审驾驭，实质是法官在庭审过程中恰当有效地组织控辩双方以及证人、鉴定人、有专门知识的人、被害人及其诉讼代理人等有序参与诉讼程序，有效发现、确定诉讼争点，娴熟运用正当程序，发现案件实体真实，进而作出有效程序性裁判和实体性裁判的刑事诉讼核心活动的过程。驾驭庭审对法官而言，既是一项必须具备的司法能力，也是一门需要总结提炼的艺术。①

党的十八届四中全会以来，随着以审判为中心的刑事诉讼制度改革的展开，刑事审判对刑事诉讼审前程序如侦查程序、审查起诉程序的制约功能越发凸显。案件事实查明在法庭、非法证据排除在法庭、裁判所依据的事实和法律基础形成在法庭，这些诉讼制度的实现，最终要依靠庭审活动的组织者来实现。毋庸讳言，在法庭之上，刑事法官是庭审活动的组织者，更是庭审活动的驾驭者。在庭审中，刑事法官如何合理地运用其庭审活动指挥权，有效地组织庭审，推动庭审活动的实质化，而非仅仅依靠事后阅卷才能清楚案情至关重要。从很大程度上来说，庭审活动能否实质化，关键在于刑事法官的庭审驾驭能力如何。庭审驾驭如达不到理想状态，则刑事庭审很有可能流于形式，刑事法官往往在庭审结束之后，内心的疑点仍得不到排除和合理解释，还需要通过再次庭后阅卷、向控辩双方询问核实甚至建议补充侦查来解决。如此，则庭审活动的实质化退化为庭审活动的形式化，更导致庭审活动发现案件真相的低效化。刑事法官作为庭审活动的组织者，其庭审驾驭能力

---

① 参见沈志先主编：《驾驭庭审》，法律出版社 2017 年版，第 1 页。

从案件本身来看，关乎个案的公正裁判；从宏观上看，关乎国家司法文明程度、治理文明程度，显然极其重要。本章从刑事庭审方法与能力研究的角度，立足于实证样本，主要聚焦于对刑事法官的庭审应变控制能力、争点归纳概括能力、法庭辩论指挥能力的分析与阐述，以期对深入推进庭审实质化改革，提高庭审的质量和效果有所裨益，努力在更高的层面上实现惩治犯罪与保障人权的高度有机统一。

第一节 庭审应变控制能力

庭审应变控制能力，是指刑事法官应当具有较强的庭审指挥能力和应变处置能力，不仅对于庭审能够指挥得当，而且对于庭审中的突发情况能够及时有效应对和控制，处变不惊、果断处置。

一、庭审应变控制能力的养成与方法

任何能力的养成绝不是一朝一夕，需要不断学习和总结，并讲究一定的方式方法。庭审应变控制能力的培养也不例外。经验是法律的生命，方法是审判的灵魂。本书认为，要培养较强的庭审应变控制能力，可以从以下几个方面入手。

一是平常要注重对程序法的学习。虽然随着以审判为中心的刑事诉讼制度改革的不断深入，法官的程序公正意识近年来已有长足进步，但是实践中，重实体、轻程序，庭审中的程序观念虚化问题仍然存在，导致庭审质效不高，进而直接影响案件质效。因此，法官必须认真学习我国《刑事诉讼法》及相关司法解释、《人民法院法庭规则》等程序法的规定，做到心中有法、庭上不慌。

二是庭前对于疑难复杂案件要开好庭前会议、做好相应预案。凡事预则立，不预则废。一般来说，疑难复杂案件控辩双方的争议比较大，出现突发情况的概率也比较高。因此，开庭前对于一审案件，承办法官、合议庭应阅看起诉书，查阅案卷材料、证据、被告人在送达起诉书副本笔录中的意见，与公诉人、辩护人进行沟通；对于二审案件，承办法官、合议庭应阅看一审判决书、审理报告，重点审查被告人的上诉理由、检察机关的抗诉意见，与辩护人、检察员进行沟通。对于辩方在开庭前提出程序性争议问题，如非法证据排除，申请证人、鉴定人出庭等，或者证据材料较多、案情重大复杂的案件，一般应当召开庭前会议。通过庭前会议听取各方意见，对于可能导致庭审中断的程序性事项，要在庭前会议后依法处理，并准备

好处理决定和理由，以便在庭审中作出说明。通过庭前会议进行证据展示，明确争议焦点，了解各方情况。在庭前会议后，制作庭审提纲，就庭审中可能出现的问题提前做好预案，制定应对之策。做到庭前有备、庭上不慌。

三是庭上要认真耐心地倾听控辩双方的发言。法官的倾听艺术是法官在开庭审理阶段具有程序意义的技巧和能力，透明而无声地蕴含着潜在的权威和力量，反映了法官的庭审驾驭能力、审判风格和人格魅力。[①] 兼听则明，偏信则暗。习惯于听取不同意见，从对立之中找出最佳解决方案，并通过解释和论证使之成为具有规范效力的共识或决定。[②] 法官在法庭上，一方面，通过全神贯注倾听控辩双方的发言，可以把控庭审节奏，对于法庭的突发情况，作出及时处置；另一方面，通过不随意打断控辩双方发言、耐心倾听的方式，彰显法官不偏不倚、居中裁判的形象，有利于法庭内的全体人员从内心遵从法官的指挥、遵守法庭纪律、尊重司法礼仪。正如休厄特法官所说：不仅要主持正义，而且要让人们明确无误地、毫不怀疑地看到是在主持正义，这一点不仅是重要的，而且是极为重要的。做到庭上倾听、主持正义。

四是庭中要用好庭审控制权。法官应当具有较强的庭审控制能力，能够把控庭审节奏，处置庭审中出现的各类情况。具体而言，首先要正确运用“引导权”，善于捕捉案情的焦点，适时引导控辩双方紧紧围绕案件实质性问题展开举证、质证以及法庭辩论，努力实现司法证明实质化、控辩对抗实质化、依法裁判实质化。其次要正确运用“制止权”。在法庭审理过程中，如被告人（上诉人）、辩护人与公诉人（检察员）之间互相挑剔指责，甚至出现言语侮辱、人身攻击情况的，法官应当及时制止。又如，旁听人员中的被告人家属或者被害人家属情绪激动、出现闹庭情况的，法官应当坚决制止。最后要正确运用“处置权”。“处置权”主要是针对延期审理、休庭、辩论中止等特殊事由的决定权。比如，被告人提出的证据，当庭难以核实的，或者需要询问新的证人、调取新的证据、重新鉴定或者勘验的，法官应当果断宣布延期审理；在辩论中无论哪方提出未经查明的事实和证据，法官应当宣布停止法庭辩论，恢复法庭调查，经过查明核实后再宣布继续法庭辩论。[③] 值得注意的是，在组成合议庭开庭审理过程中，合议庭成员要相互配合、形成合力，对于一些

① 参见徐艳丽：《从倾听艺术谈庭审驾驭能力》，载《山东审判》2006 年第 2 期。

② 参见季卫东：《法治秩序的建构》，中国政法大学出版社 1999 年版，第 199 页。

③ 参见沈志先主编：《驾驭庭审》，法律出版社 2017 年版，第 93 页。

突发情况可以在法庭上进行简单交流、评议，由审判长作出处置。做到庭上控制、指挥有力。

二、庭审应变控制能力的实战分析

在论述了如何培养庭审应变控制能力以及阐述方法论的基础上，本书重点以刑事审判第一审普通程序为例，对于实践中刑事案件庭审各阶段经常遇到的情况进行分析、总结，并找出合法有效的解决方案，为法官提供借鉴，希望法官在刑事审判中灵活运用，不断提高庭审质量和效率，促进庭审中心主义的实质化和改革的顺利推进。

（一）法庭调查阶段的情况及其处置

第一，控辩双方的讯问、发问方式不当或者内容与案件无关。对于此种情况，对方可以提出异议，申请审判长制止，审判长应当判明情况予以支持或者驳回；对方未提出异议的，审判长也可以根据情况予以制止。

第二，一方要求出示证据，对方提出异议，认为有关证据与案件无关或者明显重复、不必要。对于此种情况，审判长经审查认为异议成立的，可以不准许一方出示证据。

第三，一方申请出示开庭前未移送人民法院的证据，对方提出异议。对于此种情况，审判长应当要求申请一方说明理由，理由成立并确有出示必要的，予以准许。如对方提出需要对新的证据做准备的，审判长可以宣布休庭，并确定准备时间。

第四，当事人及其辩护人、诉讼代理人在开庭审理前未申请排除非法证据，在庭审过程中提出申请。对于此种情况，审判长应当要求申请方说明理由。合议庭经审查，如对证据收集的合法性有疑问的，审判长应当宣布进行调查；如对证据收集的合法性没有疑问的，审判长宣布驳回申请。驳回排除非法证据的申请后，当事人及其辩护人、诉讼代理人没有新的线索或者材料，以相同理由再次提出申请的，审判长宣布不再审查。

（二）法庭辩论阶段与最后陈述阶段的情况及其处置

第一，控辩双方发表与案件无关、重复或者指责对方的意见。对于此种情况，审判长应当适时提醒、制止。

第二，一方申请调查新的事实，或者合议庭发现与定罪、量刑有关的新的事实，有必要调查的。对于此种情况，审判长可以宣布暂停辩论，恢复法庭调查，在对新的事实调查后，继续法庭辩论。

第三，公诉人当庭发表与起诉书有实质不同的意见，变更、追加、补充或者撤回起诉。对于此种情况，审判长应当要求检察机关在指定时间内以书面方式提出，必要时，可以宣布休庭。

第四，被告人由于口头表达能力差或者过于紧张等，不会进行最后陈述。对于此种情况，审判长可以做适当引导，如“不要重复法庭调查阶段你已陈述过的具体细节”“谈谈你对指控的罪名还有什么新的意见”“希望法院如何裁判”等。

（三）其他情况及其处置

1. 被告人提出检举揭发

对于此种情况，如没有旁听人员，审判长可以让被告人陈述相关检举揭发内容，并建议检察机关庭后补充侦查；如果有旁听人员，审判长原则上应当制止，宣布庭后核查并建议检察机关补充侦查。

2. 有关人员危害法庭安全或者扰乱法庭秩序

对于此种情况，情节较轻的，审判长应当警告制止；根据具体情况，也可以进行训诫；训诫无效的，责令退出法庭；拒不退出的，指令法警强行带出法庭；情节严重的，报经院长批准后，可以对行为人处1000元以下的罚款或者15日以下的拘留。未经许可对庭审活动进行录音、录像、拍照或者使用即时通讯工具等传播庭审活动的，审判长可以决定暂扣相关设备及存储介质，删除相关内容。其中，如果系辩护人严重扰乱法庭秩序，被责令退出法庭、强行带出法庭或者被处以罚款、拘留的，审判长应征求被告人意见，其是否自行辩护，被告人自行辩护的，庭审继续进行；被告人要求另行委托辩护人，或者被告人属于应当提供法律援助情形的，审判长应当宣布休庭。

3. 被告人当庭拒绝辩护人辩护，要求另行委托辩护人或者指派律师

对于此种情况，合议庭应当准许。被告人拒绝辩护人辩护后，没有辩护人的，审判长应当宣布休庭；仍有辩护人的，庭审可以继续进行。有多名被告人的案件，部分被告人拒绝辩护人辩护后，没有辩护人的，根据案件情况，可以对该部分被告人另案处理，对其他被告人的庭审继续进行。重新开庭后，被告人再次当庭拒绝辩护人辩护的，合议庭可以准许，但被告人不得再次另行委托辩护人或者要求另行指派律师，由其自行辩护。被告人属于应当提供法律援助的情形，重新开庭后再次当

庭拒绝辩护人辩护的，合议庭不予准许。

4. 辩护人拒绝为被告人辩护

对于此种情况，如果辩护人有正当理由的，合议庭应当准许；是否继续庭审，可以参照前述第三点的做法。

第二节　争点归纳概括能力

争点归纳概括能力是庭审驾驭能力的核心内容之一。该能力具备临场应变性的特点，法官不仅要有扎实的法律理论基础，还要有精确认知控辩双方争议焦点，并当场予以归纳概括的能力，实现庭审实质化和高效化。可以说，一个刑事案件的庭审是否实质化和高效化，关键在于争议焦点的归纳和概括。只有归纳好争议焦点，才能“承上启下”，将庭审活动推向纵深。具体来说，迅速有效地归纳和整理争议焦点，需要做到以下三点。

一、做好庭前精细化准备工作

我国刑事诉讼实行的并非“起诉书一本主义”，刑事案件在提起公诉时，案件的主要证据和侦查案卷均已移送法院，这有利于法官在庭审前相对全面地占有诉讼资料，进而实现相对详细的准备，对于一些复杂案件，法官还可在必要时召开庭前会议，提前了解控辩双方的意见。法官在进行翔实的阅卷后，应形成关于案件的初步概貌，并发现案卷材料中所反映出的问题，以便在庭审过程中，有的放矢地进行审理和追问。具体来说，在阅看侦查卷宗过程中，对于“六何”，即“何时、何地、何人、何为、何因、何果”进行针对性了解，制作阅卷笔记，同时对于辩护人在侦查、起诉阶段提交的材料、发表的意见也进行了解，还要对侦查机关的起诉意见进行了解。通过全面掌握案件在侦查、起诉等审前阶段的定性、事实和证据的变化情况，了解起诉指控的逻辑，了解辩护人在审前阶段的辩护意见，更要了解被告人的供述和在送达起诉书时所作的辩解，同时还不能忽略被害人的意见和诉求。进而，对案件的实体和程序形成相当深度的资料占有、信息掌握，对于后续的庭审活动如何组织形成相对明确的意见，为庭审活动打下良好的基础。通过上述准备工作，确定是否传唤证人到庭，确定是否传侦查人员到庭，确定是否建议公诉机关补充侦查，确定是否在庭前释明本案的争议焦点等。上述准备活动的目标是，全面、深度发掘出案件可能的、潜在的争议焦点，将案件争议焦点尽最大可能呈现于法庭庭审中，从而使控辩双方围绕争议焦点展开举证、质证、法庭辩论，实现庭审实质化。在复杂案件中，必要时，审判人员可以召开庭前会议，进一步掌握控辩双方争议焦点情况，并作出合理引导。

二、培养庭审中的灵活应变思维

固然，庭前精细化的准备工作提供了良好的信息基础，但不可避免，在庭审活动的过程中，往往会产生各种新的变化，并且该变化往往会引发一系列链式反应，导致庭审活动失控或者中断。如被告人当庭翻供，必然引发公诉人讯问提纲和讯问方式的变化，更会引发参加诉讼的被害人及其诉讼代理人的情绪反应以及诉讼策略变化，也当然会引起辩护人辩护策略的变化，并衍生出申请重新鉴定，申请证人、鉴定人、侦查人员到庭，提出新的非法证据排除申请等一系列程序性事由，导致庭审活动趋于失控或者中断。法庭的审理思路也将同步发生变化和调整，之前适用的简易程序可能要变换为普通程序审理等。这些量变因素的存在，都将庭审活动置于不断的变化之中，这都要求法官在庭审中及时调整审理思路、作出灵活的应变，不但要保证庭审活动顺利进行，还要迅速归纳和概括新的争议焦点，引导控辩双方围绕焦点展开举证、质证和辩论。对于控辩双方脱离争议焦点的行为，必要时要及时打断、提醒，保证庭审活动的高效进行。在庭审过程中，被告人翻供的，要及时追问被告人对于罪名是否有新的意见，如被告人提出其无罪或者其他轻罪的辩解，则可迅速归纳概括该争议焦点，在举证、质证阶段即引导公诉人就该争议焦点进行详细举证、由被告人及其辩护人质证，被害人或者其诉讼代理人参与庭审的，还要引导被害人或其诉讼代理人发表详细意见，将该新的争议焦点完全凸显于庭审中，达到饱和举证、质证，进而饱和辩论的效果。绝对防止出现被告人翻供、否认指控，法庭表示记录在案，对控辩双方不作任何争议焦点的概括和引导，仍按照既定节奏开庭的做法，此种做法实际上将案件审理的最大争议焦点和疑点完全交由控辩双方自由发挥，有很大的不确定性和随意性，往往导致庭审结束后，法官对于案件的争议焦点没有听到实质性的控辩双方意见，出现了控方说控方的、辩方说辩方的尴尬局面，没有达到法庭对争议焦点进行实质审理的效果，庭审效果大打折扣。因此，法官作为诉讼活动的指挥者，对庭审参与的诉讼各方有引导和控制的职能，通过争议焦点的及时概括归纳，统摄控辩双方的诉讼活动，并可依职权展开追问，将案件争议实质化、精细化审理。

三、提高庭审中科学归纳、化繁为简的能力

除了善于发现、挖掘出争议焦点之外，法官驾驭庭审还应具备科学归纳、概括争议焦点的能力，其实质是化繁为简，将相对繁多的争议焦点概括、精炼为简单、直接的问题点，之后用于引导控辩双方。例如，在一起合同诈骗犯罪案件中，庭审时对于被告人的非法占有目的产生了争议，但辩护人及被告人反复论证的点停留于被告人在签订、履行合同时具备履约能力，另对指控的犯罪金额提出辩解。此时，法官就可以化繁为简，将表面上控辩双方的三个争议方面予以概括，形成两个争议焦点：第一，对于被告人是否具备非法占有目的争点；第二，对于被告人从被害人处所收到的钱款金额的争点。之后，即可引导控辩双方按照上述争点进行举证、质证以及发表意见。又如，在涉众型非法集资类案件中，被告人涉嫌犯罪时间跨度长，所涉行为人众多，行为人之间涉嫌犯罪的时间段、工作岗位有交叉，对于非法集资过程中存在的是集资诈骗的故意还是非法吸收公众存款的故意往往有重大争议，此时若不及时归纳、概括争议焦点，往往会导致犯罪事实相互交叉、争点混乱繁杂的情况，不利于法庭查明犯罪事实。此时，法官应及时跟进、固定每名被告人的辩解及其辩护人的辩护意见，对辩方的意见予以归类合并，化繁为简，将争议焦点类型化为事实证据类和法律定性类两种。事实证据类主要是参与犯罪的时间段、所涉犯罪金额、所承担的工作岗位及职责内容等争议焦点；法律定性类，往往是有罪还是无罪，是非法吸收公众存款罪还是集资诈骗罪等争议焦点。通过高度的提炼和概括后，再根据每名被告人的情况，予以灵活安排举证、质证顺序，对于对事实、证据无争议，仅对案件法律定性存在争议的被告人，安排先行，并可灵活掌握，由公诉人概括性举证以提高庭审效率；而对于有事实、证据争议的被告人，则进一步精确至具体争议焦点，如涉及某一名被告人的犯罪时间段争议焦点，则针对性地提示公诉人就此详细举证论证，被告人及其辩护人针对性质证答辩，达到庭审活动有点有面、多方兼顾、提升效率的效果。否则，如简单按照起诉书指控的数名被告人所列顺序机械、简单罗列争议焦点，显然会导致争议焦点数量繁多、混乱，庭审中大量时间被使用于对相对次要、细枝末节的细节纠缠中，反而导致法庭对案件全貌和争点的掌握出现偏差。因此，在庭审中，法官要具备相当程度的化繁为简能力，不在法庭上纠缠无意义的细节，应保持对庭审方向的清晰认知和掌控。另

外，必须指出的是，对争议焦点的提炼，并不局限于控辩双方的争议内容，对于法庭在审理过程中或者庭前准备活动中发现的疑点，法官应依职权进行询问，必要时应进行必要的诉讼指挥，要求公诉人将法庭依职权阐明的疑点进行举证或者说明，被告人及其辩护人也可进行辩解和回应。如通过上述过程仍不能解释该疑点，还应进行必要的庭后核查工作。因此，法官不仅应在庭审中具备敏锐的洞察力，还应在庭前准备、阅看卷宗过程中敏锐地发现、提炼案件疑点，并在庭审中予以查明。

作为驾驭庭审能力的核心体现，一个刑事案件的庭审效果往往取决于法官对庭审各诉讼阶段的节奏掌握和对争议焦点的归纳整理能力。一个相对复杂案件的庭审，表面上看耗费了大量时间，但只要对争议焦点进行过高度提炼，就会产生立竿见影的化繁为简的效果，对案件的顺利审理具有重大价值，也为后续裁判文书展开充分的说理、分析打下良好基础。

第三节　法庭辩论指挥能力

法庭辩论，是控辩双方结合案件事实、证据和法律适用进行的综合性观点发表。法庭辩论一般进行两轮，法官对法庭辩论的指挥和掌控对案件的审理有至关重要的作用。法官指挥法庭辩论，其目的就是要将法庭已经归纳、概括出来的争议焦点交予控辩双方，由其发表观点，形成意见。对法庭辩论的指挥，一般应遵循以下原则。

一、正当程序原则

刑事诉讼的本质是适用正当程序处分公民的人身自由、财产乃至生命。法官在刑事庭审活动的全程，均应遵循正当程序原则。正当法律程序要求，在剥夺私人的生命、自由或者财产时，一切权力的行使必须听取当事人的意见，当事人具有要求听证的权利。法律正当程序原则在我国诉讼领域早就落地生根。“真实性并不只是经由程序产生，但却非常可能在程序中产生。”[①] 对于违反正当程序的诉讼活动，法官作为刑事诉讼程序的裁判者，有及时处置和纠正的义务。刑事诉讼正当程序要求

---

① ［德］阿图尔·考夫曼：《法律哲学》（第二版），刘幸义等译，法律出版社 2011 年版，第 302 页。

控辩双方平等对抗，在法庭辩论环节，更应注重控辩双方平等发表意见的权利。法官在指挥法庭辩论时，一般应引导控辩双方按照法庭归纳整理出的争议焦点展开辩论，并关注被告人本人的回应权利，时刻关注诉讼各方的程序权利是否受到尊重。如在法庭辩论环节，公诉人发表公诉意见之后，是由被告人进行自我辩护，还是由出庭的被害人发表意见之后再进行自我辩护？司法实践中的做法不一，有的地方是被害人发表出庭意见之后，再由被告人自我辩护；有的地方是将被害人的发言置于被告人及其辩护人发表辩护意见之后。如使用正当程序原则来进行衡量，显然后一种做法实质上剥夺了被告人对被害人指控意见的两轮答辩程序权利，被告人即便想再进行当庭辩解，也丧失了程序救济机会。因此，对于法律和司法解释尚未明确的一些诉讼活动的顺序，应遵循最起码的正当程序要求，合理、妥当地进行法庭辩论指挥。

二、灵活性原则

刑事庭审是一个高度灵活、多变的诉讼过程。对于法庭辩论的指挥，也应作出灵活性的处置。在有的案件法庭辩论过程中，控辩双方会出现辩论没有围绕争议焦点展开或者提出新的争议焦点的情况。此时，法官就应灵活进行处理。对于没有围绕争议焦点进行的法庭辩论，并非一律干预、叫停，而是具体问题具体分析，区分不同的情形进行精细化处理。如被告人和辩护人不回应公诉人的公诉意见，或者仅部分回应公诉意见，转而发表有关被告人品行及一贯表现的意见以获得酌情从轻处罚，此时不应简单叫停，而是对于上述有利于被告人的辩论意见允许其继续发表，并记录在案。这在将其作为法庭综合考量因素之一的同时，也提升了程序的正当性和包容度，能够换得被告人及其辩护人对程序正当性的接纳和认可。在其发表完毕之后，法官可灵活提醒被告人和辩护人，对于其未回应的部分公诉意见，是否存在异议和辩解，如有，则应允许其继续发表。但此时法官应充分关注被告人及其辩护人的语言简练程度，必要时提醒其直接发表辩护要点。同理，法官也应充分关注公诉人的语言是否简练，对于冗长而无实际价值的发言予以干预。在控辩双方第一轮辩论之后，法庭可依职权适时恢复法庭调查，对法庭辩论中暴露出来的疑点和争点展开追问，可要求公诉人举证说明，并由被告人和辩护人进行回应。在法庭辩论过程中，通过及时恢复法庭调查，将法官所关注的疑点即刻解决。此为针对事实和证据方面的疑问。而对于法律定性上的疑问，则由法官根据案件和庭审情况，适时决定是否行使法庭释明权。如在法庭辩论过程中，法官认为案件的定性可能涉及控辩双方争论的罪名之外的其他新罪名，在既有案件事实和证据均无变化的情况下，案件有适用其他罪名的可能性。此时，法官应及时对法庭辩论活动予以干预，在现有的争议罪名基础之上，当庭释明本案尚有涉嫌其他罪名的可能性，并指出具体的罪名，引导控辩双方就此发表辩论意见。另外，对于法庭辩论的灵活处置，还有其他一些常见具体的细节处理。例如，被告人在自我辩护时，当庭提出检举揭发线索，由于该线索涉密，此时法官应立即制止被告人的发言，告知其庭后向羁押场所书面提出，相关材料转送法院。再如，在法庭辩论过程中，出现情绪激动、人身攻击情形的，法官也应及时制止，必要时休庭处置。再如，在法庭辩论过程中，常有被告人质问公诉人的情形，或者辩护人质问公诉人的情形，要求公诉人回答被告人或者辩护人的问题，此时法官也应立即制止，告知被告人及其辩护人，在法庭辩论阶段被告人及其辩护人没有直接向公诉人发问的权利，如被告人及其辩护人不服从法庭指挥，则予以当庭训诫，告知其参与诉讼程序应遵守法定诉讼规则，才能维护其合法权益。

三、居中性原则

刑事诉讼的诉讼结构是两造对抗，法官居于其上。中立性是法官的天然属性，在指挥法庭辩论时，应尽量不过多介入两造的辩论内容之中，避免出现丧失中立性，偏离于控辩一方的情况。司法实践中，有的庭审中会出现对辩护人发言干预过多而对公诉人发言不加干预，或者对被告人的自我辩护予以当庭驳斥、控制其发言的情况。这些行为均有损法官的居中性原则。对于被告人自我辩护意见的驳斥，理应由公诉人和出庭的被害人及其诉讼代理人完成；对于辩护人的合理发言，即便法官不同意其观点，也不应当庭予以控制和干预。同理，对于辩护意见的不同意见，也是由诉讼结构内另外一造的公诉人予以反驳和辩论。法官不应过多介入控辩双方的辩论内容之中，只有当公诉意见、辩护意见不够清晰时，法官才应介入辩论内容之中，要求意见不够清晰的一方作出解释和回应。从控辩平等对抗的角度来说，一方是有侦查资源的公诉人，另一方是调查权受限的被告人、辩护人，法官在指挥法庭辩论时，反而应更加关注辩方，为其提供充分的发言机会。法官在法庭上的形象应当是冷静、客观、中立，而不是咄咄逼人，切忌在法庭上出现法官与被告人、辩护人争论乃至争吵的局面。例如，在个别涉众型经济犯罪案件或者一些恶性刑事案件中，辩护人在法庭上辩护常常会遭到旁听人员的唾骂和干扰，此时法官就应及时予以制止和训诫，提醒旁听人员遵守法庭纪律，必要时指令法警将干扰辩护的人员强行带出法庭。又如，在庭审结束之后，有的辩护人被被害人及其家属围堵，或者被旁听人员围堵，对此法官不能因为已经闭庭就不予处理，而应指挥法警及时作出处置，确保辩护人在法院内的安全和人格尊严不受侵犯。同理，对于未被羁押的被告人，在闭庭后遭遇类似情况的，也应及时作出处理。

法庭辩论可以说是庭审的“灵魂”，一个案件的事实认定、证据评判、法律定性均浓缩于辩论之中。一场良好的法庭辩论可从正反两个方面将案件中的争议、疑点一一呈现于法庭，本质上非常有利于法庭作出判断。因此，在法庭辩论的指挥中，法官的居中性至关重要，只有居中的法官才不会刻意去束缚控辩双方的手脚；而法官的灵活性则是另外一个关键，只有作出灵活处理的法官才不会被冗长、繁杂的发言扰乱视听。总而言之，法庭辩论的指挥，坚持正当、灵活、居中，就能驾驭出一场良好的、有效的、展现司法文明的法庭辩论。

第十九章　文书制作方法

司法公正不仅要实现，而且要以看得见的方式实现。如果将刑事诉讼程序比喻为生产的流水线，那么裁判文书就是这条流水线上的最终“产品”，承载了全部诉讼活动。因此，裁判文书的制作对于刑事诉讼而言至关重要。此外，对于刑事法官来说，如何写好刑事案件审理报告也至关重要。这是因为审理报告是反映案件审理全貌的内部综合性文书，对于发表处理意见、检查案件质量、总结审判经验以及写好裁判文书均具有重要意义。本章即围绕裁判文书的制作以及审理报告的撰写展开。

第一节　裁判文书制作概论

一篇客观公正、逻辑通顺、语言优美的裁判文书不仅能够恰当地评价犯罪，起到恢复社会关系的作用，而且能够形成“放大效应”，指引社会形成惩恶扬善的良好风气，对维护社会秩序产生深远影响。本节将从裁判文书的“全域”介绍开来，概括地介绍刑事裁判文书的种类、裁判文书的功能及人民法院对裁判文书的制作要求。

一、刑事裁判文书的种类

依据《刑事诉讼法》的规定，裁判文书不仅要与相应的刑事诉讼程序相匹配，而且要与裁判结果相匹配，以下主要从刑事诉讼程序和裁判结果出发，对裁判文书进行分类。

（一）裁判文书的种类与区别

依据《刑事诉讼法》的规定，刑事裁判文书主要分为三类：判决书、裁定书和调解书。三类裁判文书的主要区别在于处理事项不同：一是刑事判决书，主要处理案件实体问题，如对犯罪事实予以认定、对犯罪行为进行定罪量刑等；二是刑事裁定书，主要处理案件程序问题，如裁定中止审理、终止审理、对扣押在案的赃款赃物进行处理等，但是在二审程序中，要注意刑事案件与民事案件的区别，即对于驳回上（抗）诉，维持原判的二审案件，使用刑事裁定书处理实体问题；三是刑事附带民事调解书，对于提起附带民事诉讼的案件，人民法院可以主持调解，如果附带民事原告人能够与被告人达成调解协议，那么人民法院可以依法出具刑事附带民事调解书。

（二）裁判文书的适用方法

三种裁判文书的功能各不相同，对一审、二审和再审案件，应该区分情况加以适用。

1. 一审程序

一是公诉案件普通程序。（1）对案件实体结果进行处理的应该使用判决书；（2）存在被告人死亡需要终止的情形，应当使用裁定书，裁定终止审理；（3）在审理过程中被告人由于患精神病或者其他严重疾病，或者脱逃，或者其他不能抗拒的原因，致使案件无法继续审理的，应当使用裁定书，裁定中止审理；（4）人民检察院在审理过程中撤回起诉的，人民法院经审查同意撤回的，应当使用裁定书，裁定准予撤诉。

二是公诉案件附带民事诉讼。（1）在人民法院判决以前，如果双方当事人就损失已达成调解协议的，可以制作刑事附带民事调解书，注意调解书的名称不能参照民事诉讼中的“民事调解书”的名称，而应当使用“刑事附带民事调解书”，经双方当事人签收后即具有法律效力，此时，刑事部分单独结案，应当制作刑事判决书；（2）赔偿金额在判决前已经付清的，应当记入笔录，经双方当事人、审判人员、书记员签名或者盖章后即发生法律效力，如果当事人要求制作调解书的，也可以制作刑事附带民事调解书；（3）民事部分无法调解，或者在调解书签收之前当事人反悔的，民事部分与刑事部分应当一同判决，制作刑事附带民事判决书，在判决主文中写明刑事与民事的判决结果。

三是自诉案件。（1）经开庭审理，对自诉案件被告人定罪的或者宣告无罪的，应当制作刑事判决书；（2）在开庭前的审查阶段即确认被告人无罪的，应当制作驳回起诉的刑事裁定书；（3）自诉人与被告人和解撤回起诉的，应当制作准予撤回起诉的刑事裁定书；（4）自诉案件，人民法院可以依法进行调解，经调解达成协议的自诉案件，需要制作调解书时，可以根据是否提起附带民事诉讼，制作刑事附带民事调解书或者刑事调解书。

2. 二审程序

根据二审结果，作出以下分类：一是维持原判案件，应当制作驳回上诉或者抗诉、维持原判的刑事裁定书；二是撤回上诉的，应当制作准许撤回上诉的刑事裁定书；三是二审改判的，应当根据是否有附带民事诉讼，制作刑事附带民事判决书或者刑事判决书；四是二审发回重审的，应当制作发回重审的刑事裁定书；五是死刑复核程序，对原审判决予以核准或者不核准的，应当制作刑事裁定书。

3. 再审程序

根据再审结果，作出以下分类：一是按一审程序或二审程序再审改判的，应当制作刑事判决书；二是再审维持原判的，应当制作刑事裁定书。

二、裁判文书的功能

刑事裁判文书不仅记载着个案的事实、证据和裁判结果等，在法律适用、行为指引和维护稳定等方面还具有以下功能。

一是个案结果的宣告功能。刑事诉讼的结果往往关系到被告人的人身权利，必须经过法定的刑事诉讼程序，形成具有法律效力的刑事裁判文书，才能将裁判结果告知诉讼参与人及社会公众。由此可见，刑事裁判文书是在法律意义上唯一具有刑事案件裁判结果宣告功能的法律文书，任何案件的裁判结果，无论是定罪量刑抑或是宣告无罪，均需要通过裁判文书予以宣告。

二是类案裁判的参考功能。从法律的适用来看，我们期待不同法官在相似或者相近案件中能够得出相似或相近的裁判结论，即实现类案裁判统一，但从司法实践来看，类案在不同地区或者由不同法官承办，可能会出现类案不同判现象。为了避免该现象的出现，促进法律适用的统一，可以通过裁判文书这一裁判结果的具象化载体，为不同法官在承办相似案件时提供参考。虽然刑事政策在不断变化，刑事法律也在不断地修改更新，可能相似案件在不同的时间节点上的判断结果会存在差异，但在参考判决结果的同时，也可以参考裁判文书的说理部分，以期在具体案件中能够更好地贯彻立法精神，实现类案同判。

三是社会行为的指引功能。裁判文书往往通过裁判文书说理或者裁判文书结果体现审判机关对社会行为的肯定性或者否定性评价，使社会公众能够预测某个社会行为将导致何种法律后果，让社会公众在进行社会行为时产生明确的行为预期，由此可见，裁判文书对社会行为具有指引功能，越是在法治社会，该指引功能就越重要。

四是增强公信的政治功能。裁判文书中对诉讼程序的记录、案件事实的认定、裁判理由的说明和裁判结果的宣告等，还彰显了客观公正的司法公信力。法院在面对各种社会矛盾和纠纷作出裁断的时候，需要让人民群众看到，司法机关是不偏不倚的，客观公正的。[①]裁判文书必须依据法定的诉讼程序才能制作而成，其裁判结果能经得起法律和社会检验，裁判文书能够向社会表明裁判的中立无私性，从而增强司法的公信力，这也是裁判文书担负起的政治责任。

综上所述，裁判文书不仅是审判工作的成果凝结，更具有个案的评价功能、类案的参考功能、行为的指引功能和增强公信的政治功能，集中展现了现代法治社会的诉讼民主、程序公开、司法公正，因此，人民法院对于裁判文书制作具有极其严格的要求。

三、新时代人民法院对裁判文书的制作要求

人民法院对裁判文书的制作要求，体现在格式和内容两个方面。从格式上看，刑事诉讼文书样式是对刑事裁判文书格式的指引，必须严格按照文书样式制作裁判文书。从内容上看，需要做到全面、准确、客观。

（一）要求“全面”

审判过程不仅是寻找客观真实与法律真实的过程，而且是保证程序正义的过程。因此，裁判文书的全面性不仅是指事实和证据的全面，而且也包括程序性事项的全面。司法实践中，在裁判文书样式中，对“审判经过”的表述要求较低，仅要求记载案件由来、合议庭的组成情况、公开或者不公开审理的情况及诉讼参与人的名单，但从保障程序公正、公开的角度来看，对程序性事项的详细记载是有必要的。从审判实践来看，遗漏记录程序性事项的问题偶有发生，如遗漏记载延期审理的情况、不表述不公开开庭的原因、对审判委员会的讨论不记载在审理过程当中等，这些程序性事项如果不记载在裁判文书中，一是会导致当事人对诉讼程序的不理解，从而产生诸如刑事诉讼审理时间过长等疑问；二是不能全面反映出该案件经历的诉讼程序。因此，在撰写裁判文书时，除需对事实和证据全面撰写外，还应当

---

① 参见车浩：《实现裁判文书网的三个功能 需要优化更应保持公开》，载微信公众号“最高人民法院”2023 年 12 月 22 日，https://mp.weixin.qq.com/s/7tDHL9hlMBmzF3pwYMrAqg。

对诉讼的过程全面体现。

（二）要求“准确”

对于刑事裁判文书，准确性体现在以下三个层次：一是对事实和证据的表述准确，事实和证据是刑事判决的主体，如同金字塔的基座，如果对事实和证据的描述出现问题，那么定罪和量刑一定会出现偏差，因此对于事实和证据应该准确表述，切忌表述上的模棱两可，进而造成理解上的歧义和偏差；二是判决主文表述准确，判决主文是刑事判决书的核心内容，决定了对被告人的定罪和量刑，应当根据刑法罪名和相应的量刑进行撰写，再者，从《刑事诉讼法》角度看，如果判决主文存在差错，将无法通过更正裁定进行弥补，只能通过二审或者审监程序进行补正，补正的司法成本极高，且损害被告人的人身权利，因此判决主文切忌出现差错；三是对身份信息及程序性事项的表述准确，如被告人的身份信息存在错误，将导致被告人在服刑完毕后无法正常回归社会，判决日期有误将直接影响被告人的上诉权等。由此可见，对刑事裁判文书的准确性要求极高，主要基于两个方面的原因：一方面是刑事裁判文书涉及被告人的人身权益，即使是细节上的差错，也将直接影响到被告人的人身权益，因此必须要求准确；另一方面是刑事裁判文书的差错补正成本极高，将带来司法资源的巨大浪费，且与民事案件的金钱之争不同，即使能够通过较为高昂的司法成本予以补正，其对被告人个人以及社会已经造成的影响短时间内难以修复，故而要慎之又慎。

（三）要求“客观”

居中裁判是对刑事法官的原则性要求，体现在裁判文书中，就要求在表述上要客观中立，不带有法官个人的喜好或者主观色彩。在裁判文书的制作中，如何保证客观中立是考验一个法官表述功底的重大课题。裁判文书样式中仅就裁判文书的结构进行了规定，并没有对如何实现表述上的“客观中立”有所规定，本书认为应该从以下三个层次体现裁判文书的客观性：一是在事实的表述上应当客观中立，在描述事实时，相对应的事实需要有相应的证据予以佐证，避免出现没有证据支撑的事实，更要避免出现主观上“添油加醋”的事实；二是运用证据规则体现证据的客观性，在证据的质证过程中需要适用证据规则来体现出认证结论，如适用非法证据排除规则、补强证据规则、关联性证据规则等对证据进行质证、认证；三是在裁判文书说理和本院认为部分可以体现刑事政策的精神，在“本院认为”部分，对故意杀人、毒品犯罪等社会影响较大的犯罪，可以作出在查明事实的基础上依法予以“从重打击”的表述，如“重庆11·2幼童坠楼案”，最高人民法院在复核裁定中认为，张某、叶某尘的行为“严重挑战法律和道德底线，犯罪动机极其卑劣，情节特别恶劣，手段特别残忍”，也就是说在对行为进行评价时能够体现出人民法院对于某个犯罪行为的评价倾向。

第二节 审理报告的制作方法

一、审理报告的功能

刑事审理报告是人民法院在刑事案件审理过程中制作的用于说明案情和对案件处理意见的综合性书面材料。其与裁判文书的不同之处在于：一是对象不同。审理报告是内部报告，阅看的主体为合议庭和专业法官会议、审判委员会等，而刑事裁判文书是对外文书，其送达的主体为案件的诉讼参与人及需要送达的其他对象。二是效力不同。审理报告是内部文件，不需要加盖法院公章，仅需要审判人员个人署名，而刑事裁判文书需要加盖法院公章，判决主文具有强制执行的效力。三是形成的时间不同。审理报告的形成早于判决书，审理报告从某种程度看，是裁判文书的雏形。四是内容不同。审理报告在结构上与判决书不同，且因审理报告是对案件处理的综合性书面材料，其撰写的范围不局限于案件本身，而应当全面体现与案件审理相关的情况，如案件的侦破和揭发情况、社会舆论情况、被害人家属态度等。

审理报告相较裁判文书更为全面，与裁判文书相比，其主要功能体现在以下三个方面：一是如实地反映案件侦破全貌。审理报告尤其是一审案件的审理报告必须写明案发经过，裁判文书不作此要求是因为对被告人定罪量刑的依据仅为经审理查明的案件事实，至于案发经过并不是判决书所关注的内容，但众所周知，刑事案件的案发经过能够全面展现案件侦破过程，案发自然、正常对于锁定被告人至关重要，能够消除民众对于为何确认“此人”而非“彼人”的疑问，能让民众不用看卷宗即可了解案件的全部过程并形成强烈的内心确信。二是如实地反映审理阶段的诉讼活动。审理报告需写明需要说明的问题，对于与案件事实、证据和定罪量刑有关的情况，需要说明而又不宜写在判决书中的问题，可以在审理报告中予以体现，从而能够对判决书起到补充和解释的作用。三是如实地反映合议庭意见。一方面，判决书中的“本院认为”应当是根据合议庭一致意见或者多数意见以及审委会意见得出的最终意见，而审理报告能如实地反映合议庭在审理过程中的不同意见；另一方面，判决书中能够引用的判决依据较为有限，而审理报告中可以记载得出判决结论的全部理由和依据，如有关法学理论观点、内部的会议纪要和非规范性文件等。

二、一审刑事案件审理报告的结构

结合审理报告的功能和意义，根据相关诉讼文书样式，以一审案件为例，审理报告主要包含以下内容。

（一）控辩双方和其他诉讼参与人的基本情况

该部分注意两点：一是要写明被告人的前科劣迹情况，包括未成年人犯罪前科，未成年人犯罪前科虽然在判决书中不列明，但在审理报告中要列明，列明的同时可以备注好（未成年人）。因为，未成年人犯罪前科虽然不能在判决书中引用，但对判断被告人的人身危险性仍具有参考意义。此外，如果某前科可能使被告人构成累犯的，还要写明刑满释放或者假释日期，因该日期对于准确认定被告人是否构成累犯具有重要意义。还有，如果被告人的前科显示虽然最终被适用了缓刑，但其曾被羁押过的，要写明被羁押的天数。原因在于，如果对被告人撤销缓刑，数罪并罚，在计算刑期时，该被羁押天数要折抵刑期。二是要写明被害人的姓名、住址、联系方式等信息，以便后续在被告人退赔后发还被害人时联系所用。如果遇到诸如集资诈骗罪等被害人数量众多的案件，可以在审理报告末尾附表格。

（二）案件的由来和审理经过

该部分注意要写明案件的重要节点信息，如立案日期、开庭日期，是否公开审理等。如果是发回重审的，要写明发回重审日期；如果公诉机关在审理过程中有过变更起诉的，要写明变更起诉信息；如果召开过庭前会议的，要写明庭前会议日期；如果有过延期审理的，还要写明延期审理的事由及批准情况。

（三）案件的侦破、揭发情况

此部分即“案发经过”，案发经过的写作要求在于，需将案件的发生、揭发或者侦查、破获过程的情况全貌反映出来，不能笼统地表述为公安机关根据相关线索抓获被告人，需要写明公安机关是根据什么线索，又是怎么一步步锁定犯罪嫌疑人的，被告人如何被抓获，犯罪工具及赃款赃物如何被发现，到案后被告人的供述态度等。揭发情况要注意写明揭发的时间、地点、具体事项，以及处理进度等，已经查实的还要写明查实的案件具体情况及相关犯罪嫌疑人的强制措施情况。

（四）控辩双方的主要意见

控辩双方的主要意见包括公诉机关指控的犯罪事实、证据及公诉机关的意见，被告人及其辩护人提出的证据及对事实、证据、定罪量刑的意见。在描述各自意见时，一是需要具体，写明支撑观点的详细理由。诸如辩护人提出证明被告人构成犯罪的证据不足，应当指出辩护人认为证据为什么不充分，哪些事实难以认定，具体理由有哪些等，而不能笼统地表述指控证据不足，不构成犯罪。二是需要分类。被告人的辩解及其辩护人的辩护意见往往会比较多，需要归纳总结并进行分类。

（五）审理查明的事实和证据

审理查明的事实和证据包括经审理查明认定的事实及经法庭质证程序认证的证据。查明事实部分要确保有相关证据予以证实，对事实的描述切忌过于笼统，而是要完整地体现何人、何时、何地、采用何手段、做了何事、造成何种后果等事件要素，尽量做到精准。此外，事实应围绕对被告人的定罪量刑而展开，无关事实可以不写或者尽量少些。当然，需要指出的是，审理报告不同于判决书，事实部分应尽量详尽些，能够体现案件发生的前因后果及来龙去脉。罗列证据部分，要注意根据案件具体情况确定证据的罗列位置。一般情况下，罗列证据紧跟在查明的事实之后，如果事实节数以及证据过多，也可将证据在附录部分予以展现。此外，罗列证据需要遵循全面、准确、有序、有针对性、详略得当五个原则。

（六）需要说明的问题

需要说明的问题不局限于案件的事实、证据和定罪量刑等法律适用问题，而是本案中对审判工作可能产生影响的一切问题。如补充调查情况、核实证据情况、信访舆情情况、定罪量刑依据、扣押物品处理意见以及其他不宜在判决书中公开，但需要写明存档的事项。

（七）处理意见和理由

首先，要写明独任审判员或者合议庭的意见及理由，对于合议庭案件要写明是不是一致意见，如果不是一致意见的，还应写明多数意见和少数意见的各自内容及理由。其次，如果召开过专业法官会议的，需要写明会议讨论情况及相关结论。最后，如果案件经过审委会讨论的，还需要写明审委会会议讨论情况及相关结论。

三、一审刑事案件审理报告的写作要点

一审刑事案件审理报告的核心部分是案发经过、审理查明的事实和证据、处理

意见和理由，写作要点详细阐述如下。

（一）案件的侦破、揭发情况

该部分是办理案件的一条“引线”，能够帮助我们厘清案件是如何案发、如何破获的，故要求表述时尽量详细、完整，并注意表述上的逻辑性，避免产生歧义。对于应当定罪量刑的案件，在案发经过中需要注意避免产生合理怀疑；相反，对于宣告无罪的案件，案发经过应能够使人确信案件并非被告人所为。

案发经过的写作逻辑与经审理查明的事实写法不同，经审理查明的事实可以按照实施犯罪的时间顺序进行叙述，但案发经过的写作并非以犯罪行为发生的时间顺序为逻辑，而是以公安机关的侦查行为为中心进行叙述，即应当先从如何案发写起，如被告人自动到公安机关投案、他人报案、公安机关主动发现等，在案发时公安机关能够发现的初步犯罪结果、证据等，然后按照公安机关的侦查逻辑，全面反映公安机关采取何种侦查方式确定犯罪行为系本案被告人所为，公安机关对被告人的抓获经过，被告人到案后的供述情况等。

（二）审理查明的事实

该部分是案件审理报告的核心，也是形成判决书“经审理查明的事实”部分的基础。在撰写该部分时，应当以起诉书指控的犯罪事实为范围，不得超出起诉指控的犯罪事实，即不得在公诉机关指控的事实之外增加犯罪事实。如果审理查明的事实与公诉机关指控的事实不同，如指控的事实不准确、不规范，可以根据案件证据对犯罪事实进行修改，如对犯罪时间、地点等进行修改，但是不得对案件事实进行增加。

在撰写事实部分时，应当以证据为基础，确保审理查明的事实中每一句话背后均有相应的证据支撑，对有充分证据证明的犯罪事实，应当按照事实要素进行全面描述，但是对于没有充分证据证实的内容，如被告人实施杀人行为的细节，被告人供述其将作案工具斧头从厨房拿到卧室将被害人杀害，如果该过程仅有被告人本人的供述能够证明，没有其他证据予以佐证，现有证据仅能证明作案工具斧头确实藏匿于家中，案发现场确实为家中卧室，那么该斧头从厨房拿到卧室的过程就可以省略，根据在案证据表述为“被告人持藏匿于家中的斧头至房间卧室将被害人杀害”即可。

在撰写证据时应当注重详略得当。对于案件的客观证据充分，且能够形成完整证据锁链的，被告人的供述可以简单撰写；对有多个被告人或者多份证人证言的，如果多名被告人供述内容或者多份证人证言内容相近的，可以全面写明其中主要被告人的供述或者主要证人的证言，其他被告人供述和证人证言仅需列明不一致的地方即可。

对于证据之间存在矛盾或者没有直接证据的案件，如一些陈年旧案，案发距离破案的时间较长，一些关键证据的原件已经被处理或者遗失，案件证据难以补充的，这些特殊情况应当在证据部分进行论述。对于存在矛盾的证据，应当说明认定的证据，并且说明对矛盾证据不予采纳的原因。对于没有直接证据的案件，应当在报告的证据分析中说明根据在案证据如何定案，如何能够排除第三人作案，并使法官形成内心确信。

（三）处理意见和理由

该部分意见应当包括合议庭意见、专业法官会议意见、审判委员会意见等。有的审理报告在撰写此部分时仅说明意见本身，缺乏意见形成的依据和理由，特别是在有分歧意见的案件中，应当说明不同意见以及理由，对于专业法官会议、审判委员会的不同意见，也应当写明理由。

四、特定案由审理报告的写作要点

（一）一审命案审理报告的写作要点

根据侦破命案时所收集的主要证据的结构特点，按繁简程度分类，大致可以将命案分为四种类型：现场目击型、现场留痕型、认罪供述得到印证型及拒不认罪型。该四类命案的审理报告虽然在结构方面均应包含控辩双方、被害人及其他诉讼参与人的基本情况，案件由来及审理经过，案发经过，控辩双方及其他诉讼参与人的主要意见，审理查明的事实和证据，需要说明的问题，拟处意见七个部分，但是案发经过、审理查明事实和证据部分中的证据罗列顺序存在较大差别，需要根据案件具体情况确定具体内容。

1. 案发经过

案发经过是命案审理报告中的关键部分，是在事实证据之前，审查命案审判质量的第一道关口。通常而言，案发经过翔实具体、逻辑清楚、没有疑点，则该案可以进入第二层次的事实证据审查，若案发经过内容简单、逻辑混乱、疑点重重，则该案大概率需要进一步查证。案发经过通常包括锁定嫌疑人和抓获嫌疑人两部分，以“根据公安机关出具的案发情况、案件材料和公安人员介绍等反映”开头。

（1）单名被告人犯罪案件。关于锁定犯罪嫌疑人部分。对于被告人自首的案件，一类是被告人在犯罪事实尚未被侦查机关发现，或者犯罪事实已被侦查机关发现但尚未查明嫌疑人时即自动投案自首的，侦查机关系根据被告人自动投案并供述罪行的行为锁定嫌疑人并侦破案件，锁定、抓捕过程相对简单，案发经过结合公安机关的接报材料、被告人首次供述等写明被告人投案具体过程即可；另一类是被告人在侦查机关已经锁定其为嫌疑人并对其进行抓捕过程中投案自首的案件，由于侦查机关锁定嫌疑人在先、嫌疑人投案在后，虽然嫌疑人投案行为在一定程度上减少了侦查机关的抓捕成本，但是侦查机关查明嫌疑人的工作并未简化，因此该类案件的案发经过不仅需要写明嫌疑人的具体投案经过，还要按照非自首案件的案发经过写作要求写明侦查机关锁定嫌疑人的过程，具体可参见下文。

对于被告人未自首的案件，锁定嫌疑人通常包括两种情况：一是侦查机关发现被害事实后迅速通过侦查工作锁定嫌疑人，现场目击型命案通常属于该类情况，证明作案过程的通常是目睹作案过程的证人证言、拍摄作案过程的监控录像，侦查机关根据相关证人证言及监控录像可以明确嫌疑人，案发经过就需要写明侦查机关找到相关证人、调取监控录像的过程。二是侦查机关发现被害事实后，未能直接、迅速锁定嫌疑人，需要根据现场物证情况、走访调查情况等综合分析才能侦破案件，现场留痕型命案、认罪供述得到印证型命案、拒不认罪型命案通常属于这类情况。由于这类案件中，被害事实与嫌疑人之间并非直接关联，而是侦查机关根据案发现场留有被告人生物性物质或者被告人物品、在被告人住处或者其随身查获被害人生物性物质或被害人物品、被告人为被害人生前最后接触人员、被告人于案发时段在案发现场附近出现等线索经分析查证锁定嫌疑人，需要写明侦查机关的侦破思路和过程，以及侦查工作每一次实质性进展的重要依据。

关于抓捕被告人部分。侦查机关锁定嫌疑人后，还会通过多种手段确定嫌疑人所在地址或者嫌疑人行踪以实施抓捕。对于这部分需要注意两点：一是锁定嫌疑人所在地的过程要写清楚，例如，有的是通过技术侦查手段，有的是通过街面监控锁定，有的是通过其他人员提供线索等。二是对于可能存在自首认定分歧的案件，需要写明详细的抓获经过。例如，侦查机关在封锁案发现场并在附近走访的过程中，发现一人身上有血迹、神色慌张而对其询问，该人称系其作案，对此就要详细记清楚当时的具体情况以及当时侦查人员作何判断等；又如，被告人将被害人从高楼阳台推下后，报警称被害人自杀跳楼，法医到现场后发现异常，被告人在派出所接受询问时最初坚称被害人跳楼，后供述作案事实，对此就要写明法医发现异常的依据及时间、被告人改变供述的时间及原因；等等。只有将抓获经过写清楚，才能为后续认定被告人是否具有自首情节提供事实依据。

此外，案发经过部分还要写明被告人到案后直至庭审的供述情况，根据被告人供述又找到证据材料的，也应当写明。

（2）多名被告人、多事实案件。应当写明各名被告人分别在何时、何地作案，如何到案，有无检举同案犯，协助抓捕同案犯，有无自首及立功等情形；被告人有两个以上罪名（或犯罪事实）的，其因为其中一个罪名（或犯罪事实）被抓获，司法机关是如何掌握被告人其他犯罪事实的。

2. 经审理查明的事实和证据

（1）审理查明事实。审理查明事实是关键部分，需要全面、准确地描述被告人所实施的犯罪事实。

从命案事实类型来看，既有一人犯一罪、一人犯多罪情形，也有多人犯一罪、多人犯多罪情形，可以根据不同情况采用不同的表述方法。对于单节犯罪案件，通常较为简单，只需讲清作案过程即可，但是对于多人犯一罪的案件，要写清楚多名被告人在犯罪过程中分别实施的行为。对于多节犯罪案件，要根据案件情况按照一定顺序表述犯罪事实，短时间内依次实施多个不同犯罪行为的，可以按照时间顺序，依次表述每个犯罪事实；多个不同犯罪行为相隔时间较长的，可以按照先主要犯罪事实后次要犯罪事实的顺序表述；多个犯罪行为均属同种罪名的，可以按照先总后分法，概括表述作案时段、作案地点、作案手段等，再分述每一次具体犯罪事实。在具体表述作案事实的过程中，需要注意两个方面：一是表述要完整，需要写明作案起因、预谋过程（如有）、作案时间、作案地点、作案工具、作案手段、危害结果、作案后的行为等；二是表述要客观，尽量避免使用带有感情色彩的词语。

（2）证据部分。证据部分的关键是证据罗列要有逻辑顺序，通常根据发现被害事实、作案经过（包含作案起因）、作案后行为、刑事责任能力等事实的顺序排列证据，但是在某些案件中，由于起因过于复杂，为了便于表明案件事实，也可以采用作案起因、作案过程、犯罪结果、案发经过的顺序罗列。在每一组事实的证据中，按照直接证据在前、间接证据在后以及客观证据在前、言词证据在后的原则罗列。其中，被告人供述虽然能够直接证明案件事实，但是通常不作为第一项证据，不过在被告人供述稳定并且其他证据仅能证明片段事实的情况下，也可以将被告人供述放在前面。

首先，关于发现被害事实的证据。该部分证据主要是案发经过、报案登记表、案（事）件接报回执单、证人证言等。通常情况下，侦查机关根据报案人陈述、户籍信息初查等就可以明确被害人身份，案发经过材料会写明被害人姓名等，证明被害人身份的亲属辨认笔录等证据无须在该部分罗列，与尸体检验报告等放在作案经过部分即可。但是在白骨类案件（发现尸体时间与作案时间相隔较久，尸体已成为白骨）中，被害人身份无法在立案时就查明，需要进一步开展侦查工作并取得相关证据才能明确，此时证明被害人身份的证据就要放在该部分列明。

其次，关于证明作案过程的证据。对于有现场目击证人或者拍摄作案过程的监控录像等直接证据的案件，如现场目击型命案，在发现被害事实后可直接写证人证言或者监控录像内容，现场勘验检查笔录、尸体检验报告、物证鉴定书等证明作案过程的证据。对于除被告人供述以外，没有直接证据证明作案过程的案件，如现场留痕型命案或者认罪供述得到印证型命案，一般会先写现场勘验笔录、尸体检验报告、物证鉴定书等证据，再写被告人供述，可以印证被告人所作关于犯罪起因、购买工具等供述的证人证言及其他证据。对于作案过程较为复杂的案件，如有的案件中，被告人不仅杀害被害人，还分尸、抛尸等，或者处理作案工具、作案时所穿衣物等，事实较多，如果所有证据写在一组，则该组证据过于冗长，对此可以视情分组。

再次，关于证明作案起因、预谋过程的证据。对于犯罪起因较为复杂，或者证明预谋过程的证据较多的案件，可以将证明犯罪起因及预谋过程的证据单列一组；对于被告人在作案后又有分尸抛尸、丢弃作案工具等多个行为的，可以将证明被告人杀人后行为的证据单列一组。

最后，关于证明刑事责任能力及其他事实的证据。就目前司法实践来看，命案通常会对被告人进行司法精神病鉴定，相关司法鉴定意见书可以放在该部分。此外，关于证明被告人年龄、犯罪前科的材料及刑事判决书等也可以放在该部分。

（3）证据分析部分。在罗列全部证据后，要对证据进行分析，以确定作案事实的多个要素均有充分证据证明，通常包括作案起因（是否存在被害人过错）、是否预谋作案、作案过程（包括作案时间、地点、方式、后果）、排除第三人作案、作案后表现等。

若对于某个要素存在疑点时，则要单列重点分析，例如，证人证言和被告人供述对于作案时间存在矛盾时，要将作案时间单列，结合在案证据进行重点分析；又如，现场存在被告人、被害人以外的其他人的生物性物质或者作案工具以外的凶器时，要重点说明如何排除第三人作案。

对于不同类型的案件，分析思路和审查重点也存在差异。现场目击型命案中，由于有目击证人证言或者拍到作案过程的监控录像，作案过程通常不存争议，审查重点在于作案起因，以确定是否存在被害人过错等量刑情节；认罪供述得到印证型命案中，作案起因、作案过程等均要注重被告人供述与其他证据的印证性，尤其要关注是否存在先供后证的情况，如果存在要单独列明；拒不认罪型命案中，证据分析部分尤为重要，需要从案发过程是否正常、被告人是否具有作案动机、作案时空条件、作案能力以及被告人辩解是否合理、是否能够排除第三人作案等方面进行分析。

有必要说明的是，在确定相关事实后，关于相关行为是否构成犯罪、是构成此罪还是彼罪的问题是放在证据分析部分进行论述，还是放在拟处意见部分进行论述，实践中做法不一，都有一定道理，放在证据分析部分，在认定事实后马上分析涉案行为的定性问题，方便阅看报告的人连贯阅读，反对意见则认为在事实确定的情况下，相关行为如何定性属于法律适用问题，放在证据分析部分似有不妥。本文认为，报告写作根据案件实际情况写清楚即可，并无严格限制。

（二）一审经济犯罪案件审理报告的写作要点

该类案件的审理报告写作，不仅要交代清楚犯罪的总体脉络，而且要对每个被告人在共同犯罪中的地位、作用、各自参与犯罪的金额、量刑情节等分别认定。同时，还需要考虑追缴赃款，发还被害人的执行环节，查明各名被告人的违法所得，扣押查封财物的权属以及各被害人的损失、基本信息等。如果是单个被告单位或者单个被告人犯罪的案件，案件事实按照罪名分别表述，根据罪行轻重或者犯罪时间先后顺序逐一写明。对于以单位名义实施的多被告人共同犯罪，一般可分几个部分：一是单位基本情况。这部分要写明公司成立时间、经营范围、股东组成及股权比例、公司变更登记情况、实际控制人信息等。二是被告人的职务、入职时间、职权内容。三是犯罪事实。犯罪事实又分为单位犯罪事实及个人参与犯罪事实两部分。对于多人多节犯罪的，可按人来写，也可按事来写，既可以在每个被告人的子目录下根据参与实施犯罪的时间顺序排列叙述，也可在每节犯罪事实的子目录下根据参与人员主次秩序来写。四是资金去向。经济犯罪案件查明各被告人赃款用途尤为重要，这不仅可以印证被告人的非法占有目的，而且也是责令退赔追赃的依据。

五是各被告人到案经过，自首、立功、退赔的事实。

经济犯罪案件审理报告的写作，需要特别注重关于被告人违法所得及资金去向的查证内容。如果以单位名义实施犯罪，还需查证单位主要资金收支情况、经营成本分析、对外投资情况等，通过这些客观事实，可补强对被告人有无履行能力、是否实际履约、有无非法占有目的的判断。在查明整体资金去向的同时，也要查清各被告人的违法所得和退赔情况。不少案件中，没有确实的证据可证明被告人的违法所得，此时可通过被告人供述，按其自认所得来概括认定（不少于自认金额）。此外，资产查冻情况也应写入审理报告，查冻资产属于可执行财产，相关权属问题应在审理阶段一并厘清，为追赃挽损夯实事实基础。

审理报告附件也是报告重要的组成部分之一。经济犯罪案件中，一般可将以下内容置于附件：相关法律条文；主要涉案单位或者人员情况表或结构图；主要证据摘录；涉案人员量刑表（姓名、职务、入职时间、犯罪金额、违法所得、退赃、主从犯、自首、坦白、立功、公诉机关建议量刑、拟处意见）；追赃查封、冻结情况表；其他需附材料。

五、二审刑事案件审理报告的写作要点

刑事二审案件审理报告不仅是二审法院对一审案件的全面审视，更是对案件一审、二审审理过程及案情全貌作出的全面总结，也是日后检查案件质量、总结审判经验与教训的重要依据，对于确保司法公正具有重要意义。

刑事二审案件审理报告主要包括以下九个方面：一是诉讼各方的基本情况；二是案件由来及审理经过；三是案件来源及侦破经过；四是原审审理情况；五是上诉理由及辩护人、检察机关意见（被害方意见）；六是二审审理查明的事实与证据；七是对上诉理由及辩护人、检察机关意见的评判；八是需要说明的问题；九是拟处意见。以涉众型非法集资二审案件审理报告的撰写为例，具体写作要点如下。

第一，诉讼各方的基本情况。对于该部分内容，可参考一审案件审理报告的写作要求。同时，检察机关应载明为原公诉机关，如系抗诉的应括号注明抗诉机关。涉众型非法集资案件中，上诉人、原审被告人的职业经历、家庭情况等对其定罪量刑可能产生影响的相关信息应当载明。对于部分被害人聘请的诉讼代理人的信息，同样应在二审报告中列明。

第二，案件的由来及审理经过。应载明一审法院判决案号、判决时间，提起上

诉的被告人或者抗诉的检察机关，二审法院公开（或不公开）开庭的时间。对于二审未开庭而是采用书面审方式结案的，应当写明理由。

第三，案件来源及侦破经过。通常情况下，一审审理报告已在侦查机关出具的案发经过、立案登记表、被告人供述等证据材料的基础上，针对案件来源及侦破经过进行了梳理。鉴于案件来源及侦破经过是法官办理刑事案件的切入口和认定上诉人、原审被告人是否具有自首、立功、坦白等情节的重要依据，也是对全案证据进行综合判断及确定被告人刑期起止日期的依据，对于该部分内容应当在一审查明情况的基础上，结合上诉理由、辩护意见等进一步梳理。

第四，原审审理情况。该部分又包括两部分：一是公诉机关指控事实及意见。如果起诉指控事实、意见与一审审理查明事实存在较大差别的，应当详细载明公诉机关指控事实与意见；如果指控事实、意见与原审查明事实、意见基本一致的，则可以略写。二是一审法院意见，包括原审查明的事实、证据及意见，证据部分可以仅写明一审判决引用证据的名称。如果一审合议庭意见、专业法官会议意见及审委会意见存在较大分歧的，可以在报告该部分详细载明。

第五，上诉理由及辩护人、检察机关意见（被害方意见）。该部分的撰写可参考一审审理报告中诉讼各方意见的撰写规范。同时，需要重点指出以下三点：一是如果有被害人或者诉讼代理人出庭发表意见的，同样应当详细载明；二是对于上诉人及辩护人提出的程序性意见，应当单独列明；三是对于诉讼各方在二审提供的新证据，应当对证据的名称、来源和证明事项等进行概括表述。

第六，二审审理查明的事实与证据。二审审理查明事实部分是二审裁判说理、定罪量刑的基础与前提，对事实的认定不宜简单照搬照抄一审刑事判决书中的事实描述，而是应当结合诉讼各方在二审程序中的意见，遵循犯罪事实构成要素的齐备性、犯罪事实整体过程的完备性、犯罪事实内容表述的精准性等原则，同时根据案件审理的不同要求有所侧重。对于上诉、抗诉方针对事实、证据方面提出的异议，应当重点展开。以涉众型非法集资案件为例，事实部分一般应包括以下内容：被告单位、集资平台、涉案公司基本情况与架构；非法吸收公众存款、集资诈骗整体事实；集资钱款的去向；各名被告人参与非法集资的事实；综合事实。二审在查明事实过程中，以下几点值得关注：一是对于涉案相关事实、要素应当尽量查明；确无法查明的，应当括号说明审查经过与未查明的理由。二是部分争议较大的事实，可在载明事实后用括号分析论证。二审审理报告中的证据，如果与一审查明的证据相同的，可以直接写明与一审查明的证据相同。如果存在明显不同的，则需要对经过一审、二审庭审质证的证据重新加以梳理；证据部分可直接放在二审审理查明的事实后，也可作为审理报告附录内容。

第七，对上诉理由及辩护人、检察机关意见的评判。该部分内容是二审审理报告撰写的重中之重，也是一篇审理报告的亮点所在。应当聚焦诉讼各方的争议焦点，根据二审确认的事实与情节，参考有关法学理论，重点分析上诉、抗诉理由能否成立，充分展现事实认定与法律适用能力。对于合议庭认为有必要加以阐述的事实认定与法律适用问题，即便诉讼各方未提出或者涉及，同样可以在该部分内容中展开。

第八，需要说明的问题。二审审理报告中需要说明的问题，可参阅一审审理报告中需要说明的问题部分。一般是与认定犯罪事实、情节及定罪量刑有关，但又不宜写入裁判文书的事实、理由等，以及其他对案件审判有影响的问题等，可根据案件的实际情况予以列明。

第九，拟处意见。鉴于在对上诉理由及辩护人、检察机关意见的评判部分，已对定罪、量刑问题展开过详细论述，故本部分可概括阐述定罪意见与量刑意见，并提出对原审判决的维持、改判或者发回重审的具体意见。

第三节　刑事判决书的制作要点

刑事裁判文书有判决书、裁定书、调解书三种，其中，刑事判决书的内容在三种文书中最为全面。因此，本书以一审普通程序刑事判决书的制作为主线，着重介绍一审判决书的撰写方法，简要介绍二审裁定书和调解书的制作要点。本节根据最高人民法院《法院刑事诉讼文书样式》《关于加强和规范裁判文书释法说理的指导意见》等文件，紧密结合审判实践，对一审刑事判决书的制作要点进行介绍。

一、一审刑事判决书的结构

刑事判决书具有重要的功能意义，需结构严谨、叙述合理，在结构和叙述顺序方面需严格遵循最高人民法院对文书样式的要求。关于裁判文书的结构有多种观点，有观点认为，裁判文书的结构由标题、正文、落款三部分组成。[①] 也有观点认

① 参见沈志先主编：《裁判文书制作》，法律出版社 2010 年版，第 49 页。

为，裁判文书的结构由首部、正文和尾部组成。[①] 前一种观点中，标题包括法院名称、文书名称、案号，落款包括审判组织署名、裁判日期、书记员署名、核对无异议章和法院印章，其余内容均为正文。后一种观点中，首部包括标题，公诉人、被告人、辩护人信息，案件由来和审理经过，正文包括公诉机关指控、被告人供述和辩解、辩护人辩护意见、证据认定与事实认定、本院认为和判决主文，尾部包括上诉权利的告知及落款。两种不同结构分类仅是对内容的划分标准存在区别，为了便于对判决书内容进行介绍，依照最高人民法院裁判文书样式，对一审刑事判决书的结构分类如下。

第一，标题。包括法院名称、文书名称、案件案号。

第二，控辩信息及案件审理经过。包括公诉机关、被告人、辩护人的基本信息及案件的由来、法院的审理经过、到庭参加诉讼的人员情况、审理终结等情况。

第三，指控与辩护情况。包括公诉机关指控的犯罪事实、证据和对定罪量刑的意见，被告人的供述、辩解及提出的相关证据，辩护人的辩护意见及提供的相关证据。

第四，经审理查明的事实及证据。包括经审理查明的事实、依据的证据、证据分析及认证。

第五，本院认为部分。论证公诉机关指控的犯罪是否成立，被告人构成何罪，是否有从重、从轻、减轻、免除处罚的情节，控辩双方的意见是否应当采纳，判决主文所依据的法律条文。

第六，判决主文。包括定罪量刑情况、刑期计算情况、上诉权利告知。

第七，落款及附法律条文。包括审判组织、判决时间，法院用印、核对无异议章，附法律条文。

二、一审刑事判决书的写作要点

在一审判决书中，指控与辩护情况、经审理查明的事实及证据、本院认为这三部分是最重要、最核心的内容，接下来着重介绍这三部分的撰写要点。

（一）指控与辩护情况

1. 公诉机关指控

应当写明公诉机关指控被告人的犯罪事实、证据、情节和意见。在撰写时注

---

① 参见南英、高憬宏主编:《刑事审判方法》(第二版)，法律出版社 2015 年版，第 428~432 页。

意，一般对于公诉机关指控的犯罪事实和证据无须详细展开，只需进行概述即可，因为在法院经审理查明部分会详细叙述事实和证据，但是在概述时应当写明实施犯罪的行为人、作案时间、地点、过程、结果等关键的内容。如果法院经审理认为系不构成犯罪的案件，则在这部分对于公诉机关指控的事实和证据可以详写，使辩护意见、法院评判意见可以有针对性地予以论述。此外，公诉机关所认定的被告人系累犯及具有立功、自首、认罪认罚等情节不要遗漏表述，因为这往往可能是辩方的辩论点之一，关乎被告人的量刑，控方的意见要在裁判文书中予以展示。

2. 辩护情况

应当写明被告人对指控的犯罪事实是否认可、相关辩解内容以及辩护人的辩护意见。对被告人、辩护人提出的意见，既不能完全“照单全收”，也不能完全“置之不理”，即对于与定罪量刑无关的意见无须在判决书中表述，但是被告人、辩护人所提与定罪量刑有关的意见应当在判决书中予以表述。实践中，被告人的辩解与辩护人的辩护意见有的大致相同，有的则大相径庭。对此，法官在庭审后应当结合被告人、辩护人当庭发表的意见以及庭后递交的书面材料进行梳理、提炼，对于被告人与辩护人一致的意见可以合并在一起表述，不一致的意见分别表述，以求既实事求是又比较精炼地表达被告人的辩解和辩护人的意见。如果被告人、辩护人还当庭提交了相关证据予以质证，应当一并在此写明其提交证据的情况以及所要证明的内容。

（二）经审理查明的事实及证据

1. 经审理查明的事实

经审理查明的事实根据案件是否为共同犯罪和是否有多起犯罪事实，可以有多种撰写方法。（1）对于单个被告人的犯罪，可以按照时间顺序进行叙述；如果单个被告人犯有互相独立的多个犯罪，可以根据时间顺序进行叙述，亦可以按照犯罪行为的轻重顺序进行撰写，如被告人同时犯故意杀人罪、盗窃罪、诈骗罪，为了突出故意杀人罪的犯罪性质严重，可先撰写故意杀人罪的犯罪事实，再撰写诈骗罪、盗窃罪的犯罪事实；如果被告人犯有有关联关系的多个犯罪，如购买枪支进行抢劫，那么可以按照犯罪的时间顺序，先写明购买枪支的犯罪事实，再写明抢劫的犯罪事实。（2）对于共同犯罪有多种写法，如按照时间顺序叙述法、突出主罪法、突出主犯法等，无论采取何种叙述方法，均应当注意：一是对于案件事实的基本要素应当叙述完整且不产生歧义；二是应当明确体现出共犯的地位和在犯罪行为中所起到的作用。

2. 事实所依据的证据

证据应当写明证据内容和对证据的分析、认证，这里的证据应当是经过法庭质证、认证的证据，未经法庭质证、认证的证据，不得作为经审理查明的事实所依据的证据。具体案件中往往存在多份证据，在证据顺序的排列上有多种写法：一种是先写客观证据，再写主观证据，特别是将被告人的供述排列在最后，这种写法的逻辑在于，根据《刑事诉讼法》重客观证据、轻口供的要求，将能够定案的口供排列在最后，如果客观证据能够形成完整的证据锁链，那么被告人的供述排列在最后更加能够起到完整印证的作用；另一种是先写定案的关键证据，如在客观证据较为薄弱的案件中，先写明被告人的有罪供述，然后再写明能够与被告人的供述相印证的客观证据，即形成“先供后证”。上述两种证据的排列方法均能够体现出“形成完整证据链”的要求，可以根据案件具体情况选择排列方法。

（三）本院认为部分

“本院认为”系法院在查明事实、证据的基础上，适用天理、国法、人情对控辩双方意见进行分析和论证，从而形成最终的判断结论。裁判文书的释法说理主要集中在此部分，此部分是一份判决书的精髓所在。

1. “本院认为”部分撰写的基本要素

“本院认为”部分应当体现形成判决结果的裁判理由；对控辩双方提出的意见予以回应，即是否采纳控辩双方的观点并且应当说明理由；确定被告人是否构成犯罪，构成何种犯罪；在共同犯罪中，确认各名被告人的地位、作用；被告人具备的量刑情节及对量刑的影响；判决所依据的法律条文。

2. 裁判文书释法说理的方法

党的十八届三中全会和四中全会提出了“增强法律文书说理性”“加强法律文书释法说理”的改革要求，而无论是学术界的学理研究还是实务界的实证分析，均表明我国当下部分裁判文书依然存在不愿说理、不善说理、不敢说理、说不好理等方面的问题。为此，最高人民法院于2018年6月发布了《关于加强和规范裁判文书释法说理的指导意见》，就新时代如何进一步加强和规范裁判文书释法说理工作，提高释法说理水平，提出了有针对性的意见和要求。本书认为，一份合格的裁判文书应当向当事人以及社会公众释法明理，就所下判断的正当性进行充分论证。正如上述意见第2条的规定，裁判文书释法说理，要阐明事理、释明法理、讲明情理、讲究文理。上述四点正是立体构建裁判文书释法说理的四个维度。

（1）阐明事理是作出公正裁判的基石。阐明事理，即要说明裁判所认定的案件事实及其根据和理由，展示案件事实认定的客观性、公正性和准确性。所谓“以事实为依据”即指法官所认定的案件事实是其作出最终裁判的依据。因此，在释法说理中首先应当体现法官对事实、证据的判断力及其有根据的理由，阐明事理是法官作出公正裁判的基石。法庭审理查明的事实都需要得到证据的证明，证据裁判的内容应当成为阐明事理的重点。然而，目前在司法实务中，裁判文书普遍重视记载证据裁判的结果，能够详细列出采纳了哪些证据定案，而对证据裁判的过程则反映不够。

在这一方面，聂某斌案再审判决书提供了范例。该份判决书共计1.4万余字，其中约1.2万字在阐述证据的审查与运用，尽可能“让证据说话”是其最大特色。该案既有证明被告人有罪的证据，也存在一些与有罪证据相矛盾的反证，再审判决书指出了原审定案证据体系中存在的抓获聂某斌的经过与康某被害案之间缺乏关联性，该案重要证据缺失，聂某斌有罪供述的真实性存疑，原审认定的聂某斌作案时间、作案工具存在重大疑问，认定被害人康某死亡时间和死亡原因的证据不确实、不充分，原办案程序存在明显缺陷，严重影响相关证据的证明力等九大问题，并对上述问题进行了全面、客观、细致的分析与论证，从而得出了原判据以定案的证据没有形成完整锁链，没有达到证据确实、充分的法定证明标准，也没有达到基本事实清楚、基本证据确凿的定罪要求的结论，最终推翻原判，改判聂某斌无罪。聂某斌案再审判决书在阐明事理、详尽反映证据裁判过程方面树立了榜样，值得学习和借鉴。

（2）释明法理是作出公正裁判的钢筋。释明法理，即要说明裁判所依据的法律规范以及适用法律规范的理由。当法官通过证据的审查与运用阐明事理后，就应当依据法律规范、运用法理分析问题，释明法理，这是作出公正裁判的钢筋。

张某中再审案是最高人民法院通过提审纠正涉产权企业家冤错案件的第一案，该案的再审改判在社会上引起热烈反响，被称为具有宣示性和标志性的“标杆”案件。该案涉及诈骗、单位行贿和挪用资金三个罪名，再审判决认为原判认定的三个罪名均不能成立，依法改判张某中、张某春和物美集团无罪，对原判已执行的罚金及追缴的财产依法予以返还。对于三罪改判的理由，长达1.8万余字的再审判决书进行了充分的分析论证。其中，在论述张某中、张某春不构成诈骗罪的理由时，再审判决书紧紧围绕诈骗犯罪的构成要件，论述了物美集团并未使负责审批的主管部门产生错误认识；物美集团申报的物流项目和信息化项目并非虚构；物美集团获得3190万元国债技改贴息资金后，虽然将该款用于偿还公司其他贷款，但在财务账目上一直将其列为“应付人民政府款项”，并未采用欺骗手段予以隐瞒、侵吞，且物美集团具有随时归还该笔资金的能力，从而得出了令人信服的结论。又如，曾引发社会广泛关注的于某故意伤害案，因欠高利贷未如期还款，于某和其母亲遭遇十余人登门催债，于某持尖刀捅刺，最终致杜某浩等人一死三伤。一审法院以故意伤害罪判处于某无期徒刑。2017年6月23日，山东省高级人民法院二审宣判，认定于某防卫过当，以故意伤害罪改判有期徒刑五年。于某一审被判无期徒刑，二审改判五年有期徒刑，量刑上的巨大反差在于是否认定于某的行为属于防卫过当。针对这个争议焦点，二审判决书进行充分说理，论述了于某持尖刀捅刺杜某浩等人时，不法侵害客观存在并正在进行，于某的行为是为了制止不法侵害，具有防卫性质；本案不存在使用特殊防卫的前提条件，不属于特殊防卫；于某面临的不法侵害并不紧迫和严重，而其却持利刃连续捅刺四人，致一人死亡、二人重伤、一人轻伤，应当认定于某的防卫行为明显超过必要限度造成重大损害，系防卫过当。该案的二审判决书为审判机关依法正确适用正当防卫制度树立了新的标杆和典范。

（3）讲明情理是作出公正裁判的混凝土。司法裁判的结果不仅应当合法，而且应当合情合理。法律源于社会生活，法律的目的在于规范社会生活，故而法律精神与社会情理息息相通，情理蕴含于法律之中，要将案件置于天理、国法、人情中进行综合考量。因此，在裁判说理中要讲明情理，体现法理情相协调，符合社会主流价值观，这是作出公正裁判的混凝土。

例如，聂某斌再审判决书非常注重依照经验逻辑法则审查核实证据，在评判该案原办案人员当年的行为和事后的解释时多次使用了“不合常理”这一表述。特别是在审查被告人关于偷拿花上衣自穿的供述时，再审判决书从经验情理入手，指出“聂家当时经济条件较好，聂某斌骑的是价值400余元的山地车，月工资有几百元，并不缺吃少穿，衬衣就有多件。平时除了上班有些散漫外，无任何证据证明聂某斌此前有过偷盗等劣迹，也无任何证据表明其对女士衣物感兴趣，而涉案上衣是一件长仅61.5厘米且破口缝补的女士花上衣，显然不适合聂某斌穿着，故聂某斌所供偷拿该花上衣自穿，不合常理”。又如，于某故意伤害案的二审判决书在论述刑罚裁量时，从社会的公序良俗、人情事理、社会公平正义的角度指出“杜某浩的辱母行为严重违法、亵渎人伦，应当受到惩罚和谴责，但于某在实施防卫行为时致一人死亡、二人重伤、一人轻伤，防卫明显过当。于某及其母亲的人身自由和人格尊严应当受到法律保护，但于某的防卫行为超出法律所容许的限度，依法也应当承担刑事责任。认定于某行为属于防卫过当，构成故意伤害罪，既是严格司法的要求，也符合人民群众的公平正义观念”。可见，情理讲得透、说得明，有助于正确认定案件事实，增强裁判文书的公信力，提升社会公众对裁判的认同感。

（4）讲究文理是作出公正裁判的黏合剂。裁判文书释法说理应当使用符合国家通用语言文字规范和标准的语言，行文应当规范、准确、清楚、朴实、庄重、精炼，表达准确，逻辑清晰，合理运用说理技巧，增强说理效果。讲究文理是作出公正裁判的黏合剂。

值得注意的是，释法说理的内容在保持法律专业特征的同时，应当摒弃概念化、公式化、八股文的陋习，把握好专业化与朴素性的关系。在事实认定和法律适用上既要严谨准确，又要通俗易懂，不仅要体现裁判文书的严肃性和法律专业化，同时又要兼顾文书的大众性与朴素性的特征，让非法律专业的社会大众仅凭普通文化知识、道德情感和公序良俗就可以看得懂、辨得明。因为裁判文书的主要受众是当事人和一般社会公众，而裁判文书释法说理是以“让人感觉到的方式”来呈现司法公正的重要环节和关键载体，因此，其中的“法言法语”的运用应当以普通公众的理解认知为限度，超越此限度则是司法判决领域法律性过于专业化的表现。用公众接受的语言诠释法理，做到专业化与大众化相结合，自然能够增进社会公众对司法裁判的信任和理解。无论是聂某斌再审判决书、于某二审判决书，还是张某中再审判决书都较好地把握了专业化与朴素性的关系，值得认真学习、借鉴。

三、其他文书的写作要点

（一）二审刑事裁定书的结构和写作要点

二审刑事裁定书是对驳回上（抗）诉、维持原判的二审案件或者准予被告人撤回上诉、检察机关撤回抗诉的二审案件所制作的文书。准予撤回上（抗）诉的二审裁定书非常简单，不作赘述，下面对驳回上（抗）诉、维持原判的二审裁定书的撰写要点进行介绍。

第一，标题。包括法院名称、文书名称、案件案号。

第二，控辩信息及案件审理经过。包括原公诉机关、被告人、辩护人的基本信息及案件的由来、审理经过、到庭参加诉讼的人员情况、审理终结等情况。

第三，原审判决情况。包括原审判决认定的事实、证据、理由和判决结果。

第四，上（抗）诉理由及二审检察机关意见。包括上诉人提出上诉的理由，一审检察机关提出抗诉的理由、辩护人的辩护意见和二审检察机关对于案件处理的意见。

第五，经审理查明的事实及证据。如果二审查明的事实与一审查明的事实一致，那么裁定书中可以对事实不作详细表述，仅表述为“二审经审理查明的事实和证据与一审法院相同”即可；如果二审查明的事实与一审查明的事实有部分不同，仅需要在此表述与一审查明的事实和证据的不同之处即可，对于其他事实亦可表述为与一审法院相同。

第六，本院认为部分。根据《刑事诉讼法》的规定，虽然二审对一审进行全面审查，但是二审审查的重点还是上诉理由和抗诉意见，因此该部分应当结合二审审理查明的事实和证据，依照法律规定，着重论证对上诉人、辩护人和检察机关的意见是否应当采纳，原审法院判决认定的事实、证据，适用的法律是否正确，从而得出令人信服的结论。

第七，裁定主文。驳回上（抗）诉、维持原判，在主文之外，还需要另起一行写明“本裁定为终审裁定”。

第八，落款及附法律条文。包括审判组织、判决时间，法院用印、核对无异议章，附法律条文。

（二）附带民事调解书的结构和写作要点

以自诉案件常用的“刑事附带民事调解书”为例，调解书的结构如下。

第一，自诉人暨附带民事诉讼原告人、被告人的基本信息。

第二，自诉案件的由来。

第三，经审理查明的事实。

第四，法院调解情况。法院调解情况应当写明被告人愿意承担的民事赔偿责任和原告人、被告人双方互相谅解的情况。

第五，调解协议主文。调解协议主文应当参照民事调解书的写作方法，逐条载明双方自愿达成的调解协议，例如，一、被告人向自诉人赔礼道歉；二、自诉人自愿放弃对被告人的指控；三、被告人赔偿自诉人的数额、支付方式和期限。

第六，法院予以确认情况。调解书与判决书的逻辑不同，判决书是由人民法院依职权径行对案件作出判决，但调解书的主体是原告人与被告人，人民法院在其中的任务是对双方自愿达成的调解协议予以审查并且予以确认，因此应当载明“上述调解协议不违反有关法律规定，本院予以确认”，还应当载明“本调解书经双方当事人签收后即具有法律效力”。

第七，落款及附法律条文。

由上述结构可见，虽然调解书的逻辑与判决书不同，诉讼参与人的称谓与判决书不同，但是基本结构与判决书相似，其中部分信息的撰写要点与判决书相同，可参照刑事判决书的撰写要求。

第二十章　群众工作方法

习近平总书记多次强调，努力让人民群众在每一个司法案件中感受到公平正义。[①] 可见，公平正义的判断主体是人民群众，不是裁判者自己。为此，刑事法官在办案时应当坚守人民立场，学会用群众视角看待审判工作，将法律适用的专业判断与人民群众对常情、常理、常识的朴素认知融合起来，把实质性化解矛盾、解决问题作为刑事审判的主要目标和导向，把体现人民利益、反映人民意愿、维护人民权益、增进人民福祉落实到刑事审判的全过程，使刑事判决的过程和结果体现天理、国法、人情的有机统一。在严格依法裁判的基础上，坚持以严谨的法理彰显司法理性，以公认的情理展现司法良知，从根本上厚植党的执政根基。

第一节　刑事附带民事调解与刑事和解

调解是诉讼制度中的重要组成部分，被誉为“东方经验”。《刑事诉讼法》第103条规定：“人民法院审理附带民事诉讼案件，可以进行调解，或者根据物质损失情况作出判决、裁定。”做好刑事附带民事诉讼中的调解工作，是对实质解纷理念的贯彻，能够有效维护被害人的合法权益，确保刑事案件审理的质量和效果。应当将化解矛盾、修复社会关系作为履职办案的重要任务，要通过化解矛盾，实现社会内生稳定，真正做到案结事了。

一、刑事附带民事诉讼中的调解

（一）典型案例

被告人褚某某与被害人丁某某系上下楼邻居，2018年起双方多次因生活噪音

---

① 参见习近平：《高举中国特色社会主义伟大旗帜　为全面建设社会主义现代化国家而团结奋斗——在中国共产党第二十次全国代表大会上的报告（2022年10月16日）》，载《人民日报》2022年10月26日，第1版。

扰民问题发生纠纷，居委会、派出所多次上门调解，但不久又引发矛盾，后双方因无法调和遂产生嫌隙。2021 年 7 月 28 日 22 时许，褚某某在家中休息时，怀疑楼下被害人丁某某家中发出响声，影响其休息，遂敲击自家地板予以泄愤。次日 1 时许，丁某某至褚某某家门口敲门欲找褚某某理论。褚某某得知是丁某某后便拿取一把黑柄水果刀，后将门打开少许，从屋内持刀伸出门外挥刺，将丁某某划伤。经鉴定，丁某某因外伤致右前臂、右拇指等多处裂创，已构成轻伤。

案发后，被告人褚某某主动报警，到案后如实供述了主要犯罪事实。2021 年 7 月 31 日，褚某某因上述行为被公安机关处行政拘留 10 日（不执行行政拘留），并处罚款 500 元。在审判阶段，经多次协商，双方达成调解协议，被告人家属代为赔偿被害人 10 万元，被害人对褚某某的行为表示谅解。

（二）刑事附带民事诉讼调解的适用条件

1. 案件事实清楚，证据确实、充分

刑事案件部分事实清楚，证据确实、充分是开展调解工作的前提和基础，对于事实尚未查清，需要公诉机关补充证据的案件，应当先查清事实，再组织双方进行调解。切勿将调解作为消化证据不足案件的手段，通过让被告人赔偿被害方换得量刑优惠，而忽视双方对事实和证据的意见。司法实践中，有的案件的审查主要集中在伤害事实，强调“有没有伤”“谁实施的致伤行为”，在法律文书中对案件起因等也往往简单表述为“因故”“因琐事”，缺少对案件的全面调查、审查，导致当事人对案件处理不满意。因此，在刑事案件事实部分，要全面调查取证，要对案发背景、案发起因、当事人的关系、案发时当事人的行为、伤害手段和部位、伤害后果、当事人事后态度等方面全面审查，注重查清事实、厘清原委，辨明是非曲直，为后续调解工作奠定基础。

2. 被告人认罪且愿意赔偿被害方损失

附带民事诉讼案件不同于普通刑事案件，因存在被害方，在调解时要充分考虑被害方的感受，一般情况下，应当将被告人认罪悔罪作为调解的前提。当前实践中存在争议的是，在被告人拒不认罪的情况下，被告人家属积极主动赔偿被害人物质损失，以此换取对被告人的从轻处理结果的，是否可以开展调解工作？此时，承办法官应当审慎评估调解的法律效果和社会效果，一般情况下不主动开展调解。如被害方愿意接受赔偿的，可以允许被告人家属对被害人进行赔偿，要充分释明法律后果，并向被告人及其家属强调对被害人因犯罪行为造成的物质损失进行赔偿是被告人的义务。如自恃经济条件较好，自身并非真诚悔罪，而将赔偿作为换取从轻处罚的工具，并无道歉并取得被害方谅解的诚意，一般不能将赔偿作为酌定量刑情节对被告人从轻处罚。

3. 被害方愿意接受赔偿

开展调解前，要充分考虑被告人和被害方情况，如被害方对获得赔偿的意愿较为强烈和紧迫，愿意对被告人表示谅解的，或者被告人及其家属积极道歉并愿意赔偿被害方损失的，可以主动开展调解工作。从案件类型来看，不同案件类型也影响双方达成调解的可能。一般来说，对于过失犯罪如交通肇事、过失致人死亡等案件，达成调解的难度要低于普通故意犯罪。从起因条件来看，在双方因家庭、邻里纠纷等存在矛盾或者被害人存在一定过错的情况下，被告人实施的伤害、杀人案件，相较于被告人针对随机选择对象、针对不特定多数人实施的严重暴力犯罪，以及被告人采取杀人分尸等特别恶劣手段或者造成多人死亡等特别严重后果的案件，更容易达成调解。此外，对于黑恶势力犯罪等严重暴力、危害公共安全的案件，即使当事人双方达成调解，也应对被告人从宽处理的幅度从严把握。在个别案件中，双方矛盾虽由普通家庭、邻里矛盾引发，但双方积怨已久，被告人认为被害方过错是案件的主要原因，被害方也希望对被告人从重处罚，对此种情况，调解工作需要法官付出更多的时间和精力。此时，尤其要注意防止不当调解和片面调解，也需要充分研判达成调解的可能，避免出现当事人假借调解拖延案件审判的情况，如确无达成调解可能，应当尽快作出判决。

（三）刑事附带民事诉讼调解的特点

1. 与刑事处理结果密切相关

审理附带民事诉讼案件，人民法院应当结合被告人赔偿被害人物质损失的情况认定其悔罪表现，刑事附带民事诉讼案件的最大特点是，被告人对被害人人身财产损害的赔偿情况将被作为量刑情节在刑事判决中予以考量。调解工作对于追求诉讼经济、节约司法资源、避免“程序空转”发挥了重要作用。因此，在开展调解工作时，应当充分向当事人释明达成调解对于双方的利害，让当事人在权衡之下选择最优方案：一方面，告知被告人在附带民事诉讼案件中，即使其不在审理期间赔偿，法院也可以通过后续执行程序强制执行其名下财产，在刑事案件审理期间赔偿可以获得从轻处罚的判决结果。另一方面，刑事案件的被告人大多数经济能力有限，法官要向被害方告知如不同意调解由法院径行判决，需要被害方在后续执行程序中消耗时间和精力，并可能存在后续被告人财产执行不到位的风险，让被害方权衡利弊再行决定是否接受调解。

2. 调解时间较为紧迫

区别于普通民事案件，刑事案件审理期限相对较短，要求承办法官在短时间内完成调解工作。《刑事诉讼法》第104条规定："附带民事诉讼应当同刑事案件一并审判，只有为了防止刑事案件审判的过分迟延，才可以在刑事案件审判后，由同一审判组织继续审理附带民事诉讼。"此时可以适用民事诉讼案件审限。但因附带民事诉讼的调解结果对刑事案件的判决结果有重要影响，应当尽量在刑事诉讼案件审理期限内完成调解工作。这就对承办法官提出了较高要求，承办法官在刑事案件立案后，应第一时间阅卷，确定被害方是否提起附带民事诉讼，与当事人充分沟通，在确保程序有序进行的同时，对案件事实和证据完成庭前审查。

3. 被羁押的被告人参与调解具有间接性

被告人处于被羁押状态的案件，实际上无法亲自参与到调解过程，此时，需要注意充分保障被告人的诉讼权利，及时送达附带民事诉讼诉状及证据，通过律师会见及时释明法律规定和刑事政策，反映被告人家中经济情况，反馈被告人的支付意愿。实践中，关于被告人家属代为参与调解的情况是否需要办理委托手续需要区分不同情况。一般来说，法院不要求家属出具被告人签字的委托手续，多数情况只会在庭审过程中对被告人是否委托亲友代为进行调解征询被告人的意见。如赔偿协议涉及对被告人财产的处分，为避免实际履行过程中存在争议，需要由被告人在协议和笔录上签字确认。

（四）刑事附带民事诉讼调解的方法

1. 全面了解当事人情况，释明法律政策

为促进达成刑事附带民事调解，需要承办法官对案件事实以外的当事人其他情况有所了解，以便更有针对性地开展调解工作。承办法官应当通过与双方接触，充分了解被告人和被害人的家庭情况，对被告人家庭的支付能力、支付意愿进行评估。还需了解被害人家庭经济水平、被害人家庭组成情况（尤其要注意是否涵盖所有继承人），避免出现调解方案未征得全部继承人同意，后续未分配到赔偿款的被害人家属继续索要赔偿的情况。

需要注意的是，在向被告人及其家属释明法律政策的时候，经常会遇到被告人对赔偿后是否可以从轻处罚或者适用缓刑存在顾虑，要求法官承诺可以从轻处罚或者适用缓刑才愿意赔偿的情况，此时既不能不作任何答复，否则就极有可能导致调解失败，也不能在判决前就满口答应被告人及其家属的要求，这既违反审判纪律，而且一旦被告人的要求由于某种原因难以实现，可能会造成更大的被动。正确的做法是，应当告知赔偿被害方经济损失可以被视为被告人悔罪表现，作为酌定情节从宽处理，至于从轻幅度及是否可以适用缓刑，将在合议庭评议后综合全部情节酌情考虑。①

在上述典型案例中，经司法所调查，被告人实际居住地即案发地系自有住房，被告人与其妻子同住，目前已退休。被害人与被告人居住在同一小区，系多年的邻居。被告人家庭经济条件一般，家人关系和睦，之前无违法犯罪记录。被告人因年龄较大及身体疾病，由其儿子代为配合社区矫正的调查。通过审前调查评估了解到被告人基本情况后，法官对于被告人的经济赔偿实力、与其亲属沟通的初步方案作出基本判断。其后，法官可从下列三点进行告知：（1）责任告知，即要告知经济赔偿是其应当承担的民事责任，且赔偿谅解是刑事案件可酌情从轻体现量刑的情节，但需注意避免被告人一方将赔偿数额的多少与量刑的从轻幅度简单挂钩，导致后续刑事部分的处理引发新的矛盾和舆情；（2）后果告知，其采取的赔偿方式、实际履行的程度都会影响被害人一方的谅解态度，也会体现在刑事部分的最终处理结果中，对于已全部履行完毕与分期履行的不同情况所作出的从轻量刑的幅度亦会根据案件的情况存在梯度化区分；（3）时限告知，为避免调解过分拖延审限，需要告知被告人一方，筹措赔偿的金额并非没有时间限制而任其在主观上拖延，司法机关将根据法律规定的审理期限确定开庭时间或者拟宣判时间，敦促其尽快作出决定。

2. 充分评估赔偿数额

承办法官应当针对附带民事赔偿部分进行全面审查，并根据不同类型案件分别作出评估和判断。如在交通肇事案件中，被告人是否购买保险、商业险赔偿限额、是否存在被告人饮酒等影响保险赔偿的情况，是决定能否获得保险公司赔付的重要因素，肇事车辆的车主是否为本人、驾驶行为是否为职务行为、肇事车辆是否为营运车辆也都影响附带民事诉讼赔偿主体的确定，需要法官认真加以审查。造成被害人死亡的，还需要考虑被害人是否有抚养人；造成被告人伤害的，需要初步评估构成伤残情况，尤其需要对后续医疗费用进行初步评估。根据相关司法解释的规定，

① 参见沈志先主编：《诉讼调解》，法律出版社 2009 年版，第 359 页。

医疗费的赔偿数额，按照一审法庭辩论终结前实际发生的数额确定。器官功能恢复训练所必需的康复费、适当的整容费以及其他后续治疗费，赔偿权利人可以待实际发生后另行起诉。但根据医疗证明或者鉴定意见确定必然发生的费用，可以与已经发生的医疗费一并予以赔偿。司法实践中，法院判赔的依据一般为被害方实际提供的医疗费证据，对于未发生的费用，由于无证据可以证明，应当待实际费用发生后另行提起民事诉讼。但是，这一问题需要法官在调解过程中着重考虑，由于绝大多数被告方意图达成调解，就是希望可以一揽子解决案件的所有赔偿问题，并不希望被害人就后续治疗费用再行提起民事诉讼，因此，如可预估后续医疗费用的，可以一并对后续费用进行调解。

被害人与被告人对于赔偿数额往往难以达成一致，此时，应当注意避免为达到调解目的而牺牲当事人合法利益。较为常见的是，被告人积极赔偿但被害人对赔偿数额要求过高，远超出应当判赔的数额。对于这种情况，不能要求被告人满足被害人的无理要求以达成赔偿协议，也不能忽视被告人的赔偿意愿剥夺其获得从轻处罚的权利。应当充分考量被害人不予谅解是否具有合理性，如确因被告人造成家属死亡后果难以接受，情感上无法谅解的，应当通过情感沟通平复其激动情绪，努力化解矛盾冲突，确因被害人系未成年人等情感伦理因素无法谅解的，不宜强求被害方接受被告人赔偿钱款。如被害方不予谅解的原因主要在于对赔偿数额预期过高，此时，应当充分释明法律政策，引导被害方理性看待案件处理结果，如仍无法达成调解的，可以要求被告人将合适数额的赔偿款交至法院，并以被告人赔偿作为酌定情节在量刑时从轻判处，待案件生效后，将主动交付的赔偿款冲抵被告人应支付的钱款数额。

在上述典型案例中，双方积怨已久，被害人案发受伤时已逾 60 岁，被害人及其成年子女在调解之初情绪激动，且双方因为邻里纠纷积怨已久，提出的调解方案为 20 万余元。承办人在耐心听取其意见后，对于被害人的身体表达了关心，表示充分理解其心情，并细致询问其成年子女照顾被害人的不易之处。安抚好被害人一方情绪后，被害人一方冷静后表示可以根据法院引导适当下调其要求的赔偿金额，但要结合对方的道歉态度再行决定。承办人向被害人一方充分阐释了《刑事诉讼法》中附带民事诉讼的支持范围，并结合被害人的医药费等进行了简单计算，通过法官的释明，被害人一方发现其要求的赔偿方案过高，后主动调低要求。同时，经过法官的敦促和关于赔偿谅解对量刑影响的解释，被告人一方的赔偿方案适当上调。

3. 确认调解结果

对于当事人双方达成调解的，可以由法院制作调解笔录或者出具调解书。当事人双方达成调解协议，且被告人可以即时履行的，一般由被害方出具收条及谅解书，此时，法院根据调解情况制作调解笔录即可。需要注意的是，实践中，部分被告人因偿付能力有限，难以一次性给付全部赔偿金，应当如何处理存在一定争议。一般情况下，从保护被害方权益的角度，应当要求被告人在刑事附带民事诉讼审理期间完成全部给付，对于被告人因客观原因无法即时给付，且确有分期或者定期履行能力的，经附带民事诉讼原告人同意，可以采用分期给付的方式。法院应当出具附带民事调解书，详细写明付款方案，作为后续履行的依据。另外，附带民事诉讼达成调解的案件，法官在制作刑事判决书时，应当在刑事判决审理经过中表明附带民事诉讼提起诉讼及达成调解的过程，有利于与相关量刑理由形成呼应，避免当事人及社会公众对法院在量刑上的一致性和平衡性的不合理的怀疑。①

在上述典型案例中，经过司法机关牵头，双方子女共同参与调解，最终双方确定赔偿金额为 10 万元。被告人家属当场在法院支付赔偿款 10 万元，被害人一方当场出具收条及表示谅解。关于本案的赔偿和谅解情况需要在判决书中载明，作为对被告人从宽处理的依据。

二、刑事和解

2012 年，《刑事诉讼法》作出修改，在特别程序中专门规定了刑事和解一章，对刑事和解的适用范围、审查及从宽处理结果分别作出规定。刑事和解制度对于体现宽严相济刑事政策、充分保障被害人权益、最大限度减少矛盾对立、促进社会和谐稳定，均具有重要的价值和意义。

（一）刑事和解的适用范围

《刑事诉讼法》第 288 条规定，公诉案件中，犯罪嫌疑人、被告人真诚悔罪，通过向被害人赔偿损失、赔礼道歉等方式获得被害人谅解，被害人自愿和解的，双方当事人可以和解。具体需要满足如下条件：（1）因民间纠纷引起，涉嫌《刑法》分则第四章、第五章规定的犯罪案件，可能判处三年有期徒刑以下刑罚的；（2）除渎职犯罪以外的可能判处七年有期徒刑以下刑罚的过失犯罪案件。另外，该条还规

① 参见南英、高憬宏主编：《刑事审判方法》（第二版），法律出版社 2015 年版，第 216 页。

定了禁止性条件，即犯罪嫌疑人、被告人在五年以内曾经故意犯罪的，不适用和解程序。实践中，对于轻罪适用刑事和解制度已经没有争议，需要研究的是刑事和解是否可以适用于重罪案件包括死刑案件。当前刑事和解在重罪案件包括死刑案件中的运用，在我国现阶段具有现实必要性，各地法院也纷纷对此进行探索和实践，并得到最高人民法院的肯定。法官在具体案件办理中，应当通过合理把握案件中刑事和解运用的限度，兼顾相冲突的价值目标，最大限度地避免刑事和解在重罪案件运用中可能产生的负面影响，发挥其积极作用，确保案件处理的良好效果。

具体而言，在案件适用范围上，应当充分考虑如下几个方面因素：一是案件的性质。刑事和解一般应当运用于因恋爱、家庭、邻里纠纷引发的或者被害人有一定过错的轻微暴力致人伤害或死亡类的案件，而不宜运用于针对不特定对象的严重暴力犯罪，如抢劫、绑架、危害公共安全、黑社会性质及流氓恶势力性质等类型的犯罪。二是案件的具体情节。如被告人具有自首、立功等法定从轻、减轻处罚情节，或者具有多项酌定从轻处罚情节的，一般应当允许刑事和解的运用，而对于被告人作案手段特别残忍，如杀人分尸，或者作案后果特别严重，如造成多人死亡后果等案件，则不宜运用刑事和解。三是被害人和被告人的具体情况。如被害人家属经济上陷入困难，急需得到经济赔偿解决生活问题，被害人家属出于真实意愿表示对被告人一定程度上的谅解，或者被告人及其家属积极主动向被害人家属表示道歉，并尽其所能予以赔偿的，一般应当允许和解，而对于被告人及其家属自恃经济条件较好，与被害人家属或者法院谈条件，被告人并非真心悔罪，并无道歉取得被害人谅解诚意的，则应当不允许单纯建立在赔偿基础上的和解。

（二）刑事和解的程序

1. 刑事和解的组织者

《刑事诉讼法司法解释》第587条规定："对符合刑事诉讼法第二百八十八条规定的公诉案件，事实清楚、证据充分的，人民法院应当告知当事人可以自行和解；当事人提出申请的，人民法院可以主持双方当事人协商以达成和解。根据案件情况，人民法院可以邀请人民调解员、辩护人、诉讼代理人、当事人亲友等参与促成双方当事人和解。"刑事和解的组织者，一般来说，不限于公安机关、检察机关和法院，可以邀请人民调解员、辩护人、诉讼代理人、当事人亲友等参与促成当事人和解。

2. 刑事和解的当事人

被害人死亡的，其近亲属可以与被告人和解。近亲属有多人的，达成和解协议，应当经处于最先继承顺序的所有近亲属同意。被害人系无行为能力或者限制行为能力人的，其法定代理人、近亲属可以代为和解。被告人的近亲属经被告人同意，可以代为和解。被告人系限制行为能力人的，其法定代理人可以代为和解。被告人的法定代理人、近亲属代为和解的，和解协议约定的赔礼道歉等事项，应当由被告人本人履行。

3. 和解协议的审查

对公安机关、检察院主持制作的和解协议书，当事人提出异议的，法院应当审查。经审查，和解自愿、合法的，予以确认，无须重新制作和解协议书；和解违反自愿、合法原则的，应当认定无效。和解协议被认定无效后，双方当事人重新达成和解的，法院应当主持制作新的和解协议书。审判期间，双方当事人和解的，法院应当听取当事人及其法定代理人等有关人员的意见。双方当事人在庭外达成和解的，法院应当通知人民检察院，并听取其意见。经审查，和解自愿、合法的，应当主持制作和解协议书。

（三）刑事和解的处理结果

1. 和解协议的形式

当事人双方达成和解的，应当制作和解协议书。和解协议书应当包括以下内容：（1）被告人承认自己所犯罪行，对犯罪事实没有异议，并真诚悔罪。（2）被告人通过向被害人赔礼道歉、赔偿损失等方式获得被害人谅解；涉及赔偿损失的，应当写明赔偿的数额、方式等；提起附带民事诉讼的，由附带民事诉讼原告人撤回起诉。（3）被害人自愿和解，请求或者同意对被告人依法从宽处罚。和解协议书应当一式三份，双方当事人各持一份，另一份交法院附卷备查，由双方当事人和审判人员签名，但不加盖法院印章。

2. 和解协议的履行

和解协议约定的赔偿损失内容，被告人应当在协议签署后即时履行。和解协议已经全部履行，当事人反悔的，不予支持，但有证据证明和解违反自愿、合法原则的除外。双方当事人在侦查、审查起诉期间已经达成和解协议并全部履行，被害人或者其法定代理人、近亲属又提起附带民事诉讼的，法院不再进行受理，但有证据证明和解违反自愿、合法原则的除外。被害人或者其法定代理人、近亲属提起附带民事诉讼后，双方愿意和解，但被告人不能即时履行全部赔偿义务的，法院应当制作附带民事调解书。

3. 和解协议对量刑的影响

达成和解协议的，裁判文书应当叙明，并援引《刑事诉讼法》的相关条文。对达成和解协议的案件，应当对被告人从轻处罚；符合非监禁刑适用条件的，应当适用非监禁刑；判处法定最低刑仍然过重的，可以减轻处罚；综合全案认为犯罪情节轻微不需要判处刑罚的，可以免予刑事处罚。

共同犯罪案件，部分被告人与被害人达成和解协议的，出于对被害人权益的保护，此时应当充分保障被害方获得赔偿的权利，允许被害人与部分被告人达成和解，依法对该部分被告人从宽处罚，但应当注意全案的量刑平衡。在被害人与主犯达成和解、与从犯未达成和解的情况下，一般对主犯的量刑也不宜轻于从犯。

第二节　轻伤害案件的一体化调解实践

一、一体化调解机制的背景

轻伤害案件多因婚姻、家庭、邻里纠纷或者偶然事件等引发。从《刑法》规定来看，轻伤害案件的法定刑是三年以下有期徒刑，属于轻罪案件。根据《刑事诉讼法》及有关司法解释的规定，检察院没有提起公诉，被害人有证据证明的轻伤害案件可以提起自诉。同时，根据《刑事诉讼法》的规定，因民间纠纷引起的轻伤害案件，犯罪嫌疑人、被告人真诚悔罪，通过向被害人赔偿损失、赔礼道歉等方式获得被害人谅解，被害人自愿和解的，双方当事人可以和解。可见，对民间纠纷引发的轻伤害案件，我国法律强调要在注重促进矛盾化解、刑事和解的基础上依法从宽处理。

党的十八大以来，习近平总书记提出全过程人民民主重大理念，成为新时代我国民主政治建设的历史性成就、标志性成果。将人民调解制度融入刑事审判全流程，既是积极践行全过程人民民主的重大创新举措，又是贯彻新时代“枫桥经验”的重要组成部分。司法实践中，民事诉讼程序中人民调解工作已经成为化解社会矛盾的重要依托。但是在刑事案件中，调解工作主要由公安、检察、审判人员主持，《刑事诉讼法》第289条规定，和解协议必须在公检法机关主持下制作，但并未限定促成和解的过程中不能借助社会力量，因此，可以引入人民调解力量。

上海市松江区人民法院以机制创新解码新时代“枫桥经验”，以刑事和解与人民调解工作的全流程融合，联合公安、检察、司法进一步健全完善侦查阶段、审查起诉阶段和审判阶段的调解对接机制，共同打造上海首家“轻伤害案件一体化调解中心”，把化解社会矛盾、修复社会关系作为履职办案的重要任务，坚持平等自愿、公开公正、注重效果、应调尽调原则，依法、合理、合情地开展调解工作，将矛盾纠纷“化解在基层、化解在身边、化解在源头”，从而提升轻伤害案件办案质效，更有效地缓解社会矛盾，促进社会和谐稳定。

二、主要做法

（一）精准划定刑事案件调解“主阵地”

根据轻伤害案件多源于亲友、邻里矛盾或偶然事件的案发起因，及当事人常处于同一社会关系链条的特点，确定民间纠纷引发的轻伤害案件为调解“主阵地”，并不断覆盖到犯罪情节较轻、被告人主观恶性较小且有赔偿意愿，或者双方矛盾激化需妥善处理的其他案件。明确可适用调解的轻伤害刑事案件需满足双方当事人自愿调解，案件基本事实清楚，证据确实、充分的条件，确保刑事案件公权性，法院“补位”不“缺位”。

（二）有序规范刑事调解工作“操作间”

联合区检察院、公安分局、司法局等单位会签《关于轻伤害案件一体化调解的工作办法》，明确分工、细化流程，打造具有首创特色的长效工作机制。规范刑事案件在不同阶段调解工作的处理期限，审判阶段遵循“3+1+5”规定，即立案后 3 日内告知当事人可申请调解、调解期限为 1 个月、调解组织结案后 5 日内反馈法院，防止程序空转。符合委托调解条件的，当事人签署《人民调解申请书》，法院移送《人民调解联系函》，人民调解员签署《保密承诺书》，规范调解程序，共同开展后续调解工作。

（三）深入探索案件联合调解“最优解”

依托该区联合人民调解委员会、驻检察院调解工作室及各街镇调解室，选派业务能力过硬的调解员专人负责调解。加强承办法官与人民调解员的双向衔接、联合调解，承办法官全程指导，全面审查案发原因、人员关系、前科劣迹等，为调解员找准症结、化解矛盾打好基础。调解协议达成后，承办法官严格审核协议内容，确保被害人及时获得赔偿，被告人依法从轻处罚。会同区司法局对人民调解员开展培训，通过法律讲座、旁听案件、法官座谈等活动，助力调解员有的放矢，提高调解成功率。

（四）积极构建社会关系自愈“快车道”

以调处平台为抓手，健全完善侦查、审查起诉和审判阶段的调解对接机制，加强全流程审查和监督协作，为矛盾实质性化解奠定基础。探索资源融合、数据共享等机制，区公安分局、检察院移送案件时，将调解进程及结果一并移送。对于调解成功的案件，公诉机关可以根据案情作出相对不起诉决定；对起诉至法院的公诉案件，法院在量刑时充分考虑调解效果及社会关系修复情况妥善从轻裁判。在区政法委的领导下，四机关建立工作对接机制，成立工作联络群，定期召开座谈会，交流一体化调解工作经验，研判调解新情况、新问题，不断优化工作机制。

三、程序设计

（一）案件范围

根据《关于轻伤害案件一体化调解的工作办法》的规定，适用该办法应同时符合以下条件：因民间矛盾纠纷引发的《刑法》第 234 条第 1 款规定的故意伤害致人轻伤的案件；案件基本事实清楚，证据确实、充分；双方当事人自愿进行调解；审判阶段的轻伤害案件，还应同时符合被害人提起刑事附带民事诉讼这一条件。符合上述条件后，区公安分局、区检察院、区法院依托区联合人民调解委员会驻检察院调解工作室、各街镇（经开区）人民调解委员会等调解组织，开展轻伤害案件的调解工作。也就是说，对于案件事实不清，证据无法达到确实、充分标准的，不应纳入一体化调解案件范围。

（二）调解事项

因刑事案件和解与对被告人的量刑密切相关，在人民调解员调解过程中，应当对调解事项作出限定。人民调解员可以就轻伤害案件中承担赔偿损失、赔礼道歉、精神抚慰等民事责任进行调解，可以协助开展息诉工作，但不得对案件的事实认定、证据采信、法律适用和定罪量刑等依法属于公安、检察和审判机关职权范围内的事项进行协商。

（三）调解程序

1. 侦查阶段的调解程序

公安机关在受理轻伤害案件之日起 3 日内，审查是否委托人民调解。符合委托人民调解条件的，派出所应当向街镇人民调解委员会移送《人民调解申请书》、公安机关《案件委托人民调解联系函》、报案人及被害人询问笔录复印件、加害人讯问笔录复印件、验伤单司法鉴定意见书等证据材料复印件。

2. 审查起诉阶段的调解程序

检察机关在收到移送审查起诉的轻伤害案件之日起 3 日内，审查是否委托人民调解。符合委托人民调解条件的，检察机关应当向区联合人民调解委员会移送以下材料：《人民调解申请书》、人民检察院《案件移交人民调解联系函》、《起诉意见书》等反映案件事实的材料复印件。

3. 审判阶段的调解程序

自诉的轻伤害案件，区法院在立案之日起 3 日内，告知自诉人有申请人民调解等权利。提起公诉的轻伤害刑事附带民事诉讼案件，区法院在立案之日起 3 日内，审查是否委托人民调解。符合委托人民调解条件的，区法院应当向区联合人民调解委员会移送以下材料：《人民调解申请书》、人民法院《案件委托人民调解联系函》、自诉书或人民检察院移送的起诉书等相关材料复印件。

（四）案件处理

调解的期限一般为 1 个月，如有特殊情况需要延长的，调解组织可以向委托机关提出延期申请。未能达成调解协议或者达成调解协议后未履行的，调解组织结案后 5 日内将《案件委托人民调解反馈函》移送委托机关，并书面告知调解过程及理由。调解期间，公安、检察、审判机关应当为调解组织提供支持和协助，案件承办人应当积极配合人民调解员开展调解，人民调解员也应及时与案件承办人沟通调解方案。对于达成调解协议并履行的公诉案件，公安局、检察院、审判机关可依法将调解协议作为不予立案、撤销案件、启动羁押必要性审查、适用认罪认罚从宽制度、相对不捕、相对不起诉、提出从宽量刑建议或者作出从轻判决的依据。

（五）衔接机制

公安、检察、审判机关在办理轻伤害案件过程中，应当对案发原因、涉案人员关系、家庭工作背景、前科劣迹、行为手段、伤害后果、认罪悔罪和赔偿谅解等情况加强全面审查，为案件准确处理和矛盾实质化解奠定基础。公安机关、检察机关移送案件时，应当将调解进程及结果一并移送，对于调解不成功的案件，可在前期调解基础上提出意见建议，便于后续进一步开展调解。检察机关应当依法履行法律监督职能，对轻伤害案件的立案侦查、调处过程、法院审判等实行链条式、全程化的留痕监督，确保调解程序体现双方当事人真实意志，案件办理公平公正。公安局、检察院、法院和司法局应当加强沟通协商，并根据工作需要定期召开联席会议通报情况，总结分析轻伤害案件调解工作中存在的经验和问题，培育和挖掘典型案例，不断完善工作机制。

四、典型案例及主要做法

（一）典型案例一：张某甲故意伤害案

1. 基本案情

张某乙与被告人张某甲系亲兄妹。母亲去世不久，兄妹二人却因遗产问题引发纠纷，多次因遗产分配问题发生不快。2022 年 10 月 31 日 9 时许，在一次祭奠活动中，两人再次言语争吵并产生肢体冲突，其间，哥哥张某甲踢踹妹妹张某乙腰部，致张某乙轻伤二级。公诉机关以哥哥涉嫌故意伤害罪向法院移送审查起诉，并建议对其判处实刑。

2. 主要做法

本案是一起发生在亲属之间的人身伤害案件。承办法官考虑到是亲兄妹间因家庭纠纷引发的轻伤害案件，具有偶发性，被告人的主观恶性及社会危害性均相对较小，且哥哥有赔偿意愿，如果仅考虑刑事部分的法律效果，将哥哥逮捕并判处实刑，兄妹二人的恩怨可能一辈子也难以化解。为了实质性化解矛盾纠纷，承办法官努力促成刑事和解，明确告知双方刑事和解政策的主要内容及法律后果，在双方自愿的前提下，填写《刑事（附民）案件移交人民调解联系函》和《人民调解申请书》，由上海市松江区人民法院联合人民调解委员会指派人民调解员共同参与本案的调解工作。由于双方积怨较深，妹妹情绪对立明显，调解工作开始便进入僵局。一方面，调解员站在她的立场和角度，设身处地、换位思考，充分理解被害人的委屈和愤怒，并与她肩并肩坐在一起进行推心置腹的沟通交流，从亲情角度消除双方对立情绪。另一方面，承办法官以“法”引导双方平和理性地表达合理诉求。调解员和法官共同努力，运用“沟通劝导 + 法理说服”的调解技法，使兄妹二人消除心理隔阂，纾解心中的症结，该案件矛盾得到调处，兄妹亲情得以修复。司法机关与人民调解力量相互发力、优势互补，凝聚成矛盾纠纷化解的内生推动力。

（二）典型案例二：裘某某交通肇事案

1. 基本案情

2022 年 9 月 5 日 16 时许，倪某某的母亲（70 多岁）饭后在门口散步，不幸被裴某某驾驶的一辆轻型厢式货车碰撞，被害人经抢救无效于当日死亡，被告人裴某某负事故全部责任。案发后，被害人家属获得保险赔偿。庭审过程中，裴某某表示愿意额外补偿被害人家属一些钱款，弥补自己的过错。被害人家属情绪激动，要求对被告人判处实刑。

2. 主要做法

交通肇事属于过失犯罪，被告人的主观恶性较小，悔罪心理极强，且一般具有一定的经济赔偿能力，将交通肇事犯罪纳入刑事和解范围，可以最大程度弥补被害人家属损失。为使双方消除顾虑，避免司法机关在审判中产生角色混同，相比较而言，以人民调解组织等中立的第三方调解力量作为适格的主持人可能是最佳选择。人民调解员作为案件“局外人”“中立者”，具有深厚的群众基础，在调解中通过一种朴素的公平正义理念对加害人进行劝谕，使其及时认罪悔罪，同时也能以宽恕的态度劝说被害方进行谅解，从而化解纠纷，使破损的社会关系得以修复。

经合议庭商议，本案纳入人民调解机制，法官秉持“不缺位、不越位、不错位”原则，适时了解、监督，掌握调解进程，依法加强对人民调解委员会的业务指导，对已经达成刑事和解案件的合法性、真实性、有效性进行审查。一开始，面对死者家属的激动情绪，调解员以稳为先，做好解释工作；之后，调解员主动为双方搭建沟通的桥梁和纽带，创造机会让当事人多见面、多沟通、多协商，将“法理情”等方法融入调解，肇事方在调解现场连续三次向受害者家属鞠躬致歉并一次性支付赔偿款，家属情绪得到安抚。轻微刑事案件委托人民调解组织主持调解，一定程度上缓解了法院“人案矛盾”，司法成本和风险降低，刑事审判质效获得进一步提升。

（三）典型案例三：邓某等人诈骗、侵犯公民个人信息案

1. 基本案情

被告人邓某等 6 人在四川某地设立公司，招募人员担任面试官和业务员，由曾某在网络上发布虚假招聘信息，业务员冒充招聘公司人事，谎称入职需要执业药师证，诱骗李某等十几名被害人购买培训课程，其间，为骗取被害人信任，业务员利用话术获取了被害人姓名、居民身份证号码等公民个人信息，后邓某进行虚假面试并谎称面试不通过，上演“消失的职位”，累计诈骗金额 4 万余元。

2. 主要做法

公诉机关认为，被告人在实施电信网络诈骗活动中侵犯公民个人信息，损害社会公共利益，据此向法院提起刑事附带民事公益诉讼，要求判令被告人对侵害公共利益的行为登报或者当庭向社会公众公开赔礼道歉；注销用于发布虚假招工信息的招聘平台账号，注销工作微信账号，删除被害人个人信息数据。庭前，法院联合人民调解委员会向被告等人释法说理，积极引导公益诉讼起诉人与被告进行调解，在双方当事人同意调解的基础上，法官根据诉讼请求及事实与理由，结合被告实际情况，拟定调解方案。公益诉讼起诉人与被告均表示认可调解方案，被告邓某等人也主动表示对案件的事实和证据均无异议，且已经深刻认识到侵犯公民个人信息的严重性，将主动删除相关信息数据，并向社会公众赔礼道歉。

第三节　刑事判前社会效果评估机制探索

一、刑事判前社会效果评估的机制探索

近年来，部分敏感案件虽在法律适用上并不违法，但因判决结果不符合公众预期，进而发酵为社会热点案件，引发舆情。围绕如何把法律专业判断与群众朴素公平正义观相结合，如何在刑事司法中融入“马锡五审判方式”的价值元素和内核，上海市杨浦区人民法院探索建立了重大敏感刑事案件判前社会效果评估机制，旨在司法裁判中引入后果考量，修正价值偏差，加强释法说理，避免因裁判结果背离公众的朴素正义观而陷入舆论漩涡。

（一）评估机制的价值定位

以人民为中心，在做深做实实质解纷的同时，在刑事审判活动中融入“马锡五审判方式”的价值元素和精神内核。一是法律具有局限性和滞后性，在把握价值判断和理解法律精神的过程中，要融合天理、国法、人情，始终将“以人民为中心”作为最高标准，防止条文主义、机械办案。二是践行“马锡五审判方式”密切联系群众的工作方法，强调广泛走访听取社情民意，了解群众朴素的价值观和正义感，多维度评价犯罪的主观恶性、行为性质和社会危害性，将司法正义落实到群众的切身感受上。三是把实质性化解矛盾、解决问题作为司法目标和导向，着眼于修复被冲突破坏的社会关系，更多考察个案案卷外的各类情况，坚持跨前一步、多做一些，防止发生个案次生风险，实现案结事了、政通人和。

（二）评估案件的范围

开展评估的案件范围主要包括以下类型：（1）可能对国家安全、社会稳定产生重大影响的；（2）容易引起媒体炒作，导致舆情危机，或者引发信访上访、群体性事件的；（3）新类型或疑难案件，在定罪量刑等法律适用上可能存在分歧、容易引发争议的；（4）裁判结果的社会认可度尚不明朗的；（5）其他可能影响社会稳定或者引发负面舆情的。

（三）发现与启动程序

以重大敏感案事件的动态管理为基础，重在完善发现机制，做到不遗漏：一是以“四类案件”平台识别为依托，对平台标注可能属于“四类案件”的，作为重大敏感案事件管理；二是强化部门负责人、审判长监督把关作用，收案后须全面审阅起诉书内容，将存在敏感、风险点的案件，作为重大敏感案事件管理；三是规定承办法官对有来源特殊、案由特殊、当事人特殊、作案情节及后果特殊、社会舆论关注等情形的，必须作为重大敏感案件排查确认、登记汇报；四是依托公检法重大敏感案（事）件通报协作机制，对于起诉前会商的疑难案件，或者案件存在矛盾点、风险点的，起诉后即纳入重大敏感案事件管理。在动态管理中，加强实时研判，认为需要启动评估程序的，由承办法官报部门负责人审核并由院领导决定，再由审判长组织制定评估方案负责具体实施。

（四）主要评估措施

根据评估工作定位和目标，结合具体案件需求，明确三个层面的评估措施：一是以开展评估会为主。邀请人大代表、政协委员、专家学者、有代表性的基层工作者等社会第三方组成评估小组，组织小组成员围绕案件处理的利益衡量、道德伦理、社会共识、公序良俗、常理常情等发表意见。二是以社情民意走访为补充。通过走访周边群众及社会关系人，深入调查研究，广泛听取民意，全面掌握涉案情况，为准确认定案件事实、有效化解矛盾、实现案结事了奠定基础。三是以舆情分析研判为特例。对社会舆论关注、网络围观热议的案件，联合技术部门设立专职人员随时关注舆情，对社会舆情及时分析汇总，认真做好研判，为后续案件审理、部署决策提供参考。

（五）评估结果的处理

准确把握全过程动态监督管理与司法责任制之间的关系，充分运用评估结果确保案件处置效果：一是强化院庭长、团队长监督管理机制。院庭长、团队长在全程参与评估的同时，督促合议庭及时汇报案件进展、提交评估报告，并对裁判文书进行审阅把关，确保释法明晰、说理到位。二是发挥专业法官会议作用。将开展评估的案件逐一提交专业法官会议讨论，听取案件汇报并加强对评估情况的分析研判，制定好风险应对措施。三是接受审判委员会监督把关。对评级结果为“不符合”的案件，由专业法官会议重点研判是否需要提交审判委员会讨论，并在裁判过程中做好安保维稳、信访化解和“三同步”等举措。

（六）司法职能延伸

在实现个案裁判“三个效果”统一，有效避免舆情风险的基础上，积极践行实质解纷理念，推进评估机制成果的延伸转化。一是促进类案适法统一。通过评估确立新类型、高风险案件裁判规则，统一法律适用、证据判断和量刑规范化标准，为同类案件处理提供指引，为上级法院统一适法工作提供参考。二是深化公检法良性互动，促进司法共识。围绕两起故意伤害案反映的主观故意认定问题，与公安、检察商讨研究轻伤害案件主观故意认定的相关工作意见，共同推进区域法治建设。三是以案件裁判推动社会治理。以交通领域“职业碰瓷”诈骗案为例，走访调研公安机关交通管理部门，并就“交通碰瓷”行为的甄别和打击，研商大数据应用场景，服务于社会综合治理。

二、刑事判前社会效果评估机制的实践应用

（一）典型案例一：马某某破坏生产经营案

1. 基本案情

2021 年 12 月 2 日至同年 12 月 8 日，被告人马某某在已从上海 A 公司离职的情况下，出于个人目的，未经许可，用北京 B 公司在 A 公司旗下某 App 账户登录后台操作，改高 B 公司在某 App 上出售的两款玩具熊的商品单价，并事先约定由他人从某 App 上购入被抬高价格的玩具熊。后马某某通过后台修改退货地址，将与原售价差价部分的玩具熊以“卖家取回”方式从 App 仓库发货至他人指定地址，导致玩具熊未能在 App 上正常出售，破坏了 A 公司的正常经营活动，造成 A 公司损失 5 万余元。

被告人马某某于 2022 年 2 月 8 日被抓获，到案后如实供述上述事实，审查起诉阶段签署认罪认罚具结书，法院审理期间全额退赔。

2. 评估情况

本案被告人通过商家后台操作改高商品价格、修改退货地址，导致玩具熊未能在平台上正常出售，破坏手段具有非典型性，公安机关最初以诈骗罪立案，审查起诉后检察院依托检法案件会商机制，并反馈被告人家属曾至被害单位协商，协商无果后发生过冲突，双方矛盾突出，可能引发信访风险。法院收案后，考虑到被告人非法利用网购平台规则破坏平台的正常经营活动，犯罪手法新颖，涉案 App 在年轻人群体中具有较高的品牌影响力，裁判的法律效果及社会效果值得重点关注，将本案纳入重大敏感案件管控范围。

合议庭通过阅卷及会见双方当事人，发现本案存在以下问题：其一，本案破坏生产经营的行为涉及平台经济领域，存在一定的社会危害性，需要打击，定性为破坏生产经营罪并无明显不妥。但破坏生产经营罪的“情节严重”尚无数额标准，公诉机关参照破坏计算机信息系统罪的数额标准认定本案属于情节严重，有待论证。本案公诉机关指控犯罪行为造成经济损失 5 万余元，金额不高，被告人没有非法获利，主观恶性较小，且查询上海近两年的破坏生产经营案件，总体量刑相对较轻，公诉机关建议判处有期徒刑三年实刑过重，罪责刑不相适应。其二，本案被告人虽然认罪认罚，但认罚态度不坚决，也不愿向被害单位赔礼道歉。被害单位也坚决要求对被告人从重判处实刑，且向法院书面反映被告人的行为不仅造成直接经济损失 5 万余元，还导致合作方退出，该部分作为可预见的损失应计入犯罪后果。故双方存在真实分歧，不应作为常规认罪认罚案件简单处理。

围绕以上几点，杨浦法院邀请 5 名来自企业、行政管理部门等不同行业领域的人大代表、政协委员参加判前社会效果评估。

评估过程中，评估小组成员从新兴经济行业规则、行业治理、精准打击犯罪、案件处理效果等角度出发对本案进行评估，多数意见认为，收取服务费为商家提供网络平台是互联网时代的一种新型经营模式，精准打击犯罪除了要从法律上准确把握，还要考虑惩处被告人和保护企业利益、法律效果和社会效果如何平衡的问题。有代表提出，本案虽然破坏的不是机器设备或者耕牛，但现在已经是互联网时代，不能机械地将犯罪手法局限于物理性的破坏；也有代表提出，被告人的行为虽然间接导致了合作方退出涉案 App 平台，但若要求被告人来承担该责任似不公平；还有代表提出，涉案 App 是知名网购平台，被告人又是符合品牌招商入驻代表，对破坏规则者严惩才能起到警示作用，优化互联网营商环境，应多听取被害单位的意见，充分考虑各方面因素作出裁判，做到宽严相济。

为化解矛盾，评估后合议庭实地走访了被害单位并多次沟通，公司起初表示被告人的行为不仅给公司造成了直接财产损失，还间接损害了商家、客户对平台的信赖度，导致合作方退出平台，严重扰乱了公司正常生产经营秩序，故即使被告人赔偿道歉也不予谅解，后考虑到被告人在审理期间全额退赔，表示尊重法院依法处置的意见。

3. 案件审理情况

结合评估情况，专业法官会议围绕本案焦点对本案进行了讨论，普遍认为：第一，本案涉及网络时代中对破坏生产经营罪的理解与适用。破坏生产经营罪中的实行行为并不以有形损坏为必要前提，破坏生产经营罪的手段行为也并不特别强调暴力性，决定性因素在于对生产经营的破坏。因此，本案应定破坏生产经营罪。第二，在法益侵害性质同类的情形中，毁坏机器设备和残害耕畜等行为本身样态是重要参考，但关键是法益侵害结果具有等同性。本案属于新型破坏生产经营犯罪而非对计算机系统或应用程序的破坏。第三，实际量刑时，既要考虑危害行为的社会危害性质，也要考虑危害行为的社会危害性程度，审慎判断侵犯程度是否达到了特定犯罪的罪量要求。本案被告人破坏平台交易规则，虽在性质上有社会危害性，但未发生波及效应，且个人未获利，主观恶性较小，公诉机关指控"情节严重"并依此提出有期徒刑三年的量刑建议，依据不足，不能任意比照破坏计算机信息系统罪或者故意毁坏财物等侵财类犯罪进行量刑。综合考虑本案具体情况，建议公诉机关调整量刑。

结合评估、走访及专业法官会议讨论情况，合议庭综合考虑被告人的犯罪事实、情节、认罪悔罪态度、退赔情况及对社会的危害程度等，以破坏生产经营罪判处被告人有期徒刑一年六个月。

本案判决后，双方当事人均服判息诉，案件现已生效。在后续走访中，被害单位表示，该裁判结果既能对被告人起到惩戒作用，也能起到良好的社会效果，公司将以案为鉴开展内部教育警示活动，与司法机关携手推动互联网营商环境健康发展。

随着数字经济的蓬勃发展，不仅在网络空间形成了大量新型的数字化生产经营活动，而且传统的生产经营也在迅速地向线上拓展或者转移，基于对工业社会乃至农业社会的认知而创设的传统罪名，在数字化时代应当如何被合理地适用，是一个重要课题。在法律理解适用上，传统罪名中列举的行为本身样态并不重要，本罪保护法益以及实行行为的本质特征才是进行同类解释的指导原则。就本案而言，应当对传统的破坏生产经营罪中的“生产经营”作与时俱进的理解，在刑法概念可能的语义范围内要适当拓宽“生产经营”所涉的对象范围。但同时为了避免刑法解释与普通民众的规范认同相互脱节，要重视和畅通民意反馈表达机制，以专业化引导常识化，同时在办案形式上要打破传统“坐堂问案”模式，更多“下堂调查”“上门释法”，甚至大胆尝试进行网络民意调查，从而不断提升司法亲和力、公信力。

（二）典型案例二：蒋某某故意伤害案

1. 基本案情

被告人蒋某某与被害人吴某某系隔壁邻居，蒋某某与其妻儿共同居住，吴某某与其丈夫共同居住，双方因吴某某开门烧菜导致楼道内有油烟味已发生过口角。2021 年 3 月 14 日，蒋某某因吴某某在家中长时间开门烧菜导致油烟外溢而与吴某某发生纠纷，双方交涉无果后，蒋某某从外大力关闭吴某某家防盗门，吴某某从内打开房门，反复两次后，在蒋某某第三次关门时，吴某某从内顶门，右手不小心滑入门与门框之间受伤。经鉴定，吴某某因外伤致右桡骨茎突骨折，骨折线累及关节面，构成轻伤二级。

2. 评估情况

本案起诉至法院后，双方当事人矛盾已深，如处理不当容易埋下问题隐患。合议庭通过阅卷及会见双方当事人，发现本案存在以下问题：一是关于被害人伤势是否由被告人造成，双方各执一词，现场无证人或者录音录像，如何采信双方证言有待进一步论证；二是被告人仅针对门作出关门的动作，与被害人并无直接接触，能否认定其具有伤害故意需要更全面的考量；三是被告人系某网络公司法定代表人，坚持认为自己无罪，裁判结果对其从业影响大，存在较大的信访涉稳风险。

为查清案件事实，合议庭至案发现场实地调查，并组织被告人、被害人双方就案发过程进行了演示实验，还原案发时双方的站位、开关门动作、致伤过程等。结合双方陈述，合议庭认为被害人“右桡骨茎突骨折”应当是在与被告人最后一次的开关门角力中造成的，相较于被告人的说法，被害人陈述未见夸大成分，且得到鉴定意见的佐证。

本案系因邻里关系引发的轻伤害刑事案件，如处理不当容易激发矛盾，不利于社会关系修复。围绕矛盾焦点，法院邀请 6 名来自企业、居委会、司法行政部门、高校、媒体、公安等不同行业领域的人大代表、政协委员、法医参加判前社会效果评估。

评估过程中，评估小组成员结合案件起因、双方当事人社会表现、被害人致伤结果、被告人对被害人受伤的预见可能性等方面对案件进行综合评估，多数意见认为被害人就致伤过程陈述属实，且与鉴定意见相互印证，被告人应当对被害人的受伤结果负责。但关于被告人是否具有伤害被害人的主观故意，存在多种意见。有代表提出，被告人在与被害人交涉未果的情况下，关闭被害人家门阻止油烟进入楼道具有合理性，从一般人角度出发，不能从结果倒推被告人主观故意，不应苛求对关门行为的注意义务，被告人虽存在过失，但不宜认定具有伤害他人的主观故意；也有代表提出，如双方存在角力过程，被告人作为青年男性，在明知被害人力量不及自己的情况下，还大力关闭对方家门，是放任伤害结果的发生，存在伤害的间接故意；还有代表提到，双方对本案发生都有过错，被害人长期开门做饭导致油烟外泄，且案发当日因宴请客人做饭时间过长，影响邻里关系和谐，被告人在发生冲突时未采取要求居委会工作人员介入等合理解决方式，而是自行关闭对方家门造成矛盾升级，认为本案处理应兼顾双方过错，做到罪责刑相适应、案结事了人和。

3. 案件审理情况

评估后，合议庭就案件定性与可能造成的裁判效果进行多次评议，并提交专业法官会议讨论。经专业法官会议讨论，一致认为根据在案证据，本案可以认定被告人存在过失，但无法认定具有伤害他人的故意，公诉机关指控罪名不成立。结合调查、评估及专业法官会议讨论情况，合议庭再次评议后认为，在案证据无法证明被告人具有伤害被害人的主观故意，本案不构成故意伤害罪。公诉机关接受上述意见撤回起诉。

本案的妥善审结，一方面，确立了故意伤害案件在被告人供述与被害人陈述“一对一”时，如何认定案件事实及被告人主观故意的考量因素和裁量尺度，准确把握了法理情的统一，为后续同类案件裁判提供了参考；另一方面，本案在穷尽证据调查后仍无法认定被告人具有伤害他人的故意，最终以公诉机关撤回起诉结案，体现了法院杜绝简单办案、配合办案，坚持以事实为依据、以法律为准绳，守住了公平正义的最后一道防线，提升了司法公信力。

（三）典型案例三：郭某某故意伤害案

1. 基本案情

被告人郭某某系某餐饮店员工，2021 年 11 月 27 日 14 时 45 分许，郭某某推着一辆载有垃圾桶的推车等候在上海市杨浦区百联又一城 B1 层 9 号标示有“内部货梯 货运专用”字样的货梯外，待电梯门打开遇被害人王某某一家五口从电梯里出来，郭某某按电梯按钮将推车后拉让王某某一家先行离开后，在身后用手指点并言语抱怨指责王某某一行人占用货梯的行为，王某某听到后返身回来直接推搡郭某某，郭某某抓住王某某手臂往外推行，王某某之子见状上前揪住郭某某的衣领将郭某某按在堆放杂物的角落不让郭某某动弹，王某某乘机伸手撕郭某某的嘴，右手拇指插入郭某某的口内被郭某某咬后抽出，双方脱离接触。

当日 16 时 41 分，被害人王某某至长海医院急诊治疗，伤口位于右手拇指，共 2 个，长各 2 厘米，深及皮下，出血，并注射了破伤风疫苗；同时临床要求“明日门诊复查”“专科”。王某某未遵医嘱，直至“红肿明显，脓性渗出”，才于伤后第三日至长海医院复查，进行了多次清创、引流等治疗，至 2022 年 1 月 10 日行右拇指远节截指术。

经鉴定，王某某遭人咬伤致右手拇指开放性损伤伴感染，遗留右拇指近节指骨中段以远缺失，该损伤程度评定为重伤二级。鉴定认为，医院对被害人王某某的治疗措施是及时的，符合医疗常规，感染属于咬伤后的直接并发症，手术所致的组织缺失属于咬伤并发感染的后遗症。

2. 评估情况

经审查，被告人因民间纠纷咬中被害人手指致截指重伤这一异常结果值得引起重视，根据《杨浦法院刑事重大敏感案（事）件排查处置流程规范》，本案纳入重大敏感案件管控范围并由审判长承办。合议庭在审理中发现，本案与普通的故意伤害致人重伤案件存在明显不同：第一，被害人一方有明显过错，占用内部专用货梯在先、动手在先，对被告人进行身体压制，而被告人无明显的挑衅和暴力对抗行为，抱怨指责尚在合理范围内，被告人对于案件起因和对抗升级无过错；第二，被告人的咬合行为具有防卫性，其咬合力度、持续时间、可造成的伤害程度，是判断有无过当防卫，从而认定其属于故意、过失还是无过错的关键；第三，鉴定意见显示被害人构成重伤二级，结合本案的咬合情况，造成这一伤害结果，超出通常认知，辩护人在庭审中也对重伤结果提出了疑问。以上的问题最终归结于，重伤结果实实在在地摆在那里，如何才能避免“唯结果论”？

为此，合议庭想到了运用社会效果评估机制集思广益，了解社会公众对于这样一个“情节轻、结果重”案件的反响和感受。法院邀请了 6 名来自企业、居委会、司法行政部门、高校、媒体、公安等不同行业领域的人大代表、政协委员、法医参加判前社会效果评估。

评估过程中，评估小组成员从生活常识、常情常理出发，多数意见认为，被告人在身体被控制、被害人将手伸进自己口中的情况下，做出咬的动作是一般人的正常反应，可能会咬得偏重，但肯定无法预料到会造成被害人截指重伤的结果，如“唯结果论”，认定其构成故意伤害致人重伤，难以实现公众对司法的社会认同和情理认同；同时，多数意见认为，在本案当事人的咬合情况下，认为行为和重伤之间有必然性或大概率的因果关系，不符合情理，一名具有法医专业背景的代表对该案伤情发展提出了专业判断，认为被告人咬伤行为与被害人截指之间是否存在因果关系、其间是否有其他因素介入，特别是医治过程是否规范合理，从而导致重伤结果需慎重判断。

3. 案件审理情况

结合评估情况，专业法官会议围绕争议焦点对本案进行了讨论，普遍认为，本案需综合案发过错责任、防卫性质、咬合致伤的力度等情况，全面评价被告人是否存在故意或过失的主观过错，同时要重点考察伤害结果的合理性，重伤二级的鉴定意见极有可能未综合考虑外在因素特别是治疗情况的影响。

为此，合议庭决定把重心放在对鉴定意见的考量上。合议庭在多方走访医疗专家和鉴定专家的基础上，认为需委托重新鉴定。经司法鉴定研究院对成伤机制重新鉴定，认为被鉴定人王某某右手部被他人咬伤，致右手拇指软组织创等，后发生感染，行右拇指远节截指术。王某某所遗留的后遗症系本次外伤后与多种不利于治疗的因素存在共同作用所致，外伤和其他因素单独存在均难以导致目前所遗留的后果，难以区分两者的参与作用孰轻孰重，原因力基本相当，即其他因素与本次外伤为同等原因，与本次外伤起共同作用。依照《人体损伤程度鉴定标准》的相关规定，综合评定为轻伤二级。

专业法官会议经再次讨论认为，本案对于被告人是否存在过失或有争议，但排除刑法上的伤害故意可以认定，结合重新鉴定的轻伤结论，不构成故意伤害罪。公诉机关接受上述意见撤回起诉。同时，法官向被害人进行了充分的释法说理，并对其行为过错和违法性进行了教育，被害人表示认同和接受。

犯罪构成分为主观、客观要件，只有在满足主观、客观构成要件的情况下才构成犯罪。就本案而言，一方面是被告人伤害故意的“有无之分”，合议庭在综合案件事实及常理常情后，认为被告人无刑法上的伤害故意；另一方面是鉴定意见的“轻重之问”，鉴定意见在故意伤害类案件中作为认定被害人伤势程度的直接证据，关系到被告人的出罪入罪及量刑轻重，但鉴定意见不能代替法官做事实判断，法官需要根据个案情况进行独立思考。本案的审理，体现了法院坚持主客观相一致的原则，杜绝机械办案及“唯结果论”，在依法办案的基础上兼顾了天理人情。

后 记

《刑事审判学》经过诸多同仁的努力终于付梓。本书旨在构建以刑事审判学为核心的、具有高度实践性和应用性的新学科，以弥补传统刑法学科教学内容较为单一的短板，通过推动刑事司法相关学术成果和实践经验的双向转化，为司法实务工作者、法学专业学生等提供具有专业性和可操作性的应用法学教材，帮助读者系统掌握刑事审判的基本原则和方法。

本书各章均由实务经验丰富的刑事法官和专家教授编写，在总结上海刑事审判经验的基础上，对刑事审判学的理念及实践进行了归纳提炼，这是对刑事审判学这一具有法学“临床经验”性质的应用法学学科进行的初步构建和探索，期待能为新时期法治人才的培养提供助力。本书是在主编、副主编的指导下，由各位作者分工撰写，再由主编、副主编统稿、定稿。具体撰写分工如下：

贾　宇——第十六章

叶　青——第二章第二节、第三节

黄祥青——第三章第一节、第二节

张　栋——第三章第三节、第四节

虞　浔——第二章第一节

余　剑——第四章，第十四章第一节、第二节

张　果——第五章第一节、第二节

李长坤——第五章第三节

黄伯青——第十五章

罗开卷——第七章

唐　震——第九章第三节

沈　言——第十八章第一节、第十九章第一节

张鹏飞——第十八章第二节、第三节

张金玉——第十章第一节、第二节

许　浩——第十一章第三节

赵宇翔——第六章、第十七章第三节

陈姣莹——第十三章

葛立刚——第八章第三节，第十二章，第十七章第一节、第二节

吴亚安——第一章，第八章第一节、第二节

伍天翼——第十九章第二节、第三节

张亚男——第九章第一节、第二节

潘自强——第十章第三节，第十一章第一节、第二节

陈　帅——第十四章第三节，第二十章

本书在出版过程中，人民法院出版社总编辑助理韦钦平、教普编辑部副主任李安尼、编辑张艺付出了辛勤努力，工作卓有成效，在此向她们表示诚挚的感谢。同时，也向所有为本书编辑、出版作出贡献的同仁，向关注、支持本书编辑、出版工作的所有朋友们，致以最衷心的感谢。

新学科的构建和完善离不开理论与实践的长期积累，本书是首本以刑事审判学为研究对象的教材，也是首次尝试对刑事审判应用法学知识进行系统总结，书中或有疏漏、欠妥之处，真诚希望各位专家、读者不吝提出宝贵的意见，帮助本书进一步优化和完善。

本书编写组

2025 年 6 月 6 日